2016

总第18期　NO.18

贵阳统计年鉴

GUIYANG STATISTICAL YEARBOOK

贵阳市统计局　　　国家统计局贵阳调查队　编

Compiled by Guiyang Bureau of Statistics　NBS Survey Office in Guiyang

图书在版编目（C I P）数据

贵阳统计年鉴. 2016 / 贵阳市统计局, 国家统计局贵阳调查队编. -- 北京 : 中国统计出版社, 2016.10
ISBN 978-7-5037-7929-9

Ⅰ. ①贵… Ⅱ. ①贵… ②国… Ⅲ. ①统计资料－贵阳－2016－年鉴 Ⅳ. ①C832.731-54

中国版本图书馆 CIP 数据核字(2016)第 203187 号

贵阳统计年鉴-2016

作　　者/ 贵阳市统计局　国家统计局贵阳调查队
责任编辑/ 陈越月　高媛媛
装帧设计/ 华健在线
出版发行/ 中国统计出版社
地　　址/ 北京市丰台区西三环南路甲 6 号　邮政编码/100073
电　　话/ 邮购（010）63376909　书店（010）68783171
网　　址/ http://csp.stats.gov.cn
印　　刷/ 广州市尚铭印刷有限公司
经　　销/ 新华书店
开　　本/ 890mm×1240mm　1/16
字　　数/ 728千字
印　　张/ 33
版　　别/ 2016 年 10 月第 1 版
版　　次/ 2016 年 10 月第 1 次印刷
定　　价/ 300 元

如有印装差错，由本社发行部调换。

编　者　说　明

一、《贵阳统计年鉴—2016》是一部全面反映贵阳市国民经济和社会发展情况的资料性年刊，信息量大，综合性强。本书收录了2015年贵阳市经济和社会发展等各方面的统计数据以及改革开放以来的主要统计数据。

二、本年鉴内容包括：行政区划和自然资源；综合；人口与计划生育；从业人员及职工工资；固定资产投资；能源消费；工业；建筑业；农业；国内外贸易及旅游；交通、运输、邮电、城市公用事业；财政、税收、金融、证券、保险；城乡调查；科技、教育、文化、广播；卫生、体育、民政及其他；全国、全省及省会城市和副省级城市主要经济指标；主要年份资料。

三、本年鉴资料来源于统计年报、抽样调查和部门资料，部分统计指标的范围及统计口径变化在表下加有注释。

四、本年鉴部分数据合计数或相对数由于四舍五入而产生的计算误差均未作机械调整。

五、凡有以前出版的统计资料数据与本年鉴不一致的，均以本年鉴为准。

六、本年鉴县域经济中各区（市、县）资料有部分指标是区（市、县）属口径。

七、本年鉴表中的符号使用说明：“空格”表示该项数据不详或无数据，“#”表示其中数，“-”表示该项指标取消或无可比性，无法计算。

本年鉴在编辑过程中得到有关部门的大力支持和帮助，在此深表感谢！由于时间紧、信息量大和水平有限，书中难免存在不足之处，为了更好地满足社会各界的需要，希望广大读者提出宝贵意见和建议。

2016年10月

Preface

Ⅰ. *Guiyang Statistical Yearbook 2016* (hereinafter Yearbook) is an annual statistical publication, which comprehensively reflects the economic and social development in Guiyang. It covers data of all aspects, such as economical and social development, of Guiyang in 2015 and key statistical data since the reform and opening-up of China.

Ⅱ. The Yearbook contains seventeen chapters: 1. Divisions of Administrative Areas and National Resources; 2. General Survey; 3. Population and Family Planning; 4. Employment and Wages; 5. Investment in Fixed Assets; 6. Energy Consumption; 7. Industry; 8. Construction; 9. Agriculture; 10. Domestic Trade, Foreign Trade and Tourism; 11.Traffic，Transportation, Postal and Telecommunication Services, Urban Public Utilities; 12. Government, Taxation, Banking, Securities and Insurance; 13. Urban and Rural Survey; 14. Science and Technology，Education，Culture and Broadcast; 15. Public Health, Sports, Civil Administration and Others; 16. Major Economic Indicators of China, Guizhou Province, Provincial Capital and Deputy Provincial Cities in China; 17. Major Indicators in Main Years.

Ⅲ. The major data sources of this publication are obtained from annual statistical reports, sample surveys and document of related departments. Some statistical data in this yearbook have been adjusted accordingly, and we have made footnotes to these indicators.

Ⅳ. Statistical discrepancies of some statistical total number and relative number due to rounding are not adjusted in this yearbook.

Ⅴ. In case of any discrepancy of data between previous yearbook and this one, data in this Yearbook shall prevail.

Ⅵ. Some indicators of districts (city, county) in the Yearbook have their own regional standards.

Ⅶ. Notations used in this yearbook："blank" indicates that data are not available or unknown；"#" indicates the major items of the table；"-" indicates the data are cancelled or not comparable, which are beyond number.

During the edition of this yearbook, we have won strong support from related departments, and we deeply thank for these all. Because of the massive information, limited time and our ability, some mistakes are unavoidable in the book. Any candid comments and criticism are welcome.

Oct. 2016

《贵阳统计年鉴—2016》编辑委员会

Editorial Board

《贵阳统计年鉴—2016》编辑人员

Editorial Staff

目 录

CONTENTS

三、人口与计划生育

Population and Family Planning

四、从业人员及职工工资

Employment and Wages

五、固定资产投资

Investment in Fixed Assets

六、能源消费

Energy Consumption

七、工　业

Industry

八、建筑业

Construction

十一、交通、运输、邮电、城市公用事业

Traffic, Transportation, Postal and Telecommunication Services, Urban Public Utilities

十二、财政、税收、金融、证券、保险
Government Finance, Taxation, Banking, Securites, Insurance

十三、城乡调查

Urban and Rural Survey

十四、科技、教育、文化、广播

Science and Technology, Education , Culture and Radio

十五、民政、卫生、体育及其他

Social Welfare, Public Health, Sports and Others

十六、全国、全省及省会城市和副省级城市主要经济指标

Major Economic Indicators of China, Guizhou, Provincial Capitals and Deputy Provincial Cities in China

十七、主要年份指标

Major Indicators in Main Years

附 录

Appendix

1

One

行政区划和自然资源

Divisions of Administrative Areas and Natural Resources

1-1 区、县(市)及乡(镇)、社区名称(2015年)
Name of Each District, County (City), Township (Town) Office and Community Office(2015)

区县(市)名称 District, County(City)	乡(镇、社区)名称 Township (Town and Community Office)				
南明区 Nanming	新华社区服务中心 Xinhua	西湖社区服务中心 Xihu	大南社区服务中心 Danan	中南社区服务中心 Zhongnan	市府社区服务中心 Shifu
	河滨社区服务中心 Hebin	遵义社区服务中心 Zunyi	兴关社区服务中心 Xingguan	沙冲社区服务中心 Shachong	花果社区服务中心 Huaguo
	油榨社区服务中心 Youzha	中曹社区服务中心 Zhongcao	二戈社区服务中心 Erge	见龙社区服务中心 Jianlong	龙洞社区服务中心 Longdong
	太慈社区服务中心 Taici	沙南社区服务中心 Shanan	水口寺社区服务中心 Shuikousi	湘雅社区服务中心 Xiangya	后巢乡 Houchao
	永乐乡 Yongle	云关乡 Yunguan	小碧布依族苗族乡 Xiaobi Bouyei and Miao Village		
云岩区 Yunyan	中华社区服务中心 Zhonghua	中环社区服务中心 Zhonghuan	中东社区服务中心 Zhongdong	东山社区服务中心 Dongshan	延中社区服务中心 Yanzhong
	北京路社区服务中心 Beijinglu	市西社区服务中心 Shixi	普陀社区服务中心 Putuo	贵乌社区服务中心 Guiwu	金狮社区服务中心 Jinshi
	中天社区服务中心 Zhongtian	黔东社区服务中心 Qiandong	栖霞社区服务中心 Xixia	威清社区服务中心 Weiqing	头桥社区服务中心 Touqiao
	金龙社区服务中心 Jinlong	三桥社区服务中心 Sanqiao	圣泉社区服务中心 Shengquan	宅吉社区服务中心 Zhaiji	省府社区服务中心 Shengfu
	金关社区服务中心 Jinguan	蔡关社区服务中心 Caiguan	金鸭社区服务中心 Jinya	荷塘社区服务中心 Hetang	普天社区服务中心 Putian
	金惠社区服务中心 Jinhui	黔灵镇 Qianlin			
花溪区 Huaxi	明珠社区服务中心 Mingzhu	阳光社区服务中心 Yangguang	贵筑社区服务中心 Guizhu	清溪社区服务中心 Qingxi	溪北社区服务中心 Xibei
	花孟社区服务中心 Huameng	黔江社区服务中心 Qianjiang	清浦社区服务中心 Qingpu	瑞华社区服务中心 Ruihua	兴隆社区服务中心 Xinglong
	黄河社区服务中心 Huanghe	三江社区服务中心 Sanjiang	平桥社区服务中心 Pingqiao	金竹社区服务中心 Jinzhu	金欣社区服务中心 Jinxin
	小孟社区服务中心 Xiaomeng	航天社区服务中心 Hangtian	航空社区服务中心 Hangkong	高坡苗族乡 Gaopo Miao Village	
	黔陶布依族苗族乡 Qiantao Bouyei and Miao Village		马铃布依族苗族乡 Maling Bouyei and Miao Village		
	孟关苗族布依族乡 Mengguan Miao and Bouyei Village		久安乡 Jiuan	燕楼镇 Yanlou	麦坪镇 Maiping
	青岩镇 Qingyan	石板镇 Shiban			
乌当区 Wudang	振新社区服务中心 Zhenxin	创新社区服务中心 Chuangxin	顺新社区服务中心 Shunxin	新天社区服务中心 Xintian	高新社区服务中心 Gaoxin
	新场镇 Xinchang	下坝镇 Xiaba	百宜镇 Baiyi	东风镇 Dongfeng	水田镇 Shuitian
	羊昌镇 Yangchang	新堡布依族乡 Xinpu Bouyei Village	偏坡布依族乡 Pianpo Bouyei Village		

1-1 续表 (continued)

区 县（市）名 称 District, County(City)	乡(镇、社区)名称 Township (Town and Community Office)
白云区 Baiyun	艳山红社区服务中心 Yanshanhong 红云社区服务中心 Hongyun 大山洞社区服务中心 Dashandong 白沙关社区服务中心 Baishaguan 铝兴社区服务中心 Lvxing 都新社区服务中心 Duxin 都拉布依族乡 Dula Bouyei Village 牛场布依族乡 Niuchang Bouyei Village 艳山红镇 Yanshanhong Town 麦架镇 Maijia 沙文镇 Shawen
观山湖区 Guanshanhu	金源社区服务中心 Jinyuan 金岭社区服务中心 Jinling 金麦社区服务中心 Jinmai 新世界社区服务中心 Xinshijie 世纪城社区服务中心 Shijicheng 碧海社区服务中心 Bihai 逸景社区服务中心 Yijing 金华园社区服务中心 Jinhuayuan 会展城社区服务中心 Huizhancheng 金华镇 Jinhua 朱昌镇 Zhuchang 百花湖乡 Baihuahu
开阳县 Kaiyang	紫兴社区服务中心 Zixing 南山社区服务中心 Nanshan 毛云乡 Maoyun 南龙乡 Nanlong 龙水乡 Longshui 米坪乡 Miping 宅吉乡 Zhaiji 高寨布依族苗族乡 Gaozhai Bouyei and Miao Village 禾丰布依族苗族乡 Hefeng Bouyei and Miao Village 南江布依族苗族乡 Nanjiang Bouyei and Miao Village 城关镇 Chengguan 双流镇 Shuangliu 金中镇 Jinzhong 冯三镇 Fengsan 楠木渡镇 Nanmudu 龙岗镇 Longgang 永温镇 Yongwen 花梨镇 Huali
息烽县 Xifeng	新华社区服务中心 Xinhua 流长乡 Liuchang 鹿窝乡 Luwo 西山镇 Xishan 石硐镇 Shidong 养龙司镇 Yanglongsi 永靖镇 Yongjing 小寨坝镇 Xiaozhaiba 温泉镇 Wenquan 青山苗族乡 Qingshan 九庄镇 Jiuzhuang
修文县 Xiuwen	龙岗社区服务中心 Longgang 珍珠河社区服务中心 Zhenzhuhe 谷堡乡 Gupu 小箐乡 Xiaojing 六屯镇 Liutun 洒坪镇 Saping 大石布依族乡 Dashi Bouyei Village 龙场镇 Longchang 扎佐镇 Zhazuo 久长镇 Jiuchang 六广镇 Liuguang 六桶镇 Liutong
清镇市 Qingzhen	红新社区服务中心 Hongxin 新岭社区服务中心 Xinling 百花社区服务中心 Baihua 巢凤社区服务中心 Chaofeng 红塔社区服务中心 Hongta 流长苗族乡 Liuchang Miao Village 王庄布依族苗族乡 Wangzhuang Bouyei and Miao Village 麦格苗族布依族乡 Maige Miao and Bouyei Village 红枫湖镇 Hongfenghu 犁倭镇 Liwo 暗流镇 Anliu 站街镇 Zhanjie 新店镇 Xindian 卫城镇 Weicheng

1–2 行政区划(2015年)
Administrative Divisions(2015)

单位：个 (unit)

区、县（市）名称	District, County(City)	乡 Township	#民族乡 Ethnic Township	镇 Town	社区居委会 Community Council	村民委员会 Village Committee	社区服务中心 Community Service Center	社区服务机构 Community Service Institution
贵阳市	**Guiyang**	**31**	**17**	**44**	**543**	**912**	**170**	**2039**
南明区	Nanming	4	1		151	29	23	247
云岩区	Yunyan			1	140	19	28	214
花溪区	Huaxi	5	4	4	54	122	27	226
乌当区	Wudang	2	2	6	26	74	13	141
白云区	Baiyun	2	2	3	32	56	11	100
观山湖区	Guanshanhu	1		2	59	49	12	122
开阳县	Kaiyang	8	3	8	18	108	18	236
息烽县	Xifeng	3	1	7	13	161	11	221
修文县	Xiuwen	3	1	7	12	113	13	208
清镇市	Qingzhen	3	3	6	38	181	14	324

注：1. 社区服务中心含农村社区服务中心；
2. 社区服务机构包括：社区服务中心、社区服务站、社区养老机构、社区互助型养老机构、其他社区服务机构。

a) Community Service Institutions include rural area community service centers;
b) Community Service Institutions include service center, service station, retirement organization, mutual aid retirement organization and others.

1–3 分区、县（市）土地面积(2015年)
Areas of District, Country(City)(2015)

单位：平方公里 (sq.km)

区、县（市）名称	District, County(City)	面积 Area
贵阳市	**Guiyang**	**8043**
南明区	Nanming	209
云岩区	Yunyan	92
花溪区	Huaxi	964
乌当区	Wudang	683
白云区	Baiyun	270
观山湖区	Guanshanhu	308
开阳县	Kaiyang	2023
息烽县	Xifeng	1037
修文县	Xiuwen	1071
清镇市	Qingzhen	1387

注：土地面积数据来源于市国土局。

a) Data are from Guiyang Municipal Land and Resources Bureau.

1-4 气象情况(2015年)

指　　标		Item		年 Year	一 月 January	二 月 February
平均气温	(℃)	Average Temperature	(℃)	15.2	6.1	8.2
平均最高气温	(℃)	Average Highest Temperature	(℃)	19.4	9.4	12.6
平均最低气温	(℃)	Average Lowest Temperature	(℃)	12.6	3.9	5.6
极端最高气温	(℃)	Annual Highest Temperature	(℃)	32.4	18.4	23.2
极端最高气温出现日期	(日)	Date	(day)	7月13日	24	20
极端最低气温	(℃)	Annual Lowest Temperature	(℃)	-3.5	-3.5	-2.8
极端最低气温出现日期	(日)	Date	(day)	1月31日	31	1
总降水量	(mm)	Total Precipitation	(mm)	1430.9	33.7	10.9
一日最大降水量	(mm/日)	Daliy Precipitation	(mm/day)	64.2	16.6	4.6
最大降水量出现日期	(日)	Occurring Date of Maximum Daily Precipitation	(day)	6月7日	9	16
最长连续降水日数	(天)	Longest Continuous Rainy Days	(day)	11	3	6
最长连续无降水日数	(天)	Longest Continous Dry Days	(day)	10	10	4
雨	(天)	Rain	(day)	241	18	17
雾	(天)	Fog	(day)	43	3	4
露	(天)	Dew	(day)	98	6	5
雪	(天)	Snow	(day)	5	3	1
结　冰	(天)	Freeze	(day)	4	2	2
霜	(天)	Frost	(day)	6	4	1
平均气压	(百　帕)	Average Atmospheric Pressure	(100 Pa)	877.8	881.9	879.2
平均相对湿度	(%)	Relative Humidity	(%)	84	84	83
日照时数	(小　时)	Sunshine Hours	(hour)	942.3	21.7	63.7

Basic Statistics on Meteorology(2015)

三 月 March	四 月 April	五 月 May	六 月 June	七 月 July	八 月 August	九 月 September	十 月 October	十一月 November	十二月 December
11.3	16.5	19.6	22	21.9	21.5	19.7	16.6	13.1	6
15.9	22.1	24.5	25.6	26.4	25.8	23.2	21.1	17	9.3
8.7	12.7	16.7	19.8	18.8	18.7	17.5	13.5	10.9	4.1
30.6	31	30.2	30.2	32.4	30.2	28.3	26	25.7	19.7
19	18	28	28	13	14	30	16	6	23
0.2	5	12	16.6	14.2	14.8	14	7.8	3.9	-0.1
1	8	12	8	7	30	13	31	25	20
31.6	81.4	290.3	353.9	116.6	192	67.6	167.3	31.7	53.9
7.6	22.4	52.2	64.2	37.2	56.5	17.6	52.2	14.2	19.8
29	29	18	7	15	12	7	1	12	5
11	5	11	6	4	7	7	8	4	6
5	8	3	4	7	4	3	8	5	6
22	15	24	21	18	22	25	15	22	22
10	1	2			2		3	8	10
6	6	6	9	17	17	8	10	7	1
									1
									1
878.6	877	873.7	872	873.1	875	877.9	881.6	880.5	883.3
86	72	85	89	81	85	89	82	85	84
74.5	137.7	100.5	59.7	92.5	107.8	43	126.4	73	41.8

1–5 自然资源(2015年)
Natural Resources(2015)

指　　标		Item		数　量 Amount
土　地		**Land**		
国土面积	(平方公里)	Total Land Area	(sq.km)	8043
耕地面积	(千公顷)	Cultivated Land	(1000 hectares)	106.23
气　候		**Climate**		
平均温度	(℃)	Average Temperature	(℃)	15.2
极值高温	(℃)	Highest Temperature	(℃)	32.4
极值低温	(℃)	Lowest Temperature	(℃)	-3.5
年降水量	(毫　米)	Annual Precipitation	(mm)	1430.9
平均相对湿度	(%)	Average Relative Humidity	(%)	84.0
日照时数	(小　时)	Sunshine Hours	(hour)	942.3
森　林		**Forest**		
森林面积(管护面积)	(平方公里)	Forest Area(guarded)	(sq.km)	3609
森林覆盖率	(%)	Forest Coverage Rate	(%)	45.50
水　利		**Water Conservancy**		
地表水资源总量	(亿立方米)	Annual Average Surface Water Resources	(100 million cubicmeters)	48.28
地下水资源总量	(亿立方米)	Annual Average Underground Water Resources	(100 million cubicmeters)	13.58
河长10公里以上或流域面积大于20平方公里河流	(条)	Number of River over 10 Kilometres Long or with Drainage Area over 20 Square kilometers	(line)	98
多年平均径流量	(亿立方米)	Annual Runoff	(100 million cubicmeters)	45.15
水能理论蕴藏量	(万千瓦)	Hydroenergy Reserves in Theory	(10 000 kwh)	128.22
水能可开发量	(万千瓦)	Available Hydroenergy Resources	(10 000 kwh)	101.64
大中型水库总容量	(亿立方米)	Total Capacity of Large and Medium-sized Reservoirs	(100 million cubicmeters)	27.81
矿　产(保有储量)		**Ensured Reserves of Minerals**		
铝　土	(亿　吨)	Alumina	(100 million tons)	4.58
磷	(亿　吨)	Phosphorus	(100 million tons)	12.52
煤	(亿　吨)	Coal	(100 million tons)	17.66

注：1. 国土面积数据来源于市国土局；
　　2. 森林面积(管护面积)是指贵阳市天然林资源保护二期工程森林管护面积。
a) Data are from Guiyang Municipal Land and Resources Bureau;
b) Forest area (guarded) refers to areas of guarded forest in the second phase of the natural forest resources protection project of Guiyang.

主要统计指标解释

行政区划 指国家对行政区域的划分。根据宪法规定，我国的行政区域划分如下：(1)全国分为省、自治区、直辖市；(2)省、自治区分为自治州、县、自治县、市；(3)自治州分为县、自治县、市；(4)县、自治县分为乡、民族乡、镇；(5)直辖市和较大的市分为区、县；(6)国家在必要时设立的特别行政区。

气　候 指地球与大气之间长期能量交换与质量交换所形成的一种自然环境状态，它是多种因素综合作用的结果。气温、降水、湿度等气象要素的多年平均值是用来描述一个地区气候状况的主要参数，而各种气象要素某年、某月的平均值(或总量)则可以反映出该时期天气气候状况的重要特征。

自然资源 指人类可以直接从自然界获得，并用于生产和生活的物质资源。自然资源一般可以分成可再生资源和非再生资源两大类。可再生资源指在较短时间内可以再生、可以循环利用的资源，包括土地资源、水资源、气候资源、生物资源和海洋资源等。非再生资源指在使用后不能再生的资源，包括矿产资源和地热能源。

国　土 指中华人民共和国国家管辖下的领土、领海和领空。

耕地面积 指经过开垦用以种植农作物并经常进行耕耘的土地面积。包括种有作物的土地面积、休闲地、新开荒地和抛荒未满三年的土地面积。

森林面积 指由乔木树种构成，郁闭度 0.2 以上(含 0.2)的林地或冠幅宽度 10 米以上的林带的面积，即有林地面积。森林面积包括天然起源和人工起源的针叶林面积、阔叶林面积、针阔混交林面积和竹林面积，不包括灌木林地面积和疏林地面积。

森林覆盖率 指一个国家或地区森林面积占土地总面积的百分比。森林覆盖率是反映森林资源的丰富程度和生态平衡状况的重要指标。在计算森林覆盖率时，森林面积包括郁闭度 0.2 以上的乔木林地面积和竹林地面积，国家特别规定的灌木林地面积、农田林网以及四旁(村旁、路旁、水旁、宅旁)林木的覆盖面积。计算公式为：

森林覆盖率（%）=森林面积/土地总面积×100%

气　温 指空气的温度，我国一般以摄氏度(℃)为单位表示。气象观测的温度表是放在离地面约 1.5 米处通风良好的百叶箱里测量的，因此，通常说的气温指的是离地面 1.5 米处百叶箱中的温度。其统计计算方法为：

月平均气温是将全月各日的平均气温相加，除以该月的天数而得。

年平均气温是将 12 个月的月平均气温累加后除以 12 而得。

相对湿度 指空气中实际所含水蒸气密度和同温度下饱和水蒸气密度的百分比值。其统计方法与气温相同。

降水量 指从天空降落到地面的液态或固态(经融化后)水，未经蒸发、渗透、流失而在地面上积聚的深度。其统计计算方法为：

月降水量是将全月各日的降水量累加而得。

年降水量是将 12 个月的月降水量累加而得。

日照时数 指太阳实际照射地面的时间。其统计方法与降水量相同。

水资源 水在自然界中以固体、液体和气态三种聚集状态存在，分布于海洋、陆地(包括土壤)以及大气之中，通过水循环形成水资源。水资源包括经人类控制并直接可供灌溉、发电、给水、航运、养殖等用途的地表水和地下水，以及江河、湖泊、井、泉、潮汐、港湾和养殖水域等。水资源是发展国民经济不可缺少的重要自然资源。

地表水和地下水 陆地上的水因空间分布不同，分为地表水和地下水。地表水指分别存在于河流、湖泊、沼泽、冰川和冰盖等水体中水分的总称，又称陆地水。地下水指储存在地面以下饱和岩土孔隙、裂隙及溶洞中的水。贵阳市属于岩溶地区，浅层地下水最终成为地表径流的一部分，其总量含在地表水资源量中。

水资源总量 一定区域内的水资源总量指当地降水形成的地表和地下产水量，即地表径流量与降水入渗补给量之和，不包括过境水量。

矿产资源 矿产指由地质作用形成，富集于地壳中或出露于地表达到工农业利用要求的有用矿物。

Explanatory Notes on Main Statistical Indicators

Divisions of Administrative Areas refer to the division of administrative areas by the State. The relative laws stipulate that 1) the whole country is divided into provinces, autonomous regions and municipalities directly under the Central Government; 2) provinces and autonomous regions are further divided into autonomous prefectures, counties, autonomous counties and cities; 3) autonomous prefectures are further divided into counties, autonomous counties and cities; 4) counties and autonomous counties are further divided into townships, ethnic townships and towns; 5) municipalities directly under the Central Government and large cities are divided into districts and counties, 6) the State shall, when necessary, establish special administrative regions.

Climate refers to the natural environmental status formed by the long-term exchange of energy and mass between the earth and the atmosphere, and is the result of interaction of many factors. The average values across several years of meteorological factors such as temperature, rainfall and humidity are used as important parameters to describe the climate of a region, while the average values (or total values) of a given year or month of meteorological factors reflect the key characteristics of climate for that period of time.

Natural Resources refer to material resources that could be obtained from the nature by human being and used for production and living. Natural resources in general can be classified as renewable resources and non-renewable resources. Renewable resources refer to resources that could be renewed and recycled during a relatively short period of time, including land resource, water resource, climate resource, biology resource and marine resource. Non-renewable resources include resources that could not be renewed, such as minerals and geothermal resource.

Territory refers to territorial land, sea and air space under the administration of the People's Republic of China.

Area of Cultivated Land refers to area of land reclaimed for the regular cultivation of various farm crops, including crop-cover land, fallow, newly reclaimed land and land laid idle for less than 3 years.

Forest Area refers to wooded area, i.e. the area of forest where trees and bamboo grow with a canopy density above 0.2 (inclusive) or a crown width above 10 meters, including natural and planted coniferous forest, broad-leaved forest, mixed forest, and bamboo groves, but excluding shrubbery and open forest.

Forest Coverage Rate refers to the ratio of area of afforested land to total land area. It is a very important indicator that reflects the status of abundance of forest resource and balance of the ecosystem. Forest land includes the area of trees and bamboo growing with a canopy density above 0.2, the area of shrubby trees according to regulations of the government, the area of forest land inside farm land and the area of trees planted by the side of villages, farm houses and along roads and rivers. The formula for calculating forest coverage rate is as follows:

$$\text{Forestry coverage rate}(\%)=\frac{\text{Area of Afforested Land}}{\text{Area of Total Land}}\times 100\%$$

Temperature refers to the air temperature. China uses centigrade as the unit. The thermometry used for weather observation is put in a breezy shutter, which is 1.5 meters high from the ground. Therefore, the commonly used temperature refers to the temperature in the breezy shutter 1.5 meters away from the ground. The calculation method is as follows:

Monthly average temperature is the summation of average daily temperature of one month divided by the actual days of that particular month.

Annual average temperature is the summation of monthly average of a year divided by 12 months.

Relative Humidity refers to the ratio of actual water vapour pressure to the saturation water vapour density under the current temperature. The calculation method is the same as that of temperature.

Volume of Precipitation refers to the deepness of liquid state or solid state (thawed) water falling from the sky to the ground that has not been evaporated, infiltrated or run off. The calculation method is as follows:

Monthly precipitation is the summation of daily precipitation of a month.

Annual precipitation is the summation of 12 months precipitation of a year.

Sunshine Hours refer to the actual hours of sun irradiating the earth. The calculation method is the same as that of the precipitation.

Water Resource Water exists in the nature in solid, liquid and gaseous states, is distributed in the ocean, land (including earth) and air, and constitutes the water resource through the circulation of water. Water resource includes surface water and ground water that is controlled by the human being for irrigation, power-generation, water supply, navigation and cultivation. It also includes rivers, lakes, wells, springs, tides, gulf and water area for cultivation. Water resource as an important natural resource is indispensable for the development of the national economy.

Surface Water and Ground Water Water on earth can be divided into surface water and ground water according to its distribution. Surface water refers to different forms of water existing in rivers, lakes, swamps, glaciers, icecaps and so on. It is also called land water. Ground water refers to water deposited underground in crannies and holes of saturated rock soil and in water-eroded caves. Guiyang city belongs to the karst area, shallow groundwater eventually become a part of surface runoff, the total amount of the surface water resources.

Total Water Resources refer to total volume of water resources measured as run-off for surface water from rainfall and recharge for groundwater in a given area, excluding transit water.

Mineral Resources refer to useful minerals that can be used for industrial or agricultural purposes enriched in lithosphere or on earth surface due to geological processes.

2
Two

综 合

General Survey

2016
贵阳统计年鉴
GUIYANG STATISTICAL YEARBOOK

生 产 总 值

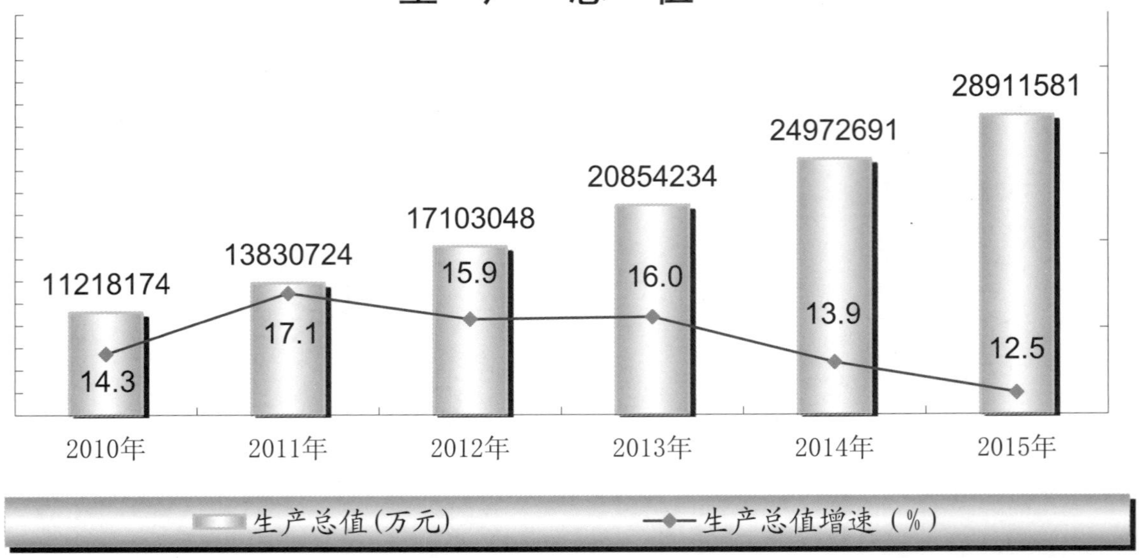

三 次 产 业 结 构

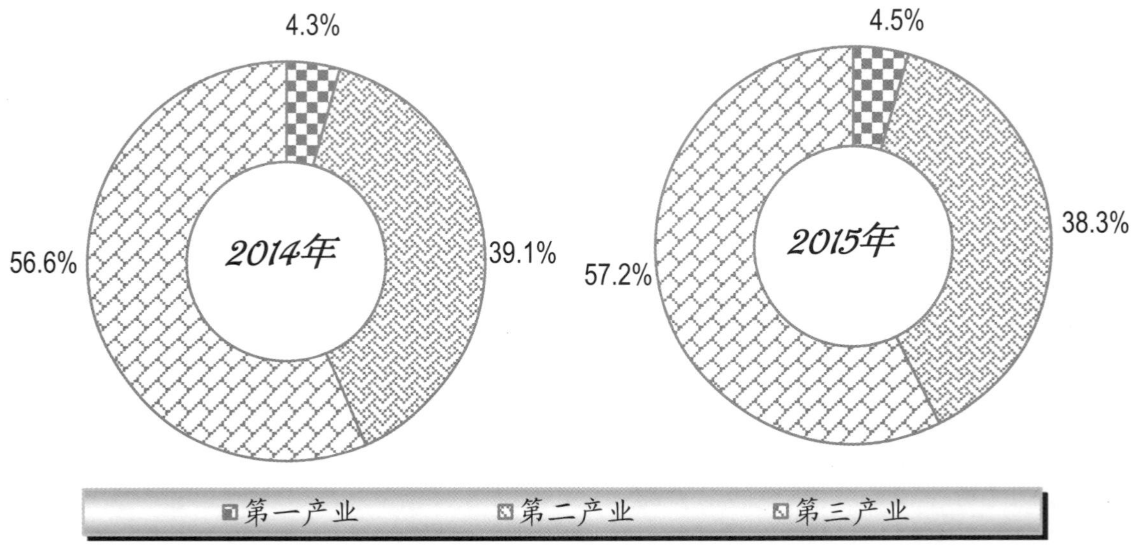

人 均 生 产 总 值(元)

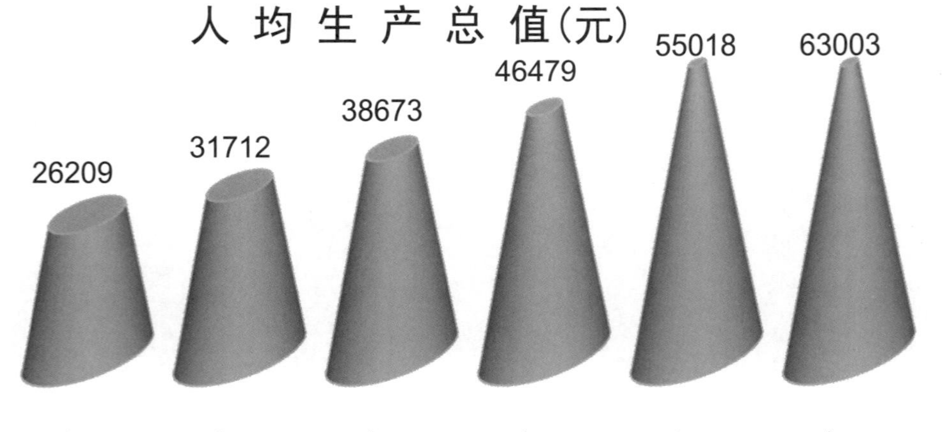

2-1 国民经济主要指标及增长速度
Main Indicators of National Economy and Growth Rate

指 标		Item		2015	2014	2015年比2014年增长(%) Growth Rate in 2015 over 2014 (%)
年末总人口(常住半年及以上)	(万 人)	Population at Year-end (half year and above)	(10 000 persons)	462.18	455.6	1.4
年平均人口(常住半年及以上)	(万 人)	Annual Average Population (half year and above)	(10 000 persons)	458.89	453.9	1.1
人口密度	(人/平方公里)	Population Density	(person/sq.km)	574.61	566.43	1.4
生产总值(现价)	(万 元)	GDP(current Price)	(10 000 yuan)	28911581	24972691	12.5
第一产业	(万 元)	Primary Industry	(10 000 yuan)	1298860	1080236	6.4
第二产业	(万 元)	Secondary Industry	(10 000 yuan)	11085216	9765900	14.6
工 业	(万 元)	Industry	(10 000 yuan)	7141495.1	6780000	10.2
建筑业	(万 元)	Construction	(10 000 yuan)	3943721	2985900	26.9
第三产业	(万 元)	Tertiary Industry	(10 000 yuan)	16527505	14126555	11.1
人均生产总值	(元)	Per Capita GDP	(yuan)	63003	55018	11.3
全部工业总产值	(万 元)	Gross Output Value of Industry	(10 000 yuan)	25853568	23858812	11.2
#规模以上工业总产值(2000万元口径)	(万 元)	Gross Output Value of Enterprises Above Designated Size (caliber of 20 million yuan)	(10 000 yuan)	25785917	22291542	10.7
农林牧渔业总产值(当年价)	(万 元)	Gross Output Value of Agriculture, Forestry, Animal Husbandry and Fishery (current price)	(10 000 yuan)	2004103	1706832	6.6
全社会固定资产投资总额	(万 元)	Total Investment in Fixed Assets Across the Country	(10 000 yuan)	40156407	34894077	15.1
社会消费品零售总额	(万 元)	Total Retail Sales of Consumer Goods	(10 000 yuan)	10601690	9511218	11.5
建筑业总产值(当年价)	(万 元)	Gross Output Value of Construction (current price)	(10 000 yuan)	12801900	10986037	16.5
财政总收入	(万 元)	General Financial Revenue	(10 000 yuan)	7232965	6546894	10.5
#一般公共预算收入	(万 元)	Public Budgetary Revenue	(10 000 yuan)	3741476	3315962	12.8
#税收收入	(万 元)	Tax Revenue	(10 000 yuan)	3018866	2718543	11.0
财政总支出	(万 元)	Total Financial Expenditure	(10 000 yuan)	6103907	6248843	-2.3
#一般公共预算支出	(万 元)	Public Budgetary Expenditure	(10 000 yuan)	5035189	4486298	12.2
进出口总额	(万美元)	Total Value of Imports and Exports	(10 000 US dollars)	912149	784221	16.3
住户人民币存款余额	(万 元)	Saving Deposits of Urban and Rural Households	(10 000 yuan)	22506008	21380790	5.3
在岗职工平均工资	(元)	Average Wage of On-post Staff	(yuan)	63949	59334	7.8
城镇常住居民人均可支配收入	(元)	Per Capita Disposable Income of Urban Households	(yuan)	27241	24961	6.6
农村常住居民人均可支配收入	(元)	Per Capita Disposable Income of Rural households	(yuan)	11918	10827	8.5

注：本表绝对数为当年价格，增长速度按可比价格和可比口径计算；城镇（农村）常住居民人均可支配收入为实际增长(已扣除物价因素)；在岗职工平均工资包含劳务派遣人员。

a) The absolute figure in this table is current year price and growth rate is calculated according to the comparable price and comparable caliber. Figures of per capita disposable income of urban households and per capita net income of rural residents are actual growth. (price factors eliminated). The average wage of on-post staff includes the one of dispatched staffs.

2-2 国民经济主要指标比例关系

指　　标	Item	2001	2002
生产总值三次产业	**GDP of Three Industries**	**100**	**100**
第一产业	Primary Industry	8.10	7.70
第二产业	Secondary Industry	47.30	47.00
第三产业	Tertiary Industry	44.60	45.30
农林牧渔业增加值比例（现价）	**Added Value Proportion of Agriculture,Forestry, Animal Husbandry and Fishery(current price)**	**100**	**100**
农　业	Agriculture	66.60	61.31
林　业	Foresry	1.88	2.25
牧　业	Animal Husbandry	29.92	32.85
渔　业	Fishery	1.60	1.44
农林牧渔服务业	Services of Agriculture,Forestry,Animal Husbandry and Fishery		2.15
规模以上工业增加值中轻重工业比例	**Industrial Added Value Proportion of Light and Heavy Industry in the Enterprises Above Designated Size**	**100**	**100**
轻工业	Light Industry	40.90	41.00
重工业	Heavy Industry	59.10	59.00
规模以上工业增加值经济类型结构	**Economic Structure of Industrial Added Value in the Enterprises Above Designated Size**	**100**	**100**
国有企业	State-owned Enterprises	40.42	24.87
集体企业	Collective-owned Enterprises	4.21	4.13
股份合作企业	Joint—equity Cooperative Enterprises	0.44	0.38
联营企业	Joint Ownership Enterprises	0.20	0.61
有限责任公司	Limited Liability Companies	35.33	33.62
股份有限公司	Companies Limited by Shares	9.95	22.36
私营企业	Private Enterprises	6.38	11.28
其他企业	Other Enterprises		
港澳台投资企业	Enterprises with Funds from Hong Kong, Macao and Taiwan	1.48	1.51
外商投资企业	Enterprises with Foreign Investment	1.59	1.21

注：1. 生产总值2000－2004年为第一次经济普查调整数，2006－2008年为第二次经济普查调整数；
2. 农林牧渔业增加值2002年以后按新标准划分，2006年、2007年农业为第二次农业普查调整数，2010年按国家对粮食生产核实数作相应调整；
3. 2000-2011年规模以上工业增加值口径为年主营业务收入500万元及以上工业企业，2012年起为年主营业务收入2000万元及以上工业企业。

The Ratio between the Main Indicators of the National Economy

2003	2004	2005	2006	2007	2008	2009	2010	2011	2012	2013	2014	2015
100	**100**	**100**	**100**	**100**	**100**	**100**	**100**	**100**	**100**	**100**	**100**	**100**
7.40	6.90	6.70	6.29	6.57	5.82	5.10	5.10	4.60	4.23	3.91	4.33	4.33
45.90	46.90	47.40	48.39	46.41	46.97	40.70	40.70	42.40	41.94	40.69	39.10	39.11
46.80	46.20	45.90	45.32	47.02	47.21	54.20	54.20	53.00	53.83	55.40	56.57	56.57
100	**100**	**100**	**100**	**100**	**100**	**100**	**100**	**100**	**100**	**100**	**100**	**100**
63.92	63.06	62.47	65.16	66.69	67.24	71.72	72.38	70.48	70.20	69.79	72.05	66.90
1.32	0.92	0.68	0.71	0.53	1.32	0.66	0.57	0.80	0.63	0.70	0.57	0.60
31.36	34.21	34.67	32.11	30.61	29.47	25.53	24.89	26.73	27.17	27.50	25.40	24.90
1.23	1.33	1.53	1.04	1.17	1.10	1.23	1.20	1.22	1.20	1.17	1.24	1.10
2.18	0.49	0.64	0.97	1.01	0.87	0.86	0.90	0.83	0.81	0.83	0.73	6.50
100	**100**	**100**	**100**	**100**	**100**	**100**	**100**	**100**	**100**	**100**	**100**	**100**
40.58	40.10	43.32	40.54	40.59	41.04	45.96	44.85	46.11	49.05	51.59	49.66	49.57
59.42	59.90	56.68	59.46	59.41	58.96	54.04	55.15	53.89	50.95	48.41	50.34	50.43
100	**100**	**100**	**100**	**100**	**100**	**100**	**100**	**100**	**100**	**100**	**100**	**100**
39.34	37.46	39.07	34.61	40.98	39.22	39.42	37.86	45.94	41.17	37.42	33.91	34.98
2.31	1.26	1.17	0.54	0.60	0.35	0.28	0.26	0.36	0.11	0.09	0.11	0.25
0.38	0.53	0.64	0.85	1.20	1.47	0.46	0.12	0.11	0.02	0.01	0.03	0.03
0.28	0.42	0.12	0.11	0.13	0.11	0.10	0.11	0.05	0.06	0.06	0.01	0.01
18.41	24.48	26.70	27.01	24.45	26.63	29.55	27.21	20.50	26.08	32.83	35.67	33.86
25.45	23.42	21.23	24.58	19.75	19.10	15.66	20.70	13.00	14.64	13.20	10.73	12.03
7.08	6.54	8.08	7.15	7.56	8.20	8.07	6.98	13.49	11.95	10.52	10.94	12.78
										0.09	0.11	0.05
0.92	1.29	0.89	1.05	1.18	1.36	2.50	2.96	2.19	1.59	1.04	1.82	2.10
5.82	4.61	2.10	4.09	4.14	3.57	3.95	3.81	4.36	4.39	4.73	4.54	3.92

a) GDPs of 2000-2004 are the adjusted figures of the First Economic Census; GDPs of 2006-2008 are the adjusted figures of the Second Economic Figures;

b) The added value of agriculture, forestry, animal husbandry and fishery is calculated according to the new cretiea since 2002, The data of agriculture in 2006-2007 comes from the second economic census, It has made an adjustment according to verification of food production in 2010;

c) The caliber of industrial added value of enterprises above the designated size over 2000-2011 refers to the industrial enterprises with annual main business income of 5 million yuan and above, since 2012 it refers to industrial enterprises with the main business income of 20 million yuan and above.

2-3 贵阳市主要经济指标占全省的比重
The Proportion of Main Economic Indicators of Guiyang to Guizhou Province

指　　标		Item		贵　州 Guizhou Province		贵　阳 Guiyang City		贵阳占全省比重(%) The Ratio of Guiyang(%)	
				2015	2014	2015	2014	2015	2014
土地面积	**(平方公里)**	**Area of Land**	**(sq.km)**	**176137**	**176137**	**8043**	**8043**	**4.57**	**4.57**
年末总人口（常住半年及以上）	**(万 人)**	**Population at Year-end (half year and above)**	**(10 000 persons)**	**3529.50**	**3508.04**	**462.18**	**455.60**	**13.09**	**12.99**
生产总值	**(亿 元)**	**GDP**	**(100 million yuan)**	**10502.56**	**9251.01**	**2891.16**	**2497.27**	**27.53**	**26.99**
第一产业	(亿 元)	Primary Industry	(100 million yuan)	1640.62	1275.45	129.89	108.02	7.92	8.47
第二产业	(亿 元)	Secondary Industry	(100 million yuan)	4146.94	3847.06	1108.52	976.59	26.73	25.39
#工　业	(亿 元)	Industry	(100 million yuan)	3315.58	3140.88	714.15	678.00	21.54	21.59
第三产业	(亿 元)	Tertiary Industry	(100 million yuan)	4715.00	4128.50	1652.75	1412.66	35.05	34.22
人均生产总值	(元)	Per Capita GDP	(yuan)	29847	26393	63003	55018	-	-
财政、金融		**Finance**							
财政总收入	(亿 元)	General Financial Revenue	(100 million yuan)	2291.82	2130.90	723.30	654.69	31.56	30.72
#一般公共预算收入	(亿 元)	Public Budgetary Revenue	(100 million yuan)	1503.38	1366.67	374.15	331.60	24.89	24.26
一般公共预算支出	(亿 元)	Public Budgetary Expenditure	(100 million yuan)	3939.50	3542.80	503.52	448.65	12.78	12.66
金融机构人民币各项存款余额	(亿 元)	Total Deposits of Financial Institutions	(100 million yuan)	19438.64	15263.26	8772.22	7047.62	45.13	46.17
#城乡居民储蓄存款余额	(亿 元)	Saving Deposits of Urban and Rural Households	(100 million yuan)	7394.86	6766.63	2036.53	2010.58	27.54	29.71
金融机构人民币各项贷款余额	(亿 元)	Loan Balance of Financial Institutions	(100 million yuan)	15051.94	12368.30	7875.58	6560.73	52.32	53.04
固定资产投资		**Investment in Fixed Assets**							
全社会固定资产投资总额	(亿 元)	Total Investment in Fixed Assets	(100 million yuan)	10945.54	9025.75	4015.64	3489.41	36.69	38.66
#工　业	(亿 元)	Industry	(100 million yuan)	2746.78	2338.02	788.89	788.43	28.72	33.72

注：固定资产投资中的工业投资不含工业园区基础设施投资。

a) Industrial investment in fixed assets investment excludes infrastructure investment of industrial parks.

2-3 续表 (continued)

指 标		Item		贵 州 Guizhou Province		贵 阳 Guiyang City		贵阳占全省比重(%) The Ratio of Guiyang to Guizhou(%)	
				2015	2014	2015	2014	2015	2014
国内外贸易		**Domestic and Foreign Trade**							
社会消费品零售总额	**(亿 元)**	**Total Retail Sales of Consumer Goods**	**(100 million yuan)**	**3283.02**	**2936.85**	**1060.17**	**951.12**	**32.29**	**32.39**
进出口总额	**(万美元)**	**Total Value of Imports and Exports**	**(10 000 US dollars)**	**1222042**	**1077133**	**912149**	**784221**	**74.64**	**72.81**
出 口	(万美元)	Imports	(10 000 US dollars)	994872	939726	789732	727188	79.38	77.38
进 口	(万美元)	Exports	(10 000 US dollars)	227170	137407	122417	57033	53.89	41.51
实际直接利用外资	**(万美元)**	**Total Amount of Foreign Direct Investment Actually Utilized**	**(10 000 US dollars)**	**262747**	**213053**	**92740**	**76174**	**35.30**	**35.75**
旅 游		**Tourism**							
海外旅游人数	(万人次)	Number of Overseas Visitors	(10 000 person-times)	94.09	85.50	15.85	14.59	16.84	17.07
国内旅游人数	(万人次)	Number of Domestic Visitors	(10 000 person-times)	37500.00	32049.44	8461.95	7225.50	22.57	22.54
旅游外汇收入	(万美元)	Foreign Exchange Earnings from International Tourism	(10 000 US dollars)	20111.94	21700.00	6034.70	5661.94	30.01	26.09
国内旅游收入	(亿 元)	Earnings from Domestic Tourism	(100 million yuan)	3500.46	2882.66	1036.56	870.86	29.61	30.21
教育、文化、卫生		**Education, Culture and Health Care**							
专任教师数	(万 人)	Full-time Teachers	(10 000 persons)	47.95	45.41	7.01	6.48	14.61	14.27
在校学生数	(万 人)	Students Enrollment	(10 000 persons)	898.44	882.33	143.93	138.75	16.02	15.73
医 院、卫生院数	(个)	Number of Hospitals, Health Centers	(unit)	2631	2512	262	249	9.96	9.91
医院、卫生院床位数	(张)	Number of Beds of Hospitals, Health Centers	(bed)	187334	174002	29124	25919	15.55	14.90
医生数	(人)	Number of Doctors	(person)	63412	57802	14478	13043	22.83	22.56
城镇常住居民人均可支配收入	**(元)**	**Per Capita Disposable Income of Urban Households**	**(yuan)**	**24580**	**22548**	**27241**	**24961**	**-**	**-**
农村常住居民人均可支配收入	**(元)**	**Per Capita Disposable Income of Rural Households**	**(yuan)**	**7387**	**6671**	**11918**	**10826**	**-**	**-**

注：医生数指执业医生和执业助理医生。

a) The number of doctors refers to licensed doctors and assistant doctors.

2-4 全市基本情况
Basic Situation of Guiyang

指标名称		Item		2015		2014	
				全市 The Whole City	市辖区 Municipal District	全市 The Whole City	市辖区 Municipal District
行政区划、人口、劳动力及土地面积		**Divisions of Administrative Areas, Population, Labour and Land Area**					
行政区数	(个)	Number of Administrafive Districts	(unit)	6		6	
行政县数	(个)	Number of Countries	(unit)	3		3	
行政县级市数	(个)	Number of Cities at County Level	(unit)	1		1	
年末总人口(公安户籍)	(万人)	Total Population at Year-end (Public Security Registration)	(10 000 persons)	391.79	236.15	382.91	230.71
年末常住人口(常住半年及以上)	(万人)	Permanent Residents at Year-end (half year and above)	(10 000 persons)	462.18	328.54	455.60	324.10
年平均常住人口(常住半年及以上)	(万人)	Annual Average Permanent Residents(half year and above)	(10 000 persons)	458.89	326.33	453.90	322.85
年末单位从业人员数(城镇)	(万人)	Engaged Persons at Year-end (urban area)	(10 000 persons)	104.02	92.56	103.87	93.91
第一产业(农、林、牧、渔业)	(万人)	Primary Industry(Agriculture,Forestry, Animal Husbandry and Fishery)	(10 000 persons)	0.15	0.05	0.18	0.07
第二产业	(万人)	Secondary Industry	(10 000 persons)	53.10	47.41	53.97	49.64
第三产业	(万人)	Tertiary Industry	(10 000 persons)	50.77	45.10	49.72	44.20
年末城镇登记失业人员数	(人)	Registrated Unemployment in Urban Area at Year-end	(person)	35281		34673	
行政区域土地面积	(平方公里)	Land Area in Administrative Area	(sq.km)	8043	2525	8043	2525
水资源总量	(万立方米)	Total Water Resource	(10 000 cu.m)	51.53		54.72	
综合经济		**General Economy**					
生产总值(当年价格)	**(万元)**	**Gross Domestic Product (current price)**	**(10 000 yuan)**	**28911581**	**22275776**	**24972691**	**18687384**
第一产业增加值	(万元)	Added Value of Primary Industry	(10 000 yuan)	1298860	446274	1080236	374140
第二产业增加值	(万元)	Added Value of Secondary Industry	(10 000 yuan)	11085216	7667114	9765900	6637836
第三产业增加值	(万元)	Added Value of Tertiary Industry	(10 000 yuan)	16527505	14162388	14126555	11675408
人均生产总值(常住人口平均)	(元)	Per Capita GDP (permanent resident average)	(yuan)	63003	68264	55018	57882
生产总值增长率	(%)	Growth Rate of Gross Domestic Product	(%)	12.5	9.9	13.9	15.0
人均生产总值增长率	(%)	Growth Rate of Per Capita GDP	(%)	11.3	8.3	12.6	14.1
人均生产总值(户籍人口平均)	(元)	Per Capita GDP(registered permanent residence average)	(yuan)	74640	95427	65545	81501
财政、金融、保险		**Government Finance, Banking and Insurance**					
一般公共预算收入	(万元)	Public Budgetary Revenue	(10 000 yuan)	3741476	2028043	3315962	2955738
#各项税收	(万元)	Taxes	(10 000 yuan)	3018866	1717029	2718543	2441822
#企业所得税	(万元)	Corporate Income Tax	(10 000 yuan)	304043	147280	262593	245196
个人所得税	(万元)	Individual Income Tax	(10 000 yuan)	119133	67534	89166	83171

2-4 续表1 (continued)

指标名称		Item		2015 全市 The Whole City	2015 市辖区 Municipal District	2014 全市 The Whole City	2014 市辖区 Municipal District
一般公共预算支出	(万 元)	Public Bedgetary Expenditure	(10 000 yuan)	5035189	2624723	4486298	3562400
#一般性公共服务支出	(万 元)	Expenditure for General Public Services	(10 000 yuan)	723700	459385	784866	625313
科学技术支出	(万 元)	Expenditure for Science and Technology	(10 000 yuan)	145535	90755	123754	114329
教育支出	(万 元)	Expenditure for Education	(10 000 yuan)	986633	506192	804652	596483
文化体育与传媒支出	(万 元)	Expenditure for Culture,Sport and Media	(10 000 yuan)	79771	25131	82529	73063
社会保障和就业支出	(万 元)	Expenditure for Social Security and Employment Effort	(10 000 yuan)	346245	159603	319424	261965
医疗卫生支出	(万 元)	Expenditure for Medical and Health Care	(10 000 yuan)	394605	145878	332979	224169
城乡社区事务支出	(万 元)	Expenditure for Urban and Rural Community Affairs	(10 000 yuan)	466461	324164	341331	304860
交通运输支出	(万 元)	Expenditure for Transportation	(10 000 yuan)	84778	13000	71586	61380
节能环保支出	(万 元)	Expenditure for Environment Protection	(10 000 yuan)	166989	77742	163597	138041
年末金融机构各项存款余额(人民币)	(亿 元)	Deposits of Financial Institutions at Year-end (RMB)	(100 million yuan)	8772.22	8342.38	7047.62	6628.97
#城乡居民储蓄存款	(亿 元)	Saving Deposits of Urban and Rural Households	(100 million yuan)	2036.53	2140.32	2010.58	1795.99
年末金融机构各项贷款余额(人民币)	(亿 元)	Loans of Financial Institutions at Year-end	(100 million yuan)	7875.58	7521.18	6560.73	6272.56
保费收入	(万 元)	Premium	(10 000 yuan)	956077		800005	
财产险	(万 元)	Property Insurance	(10 000 yuan)	505967		428223	
人身险	(万 元)	Life Insurance	(10 000 yuan)	450111		371782	
赔款、给付	(万 元)	Payment of Claims	(10 000 yuan)	397024		327836	
财产险	(万 元)	Property Insurance	(10 000 yuan)	257599		211551	
人身险	(万 元)	Life Insurance	(10 000 yuan)	139425		116285	
农 业		**Agriculture**					
蔬菜及食用菌产量	(万 吨)	Output of Vegetables and Edible Mushrooms	(10 000 tons)	250.33	92.30	238.36	89
园林水果产量	(万 吨)	Output of Garden Fruits	(10 000 tons)	17.62	7.07	15.29	7
肉类总产量	(万 吨)	Output of Meat	(10 000 tons)	15.75	3.87	15.41	4
奶类产量	(吨)	Output of Milk	(ton)	49560	4461	45753	5607
水产品产量	(吨)	Output of Aquatic Products	(ton)	10227	962	9708	866
工 业		**Industry**					
年销售收入2000万元及以上工业企业		Industrial Enterprises with Annual Sales Revenue 20 million yuan and above					
工业企业数	(个)	Number of Industrial Enterprises	(unit)	580	347	511	

2-4 续表2 (continued)

指标名称		Item		2015 全 市 The Whole City	2015 市辖区 Municipal District	2014 全 市 The Whole City	2014 市辖区 Municipal District
内资企业	(个)	Domestic-funded Enterprises	(unit)	541	319	472	
国有企业	(个)	State-owned Enterprises	(unit)	39	33	43	
私营企业	(个)	Private Enterprises	(unit)	163	70	99	
港、澳、台商投资企业	(个)	Enterprises with Funds from Hong Kong,Macao and Taiwan	(unit)	18	14	15	
外商投资企业	(个)	Enterprises with Foreign Investment	(unit)	21	14	24	
工业增加值	(亿 元)	Industrial Added Value	(100 million yuan)	712.28		636.06	
工业总产值	(亿 元)	Gross Industrial Output Value	(100 million yuan)	2578.59		2229.15	
内资企业	(亿 元)	Domestic-funded Enterprises	(100 million yuan)	2427.26		2085.93	
国有企业	(亿 元)	State-owned Enterprises	(100 million yuan)	551.16		455.45	
私营企业	(亿 元)	Private Enterprises	(100 million yuan)	380.45		267.15	
港、澳、台商投资企业	(亿 元)	Enterprises with Funds from Hong Kong,Macao and Taiwan	(100 million yuan)	54.32		43.75	
外商投资企业	(亿 元)	Enterprises with Foreign Investment	(100 million yuan)	97.01		99.47	
从业人员年平均人数	(万 人)	Avarage Annual Employed Persons	(10 000 persons)	19.20		18.90	
流动资产合计	(亿 元)	Total Current Assets	(100 million yuan)	1466.54		1243.98	
固定资产合计	(亿 元)	Total Fixed Assets	(100 million yuan)	979.94		831.28	
主营业务收入	(亿 元)	Revenue from Principal Business	(100 million yuan)	2534.58		2190.74	
主营业务成本	(亿 元)	Cost of Principal Business	(100 million yuan)	1915.45		1620.25	
主营业务税金及附加	(亿 元)	Tax and Extra Charges from Principle Business	(100 million yuan)	117.88		120.27	
本年应交增值税	(亿 元)	Value-added Tax Payable	(100 million yuan)	89.98		82.24	
利润总额	(亿 元)	Total Profits	(100 million yuan)	266.00		196.77	
交通运输、邮电通信、能源电力		**Transport,Postal and Telecommunication Services, Energy and Electric Power**					
铁路客运量	(万 人)	Passenger Traffic of Railways	(10 000 persons)	2019		1575	
铁路货运量	(万 吨)	Freight Traffic of Railways	(10 000 tons)	1264		1402	
民用车辆拥有量	(辆)	Possession of Civil Vehicles	(unit)	1108244		899435	
#私人车辆拥有量	(辆)	Private Vehicles	(unit)	991303		807531	

2-4 续表3 (continued)

指标名称		Item		2015		2014	
				全 市 The Whole City	市辖区 Municipal District	全 市 The Whole City	市辖区 Municipal District
民用汽车拥有量	(辆)	Possession of Civil Vehicles	(unit)	841570		754345	
#私人汽车拥有量	(辆)	Possession of Private Vehicles	(unit)	726195		634926	
公路客运量(全社会)	(万 人)	Passenger Traffic of Highways (in the Whole City)	(10 000 persons)	63580		69659	
公路货运量(全社会)	(万 吨)	Freight Traffic of Highways (in the Whole City)	(10 000 tons)	30915		25007	
境内公路里程	(公 里)	Length of Highways	(km)	9847.00		9710.00	
#境内等级公路里程	(公 里)	Length of Class I to IV Highways	(km)	8992.00		8862.00	
#境内高速公路里程	(公 里)	Length of Expressways	(km)	449.00		304.00	
水运客运量(全社会)	(万 人)	Passenger Traffic of Waterways (in the Whole City)	(10 000 persons)	46.24		40.45	
水运货运量(全社会)	(万 吨)	Freight Traffic of Waterways (in the Whole City)	(10 000 tons)	4.34		3.75	
内河航道通航里程	(公 里)	Length of Navigable Inland Waterways	(km)	513		513	
#六级以上航道	(公 里)	Inland Waterways above Class VI	(km)	243		316	
民用航空货邮运量	(吨)	Freight Traffic of Civil Aviation	(ton)	87200		82064	
民用航空客运量	(万 人)	Passenger Traffic of Civil Aviation	(person)	1325		1253	
年末邮政局(所)数	(处)	Number of Postal Offices at Year-end	(unit)	187		185	128
邮政业务收入	(万 元)	Business Revenue of Postal Services	(10 000 yuan)	38556		654163	
电信业务收入	(万 元)	Business Revenue of Telecommunication Services	(10 000 yuan)	575072		563391	
固定电话用户年末用户数	(万 户)	Subscribers of Fixed Telephone at Year-end	(10 000 households)	97.04		102.90	
移动电话年末用户数	(万 户)	Subscribers of Mobile Telephone at Year-end	(10 000 households)	856.63		810.14	
#3G移动电话用户	(万 户)	3G Mobile Phone Subscribers	(10 000 households)	203.58		282.16	
互联网宽带接入用户数	(万 户)	Subscribers of Internet Broadband Access	(household)	116.15		105.44	
全年用电量	(亿千瓦时)	Electricity Consumption of the Whole Year	(100 million kwh)	239.85		232.25	157.63
#工业用电	(亿千瓦时)	Industrial Electricity Consumption	(100 million kwh)	157.07		155.26	93.39
城乡居民生活用电	(亿千瓦时)	Households Consumption of Electricity	(100 million kwh)	54.91		52.43	42.53
内外贸易、外经、旅游		**Foreign Trade,Economy and Tourism**					
限额以上批发零售贸易业商品销售总额	(万 元)	Total Sales Value of Enterprises above Designated Size of Wholesale and Retail Trades	(10 000 yuan)	18439332	16764737	18453268	17599699
社会消费品零售总额	(万 元)	Total Retail Sales of Consumer Goods	(10 000 yuan)	10601690	10304647	951218	9254507
限额以上批发零售贸易企业数(法人数)	(个)	Number of Enterprises above Designated Size of Wholesale and Retail Trades	(unit)	547	463	618	540
#零售业	(个)	Retail Trade	(unit)	351	281	357	295
限额以上批发零售贸易业企业财务		Finances of Enterprises above Designated Size of Wholesale and Retail Trades					
流动资产合计	(万 元)	Total Current Assets	(10 000 yuan)	9902859	9582797	8542297	8097568
固定资产合计	(万 元)	Total Fixed Assets	(10 000 yuan)	478039	452905	433230	392748

2-4 续表4 (continued)

指标名称		Item		2015 全市 The Whole City	2015 市辖区 Municipal District	2014 全市 The Whole City	2014 市辖区 Municipal District
主营业务收入	(万　元)	Revenue from Principal Business	(10 000 yuan)	16425984	15604706	16430407	15683166
主营业务成本	(万　元)	Cost of Principal Business	(10 000 yuan)	15195884	14456334	15287275	14605447
主营业务税金及附加	(万　元)	Tax and Extra Charges from Principal Business	(10 000 yuan)	144540	136904	102098	96831
本年应交增值税	(万　元)	Value-added Tax Payable	(10 000 yuan)	360530	353953	393402	376734
利润总额	(万　元)	Total Profits	(10 000 yuan)	267237	255176	173421	165356
进出口额(外贸数)	(万美元)	Total Value of Imports and Exports	(USD 10 000)	912149		784221	
进口额	(万美元)	Total Imports	(USD 10 000)	122417		57033	
出口额	(万美元)	Total Exports	(USD 10 000)	789732		727188	
外国和港澳台地区在华直接投资		Direct Investments from Foreign Countries,Hong Kong,Macao and Taiwai					
当年新签项目(合同)个数	(个)	New Contracts	(unit)	30	14	24	15
当年合同外资金额	(万美元)	Foreign Fund in New Contracts	(USD 10 000)	63213		65994	
当年实际直接利用外资金额	(万美元)	Total Amount of Foreign Investment Actually Utilized	(USD 10 000)	92740	59673	76174	65493
海外游客人数(含一日游游客)	(人)	Overseas Tourists (including one-day tour tourists)	(person)	158469		145931	
#外国人	(人)	Foreigners	(person)	71960		69072	
港、澳、台同胞	(人)	Chinese Compatriots from Hong Kong, Macao and Taiwai	(person)	86509		76859	
旅游(外汇)收入	(万美元)	Foreign Exchange Earnings from Tourism	(USD 10 000)	6034.70		5661.94	
星级饭店数	(个)	Number of Star-rated Hotels	(unit)	59		64	
固定资产投资		**Investment in Fixed Assets**					
全社会固定资产投资总额	(亿　元)	Total Investment in Fixed Assets in the Whole City	(10 000 yuan)	4015.64	2484.20	3489.41	3489.41
#房地产开发	(亿　元)	Real Estate Development	(10 000 yuan)	1005.00	960.61	1017.60	984.47
#住　宅	(亿　元)	Residential Buildings	(10 000 yuan)	586.45	560.30	633.36	610.62
全年新增固定资产	(亿　元)	Newly Increased Fixed Assets in the Whole Year	(10 000 yuan)	2954.09	1789.34	2341.58	1353.34
本年施工住宅面积	(万平方米)	Floor Space under Construction This Year	(10 000 sq.m)	5027.08		4990.78	
本年竣工住宅面积	(万平方米)	Floor Space Completed This Year	(10 000 sq.m)	1193.29		913.36	
房地产		Real Estate					
商品房屋销售面积	(万平方米)	Floor Space of Commercialized Buildings Sold	(10 000 sq.m)	968.17	892.93	948.11	871.04
#住　宅	(万平方米)	Residential Buildings	(10 000 sq.m)	798.25	732.36	800.32	737.56
#高档别墅公寓	(万平方米)	Villas,High-grade Apartments	(10 000 sq.m)	7.39	7.39	33.57	33.57
商品房屋销售额	(亿　元)	Total Sale of Commercialized Buildings	(100 million yuan)	581.37	553.43	530.87	521.57
#住　宅	(亿　元)	Residential Buildings	(100 million yuan)	394.94	376.34	391.27	385.35
#高档别墅公寓	(亿　元)	Villas,High-grade Apartments	(100 million yuan)	7.58	7.58	32.50	32.50
待售面积	(万平方米)	Floor Space of Commercialized Buildings for Sale	(10 000 sq.m)	400.00	385.48	261.26	247.16

2-4 续表5 (continued)

指标名称		Item		2015		2014	
				全 市 The Whole City	市辖区 Municipal District	全 市 The Whole City	市辖区 Municipal District
教育、科技、文化、卫生		**Education,Technology,Culture and Health Care**					
学校数		Number of Schools					
普通高等学校	(所)	Regular Institutions of Higher Education	(unit)	29	5	29	25
成人高等学校	(所)	Institutions of Higher Education for Adult	(unit)	2	1	2	2
中等职业教育(学校)	(所)	Secondary Vocational Education(Schools)	(unit)	62	31	66	60
普通中学	(所)	Regular Secondary Schools	(unit)	306	233	306	239
职业中学(初中)	(所)	Vocational Secondary Schools (Junior Secondary Schools)	(unit)	3	1	4	
小 学	(所)	Primary Schools	(unit)	546	378	558	347
专任教师数		Full-time Teachers					
普通高等学校	(人)	Regular Institutions of Higher Education	(person)	17127	2745	16595	15826
成人高等学校	(人)	Institutions of Higher Education for Adult	(person)	332	24	318	318
中等职业教育(学校)	(人)	Secondary Vocational Education(Schools)	(person)	5478	1810	5121	4657
普通中学	(人)	Regular Secondary Schools	(person)	20581	14488	19914	15130
职业中学(初中)	(人)	Vocational Secondary Schools (Junior Secondary Schools)	(person)	63	26	94	
小 学	(人)	Primary Schools	(person)	15292	10467	14730	9509
在校学生数		Number of Students Enrollment					
普通高等学校	(人)	Regular Institutions of Higher Education	(person)	368536	56208	359318	335822
成人高等学校	(人)	Institutions of Higher Education for Adult	(person)	7736	2139	9468	9468
中等职业教育(学校)	(人)	Secondary Vocational Education(Schools)	(person)	152876	49602	155995	138895
普通中学	(万 人)	Regular Secondary Schools	(10 000 persons)	24.57	16.52	25.52	18.93
#高 中	(万 人)	Senior Secondary School	(10 000 persons)	8.89	5.70	8.76	6.24
职业中学(初中)	(人)	Vocational Secondary Schools (Junior Secondary Schools)	(person)	670	257	974	495
小 学	(万 人)	Primary Schools	(10 000 persons)	33.01	23.90	31.65	24.49
初中毕业生升学率	(%)	Promotion Rate from Junior Secondary Schools to Senior Secondary Schools	(%)	88.8	98. 2	91.6	
专利申请受理量	(件)	Number of Patents Application Accepted	(case)	7194		12630	
专利申请授权量	(件)	Number of Patents Application Granted	(case)	8002		3766	
#发 明	(件)	Inventions	(case)	940		674	
剧场、影剧院数	(个)	Number of Theaters,Music Halls and Cinemas	(unit)	5		5	3
公共图书馆图书总藏量	(千册、件)	Total Collections of Public Libraries	(1000 copies)	8685		8188	
医院、卫生院数	(个)	Number of Hospitals and Health Centers	(unit)	262	176	249	162

2-4 续表6 (continued)

指标名称		Item		2015 全市 The Whole City	2015 市辖区 Municipal District	2014 全市 The Whole City	2014 市辖区 Municipal District
医院、卫生院床位数	(张)	Number of Beds in Hospitals and Health Centers	(bed)	29124	25600	25919	20652
医生数	(人)	Number of Doctors	(person)	14478	12219	13043	10909
#医院、卫生院医生数	(人)	Number of Doctors in Hospital and Health Centers	(person)	10295		9138	
注册护士	(人)	Registered Nurse	(person)	16951	14260	15501	13110
#医院、卫生院注册护士	(人)	Registered Nurse in Hospital and Health Centers	(person)	13736		12681	
人民生活、社会保障		**People's Living Condition and Social Security**					
城镇居民人均住宅建筑面积	(平方米/人)	Per Capita Building Space of Urban Household	(sq.m/person)	34.28		34.70	
农民人均住房面积	(平方米/人)	Per Capita Living Space of Rural Household	(sq.m/person)	49.87		50.61	
在岗职工平均人数	(万 人)	Average Number of On-post Staff	(10 000 persons)	93.34	80.56	91.60	82.52
在岗职工工资总额	(万 元)	Total Wage Bill of On-post Staff	(10 000 yuan)	5813417	5196084	5434671	4942690
在岗职工年平均工资	(元)	Annual Average Wage of On-post Staff	(yuan)	63949		59334	
城镇居民家庭总收入	(元)	Total Household Income	(yuan)		29697		26823
工资性收入	(元)	Income from Wages and Salaries	(yuan)		16193		14709
经营净收入	(元)	Net Business Income	(yuan)		2354		2360
财产净收入	(元)	Net Property Income	(yuan)		2559		2391
转移净收入	(元)	Net Income from Transfer	(yuan)		6134		5502
城镇常住居民人均可支配收入	(元)	Annual Per Capita Disposable Income of Urban Households	(yuan)		27241		24961
最低20%户人均可支配收入	(元)	Lowest Annual Per Capita Disposable Income(first ten percent group)	(yuan)		12935		13073
最高20%户人均可支配收入	(元)	Highest Annual Per Capita Disposable Income(first ten percent group)	(yuan)		52308		45163
城镇常住居民人均消费支出	(元)	Per Capita Consumption Expenditure of Urban Permanent Residents	(yuan)		22532		19501
食品烟酒	(元)	Food, Tobacco and Wine	(yuan)		6935		6176
衣 着	(元)	Clothing	(yuan)		1729		1533
生活用品及服务	(元)	Daily Necessities and Service	(yuan)		1523		1405
医疗保健	(元)	Health Care and Medical Services	(yuan)		1072		972
交通通信	(元)	Transport and Communications	(yuan)		3142		2250
教育文化娱乐	(元)	Education, Culture and Entertainment	(yuan)		3337		2874
居 住	(元)	Residence	(yuan)		4388		3949
其他用品和服务	(元)	Others	(yuan)		406		343
每百户城市居民家庭拥有:		Per 100 Rural Households Owned:					
家用汽车	(辆)	Automobile	(unit)		21		19
家用电脑	(台)	Computer	(set)		65		74
固定电话	(部)	Fixed Telephone	(set)		55		63

2-4 续表7 (continued)

指标名称		Item		2015 全 市 The Whole City	2015 市辖区 Municipal District	2014 全 市 The Whole City	2014 市辖区 Municipal District
移动电话	(部)	Mobile Telephone	(set)		196		202
电冰箱(柜)	(台)	Refrigerator	(set)		94		93
彩色电视机	(台)	Color TV Set	(set)		105		104
微波炉	(部)	Microwave	(set)		60		50
组合音响	(套)	Hi-Fi Stereo Component System	(set)		15		14
空调机	(台)	Air Condition	(set)		17		13
洗衣机	(台)	Washing Machine	(set)		97		97
居民消费价格指数(上年为100)	(%)	Consumer Price Index (100 last year)	(%)		102.3		102.7
农村常住居民人均可支配收入	(元)	Per Capita Disposable Income of Rural Households	(yuan)	11918		10826	
养老保险参保人数	(人)	Endowment Insurance Contributors	(person)	1559556		1460045	
在职职工养老保险人数	(人)	Endowment Insurance for On-the-job Staff	(person)	1306187		1228648	
离退休养老保险人数	(人)	Retirement Endowment Insurance Contributors	(person)	253369		231397	
基本医疗保险参保人数	(人)	Basic Medical Care Insurance Contributors	(person)	1264322		1201993	
失业保险参保人数	(人)	Unemployment Insurance Contributors	(person)	645794		612341	
生育保险参保人数	(人)	Maternity Insurance Contributors	(person)	1077452		1028026	
工伤保险参保人数	(人)	Work Injury Insurance Contributors	(person)	827746		787104	
城乡福利院机构数	(个)	Number of Social Welfare Homes	(unit)	78		142	
城乡福利院床位数	(张)	Number of Beds in Social Welfare Institutes	(bed)	9053		12884	
居民最低生活保障线以下人数	(人)	Number of Persons under Minimun Living Standard	(person)	109660		117289	
城镇居民	(人)	Urban Households	(person)	61381		64577	
农村居民	(人)	Rural Households	(person)	48279		52712	
社会治安		**Social Security**					
交通事故件数	(件)	Number of Traffic Accidents	(case)	182		202	
交通事故死亡人数	(人)	Number of Deaths in Traffic Accidents	(person)	130		141	
交通事故损失额	(万 元)	Property Losses of Traffic Accidents	(10 000 yuan)	225		295	
火灾事故死亡人数	(人)	Number of Deaths in Fire Accidents	(person)	1		1	
火灾事故损失额	(万 元)	Economic Losses in Fire Accidents	(10 000 yuan)	413		5757	
刑事案件立案数	(件)	Number of Criminal Cases Registered	(case)	7791		7039	
犯罪人数	(人)	Number of Offenders	(person)	8499		6480	

注：2015年，床位数未达50个的农村敬老院计入社区服务机构，不再计入农村养老服务机构，城乡福利院机构个数减少与去年数据不可比。

a) In 2015, the number of beds is not up to 50 of rural homes for the elderly in community service organizations, are no longer in the rural pension service, the number of urban and rural welfare institutions and reduce the data are not comparable to last year.

2–4 续表8 (continued)

指标名称		Item		2015		2014	
				全 市 The Whole City	市辖区 Municipal District	全 市 The Whole City	市辖区 Municipal District
市政公用事业		**Municipal Public Utilities**					
城市维护建设资金支出	(万 元)	Expenditure on Municipal Infrastructure	(10 000 yuan)		145932		112460
年末实有城市道路面积	(万平方米)	Area of Paved Roads(at year-end)	(10 000 sq.m)		2645		2611
排水管道长度	(公 里)	Length of City Sewage Pipes	(km)		3523		3520
供水综合生产能力	(万立方米/日)	Production Capacity of Tap Water Supply	(10 000 cu.m/day)		115.6		114.5
供水总量	(万立方米)	Total Volume of Tap Water Supply	(10 000 cu.m)		29634		28156
售水量	(万立方米)	Total Volume of Tap Water Sold	(10 000 cu.m)		22930		21561
#居民生活用水量	(万立方米)	Water Consumption for Residential Use	(10 000 cu.m)		14257		12835
用水人口	(万 人)	Number of Residents with Access to Tap Water	(10 000 persons)		355		307
煤气(人工天然气)供气总量	(万立方米)	Volume of Gas Supply coal gas(artificial natural gas)	(10 000 cu.m)		20500		13902
#家庭用量	(万立方米)	Households Consumption	(10 000 cu.m)		8658		5414
用天然气人口	(万 人)	Population with Access to Natural Gas	(10 000 persons)		210		237
液化石油气供气总量	(万 吨)	Volume of Liquefied Petroleum Gas Supply	(10 000 tons)		4.20		4.00
液化石油气销售气总量	(万 吨)	Volume of Liquefied Petroleum Gas Sold	(10 000 tons)		4.20		4.00
#家庭用量	(万 吨)	Households Consumption	(10 000 tons)		4.20		4.00
用液化气人口	(万 人)	Number of Residents with Access to Liquefied Petroleum Gas	(10 000 persons)		72		72
年末实有公共汽(电)车营运车辆数	(辆)	Number of Public Vehicles under Operation at Year-end	(unit)		2738		2450
全年公共汽(电)车客运总量	(万人次)	Passengers Transported by Public Vehicles in the Whole year	(10 000 person-times)		57584		62142
年末实有出租汽车数	(辆)	Actual Number of Taxies at Year-end	(unit)		7849		7534
建成区园林绿地面积	(公 顷)	Garden Green Land of Completed Area	(hectare)		11115		--
建成区公园绿地面积	(公 顷)	Area of Public Greenland in Built-up Districts	(hectare)		3065		--
建成区绿化覆盖面积	(公 顷)	Green Covered Area of Completed Area	(hectare)		11533		--
环境保护		**Environment Protection**					
工业废水排放量	(万 吨)	Emission of Industrial Sewage	(10 000 tons)		2700		2895
工业二氧化硫排放量	(吨)	Emission of Industrial Surplur Dioxide	(ton)		57192		70533
工业固体废物综合利用率	(%)	Comprehensible Utilization Ratio of Industrial Solid Wastes	(%)		48.15		48.86
生活垃圾无害化处理率	(%)	Harmless Treatment Ratio of Household Refuse	(%)		95.09		97.59

注：市生态委于2014年7月按《国家园林城市遥感调查与测试要求》（建城园函［2010］150号）标准，以覆盖贵阳市建成区（299平方公里）、贵阳市规划区（1230平方公里）和市域范围（8034平方公里）卫星遥感数据为基础数据源开展相应调查，调整指标统计口径和范围，数据不可比。

a) According to the standards of "National Garden City Remote Sensing Survey and Testing Requirements"(Letter No. 2010150, the city park),based on the satellite remote sensing data of Guiyang built-up area(299sq.km.),Guiyang planning area(1230sq.km.) and Guiyang city region (8034aq. km.), Guiyang Ecology Committee stared to investigate in July 2014, and adjusted the investigation caliber and region, so the data is incomparable.

2–5 生产总值
Gross Domestic Product

指 标	Item	2015		2014		2015年比2014年增长(%) Growth Rate in 2015 over 2014 (%)
		绝对数(万 元) Absolute Figures (10 000 yuan)	构 成(%) Proportion (%)	绝对数(万 元) Absolute Figures (10 000 yuan)	构 成(%) Proportion (%)	
生产总值	**Gross Domestic Product**	**28911581**	**100.0**	**24972691**	**100.0**	**12.5**
第一产业	Primary Industry	1298860	4.5	1080236	4.3	6.4
农、林、牧、渔业	Agriculture,Forestry,Animal Husbandry and Fishery	1289386	4.5	1072357	4.3	6.4
农林牧渔服务业	Service of Agriculture,Forestry, Animal Husbandry and Fishery	9474	0.0	7879	0.0	11.6
第二产业	Secondary Industry	11085216	38.3	9765900	39.1	14.6
工 业	Industry	7141495	24.7	6780000	27.1	10.2
建筑业	Construction	3943721	13.6	2985900	12.0	26.9
第三产业	Tertiary Industry	16527505	57.2	14126555	56.6	11.1
交通运输、仓储和邮政业	Transportation,Storage and Post	2391014	8.3	2038895	8.2	10.7
信息传输、计算机服务和软件业	Information Transmission,Software Industry and Computer Services	1264583	4.4	1092038	4.4	9.9
批发和零售业	Wholesale and Retail Trades	2560203	8.9	2226494	8.9	4.6
住宿和餐饮业	Hotels and Catering Services	1239817	4.3	1053252	4.2	7.3
金融业	Financial Industry	3100708	10.7	2382466	9.5	24.6
房地产业	Real Estate	894960	3.1	830076	3.3	3.1
租赁和商务服务业	Leasing and Business Services	409434	1.4	353569	1.4	13.3
科学研究和技术服务业	Scientific Research,Technic Services and Geological Exploration	622110	2.2	556971	2.2	6.5
水利、环境和公共设施管理业	Management of Water Conservancy, Environment and Public Facilities	93082	0.3	83335	0.3	9.6
居民服务、修理和其他服务业	Services to Household, Repair and Other	385054	1.3	332516	1.3	10.8
教 育	Education	886886	3.1	794023	3.2	9.0
卫生和社会工作	Health and Social Work	493289	1.7	441638	1.8	10.3
文化、体育和娱乐业	Culture,Sports and Entertainment	509030	1.8	439575	1.8	9.2
公共管理和社会组织	Public Management and Social Organization	1677335	5.8	1501707	6.0	9.4
人均生产总值(元)	**Per Capita Gross Domestic Product (yuan)**	**63003**		**55018**		**11.3**

注：1. 表中绝对数按当年价格计算，增长速度按可比价格计算；

2. 表中人均生产总值按常住半年及以上平均总人口计算。

a) The absolute figures in this table are calculated at current prices,whereas the growth rates are calculated at comparable prices;

b) Per capita gross domestic product in this table is calculated according to average annual population who live in Guiyang for six months or above.

2-6 按行业划分的资本形成总额
Gross Capital Formation by Sector

单位：万元 (10 000 yuan)

指　　标	Item	2015	构　成 (%) Proportion (%)	2014	构　成 (%) Proportion (%)
固定资本形成总额	**Gross Fixed Capital Formation**	**15268655**	**100.0**	**13659848**	**100.0**
第一产业	Primary Industry	229030	1.5	150258	**1.1**
农林牧渔业	Agriculture,Forestry, Animal Husbandry and Fishery	229030	1.5	150258	1.1
第二产业	Secondary Industry	5827587	38.2	5201670	38.1
采掘业	Mining	91154	0.6	95619	0.7
制造业	Manufacturing	2470468	16.2	2094054	15.3
电力、煤气及水的生产和供应业	Electric Power,Gas and Water Production and Supply	642810	4.2	423455	3.1
建筑业	Construction	2623155	17.2	2588541	18.9
第三产业	Tertiary Industry	9212038	60.3	8307920	60.8
交通运输、仓储和邮政业	Transportation,Storage and Post	2832335	18.5	2670500	19.5
信息传输、计算机服务和软件业	Information Transmission,Computer Service and Software Industry	3020140	19.8	1273098	9.3
批发与零售业	Wholesale and Retail Trades	283997	1.9	417991	3.1
住宿和餐饮业	Hotels and Catering Services	436989	2.9	445584	3.3
金融业	Financial Industry	780228	5.1	840081	6.1
房地产业	Real Estate	1076440	7.0	1442480	10.6
其它行业	Others	781908	5.1	1218186	8.9
存货增加	**Changes in Inventories**	**1119297**	**100.0**	**1031662**	**100.0**
第一产业	Primary Industry	11697	1.0	9852	1.0
农林牧渔业	Agriculture,Forestry, Animal Husbandry and Fishery	11697	1.0	9852	1.0
第二产业	Secondary Industry	909093	81.2	845860	82.0
工　业	Industry	431153	38.5	418029	40.5
建筑业	Construction	477940	42.7	427830	41.5
第三产业	Tertiary Industry	198507	17.7	175950	17.1
交通运输、仓储和邮政业	Transportation,Storage and Post	141031	12.6	99865	9.7
批发与零售业	Wholesale and Retail Trades	13208	1.2	22800	2.2
住宿和餐饮业	Hotels and Catering Services	15111	1.4	15991	1.6
其它行业	Others	29158	2.6	37295	3.6

2–7 最终消费
Final Consumption

单位：万元 (10 000 yuan)

指 标	Item	2015	构 成 (%) Proportion (%)	2014	构 成 (%) Proportion (%)
最终消费支出	**Final Consumption Expenditure**	**14059413**	**100.0**	**11394806**	**100.0**
居民消费支出	**Household Consumption Expenditure**	**12981056**	**92.3**	**10410864**	**91.4**
农村居民	**Consumption Composition for Rural Residents**	**759392**	**5.4**	**727265**	**6.4**
食品类支出	Food	375595	2.7	366251	3.2
衣着类支出	Clothing	59719	0.4	51999	0.5
居住类支出	Residence	35813	0.3	29527	0.3
家庭设备、用品及服务类支出	Household,Articles and Services	45564	0.3	50909	0.4
医疗保健类支出	Health Care and Medical Services	46551	0.3	41818	0.4
公共医疗消费支出	Public Medical Care	22098	0.2	23272	0.2
交通和通信类支出	Transport and Communications	50955	0.4	37091	0.3
文教娱乐用品及服务类支出	Education,Culture,Recreation and Relative Services	41691	0.3	32727	0.3
金融中介服务虚拟支出	Virtual Expenditure for Financial Agency Services	12910	0.1	10182	0.1
自有住房服务虚拟支出	Virtual Expenditure for Services for Private-owned Houses	12150	0.1	13091	0.1
其它商品和服务类支出	Others	56347	0.4	70399	0.6
城镇居民	**Consumption Composition for Urban Residents**	**12221664**	**86.9**	**9683599**	**85.0**
食品类支出	Food	4900887	34.9	4028377	35.4
衣着类支出	Clothing	953290	6.8	716586	6.3
居住类支出	Residence	1125615	8.0	920910	8.1
家庭设备、用品及服务类支出	Household,Articles and Services	892181	6.3	590700	5.2
医疗保健类支出	Health Care and Medical Services	745521	5.3	513231	4.5
公共医疗消费支出	Public Medical Care	415537	3.0	377660	3.3
交通和通信类支出	Transport and Communications	941068	6.7	784371	6.9
文教娱乐用品及服务类支出	Education,Culture, Recreation and Relative Services	1368826	9.7	1036145	9.1
金融中介服务虚拟支出	Virtual Expenditure for Financial Agency Services	378872	2.7	367977	3.2
自有住房服务虚拟支出	Virtual Expenditure for Services for Private-owned Houses	268877	1.9	96836	0.8
实物消费支出	In-kind Consumption	221212	1.6	145254	1.3
其它商品和服务类支出	Others	9777	0.1	105551	0.9
政府消费支出	**Government Consumption Expenditure**	**1078357**	**7.7**	**983941**	**8.6**

2-8 按支出法计算的生产总值
Gross Domestic Product by Expenditure Approach

单位：万元 (10 000 yuan)

指 标	Item	2015	2014	2015年比2014年增长(%) Growth Rate in 2015 over 2014 (%)
绝对数(万元)	**Absolute Figures**	**28911581**	**24972691**	**12.5**
按支出法计算的生产总值	Gross Domestic Product by Expenditure Approach	28911581	24972691	12.5
最终消费	Final Consumption Expenditure	14059413	11394806	13.7
居民消费	Household Consumption Expenditure	12981056	10410864	14.2
农村居民	Rural Household	759392	727265	4.4
城镇居民	Urban Household	12221664	9683599	15.0
政府消费	Government Consumption Expenditure	1078357	983941	9.6
资本形成总额	Gross Capital Formation	16387952	14691510	11.6
固定资本形成总额	Gross Fixed Capital Formation	15268655	13659848	11.8
存货增加	Changes in Inventories	1119297	1031662	8.5
货物和服务净出口	Net Export of Goods and Services	-1535783	-1113624	
出 口	Export	1448649	1355126	
进 口	Import	2984432	2468750	

注:货物和服务净出口为负数或零时，无增长速度。
a) There is no growth rate when the export of goods and services is zero or negative.

2-9 各区(市、县)生产总值(2015年)
Gross Domestic Product of District(City, County) in Guiyang(2015)

区(市、县)名 称	District(City, County)	生产总值 Gross Domestic Product	第一产业 Primary Industry	第二产业 Secondary Industry	第三产业 Tertiary Industry	人均生产总值(元) Per Capita Gross Product (yuan)
绝对值(万元)	**Absolute Figures(10 000 yuan)**					
南明区	Nanming	6060487	36605	1298789	4725093	69246
云岩区	Yunyan	6500200	5817	1243707	5250676	65443
花溪区	Huaxi	4949685	176221	2950090	1823374	77635
乌当区	Wudang	1450783	139266	689443	622074	61247
白云区	Baiyun	1782335	56133	938113	788089	64516
观山湖区	Guanshanhu	1532286	32232	546972	953082	62791
开阳县	Kaiyang	1871652	272095	1020905	578652	51085
息烽县	Xifeng	1490911	157303	712455	621153	66989
修文县	Xiuwen	1400368	195308	613619	591441	53000
清镇市	Qingzhen	2533349	227880	1160129	1145340	53604
增速(%)	**Growth Rate(%)**					
南明区	Nanming	13.1	6.0	18.0	11.7	12.0
云岩区	Yunyan	12.8	6.0	11.8	13.0	12.6
花溪区	Huaxi	12.4	6.4	11.2	15.2	11.4
乌当区	Wudang	16.0	6.4	19.8	11.0	14.3
白云区	Baiyun	15.4	6.6	16.9	13.6	13.9
观山湖区	Guanshanhu	13.8	6.2	20.6	9.3	8.2
开阳县	Kaiyang	15.5	6.5	20.5	9.6	14.6
息烽县	Xifeng	15.4	6.6	16.5	15.3	13.9
修文县	Xiuwen	15.0	6.7	16.0	16.2	13.4
清镇市	Qingzhen	14.6	6.5	18.1	11.8	13.2

注：1. 本表绝对值按当年价格计算，增长速度按可比价格计算；
2. 人均生产总值按常住半年及以上平均人口数计算。
a) The absolute figures in this table are calculated at current prices, whereas the growth rates are calculated at comparable prices;
b) Per capita gross domestic product in this table is calculated according to average annual population who live in Guiyang for six months or above.

2-10 非公有制经济增加值
Added Value of Non-public Sector of the Economy

单位：万元 (10 000 yuan)

指 标	Item	GDP总量 Total GDP		非公有制经济 Non-public Economy		
		2015	2014	2015	2014	增长 (%) Growth Rate (%)
生产总值	**Gross Domestic Product**	**28911581**	**24972691**	**15076586**	**12799170**	**14.3**
第一产业	Primary Industry	1298860	1080236	998295	812865	6.5
第二产业	Secondary Industry	11085216	9765900	5641617	4704760	21.8
工 业	Industry	7141495	6780000	3886662	3390964	19.9
建筑业	Construction	3943721	2985900	1754956	1313796	28.3
第三产业	Tertiary Industry	16527505	14126555	8436674	7281545	8.7
交通运输、仓储和邮政业	Transportation,Storage and Post	2391014	2038895	1599588	1355865	11.4
批发和零售业	Wholesale and Retail Trades	2560203	2226494	2053283	1783422	4.7
住宿和餐饮业	Hotels and Catering Services	1239817	1053252	1128233	956353	7.6
金融业	Financial Industry	3100708	2382466	319373	240629	27.0
房地产业	Real Estate	894960	830076	717758	664061	3.4
其他营利性服务业	Other For-profit Services	2568101	2217698	1777126	1527994	11.1
非营利性服务业	Nonprofit Services	3772702	3377674	841313	753221	9.2
按区县地域分	**By District,County,City**					
南 明 区	Nanming	6060487	5285111	3254350	2813584	14.0
云 岩 区	Yunyan	6500200	6159087	3570710	3165643	13.2
花 溪 区	Huaxi	4949685	3625211	1949600	1618962	19.6
乌 当 区	Wudang	1450783	1237302	810281	662797	19.4
白 云 区	Baiyun	1782335	1507504	1001725	862838	14.2
观山湖区	Guanshanhu	1532286	1318739	844239	696454	19.3
开 阳 县	Kaiyang	1871652	1608888	989477	817777	19.9
息 烽 县	Xifeng	1490911	1284727	798143	652944	20.2
修 文 县	Xiuwen	1400368	1197824	966924	824548	18.4
清 镇 市	Qingzhen	2533349	2193868	1372352	1177649	15.0

2-11　民族乡基本情况

民族乡镇名称	Township(Town)	行政区划面积（平方公里）Administrative Areas (km.sq)	村民委员会个数（个）Number of Village Committees (unit)
合　计	**Total**		
贵阳市南明区小碧布依族苗族乡	Xiaobi(Bouyei&Miao)Township,Nanming District,Guiyang City	66	12
贵阳市花溪区高坡苗族乡	Gaopo(Miao)Township,Huaxi District,Guiyang City	119	19
贵阳市花溪区马铃布依族苗族乡	Maling(Bouyei&Miao)Township,Huaxi District,Guiyang City	82	3
贵阳市花溪区孟关苗族布依族乡	Mengguan(Bouyei&Miao)Township,Huaxi District,Guiyang City	69	8
贵阳市花溪区黔陶布依族苗族乡	Qiantao(Bouyei&Miao)Township,Huaxi District,Guiyang City	74	7
贵阳市乌当区偏坡布依族乡	Pianpo(Bouyei)Township,Wudang District,Guiyang City	22	2
贵阳市乌当区新堡布依族乡	Xinbao(Bouyei)Township,Wudang District,Guiyang City	54	7
贵阳市白云区都拉布依族乡	Dula(Bouyei)Township,Baiyun District,Guiyang City	37	7
贵阳市白云区牛场布依族乡	Niuchang(Bouyei)Township,Baiyun District,Guiyang City	67	13
贵阳市清镇市麦格苗族布依族乡	Maige(Miao&Bouyei)Township,Qingzhen,Guiyang City	127	15
贵阳市清镇市王庄布依族苗族乡	Wangzhuang(Bouyei&Miao)Township,Qingzhen,Guiyang City	77	10
贵阳市清镇市流长苗族乡	Liuchang(Miao)Township,Qingzhen,Guiyang City	154	26
贵阳市息烽市青山苗族乡	Qingshan(Miao)Township,Xifeng,Guiyang City	49	5
贵阳市开阳县禾丰布依族苗族乡	Hefeng(Bouyei&Miao)Township,Kaiyang County,Guiyang City	83	6
贵阳市开阳县南江布依族苗族乡	Nanjiang(Bouyei&Miao)Township,Kaiyang Country,Guiyang City	120	6
贵阳市开阳县高寨苗族布依族乡	Gaozhai(Miao&Bouyei)Township,Kaiyang County,Guiyang City	177	8
贵阳市修文县大石布依族乡	Dashi(Bouyei)Township,Xiuwen County,Guiyang City	51	7

2-11　续表1

民族乡镇名称	Township(Town)
合　计	**Total**
贵阳市南明区小碧布依族苗族乡	Xiaobi(Bouyei&Miao)Township,Nanming District,Guiyang City
贵阳市花溪区高坡苗族乡	Gaopo(Miao)Township,Huaxi District,Guiyang City
贵阳市花溪区马铃布依族苗族乡	Maling(Bouyei&Miao)Township,Huaxi District,Guiyang City
贵阳市花溪区孟关苗族布依族乡	Mengguan(Bouyei&Miao)Township,Huaxi District,Guiyang City
贵阳市花溪区黔陶布依族苗族乡	Qiantao(Bouyei&Miao)Township,Huaxi District,Guiyang City
贵阳市乌当区偏坡布依族乡	Pianpo(Bouyei)Township,Wudang District,Guiyang City
贵阳市乌当区新堡布依族乡	Xinbao(Bouyei)Township,Wudang District,Guiyang City
贵阳市白云区都拉布依族乡	Dula(Bouyei)Township,Baiyun District,Guiyang City
贵阳市白云区牛场布依族乡	Niuchang(Bouyei)Township,Baiyun District,Guiyang City
贵阳市清镇市麦格苗族布依族乡	Maige(Miao&Bouyei)Township,Qingzhen,Guiyang City
贵阳市清镇市王庄布依族苗族乡	Wangzhuang(Bouyei&Miao)Township,Qingzhen,Guiyang City
贵阳市清镇市流长苗族乡	Liuchang(Miao)Township,Qingzhen,Guiyang City
贵阳市息烽市青山苗族乡	Qingshan(Miao)Township,Xifeng,Guiyang City
贵阳市开阳县禾丰布依族苗族乡	Hefeng(Bouyei&Miao)Township,Kaiyang County,Guiyang City
贵阳市开阳县南江布依族苗族乡	Nanjiang(Bouyei&Miao)Township,Kaiyang Country,Guiyang City
贵阳市开阳县高寨苗族布依族乡	Gaozhai(Miao&Bouyei)Township,Kaiyang County,Guiyang City
贵阳市修文县大石布依族乡	Dashi(Bouyei)Township,Xiuwen County,Guiyang City

Basic Statistics on Ethnic Community Township

已通公路的村(个) Villages with Access to Road (unit)	已通自来水的村(个) Villages with Access to Tap Water(unit)	已通电的村(个) Villages with Access to Electricity(unit)	已通电话的村(个) Villages with Access to Telephone(unit)	已通邮的村(个) Villages with Access to post (unit)	年末总人口(人) Total Population at Year-end (person)	#少数民族(人) Minority (person)
12	12	12	12	12	17346	6807
19	19	19	19	19	24079	18291
3	3	3	3	3	9538	5289
8	8	8	8	8	20516	9578
7	7	7	7	7	10902	4741
2	2	2	2	2	2011	1813
7	7	7	7	7	5650	3118
7	7	7	7	7	10085	4584
13	13	13	13	13	13935	5279
15	15	15	15	15	25286	9908
10	10	10	10	10	24651	10882
26	26	26	26	26	52705	27120
5	5	5	5	5	7241	2150
6	6	6	6	6	17320	6213
6	6	6	6	6	21163	7281
8	8	8	8	8	26655	8893
7	7	7	7	7	14048	3695

(continued)

农林牧渔业总产值(万元) Gross Output Value of Agriculture, Forestry,Animal Husbandry and Fishery(10 000 yuan)	农作物总播种面积(亩) Total Sown Area (mu)	#粮食播种面积(亩) Sown Area of Grain Crops (mu)	粮食产量(吨) Output of Grain (ton)	肉类总产量(吨) Output of Meat (ton)
29876	38805			1358
23382	56265	22935	7749	3018
19164	40830	11445	3372	1248
22755	38985	13095	4851	1628
29756	40860	7515	2778	857
4920	8490	3375	374	225
15500	30225	13245	4044	204
12524	13470	4890	1265	971
34405	61700	15540	4396	998
21923	62325	28590	8205	1187
21848	75855	28575	5749	2293
33672	88215	39315	8943	4855
11511	34260	17400	4794	835
19711	47940	20025	5157	1611
19932	56670	27840	7062	2217
22492	65175	30225	7656	2871
14771	44385	19590	4094	1291

2-11 续表2

民族乡镇名称	Township(Town)	农民合作社个数(个) Number of Farmer Cooperatives(unit)	农民合作社成员数(户) Member of Farmer Cooperatives (household)
合 计	**Total**		
贵阳市南明区小碧布依族苗族乡	Xiaobi(Bouyei&Miao)Township,Nanming District,Guiyang City	1	63
贵阳市花溪区高坡苗族乡	Gaopo(Miao)Township,Huaxi District,Guiyang City	19	301
贵阳市花溪区马铃布依族苗族乡	Maling(Bouyei&Miao)Township,Huaxi District,Guiyang City	11	274
贵阳市花溪区孟关苗族布依族乡	Mengguan(Bouyei&Miao)Township,Huaxi District,Guiyang City	1	15
贵阳市花溪区黔陶布依族苗族乡	Qiantao(Bouyei&Miao)Township,Huaxi District,Guiyang City	10	85
贵阳市乌当区偏坡布依族乡	Pianpo(Bouyei)Township,Wudang District,Guiyang City	2	25
贵阳市乌当区新堡布依族乡	Xinbao(Bouyei)Township,Wudang District,Guiyang City	4	360
贵阳市白云区都拉布依族乡	Dula(Bouyei)Township,Baiyun District,Guiyang City	2	265
贵阳市白云区牛场布依族乡	Niuchang(Bouyei)Township,Baiyun District,Guiyang City	32	1247
贵阳市清镇市麦格苗族布依族乡	Maige(Miao&Bouyei)Township,Qingzhen,Guiyang City	14	107
贵阳市清镇市王庄布依族苗族乡	Wangzhuang(Bouyei&Miao)Township,Qingzhen,Guiyang City	13	93
贵阳市清镇市流长苗族乡	Liuchang(Miao)Township,Qingzhen,Guiyang City	20	277
贵阳市息烽市青山苗族乡	Qingshan(Miao)Township,Xifeng,Guiyang City	10	114
贵阳市开阳县禾丰布依族苗族乡	Hefeng(Bouyei&Miao)Township,Kaiyang County,Guiyang City	45	315
贵阳市开阳县南江布依族苗族乡	Nanjiang(Bouyei&Miao)Township,Kaiyang Country,Guiyang City	26	182
贵阳市开阳县高寨苗族布依族乡	Gaozhai(Miao&Bouyei)Township,Kaiyang County,Guiyang City	39	273
贵阳市修文县大石布依族乡	Dashi(Bouyei)Township,Xiuwen County,Guiyang City	41	41

2-11 续表3

民族乡镇名称	Township(Town)	教师数(人) Number Of Teachers (person)	图书馆(个) Library (unit)
合 计	**Total**		
贵阳市南明区小碧布依族苗族乡	Xiaobi(Bouyei&Miao)Township,Nanming District,Guiyang City	131	
贵阳市花溪区高坡苗族乡	Gaopo(Miao)Township,Huaxi District,Guiyang City	160	1
贵阳市花溪区马铃布依族苗族乡	Maling(Bouyei&Miao)Township,Huaxi District,Guiyang City	32	1
贵阳市花溪区孟关苗族布依族乡	Mengguan(Bouyei&Miao)Township,Huaxi District,Guiyang City	219	1
贵阳市花溪区黔陶布依族苗族乡	Qiantao(Bouyei&Miao)Township,Huaxi District,Guiyang City	191	1
贵阳市乌当区偏坡布依族乡	Pianpo(Bouyei)Township,Wudang District,Guiyang City	30	
贵阳市乌当区新堡布依族乡	Xinbao(Bouyei)Township,Wudang District,Guiyang City	60	1
贵阳市白云区都拉布依族乡	Dula(Bouyei)Township,Baiyun District,Guiyang City	128	1
贵阳市白云区牛场布依族乡	Niuchang(Bouyei)Township,Baiyun District,Guiyang City	121	4
贵阳市清镇市麦格苗族布依族乡	Maige(Miao&Bouyei)Township,Qingzhen,Guiyang City	117	
贵阳市清镇市王庄布依族苗族乡	Wangzhuang(Bouyei&Miao)Township,Qingzhen,Guiyang City	126	
贵阳市清镇市流长苗族乡	Liuchang(Miao)Township,Qingzhen,Guiyang City	272	
贵阳市息烽市青山苗族乡	Qingshan(Miao)Township,Xifeng,Guiyang City	49	1
贵阳市开阳县禾丰布依族苗族乡	Hefeng(Bouyei&Miao)Township,Kaiyang County,Guiyang City	80	
贵阳市开阳县南江布依族苗族乡	Nanjiang(Bouyei&Miao)Township,Kaiyang Country,Guiyang City	102	
贵阳市开阳县高寨苗族布依族乡	Gaozhai(Miao&Bouyei)Township,Kaiyang County,Guiyang City	98	
贵阳市修文县大石布依族乡	Dashi(Bouyei)Township,Xiuwen County,Guiyang City	72	

(continued)

农业技术服务机构个数(个) Number of Agricultural Technical Service Institutions(unit)	农业技术服务机构从业人员数(人) Persons engeged in Agricultural Technical Service Institutions(person)	一般公共预算收入(万　元) Public Financial Income(10 000 yuan)	一般公共预算支出(万　元) Public Financial Expenditure (10 000 yuan)	农村常住居民人均可支配收入(元) Per Capita Net Income of Rural Residents(yuan)	学校数(个) Total Schools (unit)	在校学生数(人) Students Enrollment (person)
1	10	11230	950	13896	7	1358
1	2	2108	1577	9966	11	2605
1	5	1602	1204	10081	3	388
1	6	24180	2198	12542	8	3365
1	6	622	1185	12090	7	3081
1	5	10	320	12543	2	240
1	5	339	712	12596	3	500
1	6	3462	2871	14006	10	1860
1	13	628	1784	14006	9	1800
3	16	1894	2469	9804	3	1561
3	23	972	1443	9782	2	1785
3	14	905	2085	9706	11	4323
2	9	1268	1444	10689	2	510
3	12	1033	2283	9724	4	1381
3	8	356	2606	9849	7	1585
3	9	532	2206	8931	6	1748
3	11	80	761	7734	2	1010

(continued)

文化站(个) Cultural Stations (unit)	村文化活动室(个) Cultural Activity Room of Village(unit)	医院、卫生院(个) Hospitals and Health Centers (unit)			村卫生室(个) Village Clinics (unit)	
			医生数(人) Number of Doctors(person)	病床数(张) Number of Beds(set)		医生数(人) Number of Doctors(person)
1	12	1	12	2	13	13
1	19	1	22	13	19	19
1	3	1	5	8	5	5
1	8	3	23	90	6	6
1	8	2	15	60	6	6
1	2	1	3	4	1	1
1	7	1	4	5	6	6
1	7	1	6	16	7	7
1	13	1	30	20	13	13
1	15	1	18	14	18	16
1	10	1	15	10	13	15
1	26	1	32	46	32	30
1	5	1	13	20	5	7
1	6	1	10	30	11	21
1	6	1	10	30	16	31
1	8	1	7	30	23	36
1	7	1	5	7	7	8

主要统计指标解释

不变价格 指以同类产品某年的平均价格作为固定价格，用于计算各年的产品价值。按不变价格计算的产品价值消除了价格变动因素，不同时期对比可以反映生产的发展速度。新中国成立后，随着工农业产品价格水平的变化，国家统计局先后五次制定了全国统一的工业产品不变价格和农业产品不变价格。从1952年到1957年使用1952年工（农）业产品不变价格，从1957年到1970年使用1957年不变价格，从1971年到1980年使用1970年不变价格，从1981年到1990年使用1980年不变价格，从1991年到2000年使用1990年不变价格，从2001到2005年使用2000年不变价格，从2006到2010年使用2010年不变价格，从2011年开始使用2010年不变价格。

可比价格 指计算各种总量指标所采用的扣除了价格变动因素的价格，可进行不同时期总量指标的对比。按可比价格计算总量指标有两种方法：一种是直接用产品产量乘某一年的不变价格计算；另一种是用价格指数进行缩减。

企业（单位）登记注册类型 是以在工商行政管理机关登记注册的各类企业为划分对象，以工商行政管理部门对企业登记注册的类型为依据，将企业登记注册类型分为内资企业、港澳台商投资企业和外商投资企业三大类。内资企业包括国有企业、集体企业、股份合作企业、联营企业、有限责任公司、股份有限公司、私营公司和其他企业；港澳台商投资企业和外商投资企业分别包括合资经营企业、合作经营企业、独资经营企业和股份有限公司。对不在工商行政管理部门进行登记注册的行政机关、事业单位和社会团体，主要按其经费来源和管理方式进行划分。

国有企业 指企业全部资产归国家所有，并按《中华人民共和国企业法人登记管理条例》规定登记注册的非公司制的经济组织。不包括有限责任公司中的国有独资公司。

集体企业 指企业资产归集体所有，并按《中华人民共和国企业法人登记管理条例》规定登记注册的经济组织。

股份合作企业 指以合作制为基础，由企业职工共同出资入股，吸收一定比例的社会资产投资组建，实行自主经营，自负盈亏，共同劳动，民主管理，按劳分配与按股分红相结合的一种集体经济组织。

联营企业 指两个及两个以上相同或不同所有制性质的企业法人或事业单位法人，按自愿、平等、互利的原则，共同投资组成的经济组织。联营企业包括国有联营企业、集体联营企业、国有与集体联营企业和其他联营企业。

有限责任公司 指根据《中华人民共和国公司登记管理条例》规定登记注册，由两个以上、五十个以下的股东共同出资，每个股东以其所认缴的出资额对公司承担有限责任，公司以其全部资产对其债务承担责任的经济组织。有限责任公司包括国有独资公司以及其他有限责任公司。

股份有限公司 指根据《中华人民共和国公司登记管理条例》规定登记注册，其全部注册资本由等额股份构成并通过发行股票筹集资本，股东以其认购的股份对公司承担有限责任，公司以其全部资产对其债务承担责任的经济组织。

私营企业 指由自然人投资设立或由自然人控股，以雇佣劳动为基础的营利性经济组织。包括按照《公司法》、《合伙企业法》、《私营企业暂行条例》规定登记注册的私营有限责任公司、私营股份有限公司、私营合伙企业和私营独资企业。

其他内资企业 指上述企业之外的其他内资经济组织。

与港澳台商合资经营企业 指港澳台地区投资者与内地企业依照《中华人民共和国中外合资经营企业法》及有关法律的规定，按合同规定的比例投资设立、分享利润和分担风险的企业。

与港澳台商合作经营企业 指港澳台地区投资者与内地企业依照《中华人民共和国中外合作经营企业法》及有关法律的规定，依照合作合同的约定进行投资或提供条件设立、分配利润和分担风险的企业。

港澳台商独资经营企业 指依照《中华人民共和国外资企业法》及有关法律的规定，在内地由港澳台地区投资者全额投资设立的企业。

港澳台商投资股份有限公司 指根据国家有关规定，经外经贸部依法批准设立，其中港、澳、台商的股本占公司注册资本的比例达 25%以上的股份有限公司。凡其中港、澳、台商的股本占公司注册资本的比例小于 25%的，属于内资企业中的股份有限公司。

中外合资经营企业 指外国企业或外国人与中国内地企业依照《中华人民共和国中外合资经营企业法》及有关法律的规定，按合同规定的比例投资设立、分享利润和分担风险的企业。

中外合作经营企业 指外国企业或外国人与中国内地企业依照《中华人民共和国中外合作经营企业法》及有关法律的规定，依照合作合同的约定进行投资或提供条件设立、分配利润和分担风险的企业。

外资企业 指依照《中华人民共和国外资企业法》及有关法律的规定，在中国内地由外国投资者全额投资设立的企业。

外商投资股份有限公司 指根据国家有关规定，经外贸部依法批准设立，其中外资的股本占公司注册资本的比例达 25%以上的股份有限公司。凡其中外资股本占公司注册资本的比例小于 25%的，属于内资企业中的股份有限公司。

行政机关、事业单位和社会团体 参照企业登记注册类型，主要按其经费来源和管理方式划分。具体规定如下：

(1)行政机关：包括国家机关和政党机关，原则上均列为“国有”。但有特殊规定的，如供销社等，则列为“集体”。

(2)事业单位：包括经国家机构编制部门和有关业务主管部门批准成立的各类事业单位，不包括实行企业化管理的事业单位。事业单位的划分办法如下：

①由国家财政预算拨款或列入财政预算外资金管理以及经费主要来源于国有主管部门或国有上级单位的事业单位，列为“国有”。

②经费主要来源于集体单位的事业单位，列为“集体”。

③公民个人（或个人合伙）开办的事业单位，列为“私营”。

④上述以外的其他事业单位，如果其经费来源不明确，按管理方式进行归类。

(3)社会团体：包括经民政部门批准成立以及未纳入社会团体管理条例范围的工会、妇联等各类社会团体。社会团体的划分办法如下：

①未纳入民政部社会团体管理条例范围的工会、妇联、共青团、青联、工商联、科协、侨联等社会团体，国家拨款设立的基金会或基金管理组织以及经费主要来源于国有业务主管部门或国有上级单位的社会团体，列为“国有”。

②经费主要来源于集体单位的社会团体，列为“集体”。

③公民个人（或个人合伙）开办的社会团体，划为“私营”。

④上述以外的其他社会团体，如果其经费来源不明确，改按管理方式进行归类。

生产总值（GDP） 指一个国家（或地区）所有常住单位在一定时期内生产活动的最终成果。生产总值有三种表现形态，即价值形态、收入形态和产品形态。从价值形态看，它是所有常住单位在一定时期内生产的全部货物和服务价值超过同期中间投入的全部非固定资产货物和服务价值的差额，即所有常住单位的增加值之和；从收入形态看，它是所有常住单位在一定时期内创造并分配给常住单位和非常住单位的初次收入分配之和；从产品形态看，它是所有常住单位在一定时期内最终使用的货物和服务价值与货物和服务净出口价值之和。在实际核算中，生产总值有三种计算方法，即生产法、收入法和支出法。三种方法分别从不同的方面反映生产总值及其构成。

三大产业 是根据社会生产活动历史发展的顺序对产业结构的划分，产品直接取自自然界的部门称为第一产业，对初级产品进行再加工的部门称为第二产业，为生产和消费提供各种服务的部门称为第三产业。它是世界上较为通用的产业结构分类，但各国的划分不尽一致。

我国的三次产业划分是：

第一产业：农业（包括种植业、林业、牧业、渔业）和农林牧渔服务业。

第二产业：工业（包括采掘业，制造业，电力、煤气及水的生产和供应业）和建筑业。

第三产业：除第一、第二产业以外的其他各业。由于第三产业包括的行业多、范围广，根据我国的实际情况，第三产业可分为两大部分：一是流通部门，二是服务部门。

最终消费　指常住单位在一定时期内对于货物和服务的全部最终消费支出，也就是常住单位为满足物质、文化和精神生活的需要，从本国经济领土和国外购买的货物和服务的支出；不包括非常住单位在本国经济领土内的消费支出。最终消费分为居民消费和政府消费。

居民消费　指常住住户对货物和服务的全部最终消费支出。居民消费按市场价格计算，即按居民支付的购买者价格计算。购买者价格是购买者取得货物所支付的价格，包括购买者支付的运输和商业费用。居民消费除了直接以货币形式购买货物和服务的消费之外，还包括以其他方式获得的货物和服务的消费支出，即所谓的虚拟消费支出。居民虚拟消费支出包括以下几种类型：单位以实物报酬及实物转移的形式提供给劳动者的货物和服务；住户生产并由本住户消费了的货物和服务，其中的服务仅指住户的自有住房服务；金融机构提供的金融媒介服务；保险公司提供的保险服务。

政府消费　指政府部门为全社会提供公共服务的消费支出和免费或以较低价格向住户提供的货物和服务的净支出。前者等于政府服务的产出价值减去政府单位所获得的经营收入的价值，政府服务的产出价值等于它的经常性业务支出加上固定资产折旧；后者等于政府部门免费或以较低价格向住户提供的货物和服务的市场价值减去向住户收取的价值。

公路里程　指在一定时期内实际达到《公路工程[WTBZ 技术标准 JTJ01-88》规定的等级公路，并经公路主管部门正式验收交付使用的公路里程数。包括大中城市的郊区公路以及通过小城镇街道部分的公路里程和桥梁、渡口的长度，不包括大中城市的街道、厂矿、林区生产用道和农业生产用道的里程。两条或多条公路共同经由同一路段，只计算一次，不得重复计算里程长度。

非公有制经济

按国家统计局《关于统计上划分经济成分的规定》：公有经济包括国有经济和集体经济，非公有经济包括私有经济、港澳台经济和外商经济。

非公有制经济是从经济管理角度进行划分的一种经济形式，其基本特征主要表现在：从产权关系上看，具有产权主体多元化、产权明晰和利益分配明确等特征。非公有制经济多数为自筹资金、自由组合的经济实体，无论是个人投资、合伙投资或外商投资以及集体筹资创办的企业，其产权关系和利益关系都比较明确。

就本书而言，非公有制经济是对指除国有企业及国有控股企业以外的其他多种所有制经济的统称，包括个体工商户、私营企业、集体企业、港澳台投资企业和外商投资企业。

Explanatory Notes on Main Statistical Indicators

Constant Prices refer to the average price of a given product in a certain year which is used for evaluating the output value of similar products over time as a fixed-price. As the output value at constant prices removes the influence of price changes, the comparison among constant prices of different periods reflects the development speed of production over time. Since the foundation of the People's Republic of China in 1949, with the changes of industrial and agricultural products, National Bureau of Statistics of China has set nationally unified constant prices five times: the 1952 constant prices for the period from 1952 to 1957; the 1957 constant prices for the period from 1957 to 1970; the 1970 constant prices for the period from 1971 to 1980; the 1980 constant prices for the period from 1981 to 1990; the 1990 constant prices for the period from 1991 to 2000; the 2000 constant prices for the period from 2001 to 2005; the 2010 constant prices for the period from 2006 to 2010; and the 2010 constant prices has been adopted since 2011.

Comparable Prices refer to prices that have removed the influence of price changes in calculating aggregate indicators and they can be used to facilitate comparison of aggregate indicators of different periods. There are two methods for calculating aggregate indicators at comparable prices: first, to multiply output of products by their constant prices of a certain year; and second, to deflate price indices.

Registration Types of Enterprises (Units) refer to three kinds of classifications of enterprises, namely domestic-funded enterprises, enterprises with investment from Hong Kong, Macao and Taiwan as well as foreign-invested enterprises, in the light of the registration type of an enterprise at industry and business administrative departments. Domestic-funded enterprises include state-owned enterprises, collective-owned enterprises, cooperative enterprises, joint ownership enterprises, limited liability corporations, share-holding corporations Ltd., private enterprises and other enterprises. Enterprises with investment from Hong Kong, Macao and Taiwan and foreign-invested enterprises both consist of joint-venture enterprises, cooperative enterprises, enterprises with sole fund and share-holding corporations Ltd. For administrative organizations, public institutions and social organizations which are not requested to register at industrial and commercial administrative departments, they are classified mainly by their sources of funding and manners of management.

State-owned Enterprises refer to unincorporated economic units where the entire assets are owned by the State and which have been registered in accordance with *Regulations of the People's Republic of China for Controlling the Registration of Enterprises as Legal Persons.* State sole funded corporations classified into limited liability companies are not included.

Collective-owned Enterprises refer to economic units where the assets are owned collectively and which have been registered in accordance with *Regulations of the People's Republic of China for Controlling the Registration of Enterprises as Legal Persons.*

Joint-equity Cooperative Enterprises refer to collective economic units whose capitals come mainly from employees as their shares, with certain proportion of social capital and who is organized on the basis of independent operation, responsibility for their own profits and losses, shared labor, democratic management and a distribution system that integrates remuneration according to work with sharing profits according to contributions.

Joint Ownership Enterprises refer to economic units established by two or more corporate enterprises or institutional persons of the same or different ownerships, through joint investment on the basis of voluntary participation, equality, and mutual benefits, including State joint ownership enterprises, collective joint ownership enterprises, joint State-collective enterprises and other joint ownership enterprises.

Limited Liability Companies refer to economic units established with investment from 2 to 50 investors and registered in accordance with *Regulations of the People's Republic of China on the Administration of Company Registration.* Besides, each investor bears limited liabilities in accordance with the amount of money he funded and the corporation bears the liability to pay off its debts with its total assets. Included in this category are State sole funded corporations and other limited liability companies.

Companies Limited by Shares refer to economic units registered in accordance with *Regulations of the People's Republic of China on the Administration of Company Registration*, with total registered capital raised through issuing equal shares. Besides, each investor bears limited liabilities in accordance with his shares of investment in the corporation he funded and the corporation bears the liability to pay off its debts with its total assets.

Private Enterprises refer to profit-making economic units invested and established or controlled by natural persons hiring labors. Included in this category are private limited liability companies, private companies limited by shares, private partnership enterprises and private exclusively funded enterprises registered in accordance with the *Company Law*, *Partnership Enterprise Law* and *Interim Regulations on Private Enterprises*.

Other Domestic-funded Enterprises refer to domestic-funded economic units other than those mentioned above.

Joint-venture Enterprises with Funds from Hong Kong, Macao and Taiwan refer to enterprises established by investors from Hong Kong, Macao and Taiwan with enterprises in mainland China in accordance with *Law of the People's Republic of China on Chinese-foreign Equity Joint-ventures* and other relevant laws, where the proportions of investment and the sharing of profits and risks are stipulated under cooperative contracts.

Cooperative Enterprises with Funds from Hong Kong, Macao and Taiwan refer to enterprises established by investors from Hong Kong, Macao and Taiwan with enterprises in mainland China in accordance with *Law of the People's Republic of China on Chinese-foreign Equity Joint-ventures* and other relevant laws, where the proportions of investment or provision of facilities and the sharing of profits and risks are stipulated under cooperative contracts.

Enterprises with Sole Fund from Hong Kong, Macao and Taiwan refer to enterprises established in mainland China with exclusive investment from investors from Hong Kong, Macao and Taiwan in accordance with *Law of the People's Republic of China on Foreign-capital Enterprises* and other relevant laws.

Companies Limited by Shares with Funds from Hong Kong, Macao and Taiwan refer to companies limited by shares established in accordance with relevant regulations and with the approval from Ministry of Foreign Trade, where the share of investment from Hong Kong, Macao or Taiwan businessmen exceeds 25% of the total registered capital. In case the share of investment from Hong Kong, Macao or Taiwan is less than 25% of the total registered capital, the enterprise is to be classified as domestic-funded companies limited by shares.

Sino-foreign Equity Joint Enterprises refer to enterprises jointly established by foreign enterprises or foreigners with enterprises in mainland China in accordance with *Law of the People's Republic of China on Chinese-foreign Equity Joint-ventures* and other relevant laws, where the sharing of investment, profits and risks is stipulated under contract.

Sino-foreign Collective Operation Enterprises refer to enterprises jointly established by foreign enterprises or foreigners with enterprises in mainland China in accordance with *Law of the People's Republic of China on Chinese-foreign Equity Joint-ventures* and other relevant laws, where the proportions of investment or provision of facilities and the sharing of profits and risks are stipulated under cooperative contracts.

Foreign-funded Enterprises refer to enterprises established in mainland China with exclusive investment from foreign investors in accordance with *Law of the People's Republic of China on Foreign-capital Enterprises* and other relevant laws.

Companies Limited by Shares with Foreign Funds refer to companies limited by shares established in accordance with relevant regulations and with the approval from Ministry of Foreign Trade, where the share of investment from foreign investors exceeds 25% of the total registered capital. In case the share of investment from foreign investors is less than 25% of the total registered capital, the enterprise is to be classified as domestic-funded companies limited by shares.

Administrative Organizations, Public Institutions and Social Organizations are classified into following categories by source of funds and means of management taking reference of the registration types of enterprises:

(1) Administrative organizations: include state and party agencies, classified in principle as "state-owned". But there are exceptions, such as supply and marketing cooperatives which are classified as "collective".

(2) Public Institutions: include institutions of various types established with the approval from departments managing state executive establishments and relative competent departments for services but exclude public institutions adopting the management modes of enterprises. Public Institutions are further classified as follows:

(a) Public institutions whose expenditures come from state budget funds or are in the managing list of extra-budgetary funds and mainly from State-owned competent departments or superior units. Such institutions are classified as "State-owned".

(b) Public institutions whose expenditures mainly come from collective units. Such institutions are classified as "collective".

(c) Public institutions established by individuals or a group of citizens. Such institutions are classified as private.

(d) Public institutions other than those mentioned above whose expenditures are undefined. Such institutions are classified by the manner of management.

(3) Social organizations: include such organizations as labor unions and women's federations established with the approval from civil affairs departments and not covered by social organization management regulations. Social organizations as further classified as follows:

(a) Social organizations that are not covered by social organization management regulations of civil affairs departments such as trade unions, women's federations, communist youth leagues, youth associations, industrial and commerce associations, scientists associations, overseas Chinese associations, foundations and fund management organizations established with funds from the State and social organizations whose funds mainly come from State-owned competent departments or superior units. Such organizations are classified as State-owned.

(b) Social organizations whose expenditures mainly come from collective units. Such organizations are classified as collective-owned.

(c) Social organizations established by individual or a group of citizens. Such organizations are classified as private.

(d) Social organizations other than those mentioned above whose expenditures are undefined. Such organizations are classified by manner of management.

Gross Domestic Product (GDP) refers to the final products of all resident units in a country (or a region) during a certain period of time. Gross domestic product is expressed in three different forms, i. e. value, income, and products respectively. The form of value refers to the difference between the total value of all products as well as services produced by all resident units during a certain period of time and total value of intimidate input of materials and services of non-fixed assets or the summation of the added-value of all resident units; the form of income includes all the income created by all resident units and distributed primarily to all resident and non-resident units; the form of products refers to the total sum of the value of all final goods and services for final use by all resident units and the value of net exports of goods and services during a given period of time. In actual adjust accounts, gross domestic product is calculate with three approaches, i.e. production approach, income approach and expenditure approach, which reflect gross domestic product and its composition from different aspects.

Three Industries refer to three kinds of industry structures classified according to the historical sequences of social productive activities. Primary industry refers to extraction of natural resources; secondary industry involves processing of primary products; and tertiary industry provides services of various kinds for production and consumption. The above classification is universal although it varies to some extent form country to country.

Three industries in China comprises:

Primary industry: agriculture (include farming, forestry, animal husbandry and fishery) and services of farming, forestry, animal husbandry and fishery.

Secondary industry: industry (including mining and quarrying, manufacturing as well as production and supply of electricity, water and gas) and building industry.

Tertiary industry: all other industries not included in primary or secondary industries.

Due to the fact that tertiary industry involves a large variety of industries in China, it is divided into two sectors: circulation sector and service sector.

Final Consumption refers to the total expenditure of resident units on final consumption of goods and services in a certain period, namely the expenditure of the resident units for purchases of goods and services within domestic economic territory and from abroad to meet the requirements of material, cultural and spiritual life. It excludes the expenditure of non-resident units on consumption within domestic economic territory. The final consumption is classified into household consumption and government consumption.

Households Consumption refers to the total expenditure of resident households on the final consumption of goods and services. The household consumption is calculated at market prices, namely the purchaser's prices which the households pay; the purchasers' prices of goods are the prices the households pay when they obtain the goods, including delivery fees and commercial expenses paid by the households. In addition to the purchases of goods and services by the households directly with money, households purchase goods and services in other means, namely virtual expenditure. And virtual expenditure includes the following types: a) goods and services provided to the households by the units in the form of payment in kind and transfer in kind; b) goods and services produced and consumed by the households themselves, in which the services refer only to owners' self-owned dwelling services; c) services of financial intermediary provided by the financial institutions; d) insurance services provided by the insurance companies.

Government Consumption refers to the expenditure on the consumption of public services provided by government to the whole society and net expenditure on goods and services provided by government to the households at free charge or lower prices. The former equals to the value gained by using the output value of government services to minus the value of operating income obtained by the government departments and the output value of government services equals to the total sum of its regular operating expenditure and depreciation of fixed assets. The latter equals to the value gained by using the market value of the goods and services provided by the government for free or at low prices to the households to minus the value received by the government from the households.

Highway Mileage refers to the length of highways which are built in conformity with the standards stipulated in *Highway Engineering Standards [WTBZ technical Standards JTJ01-88]*, have been formally checked and accepted by competent departments of highways and put into use. The length of highways includes that of the suburb highways in large and medium-sized cities, highways passing through streets in small cities and towns, and also the length of bridges and ferries. It does not include the length of streets in big and medium-sized cities and highways built for production in factories, mines, forest areas and agricultural areas. If two or more highways pass through the same section of a highway, the length of the section is only calculated once and no duplication is allowed.

Non-public Sectors of Economy

In accordance with *Stipulations on Economic Sectors Used in Statistics* issued by National Bureau of Statistics of China, there are mainly two sectors: public economy, including state-owned economy and collective economy, as well as non-public economy, including private economy, economies manipulated by Hong Kong, Macao and Taiwan and foreign economy.

Non-public economy is a form of economy classified from the perspective of economic management. Its essential features reveal in property relations, namely, non-public economy has diverse property rights entities, clear property rights and clear-cut benefit distributions, etc. Because most entities of non-public economy raise funds by themselves and combine freely, whether individually invested, jointly invested, foreign-invested or collectively invested enterprises, they have clear-cut property relations and benefit relationships.

When it comes to this book, non-public economy refers to other economies with different types of ownerships apart from state-owned enterprises and state holding enterprises, including individual businesses, private enterprises, collective enterprises, enterprises with investments from Hong Kong, Macao and Taiwan as well as foreign-invested enterprises.

3

Three

人口与计划生育

Population and Family Planning

年 末 常 住 人 口（万人）

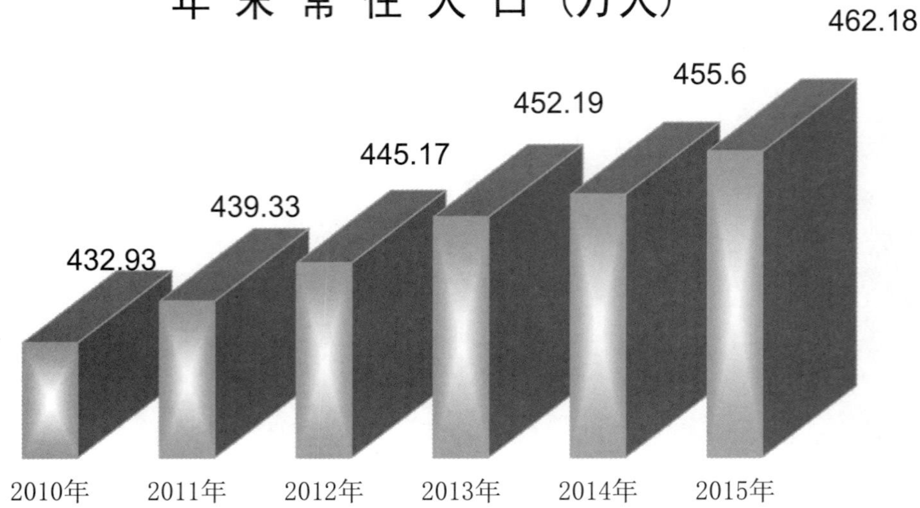

户 籍 人 口（万人）

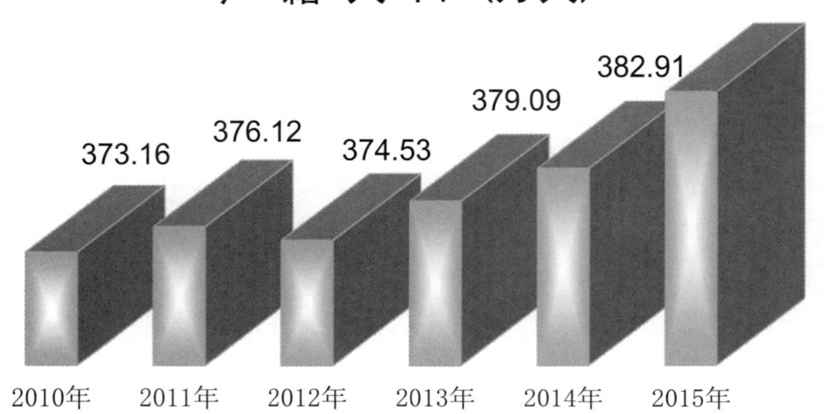

人口密度（人/平方公里）
（常住半年口径）

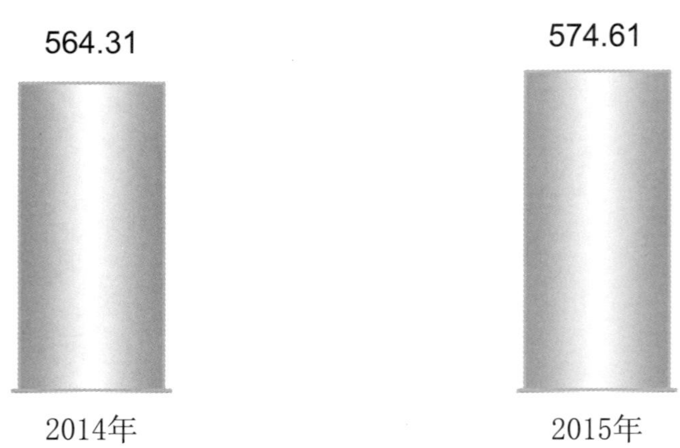

3-1 常住人口主要指标变动情况(半年口径)
Main Indicators on Permanent Resident Population(at least half a year)

指标	Item	2015 人数(万人) Population (10 000 persons)	2015 构成(%) Proportion (%)	2014 人数(万人) Population (10 000 persons)	2014 构成(%) Proportion (%)	2015年比2014年增长(%) Growth Rate in 2015 over 2014(%)
年平均人口	Annual Average Population	458.89		453.90		1.1
年末总人口	Total Population (at year-end)	462.18		455.60		1.4
按城镇、乡村分	**Grouped by Residence**					
市镇	Urban Population	338.55	73.25	333.50	73.20	1.5
乡村	Rural Population	123.63	26.75	122.10	26.80	1.3
按性别分	**Grouped by Gender**					
男	Male	237.35	51.35	234.24	51.41	1.3
女	Female	224.83	48.65	221.36	48.59	1.6
性别比(以女性为100)	Sex Ratio(Female=100)	105.57		106		
人口出生率(‰)	Birth Rate(‰)	10.21		10.47		-0.26个千分点
人口死亡率(‰)	Death Rate(‰)	4.96		4.99		-0.03个千分点
自然增长率(‰)	Natural Growth Rate(‰)	5.25		5.48		-0.23个千分点

3-2 常住人口增长情况(半年口径)(2015年)
Increase Indicators on Permanent Resident Population(at least half a year)(2015)

区、县(市)名称	District, County(City)	年末总人口(万人) Total Population at Year-end (10 000 persons)	年平均人口(万人) Annual Average Population (10 000 persons)	人口密度(人/平方公里) Population Density (person/sq.km)	出生率(‰) Birth Rate (‰)	死亡率(‰) Death Rate (‰)	人口自然增长率(‰) Natural Growth Rate (‰)
贵阳市	**Guiyang**	**462.18**	**458.89**	**574.61**	**10.21**	**4.96**	**5.25**
南明区	Nanming	87.97	87.52	4203.28	8.62	4.23	4.39
云岩区	Yunyan	99.44	99.33	10849.44	8.45	4.21	4.24
花溪区	Huaxi	64.17	63.76	665.57	10.58	5.01	5.57
乌当区	Wudang	23.91	23.69	349.90	10.54	4.95	5.59
白云区	Baiyun	27.90	27.63	1035.17	10.89	5.23	5.66
观山湖区	Guanshanhu	25.15	24.40	817.46	11.87	5.29	6.58
开阳县	Kaiyang	36.86	36.64	182.17	11.81	5.89	5.92
息烽县	Xifeng	22.50	22.26	217.08	11.95	5.78	6.17
修文县	Xiuwen	26.65	26.42	248.72	11.87	5.85	6.02
清镇市	Qingzhen	47.64	47.26	343.59	11.96	5.89	6.07

注:土地面积来源于国土资源局。

a) Data of land area come from Bureau of Natural Resources.

3–3 公安户籍人口（2015年）
Registered Population(2015)

指　　标	Item	人　数 （万　人） Population (10 000 persons)	构　成 (%) Proportion (%)
年末总人口	**Total Population (at year-end)**	**391.79**	**100.00**
城　镇	Urban	249.44	63.67
乡　村	Rural	142.35	36.33
按性别分	**Grouped by Gender**		
男	Male	198.75	50.73
女	Female	193.03	49.27
性别比 (以女性为100)	Sex Ratio(Female=100)	1.03	
人口出生率(‰)	Birth Rate(‰)	24.48	
人口死亡率(‰)	Death Rate(‰)	5.21	
自然增长率(‰)	Natural Growth Rate(‰)	19.27	

3–4 各区（市、县）户籍人口（2015年）
Registered Population of Districts (City, County)(2015)

区、县（市） 名　　称	District, County(City)	年末总人口 （万　人） Total Population at Year-end (10 000 persons)	城镇人口 Urban Population	乡村人口 Rural Population	年平均人口 （万　人） Annual Average Population (10 000 persons)	人口密度 （人/平方公里） Population Density (person/sq.km)
全市合计	**Total**	**391.79**	**249.44**	**142.35**	**387.35**	**481.58**
南 明 区	Nanming	57.86	55.27	2.59	57.21	2733.65
云 岩 区	Yunyan	62.90	62.90		62.86	6858.39
花 溪 区	Huaxi	50.27	33.52	16.75	49.78	516.29
乌 当 区	Wudang	20.74	11.44	9.29	20.43	299.09
白 云 区	Baiyun	20.11	17.71	2.40	19.91	738.68
观山湖区	Guanshanhu	24.28	18.31	5.97	23.24	755.47
开 阳 县	Kaiyang	45.02	16.33	28.69	44.71	220.96
息 烽 县	Xifeng	26.89	8.55	18.34	26.60	256.61
修 文 县	Xiuwen	31.86	9.80	22.06	31.35	292.61
清 镇 市	Qingzhen	51.86	15.61	36.25	51.26	369.67

注：本表资料为公安户籍数。

a) Data in this table were registered permanent residence of the police station.

3-5 市辖镇人口状况(2015年)
Statistics on Population in Towns under the Municipal Government(2015)

地 区	Item	总户数(户) Total Households (household)	总人口(人) Total Population(person)			平均每户人数 Average Family Size	性别比(女=100) Sex Ratio (Female =100)	非农业人口(人) Non-agricultural Population(person)		农业人口(人) Agricultural Population(person)	
			合计 Total	男 Male	女 Female			人数 Population	占总人口(%) Proportion (%)	人数 Population	占总人口(%) Proportion (%)
合 计	**Total**	**167575**	**601277**	**300838**	**300439**	**3.59**	**1.00**	**285736**	**47.5**	**315541**	**52.5**
云岩黔灵镇	**Qianling**	**22469**	**71569**	**34172**	**37397**	**3.19**	**0.91**	**71569**	**100.0**	**0**	**0.0**
花溪区	**Huaxi District**	**12694**	**58169**	**29092**	**29077**	**4.58**	**1.00**	**25917**	**44.6**	**32252**	**55.4**
青岩镇	Qingyan	7659	33413	16649	16764	4.36	0.99	13459	40.3	19954	59.7
石板镇	Shiban	5035	24756	12443	12313	4.92	1.01	12458	50.3	12298	49.7
乌当区	**Wudang District**	**19451**	**61520**	**30349**	**31171**	**3.16**	**0.97**	**20247**	**32.9**	**41273**	**67.1**
东风镇	Dongfeng	8958	28097	13703	14394	3.14	0.95	9421	33.5	18676	66.5
水田镇	Shuitian	5337	17663	8702	8961	3.31	0.97	7089	40.1	10574	59.9
羊昌镇	Yangchang	5156	15760	7944	7816	3.06	1.02	3737	23.7	12023	76.3
白云区	**Baiyun District**	**20899**	**82862**	**40917**	**41945**	**3.96**	**0.98**	**73757**	**89.0**	**9105**	**11.0**
沙文镇	Shawen	6341	26986	13253	13733	4.26	0.97	21616	80.1	5370	19.9
麦架镇	Maijia	5657	28960	14546	14414	5.12	1.01	25225	87.1	3735	12.9
艳山红镇	Yanshanhong	8901	26916	13118	13798	3.02	0.95	26916	100.0	0	0.0
观山湖区	**Guanshanhu District**	**20238**	**74948**	**37459**	**37489**	**3.70**	**1.00**	**37359**	**49.8**	**37589**	**50.2**
金华镇	Jinhua	13156	46002	23255	22747	3.50	1.02	28842	62.7	17160	37.3
朱昌镇	Zhuchang	7082	28946	14204	14742	4.09	0.96	8517	29.4	20429	70.6
清镇市	**Qingzhen**	**71824**	**252209**	**128849**	**123360**	**3.51**	**1.04**	**56887**	**22.6**	**195322**	**77.4**
红枫湖镇	Hongfenghu	14547	49545	25040	24505	3.41	1.02	13649	27.5	35896	72.5
站街镇	Zhanjie	25385	84192	42281	41911	3.32	1.01	26692	31.7	57500	68.3
卫城镇	Weicheng	17920	64046	33120	30926	3.57	1.07	11321	17.7	52725	82.3
新店镇	Xindian	13972	54426	28408	26018	3.90	1.09	5225	9.6	49201	90.4

注：本表数据来源于市公安局。
a) Data in this table come from Guiyang Bureau of Public Security.

3-6 县辖镇人口状况(2015年)
Statistics on Population in County-governed Towns(2015)

地 区	Item	总户数(户) Total Households (household)	总人口(人) Total Population(person)			平均每户人数 Average Family Size	性别比(女=100) Sex Ratio (Female =100)	非农业人口(人) Non-agricultural Population(person)		农业人口(人) Agricultural Population(person)	
			合 计 Total	男 Male	女 Female			人 数 Population	占总人口(%) Proportion (%)	人 数 Population	占总人口(%) Proportion (%)
合 计	**Total**	**172745**	**509531**	**261532**	**247999**	**2.95**	**105.46**	**210005**	**41.2**	**299526**	**58.8**
开阳县	**Kaiyang**	**74693**	**219619**	**112729**	**106890**	**2.94**	**105.46**	**106251**	**48.4**	**113368**	**51.6**
城关镇	Chengguan	15583	46389	22817	23572	2.98	96.80	27098	58.4	19291	41.6
双流镇	Shuangliu	13801	37140	19008	18132	2.69	104.83	27429	73.9	9711	26.1
金中镇	Jinzhong	4237	11570	5526	6044	2.73	91.43	7335	63.4	4235	36.6
冯三镇	Fengsan	12676	39311	20790	18521	3.10	112.25	9829	25.0	29482	75.0
楠木渡镇	Nanmudu	14150	44017	23208	20809	3.11	111.53	20821	47.3	23196	52.7
龙岗镇	Longgang	14246	41192	21380	19812	2.89	107.91	13739	33.4	27453	66.6
息烽县	**Xifeng**	**52926**	**143497**	**74583**	**68914**	**2.71**	**108.23**	**58804**	**41.0**	**84693**	**59.0**
永靖镇	Yongjing	20155	52175	26336	25839	2.59	101.92	30897	59.2	21278	40.8
小寨坝镇	Xiaozhaiba	14567	35876	18463	17413	2.46	106.03	11418	31.8	24458	68.2
温泉镇	Wenquan	7851	22713	12307	10406	2.89	118.27	5536	24.4	17177	75.6
九庄镇	Jiuzhuang	10353	32733	17477	15256	3.16	114.56	10953	33.5	21780	66.5
修文县	**Xiuwen**	**45126**	**146415**	**74220**	**72195**	**3.24**	**102.80**	**44950**	**30.7**	**101465**	**69.3**
龙场镇	Longchang	15567	51299	25594	25705	3.30	99.57	29426	57.4	21873	42.6
扎佐镇	Zhazuo	9290	29673	14730	14943	3.19	98.57	4171	14.1	25502	85.9
久长镇	Jiuchang	10965	35490	17990	17500	3.24	102.80	7998	22.5	27492	77.5
六广镇	Liuguang	9304	29953	15906	14047	3.22	113.23	3355	11.2	26598	88.8

注：本表数据来源于市公安局。
a) Data in this table come from Guiyang Bureau of Public Security.

3-7 出生及新婚情况(2015年)
Statistics on Birth and Marriage(2015)

单位：人 (person)

区、县（市）名称	District County(city)	年初以来累计出生人数 Births Since the Beginning of the Year 合计 Total 小计 Subtotal	计划内 Planned 男 Male	计划内 Planned 女 Female	计划外 Unplanned 男 Male	计划外 Unplanned 女 Female	一孩 1st Birth 小计 Subtotal	计划内 Planned 男 Male	计划内 Planned 女 Female	计划外 Unplanned 男 Male	计划外 Unplanned 女 Female
合计	**Total**	**34485**	**17452**	**16381**	**287**	**365**	**22223**	**11210**	**10895**	**61**	**57**
南明区	Nanming	4626	2388	2236	1	1	3485	1770	1713	1	1
云岩区	Yunyan	4876	2511	2363	2	0	3711	1910	1801	0	0
白云区	Baiyun	1993	1018	952	6	17	1260	630	630	0	0
花溪区	Huaxi	4564	2300	2186	39	39	2891	1455	1420	9	7
乌当区	Wudang	2276	1151	1082	19	24	1428	699	719	4	6
观山湖区	Guanshanhu	3645	1819	1671	61	94	2475	1251	1212	5	7
开阳县	Kaiyang	3336	1648	1556	64	68	1846	936	890	13	7
息烽县	Xifeng	2074	1040	969	32	33	1191	592	586	6	7
修文县	Xiuwen	2679	1360	1260	20	39	1519	762	742	7	8
清镇市	Qingzhen	4416	2217	2106	43	50	2417	1205	1182	16	14

注：本表数据来源于市卫生计生委(下表同)。
a) Data in this table come from Guiyang Municipal Commission of Health and Family Planning(the same below).

3-7 续表 (continued)

单位：人 (person)

区、县（市）名称	District County(city)	年初以来累计出生人数 Births Since the Beginning of the Year 二孩 2nd Birth 小计 Subtotal	计划内 Planned 男 Male	计划内 Planned 女 Female	计划外 Unplanned 男 Male	计划外 Unplanned 女 Female	多孩 3rd Birth and Above 小计 Subtotal	计划内 Planned 男 Male	计划内 Planned 女 Female	计划外 Unplanned 男 Male	计划外 Unplanned 女 Female	年初以来死亡人数 Deaths Since the Beginning of the Year
合计	**Total**	**12123**	**6179**	**5429**	**212**	**303**	**139**	**63**	**57**	**14**	**5**	**20401**
南明区	Nanming	1131	612	519	0	0	10	6	4	0	0	2730
云岩区	Yunyan	1149	593	554	2	0	16	8	8	0	0	2876
白云区	Baiyun	727	383	321	6	17	6	5	1	0	0	1138
花溪区	Huaxi	1649	833	755	29	32	24	12	11	1	0	3260
乌当区	Wudang	837	447	360	14	16	11	5	3	1	2	1141
观山湖区	Guanshanhu	1157	566	456	49	86	13	2	3	7	1	904
开阳县	Kaiyang	1470	704	657	48	61	20	8	9	3	0	2385
息烽县	Xifeng	876	446	381	24	25	7	2	2	2	1	1435
修文县	Xiuwen	1143	590	509	13	31	17	8	9	0	0	1747
清镇市	Qingzhen	1984	1005	917	27	35	15	7	7	0	1	2785

3-8 节育及领独生子女证情况(2015年)
Statistics on Contraception and Only-child Certificate Obtained(2015)

单位：人 (person)

地区	Region	育龄妇女 Number of Child-bearing Women	已婚育龄妇女 Number of Married Child-bearing Woman					采取措施的已婚育龄妇女人数 Number of Contraception Users		领独生子女证人数 Number of Only-child Certificate Obtained
			小计 Subtotal	无孩 No Child	一孩 1st Birth	二孩 2nd Birth	多孩 3rd Birth and Above		#男扎 Male Contraception	
合计	**Total**	**1387268**	**882505**	**45642**	**468701**	**289787**	**78375**	**787808**	**28287**	**2885**
南明区	Nanming	246130	154235	8398	94848	40096	10893	138814	5497	813
云岩区	Yunyan	279175	149209	8032	98072	35477	7628	135341	4440	216
白云区	Baiyun	92552	60155	2883	29966	20950	6356	52700	2423	177
花溪区	Huaxi	195270	128014	6325	67827	44133	9729	112969	3879	364
乌当区	Wudang	76003	48967	3418	26753	15936	2860	42750	1025	247
观山湖区	Guanshanhu	146180	92758	5808	50312	29226	7412	81413	2381	349
开阳县	Kaiyang	97745	65987	2993	27666	27136	8192	60368	4887	193
息烽县	Xifeng	59619	44395	2042	19769	17995	4589	39978	1531	155
修文县	Xiuwen	70777	52811	2197	20971	23072	6571	46607	958	152
清镇市	Qingzhen	123817	85974	3546	32517	35766	14145	76868	1266	219

主要统计指标解释

人口数　指一定时点、一定地区范围内的有生命的个人的总和。年度统计的年末人口数指每年 12 月 31 日 24 时的人口数。

市镇总人口和乡村总人口其定义有两种口径：

第一种口径（按行政建制）

市人口：市管辖区域内的全部口（含市辖镇，不含市辖区县）；

镇人口：县辖镇的全部人口（不含市辖镇）；

县人口：县辖乡人口。

第二种口径（按常住人口划分）

市人口：设区的市的区人口和不设区的市所辖的街道人口；

镇人口：不设区的市所辖镇的居民委员会人口和县辖镇的居民委员会人口；

县人口：除上述两种人口以外的全部人口。

常住人口　指全年经常在家或在家居住 6 个月以上，而且经济和生活与本户连成一体的人口。外出从业人员在外居住时间虽然在 6 个月以上，但收入主要带回家中，经济与本户连为一体，仍视为家庭常住人口；在家居住，生活和本户连成一体的国家职工、退休人员也为家庭常住人口。但是现役军人、中专及以上(走读生除外)的在校学生、以及常年在外(不包括探亲、看病等)且已有稳定的职业与居住场所的外出从业人员，不算家庭常住人口。常住人口包括：1．住本户,户口在本乡、镇、街道的人（含户口在本户，外出不满半年的人)；2．住本户半年以上，户口在外乡、镇、街道的人；3．住本户不满半年，户口在外乡、镇、街道，离开户口登记地半年以上的人；4．住本户，户口待定的人。

出生率(又称粗出生率)　指在一定时期内(通常为一年)平均每千人所出生的人数的比率，一般用千分率表示。计算公式为：

出生率＝年出生人数/年平均人数×1000‰

式中：出生人数指活产婴儿，即胎儿脱离母体时(不管怀孕月数)，有过呼吸或其他生命现象。

年平均人数指年初、年底人口数的平均数，也可用年中人口数代替。

死亡率(又称粗死亡率)　指在一定时期内(通常为一年)一定地区的死亡人数与同期平均人数(或期中人数)之比，一般用千分率表示。计算公式为：

死亡率＝年死亡人数/年平均人数×1000‰

人口自然增长率　指在一定时期内(通常为一年)人口自然增加数(出生人数减死亡人数)与该时期内平均人数(或期中人数)之比，一般用千分率表示。计算公式为：

人口自然增长率＝（本年出生人数－本年死亡人数）/年平均人数×1000‰

＝ 人口出生率－人口死亡率。

Explanatory Notes on Main Statistical Indicators

Total Population refers to the total number of people alive at a certain point of time within a given area. The annual statistics on total population at year-end is taken at 24, the 31st of December.

Urban Population and Rural Population the definition is determined according to two standards as follows:

The first standard — Administrative System

Urban Population includes total population of cities and population of towns under the jurisdiction of cities, excluding districts and counties under the jurisdiction of cities;

Population of County-administrated Towns includes total population of towns under the jurisdiction of counties, excluding population of towns under the jurisdiction of cities;

Population of Counties includes total population of townships under the jurisdiction of counties.

The second standard — Permanent Resident Population

Urban Population includes population living in districts under the jurisdiction of cities with sub-districts and population living in communities under the jurisdiction of cities without sub-districts;

Population of County-administrated Towns includes total number of residents living in towns under the jurisdiction of cities without sub-districts and total number of residents living in towns under the jurisdiction of counties;

Population of Counties includes total population except those mentioned above.

Permanent Resident Population refers to those people who live or stay at home more than 6 months in the whole year, and their economy and life become an organic with their own households. Labors working outside although live outside more than 6 months, yet with income mainly brought to home, as well as economy and household united, so they are also considered as permanent resident population; state employees and retirees living at home with economy and household united are also considered as permanent resident population. But serviceman, students in technical secondary schools (except day students) and labors working outside not staying at home (except visiting relatives or receiving medical treatment) with stable careers and places to live are not included into permanent resident population. Permanent Resident Population includes: 1.Those who live in their own households (as well as those living in their own households with less than half a year outside), with registered permanent residence belonging to their own village, town and committee. 2. Those who live in their own households more than half a year, with registered permanent residence belonging to other villages, towns and committees. 3. Those who has left the former registered place more than half a year and live in their own households less than half a year with registered permanent residence belonging to other villages, towns and committees. 4. Those who live in their own households, with registered permanent residence undetermined.

Birth Rate (or Rough Birth Rate) refers to the ratio of the number of births to the average population (or mid-period population) during a certain period of time (usually a year), expressed in ‰. Birth rate in the chapter refers to annual birth rate. The following formula is used:

Birth Rate= (Number of Births)/(Annual Average Population) ×1000‰

Number of births in the formula refers to live births, i.e. when a baby has breathed or showed any vital phenomena regardless of the length of pregnancy.

Annual average population is the average of the number of population at the beginning of the year and that at the end of the year. Sometimes it is substituted by the mid-year population.

Death Rate (or Rough Death Rate) refers to the ratio of the number of deaths to the average population (or mid-period population) during a certain period of time (usually a year), expressed in ‰. The following formula is used:

Death Rate= (Number of Deaths)/(Annual Average Population) ×1000‰

Natural Growth Rate of Population refers to the ratio of natural increase in population (number of births minus number of deaths) in a certain period of time (usually a year) to the average population (or mid-period population) of the same period, expressed in ‰. The following formula is applied:

Natural Growth Rate of Population = (Number of Births−Number of Deaths)/(Annual Average Population) ×1000‰ = Birth Rate−Death Rate

4

Four

从业人员及职工工资

Employment and Wages

在岗职工年末人数（万人）

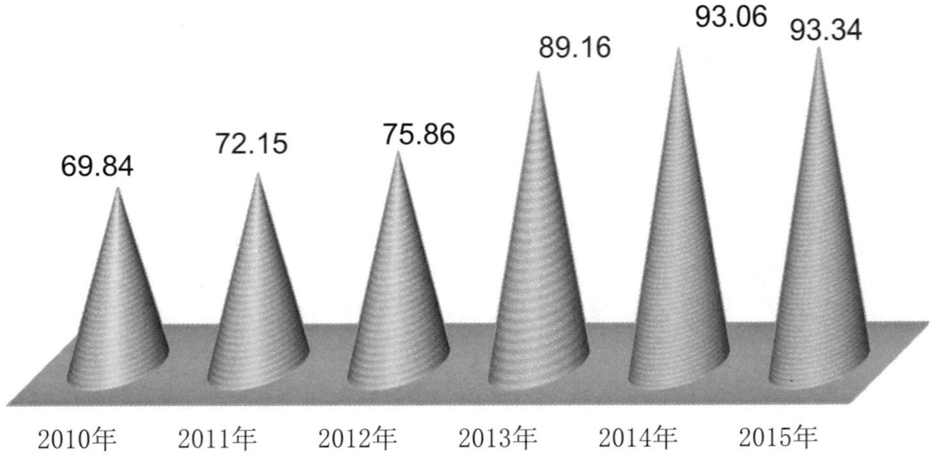

在岗职工人数（按经济类型分）（万人）

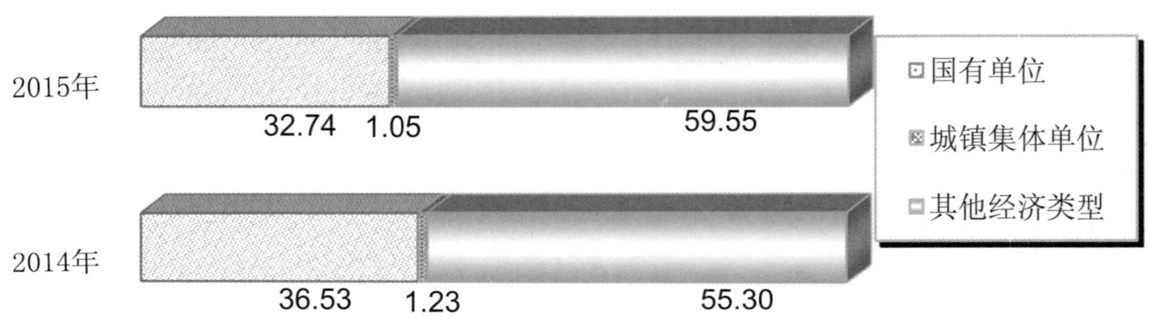

在岗职工平均工资（元）

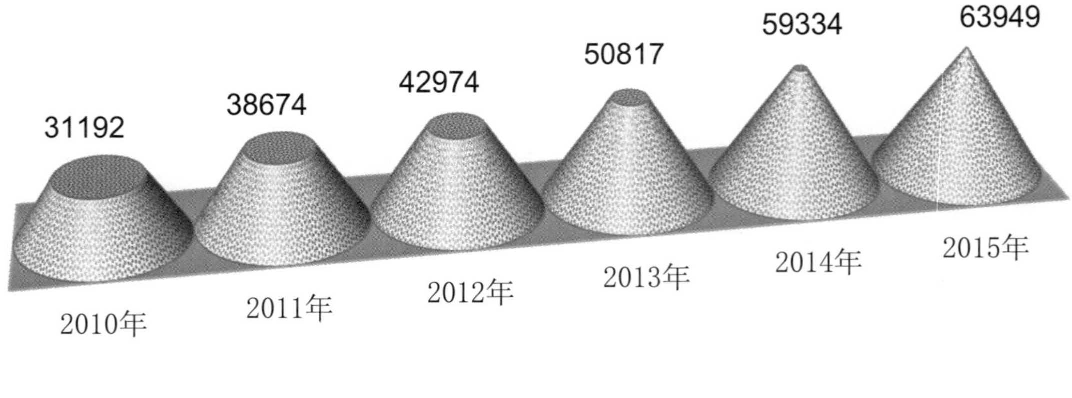

4-1 按国民经济行业分组的从业人员人数(2015年)
Number of Employed Persons by Sector(2015)

单位：人 (person)

指　　标	Item	从业人员年末人数 Number of Employed Persons at Year-end			
		合　计 Total	国有单位 State-owned Units	城镇集体单位 Urban Collective-owned Units	其他经济 Units of Other Types of Ownership
总　计	**Total**	**1040194**	**351041**	**10732**	**678421**
按执行会计标准类别分组	**By Enterprises,Institutions and Agencies**				
企　业	Enterprises	833190	150835	10118	672237
事　业	Institutions	132508	132508		
机　关	Agencies	64959	64959		
民间非营利组织	Non-profit Civil Organizations	1606		351	1255
其　他	Other Organizations	7931	2739	263	4929
按国民经济行业分组	**By Sector**				
农、林、牧、渔业	Agriculture,Forestry, Animal Husbandry and Fishery	1512	691		821
采矿业	Mining	8115	429	78	7608
制造业	Manufacturing	162153	18541	2000	141612
电力、热力、燃气及水生产和供应业	Production and Supply of Electricity, Heating Power, Gas and Water	66620	50516	49	16055
建筑业	Construction	294069	17165	2958	273946
批发和零售业	Wholesale and Retail Trades	51926	3157	621	48148
交通运输、仓储和邮政业	Transport,Storage and Post	75937	36721	346	38870
住宿和餐饮业	Hotels and Catering Services	14378	2005	235	12138
信息传输、软件和信息技术服务业	Information Transmission, Software and Information Technology in services	15412	421	34	14957
金融业	Financial Industry	26148	6396	790	18962
房地产业	Real Estate	50769	1039	773	48957
租赁和商务服务业	Leasing and Business Services	24015	2754	1739	19522
科学研究、技术服务业	Scientific Research and Technical Service	30703	18032	56	12615
水利、环境和公共设施管理业	Management of Water Conservancy, Environment and Public Facilities	6693	5474	105	1114
居民服务、修理和其他服务业	Services to Household,Repair and Others	8747	2839	190	5718
教　育	Education	71926	65298	347	6281
卫生和社会工作	Health and Social Service	40673	35036	324	5313
文化、体育和娱乐业	Culture,Sports and Entertainment	8985	3697		5288
公共管理、社会保障和社会组织	Public Management,Social Security and Social Organization	81413	80830	87	496

4-2 按国民经济行业分组的从业人员工资总额(2015年)
Total Wage Bill of Employed Persons by Sector(2015)

单位：万元 (10 000 yuan)

指 标	Item	从业人员工资总额 Total Wage Bill of Employed Persons			
		合 计 Total	国有单位 State-owned Units	城镇集体单位 Urban Collective -owned Units	其他经济 Units of Other Types of Ownership
总 计	**Total**	**6234089**	**2467468**	**46275**	**3720345**
按执行会计标准类别分组	**By Enterprises, Institutions and Agencies**				
企 业	Enterprises	4856391	1119929	44071	3692391
事 业	Institutions	881993	881993		
机 关	Agencies	445772	445772		
民间非营利组织	Non-profit Civil Organizations	6917		958	5960
其 他	Other Organizations	43015	19773	1246	21995
按国民经济行业分组	**By Sector**				
农、林、牧、渔业	Agriculture,Forestry, Animal Husbandry and Fishery	6141	3894		2248
采矿业	Mining	35616	2658	373	32585
制造业	Manufacturing	919819	123543	7158	789118
电力、热力、燃气及水生产和供应业	Production and Supply of Electricity, Heating Power, Gas and Water	507660	388253	176	119231
建筑业	Construction	1373362	66035	10919	1296408
批发和零售业	Wholesale and Retail Trades	270387	40772	2421	227194
交通运输、仓储和邮政业	Transport,Storage and Post	554949	299698	1355	253896
住宿和餐饮业	Hotels and Catering Services	58941	8476	611	49854
信息传输、软件和信息技术服务业	Information Transmission, Software and Information Technology in services	126425	3674	140	122611
金融业	Financial Industry	397610	65143	10374	322093
房地产业	Real Estate	229400	6799	2701	219900
租赁和商务服务业	Leasing and Business Services	131103	19079	5550	106474
科学研究、技术服务业	Scientific Research and Technical Services	233797	158630	316	74851
水利、环境和公共设施管理业	Management of Water Conservancy, Environment and Public Facilities	31383	25084	333	5967
居民服务、修理和其他服务业	Services to Household,Repair and Others	29928	9231	406	20290
教 育	Education	466485	438872	2022	25591
卫生和社会工作	Health and Social Service	273258	248761	921	23575
文化、体育和娱乐业	Culture,Sports and Entertainment	49633	23934		25699
公共管理、社会保障和社会组织	Public Management,Social Security and Social Organization	538193	534933	500	2760

4-3 按国民经济行业分组的从业人员平均工资(2015年)
Average Wage of Employed Persons by Sector(2015)

单位：元 (yuan)

指标	Item	从业人员平均工资 Average wage of Employed Persons			
		合计 Total	国有单位 State-owned Unit	城镇集体单位 Urban Collective -owned Units	其他经济类型 Units of Other Types of Ownership
总计	**Total**	**62022**	**70562**	**43301**	**57700**
按执行会计标准类别分组	**By Enterprises, Institutions and Agencies**				
企业	Enterprises	60673	73796	43735	57821
事业	Institutions	67353	67353		
机关	Agencies	69374	69374		
民间非营利组织	Non-profit Civil Organizations	43422		27597	47830
其他	Other Organizations	54305	72696	47392	44542
按国民经济行业分组	**By Sector**				
农、林、牧、渔业	Agriculture,Forestry, Animal Husbandry and Fishery	40752	55544		27887
采矿业	Mining	42629	59863	43372	41643
制造业	Manufacturing	56330	65858	33779	55410
电力、热力、燃气及水生产和供应业	Production and Supply of Electricity, Heating Power, Gas and Water	75233	75408	35980	74790
建筑业	Construction	51373	37023	38595	52557
批发和零售业	Wholesale and Retail Trades	52438	125917	39944	47611
交通运输、仓储和邮政业	Transportation,Storage and Post	74818	82847	39401	67429
住宿和餐饮业	Hotels and Catering Services	40900	42085	25655	41002
信息传输、软件和信息技术服务业	Information Transmission,Software and Information Technology in services	84255	87888	41147	84251
金融业	Financial Industry	151280	101327	139062	168564
房地产业	Real Estate	48955	64996	36111	48796
租赁和商务服务业	Leasing and Business Services	54168	70636	30512	54094
科学研究、技术服务业	Scientific Research and Technical Services	79450	87947	56339	66041
水利、环境和公共设施管理业	Management of Water Conservancy, Environment and Public Facilities	50285	49927	32301	53563
居民服务、修理和其他服务业	Services to Household,Repair and Others	34353	32109	23223	35836
教育	Education	65536	67899	61267	41183
卫生和社会工作	Health and Social Service	68171	71704	28965	46472
文化、体育和娱乐业	Culture,Sports and Entertainment	55282	64931		48562
公共管理、社会保障和社会组织	Public Management,Social Security and Social Organization	67220	67298	57517	56320

4-4 按国民经济行业分组的在岗职工人数(2015年)
Number of On-Post Staff by Sector(2015)

单位：人 (person)

指 标	Item	在岗职工年末人数 Number of On-Post Staff at Year-end 合 计 Total	国有单位 State-owned Units	城镇集体单位 Urban Collective -owned Units	其他经济 Units of Other Types of Ownership
总 计	**Total**	**933372**	**327444**	**10466**	**595462**
按执行会计标准类别分组	**By Enterprises,Institutions and Agencies**				
企 业	Enterprises	740859	141678	9852	589329
事 业	Institutions	124010	124010		
机 关	Agencies	59346	59346		
民间非营利组织	Non-profit Civil Organizations	1596		351	1245
其 他	Other Organizations	7561	2410	263	4888
按国民经济行业分组	**By Sector**				
农、林、牧、渔业	Agriculture,Forestry, Animal Husbandry and Fishery	1364	604		760
采矿业	Mining	7914	280	78	7556
制造业	Manufacturing	158399	17832	1964	138603
电力、热力、燃气及水生产和供应业	Production and Supply of Electricity, Heating Power, Gas and Water	59782	44920	49	14813
建筑业	Construction	222989	16606	2894	203489
批发和零售业	Wholesale and Retail Trades	51035	3084	593	47358
交通运输、仓储和邮政业	Transport,Storage and Post	71654	35712	301	35641
住宿和餐饮业	Hotels and Catering Services	13839	1891	235	11713
信息传输、软件和信息技术服务业	Information Transmission,Software and Information Technology in services	14685	411	34	14240
金融业	Financial Industry	25948	6373	782	18793
房地产业	Real Estate	49544	1011	770	47763
租赁和商务服务业	Leasing and Business Services	23463	2616	1696	19151
科学研究、技术服务业	Scientific Research and Technical Service	29630	17115	56	12459
水利、环境和公共设施管理业	Management of Water Conservancy, Environment and Public Facilities	5970	4785	105	1080
居民服务、修理和其他服务业	Services to Household,Repair and Others	7712	2190	164	5358
教 育	Education	67996	61792	345	5859
卫生和社会工作	Health and Social Service	37460	32020	313	5127
文化、体育和娱乐业	Culture,Sports and Entertainment	8742	3521		5221
公共管理、社会保障和社会组织	Public Management,Social Security and Social Organization	75246	74681	87	478

4-5 按国民经济行业分组的在岗职工工资总额(2015年)
Total Wage Bill of On-Post Staff by Sector(2015)

单位：万元 (10 000 yuan)

指 标	Item	在岗职工工资总额 Total Wage Bill of On-Post Staff 合 计 Total	国有单位 State-owned Units	城镇集体单位 Urban Collective -owned Units	其他经济 Units of Other Types of Ownership
总 计	**Total**	**5813417**	**2402964**	**45721**	**3364732**
按执行会计标准类别分组	**By Enterprises, Institutions and Agencies**				
企 业	Enterprises	4474679	1094285	43517	3336878
事 业	Institutions	859618	859618		
机 关	Agencies	430090	430090		
民间非营利组织	Non-profit Civil Organizations	6903		958	5946
其 他	Other Organizations	42127	18971	1246	21909
按国民经济行业分组	**By Sector**				
农、林、牧、渔业	Agriculture,Forestry, Animal Husbandry and Fishery	5878	3726		2152
采矿业	Mining	35182	2494	373	32315
制造业	Manufacturing	907160	122218	7082	777860
电力、热力、燃气及水生产和供应业	Production and Supply of Electricity, Heating Power, Gas and Water	498134	380610	176	117348
建筑业	Construction	1056356	63072	10731	982553
批发和零售业	Wholesale and Retail Trades	265830	40565	2363	222902
交通运输、仓储和邮政业	Transport,Storage and Post	540409	293522	1299	245588
住宿和餐饮业	Hotels and Catering Services	57347	8183	611	48554
信息传输、软件和信息技术服务业	Information Transmission, Software and Information Technology in services	123381	3612	140	119629
金融业	Financial Industry	395726	65057	10328	320340
房地产业	Real Estate	224838	6700	2689	215449
租赁和商务服务业	Leasing and Business Services	128389	18593	5496	104300
科学研究、技术服务业	Scientific Research and Technical Services	226159	151566	316	74278
水利、环境和公共设施管理业	Management of Water Conservancy, Environment and Public Facilities	29959	23839	333	5787
居民服务、修理和其他服务业	Services to Household,Repair and Others	28179	8232	376	19571
教 育	Education	457614	430978	2018	24618
卫生和社会工作	Health and Social Service	261340	237228	889	23224
文化、体育和娱乐业	Culture,Sports and Entertainment	48267	22745		25522
公共管理、社会保障和社会组织	Public Management,Social Security and Social Organization	523271	520027	500	2744

4–6 按国民经济行业分组的在岗职工平均工资(2015年)
Average Wage of On-Post Staff by Sector(2015)

单位：元 (yuan)

指标	Item	在岗职工平均工资 Average wage of On-Post Staff			
		合计 Total	国有单位 State-owned Unit	城镇集体单位 Urban Collective -owned Units	其他经济类型 Units of Other Types of Ownership
总计	**Total**	**63949**	**73939**	**43844**	**58655**
按执行会计标准类别分组	**By Enterprises, Institutions and Agencies**				
企业	Enterprises	62273	77486	44324	58798
事业	Institutions	70125	70125		
机关	Agencies	73160	73160		
民间非营利组织	Non-profit Civil Organizations	43608		27597	48103
其他	Other Organizations	55753	79179	47392	44739
按国民经济行业分组	**By Sector**				
农、林、牧、渔业	Agriculture,Forestry, Animal Husbandry and Fishery	43284	60687		28921
采矿业	Mining	43857	85983	43372	42264
制造业	Manufacturing	56857	67884	33999	55775
电力、热力、燃气及水生产和供应业	Production and Supply of Electricity, Heating Power, Gas and Water	83588	84870	35980	79834
建筑业	Construction	50906	36904	38922	52357
批发和零售业	Wholesale and Retail Trades	52462	128208	40888	47498
交通运输、仓储和邮政业	Transportation,Storage and Post	77149	83773	43445	70754
住宿和餐饮业	Hotels and Catering Services	41454	43317	25655	41474
信息传输、软件和信息技术服务业	Information Transmission,Software and Information Technology in services	85261	88539	41147	85273
金融业	Financial Industry	151794	101557	139762	169268
房地产业	Real Estate	49148	66335	36095	48975
租赁和商务服务业	Leasing and Business Services	54564	72628	30948	54340
科学研究、技术服务业	Scientific Research and Technical Services	79653	88356	56339	66420
水利、环境和公共设施管理业	Management of Water Conservancy, Environment and Public Facilities	54126	54714	32301	53833
居民服务、修理和其他服务业	Services to Household,Repair and Others	36591	36585	22951	37016
教育	Education	67994	70444	61530	42489
卫生和社会工作	Health and Social Service	70774	74762	29046	47502
文化、体育和娱乐业	Culture,Sports and Entertainment	55131	64746		48687
公共管理、社会保障和社会组织	Public Management,Social Security and Social Organization	70668	70764	57517	58131

4-7 按国民经济行业分组的其他从业人员人数及报酬(2015年)
Number and Wage of Other Employed Persons by Sector(2015)

指标	Item	其他从业人员(人) Number of Other Employed Persons (Person)	其他从业人员工资总额(万元) Total Wage of Other Employed Persons (10 000 yuan)
总计	**Total**	**106822**	**420671**
按执行会计标准类别分组	**By Enterprises,Institutions and Agencies**		
企业	Enterprises	92331	381712
事业	Institutions	8498	22376
机关	Agencies	5613	15682
民间非营利组织	Non-profit Civil Organizations	10	14
其他	Other Organizations	370	888
按国民经济行业分组	**By Sector**		
农、林、牧、渔业	Agriculture,Forestry,Animal Husbandry and Fishery	148	263
采矿业	Mining	201	435
制造业	Manufacturing	3754	12660
电力、热力、燃气及水生产和供应业	Production and Supply of Electricity, Heating Power, Gas and Water	6838	9526
建筑业	Construction	71080	317006
批发和零售业	Wholesale and Retail Trades	891	4557
交通运输、仓储和邮政业	Transportation,Storage and Post	4283	14540
住宿和餐饮业	Hotels and Catering Services	539	1594
信息传输、软件和信息技术服务业	Information Transmission,Software and Information Technology in services	727	3043
金融业	Financial Industry	200	1885
房地产业	Real Estate	1225	4562
租赁和商务服务业	Leasing and Business Services	552	2714
科学研究、技术服务业	Scientific Research and Technical Services	1073	7637
水利、环境和公共设施管理业	Management of Water Conservancy, Environment and Public Facilities	723	1425
居民服务、修理和其他服务业	Services to Household,Repair and Others	1035	1749
教育	Education	3930	8870
卫生和社会工作	Health and Social Service	3213	11918
文化、体育和娱乐业	Culture,Sports and Entertainment	243	1366
公共管理、社会保障和社会组织	Public Management,Social Security and Social Organization	6167	14923

4-8 私营企业基本情况(2015年)
Number of Engaged Persons in Private Enterprises(2015)

指　　标	Total	户数(户) Number of Household (unit)	城镇 Urban Area	乡村 Rural Area	雇工人数(人) Number of Engaged Persons (persons)	城镇 Urban Area	乡村 Rural Area
总　计	**Total**	**120725**	**48859**	**71866**	**444999**	**260578**	**184421**
按国民经济行业分组	**By Sector**						
农、林、牧、渔业	Agriculture,Forestry, Animal Husbandry and Fishery	4639	719	3920	18560	4173	14387
采矿业	Mining	253	44	209	1120	239	881
制造业	Manufacturing	4889	2129	2760	29001	11707	17294
电力、热力、燃气及水的生产和供应业	Production and Supply of Electricity, Gas and Water	85	25	60	285	129	156
建筑业	Construction	8672	3171	5501	31474	17539	13935
交通运输、仓储和邮政业	Transportation,Storage and Post	2179	847	1332	8483	4510	3973
信息传输、软件和信息技术服务业	Information Transmission, Information Technology Services and Software Industry	6559	1627	4932	16960	8178	8782
批发和零售业	Wholesale and Retail Trades	54109	25196	28913	200880	135060	65820
住宿和餐饮业	Hotels and Catering Services	2204	946	1258	11054	5052	6002
金融业	Financial Industry	629	305	324	2733	1516	1217
房地产业	Real Estate	3483	1444	2039	11447	7394	4053
租赁和商务服务业	Leasing and Business Services	20767	7771	12996	66381	41000	25381
科学研究、技术服务业	Scientific Research and Technical Services	4975	1191	3784	17492	6078	11414
水利、环境和公共设施管理业	Management of Water Conservancy, Environment and Public Facilities	652	251	401	3576	1284	2292
居民服务、修理和其他服务业	Services to Household and Others	5189	2622	2567	20746	13555	7191
教　育	Education	227	84	143	715	408	307
卫生和社会工作	Health and Social Welfare	182	79	103	516	395	121
文化、体育和娱乐业	Culture,Sports and Entertainment	888	366	522	3053	1885	1168
其他行业	Others	144	42	102	523	476	47

注：本表资料来源于市工商局(下表同)。
a) Data in this table come from Guiyang Bureau of Commerce and Industry(the same below).

4-9 个体工商业基本情况(2015年)
Number of Engaged Persons in Self-employed Individuals(2015)

指标	Item	户数(户) Number of Household (unit)	城镇 Urban Area	乡村 Rural Area	从业人员(人) Number of Engaged Persons (persons)	城镇 Urban Area	乡村 Rural Area
总计	**Total**	**229269**	**86723**	**142546**	**453828**	**177936**	**275892**
按国民经济行业分组	**By Sector**						
农、林、牧、渔业	Agriculture,Forestry, Animal Husbandry and Fishery	4085	112	3973	12190	504	11686
采矿业	Mining	298	19	279	1284	128	1156
制造业	Manufacturing	6360	1868	4492	17376	5472	11904
电力、热力、燃气及水的生产和供应业	Production and Supply of Electricity, Gas and Water	12	1	11	21	2	19
建筑业	Construction	382	177	205	1054	399	655
交通运输、仓储和邮政业	Transportation,Storage and Post	7350	2448	4902	14012	5287	8725
信息传输、软件和信息技术服务业	Information Transmission, Information Technology Services and Software Industry	883	344	539	1432	617	815
批发和零售业	Wholesale and Retail Trades	154447	62394	92053	255773	107195	148578
住宿和餐饮业	Hotels and Catering Services	27589	9196	18393	82249	31771	50478
金融业	Financial Industry	8		8	12		12
房地产业	Real Estate	95	63	32	269	138	131
租赁和商务服务业	Leasing and Business Services	3125	980	2145	6712	2064	4648
科学研究、技术服务业	Scientific Research and Technical Services	131	27	104	265	61	204
水利、环境和公共设施管理业	Management of Water Conservancy, Environment and Public Facilities	5	2	3	18	8	10
居民服务、修理和其他服务业	Services to Household and Others	21715	8164	13551	52265	20684	31581
教育	Education	59	18	41	151	50	101
卫生和社会工作	Health and Social Welfare	911	516	395	2567	1374	1193
文化、体育和娱乐业	Culture,Sports and Entertainment	957	383	574	4348	2131	2217
其他行业	Others	857	11	846	1830	51	1779

主要统计指标解释

从业人员 指在16周岁及以上，从事一定社会劳动并取得劳动报酬或经营收入的人员。这一指标反映了一定时期内全部劳动力资源的实际利用情况，是研究我国基本国情国力的重要指标。

单位从业人员 指在各级国家机关、政党机关、社会团体及企业、事业单位中工作，取得工资或其他形式的劳动报酬的全部人员。包括在岗职工、再就业的离退休人员、民办教师以及在各单位中工作的外方人员和港澳台方人员、兼职人员、借用的外单位人员和第二职业者。不包括离开本单位仍保留劳动关系的职工。各单位的就业人员反映了各单位实际参加生产或工作的全部劳动力。

国有单位 指资产归国家所有的经济组织。包括按《中华人民共和国企业法人登记管理条例》规定登记注册的非公司制的经济组织，以及中央、地方各级国家机关、事业单位和社会团体。

集体单位 指生产资料归集体所有，并按《中华人民共和国企业法人登记管理条例》规定登记注册的经济组织。

其他单位 包括股份合作单位、联营单位、有限责任公司、股份有限公司、港澳台商投资单位以及外商投资单位等其他登记注册类型单位。

在岗职工 指在本单位工作并由单位支付工资的人员，以及有工作岗位，但由于学习、病伤产假等原因暂未工作，仍由单位支付工资的人员。

工资总额 指各单位在一定时期内直接支付给本单位全部就业人员的劳动报酬总额。工资总额的计算原则应以直接支付给就业人员的全部劳动报酬为根据。各单位支付给就业人员的劳动报酬以及其他根据有关规定支付的工资，不论是计入成本的还是不计入成本的，不论是按国家规定列入计征奖金税项目的，还是未列入计征奖金税项目的，不论是以货币形式支付的还是以实物形式支付的，均包括在工资总额内。

平均工资 指企业、事业、机关单位的就业人员在一定时期内平均每人所得的货币工资额。它表明一定时期职工工资收入的高低程度，是反映就业人员工资水平的主要指标。计算公式为:

平均工资=报告期实际支付的全部就业人员工资总额/报告期全部就业人员平均人数

Explanatory Notes on Main Statistical Indicators

Employed Persons refer to persons aged 16 and over who are engaged in gainful employment and thus receive remuneration payment or earn business income. This indicator reflects the actual utilization of total labour force during a certain period of time and is often used for the research on China's economic situation and national power.

Persons Employed in Various Units refer to all the persons working in government agencies of various levels, party organizations, social organizations, enterprises and institutions, and receiving wages or other forms of payment. They include fully-employed staff and workers, re-employed retirees, teachers in schools run by the local people, foreigners and Chinese compatriots from Hong Kong, Macao, and Taiwan working in various units, part-time employees, employees of other units working temporarily at current posts, and employees holding the second job, but exclude staff and workers who have left their working units while keeping their labour contract (employment relation) unchanged. This indicator reflects the total number of laborers actually engaged in production or other operations in various units.

State-owned Units refer to economic units whose assets are owned by the state, including non-corporation units registered according to *Regulations of the People's Republic of China for Controlling the Registration of Enterprises as Legal Persons*, state organs, institutions and social organizations at the central-level and local levels.

Collective-owned Units refer to economic units registered according to *Regulations of the People's Republic of China for Controlling Registration of Enterprises as Legal Persons* where the means of production are collectively owned.

Units of Other Types of Ownership refer to units registered with other types of ownership, including cooperative units, joint ownership units, limited liability corporations, share holding corporations, units funded by entrepreneurs from Hong Kong, Macao, and Taiwan, and foreign- funded units.

On-Post Staff refer to persons who work in working units and working units would pay wages for them. Persons who have their work posts but are temporarily absent from work for reasons of study or on sick, injury or maternal leave and still receive wages from their working units are also included.

Total Wages Bill refers to the total remuneration payment to staff and workers in various units during a certain period of time. The calculation of total wages is based on the total remuneration payment to the staff and workers. Therefore, total wage bill, whether or not included in cost and national bonus tax,whether or not paid in money or in kind, shall be included in the calculation of total wage.

Average Wage refers to the average per capita wage in money terms during a certain period of time for employed persons. It shows the general level of wage income of staff and worker during a certain period of time, one major indicator to reflect the wage level. It is calculated as follows:

$$\text{Average Wage} = \frac{\text{Total Wage Bill of Staff and Workers at Reference Time}}{\text{Average Number of Staff and Workers at Reference Time}}$$

5

Five

固定资产投资

Investment in Fixed Assets

2016

贵阳统计年鉴

GUIYANG STATISTICAL YEARBOOK

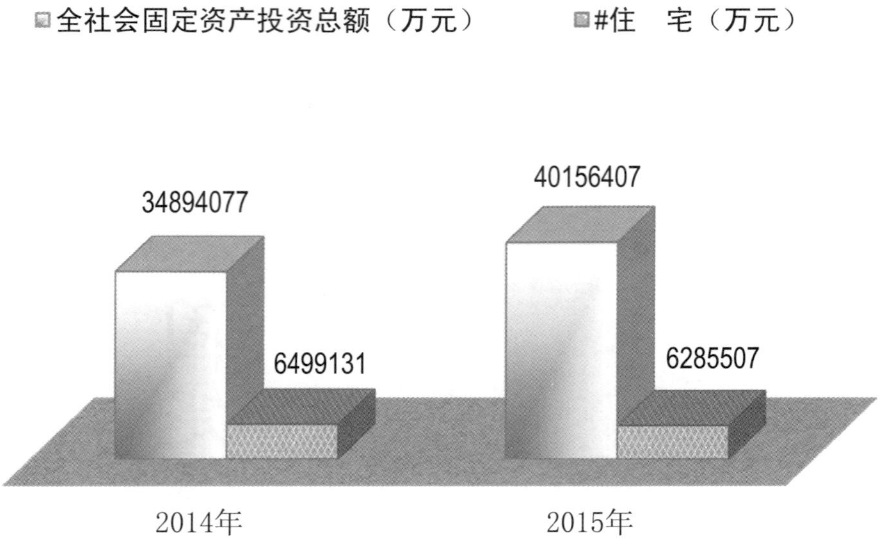

全社会固定资产投资总额（万元）
#住　宅（万元）
34894077
6499131
40156407
6285507
2014年
2015年

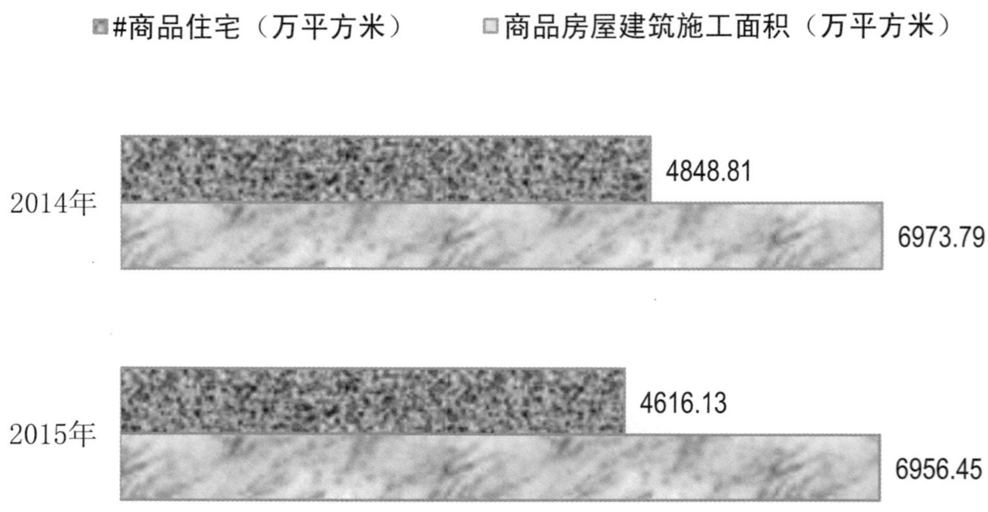

#商品住宅（万平方米）
商品房屋建筑施工面积（万平方米）
2014年
4848.81
6973.79
2015年
4616.13
6956.45

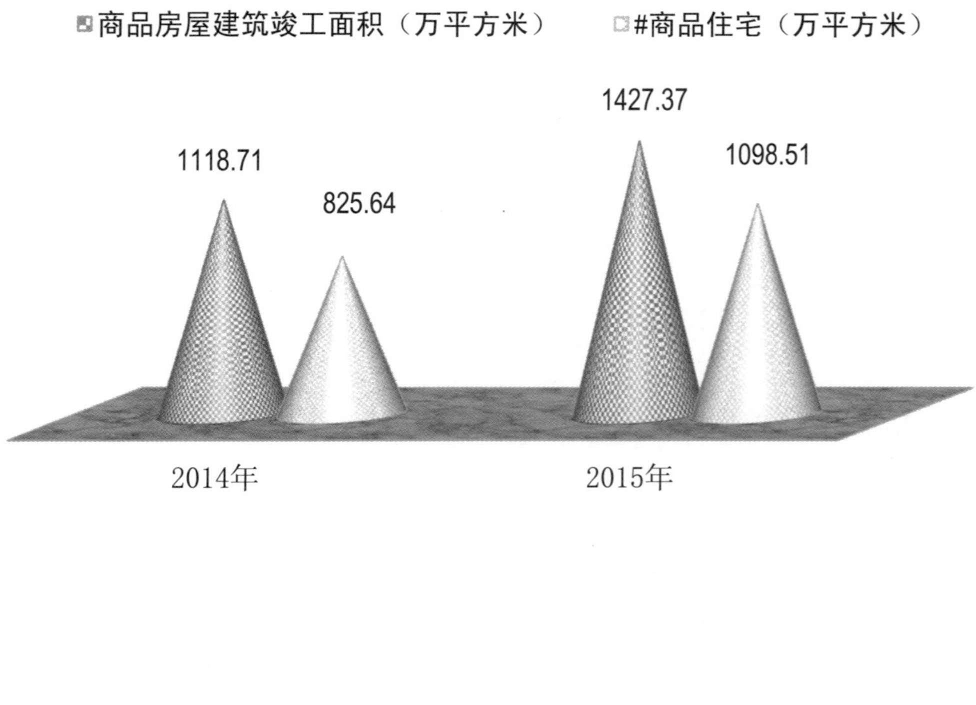

商品房屋建筑竣工面积（万平方米）
#商品住宅（万平方米）
1118.71
825.64
1427.37
1098.51
2014年
2015年

5-1 全社会固定资产投资
Total Investment in Fixed Assets in the Whole City

指　　标	Item	2015 投资额（万元）Amount of Investment (10 000 yuan)	2015 构成(%) Proportion (%)	2014 投资额（万元）Amount of Investment (10 000 yuan)	2014 构成(%) Proportion (%)	2015年比2014年增长(%) Growth Rate in 2015 over 2014 (%)
投资总额	**Total Investment**	**40156407**	**100.0**	**34894077**	**100.0**	**15.1**
#住　宅	Residential Buildings	6285507	15.7	6499131	18.6	-3.3
按隶属关系分	**By Jurisdiction of Management**					
中　央	Central Investment	3531733	8.8	2061142	5.9	71.3
地　方	Local Investment	36624674	91.2	32832935	94.1	11.5
按登记注册类型分	**By Status of Registration**					
内　资	Domestic Funded Enterprises	39593994	98.6	34163521	97.9	15.9
#国　有	State-owned Enterprises	16639218	41.4	11329729	32.5	46.9
集　体	Collective-owned Enterprises	36559	0.1	80637	0.2	-54.7
股份合作	Joint-equity Cooperative Enterprises	28765	0.1	16460	0.0	74.8
集体联营企业	Collective Joint Ownership Enterprises			5604	0.0	
国有与集体联营	Joint State-collective Enterprises			8957	0.0	
其他联营	Other Joint Ownership Enterprises	9650	0.0			
国有独资公司	State Sole Funded Corporations	2484979	6.2	2067473	5.9	20.2
其他有限责任公司	Other Limited Liailities Companies	13603653	33.9	13449988	38.5	1.1
股份有限公司	Companies Limited by Shares	1047840	2.6	1195543	3.4	-12.4
私营个体	Individual Owned Enterprises	5406182	13.5	5690924	16.3	-5.0
其　他	Others	363791	0.9	387830	1.1	-6.2
港澳台投资	Enterprises with Funds from Hong Kong, Macao and Taiwan	445006	1.1	515339	1.5	-13.6
#合资经营	Joint-venture Enterprises	28373	0.1	287862	0.8	-90.1
合作经营	Cooperative Business Operation	29851	0.1	27700	0.1	7.8
独　资	Solely Funded Enterprises	386782	1.0	199777	0.6	93.6
股份有限	Companies Limited by Shares					
外商投资	Enterprises with Foreign Investment	90764	0.2	145593	0.4	-37.7
#合资经营	Joint-venture Enterprises	4780	0.0	20974	0.1	-77.2
合作经营	Cooperative Business Operation	16620	0.0	25873	0.1	-35.8
独　资	Solely Funded Enterprises	69364	0.2	58147	0.2	19.3
股份有限	Companies Limited by Shares			40599	0.1	
按产业分	**Grouped by Three Strata of Industry**					
第一产业	Primary Industry	2067029	5.1	1485125	4.3	39.2
第二产业	Secondary Industry	7888917	19.6	7812493	22.4	1.0
第三产业	Tertiary Industry	30200461	75.2	25596459	73.4	18.0
按管理类别分	**By Management**					
#建设项目	Construction Project	30106406	75.0	24718035	70.8	21.8
房地产开发	Real Estate Development	10050001	25.0	10176042	29.2	-1.2
按城乡分	**Grouped by Urban and Rural Areas**					
城　镇	Urban Area	38946304	97.0	34217605	98.1	13.8
农　村	Rural Area	1210103	3.0	676472	1.9	78.9
按构成分	**Grouped by Structure**					
建筑工程	Construction	31346724	78.1	26942681	77.2	16.3
安装工程	Installation	747715	1.9	853961	2.4	-12.4
设备工器具购置	Purchase of Equipment and Instruments	1357452	3.4	1715094	4.9	-20.9
其他费用	Others	6704516	16.7	5382341	15.4	24.6
本年新增固定资产(万元)	**Newly Increased Fixed Assets (10 000 yuan)**	**29540884**	**73.6**	**23415799**	**67.1**	**26.2**
固定资产交付使用率(%)	Rate of Projects of Fixed Assets Completed and Put into Use(%)	73.56		67.11		
房屋建设面积(平方米)	**Floor Space of Buildings(sq.m)**					
施工面积	Floor Space under Construction	94742450	100.0	90873108	100.0	4.3
#住　宅	Residential Buildings	50270781	53.1	49907816	54.9	-82.5
竣工面积	Floor Space Completed	26987449	100.0	23406894	100.0	15.3
#住　宅	Residential Buildings	11932945	44.2	9133588	39.0	30.6

5-2 全社会固定资产投资(按国有和非国有经济分)
Total Investment in Fixed Assets in the Whole City (Grouped by State-owned Economy and Non-state-owned Economy)

指 标	Item	2015		2014		2015年比2014年增长(%) Growth Rate in 2015 over 2014(%)	
		国有经济 State-owned Economy	非国有经济 Non-State-owned Economy	国有经济 State-owned Economy	非国有经济 Non-State-owned Economy	国有经济 State-owned Economy	非国有经济 Non-State-owned Economy
投资额(万元)	**Total Investment(10 000 yuan)**	**19896462**	**20259945**	**14013025**	**20881052**	**42.0**	**-3.0**
按产业分	Grouped by Three Strata of Industry						
第一产业	Primary Industry	940667	1126362	597443	887682	57.4	26.9
第二产业	Secondary Industry	2282350	5606567	1838106	5974387	24.2	-6.2
第三产业	Tertiary Industry	16673445	13527016	11577476	14018983	44.0	-3.5
按构成分	Grouped by Structure						
建筑工程	Construction	15151034	16195690	10982900	15959781	38.0	1.5
安装工程	Installation	152716	594999	210818	643143	-27.6	-7.5
设备、工器具购置	Purchase of Equipment and Instruments	50724	1306728	565351	1149743	-91.0	13.7
其他费用	Others	4001988	2702528	2478683	2903658	61.5	-6.9
本年资金来源小计(万元)	**Source of Funds for Investment (10 000 yuan)**	**16460885**	**8971172**	**14814729**	**20857032**	**11.1**	**-57.0**
国家预算内资金	State Budget	215765	1818220	948071	15735	-77.2	11455.3
国内贷款	Domestic Loans	4694487	353882	4134502	1388946	13.5	-74.5
债 券	Bond	375010		607122		-38.2	
利用外资	Foreign Investment	45201		27896	39720	62.0	
自筹投资	Self-raised Funds	7929622	8201865	8330213	12266336	-4.8	-33.1
其他投资	Others	1400800	397205	766925	7146295	82.7	-94.4
新增固定资产(万元)	**Newly Increased Fixed Assets (10 000 yuan)**	**12853051**	**16687833**	**10321055**	**13094744**	**24.5**	**27.4**
房屋建筑面积(平方米)	**Floor Space of Buildings (sq.m)**						
施工面积	Floor Space under Construction	15737876	79004574	9498282	81374826	65.7	-2.9
#住 宅	Residential Buildings	5229984	45040797	2533632	47374184	106.4	-4.9
竣工面积	Floor Space Completed	5523429	21464020	3465078	19941816	59.4	7.6
#住 宅	Residential Buildings	1002738	10930207	922827	8210761	8.7	33.1

注:本表按控股情况划分。
a) Figures in this table were grouped by share-holding conditions.

5-3 全社会固定资产投资资金来源情况
Sources of Fund for Investment in Fixed Assets in the Whole City

指　　标	Item	2015		2014		2015年比2014年增长(%) Growth Rate in 2015 over 2014 (%)
		投资额(万　元) Amount of Investment (10 000 yuan)	构　成(%) Proportion (%)	投资额(万　元) Amount of Investment (10 000 yuan)	构　成(%) Proportion (%)	
全年资金来源合计	**Total Source of Funds This Year**	**39389428**	**100.0**	**38615544**	**100.0**	**2.0**
上年末结余资金	**Surplus Fund from the Year-end of Preceding Year**	**4314641**	**11.0**	**2943783**	**7.6**	**46.6**
本年资金来源小计	**Subtotal of Source of Funds This Year**	**35074787**	**89.0**	**35671761**	**92.4**	**-1.7**
国家预算内资金	State Budget	2033985	5.2	963806	2.5	111.0
国内贷款	Domestic Loans	6367506	16.2	5523448	14.3	15.3
债　券	Bond	375010	1.0	607122	1.6	-38.2
利用外资	Foreign Investment Utilization	45201	0.1	67616	0.2	-33.2
#外商直接投资	Direct Foreign Investment			39720	0.1	
自筹资金	Self-raised Funds	18127414	46.0	20596549	53.3	-12.0
#企事业单位自筹	Funds Raised by Enterprises and Instititions	4721911	12.0	5643198	14.6	-16.3
其他资金来源	Others	8125671	20.6	7913220	20.5	2.7
本年各项应付款合计	**Total Payment**	**9335494**	**23.7**	**5074383**	**100.0**	**84.0**
#工程款	Projects Funds	4546230	48.7	3143755	62.0	44.6

5-4 按国民经济行业分组的全社会固定资产投资
Total Investment in Fixed Assets in the Whole City by Sector

指　　标	Item	2015		2014		2015年比2014年增长(%) Growth Rate in 2015 over 2014 (%)
		投资额(万　元) Amount of Investment (10 000 yuan)	构　成(%) Proportion (%)	投资额(万　元) Amount of Investment (10 000 yuan)	构　成(%) Proportion (%)	
总　计	**Total**	**40156407**	**100.0**	**34894077**	**100.0**	**15.1**
农、林、牧、渔业	**Agriculture,Forestry,Animal Husbandry and Fishery**	**2067029**	**5.1**	**1485125**	**4.3**	**39.2**
农　业	Agriculture	1300669	3.2	826483	2.4	57.4
林　业	Forestry	212668	0.5	167816	0.5	26.7
畜牧业	Animal Husbandry	328938	0.8	318816	0.9	3.2
渔　业	Fishery	56729	0.1	73877	0.2	-23.2
农、林、牧、渔服务业	Service of Agriculture,Forestry, Animal Husbandry and Fishery	168025	0.4	98133	0.3	71.2
采矿业	**Mining**	**918875**	**2.3**	**1273415**	**3.6**	**-27.8**
煤炭开采和洗选业	Coal Mining and Dressing	255865	0.6	297610	0.9	-14.0
石油和天然气开采业	Petroleum and Natural Gas Mining					
黑色金属矿采选业	Ferrous Metal Ores Mining and Dressing			4500	0.0	
有色金属矿采选业	Non-ferrous Metal Ores Mining and Dressing	62853	0.2	164388	0.5	-61.8
非金属矿采选业	Non-metal Minerals Mining and Dressing	562446	1.4	799662	2.3	-29.7
开采辅助活动	Mining Support Activities	37711	0.1	7255	0.0	419.8
其他开采业	Others					
制造业	**Manufacturing**	**6182723**	**15.4**	**5823560**	**16.7**	**6.2**
农副食品加工业	Processing of Food from Agricutural Products	193362	0.5	273171	0.8	-29.2
食品制造业	Manufacture of Foods	197517	0.5	266520	0.8	-25.9
酒、饮料和精制茶制造业	Manufacture of Liquor,Beverages and Refined Tea	231843	0.6	238567	0.7	-2.8
烟草制品业	Manufacture of Tobacco	887	0.0	9900	0.0	-91.0
纺织业	Manufacture of Textile	9572	0.0	33475	0.1	-71.4
纺织服装和服饰业	Manufacture of Textile, Wearing Apparel and Accessories	49588	0.1	30	0.0	165193.3
皮革、毛皮、羽毛(绒)及其制品业	Manufacture of Leather,Furs,Feather and Related Products	4590	0.0	14000	0.0	-67.2
木材加工及木、竹、藤、棕、草制	Processing of Timer,Manufacture of Wood, Bamboo,Rattan,Palm,and Straw Products	70753	0.2	57831	0.2	22.3
家具制造业	Manufacture of Furniture	131671	0.3	127267	0.4	3.5
造纸及纸制品业	Manufacture of Paper and Paper Products	36217	0.1	107986	0.3	-66.5
印刷业和记录媒介的复制	Printing and Reproductionn of Recording Media	79924	0.2	99114	0.3	-19.4
文教体育用品制造业	Manufacture of Articles for Culture, Education and Sport Activities	57155	0.1	12120	0.0	371.6
石油加工、炼焦及核燃料加工业	Processing of Petroleum,Coking and Processing of Nuclear Fuel	40789	0.1	24060	0.1	69.5
化学原料及化学制品制造业	Manufacture of Raw Chemical Materials and Chemical Products	741980	1.8	695269	2.0	6.7

5-4 续表1 (continued)

指 标	Item	2015 投资额(万 元) Amount of Investment (10 000 yuan)	2015 构 成(%) Proportion (%)	2014 投资额(万 元) Amount of Investment (10 000 yuan)	2014 构 成(%) Proportion (%)	2015年比2014年增长(%) Growth Rate in 2015 over 2014 (%)
医药制造业	Manufacture of Medicines	304223	0.8	332591	1.0	-8.5
化学纤维制造业	Manufacture of Chemical Fibres	8800	0.0			
橡胶和塑料制品业	Manufacture of Plastics and Rubber	233244	0.6	330161	0.9	-29.4
非金属矿物制品业	Manufacture of Non-metallic Mineral Products	1093259	2.7	1241203	3.6	-11.9
黑色金属冶炼和压延加工业	Smelting and Pressing of Ferrous Metals	102024	0.3	82358	0.2	23.9
有色金属冶炼和压延加工业	Smelting and Pressing of Non-ferrous Metals	470728	1.2	199113	0.6	136.4
金属制品业	Manufacture of Metal Products	464585	1.2	370330	1.1	25.5
通用设备制造业	Manufacture of General Purpose Machinery	299294	0.7	230969	0.7	29.6
专用设备制造业	Manufacture of Special Purpose Machinery	307925	0.8	205821	0.6	49.6
汽车制造业	Manufacture of Automobiles	209479	0.5	178747	0.5	17.2
铁路、船舶、航空航天等制造业	Manufacture of Railway,Watercraft, Aviation,Aerospace and Other Transport Equipment	119708	0.3	167136	0.5	-28.4
电气机械及器材制造业	Manufacture of Electrical Machinery and Equipment	355029	0.9	278753	0.8	27.4
计算机、通信和其他电子设备制造业	Manufacture of Computers, Communication and Other Electronic Equipment	253434	0.6	171231	0.5	48.0
仪器仪表制造业	Manufacture of Measuring Instruments and Machinery	16320	0.0	20955	0.1	-22.1
其他制造业	Other Manufacturing	16293	0.0	19556	0.1	-16.7
废弃资源综合利用业	Utilization of Waste Resources	42212	0.1	34450	0.1	22.5
金属制品、机械和设备修理业	Repair Service of Metal Products, Machinery and Equipment	40318	0.1	876	0.0	4502.5
电力、热力、燃气及水的生产和供应业	**Production and Supply of Electricity,Heat,Gas and Water**	**675215**	**1.7**	**651552**	**1.9**	**3.6**
电力、热力的生产和供应业	Production and Supply of Electricity and Heat	272460	0.7	245903	0.7	10.8
燃气生产和供应业	Production and Supply of Gas	76442	0.2	68689	0.2	11.3
水的生产和供应业	Production and Supply of Water	326313	0.8	336960	1.0	-3.2
建筑业	**Construction**	**112104**	**0.3**	**63966**	**0.2**	**75.3**
房屋建筑业	Construction of Buildings	18811	0.0	35267	0.1	-46.7
土木工程建筑业	Civil Engineering	45967	0.1	7230	0.0	535.8
建筑安装业	Building Installation	8208	0.0	16027	0.0	-48.8
建筑装饰和其他建筑业	Building Decoration and Others	39118	0.1	5442	0.0	618.8
批发和零售业	**Wholesale and Retail Trades**	**924825**	**2.3**	**879493**	**2.5**	**5.2**
批发业	Wholesale Trade	422932	1.1	586779	1.7	-27.9
零售业	Retail Trade	501893	1.2	292714	0.8	71.5

5-4 续表2 (continued)

指 标	Item	2015 投资额(万 元) Amount of Investment (10 000 yuan)	2015 构 成(%) Proportion (%)	2014 投资额(万 元) Amount of Investment (10 000 yuan)	2014 构 成(%) Proportion (%)	2015年比2014年增长(%) Growth Rate in 2015 over 2014 (%)
交通运输、仓储和邮政业	**Transport,Storage and Post**	**5606146**	**14.0**	**3270363**	**9.4**	**71.4**
铁路运输业	Railway Transport	2299775	5.7	982698	2.8	134.0
道路运输业	Road Transport	2741220	6.8	1519354	4.4	80.4
水上运输业	Water Transport	6250	0.0	3350	0.0	86.6
航空运输业	Air Transport	31543	0.1	65030	0.2	-51.5
管道运输业	Pipeline Transport			44911	0.1	
装卸搬运和运输代理业	Loading,Unloading and Forwarding Agency	138868	0.3	149474	0.4	-7.1
仓储业	Storage	387195	1.0	505026	1.4	-23.3
邮政业	Post	1295	0.0	520	0.0	149.0
住宿和餐饮业	**Hotels and Catering Services**	**282609**	**0.7**	**333620**	**1.0**	**-15.3**
住宿业	Hotels	188076	0.5	247414	0.7	-24.0
餐饮业	Catering Services	94533	0.2	86206	0.2	9.7
信息传输、软件和信息技术服务业	**Information Transmision,Software and Information Technology**	**311674**	**0.8**	**223902**	**0.6**	**39.2**
电信、广播电视和卫星传输服务业	Telecommunication,Radio,Television and Satellite Transmission Service	20937	0.1	139958	0.4	-85.0
互联网和相关服务业	Internet and Related Services	100102	0.2	669	0.0	14862.9
软件和信息技术服务业	Software and Information Technology	190635	0.5	83275	0.2	128.9
金融业	**Financial Intermediation**	**30221**	**0.1**	**48578**	**0.1**	**-37.8**
货币金融业	Monetary and Financial Industry	28331	0.1	33775	0.1	-16.1
资本市场业	Capital Markets			14803	0.0	
保险业	Insurance					
其他金融业	Others					
房地产业	**Real Estate Industry**	**12226139**	**30.4**	**12190527**	**34.9**	**0.3**
房地产业	Real Estate	12226139	30.4	12190527	34.9	0.3
租赁和商务服务业	**Leasing and Business Services**	**245848**	**0.6**	**200809**	**0.6**	**22.4**
租赁业	Leasing	11694	0.0	23966	0.1	-51.2
商务服务业	Business Services	234154	0.6	176843	0.5	32.4
科学研究和技术服务业	**Scientific Research and Technical Services**	**324453**	**0.8**	**278253**	**0.8**	**16.6**
研究与试验发展	Research and Experimental Development	64778	0.2	93475	0.3	-30.7
专业技术服务业	Professional Technical Services	93119	0.2	116058	0.3	-19.8
科技交流和推广服务业	Services of Science and Technique Exchange and Popularization	166556	0.4	68720	0.2	142.4

5-4 续表3 (continued)

指 标	Item	2015 投资额(万元) Amount of Investment (10 000 yuan)	2015 构成(%) Proportion (%)	2014 投资额(万元) Amount of Investment (10 000 yuan)	2014 构成(%) Proportion (%)	2015年比2014年增长(%) Growth Rate in 2015 over 2014 (%)
水利、环境和公共设施管理业	**Management of Water Conservancy, Environment and Public Facilities**	**8323284**	**20.7**	**6831098**	**19.6**	**21.8**
水利管理业	Management of Water Conservancy	597495	1.5	641063	1.8	-6.8
生态保护和环境治理业	Ecological Protection and Environmental Treatment	74822	0.2	126130	0.4	-40.7
公共设施管理业	Public Facilities Management	7650967	19.1	6063905	17.4	26.2
居民服务和其他服务业	**Services to Households and Other Services**	**141228**	**0.4**	**140613**	**0.4**	**0.4**
居民服务业	Services to Households	88955	0.2	65624	0.2	35.6
机动车、电子产品和日用产品修理业	Motor Vehicle,Electronic and Household Products Repair	42698	0.1	65589	0.2	-34.9
其他服务业	Others	9575	0.0	9400	0.0	1.9
教 育	**Education**	**1092194**	**2.7**	**744213**	**2.1**	**46.8**
教 育	Education	1092194	2.7	744213	2.1	46.8
卫生和社会工作	**Health and Social Service**	**196863**	**0.5**	**107696**	**0.3**	**82.8**
卫 生	Health	168519	0.4	89636	0.3	88.0
社会工作	Social Service	28344	0.1	18060	0.1	56.9
文化、体育和娱乐业	**Culture,Sports and Entertainment**	**369053**	**0.9**	**217433**	**0.6**	**69.7**
新闻和出版业	Journalism and Publishing Industry					
广播、电视、电影和影视录音制作业	Radio, Television,Motion Picture and Vodeotape Programme Production Services	18880	0.0	1398	0.0	1250.5
文化艺术业	Culture and Art	201896	0.5	186494	0.5	8.3
体 育	Sports	89781	0.2	28883	0.1	210.8
娱乐业	Entertainment	58496	0.1	658	0.0	8790.0
公共管理和社会组织	**Public Management and Social Organizations**	**125924**	**0.3**	**129861**	**0.4**	**-3.0**
中国共产党机关	Organs of the Communist Party of China					
国家机构	Government Agencies	114369	0.3	118777	0.3	-3.7
人民政协和民主党派	PPCC and Democratic Parties					
社会保障	Social Security					
群众团体、社会团体和其他成员组织	Mass Organizations, Social Organizations and Other Membership Organizations	3600	0.0			
基层群众自治组织	Grassroots Self-Governing Organizations	7955	0.0	11084	0.0	-28.2
国际组织	**International Organization**					
国际组织	International Organization					

5-5 固定资产投资
Investment in Fixed Assets in Urban Area

指　标	Item	2015 投资额（万元）Amount of Investment (10 000 yuan)	2015 构成（%）Proportion (%)	2014 投资额（万元）Amount of Investment (10 000 yuan)	2014 构成（%）Proportion (%)	2015年比2014年增长（%）Growth Rate in 2015 over 2014 (%)
总　计	**Total**	**36125725**	**100.0**	**29963847**	**100.0**	**20.6**
按隶属关系分	**By Jurisdiction of Management**					
中　央	Central Investment	1764480	4.9	1982451	6.6	-11.0
地　方	Local Investment	34361245	95.1	27981396	93.4	22.8
按登记注册类型分	**By Registration Status**					
内　资	Domestic Funded Enterprises	35564102	98.4	29306694	97.8	21.4
#国　有	State-owned Enterprises	12625686	34.9	8721475	29.1	44.8
集　体	Collective-owned Enterprises	36559	0.1	30551	0.1	19.7
股份合作	Joint-equity Cooperative Enterprises	28765	0.1	14400	0.0	99.8
集体联营企业	Collective Joint Ownership Enterprises					
国有与集体联营	Joint State-collective Enterprises			8957	0.0	
其他联营	Other Joint Ownership Enterprises	9650	0.0			
国有独资公司	State Sole Funded Corporations	2472099	6.8	2028527	6.8	21.9
其他有限责任公司	Other Limited Liability Companies	13603153	37.7	12439194	41.5	9.4
股份有限公司	Companies Limited by Shares	1047840	2.9	1039212	3.5	0.8
私营个体	Private Enterprises	5406182	15.0	4822109	16.1	12.1
其　他	Others	360811	1.0	269153	0.9	34.1
港澳台投资	Enterprises with Funds from Hong Kong,Macao and Taiwan	445006	1.2	515339	1.7	-13.6
#合资经营	Joint-venture Enterprises	28373	0.1	287862	1.0	-90.1
合作经营	Cooperative Business Operation	29851	0.1	27700	0.1	7.8
独　资	Solely Funded Enterprises	386782	1.1	199777	0.7	93.6
股份有限	Companies Limited by Shares					
外商投资	Forign Funded Enterprises	89974	0.2	74930	0.3	20.1
#合资经营	Joint-venture Enterprises	4780	0.0	20974	0.1	-77.2
独　资	Solely Funded Enterprises	68574	0.2	20516	0.1	234.2
股份有限	Companies Limited by Shares			7567	0.0	
按构成分	**Grouped by Structure**					
建筑工程	Construction	28156192	77.9	22975471	76.7	22.5
安装工程	Installation	5042101	14.0	759721	2.5	563.7
设备工器具购置	Purchase of Equipment and Instrument	1198799	3.3	1406142	4.7	-14.7
其他费用	Others	6068633	16.8	4822513	16.1	25.8
按建设性质分	**By Type of Construction**					
#新　建	New Construction	20574849	57.0	15301111	51.1	34.5
扩　建	Expansion	2424015	6.7	1684722	5.6	43.9
改建和技术改造	Reconstruction and Technical Transformation	2845195	7.9	2581871	8.6	10.2
按管理类别分	**By Type of Management**					
建设项目	Construction Projects	26075724	72.2	19787805	66.0	31.8
房地产开发	Real Estate Development	10050001	27.8	10176042	34.0	-1.2
本年新增固定资产	**Newly Increased Fixed Assets**	28480770	78.8	18475889	61.7	54.2
固定资产交付使用率	Rate of Projects of Fixed Assets Completed and Put into Use	78.84		61.66		27.9
房屋建设面积(平方米)	**Floor Space of Buildings (sq.m)**					
施工面积	Floor Space under Construction	94361911	100.0	87517879	100.0	7.8
#住　宅	Residential Buildings	46206814	49.0	49659337	56.7	-7.0
竣工面积	Floor Space Completed	26637308	100.0	20430972	100.0	30.4
#住　宅	Residential Buildings	11897953	44.7	8890251	43.5	33.8

注：1. 固定资产投资是指计划总投资50万元以上项目数据；
2. 表中按建设性质分不含房地产投资。
a) Investment in fixed assets refers to projects with total planned investment of 500 thousand yuan and above;
b) Investment types of construction in this table exclude investment in real estate.

5–6 固定资产投资资金来源情况
Sources of Funds for Investment in Fixed Assets

单位：万元 (10 000 yuan)

指　　标	Item	2015	2014	2015年比2014年增长(%) Growth Rate in 2015 over 2014 (%)
全年资金来源合计	**Total Source of Funds This Year**	**36012764**	**34078797**	**5.7**
上年末结余资金	**Surplus Fund from the Year-end of Preceding Year**	**4303915**	**2906903**	**48.1**
本年资金来源小计	**Subtotal of Source of Funds This Year**	**31708849**	**31171894**	**1.7**
国家预算内资金	State Budget	717554	649050	10.6
国内贷款	Domestic Loans	5404194	5414461	-0.2
债　券	Bond	320010	607122	-47.3
利用外资	Foreign Investment	22421	59156	-62.1
#外商直接投资	Direct Foreign Investment Utilization		31260	
自筹资金	Self-raised Funds	17291129	16822201	2.8
#企事业单位自筹	Funds Raised by Enterprises and Instititions	4664047	4456777	4.7
其他资金来源	Others	12025750	7619904	57.8
本年各项应付款合计	**Total**	**5236644**	**4556835**	**14.9**
#工程款	Projects Funds	1120723	2730625	-59.0

5-7 按国民经济行业分组的固定资产投资
Total Investment in Fixed Assets in Urban Area by Sector

指　　标	Item	2015		2014		2015年比2014年增长 (%) Growth Rate in 2015 over 2014 (%)
		投资额 (万元) Amount of Investment (10 000 yuan)	构　成 (%) Proportion (%)	投资额 (万元) Amount of Investment (10 000 yuan)	构　成 (%) Proportion (%)	
总　计	**Total**	**36125725**	**100.0**	**29963847**	**100.0**	**20.6**
农、林、牧、渔业	**Agriculture, Forestry,Animal Husbandry and Fishery**	**1822252**	**5.0**	**481726**	**1.6**	**278.3**
农　业	Agriculture	1155478	3.2	286419	1.0	303.4
林　业	Forestry	195388	0.5	70032	0.2	179.0
畜牧业	Animal Husbandry	300370	0.8	64214	0.2	367.8
渔　业	Fishery	56729	0.2	34550	0.1	64.2
农、林、牧、渔服务业	Service of Agriculture,Forestry, Animal Husbandry and Fishery	114287	0.3	26511	0.1	331.1
采矿业	**Mining**	**918875**	**2.5**	**1273415**	**4.2**	**-27.8**
煤炭开采和洗选业	Coal Mining and Dressing	255865	0.7	297610	1.0	-14.0
石油和天然气开采业	Petroleum and Natural Gas Mining					
黑色金属矿采选业	Ferrous Metals Ores Mining and Dressing			4500	0.0	
有色金属矿采选业	Non-ferrous Metals Ores Mining and Dressing	62853	0.2	164388	0.5	-61.8
非金属矿采选业	Non-metal Minerals Mining and Dressing	562446	1.6	799662	2.7	-29.7
开采辅助活动	Mining Support Activities	37711	0.1	7255	0.0	419.8
其他开采业	Others					
制造业	**Manufacturing**	**6182723**	**17.1**	**5823560**	**19.4**	**6.2**
农副食品加工业	Processing of Foods from Agricultural Products	193362	0.5	273171	0.9	-29.2
食品制造业	Manufacture of Foods	197517	0.5	266520	0.9	-25.9
酒、饮料和精制茶制造业	Manufacture of Liquor, Beverages and Refined Tea	231843	0.6	238567	0.8	-2.8
烟草制品业	Manufacture of Tobacco	887	0.0	9900	0.0	-91.0
纺织业	Manufacture of Textiles	9572	0.0	33475	0.1	-71.4
纺织服装和服饰业	Manufacture of Textile Wearing Apparel and Accessories	49588	0.1	30	0.0	165193.3
皮革、毛皮、羽毛(绒)及其制品业	Manufacture of Leather,Furs,Feather and Related Products	4590	0.0	14000	0.0	-67.2
木材加工及木、竹、藤、棕、草制	Processing of Timer,Manufactur of Wood,Bamboo,Rattan,Palm, and Straw Products	70753	0.2	57831	0.2	22.3
家具制造业	Manufacture of Furniture	131671	0.4	127267	0.4	3.5
造纸及纸制品业	Manufacture of Paper and Paper Products	36217	0.1	107986	0.4	-66.5
印刷业和记录媒介的复制	Printing and Reproduction of Recording Media	79924	0.2	99114	0.3	-19.4
文教体育用品制造业	Manufacture of Articles for Culture, Education and Sport Activities	57155	0.2	12120	0.0	371.6
石油加工、炼焦及核燃料加工业	Petroleum Processing, Coking and Nuclear Fuel Processing	40789	0.1	24060	0.1	69.5

5-7 续表1 (continued)

指　　标	Item	2015 投资额(万元) Amount of Investment (10 000yuan)	2015 构成(%) Proportion (%)	2014 投资额(万元) Amount of Investment (10 000yuan)	2014 构成(%) Proportion (%)	2015年比2014年增长(%) Growth Rate in 2015 over 2014 (%)
化学原料及化学制品制造业	Manufacture of Raw Chemical Materials and Chemical Products	741980	2.1	695269	2.3	6.7
医药制造业	Manufacture of Medicines	304223	0.8	332591	1.1	-8.5
化学纤维制造业	Manufacture of Chemical Fibers	8800	0.0			
橡胶和塑料制品业	Manufacture of Rubber and Plastics	233244	0.6	330161	1.1	-29.4
非金属矿制品业	Manufacture of Non-metallic Mineral Products	1093259	3.0	1241203	4.1	-11.9
黑色金属冶炼和压延加工业	Smelting and Pressing of Ferrous Metals	102024	0.3	82358	0.3	23.9
有色金属冶炼和压延加工业	Smelting and Pressing of Non-ferrous Metals	470728	1.3	199113	0.7	136.4
金属制品业	Manufacture of Metal Products	464585	1.3	370330	1.2	25.5
通用设备制造业	Manufacture of General Purpose Machinery	299294	0.8	230969	0.8	29.6
专用设备制造业	Manufacture of Special Purpose Machinery	307925	0.9	205821	0.7	49.6
汽车制造业	Manufacture of Automobiles	209479	0.6	178747	0.6	17.2
铁路、船舶、航空航天等制造业	Manufacture of Railway, Watercraft,Aviation,Aerospace and Other Transport Equipment	119708	0.3	167136	0.6	-28.4
电气机械及器材制造业	Manufacture of Electrical Machinery and Equipment	355029	1.0	278753	0.9	27.4
计算机、通信和其他电子设备制造业	Manufacture of Computers, Communication and Other Electronic Equipment	253434	0.7	171231	0.6	48.0
仪器仪表制造业	Manufacture of Measuring Instruments and Machinery	16320	0.0	20955	0.1	-22.1
其他制造业	Other Manufacturing	16293	0.0	19556	0.1	-16.7
废弃资源综合利用业	Utilization of Waste Resources	42212	0.1	34450	0.1	22.5
金属制品、机械和设备修理业	Repair Service of Metal Products, Machinery and Equipment	40318	0.1	876	0.0	4502.5
电力、热力、燃气及水的生产和供应业	**Production and Supply of Electricity,Heat,Gas and Water**	**675215**	**1.9**	**651552**	**2.2**	**3.6**
电力、热力的生产和供应业	Production and Supply of Electricity and Heat	272460	0.8	245903	0.8	10.8
燃气生产和供应业	Production and Supply of Gas	76442	0.2	68689	0.2	11.3
水的生产和供应业	Production and Supply of Water	326313	0.9	336960	1.1	-3.2
建筑业	**Construction**	**111927**	**0.3**	**55177**	**0.2**	**102.9**
房屋建筑业	Construction of Buildings	18811	0.1	35267	0.1	-46.7
土木工程建筑业	Civil Engineering	45790	0.1			
建筑安装业	Building Installation	8208	0.0	14918	0.0	-45.0
建筑装饰和其他建筑业	Building Decoration and Others	39118	0.1	4992	0.0	683.6
批发和零售业	**Wholesale and Retail Trades**	**906904**	**2.5**	**308888**	**1.0**	**193.6**
批发业	Wholesale Trade	408051	1.1	207047	0.7	97.1
零售业	Retail Trade	498853	1.4	101841	0.3	389.8

5–7 续表2 (continued)

指　　标	Item	2015		2014		2015年比2014年增长 (%) Growth Rate in 2015 over 2014 (%)
		投资额 (万 元) Amount of Investment (10 000 yuan)	构 成 (%) Proportion (%)	投资额 (万 元) Amount of Investment (10 000 yuan)	构 成 (%) Proportion (%)	
交通运输、仓储和邮政业	**Transport,Storage and Post**	**2492001**	**6.9**	**3034528**	**10.1**	**-17.9**
铁路运输业	Railway Transport	534775	1.5	976438	3.3	-45.2
道路运输业	Road Transport	1399010	3.9	1398171	4.7	0.1
水上运输业	Water Transport	6250	0.0	2550	0.0	145.1
航空运输业	Air Transport	31543	0.1	60038	0.2	-47.5
管道运输业	Pipeline Transport			34764	0.1	
装卸搬运和运输代理业	Loading,Unloading and Forwarding Agency	138868	0.4	128419	0.4	8.1
仓储业	Storage	381555	1.1	434148	1.4	-12.1
邮政业	Post					
住宿和餐饮业	**Hotels and Catering Services**	**275219**	**0.8**	**186730**	**0.6**	**47.4**
住宿业	Hotels	181088	0.5	147180	0.5	23.0
餐饮业	Catering Services	94131	0.3	39550	0.1	138.0
信息传输、软件和信息技术服务业	**Information Transmission,Software and Information Technology**	**300097**	**0.8**	**107313**	**0.4**	**179.6**
电信、广播电视和卫星传输服务业	Telecommunication,Radio,Television and Satellite Transmission Service	19489	0.1	71255	0.2	-72.6
互联网和相关服务业	Internet and Related Service	90179	0.2			
软件和信息技术服务业	Software and Information Technology	190429	0.5	36058	0.1	428.1
金融业	**Financial Sector**	**23376**	**0.1**	**36682**	**0.1**	**-36.3**
货币金融业	Monetary and Financial Industry	21486	0.1	26882	0.1	-20.1
资本市场业	Capital Markets			9800	0.0	
保险业	Insurance					
其他金融业	Others					
房地产业	**Real Estate Industry**	**12179078**	**33.7**	**11886106**	**39.7**	**2.5**
房地产业	Real Estate	12179078	33.7	11886106	39.7	2.5
租赁和商务服务业	**Leasing and Business Services**	**237662**	**0.7**	**105475**	**0.4**	**125.3**
租赁业	Leasing	11694	0.0			
商务服务业	Business Services	225968	0.6	105475	0.4	114.2
科学研究和技术服务业	**Scientific Research,Technical Services**	**301681**	**0.8**	**165078**	**0.6**	**82.8**
研究与试验发展	Research and Experimental Development	54771	0.2	75476	0.3	-27.4
专业技术服务业	Professional Technical Services	89844	0.2	50443	0.2	78.1
科技交流和推广服务业	Services of Science and Technique Exchange and Popularization	157066	0.4	39159	0.1	301.1

5-7 续表3 (continued)

指　　标	Item	2015 投资额（万元）Amount of Investment (10 000 yuan)	2015 构成(%) Proportion (%)	2014 投资额（万元）Amount of Investment (10 000 yuan)	2014 构成(%) Proportion (%)	2015年比2014年增长(%) Growth Rate in 2015 over 2014 (%)
水利、环境和公共设施管理业	**Management of Water Conservancy, Environment and Public Facilities**	**7917783**	**21.9**	**4851146**	**16.2**	**63.2**
水利管理业	Management of Water Conservancy	500918	1.4	241932	0.8	107.0
生态保护和环境治理业	Ecological Protection and Environmental Treatment	69242	0.2	75838	0.3	-8.7
公共设施管理业	Public Facilities Management	7347623	20.3	4533376	15.1	62.1
居民服务和其他服务业	**Services to Households and Other Services**	**131234**	**0.4**	**71324**	**0.2**	**84.0**
居民服务业	Services to Households	81975	0.2	35643	0.1	130.0
机动车、电子产品和日用产品修理业	Motor Vehicle,Electronic and Household Products Repair	39684	0.1	26281	0.1	51.0
其他服务业	Others	9575	0.0	9400	0.0	1.9
教　育	**Education**	**1038204**	**2.9**	**634788**	**2.1**	**63.6**
教　育	Education	1038204	2.9	634788	2.1	63.6
卫生和社会工作	**Health and Social Service**	**164851**	**0.5**	**77783**	**0.3**	**111.9**
卫　生	Health	141094	0.4	65077	0.2	116.8
社会工作	Social Service	23757	0.1	12706	0.0	87.0
文化、体育和娱乐业	**Culture,Sports and Entertainment**	**334781**	**0.9**	**144793**	**0.5**	**131.2**
新闻和出版业	Press and Publishing Industry					
广播、电视、电影和影视录音制作业	Radio,Television,Motion Picture and Vodeotape Programme Production Services	18880	0.1			
文化艺术业	Culture and Art	179176	0.5	125710	0.4	42.5
体　育	Sports	78229	0.2	19083	0.1	309.9
娱乐业	Entertainment	58496	0.2			
公共管理和社会组织	**Public Management and Social Organizations**	**111862**	**0.3**	**67783**	**0.2**	**65.0**
中国共产党机关	Organs of the Communist Party of China					
国家机构	Government Agencies	100307	0.3	67783	0.2	48.0
人民政协和民主党派	PPCC and Democratic Parties					
社会保障	Social Security					
群众团体、社会团体和其他成员组织	Mass Organizations,Social Orgnizations and Other Membership Organizations	3600	0.0			
基层群众自治组织	Grassroots Self-Governing Organizations	7955	0.0			
国际组织	**International Organization**					
国际组织	International Organization					

5–8 建设项目投资
Investment in Construction Projects

指　　标	Item	2015 投资额（万 元）Amount of Investment (10 000 yuan)	2015 构 成 (%) Proportion (%)	2014 投资额（万 元）Amount of Investment (10 000 yuan)	2014 构 成 (%) Proportion (%)	2015年比2014年增长 (%) Growth Rate in 2015 over 2014 (%)
投资总额	**Total Investment**	**30106406**	**100.0**	**24718035**	**100.0**	**21.8**
按隶属关系分	**By Jurisdiction of Management**					
中　央	Central Investment	2725269	9.1	1493582	6.0	82.5
省	Provincial Investment	3749128	12.5	2215215	9.0	69.2
市	Municipal Investment	2445246	8.1	1834288	7.4	33.3
县	Prefectural Investment	9152774	30.4	7839577	31.7	16.8
其　他	Others	12033989	40.0	11335373	45.9	6.2
按登记注册类型分	**By Status of Registration**					
内　资	Domestic Funded Enterprises	29976250	99.6	24430397	98.8	22.7
#国　有	State-owned Enterprises	16617630	55.2	11300214	45.7	47.1
集　体	Collective-owned Enterprises	36559	0.1	80637	0.3	-54.7
股份合作	Joint-equity Cooperative Enterprises	28765	0.1	16460	0.1	74.8
国有联营	State Joint Ownership Enterprises					
集体联营	Collective Joint Ownership Enterprises					
国有独资公司	State Sole Funded Enterprises	2168218	7.2	1817777	7.4	19.3
其他有限责任公司	Other Limited Liailities Companies	5233352	17.4	4914249	19.9	6.5
股份有限公司	Companies Limited by Shares	1017644	3.4	1184033	4.8	-14.1
私营个体	Private Enterprises	4527284	15.0	4789850	19.4	-5.5
其　他	Others	363791	1.2	382240	1.5	-4.8
港澳台商投资	Enterprises with Funds from Hong Kong, Macao and Taiwan	29369	0.1	95844	0.4	-69.4
#合资经营	Joint-venture Enterprises	10564	0.0	92033	0.4	-88.5
独　资	Solely Funded Enterprises	18805	0.1	3811	0.0	393.4
外商投资	Foreign Funded Enterprises	74144	0.2	122170	0.5	-39.3
#合资经营	Joint-venture Enterprises	4780	0.0	20974	0.1	-77.2
独　资	Solely Funded Enterprises	69364	0.2	58097	0.2	19.4
按产业分	**Grouped by Strata of Industry**					
第一产业	Primary Industry	2067029	6.9	1485125	6.0	39.2
第二产业	Secondary Industry	7888917	26.2	7812493	31.6	1.0
第三产业	Tertiary Industry	20150460	66.9	15420417	62.4	30.7
按构成分	**Grouped by Structure**					
建筑工程	Construction	23273262	77.3	18968453	76.7	22.7
安装工程	Installation	528056	1.8	480334	1.9	9.9
设备工器具购置	Purchase of Equipment and Instruments	1334043	4.4	1671829	6.8	-20.2
其他费用	Others	4971045	16.5	3597419	14.6	38.2
按建设性质分	**By Type of Construction**					
#新　建	New Construction	24273492	80.6	19265434	77.9	26.0
扩　建	Expansion	2688591	8.9	2325614	9.4	15.6
改建和技术改造	Reconstruction and Technical Transformation	2876172	9.6	2845454	11.5	1.1
新增固定资产	Newly Increased Fixed Assets	22609777	75.1	20132173	81.4	12.3

5–9 按国民经济行业分组的建设项目投资
Total Investment in Construction Projects by Sector

指标	Item	2015 投资额(万元) Amount of Investment (10 000 yuan)	2015 构成(%) Proportion (%)	2014 投资额(万元) Amount of Investment (10 000 yuan)	2014 构成(%) Proportion (%)	2015年比2014年增长(%) Growth Rate in 2015 over 2014 (%)
总计	**Total**	**30106406**	**100.0**	**24718035**	**100.0**	**21.8**
农、林、牧、渔业	**Agriculture,Forestry,Animal Husbandry and Fishery**	**2067029**	**6.9**	**1485125**	**6.0**	**39.2**
农业	Agriculture	1300669	4.3	826483	3.3	57.4
林业	Forestry	212668	0.7	167816	0.7	26.7
畜牧业	Animal Husbandry	328938	1.1	318816	1.3	3.2
渔业	Fishery	56729	0.2	73877	0.3	-23.2
农、林、牧、渔服务业	Service of Agriculture,Forestry, Animal Husbandry and Fishery	168025	0.6	98133	0.4	71.2
采矿业	**Mining**	**918875**	**3.1**	**1273415**	**5.2**	**-27.8**
煤炭开采和洗选业	Coal Mining and Dressing	255865	0.8	297610	1.2	-14.0
石油和天然气开采业	Petroleum and Natural Gas Mining					
黑色金属矿采选业	Ferrous Metals Ores Mining and Dressing			4500	0.0	
有色金属矿采选业	Non-ferrous Metals Ores Mining and Dressing	62853	0.2	164388	0.7	-61.8
非金属矿采选业	Non-metal Minerals Mining and Dressing	562446	1.9	799662	3.2	-29.7
开采辅助活动	Mining Support Activities	37711	0.1	7255	0.0	419.8
其他开采业	Others					
制造业	**Manufacturing**	**6182723**	**20.5**	**5823560**	**23.6**	**6.2**
农副食品加工业	Processing of Foods from Agricultural Products	193362	0.6	273171	1.1	-29.2
食品制造业	Manufacture of Foods	197517	0.7	266520	1.1	-25.9
酒、饮料和精制茶制造业	Manufacture of Liquor, Beverages and Refined Tea	231843	0.8	238567	1.0	-2.8
烟草制品业	Manufacture of Tobacco	887	0.0	9900	0.0	-91.0
纺织业	Manufacture of Textile	9572	0.0	33475	0.1	-71.4
纺织服装和服饰业	Manufacture of Textile Wearing Apparel and Accessories	49588	0.2	30	0.0	165193.3
皮革、毛皮、羽毛(绒)及其制品业	Manufacture of Leather,Furs, Feather and Related Products	4590	0.0	14000	0.1	-67.2
木材加工及木、竹、藤、棕、草制	Processing of Timer,Manufactur of Wood,Bamboo,Rattan,Palm, and Straw Products	70753	0.2	57831	0.2	22.3
家具制造业	Manufacture of Furniture	131671	0.4	127267	0.5	3.5
造纸及纸制品业	Manufacture of Paper and Paper Products	36217	0.1	107986	0.4	-66.5
印刷业和记录媒介的复制	Printing and Reproduction of Recording Media	79924	0.3	99114	0.4	-19.4
文教体育用品制造业	Manufacture of Articles for Culture, Education and Sports Activities	57155	0.2	12120	0.0	371.6
石油加工、炼焦及核燃料加工业	Petroleum Processing,Coking and Nuclear Fuel Processing	40789	0.1	24060	0.1	69.5

5-9 续表1 (continued)

指标	Item	2015 投资额（万元）Amount of Investment (10 000 yuan)	2015 构成(%) Proportion (%)	2014 投资额（万元）Amount of Investment (10 000 yuan)	2014 构成(%) Proportion (%)	2015年比2014年增长(%) Growth Rate in 2015 over 2014 (%)
化学原料及化学制品制造业	Manufacture of Raw Chemical Materials and Chemical Products	741980	2.5	695269	2.8	6.7
医药制造业	Manufacture of Medicines	304223	1.0	332591	1.3	-8.5
化学纤维制造业	Manufacture of Chemical Fibers	8800	0.0			
橡胶和塑料制品业	Manufacture of Plastics and Rubber	233244	0.8	330161	1.3	-29.4
非金属矿制品业	Manufacture of Non-metallic Mineral Products	1093259	3.6	1241203	5.0	-11.9
黑色金属冶炼和压延加工业	Smelting and Pressing of Ferrous Metals	102024	0.3	82358	0.3	23.9
有色金属冶炼和压延加工业	Smelting and Pressing of Non-ferrous Metals	470728	1.6	199113	0.8	136.4
金属制品业	Manufacture of Metal Products	464585	1.5	370330	1.5	25.5
通用设备制造业	Manufacture of General Purpose Machinery	299294	1.0	230969	0.9	29.6
专用设备制造业	Manufacture of Special Purpose Machinery	307925	1.0	205821	0.8	49.6
汽车制造业	Manufacture of Automobiles	209479	0.7	178747	0.7	17.2
铁路、船舶、航空航天等制造业	Manufacture of Railway,Watercraft, Aviation,Aerospace and Other Transport Equipment	119708	0.4	167136	0.7	-28.4
电气机械及器材制造业	Manufacture of Electrical Machinery and Equipment	355029	1.2	278753	1.1	27.4
计算机、通信和其他电子设备制造业	Manufacture of Computers, Communication and Other Electronic Equipment	253434	0.8	171231	0.7	48.0
仪器仪表制造业	Manufacture of Measuring Instruments and Machinery	16320	0.1	20955	0.1	-22.1
其他制造业	Other Manufacturing	16293	0.1	19556	0.1	-16.7
废弃资源综合利用业	Utilization of Waste Resources	42212	0.1	34450	0.1	22.5
金属制品、机械和设备修理业	Repair Service of Metal Products, Machinery and Equipment	40318	0.1	876	0.0	4502.5
电力、热力、燃气及水的生产和供应业	**Production and Supply of Electricity,Heat,Gas and Water**	**675215**	**2.2**	**651552**	**2.6**	**3.6**
电力、热力的生产和供应业	Production and Supply of Electricity and Heat	272460	0.9	245903	1.0	10.8
燃气生产和供应业	Production and Supply of Gas	76442	0.3	68689	0.3	11.3
水的生产和供应业	Production and Supply of Water	326313	1.1	336960	1.4	-3.2
建筑业	**Construction**	**112104**	**0.4**	**63966**	**0.3**	**75.3**
房屋建筑业	Construction of Buildings	18811	0.1	35267	0.1	-46.7
土木工程建筑业	Civil Engineering	45967	0.2	7230	0.0	535.8
建筑安装业	Building Installation	8208	0.0	16027	0.1	-48.8
建筑装饰和其他建筑业	Building Decoration and Others	39118	0.1	5442	0.0	618.8
批发和零售业	**Wholesale and Retail Trade**	**924825**	**3.1**	**879493**	**3.6**	**5.2**
批发业	Wholesale Trade	422932	1.4	586779	2.4	-27.9
零售业	Retail Trade	501893	1.7	292714	1.2	71.5

5–9 续表2 (continued)

指　　标	Item	2015 投资额(万元) Amount of Investment (10 000yuan)	2015 构成(%) Proportion (%)	2014 投资额(万元) Amount of Investment (10 000yuan)	2014 构成(%) Proportion (%)	2015年比2014年增长(%) Growth Rate in 2015 over 2014 (%)
交通运输、仓储和邮政业	**Transport,Storage and Post**	**5606146**	**18.6**	**3270363**	**13.2**	**71.4**
铁路运输业	Railway Transport	2299775	7.6	982698	4.0	134.0
道路运输业	Road Transport	2741220	9.1	1519354	6.1	80.4
水上运输业	Water Transport	6250	0.0	3350	0.0	86.6
航空运输业	Air Transport	31543	0.1	65030	0.3	-51.5
管道运输业	Pipeline Transport			44911	0.2	
装卸搬运和运输代理业	Loading,Unloading and Forwarding Agency	138868	0.5	149474	0.6	-7.1
仓储业	Storage	387195	1.3	505026	2.0	-23.3
邮政业	Posts	1295	0.0	520	0.0	149.0
住宿和餐饮业	**Hotels and Catering Services**	**282609**	**0.9**	**333620**	**1.3**	**-15.3**
住宿业	Hotels	188076	0.6	247414	1.0	-24.0
餐饮业	Catering Services	94533	0.3	86206	0.3	9.7
信息传输、软件和信息技术服务业	**Information Transmission,Software and Information Technology**	**311674**	**1.0**	**223902**	**0.9**	**39.2**
电信、广播电视和卫星传输服务业	Telecommunication,Radio,Television and Satellite Transmission Service	20937	0.1	139958	0.6	-85.0
互联网和相关服务业	Internet and Related Service	100102	0.3	669	0.0	14862.9
软件和信息技术服务业	Software and Information Technology	190635	0.6	83275	0.3	128.9
金融业	**Financial Intermediation**	**30221**	**0.1**	**48578**	**0.2**	**-37.8**
货币金融业	Monetary and Financial Industry	28331	0.1	33775	0.1	-16.1
资本市场业	Capital Markets			14803	0.1	
保险业	Insurance					
其他金融业	Others					
房地产业	**Real Estate Industry**	**2176138**	**7.2**	**2014485**	**8.1**	**8.0**
房地产业	Real Estate	2176138	7.2	2014485	8.1	8.0
租赁和商务服务业	**Leasing and Business Services**	**245848**	**0.8**	**200809**	**0.8**	**22.4**
租赁业	Leasing	11694	0.0	23966	0.1	-51.2
商务服务业	Business Services	234154	0.8	176843	0.7	32.4
科学研究和技术服务业	**Scientific Research and Technical Services**	**324453**	**1.1**	**278253**	**1.1**	**16.6**
研究与试验发展	Research and Development	64778	0.2	93475	0.4	-30.7
专业技术服务业	Professional Technical Services	93119	0.3	116058	0.5	-19.8
科技交流和推广服务业	Services of Science and Technique Exchange and Popularization	166556	0.6	68720	0.3	142.4

5–9 续表3 (continued)

指标	Item	2015 投资额(万元) Amount of Investment (10 000 yuan)	2015 构成(%) Proportion (%)	2014 投资额(万元) Amount of Investment (10 000 yuan)	2014 构成(%) Proportion (%)	2015年比2014年增长(%) Growth Rate in 2015 over 2014 (%)
水利、环境和公共设施管理业	**Management of Water Conservancy, Environment and Public Facilities**	**8323284**	**27.6**	**6831098**	**27.6**	**21.8**
水利管理业	Management of Water Conservancy	597495	2.0	641063	2.6	-6.8
生态保护和环境治理业	Ecological Protection and Environmental Treatment	74822	0.2	126130	0.5	-40.7
公共设施管理业	Public Facilities Management	7650967	25.4	6063905	24.5	26.2
居民服务和其他服务业	**Services to Households and Other Services**	**141228**	**0.5**	**140613**	**0.6**	**0.4**
居民服务业	Services to Households	88955	0.3	65624	0.3	35.6
机动车、电子产品和日用产品修理业	Motor Vehicle,Electronic and Household Products Repair	42698	0.1	65589	0.3	-34.9
其他服务业	Others	9575	0.0	9400	0.0	1.9
教　育	**Education**	**1092194**	**3.6**	**744213**	**3.0**	**46.8**
教　育	Education	1092194	3.6	744213	3.0	46.8
卫生和社会工作	**Health and Social Service**	**196863**	**0.7**	**107696**	**0.4**	**82.8**
卫　生	Health	168519	0.6	89636	0.4	88.0
社会工作	Social Service	28344	0.1	18060	0.1	56.9
文化、体育和娱乐业	**Culture,Sports and Entertainment**	**369053**	**1.2**	**217433**	**0.9**	**69.7**
新闻和出版业	Press and Publishing industry					
广播、电视、电影和影视录音制作业	Radio, Television,Motion Picture and Vodeotape Programme Production Services	18880	0.1	1398	0.0	1250.5
文化艺术业	Culture and Art	201896	0.7	186494	0.8	8.3
体　育	Sport	89781	0.3	28883	0.1	210.8
娱乐业	Entertainment	58496	0.2	658	0.0	8790.0
公共管理和社会组织	**Public Management and Social Organizations**	**125924**	**0.4**	**129861**	**0.5**	**-3.0**
中国共产党机关	Organs of the Communist Party of China					
国家机构	Government Agencies	114369	0.4	118777	0.5	-3.7
人民政协和民主党派	PPCC and Democratic Parties					
社会保障	Social Security					
群众团体、社会团体和其他成员组织	Mass Organizations,Social Orgnizations and Other Membership Organizations	3600	0.0			
基层群众自治组织	Grassroots Self-Govering Organizations	7955	0.0	11084	0.0	-28.2
国际组织	**International Organization**					
国际组织	International Organization					

5-10 建设项目施工、投产项目个数和房屋建筑面积
Number of Construction Projects under Construction, Put into Use and Floor Space of Buildings

指　　标		Item		2015	2014	2015年比2014年增长(%) Growth Rate in 2015 over 2014(%)
项目个数		**Number of Projects**				
施工项目个数	(个)	Number of Projects under Construction	(unit)	3209	3113	3.1
#本年新开工	(个)	Number of Projects Started in Current Year	(unit)	2660	2443	8.9
投产项目个数	(个)	Number of Projects Put into Use	(unit)	2760	2581	6.9
房屋建筑面积		**Floor Space of Buildings**				
施工面积	(平方米)	Floor Space under Construction	(sq.m)	25177976	21135227	19.1
#住　宅	(平方米)	Residential Buildings	(sq.m)	4109452	1419762	189.4
竣工面积	(平方米)	Floor Space Completed	(sq.m)	12713762	12219779	4.0
#住　宅	(平方米)	Residential Buildings	(sq.m)	947802	877159	8.1

5-11 建设项目新增主要生产能力(或工程效益)(2015年)
Newly Increased Production Capacity (or Project Benefit) of Construction Project(2015)

生产能力(或效益)名称		Item		新增能力效益 The Newly Increased Production Capacity Efficiency
原煤开采	(万吨/年)	Coal Mining	(10 000 tons/year)	339
洗　煤	(万吨/年)	Coal Washing	(10 000 tons/year)	60
铁矿开采	(万吨/年)	Iron Ore Mining	(10 000 tons/year)	70
铁合金	(折标吨/年)	Ferroalloy	(the conversion ton/year)	5
锌冶炼	(吨/年)	Zinc Smelting	(ton/year)	5000
氧化铝	(吨/年)	Aluminium Oxide	(ton/year)	1600000
铝加工	(吨/年)	Aluminum Processing	(ton/year)	340920
火力发电	(万千瓦)	Thermal Power	(10 000 kilowatt)	1
输电线路长度	(11万伏及以上)(公　里)	Length of Transmission Line	(110000v and above) (kilometer)	92.47
水　泥	(万吨/年)	Cement	(10 000 tons/year)	20
氮　肥	(吨/年)	Nitrogen Fertilizer	(ton/year)	316600
磷　肥	(吨/年)	Phosphate Fertilizer	(ton/year)	219600
钾　肥	(吨/年)	Potash Fertilizer	(ton/year)	138800
塑料树脂及共聚物	(吨/年)	Plasitc Resin and Copolymer	(ton/year)	29200
轮胎外胎	(万条/年)	Tyre Cover	(1000 units/year)	325
客车制造	(辆/年)	Bus Manufacturing	(unit/year)	3000
其他汽车制造	(辆/年)	Others	(unit/year)	1800
电视机	(万部/年)	Television	(1000 units/year)	11
白　酒	(万吨/年)	Distilled Spirit	(10 000 tons/year)	0.3
新建公路	(公里)	New Highways	(kilometre)	18
一级公路	(公里)	First-class Highways	(kilometre)	18
新建独立公路桥梁	(延长米)	New Independent Highway Bridges	(extension meters)	210
新建独立公路桥梁	(座)	New Independent Highway Bridges	(unit)	1
新（扩）建港口码头	(万吨)	New (Expansion) Wharf	(1000 tons)	20
新（扩）建港口码头	(标准集装箱)	New (Expansion) Wharf	(TEU)	120
新（扩）建港口码头	(个)	New (Expansion) Wharf	(unit)	4
新（扩）建公路客、货运站	(个)	New (Expansion) Passenger and Freight Station	(unit)	5
新（扩）建公路客、货运站	(平方米)	New (Expansion) Passenger and Freight Station	(square meter)	60100
飞机购置	(架)	Aircraft Purchase	(unit)	1
城市污水处理能力	(万吨/日)	Disposal Capacity of City Sewage	(10 000 tons/year)	5.6

5-12 房地产开发投资主要指标
Main Indicators of Enterprises for Real Estate Development

指标	Item	2015	2014	2015年比2014年的增长(%) Growth Rate of 2015 over 2014(%)
企业个数(个)	**Number of Enterprises(unit)**	**780**	**822**	**-5.1**
土地开发及购置(平方米)	**Land Developing and Purchase (sq.m)**			
待开发土地面积	Land Space Pending Development	3315823	4275362	-22.4
本年土地购置面积	Land Space Purchased This Year	2021655	1103540	83.2
本年完成投资额(万元)	**Investment Completed This Year(10 000 yuan)**	**10050001**	**10176042**	**-1.2**
#配套工程投资	Supporting Projects			
按工程用途分:	**Engineering Application**			
住宅	Residental Buildings	5864517	6333588	-7.4
#90平方米以下	Below 90 Square Meters	2344396	2200534	6.5
140平方米以上	Above 140 Square Meters	1128542	1423340	-20.7
办公楼	Office Buildings	1341394	1158806	15.8
商业营业用房	Houses for Business Use	1741880	1566343	11.2
其他	Others	1102210	1117305	-1.4
按构成分:	**Grouped by Structure of Investment**			
建筑工程	Construction	8073462	7974228	1.2
安装工程	Installation	219659	373627	-41.2
设备工器具购置	Purchase of Equipment and Instruments	23409	43265	-45.9
其他	Others	1733471	1784922	-2.9
资金来源小计(万元)	**Sources of Funds(10 000 yuan)**	**9642730**	**10423755**	**-7.5**
#国内贷款	Domestic Loans	1319137	1211471	8.9
利用外资	Foreign Investment		30530	
自筹资金	Self-raised Funds	1995927	2415437	-17.4
其他资金	Others	6327666	6766317	-6.5
本年新增固定资产(万元)	**Newly Increased Fixed Assets This Year (10 000 yuan)**	**6931107**	**3283626**	**111.1**
房屋建筑面积(平方米)	**Floor Space of Buildings(square meters)**			
施工面积	Floor Space under Construction	69564474	69737881	-0.2
住宅	Residental Buildings	46161329	48488054	-4.8
#90平方米以下	Below 90 Square Meters	16409765	15330511	7.0
140平方米以上	Above 140 Square Meters	6009974	7144052	-15.9
办公楼	Office Buildings	5467603	4661436	17.3
商业营业用房	Houses for Business Use	8323998	6692554	24.4
其他	Others	9611544	9895837	-2.9
本年新开工面积	Floor Space Started This Year	11727854	11693086	0.3
住宅	Residental Buildings	6297819	6461393	-2.5

5-12 续表 (continued)

指　　标	Item	2015	2014	2015年比2014年的增长(%) Growth Rate of 2015 over 2014(%)
#90平方米以下	Below 90 Square Meters	1426296	1337271	6.7
140平方米以上	Above 140 Square Meters	658982	1000925	-34.2
办公楼	Office Buildings	1283399	1288367	-0.4
商业营业用房	Houses for Business Use	2169985	1257904	72.5
其　他	Others	1976651	2685422	-26.4
商品房屋竣工面积(平方米)	**Floor Space of Commercialized Buildings Completed(square meters)**	**14273687**	**11187115**	**27.6**
住　宅	Residental Buildings	10985143	8256429	33.0
#90平方米以下	Below 90 Square Meters	4594756	1669780	175.2
140平方米以上	Above 140 Square Meters	729562	1962286	-62.8
办公楼	Office Buildings	561085	471553	19.0
商业营业用房	Houses for Business Use	2031460	650515	212.3
其　他	Others	695999	1808618	-61.5
商品房销售面积(平方米)	**Floor Space of Commercialized Buildings Sold(square meters)**	**9681735**	**9481140**	**2.1**
住　宅	Residental Buildings	7982504	8003227	-0.3
#90平方米以下	Below 90 Square Meters	2776530	2230552	24.5
140平方米以上	Above 140 Square Meters	1064505	958616	11.0
办公楼	Office Buildings	492417	611951	-19.5
商业营业用房	Houses for Business Use	992209	716265	38.5
其　他	Others	214605	149697	43.4
商品房销售额(万元)	**Total Sale of Commercialized Buildings(10 thousand yuan)**	**5813719**	**5308664**	**9.5**
住　宅	Residental Buildings	3949396	3912615	0.9
#90平方米以下	Below 90 Square Meters	1258486	1004746	25.3
140平方米以上	Above 140 Square Meters	625491	591941	5.7
办公楼	Office Buildings	383043	469829	-18.5
商业营业用房	Houses for Business Use	1395113	855300	63.1
其　他	Others	86167	70920	21.5
商品房待售面积(平方米)	**Floor Space of Commercialized Buildings Sold(square meters)**	**3999970**	**2612610**	**53.1**
住　宅	Residental Buildings	2006684	1321013	51.9
#90平方米以下	Below 90 Square Meters	640762	108366	491.3
140平方米以上	Above 140 Square Meters	412376	273896	50.6
办公楼	Office Buildings	561758	423814	32.5
商业营业用房	Houses for Business Use	940269	374805	150.9
其　他	Others	491259	492978	-0.3

5−13 按各种分组的房地产开发企业指标完成情况(2015年)

单位：万元、平方米

指　　标	Item	企业数(个) Number of Enterprises (unit)	计划总投资 Total Investment Planned	自开始建设累计完成投资 Accumulative Investment Actually Completed Since Starting of Construction up to the End of This Year
总　　计	**Total**	**780**	**60731738**	**44568002**
按登记注册类型分组	**By Status of Registration**			
内资企业	Domestic Funded Enterprises	746	57362812	42389618
国有企业	State-owned Enterprises	13	688847	148464
集体企业	Collective-owned Enterprises	1		
股份合作企业	Joint-equity Cooperative Enterprises			
国有联营企业	State Joint Ownership Enterprises			
集体联营企业	Collective Joint Ownership Enterprises			
国有与集体联营企业	Joint State-collective Enterprises			
其他联营企业	Other Joint Ownership Enterprises			
国有独资公司	State Sole Funded Corporations	20	1161043	1151020
其他有限责任公司	Other Limited Liability Companies	537	46908121	37632795
股份有限公司	Companies Limited by Shares	7	351793	306044
私营独资企业	Private-Solely Funded Enterprises			
私营合伙企业	Private Partnership Enterprises			
私营有限责任公司	Private Limited Liability Companies	150	7546490	2866125
私营股份有限公司	Private Companies Limited by Shares	18	706518	285170
其他企业	Other Enterprises			
港澳台商投资企业	Enterprises with Funds from Hong Kong,Macao and Taiwan	27	3144231	1977506
与港澳台商合资经营企业	Joint-venture Enterprises	17	106300	132479
与港澳台商合资合作经营企业	Cooperative Enterprises	1	81700	57551
港澳台商独资经营企业	Enterprises with Sole Fund	9	2956231	1787476
港澳台商投资股份有限公司	Companies Limited by Shares			
其他港澳台投资	Others			
外商投资企业	Enterprises with Foreign Investment	7	224695	200878
中外合资经营企业	Chinese-foreign Equity Joint Ventures	3	17240	17640
中外合作经营企业	Chinese-foreign Cooperative Enterprises	2	207455	183238
外资企业	Foreign-Funded Enterprises	2		
外商投资股份有限公司	Companies Limited by Shares			
其他外商投资	Others			
按控股情况分	**By Share Holding**			
国有控股	State-holding Enterprises	96	11047864	7750475
集体控股	Collective-Holding Enterprises	9	144906	133113
私人控股	Private Enterprises	571	42609109	31423556
港澳台商控股	Hong Kong, Macao and Taiwan Holding Enterprises	25	3174231	2023211
外商控股	Foreign Holding Enterprises	5	207455	183238
其　他	Others	74	3548173	3054409
按资质等级分	**By Grade**			
一　级	First Grade	3	328269	486508
二　级	Second Grade	64	21477104	22130204
三　级	Third Grade	150	5251520	3952465
四　级	Fourth Grade	179	4829881	4062282
暂　定	Provisional	330	25688142	12475302
其　他	Others	54	3156822	1461241
按隶属关系分	**By Administrative Relationship**			
中　央	Central	13	4505994	3071537
省(自治区、直辖市)	Provinces(Autonomous Region, Municipality)	32	881198	956446
地区(州、盟、省辖市)	Region(Prefecture, League, Provincial Cities)	41	3173499	2463473
县(区、市、旗)	County(District, City, Banner)	36	2650562	1376000
街　道	Street	1	2500	1500
镇	Town		112350	109913
乡	Countryside	1		
居委会	Neighborhood Committee	1		
村委会	Village Committee			
其　他	Others	655	49405635	36589133

Actually Completed Investment of Enterprises in Real Estate by Groups(2015)

(10 000 yuan;sq.m)

本年完成投资 Investment Completed This Year	按构成分 By Composition of Funds						
	#配套工程投资 Supporting Projects Investment	#建筑工程 Construction	安装工程 Installation	设备工器具购置 Purchase of Equipment and Instruments	其他费用 Other Expenses	#旧建筑物购置费 Old Buildings Purchase Expenses	土地购置费 Land Purchase Expenses
10050001		**8073462**	**219659**	**23409**	**1733471**	**89751**	**554772**
9617744		7700258	207710	21127	1688649	75751	534772
21588		17108			4480		2870
316761		301754	55	438	14514		5390
8370301		6629947	192449	15565	1532340	75751	455328
30196		17538	890		11768		10575
767144		638048	9248	1581	118267		60609
111754		95863	5068	3543	7280		
415637		356604	11949	2282	44802	14000	20000
17809		2219	1378		14212	14000	
29851		29200			651		
367977		325185	10571	2282	29939		20000
16620		16600			20		
16620		16600			20		
1803541		1448045	3087	1063	351346	24099	161245
21159		19420	89	1650			
7217044		5733383	183818	17674	1282169	50351	372901
420243		358551	12817	2282	46593	14000	20000
16620		16600			20		
571394		497463	19848	740	53343	1301	626
67170		67170					
4518612		3827903	24269	2808	663632	14000	5390
585202		473927	23705	1284	86286	2866	14982
594474		466888	34409	2793	90384	33	30156
3620647		2736475	86719	15646	781807	72852	406988
663896		501099	50557	878	111362		97256
806464		550522			255942	24099	121533
208310		186038	55	438	21779		
484707		450910	1468	615	31714		29673
515785		389876	34764	7048	84097	670	69170
8159		6420	89	1650			
8026576		6489696	183283	13658	1339939	64982	334396

5-13 续表1

单位：万元、平方米

指　标	Item	按工程用途分：住宅 By Engineering Application: Residential Buildings	#90平方米以下住房 Residential Buildings below 90 Square Meters	140平方米以上住房 Residential Buildings above 140 Square Meters	别墅、高档公寓 Villas, High-grade Apartments
总　计	**Total**	**5864517**	**2344396**	**1128542**	**163261**
按登记注册类型分组	**By Status of Registration**				
内资企业	Domestic Funded Enterprises	5670798	2290035	1081380	159106
国有企业	State-owned Enterprises	7270	2352	227	
集体企业	Collective-owned Enterprises				
股份合作企业	Joint-equity Cooperative Enterprises				
国有联营企业	State Joint Ownership Enterprises				
集体联营企业	Collective Joint Ownership Enterprises				
国有与集体联营企业	Joint State-collective Enterprises				
其他联营企业	Other Joint Ownership Enterprises				
国有独资公司	State Sole Funded Corporations	186872	60845	2324	
其他有限责任公司	Other Limited Liability Companies	4909376	2041891	991645	112042
股份有限公司	Companies Limited by Shares	18412	2462	1460	994
私营独资企业	Private-Solely Funded Enterprises				
私营合伙企业	Private Partnership Enterprises				
私营有限责任公司	Private Limited Liability Corporations	489935	148208	85675	46070
私营股份有限公司	Private Companies Limited by Shares	58933	34277	49	
其他企业	Other Enterprises				
港澳台商投资企业	Enterprises with Funds from Hong Kong, Macao and Taiwan	177339	41581	46822	4155
与港澳台商合资经营企业	Joint-venture Enterprises	11709	8989	90	344
与港澳台商合资合作经营企业	Cooperative Enterprises				
港澳台商独资经营企业	Enterprises with Sole Fund	165630	32592	46732	3811
港澳台商投资股份有限公司	Companies Limited by Shares				
其他港澳台投资	Others				
外商投资企业	Enterprises with Foreign Investment	16380	12780	340	
中外合资经营企业	Chinese-foreign Equity Joint Ventures				
中外合作经营企业	Chinese-foreign Cooperative Enterprises	16380	12780	340	
外资企业	Foreign-Funded Enterprises				
外商投资股份有限公司	Companies Limited by Shares				
其他外商投资	Others				
按控股情况分	**By Share Holding**				
国有控股	State-holding Enterprises	1217876	368422	243554	32178
集体控股	Collective-Holding Enterprises	8318	3022	661	
私人控股	Private Enterprises	4055979	1778673	799369	108028
港澳台商控股	Hong Kong, Macao and Taiwan Holding Enterprises	177339	41581	46822	4155
外商控股	Foreign Holding Enterprises	16380	12780	340	
其　他	Others	388625	139918	37796	18900
按资质等级分	**By Grade**				
一　级	First Grade	31628	8737	3009	994
二　级	Second Grade	2949421	1296452	632970	61377
三　级	Third Grade	463995	170630	51141	2310
四　级	Fourth Grade	257147	103140	28734	1003
暂　定	Provisional	1966838	693734	381883	97577
其　他	Others	195488	71703	30805	
按隶属关系分	**By Administrative Relationship**				
中　央	Central	613246	176332	164834	13859
省(自治区、直辖市)	Provinces(Autonomous Region, Municipality)	136783	41135	227	
地区(州、盟、省辖市)	Region(Prefecture, League, Provincial Cities)	298987	62702	61909	22398
县(区、市、旗)	County(District, City, Banner)	335860	141898	23436	8313
街　道	Street				
镇	Town	6112	816	661	
乡	Countryside				
居委会	Neighborhood Committee				
村委会	Village Committee				
其　他	Others	4473529	1921513	877475	118691

(continued)

(10 000 yuan;sq.m)

办公楼 Office Buildings	商业营业用房 Houses for Business Use	其他 Others	新增固定资产 Newly Increased Fixed Assets	待开发土地面积 Land Space Pending Development	本年购置土地面积 Total Area of Land Purchased This Year	本年土地成交价款 Land Transaction Price This Year
1341394	**1741880**	**1102210**	**6931107**	**3315823**	**2021655**	**382763**
1290500	1592212	1064234	6911697	2156681	2021655	382763
501	5199	8618	53289	7600		
50569	46052	33268	315537	347763		
1209571	1363189	888165	6358828	1796905	1784747	347086
	2388	9396		4413	46666	14979
22189	146595	108425	184043		144242	14398
7670	28789	16362			46000	6300
50894	149428	37976	19410	1159142		
1311	1358	3431				
25101	2750	2000				
24482	145320	32545	19410	1159142		
	240					
	240					
69582	263102	252981	743673	1485869	611060	172140
1181	5354	6306	11110			
1155838	1265990	739237	5918266	479228	1391222	205733
53946	149428	39530	19410	1159142		
	240					
60847	57766	64156	238648	191584	19373	4890
10677	8185	16680				
471224	821827	276140	5809329	1272088		
7624	72700	40883	299035	530774	59768	9075
224962	47031	65334	106142	21108		
341066	689290	623453	716601	1491853	1083160	274928
285841	102847	79720			878727	98760
5000	57688	130530	61682	527162	608605	169690
9032	31832	30663	150194	149818		
23720	98175	63825	383820	7600	18611	3221
43370	60119	76436	26940	46866	150077	63999
		2047	11110			
1260272	1494066	798709	6297361	2584377	1244362	145853

5-13 续表2

单位：万元、平方米

指　　标	Item	本年资金来源合计 Total Fund This Year	国内贷款 Domestic Loans	利用外资 Foreign Investment Utilization	自筹资金 Self-raising Funds	其他资金 Other Funds
总　　计	**Total**	**9642730**	**1319137**		**1995927**	**6327666**
按登记注册类型分组	**By Status of Registration**					
内资企业	Domestic Funded Enterprises	9276847	1297137		1944388	6035322
国有企业	State-owned Enterprises	38865	2843		8800	27222
集体企业	Collective-owned Enterprises					
股份合作企业	Joint-equity Cooperative Enterprises					
国有联营企业	State Joint Ownership Enterprises					
集体联营企业	Collective Joint Ownership Enterprises					
国有与集体联营企业	Joint State-collective Enterprises					
其他联营企业	Other Joint Ownership Enterprises					
国有独资公司	State Sole Funded Corporations	331203	97346		126582	107275
其他有限责任公司	Other Limited Liability Companies	7952323	1047300		1465388	5439635
股份有限公司	Companies Limited by Shares	37531	2500		19361	15670
私营独资企业	Private-Solely Funded Enterprises					
私营合伙企业	Private Partnership Enterprises					
私营有限责任公司	Private Limited Liability Companies	834152	135248		311257	387647
私营股份有限公司	Private Companies Limited by Shares	82773	11900		13000	57873
其他企业	Other Enterprises					
港澳台商投资企业	Enterprises with Funds from Hong Kong, Macao and Taiwan	358040	22000		51539	284501
与港澳台商合资经营企业	Joint-venture Enterprises	8889			1539	7350
与港澳台商合资合作经营企业	Cooperative Enterprises	20975	9000			11975
港澳台商独资经营企业	Enterprises with Sole Fund	328176	13000		50000	265176
港澳台商投资股份有限公司	Companies Limited by Shares					
其他港澳台投资	Others					
外商投资企业	Enterprises with Foreign Investment	7843				7843
中外合资经营企业	Chinese-foreign Equity Joint Ventures					
中外合作经营企业	Chinese-foreign Cooperative Enterprises	7843				7843
外资企业	Foreign-Funded Enterprises					
外商投资股份有限公司	Companies Limited by Shares					
其他外商投资	Others					
按控股情况分	**By Share Holding**					
国有控股	State-holding Enterprises	1814994	232729		650938	931327
集体控股	Collective-Holding Enterprises	14189			5133	9056
私人控股	Private Enterprises	6794098	1002865		1131770	4659463
港澳台商控股	Hong Kong, Macao and Taiwan Holding Enterprises	362820	22000		51539	289281
外商控股	Foreign Holding Enterprises	7843				7843
其　他	Others	648786	61543		156547	430696
按资质等级分	**By Grade**					
一　级	First Grade	90527	13710		5000	71817
二　级	Second Grade	4127372	652910		251084	3223378
三　级	Third Grade	718159	42075		137643	538441
四　级	Fourth Grade	617468	9700		66468	541300
暂　定	Provisional	3629175	506082		1509306	1613787
其　他	Others	460029	94660		26426	338943
按隶属关系分	**By Administrative Relationship**					
中　央	Central	789124	38310		343236	407578
省(自治区、直辖市)	Provinces(Autonomous Region, Municipality)	263080	26950		161319	74811
地区(州、盟、省辖市)	Region(Prefecture, League, Provincial Cities)	462861	116323		58565	287973
县(区、市、旗)	County(District, City, Banner)	404449	2500		197208	204741
街　道	Street	17				17
镇	Town	3005			2750	255
乡	Countryside					
居委会	Neighborhood Committee					
村委会	Village Committee					
其　他	Others	7720194	1135054		1232849	5352291

(continued)

(10 000 yuan;sq.m)

本年各项应付款 Total Account Payable This Year	#工程款 Project Funds	房屋施工面积 Total Floor Space of Buildings under Construction	住宅 Residential Buildings	#90平方米及以下住房 Residential Buildings below 90 Square Meters	144平方米以上住房 Residential Buildings above 144 Square Meters	办公楼 Office Buildings	商业营业用房 Houses for Business Use	其他 Others
2274141	**1120723**	**69564474**	**46161329**	**16409765**	**6009974**	**5467603**	**8323998**	**9611544**
2232652	1090634	67076169	44537003	16050988	5820575	5313419	7974350	9251397
12479	11045	595355	426058	78963	96880	4471	57898	106928
146496	133693	2291820	1311589	532795	83695	256087	220751	503393
1795723	786470	56092976	37886421	14404131	4997774	4643213	6176941	7386401
13701	11188	488684	344197	1975	15191	6405	54026	84056
253203	137188	6572206	4012779	865611	625690	287022	1293113	979292
11050	11050	1035128	555959	167513	1345	116221	171621	191327
35440	24040	1756641	894032	207418	139191	154184	348278	360147
11516	116	272418	106709	67799	3744	78282	26388	61039
9500	9500	59957				49937	3728	6292
14424	14424	1424266	787323	139619	135447	25965	318162	292816
6049	6049	731664	730294	151359	50208		1370	
6049	6049	731664	730294	151359	50208		1370	
383834	256405	11525028	7623750	2626561	932542	464449	1276238	2160591
3340	2500	178121	43001	19017	2514	1674	50472	82974
1725605	738368	50171186	33188565	12144371	4288003	4396796	6115219	6470606
35440	24040	1810099	894032	207418	139191	191488	363240	361339
6049	6049	731664	730294	151359	50208		1370	
119873	93361	5148376	3681687	1261039	597516	413196	517459	536034
2584	2448	699406	332354	95553	53735	95884	89353	181815
601796	176793	29214608	20268724	7955642	2657210	1959548	3193154	3793182
162229	108931	8492119	6438450	1513044	1204261	186612	1109346	757711
201486	56183	4989265	3302102	1156175	522784	455586	414316	817261
1027477	713492	22887825	14299171	5270872	1478667	1895625	3162556	3530473
278569	62876	3281251	1520528	418479	93317	874348	355273	531102
112592	80272	3763490	2583541	667258	420099	30000	502512	647437
14748	13412	1866785	1274415	381591	57575	54093	125164	413113
167602	163361	3569290	2291148	604161	261280	164244	405844	708054
143101	97906	2965351	1787899	995981	112285	180896	402744	593812
		80151	29721	5737	2514			50430
1836098	765772	57319407	38194605	13755037	5156221	5038370	6887734	7198698

5-13 续表3

单位：万元、平方米

指标	Item	#新开工面积 Floor Space Started This Year	住宅 Residential Buildings	#90平方米及以下住房 Residential Buildings below 90 Square Meters	144平方米以上住房 Residential Buildings above 144 Square Meters	办公楼 Office Buildings
总计	**Total**	**11727854**	**6297819**	**1426296**	**658982**	**1283399**
按登记注册类型分组	**By Status of Registration**					
内资企业	Domestic Funded Enterprises	11126416	6013313	1383440	630411	1283199
国有企业	State-owned Enterprises	152276	41650	22944		3000
集体企业	Collective-owned Enterprises					
股份合作企业	Joint-equity Cooperative Enterprises					
国有联营企业	State Joint Ownership Enterprises					
集体联营企业	Collective Joint Ownership Enterprises					
国有与集体联营企业	Joint State-collective Enterprises					
其他联营企业	Other Joint Ownership Enterprises					
国有独资公司	State Sole Funded Corporations	681645	450818	122613	2397	
其他有限责任公司	Other Limited Liability Companies	8052369	4475125	919560	553971	1091177
股份有限公司	Companies Limited by Shares	141817	80550			
私营独资企业	Private-Solely Funded Enterprises					
私营合伙企业	Private Partnership Enterprises					
私营有限责任公司	Private Limited Liability Companies	1635140	705251	238375	74043	126533
私营股份有限公司	Private Companies Limited by Shares	463169	259919	79948		62489
其他企业	Other Enterprises					
港澳台商投资企业	Enterprises with Funds from Hong Kong, Macao and Taiwan	601438	284506	42856	28571	200
与港澳台商合资经营企业	Joint-venture Enterprises					
与港澳台商合资合作经营企业	Cooperative Enterprises					
港澳台商独资经营企业	Enterprises with Sole Fund	601438	284506	42856	28571	200
港澳台商投资股份有限公司	Companies Limited by Shares					
其他港澳台投资	Others					
外商投资企业	Enterprises with Foreign Investment					
中外合资经营企业	Chinese-foreign Equity Joint Ventures					
中外合作经营企业	Chinese-foreign Cooperative Enterprises					
外资企业	Foreign-Funded Enterprises					
外商投资股份有限公司	Companies Limited by Shares					
其他外商投资	Others					
按控股情况分	**By Share Holding**					
国有控股	State-holding Enterprises	2956883	2100443	553774	101631	35550
集体控股	Collective-Holding Enterprises	97970	13280	13280		1674
私人控股	Private Enterprises	6954024	3130179	656288	387100	1071430
港澳台商控股	Hong Kong, Macao and Taiwan Holding Enterprises	601438	284506	42856	28571	200
外商控股	Foreign Holding Enterprises					
其他	Others	1117539	769411	160098	141680	174545
按资质等级分	**By Grade**					
一级	First Grade					
二级	Second Grade	3253915	1436627	154667	198842	446173
三级	Third Grade	1310790	982831	175944	148007	17184
四级	Fourth Grade	304090	270195	199697	340	3326
暂定	Provisional	6349143	3585752	883574	303793	577982
其他	Others	509916	22414	12414	8000	238734
按隶属关系分	**By Administrative Relationship**					
中央	Central	823045	719648	169956	22320	30000
省(自治区、直辖市)	Provinces(Autonomous Region, Municipality)	365236	196352	105770		
地区(州、盟、省辖市)	Region(Prefecture, League, Provincial Cities)	1159365	627950	82736	27054	68800
县(区、市、旗)	County(District, City, Banner)	610355	311166	126048	340	33153
街道	Street					
镇	Town					
乡	Countryside					
居委会	Neighborhood Committee					
村委会	Village Committee					
其他	Others	8769853	4442703	941786	609268	1151446

(continued)

(10 000 yuan;sq.m)

商业营业用房 Houses for Business Use	其他 Others	竣工面积 Floor Space of Buildings Completed	住宅 Residential Buildings	#90平方米及以下住房 Residential Buildings below 90 Square Meters	144平方米以上住房 Residential Buildings above 144 Square Meters	办公楼 Office Buildings	商业营业用房 Houses for Business Use	其他 Others
2169985	**1976651**	**14273687**	**10985143**	**4594756**	**729562**	**561085**	**2031460**	**695999**
1985865	1844039	14196200	10917656	4576756	680075	561085	2028960	688499
40664	66962	179585	148116	18699	9353	1471	9139	20859
50930	179897	935971	611045	306657	20747		89106	235820
1313732	1172335	12335043	9977933	4231237	632093	547521	1483590	325999
11000	50267							
472762	330594	745601	180562	20163	17882	12093	447125	105821
96777	43984							
184120	132612	77487	67487	18000	49487		2500	7500
184120	132612	77487	67487	18000	49487		2500	7500
457418	363472	2220321	1436872	439496	73063	1471	429298	352680
50472	32544	80151	29721	5737	2514			50430
1354047	1398368	11252066	9001226	3996841	595409	535031	1489643	226166
184120	132612	77487	67487	18000	49487		2500	7500
123928	49655	643662	449837	134682	9089	24583	110019	59223
625743	745372	10939695	9131208	4146099	515731	300782	1278326	229379
190956	119819	877510	629767	137361	103361	13127	168841	65775
13514	17055	381823	272787	129866	14249	1112	57406	50518
1270538	914871	2074659	951381	181430	96221	246064	526887	350327
69234	179534							
45421	27976	189851	118658				71193	
69229	99655	571601	456612	86009	20747		9812	105177
165959	296656	1181253	833550	334788	42963	359	105975	241369
203145	62891	165208	121017	39454	9353	1112	22655	20424
		80151	29721	5737	2514			50430
1686231	1489473	12085623	9425585	4128768	653985	559614	1821825	278599

5-13 续表4

单位：万元、平方米

指　　标	Item	商品房销售面积 Floor Space of Commercialized Buildings Sold	住　宅 Residential Buildings	#90平方米及以下住房 Residential Buildings below 90 Square Meters	144平方米以上住房 Residential Buildings above 144 Square Meters
总　　计	**Total**	**9681735**	**7982504**	**2776530**	**1064505**
按登记注册类型分组	**By Status of Registration**				
内资企业	Domestic Funded Enterprises	9238638	7634355	2675271	1013181
国有企业	State-owned Enterprises	111379	111379	2557	1423
集体企业	Collective-owned Enterprises				
股份合作企业	Joint-equity Cooperative Enterprises				
国有联营企业	State Joint Ownership Enterprises				
集体联营企业	Collective Joint Ownership Enterprises				
国有与集体联营企业	Joint State-collective Enterprises				
其他联营企业	Other Joint Ownership Enterprises				
国有独资公司	State Sole Funded Corporations	133642	83022	30621	3328
其他有限责任公司	Other Limited Liability Companies	7895353	6586220	2449189	833439
股份有限公司	Companies Limited by Shares	12020	11604	499	5895
私营独资企业	Private-Solely Funded Enterprises				
私营合伙企业	Private Partnership Enterprises				
私营有限责任公司	Private Limited Liability Companies	972141	777175	147112	169096
私营股份有限公司	Private Companies Limited by Shares	114103	64955	45293	
其他企业	Other Enterprises				
港澳台商投资企业	Enterprises with Funds from Hong Kong,Macao and Taiwan	427295	333504	97702	50890
与港澳台商合资经营企业	Joint-venture Enterprises	58082	38670	26278	
与港澳台商合资合作经营企业	Cooperative Enterprises	4618			
港澳台商独资经营企业	Enterprises with Sole Fund	364595	294834	71424	50890
港澳台商投资股份有限公司	Companies Limited by Shares				
其他港澳台投资	Others				
外商投资企业	Enterprises with Foreign Investment	15802	14645	3557	434
中外合资经营企业	Chinese-foreign Equity Joint Ventures				
中外合作经营企业	Chinese-foreign Cooperative Enterprises	15802	14645	3557	434
外资企业	Foreign-Funded Enterprises				
外商投资股份有限公司	Companies Limited by Shares				
其他外商投资	Others				
按控股情况分	**By Share Holding**				
国有控股	State-holding Enterprises	1829324	1586845	407364	199963
集体控股	Collective-Holding Enterprises	13306			
私人控股	Private Enterprises	6572487	5400504	1972247	752713
港澳台商控股	Hong Kong, Macao and Taiwan Holding Enterprises	431107	333504	97702	50890
外商控股	Foreign Holding Enterprises	15802	14645	3557	434
其　他	Others	819709	647006	295660	60505
按资质等级分	**By Grade**				
一　级	First Grade	63432	11203	251	6927
二　级	Second Grade	4215389	3658197	1329301	526293
三　级	Third Grade	1075731	958015	301821	212738
四　级	Fourth Grade	555088	353914	153084	48954
暂　定	Provisional	3353401	2733300	922488	255379
其　他	Others	418694	267875	69585	14214
按隶属关系分	**By Administrative Relationship**				
中　央	Central	781988	677538	206704	153300
省(自治区、直辖市)	Provinces(Autonomous Region, Municipality)	308329	261159	44504	3181
地区(州、盟、省辖市)	Region(Prefecture, League, Provincial Cities)	427291	371607	20804	9871
县(区、市、旗)	County(District, City, Banner)	425397	396352	164459	4209
街　道	Street				
镇	Town				
乡	Countryside				
居委会	Neighborhood Committee				
村委会	Village Committee				
其　他	Others	7738730	6275848	2340059	893944

(continued)

(10 000 yuan;sq.m)

办公楼 Office Buildings	商业营业用房 Houses for Business Use	其他 Others	商品房销售额(万元) Total Sale of Commercialized Buildings Sold (10 000 yuan)	住宅 Residential Buildings	#90平方米及以下住房 Residential Buildings below 90 Square Meters	144平方米以上住房 Residential Buildings above 144 Square Meters	办公楼 Office Buildings	商业营业用房 Houses for Business Use	其他 Others
492417	**992209**	**214605**	**5813719**	**3949396**	**1258486**	**625491**	**383043**	**1395113**	**86167**
462696	930198	211389	5532136	3763497	1212262	592119	364908	1318664	85067
			44615	44615	1002	569			
3599	1094	45927	80393	49265	17627	1815	2858	4106	24164
431195	752723	125215	4856646	3285150	1123923	482806	342403	1183315	45778
	416		8149	7913	200	4993		236	
27902	139442	27622	480225	352492	53416	101936	19647	97395	10691
	36523	12625	62108	24062	16094			33612	4434
29721	60953	3117	273097	179052	44494	33106	18135	74834	1076
18626	786		26674	13435	9247		11183	2056	
4618			2487				2487		
6477	60167	3117	243936	165617	35247	33106	4465	72778	1076
	1058	99	8486	6847	1730	266		1615	24
	1058	99	8486	6847	1730	266		1615	24
30712	162851	48916	1095435	882355	202100	122185	26477	161933	24670
	13306		10808					10808	
369564	673522	128897	3851265	2497696	844936	427774	295340	1013314	44915
33269	61097	3237	279818	179052	44494	33106	23513	76087	1166
	1058	99	8486	6847	1730	266		1615	24
58872	80375	33456	567907	383446	165226	42160	37713	131356	15392
11954	39178	1097	96742	8520	99	6045	17171	70796	255
58961	446583	51648	2545600	1752656	596853	267378	40449	724451	28044
38268	66962	12486	589797	477495	127195	144432	32712	75186	4404
100505	48994	51675	311993	148630	68192	22435	85751	62815	14797
191840	361971	66290	1997750	1439424	433634	179391	135515	394343	28468
90889	28521	31409	271837	122671	32513	5810	71445	67522	10199
	103353	1097	497993	416834	103470	96946		80904	255
	1094	46076	138186	109871	21363	1936		4106	24209
6353	49331		278999	210779	7595	6546	4946	63274	
7111	21814	120	229617	182977	75762	1603	7860	38690	90
478953	816617	167312	4668924	3028935	1050296	518460	370237	1208139	61613

5-13 续表5

单位：万元、平方米

指 标	Item	待售面积(平方米) For sale Floor Space (sq.m)	住宅 Residential Buildings
总 计	**Total**	**3999970**	**2006684**
按登记注册类型分组	**By Status of Registration**		
内资企业	Domestic Funded Enterprises	3756311	1952679
国有企业	State-owned Enterprises	16039	2928
集体企业	Collective-owned Enterprises		
股份合作企业	Joint-equity Cooperative Enterprises		
国有联营企业	State Joint Ownership Enterprises		
集体联营企业	Collective Joint Ownership Enterprises		
国有与集体联营企业	Joint State-collective Enterprises		
其他联营企业	Other Joint Ownership Enterprises		
国有独资公司	State Sole Funded Corporations	56677	43873
其他有限责任公司	Other Limited Liability Companies	3042310	1678685
股份有限公司	Companies Limited by Shares	31667	24038
私营独资企业	Private-Solely Funded Enterprises		
私营合伙企业	Private Partnership Enterprises		
私营有限责任公司	Private Limited Liability Companies	590251	188344
私营股份有限公司	Private Companies Limited by Shares	19367	14811
其他企业	Other Enterprises		
港澳台商投资企业	Enterprises with Funds from Hong Kong,Macao and Taiwan	235354	51369
与港澳台商合资经营企业	Joint-venture Enterprises	22274	
与港澳台商合资合作经营企业	Cooperative Enterprises		
港澳台商独资经营企业	Enterprises with Sole Fund	213080	51369
港澳台商投资股份有限公司	Companies Limited by Shares		
其他港澳台投资	Others		
外商投资企业	Enterprises with Foreign Investment	8305	2636
中外合资经营企业	Chinese-foreign Equity Joint Ventures	5534	2636
中外合作经营企业	Chinese-foreign Cooperative Enterprises	2771	
外资企业	Foreign-Funded Enterprises		
外商投资股份有限公司	Companies Limited by Shares		
其他外商投资	Others		
按控股情况分	**By Share Holding**		
国有控股	State-holding Enterprises	645936	348805
集体控股	Collective-Holding Enterprises	152	
私人控股	Private Enterprises	2905500	1537353
港澳台商控股	Hong Kong, Macao and Taiwan Holding Enterprises	235354	51369
外商控股	Foreign Holding Enterprises	2771	
其 他	Others	210257	69157
按资质等级分	**By Grade**		
一 级	First Grade	5335	4269
二 级	Second Grade	2090850	1331137
三 级	Third Grade	647637	352177
四 级	Fourth Grade	208454	58116
暂 定	Provisional	1022960	236251
其 他	Others	24734	24734
按隶属关系分	**By Administrative Relationship**		
中 央	Central	297093	219136
省(自治区、直辖市)	Provinces(Autonomous Region, Municipality)	156525	114904
地区(州、盟、省辖市)	Region(Prefecture, League, Provincial Cities)	21014	12207
县(区、市、旗)	County(District, City, Banner)	8944	1771
街 道	Street		
镇	Town		
乡	Countryside		
居委会	Neighborhood Committee		
村委会	Village Committee		
其 他	Others	3516394	1658666

(continued)

(10 000 yuan;sq.m)

#90平方米及以下住房 Residential Buildings below 90 Square Meters	144平方米以上住房 Residential Buildings above 144 Square Meters	办公楼 Office Buildings	商业营业用房 Houses for Business Use	其他 Others
640762	**412376**	**561758**	**940269**	**491259**
632785	373394	554314	898230	351088
	290		7780	5331
5876	8341		1778	11026
601894	320881	506451	624714	232460
1219	3280	1000	6593	36
18938	38677	46863	255137	99907
4858	1925		2228	2328
7977	37708	7444	40455	136086
		7444	11046	3784
7977	37708		29409	132302
	1274		1584	4085
	1274		1015	1883
			569	2202
47176	33872	16061	212352	68718
				152
566376	324352	517578	610036	240533
7977	37708	7444	40455	136086
			569	2202
19233	16444	20675	76857	43568
1000	2539	1000	30	36
480984	214194	148391	414231	197091
80904	110551	40552	145922	108986
10693	20967	21008	66419	62911
67181	39391	350807	313667	122235
	24734			
40772	741		77957	
6404	29740		11200	30421
70	2153		3476	5331
			7173	
593516	379742	561758	840463	455507

5-14 按各种分组的房地产开发企业财务状况情况(2015年)

单位：万元

指 标	Item	企业数(个) Number of Enterprises (unit)	年初存货 Stock (at Year-begin)	流动资产 Circulating Funds	应收账款 Account Receivable
总 计	**Total**	**780**	**174621119**	**366074445**	**13242555**
按登记注册类型分组	**By Status of Registration**				
内资企业	Domestic Funded Enterprises	746	166232854	345941842	13184549
国有企业	State-owned Enterprises	13	804320	1694012	27704
集体企业	Collective-owned Enterprises	1	6410	7137	27
股份合作企业	Joint-equity Cooperative Enterprises				
国有联营企业	State Joint Ownership Enterprises				
集体联营企业	Collective Joint Ownership Enterprises				
国有与集体联营企业	Joint State-collective Enterprises				
其他联营企业	Other Joint Ownership Enterprises				
国有独资公司	State Sole Funded Corporations	20	8376755	22415495	4315182
其他有限责任公司	Other Limited Liability Companies	537	139689757	274455632	6903460
股份有限公司	Companies Limited by Shares	7	557082	10795280	86441
私营独资企业	Private-solely Funded Enterprises				
私营合伙企业	Private Partnership Enterprises				
私营有限责任公司	Private Limited Liability Companies	150	15564524	32423829	1490720
私营股份有限公司	Private Companies Limited by Shares	18	1234006	4150457	361015
其他企业	Other Enterprises				
港澳台商投资企业	Enterprises with Funds from Hong Kong, Macao and Taiwan	27	7432550	17164939	43384
与港澳台商合资经营企业	Joint-venture Enterprises	17	3947017	9086479	36168
与港澳台商合资合作经营企业	Cooperative Enterprises	1	143659	294337	219
港澳台商独资经营企业	Enterprises with Sole Fund	9	3341874	7784123	6997
港澳台商投资股份有限公司	Companies Limited by Shares				
其他港澳台投资	Others				
外商投资企业	Enterprises with Foreign Investment	7	955715	2967664	14622
中外合资经营企业	Chinese-foreign Equity Joint Ventures	3	21396	938626	14496
中外合作经营企业	Chinese-foreign Cooperative Enterprises	2	934319	1989236	126
外资企业	Foreign-Funded Enterprises	2		39802	
外商投资股份有限公司	Companies Limited by Shares				
其他外商投资	Others				
按控股情况分	**By Share Holding**				
国有控股	State-holding Enterprises	96	46434863	84091030	5611442
集体控股	Collective-Holding Enterprises	9	3541569	5903032	123409
私人控股	Private Enterprises	571	101085486	227593476	7174854
港澳台商控股	Hong Kong,Macao and Taiwan Holding Enterprises	25	8101842	18113146	83444
外商控股	Foreign Holding Enterprises	5	943399	2101382	4564
其 他	Others	74	14513960	28272379	244842
按隶属关系分	**By Administrative Relationship**				
中 央	Central	13	15894972	25813560	350601
省(自治区、直辖市)	Provinces(Autonomous Region, Municipality)	32	6161950	9865487	458401
地区(州、盟、省辖市)	Region(Prefecture, League, Provincial Cities)	41	14538458	30504288	4613001
县(区、市、旗)	County(District, City, Banner)	36	6165787	12777717	460494
街 道	Street	1	22941	32722	
镇	Town				
乡	Countryside	1	6410	7137	27
居委会	Neighborhood Committee	1	85364	107606	
村委会	Village Commitee				
其 他	Others	655	131745237	286965928	7360031
按资质等级分	**By Grade**				
一 级	First Grade	3	1291457	10890024	261126
二 级	Second Grade	64	75308439	142887730	5551959
三 级	Third Grade	150	32042688	59062646	1177059
四 级	Fourth Grade	179	15115330	28799748	1146652
暂 定	Provisional	330	43927233	106859905	3761153
其 他	Others	54	6935972	17574392	1344606

Financial Indicators of Enterprises in Real Estate by Groups(2015)

(10 000 yuan)

#存　货 Stock	固　定 资　产 Fixed Assets	固定资产 原　价 Original Fixed Assets	累计折旧 Total Depreciation	#本年折旧 Depreciation This Year	在建工程 Under Construction	资　产 Assets	流动负债 liquid Liabilities	#应付账款 Account Payable
221702370	**10571327**	**10745200**	**1981673**	**303581**	**5118695**	**427130716**	**305868031**	**26201456**
209900325	8919863	8886753	1742196	275208	5118497	404256902	291146385	25378812
813418	45834	78706	33466	2927	271900	1791554	1551635	277220
6410	1684	3663	1979	99		9407	7888	5050
12150741	4690479	3359594	29998	10421	1926928	35489726	11419438	789701
173223653	3547299	4569537	1378769	218676	1970479	301673979	236282756	20569730
1738366	15390	11725	4029	1913	302053	25966915	10920733	573740
19859861	602407	842320	286606	39865	645525	35106873	27823924	2686599
2107876	16770	21208	7349	1307	1612	4218448	3140011	476772
10023830	1645267	1844735	231962	28017		19873494	11788719	790321
4738119	542063	667260	148733	25488		10402763	7377523	415485
142993		35	35			294337	141654	243
5142718	1103204	1177440	83194	2529		9176394	4269542	374593
1778215	6197	13712	7515	356	198	3000320	2932927	32323
842996	4874	8090	3216	1	198	950431	782570	676
935219	854	3988	3134	223		1990105	2115640	31646
	469	1634	1165	132		59784	34717	1
55760224	5327159	4110048	197834	50854	2243866	103781854	67280939	7422284
4932004	23483	44450	22072	2063		5945165	5096779	488747
131090542	3251884	4275551	1364409	194977	2869843	264515089	195859636	16011877
10825140	1643938	1839774	228330	27538		20745314	12585647	754309
944082	2393	6938	4545	355	198	2123806	2211986	32323
18150378	322470	468439	164483	27794	4788	30019488	22833044	1491916
18581233	171730	188986	25445	7817	18881	26485920	21558927	1872783
7437831	182442	204932	65974	6932	866	10779215	8992775	1056963
18083371	445937	544107	101348	28042	297191	40968940	22290093	2697822
7279910	289021	317147	30822	5728	588045	13980934	11261178	2642035
23409		5	5			32722	38186	6492
6410	1684	3663	1979	99		9407	7888	5050
85776	22	445	423			107628	87628	
170204430	9480491	9485915	1755677	254963	4213712	334765950	241631356	17920311
2493680	26393	41967	15574	4628	302053	26236649	11142078	636531
96906307	1969098	2377634	524851	64894	146	159171041	120894123	5617004
34381358	1277654	1592701	498864	97157	1217027	63824910	52932432	4249886
15151783	677372	1174356	513624	55885	731712	39351770	26089233	2651035
63637373	6524073	5392280	350032	74338	2858041	119413467	79286646	11182311
9131869	96737	166262	78728	6679	9716	19132879	15523519	1864689

5-14 续表1

单位：万元

指　　标	Item	非流动负债 Non-liquid Liabilities	负　债 Liabilities	所有者权益 Owners Equity	#实收资本 Total Capital Held
总　　计	**Total**	**49737104**	**355605135**	**71525581**	**46927947**
按登记注册类型分组	**By Status of Registration**				
内资企业	Domestic Funded Enterprises	44355242	335501627	68755275	43621175
国有企业	State-owned Enterprises	92754	1644389	147165	174453
集体企业	Collective-owned Enterprises		7888	1519	2578
股份合作企业	Joint-equity Cooperative Enterprises				
国有联营企业	State Joint Ownership Enterprises				
集体联营企业	Collective Joint Ownership Enterprises				
国有与集体联营企业	Joint State-collective Enterprises				
其他联营企业	Other Joint Ownership Enterprises				
国有独资公司	State Sole Funded Corporations	6307028	17726466	17763260	2751891
其他有限责任公司	Other Limited Liability Companies	29133613	265416369	36257610	31694062
股份有限公司	Companies Limited by Shares	5483833	16404566	9562349	5064268
私营独资企业	Private-Solely Funded Enterprises				
私营合伙企业	Private Partnership Enterprises				
私营有限责任公司	Private Limited Liability Companies	2855949	30679873	4427000	3473143
私营股份有限公司	Private Companies Limited by Shares	482065	3622076	596372	460780
其他企业	Other Enterprises				
港澳台商投资企业	Enterprises with Funds from Hong Kong,Macao and Taiwan	5357972	17146691	2726803	3106497
与港澳台商合资经营企业	Joint-venture Enterprises	2366380	9743903	658860	797597
与港澳台商合资合作经营企业	Cooperative Enterprises	89000	230654	63683	80000
港澳台商独资经营企业	Enterprises with Sole Fund	2902592	7172134	2004260	2228900
港澳台商投资股份有限公司	Companies Limited by Shares				
其他港澳台投资	Others				
外商投资企业	Enterprises with Foreign Investment	23890	2956817	43503	200275
中外合资经营企业	Chinese-foreign Equity Joint Ventures		782570	167861	142950
中外合作经营企业	Chinese-foreign Cooperative Enterprises	16800	2132440	-142335	32000
外资企业	Foreign-Funded Enterprises	7090	41807	17977	25325
外商投资股份有限公司	Companies Limited by Shares				
其他外商投资	Others				
按控股情况分	**By Share Holding**				
国有控股	State-holding Enterprises	13350721	80631660	23150194	8292110
集体控股	Collective-Holding Enterprises		5096779	848386	784219
私人控股	Private Enterprises	28248274	224107910	40407179	31447456
港澳台商控股	Hong Kong,Macao and Taiwan Holding Enterprises	5438272	18023919	2721395	3065813
外商控股	Foreign Holding Enterprises	23890	2235876	-112070	70275
其　他	Others	2675947	25508991	4510497	3268074
按隶属关系分	**By Administrative Relationship**				
中　央	Central	4044819	25603746	882174	1049052
省(自治区、直辖市)	Provinces(Autonomous Region, Municipality)	930702	9923477	855738	723216
地区(州、盟、省辖市)	Region(Prefecture, League, Provincial Cities)	3981705	26271798	14697142	3641474
县(区、市、旗)	County(District, City, Banner)	1138251	12399429	1581505	1708615
街　道	Street		38186	-5464	300
镇	Town				
乡	Countryside		7888	1519	2578
居委会	Neighborhood Committee		87628	20000	20000
村委会	Village Commitee				
其　他	Others	39641627	281272983	53492967	39782712
按资质等级分	**By Grade**				
一　级	First Grade	5682533	16824611	9412038	4803075
二　级	Second Grade	13094541	133988664	25182377	9360332
三　级	Third Grade	5300377	58232809	5592101	6086330
四　级	Fourth Grade	3160014	29249247	10102523	8734059
暂　定	Provisional	20868474	100155120	19258347	16425011
其　他	Others	1631165	17154684	1978195	1519140

(continued)

(10 000 yuan)

营业收入 Total Revenue	主营业务收入 Revenue from Principle Business	土地转让收入 Land Transferred	商品房屋销售收入 Commercialized Buildings Sold	房屋出租收入 Houses Leased	其他收入 Others	营业成本 Business Cost	主营业务成本 Cost of Principle Business
43225415	**42955053**	**92913**	**41722753**	**540035**	**599352**	**32740407**	**32546375**
41879619	41613927	92913	40443887	487726	589401	31414388	31223958
107732	107582		66979	25866	14737	67825	65388
1124	1124			909	215	265	265
1346121	1329157		1226274	7691	95192	1154309	1147407
36035048	35889559	92913	34952417	379827	464402	26818329	26756861
750337	750337		743281	7056		517424	503450
3365575	3262486		3186598	61033	14855	2699780	2594131
273682	273682		268338	5344		156456	156456
1325306	1320636		1274117	36816	9703	1326019	1322417
1097207	1092537		1048757	34129	9651	1140296	1136885
148715	148715		148715			126407	126407
79384	79384		76645	2687	52	59316	59125
20490	20490		4749	15493	248		
20301	20301		4749	15304	248		
189	189			189			
11356257	11326202		10810305	103337	412560	9468925	9434065
1748643	1748643		1741477	6951	215	1239910	1239910
24942524	24712158	92913	24137376	322460	159409	17922897	17771111
1323165	1318495		1274117	35536	8842	1329163	1321989
437	437			189	248		
3854389	3849118		3759478	71562	18078	2779512	2779300
4789038	4787667		4755613	15822	16232	3859011	3858645
931544	931444		867094	49151	15199	760328	760328
4230748	4208300		4069837	44846	93617	3837055	3834207
1840609	1840609		1596118	7410	237081	1568507	1568489
1124	1124			909	215	265	265
31432352	31185909	92913	30434091	421897	237008	22715241	22524441
713272	711901		675944	23444	12513	613211	612201
15723004	15599921		15357233	110864	131824	11927405	11882661
6942946	6903885		6667593	130948	105344	5372700	5359777
6815039	6714218	92913	6425933	152734	42638	4458156	4339072
10890672	10884646		10550699	64204	269743	8815983	8799712
2140482	2140482		2045351	57841	37290	1552952	1552952

5–14 续表2

单位：万元

指　　标	Item	营业税金及附加 Taxes and Other Charges on Business	主营业务税金及附加 Taxes and Other Charges on Principle Business	其他业务利润 Other Profits
总　　计	**Total**	**3532958**	**3226693**	**-446540**
按登记注册类型分组	**By Status of Registration**			
内资企业	Domestic Funded Enterprises	3432387	3126744	80537
国有企业	State-owned Enterprises	10361	9907	1816
集体企业	Collective-owned Enterprises	140	140	
股份合作企业	Joint-equity Cooperative Enterprises			
国有联营企业	State Joint Ownership Enterprises			
集体联营企业	Collective Joint Ownership Enterprises			
国有与集体联营企业	Joint State-collective Enterprises			
其他联营企业	Other Joint Ownership Enterprises			
国有独资公司	State Sole Funded Corporations	82721	49076	3204
其他有限责任公司	Other Limited Liability Companies	2995910	2727732	59654
股份有限公司	Companies Limited by Shares	57065	57065	
私营独资企业	Private-Solely Funded Enterprises			
私营合伙企业	Private Partnership Enterprises			
私营有限责任公司	Private Limited Liability Companies	265399	262048	15627
私营股份有限公司	Private Companies Limited by Shares	20791	20776	236
其他企业	Other Enterprises			
港澳台商投资企业	Enterprises with Funds from Hong Kong,Macao and Taiwan	96901	96279	-527077
与港澳台商合资经营企业	Joint-venture Enterprises	84277	83774	-527077
与港澳台商合资合作经营企业	Cooperative Enterprises	7550	7550	
港澳台商独资经营企业	Enterprises with Sole Fund	5074	4955	
港澳台商投资股份有限公司	Companies Limited by Shares			
其他港澳台投资	Others			
外商投资企业	Enterprises with Foreign Investment	3670	3670	
中外合资经营企业	Chinese-foreign Equity Joint Ventures	380	380	
中外合作经营企业	Chinese-foreign Cooperative Enterprises	3280	3280	
外资企业	Foreign-Funded Enterprises	10	10	
外商投资股份有限公司	Companies Limited by Shares			
其他外商投资	Others			
按控股情况分	**By Share Holding**			
国有控股	State-holding Enterprises	813143	767392	8309
集体控股	Collective-Holding Enterprises	132800	132800	
私人控股	Private Enterprises	2149754	1889919	69493
港澳台商控股	Hong Kong,Macao and Taiwan Holding Enterprises	96759	96137	-527077
外商控股	Foreign Holding Enterprises	3290	3290	
其　他	Others	337212	337155	2735
按隶属关系分	**By Administrative Relationship**			
中　央	Central	335453	335252	
省(自治区、直辖市)	Provinces(Autonomous Region, Municipality)	55199	55119	1152
地区(州、盟、省辖市)	Region(Prefecture, League, Provincial Cities)	273003	230080	2700
县(区、市、旗)	County(District, City, Banner)	119678	119678	2368
街　道	Street			
镇	Town			
乡	Countryside	140	140	
居委会	Neighborhood Committee			
村委会	Village Commitee			
其　他	Others	2749485	2486424	-452760
按资质等级分	**By Grade**			
一　级	First Grade	73330	70243	
二　级	Second Grade	1184656	905628	8953
三　级	Third Grade	599557	594910	37464
四　级	Fourth Grade	657990	655583	28208
暂　定	Provisional	858304	841253	-525810
其　他	Others	159121	159076	4645

(continued)

(10 000 yuan)

销售费用 Sales Expenses	管理费用 Management Expenses	#税金 Taxes	财务费用 Financial Expenses	利息收入 Interest Income	利息支出 Interest Expenses	资产减值损失 Loss from Assets Devaluation	公允价值变动收益 The Profit and Losses on the Changes in Fair Value
2006392	**2487464**	**85012**			**1009028**	**196596**	**816841**
1879849	2293195	84458			902402	195003	724576
2210	38309	395			-576	618	-6
	749	140					
27404	62940	5116			-3325	3331	-152
1622899	1707789	61645			715604	183693	660271
18990	150083	144			103892	330	78
192999	305626	16324			70313	6942	58460
15347	27699	694			16494	89	5925
122652	185699	548			103634	1586	91558
34813	86368	434			91622	779	91084
7952	323				5		
79887	99008	114			12007	807	474
3891	8570	6			2992	7	707
788	4307	6			2265		
3103	3512				-7	7	
	751				734		707
430971	375938	14702			298996	58905	259444
140407	10769	142			-2059	2420	-365
1140193	1751854	57886			554866	123691	423422
124771	187254	548			100570	1866	88742
3103	4511	6			727	7	707
166947	157138	11728			55928	9707	44891
191504	45324	1507			-5362	7279	654
22193	89326	1962			19441	20346	2707
141184	158626	7528			236253	17696	249918
82165	80695	14950			8500	5441	2694
341	226						
	749	140					
1569005	2112518	58925			750196	145834	560868
22081	150832	753			92972	289	-122
746444	741691	18153			206471	150203	295749
307338	447777	18984			256369	16163	228821
97140	456693	6836			105813	6147	93547
670413	638681	38449			292483	20018	160740
162976	51790	1837			54920	3776	38106

5-14 续表3

单位：万元

指　　标	Item	投　资 收　益 Investment Profits
总　　计	**Total**	**431490**
按登记注册类型分组	**By Status of Registration**	
内资企业	Domestic Funded Enterprises	431490
国有企业	State-owned Enterprises	10000
集体企业	Collective-owned Enterprises	
股份合作企业	Joint-equity Cooperative Enterprises	
国有联营企业	State Joint Ownership Enterprises	
集体联营企业	Collective Joint Ownership Enterprises	
国有与集体联营企业	Joint State-collective Enterprises	
其他联营企业	Other Joint Ownership Enterprises	
国有独资公司	State Sole Funded Corporations	14319
其他有限责任公司	Other Limited Liability Companies	362725
股份有限公司	Companies Limited by Shares	13952
私营独资企业	Private-Solely Funded Enterprises	
私营合伙企业	Private Partnership Enterprises	
私营有限责任公司	Private Limited Liability Companies	29234
私营股份有限公司	Private Companies Limited by Shares	1260
其他企业	Other Enterprises	
港澳台商投资企业	Enterprises with Funds from Hong Kong,Macao and Taiwan	
与港澳台商合资经营企业	Joint-venture Enterprises	
与港澳台商合资合作经营企业	Cooperative Enterprises	
港澳台商独资经营企业	Enterprises with Sole Fund	
港澳台商投资股份有限公司	Companies Limited by Shares	
其他港澳台投资	Others	
外商投资企业	Enterprises with Foreign Investment	
中外合资经营企业	Chinese-foreign Equity Joint Ventures	
中外合作经营企业	Chinese-foreign Cooperative Enterprises	
外资企业	Foreign-Funded Enterprises	
外商投资股份有限公司	Companies Limited by Shares	
其他外商投资	Others	
按控股情况分	**By Share Holding**	
国有控股	State-holding Enterprises	122777
集体控股	Collective-Holding Enterprises	
私人控股	Private Enterprises	325650
港澳台商控股	Hong Kong,Macao and Taiwan Holding Enterprises	
外商控股	Foreign Holding Enterprises	
其　他	Others	-16937
按隶属关系分	**By Administrative Relationship**	
中　央	Central	75041
省(自治区、直辖市)	Provinces(Autonomous Region, Municipality)	-11
地区(州、盟、省辖市)	Region(Prefecture, League, Provincial Cities)	42881
县(区、市、旗)	County(District, City, Banner)	1776
街　道	Street	
镇	Town	
乡	Countryside	
居委会	Neighborhood Committee	
村委会	Village Commitee	
其　他	Others	311803
按资质等级分	**By Grade**	
一　级	First Grade	16748
二　级	Second Grade	311691
三　级	Third Grade	29542
四　级	Fourth Grade	-166
暂　定	Provisional	19878
其　他	Others	53797

(continued)

(10 000 yuan)

营业利润 Operating Profits	营业外收入 Non-operating Income	补贴收入 Allowance Income	营业外支出 Non-operating Expenditure	利润总额 Total Profits	应交所得税 Income Tax Payable	本年应付工资(贷方累计发生额) Total Wages and Salaries Payable This Year(Accumulated Amount of Credit)
1659920	**410854**	**53308**	**361544**	**1719975**	**571373**	**1844310**
2155435	357539	57459	341974	2181745	571212	1759822
-9231	1009		5032	-3254	511	26668
-30				-30	5	210
36238	3767	3310	2558	37447	15605	60492
2417132	144776	53649	290269	2272324	511388	1404700
-218697	196322		12614	-34989	-3654	19671
-108368	10488	500	24222	-122042	45817	228834
38391	1177		7279	32289	1540	19247
-496882	58577	1130	16726	-455031	161	76756
-330183	3192	1130	13991	-340982	153	29916
6478				6478		3754
-173177	55385		2735	-120527	8	43086
1367	-5262	-5281	2844	-6739		7732
12561	-5281	-5281	103	7177		2500
-9888	19		2741	-12610		4607
-1306				-1306		625
-103675	51997	41749	27383	-69061	168670	455132
225083	473		195	225361	49565	30666
1698738	296460	15486	298849	1697094	309326	1108600
-499063	58763	1130	16756	-457056	158	78587
-11194	19		2741	-13916		5358
350031	3142	-5057	15620	337553	43654	165967
431305	4596	2730	13505	422396	118244	120949
-10082	35834	30625	3908	21844	10768	68785
-418962	5945	3654	13272	-416289	28708	133370
-16838	7276	110	5055	-13977	24845	61325
-567				-567		893
-30				-30	5	210
						304
1675094	357203	16189	325804	1706598	388803	1458474
-225887	196547		12493	-41833	-4459	18801
1241098	143896	49169	238952	1146042	186545	748313
-47037	18477	2120	58809	-77369	10775	389561
1026562	6891	-5281	4537	1028976	162698	171453
-576334	43484	6628	46596	-578761	157663	451568
241518	1559	672	157	242920	58151	64614

5-15 基础设施建设投资额
Investment in Infrastructure Construction

单位：万元 (10 000 yuan)

指 标	Item	2015	2014	2015年比2014年的增长率(%) Growth Rate of 2015 over 2014 (%)
合 计	**Total**	**11385096**	**10976915**	**3.7**
电力、燃气及水的生产和供应业	Production and Supply of Electricity, Gas and Water	675215	651552	3.6
#电力、热力的生产和供应业	Production and Supply of Electricity and Heat	272460	245903	10.8
燃气生产和供应业	Production and Supply of Gas	76442	68689	11.3
水的生产和供应业	Production and Supply of Water	326313	336960	-3.2
交通运输、仓储和邮政业	Transport,Storage and Post	2492001	3270363	-23.8
#道路运输业	Road Transport	1399010	1519354	-7.9
仓储业	Storage	381555	505026	-24.4
邮政业	Post		520	
电信和其他信息传输服务业	Telecommunications and Other Information Transmission Services	300097	223902	34.0
水利、环境和公共设施管理业	Management of Water Conservancy, Environment and Public Facilities	7917783	6831098	15.9
#水利管理业	Management of Water Conservancy	500918	641063	-21.9
环境管理业	Environmental Management	69242	126130	-45.1
公共设施管理业	Management of Public Facilities	7347623	6063905	21.2

5-16 各区（市、县）固定资产投资（500万元口径）
Investment in Fixed Assets by District (City, County)(5 million yuan caliber)

单位：万元 (10 000 yuan)

区(市、县)名 称	District(City, County)	2015	2014	2015年比2014年增长(%) Growth Rate in 2015 over 2014(%)
南 明 区	Nanming	3859508	3381266	14.1
云 岩 区	Yunyan	3169635	2678156	18.4
花 溪 区	Huaxi	3606664	3009173	19.9
乌 当 区	Wudang	1491889	1207632	23.5
白 云 区	Baiyun	3429179	2786084	23.1
观山湖区	Guanshanhu	3309039	2779030	19.1
开 阳 县	Kaiyang	2527864	2089703	21.0
息 烽 县	Xifeng	2203620	1779584	23.8
修 文 县	Xiuwen	1976145	1633768	21.0
清 镇 市	Qingzhen	2430606	2016251	20.6

主要统计指标解释

全社会固定资产投资 以货币形式表现的在一定时期内全社会建造和购置固定资产的工作量以及与此有关的费用的总称。该指标是反映固定资产投资规模、结构和发展速度的综合性指标，又是观察工程进度和考核投资效果的重要依据。

固定资产投资 指各种登记注册类型的企业、事业、行政单位及个体户进行的计划总投资50万元及50万元以上的建设项目投资和房地产开发项目投资。

房地产开发投资 指房地产开发公司、商品房建设公司及其他房地产开发法人单位和附属于其他法人单位实际从事房地产开发或经营的活动单位统一开发的包括统代建、拆迁还建的住宅、厂房、仓库、饭店、宾馆、度假村、写字楼、办公楼等房屋建筑物和配套的服务设施，土地开发工程（如道路、给水、排水、供电、供热、通讯、平整场地等基础设施工程）的投资；不包括单纯的土地交易活动。

施工项目 指报告期内曾进行建筑或安装工程施工活动的建设项目，包括报告期内新开工项目、报告期以前开工跨入报告期继续施工的项目以及报告期施过工并在报告期内全部建成投产或停缓建的项目。

新增生产能力 指通过固定资产投资活动而增加的设计能力或工程效益，它是用实物形态表示的固定资产投资的成果。新增生产能力的计算，是以能独立发挥生产能力或工程效益的单项工程(或项目)为对象。当单项工程(或项目)建成，经有关部门鉴定合格，正式移交投入生产，即可计算新增生产能力。

住　宅 指专供居住的房屋，包括别墅、公寓、职工家属宿舍和集体宿舍（包括职工单身宿舍和学生宿舍）等。但不包括住宅楼中作为人防用、不住人的地下室等。

房屋建筑面积 指从房屋外墙线算起的各层平面面积的总和，包括可供使用的有效面积和房屋结构(如柱、墙)占用的面积。多层建筑按各层（包括地下室）面积总和计算。

住宅建筑面积 指施工和竣工房屋建筑面积中供居住用的施工和竣工房屋建筑面积。

施工面积 指报告期内施工的全部房屋建筑面积。包括本期新开工的面积、上期跨入本期继续施工的房屋面积、上期停缓建在本期恢复施工的房屋面积、本期竣工的房屋面积及本期施工后又停缓建的房屋面积。

竣工面积 指在报告期内房屋建筑按照设计要求已全部完工，达到住人和使用条件，经验收鉴定合格，正式移交使用单位的建筑面积。

商品房销售面积 指报告期内出售商品房屋的合同总面积（即双方签署的正式买卖合同中所确定的建筑面积）。由现房销售建筑面积和期房销售建筑面积两部分组成。

商品房销售额 指报告期内出售商品房屋的合同总价款（即双方签署的正式买卖合同中所确定的合同总价）。该指标与商品房销售面积同口径，由现房销售额和期房销售额两部分组成。

房屋建筑面积竣工率 指一定时期内房屋竣工面积占同期房屋施工面积的比率。

新增固定资产 指通过投资活动所形成的新的固定资产价值，包括已经建成投入生产或交付使用的工程价值和达到固定资产标准的设备、工具、器具的价值及有关应摊入的费用。它是以价值形式表示的固定资产投资成果的综合性指标，可以综合反映不同时期、不同部门、不同地区的固定资产投资成果。

建设项目投产率 指一定时期内全部建成投入生产项目个数与同期正式施工项目个数的比率。它是从项目建设速度的角度反映投资效果的指标。

固定资产交付使用率 指一定时期新增固定资产与同期完成投资额的比率。它是反映各个时期固定资产动用速度，衡量建设过程中投资效果的一个综合性指标。

Explanatory Notes on Main Statistical Indicators

Total Investment in Fixed Assets in the Whole Society refers to the social construction and workload involved in purchases of fixed assets, manifested in the form of money, as well as related fees during the given period. It is a comprehensive indicator which reflects the scale, structure and development speed of the investment in fixed assets, providing an important basis for evaluating the progress of construction projects and results of investment.

Investments in Fixed Assets refer to investments in construction projects and real estate development projects involving a total planned (or required) investment of 500,000 yuan and over by enterprises of various ownerships, public institutions and administrative units as well as self-employed individuals.

Investments in Real Estate Development refer to investments in housing construction such as residential buildings, factory buildings, warehouses, hotels, guesthouses, holiday villages, office buildings uniformly conducted by the real estate development companies, commercial buildings construction companies and other real estate development legal entities and units, affiliated to other legal entities, engaging in the development or management of real estate, investments in the complementary service facilities and investments in land development projects such as infrastructure projects in terms of roads, water supply, water drainage, power supply, heating, telecommunications, land leveling and other projects of infrastructure. But it excludes pure land trading activities.

Projects under Construction refer to those engineering construction activities having been conducted or preceded during the reference period, including newly started projects in the reference period, projects started before but were still under construction in the reference period, projects completed and put into operation as well as those suspend or postponed during the reference period.

The Newly Increased Production Capacity refers to the increase of designed capacity and project efficiency gained through investments in fixed assets, and the accomplishments of investments in fixed assets are manifested in substantial form. The calculation of newly increased production capacity is based on individual project which operates independently and efficiently. When an individual project is completed, through related departments check, and officially put into production, it can be counted as newly increased production capacity.

Residential Housing refers to houses especially for living, including villa, apartment, staff dormitory, group dormitory (including single dormitory for staff and student's dormitory); it excludes basement for civil air defence and not for living in the residential housing.

Floor Space of Buildings refers to total floor space in each story of buildings calculated from the outside line of building walls, including both usable space and the space occupied by constructions like pillars or walls. And the floor space of multi-story buildings covers the total floor space of each story (including the basement).

Floor Space of Residential Buildings refers to the floor space of the residential buildings under construction and completed among the total space of buildings under construction and completed.

Floor Space under Construction refers to the floor space of all the buildings in the reference period, including floor space of newly started buildings during the reference period, floor space of construction started in the pervious period but were still under construction in the reference period, floor space of construction suspended or postponed in the previous period and resumed in the reference period, floor space of construction completed in the reference period as well as floor space of construction conducted and then suspended or postponed in the reference period.

Floor Space Completed refers to the floor space of all buildings completed in the reference period. And it is the floor space of buildings being checked, proved qualified of accommodating people and coming up to the designed standards and have been officially put into use.

Area of Commercial Housing Sales refers to gross area of commercial housing sales according to the contract in the reference period (that is floor space of building officially signed according to agreement of purchase and sale). It constitutes floor space of completed housing and floor space of future housing.

Commercial Housing Sales refers to total contract price of commercial housing sales in the reference period (that is total contract price officially signed by both sides according to agreement of purchase and sale). This indicator is calculated by the same standard to the area of commercial housing sales. It constitutes sales of completed housing and sales of future housing.

Completion Rate of Floor Space of Buildings refers to the ratio of the floor space of buildings completed in a certain period of time to the floor space of buildings under construction in the same period.

Newly Increased Fixed Assets refers to the newly increased value of fixed assets gained through investment activities, including the value of projects completed and put into production or service and the value as well as relevant expenses of equipments, tools, and vessels reaching the standards of fixed assets. It is a comprehensive indicator which uses form of value to reflect achievements of investments in fixed assets in different periods, different sectors, and different regions.

Rate of Construction Projects Put into Production refers to the ratio of the number of construction projects completed and put into production in a certain period of time to the number of projects under construction in the same period. It reflects the investment efficiency from the perspective of the speed of projects construction.

Rate of Projects of Fixed Assets Put into Service refers to the ratio of the newly increased fixed assets to the total investments in the same period. It is a comprehensive indicator reflecting the speed of the employment of fixed assets in each period and it is used to evaluate the investment efficiency during the process of construction.

6
Six

能源消费
Energy Consumption

2016
贵阳统计年鉴
GUIYANG STATISTICAL YEARBOOK

规模以上工业企业能源消费总量
（吨标准煤）（等价值）

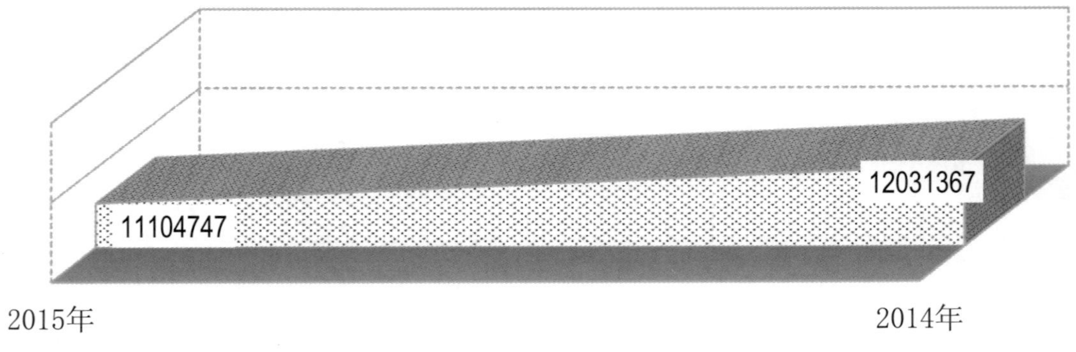

规模以上工业企业万元产值能源消费量
（吨标准煤/万元）（等当量）

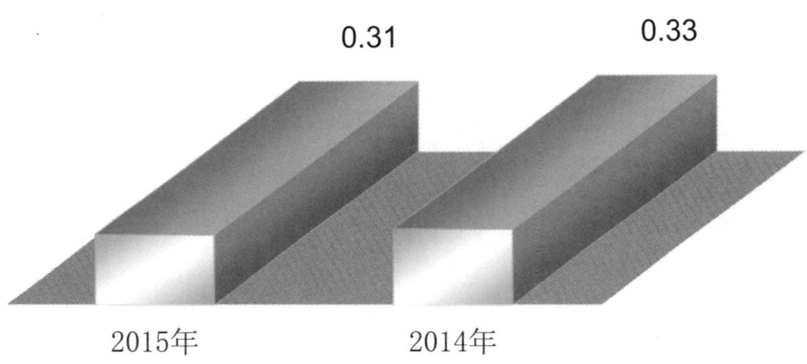

规模以上工业企业电力消费量（万千瓦时）

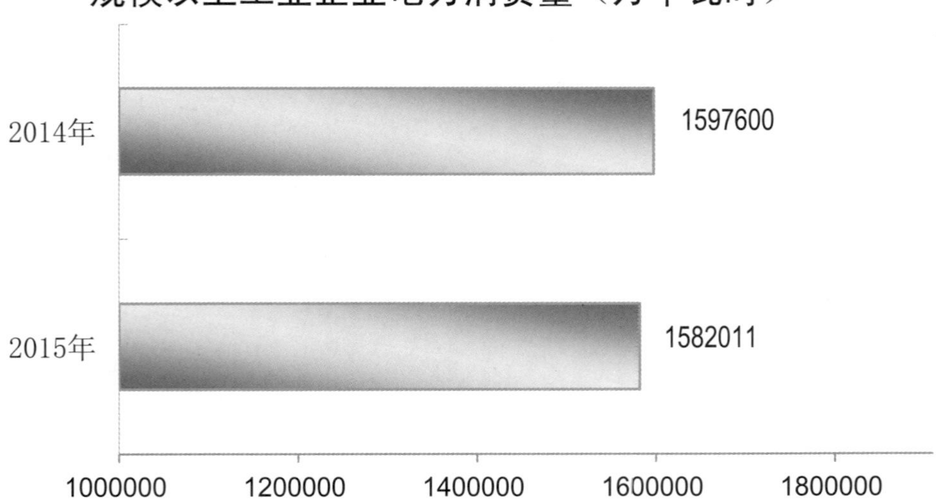

6-1 全社会单位GDP能耗
Energy Consumption Per GDP of Guiyang

单位：吨标准煤/万元　　(tons of SCE per 10 000 yuan)

区、县(市) 名　称	District County(City)	2014	2013	2014年比 2013年增长(%) Growth Rate in 2014 over 2013(%)
贵 阳 市	**Guiyang**	**1.2247**	**1.2903**	**-5.1**
南 明 区	Nanming	1.2450	1.3042	-4.5
云 岩 区	Yunyan	0.3040	0.3595	-4.5
花 溪 区	Huaxi	0.5392	0.5656	-4.7
乌 当 区	Wudang	0.5918	0.6206	-4.6
白 云 区	Baiyun	4.2409	4.7948	-11.6
观山湖区	Guanshanhu	0.8842	0.9260	-4.5
开 阳 县	Kaiyang	1.5898	1.6692	-4.8
息 烽 县	Xifeng	1.1007	1.1549	-4.7
修 文 县	Xiuwen	1.1938	1.2532	-4.7
清 镇 市	Qingzhen	5.4887	5.7690	-4.9

6-2 能源生产、消费总量及构成
Total Energy Prodcuction and Consumption and Composition

单位：吨标准煤　　(tons of SCE)

指　标	Item	2014	2013
绝对数	**Absolute Number**		
一次能源生产总量	Total Production of Primary Energy	4002855	3998185
原　煤	Raw Coal	2340843	2564982
电　力	Electric Power	3678949	2971817
能源终端消费总量	Final Consumption of Energy	21171452	22384272
#煤　炭	Coal	6782611	5810711
焦　炭	Coke	366001	406413
石　油	Oil	5742674	3515582
气　类	Gases	409568	2593146
电　力	Electricity	7349584	7630775
构　成(%)	**Composition(%)**		
一次能源生产总量	Total Production of Primary Energy	100.0	100.0
原　煤	Raw coal	58.5	64.2
水　电	Hydropower	91.9	74.3
能源终端消费总量	Final Consumption of Energy	528.9	559.9
#煤　炭	Coal	169.4	145.3
焦　炭	Coke	9.1	10.2
石　油	Oil	143.5	87.9
气　类	Gases	10.2	64.9
电　力	Electricity	183.6	190.9

注：1. 煤炭包含原煤、洗精煤、其他洗煤和煤制品；
2. 石油包含汽油、煤油、柴油、燃料油、液化石油气和其他石油制品；
3. 气类包含焦炉煤气、其他煤气和液化天然气；
4. 电力、热力按等价热值折算。

a) Coal here includes raw coal, cleaned coal, other washed coal and coal products;
b) Oil includes gasoline, kerosene, diesel oil, fuel oil, liquefied petroleum gas and other petroleum products;
c) Gases include coke oven gas, other coal gas and liquefied natural gas;
d) Electric power and heating power are calculated on the basis of equal caloric value.

6–3 综合能源平衡表
Overall Energy Balance Sheet

单位：吨标准煤 (tons of SCE)

指 标	Item	2014	2013
可供消费的能源总量	**Total Energy Available for Consumption**	**24543464**	**22701014**
一次能源生产量	Output of Primary Energy	4002855	3998185
市外调入	Inflow from Other Cities	18364103	16629132
调出市外(减)	Outflow from Guiyang(-)		
年初年末库存差额	Stock Changes in the Year	-463131	-633818
能源消费总量	**Total Energy Consumption**	**24543464**	**22701014**
在总量中	Consumption by Sector		
农、林、牧、渔业	Agriculture,Forestry,Animal Husbandry and Fishery	147099	142111
工　业	Industry	11912697	13633045
建筑业	Construction	551419	2687998
交通运输、仓储和邮政业	Transport,Storage and Post	1073640	1004808
批发、零售业和住宿、餐饮业	Wholesale and Retail Trades,Hotels and Catering Services	231700	195777
其　他	Other Sectors	3475262	1288348
生活消费	Household Consumption	3779635	3432184
在总量中	Consumption by Usage		
终端消费	End-use Consumption	21171452	22384272
#工　业	Industry	11912697	13633045
加工转换损失量	Energy Losses During the Process of Energy Conversion	152708	-5605
#炼　焦	Coking	161767	788086
损失量	Energy Losses	3219303	322347
平衡差额	**Balance**		

注：电力、热力按等价热值折算。
a) Electric power and heating power are calculated on the basis of equal caloric value.

6–4 煤炭平衡表
Coal Balance Sheet

单位：吨 (ton)

指 标	Item	2014	2013
可供量	**Total Energy Available for Consumption**	**12855586**	**12738064**
生产量	Output	2568701	3030032
调出市外(减)	Outflow from Guiyang(-)		
年初年末库存差额	Stock Changes in the Year	-130779	405207
消费量	**Total Energy Consumption**	**1285586**	**12738064**
在消费量中	Consumption by Sector		
农、林、牧、渔业	Agriculture,Forestry,Animal Husbandry and Fishery	21480	20480
工　业	Industry	7635151	11739772
建筑业	Construction	66850	55052
交通运输、仓储和邮政业	Transport,Storage and Post	147	142
批发、零售业和住宿、餐饮业	Wholesale and Retail Trades,Hotels and Catering Services	2595	1932
其　他	Other Sectors	180	175
生活消费	Household Consumption	1015374	920511
在消费量中	Consumption by Sector		
终端消费	End-use Consumption	8741777	9518408
#工　业	Industry	7635151	8520116
用于加工转换	Coal Consumption During the Process of energy conversion	2597738	3092554
#发　电	Power Generation	1838977	1851943
炼　焦	Coking	771410	1237529
损失量	Energy Losses	1516071	127102
平衡差额	**Balance**		

6-5 电力平衡表
Electricity Balance Sheet

单位：万千瓦时 (10 000 kwh)

指　　标	Item	2014	2013
可供量	**Total Energy Available for Consumption**	**2589542**	**2507963**
生产量	Output	1162541	948282
火　电	Thermal Power	429649	439752
水　电	Hydropower	732892	508530
调出市外(减)	Outflow from Guiyang(-)		
消费量	**Total Energy Consumption**	**2589542**	**2507963**
在消费量中	Consumption by Sector		
农、林、牧、渔业	Agriculture,Forestry,Animal Husbandry and Fishery	6942	6286
工　业	Industry	1552555	1829630
建筑业	Construction	25600	22967
交通运输、仓储和邮政业	Transport,Storage and Post	47845	47262
批发、零售业和住宿、餐饮业	Wholesale and Retail Trades,Hotels and Catering Services	48008	38861
其　他	Other Sectors	117176	95119
生活消费	Household Consumption	524329	467838
在消费量中	Consumption by Usage		
终端消费	End-use Consumption	2322455	2434917
#工　业	Industry	1552555	1756584
输配电损失量	Losses in Transmission and Distribution	696736	73046

6-6 能源生产消费弹性系数
Elasticity Ratio of Energy Production and Consumption

指　　标	Item	2014	2013
生产总值比上年增长(%)	Growth Rate of Gross Domestic Product(GDP)over Preceding Year(%)	13.90	16.00
能源生产比上年增长(%)	Growth Rate of Energy Production over Preceding Year(%)	-21.68	-15.69
能源消费总量比上年增长(%)	Growth Rate of Energy Consumption over Preceding Year(%)	8.07	10.61
电力生产比上年增长(%)	Growth Rate of Electricity Production over Preceding Year(%)	23.70	6.28
电力消费比上年增长(%)	Growth Rate of Electricity Consumption over Preceding Year(%)	-0.50	2.90
能源消费弹性系数	Elasticity Ratio of Energy Consumption	0.58	0.66
电力生产弹性系数	Elasticity Ratio of Electricity Production	1.71	0.39
电力消费弹性系数	Elasticity Ratio of Electricity Consumption	-0.04	0.18

注：生产总值增长速度按可比价格计算。
a) The growth rate of GDP is calculated at comparable prices.

6–7 分行业能源消费总量
Total Energy Consumption by Sector

单位：吨标准煤 (tons of SCE)

行　　业	Sectors	2014	2013
消费合计	**Total Consumption**	**24543464**	**22701014**
农、林、牧、渔业	**Agriculture,Forestry,Animal Husbandry and Fishery**	**240358**	**215562**
工　业	**Industry**	**12848569**	**12180500**
采矿业	**Mining**	**622600**	**59000**
#煤炭开采和洗选业	Mining and Washing of Coal	44300	44500
非金属矿采选业	Mining and Processing of Non-metal Ores	15700	10700
制造业	**Manufacturing**	**9268100**	**10344900**
农副食品加工业	Farm and Sideline Products Processing Industry	36900	35000
食品制造业	Manufacture of Food	33600	27700
酒、饮料和精制茶制造业	Manufacture of Alcohol,Beverages and Tea	89100	74600
烟草制品业	Manufacture of Tobacco	43200	43100
纺织业	Manufacture of Textile	1100	800
纺织服装、服饰业	Manufacture of Textile,Wearing Apparel and Finery		
木材加工及木、竹、藤、棕、草制品业	Processing of Timber Manufacture of Wood,Bamboo,Rattan, Palm and Straw Products	2400	2600
家具制造业	Manufacture of Furniture	3700	2800
造纸和纸制品业	Manufacture of Paper and Paper Products	15400	5000
印刷业和记录媒介复制	Printing and Reproduction of Recording Media	10200	9600
文教、工美、体育和娱乐用品制造业	Manufacture of Articles for Culture and Education, Industry and Arts, Sport and Entertainment		
化学原料及化学制品制造业	Manufacture of Raw Chemical Materials and Chemical Products	3883700	3879300
医药制造业	Manufacture of Medicine	60100	51400
橡胶和塑料制品业	Manufacture of Rubber and Plastics	244600	270000
非金属矿物制品业	Manufacture of Non-metallic Mineral Products	1515100	1037500
黑色金属冶炼和压延加工业	Smelting and Pressing of Ferrous Metals	792300	903400
有色金属冶炼和压延加工业	Smelting and Pressing of Non-ferrous Metals	2292800	3748200
金属制品业	Manufacture of Metal Products	41200	34200
通用设备制造业	Manufacture of General Purpose Machinery	11200	11200
专用设备制造业	Manufacture of Special Purpose Machinery	6800	24000
汽车制造业	Manufacture of Automobiles	104200	40100
铁路、船舶、航空、航天和其他运输设备制造业	Manufacture of Railway,Watercraft,Aviation, Aerospace and Other Transport Equipment	17500	50500
电气机械和器材制造业	Manufacture of Electrical Machinery and Equipment	25500	19900
计算机、通信和其他电子设备制造业	Manufacture of Computers,Communication Equipment and Other Electronic Equipment	3600	26800
仪器仪表制造业	Manufacture of Measuring Instruments and Machinery	5400	4400
其他制造业	Other Manufacturing	4700	17600
电力、燃气及水的生产和供应业	**Electric Power,Gas and Water Production and Supply**	**737600**	**1776600**
电力、热力的生产和供应业	Production and Supply of Electric Power and Heating Power	484500	1461100
燃气生产和供应业	Production and Supply of Gas	193600	274400
水的生产和供应业	Production and Supply of Water	59500	41100
建筑业	**Construction**	**147513**	**131056**
交通运输、仓储和邮政业	**Transport,Storage and Post**	**1605304**	**1368967**
批发、零售业和住宿、餐饮业	**Wholesale and Retail Trades,Hotels and Catering Services**	**231700**	**195777**
其他行业	**Others**	**3219473**	**3491733**
城乡居民生活	**Household Consumption of Urban and Rural Residents**	**3783404**	**3560773**

6-8 生活能源消费量
Energy Consumption for Households

能源品种		Type of Energy		2014		2013	
				全 市 Whole City	#市 区 Urban Area	全 市 Whole City	#市 区 Urban Area
生活能源消费量	**(吨标准煤)**	**Household Consumption**	**(tons of SCE)**	**3779635**	**2725575**	**3432184**	**2500406**
煤 炭	(吨)	Coal	(ton)	1016374	358040	920511	343046
型 煤	(吨)	Moulded Coal	(ton)	8792	8792	8723	8723
人工煤气	(万立方米)	Manufactured Gas	(10 000 cu.m)	27192	27192	27548	27548
汽 油	(吨)	Gasoline	(ton)	450320	350715	416516	333637
柴 油	(吨)	Diesel Oil	(ton)	221861	142886	195958	122911
液化石油气	(吨)	Liquefied Petroleum Gas	(ton)	50059	40805	46302	37742
电 力	(万千瓦时)	Electricity	(10 000 kwh)	524329	439702	467838	393615

6-9 规模以上工业企业用水
Water Consumption in Industrial Enterprises above Designated Size

单位：万立方米 (10 000 cu.m)

指 标	Item	2015	2014	2015年比2014年增长(%) Growth Rate in 2015 over 2014(%)
合 计	**Total**	**40609**	**36051**	**12.6**
#地表水	Surface Water	33622	30522	10.2
地下水	Groundwater	2074	2238	-7.3
自来水	Tap Water	4848	3033	59.8
其他水	Others	66	257	-74.4
工业重复用水量	Industrial Reused Water	142835	161161	-11.4
工业用水量	Industrial Water	183444	197213	-7.0

注：规模以上工业企业为2000万元口径（下同）。
a) Industrial enterprises above designated size refer to enterprises with main business income above 20 million yuan and the same below.

6-10 规模以上工业企业能源消费情况
Energy Consumption in Industrial Enterprises above Designated Size

指标		Item		能源消费合计 Total Energy Consumption			#工业生产消费 Industrial Productive Consumption		
				2015	2014	2015年比2014年增长(%) Growth Rate in 2015 over 2014 (%)	2015	2014	2015年比2014年增长(%) Growth Rate in 2015 over 2014 (%)
原煤	(吨)	Coal	(ton)	6428488	6459552	-0.5	6415142	6443613	-0.4
#无烟煤	(吨)	Anthracite	(ton)	2577829	2508226	2.8	2577814	2508151	2.8
炼焦烟煤	(吨)	Byerlyte	(ton)	1	13448	-100.0	1	13448	-100.0
一般烟煤	(吨)	Bituminous Coal	(ton)	3826807	3937878	-2.8	3813476	3922014	-2.8
洗精煤	(吨)	Cleaned Coal	(ton)	346210	1168664	-70.4	345886	1168202	-70.4
其它洗煤	(吨)	Other Washed Coal	(ton)	2271	1893		2271	1893	
煤制品	(吨)	Coal Products	(ton)	3057	5043	-39.4	3001	4929	-39.1
焦炭	(吨)	Coke	(ton)	301115	376777	-20.1	301070	376589	-20.1
其它焦化产品	(吨)	Other Coking Products	(ton)	5168	13646	-62.1	5168	13646	-62.1
焦炉煤气	(万立方米)	Coke-oven Gas	(10 000 cu.m)	3278	18075	-81.9	3278	18075	-81.9
发生炉煤气	(万立方米)	Producer Gas	(10 000 cu.m)	60	6617	-99.1	60	6617	-99.1
液化天然气	(吨)	Liquefied Natural Gas	(ton)	7836	7957	-1.5	7552	7717	-2.1
汽油	(吨)	Gasoline	(ton)	14510	14461	0.3	12018	12115	-0.8
煤油	(吨)	Kerosene	(ton)	804	721	11.6	799	720	10.9
柴油	(吨)	Diesel Oil	(ton)	51810	47666	8.7	48285	42316	14.1
燃料油	(吨)	Fuel Oil	(ton)	1060	256	313.4	1060	256	313.4
液化石油气	(吨)	Liquefied Petroleum Gas	(ton)	1734	4377	-60.4	1704	4357	-60.9
其它石油制品	(吨)	Other Petroleum Products	(ton)	14	12	12.3	14	12	12.3
热力	(百万千焦)	Heating power	(million kilo-joule)	394950	756925	-47.8	394950	756925	-47.8
电力	(万千瓦时)	Electricity	(10 000 kwh)	1582011	1597600	-1.0	1572408	1587786	-1.0
余热余压	(百万千焦)	By-product Heat and Pressure	(million kilo-joule)	7104320	7307781	-2.8	7104320	7307781	-2.8
其它燃料	(吨标准煤)	Other Fuels	(ton of SCE)	2633			2543		
能源合计(等当量)	(吨标准煤)	Energy Total (equal equivalent)	(ton of SCE)	8042607	8939052	-10.0	8012576	8904399	-10.0
能源合计(等价值)	(吨标准煤)	Energy Total (equivalent value)	(ton of SCE)	11104747	12031367	-7.7	11056129	11977717	-7.7

注：能源合计中等当量是指电力折标系数为1.229，能源合计等价值是指电力折标系数为3.1646。

a) In energy total, equal equivalent refers to 1.229 of the coefficient for the conversion of electric power into the standard coal equivalent; equivalent value refers to 3.1646 of the coefficient for the conversion of electric power into the standard coal equivalent.

6-11 规模以上工业企业能源购进、消费情况(2015年)
Purchases and Consumption of Energy in Industrial Enterprises above Designated Size(2015)

指标		Item		购进量 Purchases		消费量 Consumption			
				实物量 Amount	购自省外 Outside Guizhou Province	合计 Total	工业生产消费 Industrial Productive Consumption	#用于原材料 Raw Materials	非工业生产消费 Non-industrial Productive Consumption
原煤	(吨)	Raw Coal	(ton)	6450029	264507	6428488	6415142	1886812	13346
#无烟煤	(吨)	Anthracite	(ton)	2546400	6600	2577829	2577814	1476597	15
一般烟煤	(吨)	Bituminous Coal	(ton)	3879498	257908	3826807	3813476	410213	13331
洗精煤	(吨)	Cleaned Coal	(ton)	323157		346210	345886	5567	324
其它洗煤	(吨)	Other Washed Coals	(ton)	2316		2271	2271		
煤制品	(吨)	Coal Products	(ton)	2762		3057	3001		56
焦炭	(吨)	Coke	(ton)	301187	11593	301115	301070	338	45
其它焦化产品	(吨)	Other Coking Products	(ton)	5061		5168	5168		
焦炉煤气	(吨)	Coke-oven Gas	(ton)	57		3278	3278		
发生炉煤气	(万立方米)	Producer Gas	(10 000 cu.m)	60		60	60		
天然气(气态)	(万立方米)	Natural Gas(gaseous)	(10 000 cu.m)	9817		9813	9804		9
液化天然气(液态)	(吨)	Liquefied Natural Gas(liquid)	(ton)	7836	692	7836	7552		284
汽油	(万立方米)	Gasoline	(10 000 cu.m)	14123	7	14510	12018	63	2492
煤油	(万立方米)	Kerosene	(10 000 cu.m)	794		804	799		6
柴油	(万立方米)	Diesel Oil	(10 000 cu.m)	51481	96	51810	48285	2377	3525
燃料油	(吨)	Fuel Oil	(ton)	1118		1060	1060	559	
液化石油气	(吨)	Liquefied Petroleum Gas	(ton)	1722		1734	1704		30
炼厂干气	(吨)	Refinery Dry Gas	(ton)						
溶剂油	(吨)	Prime City Naphtha	(ton)	66		71	71		
石油焦	(吨)	Petroleum Coke	(ton)	201722		198449	198449		
石油沥青	(吨)	Petroleum Pitch	(ton)						
其它石油制品	(吨)	Other Petroleum Products	(ton)	14		14	14		
热力	(百万千焦)	Heating power	(million kilo-joule)	394950		394950	394950		
电力	(万千瓦时)	Electricity	(10 000 kwh)	1690922	9151	1582011	1572408		9603
煤矸石用于燃料	(吨)	Coal Gangue Used as Fuel	(ton)						
城市垃圾用于燃料	(吨)	Municipal Refuse Used as Fuel	(ton)						
生物质废料用于燃料	(吨)	Biomass Refuse Used as Fuel	(ton)	8504		8414	8414		
余热余压	(百万千焦)	By-product Heat and Pressure	(million kilo-joule)	301629		7104320	7104320		
其它燃料	(吨标准煤)	Other Fuels	(ton of SCE)	2506	499	2633	2543		90
能源合计(等当量)	(吨标准煤)	Energy Total (equal equivalent)	(ton of SCE)			8042607	8012576		30031
能源合计(等价值)	(吨标准煤)	Energy Total (equivalent value)	(ton of SCE)			11104747	11056129		48618

注：能源合计等当量是指电力折标系数为1.229，等价值是指电力折标系数为3.1646。

a) In energy total, equal equivalent refers to 1.229 of the coefficient for the conversion of electric power into the standard coal equivalent; equivalent value refers to 3.1646 of the coefficient for the conversion of electric power into the standard coal equivalent.

6-12 规模以上工业企业分行业产值能耗(2015年)

指 标	Item	综合能源消费量(吨标准煤) Comprehensive Energy Consumption (tons of SCE)
总 计	**Total**	**7112523**
采矿业	**Mining**	**27188**
煤炭开采和洗选业	Mining and Washing of Coal	18882
非金属矿采选业	Mining and Processing of Non-mental Ores	7128
制造业	**Manufacturing**	**6071692**
农副食品加工业	Farm and Sideline Products Processing Industry	24739
食品制造业	Manufacture of Food	28218
酒、饮料和精制茶制造业	Manufacture of Alcohol,Beverages and Tea	45466
烟草制品业	Manufacture of Tobacco	20600
纺织业	Manufacture of Textile	156
纺织服装、服饰业	Manufacture of Textile Wearing Apparel and Finery	4
木材加工及木、竹、藤、棕、草制品业	Processing of Timber,Manufacture of Wood,Bamboo, Rattan,Palm,and Straw Products	96
家具制造业	Manufacture of Furniture	1091
造纸和纸制品业	Manufacture of Paper and Paper Products	4806
印刷业和记录媒介复制	Printing and Reproduction of Recording Media	4110
文教、工美、体育和娱乐用品制造业	Manufacture of Articles for Culture and Education, Industry and Arts, Sport and Entertainment	625
化学原料及化学制品制造业	Manufacture of Raw Chemical Materials and Chemical Products	2711621
医药制造业	Manufacture of Medicine	39924
橡胶和塑料制品业	Manufacture of Rubber and Plastics	125949
非金属矿物制品业	Manufacture of Non-metallic Mineral Products	1113038
黑色金属冶炼和压延加工业	Smelting and Pressing of Ferrous Metals	393561
有色金属冶炼和压延加工业	Smelting and Pressing of Non-ferrous Metals	1396761
金属制品业	Manufacture of Metal Products	18100
通用设备制造业	Manufacture of General Purpose Machinery	5649
专用设备制造业	Manufacture of Special Purpose Machinery	3050
汽车制造业	Manufacture of Automobiles	87000
铁路、船舶、航空、航天和其他运输设备制造业	Manufacture of Railway,Watercraft,Aviation, Aerospace and Other Transport Equipment	10058
电气机械和器材制造业	Manufacture of Electrical Machinery and Equipment	9589
计算机、通信和其他电子设备制造业	Manufacture of Computers,Communication Equipment and Other Electronic Equipment	8262
仪器仪表制造业	Manufacture of Measuring Instruments and Machinery	3846
其他制造业	Other Manufacturing	706
电力、燃气及水的生产和供应业	**Electric Power,Gas and Water Production and Supply**	**1013642**
电力、热力的生产和供应业	Production and Supply of Electric Power and Heating Power	954879
燃气生产和供应业	Production and Supply of Gas	33882
水的生产和供应业	Production and Supply of Water	24882

注：等当量是指电力折标系数为1.229，等价值是指电力折标系数为3.1646。

Major Energy Consumption of Output Value in Industrial Enterprises above Designated Size by Sector(2015)

按等当量计算 Based on the Equal Equivalent		按等价值计算 Based on the Equivalent Value		
产值单耗 (吨标准煤/万元) Production Value Per Unit Consumption (tons of SCE/10 000 yuan)	万元增加值综合能耗 (吨标准煤/万元) Comprehensive Energy Consumption per 10 000 yuan of added Value (tons of SCE/10 000 yuan)	综合能源消费量 (吨标准煤) Comprehensive Energy Consumption (tons of SCE)	万元总产值综合能耗 (吨标准煤/万元) Comprehensive Energy Consumption per 10 000 yuan Gross Production Value (tons of SCE/10 000 yuan)	万元增加值综合能耗 (吨标准煤/万元) Comprehensive Energy Consumption per 10 000 yuan of Added Value (tons of SCE/10 000 yuan)
0.27	**1.00**	**10174663**	**0.39**	**1.43**
0.03	**0.09**	**68628**	**0.08**	**0.22**
0.30	0.75	49409	0.77	1.95
0.01	0.03	17623	0.02	0.07
0.26	**0.95**	**8820100**	**0.38**	**1.38**
0.03	0.31	32017	0.04	0.40
0.04	0.11	35850	0.04	0.15
0.05	0.08	83960	0.09	0.15
0.01	0.01	33800	0.02	0.02
0.03	0.14	224	0.05	0.20
		11		
0.35	1.44	384	1.39	5.79
0.03	0.11	2806	0.07	0.27
0.02	0.09	7056	0.04	0.13
0.02	0.04	9516	0.04	0.09
0.04	0.24	1608	0.09	0.61
0.76	3.81	3707966	1.04	5.21
0.02	0.06	61820	0.03	0.10
0.08	0.47	201608	0.12	0.75
0.53	2.49	1460895	0.69	3.27
0.62	5.65	538701	0.85	7.73
0.99	4.05	2369430	1.68	6.88
0.03	0.13	41088	0.06	0.29
0.01	0.04	10400	0.01	0.07
0.01	0.04	6965	0.02	0.10
0.13	0.62	118166	0.17	0.84
0.01	0.05	23156	0.03	0.12
0.01	0.09	22857	0.03	0.22
0.01	0.05	21818	0.02	0.13
0.04	0.14	6690	0.07	0.24
0.01	0.03	948	0.01	0.05
0.49	**2.21**	**1285935**	**0.62**	**2.81**
0.53	2.47	1180070	0.65	3.05
0.25	7.07	42058	0.31	8.77
0.19	0.38	63806	0.50	0.96

a) In total energy, equal equivalent refers to 1.229 of the coefficient for the conversion of electric power into the standard coal equivalent; equivalent value refers to 3.1646 of the coefficient for the conversion of electric power into the standard coal equivalent.

6-13 规模以上工业企业分行业万元产值能源消费量(2015年)

指 标	Item	工业生产能源消费量(吨标准煤) Energy Consumption of Industrial Production (ton of SCE)
总 计	**Total**	**0.3074**
采矿业	**Mining**	**0.0317**
煤炭开采和洗选业	Mining and Washing of Coal	0.2956
非金属矿采选业	Mining and Processing of Non-mental Ores	0.0101
制造业	**Manufacturing**	**0.2745**
农副食品加工业	Farm and Sideline Products Processing Industry	0.0337
食品制造业	Manufacture of Food	0.0353
饮料制造业	Manufacture of Beverages	0.0513
烟草制品业	Manufacture of Tobacco	0.0105
纺织业	Manufacture of Textile	0.0330
纺织服装、鞋、帽制造业	Manufacture of Textile Wearing Apparel,Footware and Caps	0.0003
木材加工及木、竹、藤、棕、草制品业	Processing of Timber,Manufacture of Wood,Bamboo,Rattan, Palm,and Straw Products	0.3476
家具制造业	Manufacture of Furniture	0.0273
造纸及纸制品业	Manufacture of Paper and Paper Products	0.0242
印刷业和记录媒介的复制	Printing,Reproduction of Recording Media	0.0159
文教体育用品制造业	Manufacture of Articles For Culture,Education and Sports Activities	0.0358
化学原料及化学制品制造业	Manufacture of Raw Chemical Materials and Chemical Products	0.7969
医药制造业	Manufacture of Medicine	0.0165
橡胶和塑料制品业	Manufacture of Rubber and Plastics	0.0797
非金属矿物制品业	Manufacture of Non-metallic Mineral Products	0.5896
黑色金属冶炼及压延加工业	Smelting and Pressing of Ferrous Metals	0.6232
有色金属冶炼及压延加工业	Smelting and Pressing of Non-ferrous Metals	0.9931
金属制品业	Manufacture of Metal Products	0.0281
通用设备制造业	Manufacture of General Purpose Machinery	0.0074
专用设备制造业	Manufacture of Special Purpose Machinery	0.0101
汽车制造业	Manufacture of Automobiles	0.1273
铁路、船舶、航空、航天和其他运输设备制造业	Manufacture of Railway, Watercraft, Aviation, Aerospace and other Transport Equipment	0.0117
电气机械和器材制造业	Manufacture of Electrical Machinery and Equipment	0.0113
计算机、通信和其他电子设备制造业	Manufacture of Communication Equipment, Computers and Other Electronic Equipment	0.0075
仪器仪表制造业	Manufacture of Measuring Instruments and Machinery	0.0424
其他制造业	Other Manufacturing	0.1600
电力、燃气及水的生产和供应业	**Electric Power,Gas and Water Production and Supply**	**0.7873**
电力、热力的生产和供应业	Production and Supply of Electric Power and Heat Power	0.8166
燃气生产和供应业	Production and Supply of Gas	0.9550
水的生产和供应业	Production and Supply of Water	0.1944

注：工业生产能源消费量按等当量计算。

Energy Consumption of Per 10 000 yuan Output Value in Industrial Enterprises above Designated Size by Sector(2015)

万元工业总产值消费量 Energy Consumption per10 000yuan of Industrial Gross Product				
电 量 (千瓦时) Electricity (kwh)	煤 炭 (吨) Coal (ton)	焦 炭 (吨) Coke (ton)	汽 柴 煤 油 (吨) Gasoline,Diesel Oil and Kerosene (ton)	用水量 (立方米) Water (cu.m)
612.9810	**0.2930**	**0.0145**	**0.0024**	**15.5814**
183.3348	**0.0092**		**0.0035**	**0.6923**
1771.3994	0.0934		0.0200	8.5271
59.1870			0.0015	0.0529
609.3929	**0.2170**	**0.0163**	**0.0022**	**4.1200**
61.3599	0.0119	0.0029	0.0010	2.1143
41.2979	0.0181	0.0121	0.0011	1.7683
216.6568	0.0261		0.0012	4.3111
35.8800	0.0067		0.0004	0.7730
658.8812			0.0046	0.1267
5.5166				0.0428
25750.9065				6.5265
272.4038				1.4825
101.1395	0.0421		0.0046	0.8070
104.3583			0.0019	0.7891
1461.1263	0.7177	0.0165	0.0039	12.4003
43.1198	0.0095		0.0005	1.1710
245.6729	0.0891		0.0012	1.8016
889.6463	0.5929	0.0000	0.0100	12.3147
2119.8590	0.0913	0.4849	0.0009	1.2223
3045.9674	0.6236		0.0017	4.1633
168.3327	0.0009		0.0017	0.6565
32.4053	0.0000		0.0025	0.8342
58.6784		0.0001	0.0017	1.1823
217.7413	0.0001		0.0007	0.4547
53.6102		0.0003	0.0006	1.2065
86.4087			0.0005	0.2162
9.3630			0.0001	0.5339
165.8660			0.0022	2.1747
10.2855	0.1950		0.0000	0.1671
830.0447	**1.2543**		**0.0039**	**149.0645**
798.9705	1.0117		0.0041	6.0707
734.3103	5.6944		0.0026	3.8060
1372.7812			0.0013	2333.9824

a) Energy consumption of industrial production is calculated on equal equivalent.

6-14 规模以上工业企业分行业万元增加值能源消费量(2015年)

指　　标	Item	工业生产能源消费量(吨标准煤) Energy Consumption of Industrial Production (ton of SCE)
总　　计	**Total**	**1.1223**
采矿业	**Mining**	**0.0886**
煤炭开采和洗选业	Mining and Washing of Coal	0.7466
非金属矿采选业	Mining and Processing of Non-mental Ores	0.0283
制造业	**Manufacturing**	**0.9957**
农副食品加工业	Farm and Sideline Products Processing Industry	0.3087
食品制造业	Manufacture of Food	0.1143
饮料制造业	Manufacture of Beverages	0.0826
烟草制品业	Manufacture of Tobacco	0.0127
纺织业	Manufacture of Textile	0.1428
纺织服装、鞋、帽制造业	Manufacture of Textile Wearing Apparel,Footware and Caps	0.0015
木材加工及木、竹、藤、棕、草制品业	Manufacture of Timber,Manufacture of Wood,Bamboo,Rattan, Palm,and Straw Products	1.4438
家具制造业	Manufacture of Furniture	0.1064
造纸及纸制品业	Manufacture of Paper and Paper Products	0.0860
印刷业和记录媒介的复制	Printing,Reproduction of Recording Media	0.0379
文教体育用品制造业	Manufacture of Articles For Culture,Education and Sports Activities	0.2358
化学原料及化学制品制造业	Manufacture of Raw Chemical Materials and Chemical Products	3.9729
医药制造业	Manufacture of Medicine	0.0625
橡胶和塑料制品业	Manufacture of Rubber and Plastics	0.4999
非金属矿物制品业	Manufacture of Non-metallic Mineral Products	2.7917
黑色金属冶炼及压延加工业	Smelting and Pressing of Ferrous Metals	5.6493
有色金属冶炼及压延加工业	Smelting and Pressing of Non-ferrous Metals	4.0548
金属制品业	Manufacture of Metal Products	0.1271
通用设备制造业	Manufacture of General Purpose Machinery	0.0398
专用设备制造业	Manufacture of Special Purpose Machinery	0.0447
汽车制造业	Manufacture of Automobiles	0.6153
铁路、船舶、航空、航天和其他运输设备制造业	Manufacture of Railway, Watercraft, Aviation, Aerospace and other Transport Equipment	0.0509
电气机械和器材制造业	Manufacture of Electrical Machinery and Equipment	0.0909
计算机、通信和其他电子设备制造业	Manufacture of Communication Equipment, Computers and Other Electronic Equipment	0.0502
仪器仪表制造业	Manufacture of Measuring Instruments and Machinery	0.1392
其他制造业	Other Manufacturing	0.8345
电力、燃气及水的生产和供应业	**Electric Power,Gas and Water Production and Supply**	**3.5756**
电力、热力的生产和供应业	Production and Supply of Electric Power and Heat Power	3.8334
燃气生产和供应业	Production and Supply of Gas	26.9777
水的生产和供应业	Production and Supply of Water	0.3755

注：工业生产能源消费量按等当量计算。

Energy Consumption of Per 10 000 yuan Added Value in Industrial Enterprises above Designated Size by Sector(2015)

万元工业增加值消费量 Energy Consumption per10 000 yuan of Industrial Added Value				
电　量 (千瓦时) Electricity (kwh)	煤　炭 (吨) Coal (ton)	焦　炭 (吨) Coke (ton)	汽柴煤油 (吨) Gasoline,Diesel Oil and Kerosene (ton)	用水量 (立方米) Water (cu.m)
2237.6819	**1.0694**	**0.0528**	**0.0088**	**56.8797**
512.8389	**0.0256**		**0.0097**	**1.9365**
4473.2222	0.2358		0.0506	21.5329
166.3273			0.0042	0.1487
2210.5752	**0.7870**	**0.0591**	**0.0081**	**14.9454**
562.5113	0.1089	0.0268	0.0087	19.3827
133.8180	0.0587	0.0391	0.0035	5.7300
348.4245	0.0420		0.0020	6.9331
43.2264	0.0081		0.0005	0.9313
2852.4410			0.0201	0.5485
23.5380				0.1827
106959.3373				27.1084
1061.3000				5.7758
359.2151	0.1496		0.0163	2.8661
249.5414			0.0045	1.8868
7284.8202	3.5784	0.0821	0.0197	61.8251
163.5158	0.0359		0.0018	4.4405
1540.6778	0.5588		0.0075	11.2981
4212.4264	2.8075	0.0002	0.0475	58.3094
19217.0476	0.8274	4.3956	0.0085	11.0802
12436.0054	2.5459		0.0069	16.9979
760.4807	0.0040		0.0076	2.9657
173.3350	0.0000		0.0133	4.4621
260.6631		0.0004	0.0077	5.2521
1052.1450	0.0006		0.0033	2.1972
233.8575		0.0011	0.0026	5.2630
695.7458			0.0044	1.7405
62.4314			0.0006	3.5598
544.0294			0.0074	7.1329
53.6357	1.0167		0.0001	0.8716
3769.6908	**5.6964**		**0.0175**	**676.9842**
3750.8288	4.7494		0.0194	28.4996
20743.2855	160.8579		0.0732	107.5152
2651.4015			0.0025	4507.8738

a) Energy Consumption of Industrial Production is calculated on equal equivalent.

6–15 规模以上工业企业分品种分行业工业生产能源消费(2015年)

指　　标	Item	工业生产能源消费量(吨标准煤) Energe Consumption for Industrial Production (ton of SCE)	煤　炭(吨) Coal (ton)	原　煤 Coal
总　　计	**Total**	**7112523**	**6780026**	**6428488**
采矿业	**Mining**	**27188**	**1202**	**1202**
煤炭开采和洗选业	Mining and Washing of Coal	18882	1202	1202
非金属矿采选业	Ming and Processing of Non-mental of Ores	7128		
制造业	**Manufacturing**	**6071692**	**4656896**	**4414742**
农副食品加工业	Farm and Sideline Products Processing Industry	24739	6785	6785
食品制造业	Manufacture of Food	28218	12813	12813
饮料制造业	Manufacture of Beverages	45466	18846	13595
烟草制品业	Manufacture of Tobacco	20600	6659	3602
纺织业	Manufacture of Textile	156		
纺织服装、鞋、帽制造业	Manufacture of Textile Wearing Apparel ,Footware and Caps	4		
木材加工及木、竹、藤、棕、草制品业	Manufacture of Timber,Manufacture of Wood,Bamboo,Rattan, Palm,and Straw Products	96		
家具制造业	Manufacture of Furniture	1091		
造纸及纸制品业	Manufacture of Paper and Paper Products	4806	3618	3618
印刷业和记录媒介的复制	Printing, Reproductionn of Recording Media	4110		
文教体育用品制造业	Manufacture of Articles for Culture,Education and Sport Activities	625		
化学原料及化学制品制造业	Manufacture of Raw Chemical Materials and Chemical Products	2711621	2560704	2521304
医药制造业	Manufacture of Medicine	39924	20784	20145
橡胶和塑料制品业	Manufacture of Rubber and Plastics	125949	120812	120812
非金属矿物制品业	Manufacture of Non-metallic Mineral Products	1113038	1186121	1183850
黑色金属冶炼及压延加工业	Smelting and Pressing of Ferrous Metals	393561	50672	50672
有色金属冶炼及压延加工业	Smelting and Pressing of Non-ferrous Metals	1396761	630821	445667
金属制品业	Manufacture of Metal Products	18100		
通用设备制造业	Manufacture of General Purpose Machinery	5649		
专用设备制造业	Manufacture of Special Purpose Machinery	3050		
汽车制造业	Manufacture of Automobiles	87000		
铁路、船舶、航空、航天和其他运输设备制造业	Manufacture of Railway, Watercraft, Aviation, Aerospace and other Transport Equipment	10058		
电气机械和器材制造业	Manufacture of Electrical Machinery and Equipment	9589		
计算机、通信和其他电子设备制造业	Manufacture of Communication Equipment, Computers and Other Electronic Equipment	8262		
仪器仪表制造业	Manufacture of Measuring Instruments and Machinery	3846		
其他制造业	Other Manufacturing	706	22511	16129
电力、燃气及水的生产和供应业	**Electric Power, Gas and Water Production and Supply**	**1013642**	**2121928**	**2012544**
电力、热力的生产和供应业	Production and Supply of Electric Power and Heat Power	954879	2012544	2012544
燃气生产和供应业	Production and Supply of Gas	33882	109384	
水的生产和供应业	Production and Supply of Water	24882		

注：工业生产能源合计按等当量计算。

Energe Consumption of Industrial Enterprises above Designated Size by Sector and Type(2015)

#无烟煤 Anthracite	一般烟煤 Bituminous Coal	洗精煤 Cleaned Coal	其他洗煤 Other Washed Coal	煤制品 Coal Products	焦炭（吨） Coke (ton)	其他焦化产品（吨） Other Coking Products (ton)	焦炉煤气（万立方米） Coke Oven Gas (10 000 cu.m)	发生炉煤气（万立方米） Producer Gas (10 000 cu.m)	液化天然气（吨） Liquefied Natural Gas (ton)	汽油（吨） Gasoline (ton)	煤油（吨） Kerosene (ton)
3826807	**23851**	**346210**	**2271**	**3057**	**301115**	**5168**	**3278**	**60**	**7836**	**14510**	**804**
										318	
										37	
										31	
1814263	**23851**	**236826**	**2271**	**3057**	**301115**	**5168**	**57**	**60**	**7836**	**10755**	**804**
6711					2332		8			338	
12326					9819			60		346	209
12370		5252							1675	283	
3602				3057					4918	298	
										66	
										1	
3618										30	
							5		15	171	1
656684	23851	39399			17818	5061	3			880	
17116		639					5		72	734	15
120021										1479	
641294			2271		364		35			875	12
34520					270560				692	27	
274122		185155				107			464	143	59
					9					639	10
										772	458
					45					292	
										475	3
					168					256	38
										587	
										59	
										1564	
16129		6381									
2012544		**109384**					**3221**			**3437**	
2012544										3016	
		109384					3221			258	
										164	

a) Energe consumption for production purpose is calculated at its equal equivalence.

6-15 续表

指　　标	Item	柴　油（吨）Diesel Oil (ton)	燃料油（吨）Fuel Oil (ton)	液　化石油气（吨）Liquefied Petroleum Gas (ton)	其他石油制品（吨）Other Oil Products (ton)	热　力（百万千焦）Heating power (million kilo-joule)
总　　计	**Total**	**51810**	**1060**	**1734**	**14**	**394950**
采矿业	**Mining**	**1325**				
煤炭开采和洗选业	Mining and Washing of Coal	553				
非金属矿采选业	Ming and Processing of Non-mental of Ores	397				
制造业	**Manufacturing**	**46517**	**1060**	**1734**	**14**	**212401**
农副食品加工业	Farm and Sideline Products Processing Industry	302		16		
食品制造业	Manufacture of Food	594		10		
饮料制造业	Manufacture of Beverages	58		7		
烟草制品业	Manufacture of Tobacco	401				
纺织业	Manufacture of Textile	15				
纺织服装、鞋、帽制造业	Manufacture of Textile Wearing Apparel,Footware and Caps					
木材加工及木、竹、藤、棕、草制品业	Manufacture of Timber,Manufacture of Wood,Bamboo, Rattan,Palm,and Straw Products					
家具制造业	Manufacture of Furniture					
造纸及纸制品业	Manufacture of Paper and Paper Products	339				17594
印刷业和记录媒介的复制	Printing,Reproduction of Recording Media	167				
文教体育用品制造业	Manufacture of Articles for Culture,Education and Sport Activities					
化学原料及化学制品制造业	Manufacture of Raw Chemical Materials and Chemical Products	13709	559	1107		
医药制造业	Manufacture of Medicine	340				107656
橡胶和塑料制品业	Manufacture of Rubber and Plastics	250				
非金属矿物制品业	Manufacture of Non-metallic Mineral Products	25077				87150
黑色金属冶炼及压延加工业	Smelting and Pressing of Ferrous Metals	374				
有色金属冶炼及压延加工业	Smelting and Pressing of Non-ferrous Metals	2477	501	372		
金属制品业	Manufacture of Metal Products	310				
通用设备制造业	Manufacture of General Purpose Machinery	879			1	
专用设备制造业	Manufacture of Special Purpose Machinery	246				
汽车制造业	Manufacture of Automobiles	520			12	
铁路、船舶、航空、航天和其他运输设备制造业	Manufacture of Railway, Watercraft, Aviation, Aerospace and other Transport Equipment	174		222	1	
电气机械和器材制造业	Manufacture of Electrical Machinery and Equipment	240				
计算机、通信和其他电子设备制造业	Manufacture of Communication Equipment, Computers and Other Electronic Equipment	19				
仪器仪表制造业	Manufacture of Measuring Instruments and Machinery	21				
其他制造业	Other Manufacturing	5				
电力、燃气及水的生产和供应业	**Electric Power,Gas and Water Production and Supply**	**3967**				**182550**
电力、热力的生产和供应业	Production and Supply of Electric Power and Heat Power	3878				
燃气生产和供应业	Production and Supply of Gas	66				182550
水的生产和供应业	Production and Supply of Water	23				

(continued)

电　力 (万千瓦时) Electricity Comsumption (10 000cu.m)	余热余压 (百万千焦) By-product Heat and Pressure (Million kilo-joule)	工业取水量 (万立方米) Industrial Water Pemand (10 000cu.m)	#地表水 Surface Water	地下水 Groundwater	自来水 Tap Water	其他水 Others	重复用水 (万立方米) Water Reused (10 000 cu.m)	用水总量 (万立方米) Water Used (10 000 cu.m)	废水排放量 (万立方米) Waste Water (10 000 cu.m)
1582011	**7104320**	**40609**	**33622**	**2074**	**4848**	**66**	**142835**	**11503**	**31709**
21409		**59**	**1**	**2**	**8**	**49**	**39**	**59**	
15771		54	1		5	49	39	54	
5422		4		1	2			4	
1419926	**7104320**	**9527**	**4899**	**383**	**4227**	**17**	**89723**	**9308**	**2**
3760		155	8	2	145		2	155	
3942		141			141		5	141	
19888		382	48	7	327		372	281	
6820		151		9	142		1626	151	
35									
3									
149									
886		6			5	1		6	
1163		16	10		6		16	16	
2793		20			20			20	
508									
514747	3883579	4403	3953	250	198	1	74372	4403	
11312		284		26	257		336	284	
39088	175548	302	204		98		5122	264	
179716	3045193	2603	366	41	2185	11	4335	2524	
74985		77	31	16	30	1	1750	77	
502515		586	242		343		1464	586	
11876		42			42		37	42	
2455		63	2	30	32		3	63	
2023		36	21		15		13	36	
16101		31		1	29			31	
6767		104			104		167	104	
6855		18			16	3	3	18	
7004		59			59		25	59	1
1469		20	4		15		3	20	
125		2			1	1		2	
140676		**31023**	**28722**	**1689**	**613**		**53073**	**2135**	**31707**
116342		1104	1004		99		52075	1104	
4224		52	46		5		680	52	
20110		29868	27671	1689	508		318	980	31707

6-16 工业企业分行业能源消费情况(2015年)

指 标	Item	企 业 生产量 Output of Enterprises 工业总产值（万元） Gross Industrial Output Value (10 000 yuan)
总 计	**Total**	**26062798**
采矿业	**Mining**	**858334**
非金属矿采选业	Ming and Processing of Non-mental of Ores	708656
制造业	**Manufacturing**	**23123274**
农副食品加工业	Farm and Sideline Products Processing Industry	734616
食品制造业	Manufacture of Foods	800013
酒、饮料和精致茶制造业	Manufacture of Alcohol,Beverages and Tea	885612
烟草制品业	Manufacture of Tobacco	1956311
化学原料及化学制品制造	Manufacture of Raw Chemical Materials and Chemical Products	3550372
橡胶和塑料制品业	Manufacture of Rubber and Plastics	1676032
非金属矿物制品业	Manufacture of Non-metallic Mineral Products	2113792
黑色金属冶炼及压延加工业	Smelting and Pressing of Ferrous Metals	631530
有色金属冶炼及压延加工业	Smelting and Pressing of Non-ferrous Metals	1406400
通用设备制造业	Manufacture of General Purpose Machinery	759055
汽车制造业	Manufacture of Automobile Industry	683285
铁路、船舶、航空、航天和其他运输设备制造业	Manufacture of Railway,Watercraft,Aviation,Aerospace and Other Transport Equipment	861413
电力、燃气及水的生产和供应业	**Electric Power, Gas and Water Production and Supply**	**2081190**
电力、热力的生产和供应	Production and Supply of Electric Power and Heat Power	1817750
燃气生产和供应业	Production and Supply of Gas	135469
水的生产和供应业	Production and Supply of Water	127971

注：1. 2000万元口径指年主营业务收入2000万元及以上的工业法人单位或有能源加工转换的企业；
2. 等当量是指电力折标系数为1.229，等价值是指电力折标系数为4.04。

Energy Consumption of Industrial Enterprises above Designated Size by sector (2015)

按等价值计算 Equivalent Value		按等当量计算 Equal Equivalent			
综合能源消费量(吨标准煤) Comprehensive Energy Consumption (ton of SCE)	产值单耗(吨标准煤/万元) Production Value per Unit Consumption (ton of SCE/10 000yuan)	综合能源消费量(吨标准煤) Comprehensive Energy Consumption (ton of SCE)	工业生产能源消费量(吨标准煤) Energy Consumption for Industrial Production (ton of SCE)	电量(万千瓦时) Electricity Consumption (10 000 kwh)	万元总产值综合能耗(吨标准煤/万元) Comprehensive Energy Consumption of Per 10 000 Output Value (ton of SCE/10 000 yuan)
10174663	**0.39**	**7112523**	**8012576**	**1582011**	**0.27**
68628	**0.08**	**27188**	**27188**	**21409**	**0.03**
17623	0.02	7128	7128	5422	0.01
8820100	**0.38**	**6071692**	**6346847**	**1419926**	**0.26**
32017	0.04	24739	24739	3760	0.03
35850	0.04	28218	28218	3942	0.04
83960	0.09	45466	45466	19888	0.05
33800	0.02	20600	20600	6820	0.01
3707966	1.04	2711621	2829147	514747	0.76
201608	0.12	125949	133611	39088	0.08
1460895	0.69	1113038	1246284	179716	0.53
538701	0.85	393561	393561	74985	0.62
2369430	1.68	1396761	1396761	502515	0.99
10400	0.01	5649	5649	2455	0.01
118166	0.17	87000	87000	16101	0.13
23156	0.03	10058	10058	6767	0.01
1285935	**0.62**	**1013642**	**1638541**	**140676**	**0.49**
1180070	0.65	954879	1484285	116342	0.53
42058	0.31	33882	129374	4224	0.25
63806	0.50	24882	24882	20110	0.19

a) The enterprises in the table only refers to those with their income of major business over 20 million yuan and above each year;
b) Equal equivalent refers to 1.229 of the coefficient for the conversion of electric power into the standard coal equivalent; equivalent value refers to 4.04 of the coefficient for the conversion of electric power into the standard coal equivalent.

主要统计指标解释

能源生产总量 指一定时期内全市一次能源生产量的总和。一次能源生产量包括原煤，原油，天然气，水电、核能及其他动力能(如风能、地热能等)发电量，不包括低热值燃料生产量、生物质能、太阳能等的利用和由一次能源加工转换而成的二次能源产量。

能源消费总量 指一定时期内全市产业类（包括第一、二、三次产业和城乡）和物质生产部门、非物质生产部门和生活消费的各种能源的总和。能源消费总量包括原煤和原油及其制品、天然气、电力，不包括低热值燃料、生物质能和太阳能等的利用。能源消费总量分为终端能源消费量、能源加工转换损失量和损失量三部分。

(1)终端能源消费量：指一定时期内全市生产和生活消费的各种能源在扣除了用于加工转换二次能源消费量和损失量以后的数量。

(2)能源加工转换损失量：指一定时期内全市投入加工转换的各种能源数量之和与产出各种能源产品之和的差额，是观察能源在加工转换过程中损失量变化的指标。

(3)能源损失量：指一定时期内能源在输送、分配、储存过程中发生的损失和由客观原因造成的各种损失量，不包括各种气体能源放空、放散量。

能源生产弹性系数 是研究能源生产增长速度与国民经济增长速度之间关系的指标。计算公式为：

能源生产弹性系数＝能源生产总量年平均增长速度/国民经济年平均增长速度

电力生产弹性系数 是研究电力生产增长速度与国民经济增长速度之间关系的指标。一般来说，电力的发展应当快于国民经济的发展，也就是说电力应超前发展。计算公式为：

电力生产弹性系数＝电力生产量年平均增长速度/国民经济年平均增长速度

能源消费弹性系数 是反映能源消费增长速度与国民经济增长速度之间比例关系的指标。计算公式为：

能源消费弹性系数＝能源消费量年平均增长速度/国民经济年平均增长速度

电力消费弹性系数 反映电力消费增长速度与国民经济增长速度之间比例关系的指标。计算公式为：

电力消费弹性系数＝电力消费量年平均增长速度/国民经济年平均增长速度

能源加工转换效率 指一定时期内能源经过加工、转换后，产出的各种能源产品的数量与同期内投入加工转换的各种能源数量的比率。它是观察能源加工转换装置和生产工艺先进与落后、管理水平高低等的重要指标。计算公式为：

能源加工转换效率＝能源加工、转换产出量/能源加工、转换投入量×100%

工业生产能源消费 指工业企业为进行工业生产活动所消费的能源。主要包括：（1）用于本企业产品生产、工业性作业的能源。包括用原料、材料、燃料、动力；作为能源加工转换企业，还包括用作加工转换的能源（这部分能源不能理解为用作原材料）。（2）产品生产过程中作为辅助材料使用的能源。（3）生产工艺过程使用的能源。（4）新技术研究、新产品试制、科学试验使用的能源。（5）为了工业生产活动而在进行的各种修理过程中使用的能源。（6）生产区内的劳动保护用能等。

能源加工、转换消费 指为了特定的用途，将一种能源（一般为一次能源），经过一定的工艺，加工或转换成另一种能源（二次能源）。能源的加工与转换，既有联系，又有区别。

能源加工 是能源物理形态的变化，比如用蒸馏的方式将原油炼制成汽油、煤油、柴油等石油制品；用筛选、水洗的方式将原煤洗选成洗煤；以焦化的方式将煤炭高温干馏成焦碳；以气化的方式将煤炭气化成煤气，等等。这些方法在加工前后能源均未发生质的变化。

能源转换 是能源形态以及物质化学形态的变化，比如经过一定的工艺过程，将煤炭、重油等转换成电力和热力，将热能转换为机械能，将机械能转换为电能，将电能转换为热能等；又比如，经过裂化，将重质石油转换成轻质石油（转换前、后的物质具有不同的化学结构和化学性质）。

综合能源消费量 指报告期内工业企业在工业生产活动中实际消费的各种能源的总和。计算综合能源消费量时，需要先将使用的各种能源折算成标准燃料后再进行计算。根据生产活动的性质，综合能源消费量在不同的企业有不同的计算方法。(1)非能源加工转换转换企业综合能源消费量，就是企业工业生产消费的各种一次能源和二次能源的总和，即：综合能源消费量=工业生产消费的能源合计。(2)能源加工转换企业综合能源消费量，是企业工业生产消费的各种一次能源和二次能源扣除加工转换产出的二次能源后的实际能源消费量。计算公式：综合能源消费量=工业生产消费量的能源合计-能源加工转换产出合计。

取水总量　指工业企业从各种水源提取的，并用于工业生产活动的水量总和，包括地表水、地下水、自来水、由管道供应的未经过达标处理的水、经城市污水处理厂处理后回用的中水、海水，以及企业从市场购得的其他水或水的产品（如纯净水、矿泉水、蒸汽、热水、地热水等）。取水总量包括主要工业生产用水、辅助生产（包括机修、运输、空压站等）用水和附属生产（包括厂内绿化、职工食堂，非营业的浴室及保健站、厕所等）用水；不包括非工业生产单位的用水，如厂内居民家庭用水和企业附属幼儿园、学校、对外营业的浴室、游泳池等的用水量。

重复用水量　指在工业企业内部，对生产和生活排放的废水直接或经过处理后回收再利用的水量，不包括企业从城市污水处理厂购买的中水。企业废水在报告期每重复利用一次，计算一次重复用水量。

重复用水量的计算原则：(1)开放原则。即水的循环在开放系统进行。循环一次计算一次。封闭式循环系统的循环水不计算重复用水量。(2)"源头"计算原则。对循环水来说，使用后的水，又回流到系统的取水源头，流经源头一次，计算一次。循环系统中的中间环节用水不得计算重复用水量。(3)异地原则。对于非循环系统，根据不同工艺对不同水质的要求，在一个地方（工艺）使用过的水，在另一个地方（工艺）中进行使用，使用一次，计算一次。在同一个地方（容器）多次使用的水，不得计算重复用水量。(4)经过进化处理后的水重复再用，在任何情况下都按照重复用水计算。

Explanatory Notes on Main Statistical Indicators

Total Energy Production refers to the total production of primary energy by all energy producing enterprises in the city in a given period of time. The production of primary energy includes that of coal, crude oil, natural gas, hydro-power and electricity generated by nuclear energy and other means such as wind power and geothermal power. However, it does not include the production of fuels of low calorific value, bio-energy, solar energy and secondary energy converted from primary energy.

Total Energy Consumption refers to the total consumption of energy of industries(including the first, the second and tertiary industries) by the production sectors, non-production sectors and the households in the whole city in a given peri1od of time. Total energy consumption includes that of coal, crude oil and their products, natural gas and electricity. However, it does not include the consumption of fuel of low calorific value, bio-energy and solar energy. Total energy consumption can be divided into three parts: end-use energy consumption, loss during the process of energy conversion, and energy loss.

(l)End-use Energy Consumption refers to the total energy consumption by the production sectors and the households in the whole city in a given period of time minus the consumption during the conversation of primary energy into secondary energy and the loss in the process of energy conversation.

(2)Loss During the Process of Energy Conversation refers to the total input of various kinds of energy for conversation, minus the total output of various kinds of energy in the whole city in a given period of time. It is an indicator to show the loss that occurs during the process of energy conversation.

(3)Energy Loss refers to the total of the loss of energy during the course of energy transport, distribution and storage and the loss caused by any objective reason in a given period of time. The loss of various kinds of gas due to gas discharges and stocking is not included.

Elasticity Ratio of Energy Production is an indicator to show the relationship between the growth rate of production and the growth rate of the national economy. The formula is:

$$\text{Elasticity Ratio of Energy Production} = \frac{\text{Average Annual Growth Rate of Energy Production}}{\text{Average Annual Growth Rate of National Economy}}$$

Elasticity Ratio of Electricity Production is an indicator to show the relationship between the growth rate of electricity production and the growth rate of the national economy. Generally speaking, the growth rate of electricity production should be higher than that of the national economy. Its formular is:

$$\text{Elasticity Ratio of Electricity Production} = \frac{\text{Average Annual Growth Rate of Electricity Production}}{\text{Average Annual Growth Rate of National Economy}}$$

Elasticity Ratio of Energy Consumption is an indicator to show the relationship between the growth rate of energy consumption and the growth rate of the national economy. The formula is:

$$\text{Elasticity Ratio of Energy Consumption} = \frac{\text{Average Annual Growth Rate of Energy Consumption}}{\text{Average Annual Growth Rate of National Economy}}$$

Elasticity Ratio of Electricity Consumption is an indicator to show the relationship between the growth rate of electricity consumption and the growth rate of the national economy. The formula is:

$$\text{Elasticity Ratio of Electricity Consumption} = \frac{\text{Average Annual Growth Rate of Electricity Consumption}}{\text{Average Annual Growth Rate of National Economy}}$$

Efficiency of Energy Processing and Conversion refers to the ratio of the total output of energy products of various kinds after processing and conversion to the total input of energy of various kinds for processing and conversion in the same reference period. It is an important indicator to show the current conditions of energy processing and conversion equipment, production technique and management. The formula is:

$$\text{Efficiency of Energy Processing \& Conversion} = \frac{\text{Output of Energy After Processing \& Conversion}}{\text{Input of Energy for Processing \& Conversion}} \times 100\%$$

Consumption of Industrial Production refers to the energy cost for industrial production, including:

1. Energy cost for products and industrial operation, including raw material, material, fuel and motive power; as an energy process and conversion enterprise, it also includes the energy uses for processing and conversion(the energy here cannot be treated as raw material;
2. Energy used as accessory materials in production;
3. Technical energy consumed in production technological process;
4. Energy consumed in new-tech research, new product trial, scientific research;
5. Energy consumed for various maintenance for industrial production;
6. Energy consumed for labor protection in production area.

Energy Processing and Conversion Consumption refers to the process of processing and converting of primary energy into secondary energy for designed purpose. There are both connections and differences between processing and converting.

Energy Precessing refers to the changes of physical form changes. For example, refining crude oil into oil products like gasoline, kerosene and diesel oil by distillation; screening and washing cole into washed coal; coking coal into coke by high-temperature retorting. Gasifying coal into coal gas; Energies don't have qualitative changes during those processes.

Energy Converting refers to the changes of energy forms and chemical forms, for example, during a craft art process, conversing coal and heavy oil into electricity and heat, converting heat into mechanical energy, converting mechanical energy into electricity, converting electricity into heat; another example, converting heavy crude oil into light crude oil by cracking(the energies before and after converting have different chemical construction and chemical property).

Comprehensive Energy Consumption refers to total consumption of energies during industries and enterprises production activities in report period. When calculating comprehensive energy consumption, energies should be converted into standard fuels. Comprehensive energy consumption in different enterprises gets different calculation method due to their different production ways. (1) The comprehensive energy consumption of non-energy processing and converting enterprises refers to the summation of primary energy and secondary energy consumed by industries and enterprises, that is, comprehensive energy consumption = the summation of energies during industrial production. (2)The comprehensive energy consumption of energy processing and converting enterprises refers to the real comprehensive energy consumption (which means primary energy and secondary energy deducting secondary energy produced by processing and converting) consumed by industries and enterprises, The formula is: comprehensive energy consumption = the summation of energies during industrial production - total energy processing and converting production.

Total Water withdrawal refers to total water amount that the industries and enterprises withdraw from all kinds water resources, and take them into production activities, includes surface water, underground water, tap water, water supplied by pipelines without standard treatment, reclaimed water and seawater after being treated by the sewage treatment works, water and water products purchased by enterprises from market(like pure water, mineral water, steam water, hot water, geothermal water). Total water withdrawal includes water mainly used in industrial production, water used insubsidiary production(includes machine maintenance, transportation, air-compress station) and water used in auxiliary production(includes greening, staff dining hall, non-business bath room, health station and wash rooms), excludes water consumed by non-industrial production units, such as water consumed by households, kindergartens, schools bathrooms in operation, swimming pools of industries or enterprises.

Reused Water refers to the daily waste water reused directly or reused after treatment in industries and enterprises, excluding reclaimed water bought from sewage treatment works. Each time the industrial waste water during report period reused counts for one water reusing. Principles for calculating water reusing: (1) Open principle, according to which water recycled in an open system, and counted only once after one circulation; water recycled in closed system are not calculated as reused water; (2) calculating the "source", used water flow back to the head once, counted once. Water used in intermediate links are not calculated in reused water; (3) changing places, in non-recycle system, according to different water quality requirement, water used in one place(one water processing step) reuses in another places (another processing step) once, counted once; water used in only one place many time are not calculated in reused water; (4) water reused after purification treatment are calculated into reused water at any time.

7
Seven

工 业
Industry

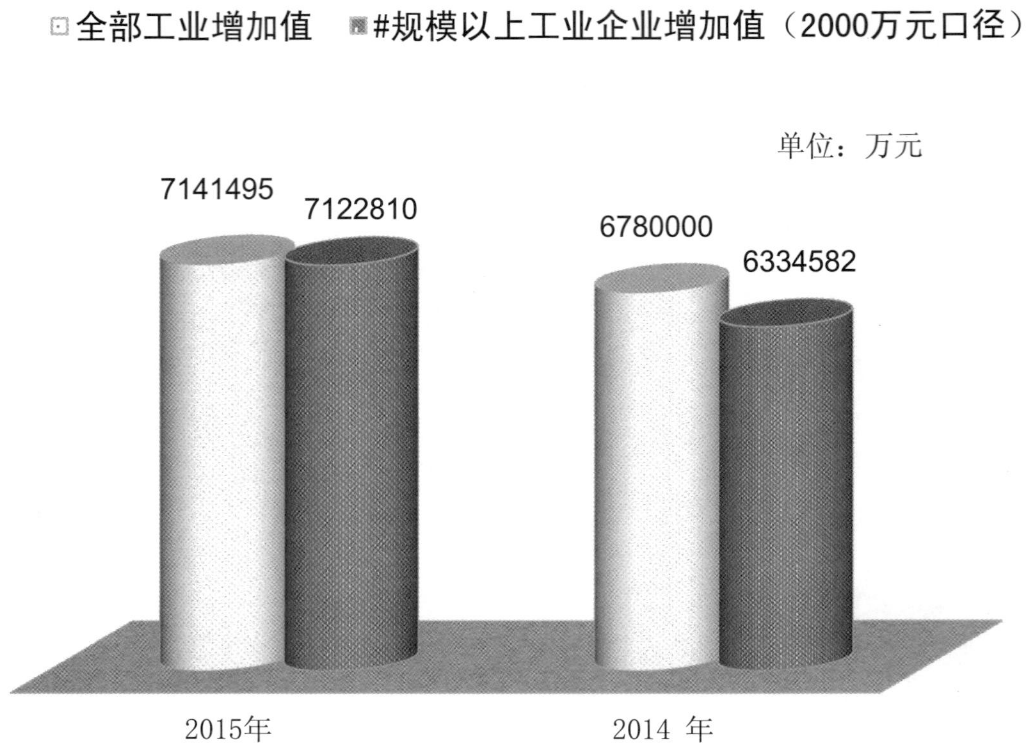

规模以上工业企业增加值(2000万元口径)

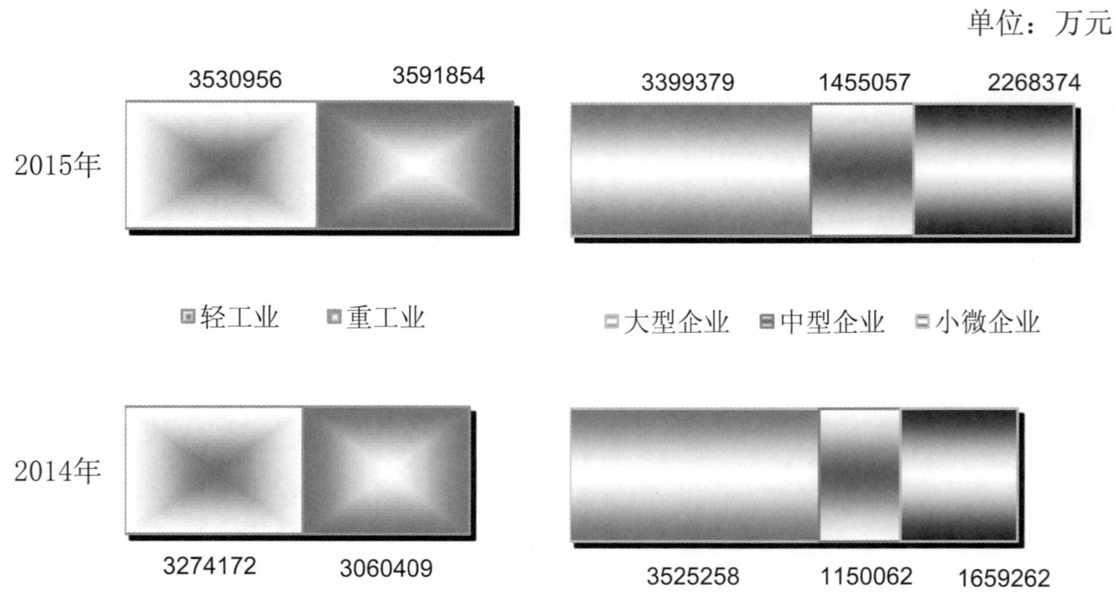

7-1 规模以上工业增加值及构成
Components and Added Value of Industrial Enterprises above Designated Size

单位：万元 (10 000 yuan)

指 标	Item	2015	2014	2015年比2014年增长(%) Growth Rate in 2015 over 2014 (%)	工业增加值率(%) Industrial Added Value Rate(%)
总 计	**Total**	**7122810**	**6334582**	**9.7**	**27.6**
#高技术	High-tech	1220895	961343	23.9	25.7
按企业规模分	**By Size of Enterprises**				
大型企业	Large Enterprises	3399379	3525258	-5.9	37.4
中型企业	Medium-sized Enterprises	1455057	1150062	23.4	24.5
小型企业	Small Enterprises	2145809	1632736	28.2	21.0
微型企业	Micro-sized Enterprises	122564	26526	350.8	24.4
按企业主营业务收入分	**By Revenue from Principal Business**				
年收入在40亿元以上	Annual Income Above 4 billion yuan	2707997	2614407	1.1	35.9
年收入在20—40亿元	Annual Income Between 2 billion and 4 billion yuan	696602	673655	0.9	25.7
年收入在10—20亿元	Annual Income Between 1 billion and 2 billion yuan	751713	506412	44.8	23.9
年收入在5—10亿元	Annual Income Between 0.5 billion and 1 billion yuan	1123078	851487	28.7	26.6
年收入在1—5亿元	Annual Income Between 0.1 billion and 0.5 billion yuan	1441359	1358759	3.5	21.9
年收入在3000万元—1亿元	Annual Income Between 30 million and 0.1 billion yuan	318540	293855	5.8	23.8
年收入在1000万元—3000万元	Annual Income Between 10 million and 30 million yuan	82404	35614	125.7	33.7
年收入在1000万元以下	Annual Income Below 10 million yuan	1117	394	176.9	21.3
按支柱、特色行业分	**By Pillar and Characteristic Industries**				
能源、优势原材料为主的支柱产业	Pillar Industry of Energy and Raw Materials	1277477	1104922	12.8	22.6
电	Electricity	134313	80732	62.3	43.0
煤	Coal	16314	58313	-72.7	25.2
煤化工	Coal Chemical Industry	26204	43808	-41.6	9.9
铝及铝加工	Aluminum and Its Processing Industry	336654	338741	-3.0	21.7
磷及磷化工	Phosphorus and Its Chemical Industry	760513	596390	24.4	22.3
铁合金	Iron Alloy	19793	45251	-57.3	17.8
烟酒为主的传统支柱产业	Traditional Pillar Industries of Tobacco and Liquor	1997097	1968305	-1.0	80.3
酒	Liquor	247767	156737	54.2	51.6
烟	Tobacco	1749330	1811568	-5.8	87.2

7-1 续表1 (continued)

单位：万元 (10 000 yuan)

指 标	Item	2015	2014	2015年比2014年增长(%) Growth Rate in 2015 over 2014 (%)	工 业 增加值率(%) Industrial Added Value Rate (%)
贵阳市重点产业（行业）	Six Special Pillar Industries	6013384	5358946	9.5	29.1
磷煤化工	Phosphorus and Coal Chemical Industry	770498	558989	34.5	21.3
铝及铝化工	Aluminum and Its Chemical Industry	336654	338741	-3.0	21.7
特色食品	Characteristic Food	723276	587149	20.2	29.2
烟草制品	Tobacco Products	1749330	1811568	-5.8	87.2
医药制造业	Modern Medicine	731369	678803	5.1	29.8
装备制造业	Equipment Manufacturing Industry	1116073	792903	37.3	20.9
#汽车制造业	Automobile Industry	292454	200369	42.4	26.3
#电子信息设备制造业	Electronic Information Equipment Manufacturing Industry	258432	166873	51.1	14.2
电力生产及供应业	Electric Power Production and Supply Industry	397823	370879	4.7	22.2
橡胶及塑料制品业	Rubber and Plastic Products Industry	244380	258599	-7.8	14.7
按工业行业分	**By Sector**				
采矿业	**Mining**	**182277**	**192031**	**-7.4**	**35.5**
煤炭开采和洗选业	Mining and Washing of Coal	14400	51953	-73.0	24.2
有色金属矿采选业	Non-ferrous Metals Mining and Dressing	29607	23018	25.5	33.7
非金属矿采选业	Mining and Processing of Non-mental Ores	138270	117059	15.2	37.8
制造业	**Manufacturing**	**6455412**	**5724174**	**10.0**	**27.8**
农副食品加工业	Farm and Sideline Products Processing	102230	94411	5.6	13.3
食品制造业	Food Manufacturing	223050	196329	10.8	28.0
酒、饮料和精制茶制造业	Manufacture of Liquor,Beverages and Refined Tea	397995	296410	31.0	43.4
烟草制品业	Manufacture of Tobacco	1749330	1811568	-5.8	87.2
纺织业	Manufacture of Textile	991			20.4
纺织服装、服饰业	Manufacture of Textiles and Garments	2465	2221	8.3	21.9
皮革、毛皮、羽毛及其制品和制鞋业	Manufacture of Leather,Fur,Feather and Related Products and Footware	29668	30889	-6.3	24.4
木材加工及木、竹、藤、棕、草制品业	Wood Processing and Manufacture of Wood, Bamboo,Rattan,Palm,and Straw Products	70	821	-91.7	24.9
家具制造业	Manufacture of Furniture	12586	9451	29.9	30.8
造纸和纸制品业	Manufacture of Paper and Paper Products	36508	30008	18.7	18.2

7-1 续表2 (continued)

指 标	Item	2015	2014	2015年比2014年增长(%) Growth Rate in 2015 over 2014 (%)	工 业 增加值率(%) Industrial Added Value Rate (%)
印刷业和记录媒介复制业	Printing and Reproduction of Recording Media	118640	99477	16.4	43.6
文教、工美、体育和娱乐用品制造业	Manufacture of Articles for Culture,Education, Industrial Arts,Sports and Recreation	3336			20.4
石油加工、炼焦和核燃料加工业	Petroleum Processing, Coking, Nuclear Fuel Processing Industry	150961			18.4
化学原料和化学制品制造业	Manufacture of Raw Chemical Materials and Chemical Products	734432	561024	27.7	20.6
医药制造业	Manufacture of Medicines	731369	678803	5.1	29.8
橡胶和塑料制品业	Manufacture of Rubber and Plastics	244380	258599	-7.8	14.7
非金属矿物制品业	Manufacture of Non-metallic Mineral Products	347548	359650	-5.7	18.4
黑色金属冶炼和压延加工业	Smelting and Calendering of Ferrous Metals	90405	110348	-20.1	14.7
有色金属冶炼和压延加工业	Smelting and Calendering of Non-ferrous Metals	320738	337908	-7.4	23.5
金属制品业	Manufacture of Metal Products	91460	92765	-3.8	19.7
通用设备制造业	Manufacture of General Purpose Machinery	73749	64879	10.9	16.6
专用设备制造业	Manufacture of Special Purpose Machinery	101029	82890	18.9	23.9
汽车制造业	Manufacture of Automobiles	292454	200369	42.4	26.3
铁路、船舶、航空航天和其他运输设备制造业	Manufacture of Railway,Watercraft,Aviation, Aerospace and Other Transport Equipment	277864	157767	71.8	27.6
电气机械和器材制造业	Manufacture of Electrical Machinery and Equipment	81036	86739	-8.9	9.9
计算机、通信和其他电子设备制造业	Manufacture of Computers, Communication Equipment and Other Electronic Equipment	202720	102478	93.0	17.1
仪器、仪表制造业	Manufacture of Measuring Instruments	24022	33661	-30.4	30.8
其他制造业	Others	14375	24711	-43.2	10.8
电力、燃气及水的生产和供应业	**Production and Supply of Electric Power, Gas and Water**	**485120**	**418376**	**13.1**	**23.3**
电力、热力的生产和供应业	Production and Supply of Electric Power and Heating Power	397823	370879	4.7	22.2
燃气生产和供应业	Production and Supply of Gas	34528	5062	565.4	22.2
水的生产和供应业	Production and Supply of Water	52769	42434	21.3	38.8

注：1. 工业增加值按当年价格计算；
2. 增长速度按价格指数紧缩后的可比价格计算。

a) Industrial Added Value are calculated at current prices.
b) Growth rates are calculated at comparable prices after the tightening of price indexes.

7-2 产业园区情况
Basic Statistics on Industrial Parks

单位：个、万元 (unit:10 000 yuan)

指 标	Item	2015	2014	2015年比2014年增长(%) Growth Rate in 2015 over 2014(%)
规模以上增加值	**Added Value of Enterprises above Designated Size**			
贵阳市产业园区	Industrial Parks	5958158	5229197	11.2
南明临空经济区产业园	Nanming Airport Economic Zone	206580	191600	5.2
云岩产业园	Yunyan Industrial Park	96171	129763	-27.7
花溪产业园	Huaxi Industrial Park	127659	97693	27.5
小河一孟关装备制造业生态工业园	Xiaohe—Mengguan Equipment Manufacturing Industry Eco-Industrial Park	2230629	2245572	-3.1
乌当医药食品新型产业园	Wudang Food and Drug New Industrial Park	503105	351443	39.7
白云铝及铝加工工业基地	Baiyun Aluminum and Aluminum Processing Industrial Base	656393	655765	-2.4
麦架一沙文高新技术产业园	Maijia-Shawen High-tech Industrial Park	289437	177971	58.7
贵阳综合保税区	Guiyang Integrated Free Trade Zone	3794		
观山湖电子商务和现代制造业产业园	Guanshanhu Electronic Commerce and Modern Manufacturing Industrial Park	23751	10732	115.9
开阳磷煤化工生态工业示范基地	Kaiyang Phosphorus and Coal Chemical Ecological Industries Demonstration Base	496570	551710	-12.2
息烽磷煤化工生态工业基地	Xifeng Phosphorus and Coal Chemical Ecological Industries Base	547247	218543	144.3
修文产业园	Xiuwen Industrial Park	437668	359586	18.8
清镇经开区	Qingzhen Economic Development Zone	339152	238819	38.6
规模以上总产值	**Total Output Value of Enterprises above Designated Size**			
贵阳市产业园区	Industrial Parks	20585298	17745469	10.9
南明临空经济区产业园	Nanming Airport Economic Zone	711246	634842	4.9
云岩产业园	Yunyan Industrial Park	357701	311297	7.7
花溪产业园	Huaxi Industrial Park	607105	458985	33.4
小河一孟关装备制造业生态工业园	Xiaohe-Mengguan Equipment Manufacturing Industry Eco-Industrial Park	5046230	4658138	2.5
乌当医药食品新型产业园	Wudang Food and Drug New Industrial Park	1750279	1323549	25.1
白云铝及铝加工工业基地	Baiyun Aluminum and Aluminum Processing Industrial Base	2734029	2680355	-1.2
麦架一沙文高新技术产业园	Maijia-Shawen High-tech Industrial Park	1127171	542688	95.7
贵阳综合保税区	Guiyang Integrated Free Trade Zone	20474		
观山湖电子商务和现代制造业产业园	Guanshanhu Electronic Commerce and Modern Manufacturing Industrial Park	222249	108502	101.6
开阳磷煤化工生态工业示范基地	Kaiyang Phosphorus and Coal Chemical Ecological Industries Demonstration Base	2210530	2858903	-25.7
息烽磷煤化工生态工业基地	Xifeng Phosphorus and Coal Chemical Ecological Industries Base	2435087	1203337	92.7
修文产业园	Xiuwen Industrial Park	1978491	1749970	8.0
清镇经开区	Qingzhen Economic Development Zone	1384707	1214904	11.2

7-3 规模以上工业分行业总产值
Gross Output Value of Industrial Enterprises above Designated Size by Sector

单位：万元 (10 000 yuan)

指 标	Item	2015	2014	2015年比2014年增长(%) Growth Rate in 2015 over 2014 (%)
总 计	**Total**	**25785917**	**22291542**	**10.7**
按工业行业分	**By Sector**			
采矿业	**Mining**	**513353**	**499634**	**0.9**
煤炭开采和洗选业	Mining and Washing of Coal	59500	126599	-51.5
有色金属矿采选业	Non-ferrous Metals Mining and Dressing	87890	63451	30.1
非金属矿采选业	Mining and Processing of Non-mental Ores	365963	309585	16.3
制造业	**Manufacturing**	**23187730**	**19647861**	**12.8**
农副食品加工业	Farm and Sideline Products Processing	767302	739930	-0.7
食品制造业	Food Manufacturing	796967	625973	19.0
酒、饮料和精制茶制造业	Manufacture of Liquor,Beverages and Refined Tea	916365	645375	30.9
烟草制品业	Manufacture of Tobacco	2006895	2013783	-6.5
纺织业	Manufacture of Textile	4850		
纺织服装、服饰业	Manufacture of Textiles and Garments	11275	9668	9.2
皮革、毛皮、羽毛及其制品和制鞋业	Manufacture of Leather,Fur,Feather and Related Products and Footwear	121579	125417	-9.4
木材加工及木、竹、藤、棕、草制品业	Wood Processing and Manufacture of Wood,Bamboo,Rattan, Palm,and Straw Products	281	3219	-91.8
家具制造业	Manufacture of Furniture	40904	42189	-8.9
造纸和纸制品业	Manufacture of Paper and Paper Products	200314	149708	26.1
印刷业和记录媒介复制业	Printing and Reproduction of Recording Media	271944	214752	17.0
文教、工美、体育和娱乐用品制造业	Manufacture of Articles for Culture,Education,Industrial Arts, Sports and Recreation	16334		
石油加工、炼焦和核燃料加工业	Petroleum Processing, Coking, Nuclear Fuel Processing Industry	818700		
化学原料和化学制品制造业	Manufacture of Raw Chemical Materials and Chemical Products	3564886	3098143	9.6
医药制造业	Manufacture of Medicines	2454909	2176567	6.5
橡胶和塑料制品业	Manufacture of Rubber and Plastics	1663962	1661141	-5.1
非金属矿物制品业	Manufacture of Non-metallic Mineral Products	1891092	1687943	10.5
黑色金属冶炼和压延加工业	Smelting and Calendering of Ferrous Metals	613722	709953	-5.9
有色金属冶炼和压延加工业	Smelting and Calendering of Non-ferrous Metals	1363467	1394295	-1.7
金属制品业	Manufacture of Metal Products	463467	387003	13.9
通用设备制造业	Manufacture of General Purpose Machinery	444163	340854	22.2
专用设备制造业	Manufacture of Special Purpose Machinery	423378	347730	12.7
汽车制造业	Manufacture of Automobiles	1111156	883458	15.8

7-3 续表 (continued)

单位：万元 (10 000 yuan)

指 标	Item	2015	2014	2015年比2014年增长(%) Growth Rate in 2015 over 2014(%)
铁路、船舶、航空航天和其他运输设备制造业	Manufacture of Railway,Watercraft,Aviation,Aerospace and Other Transport Equipment	1006520	627879	50.6
电气机械和器材制造业	Manufacture of Electrical Machinery and Equipment	818204	766796	5.0
计算机、通信和其他电子设备制造业	Manufacture of Computers, Communication Equipment and Other Electronic Equipment	1183266	787826	43.5
仪器、仪表制造业	Manufacture of Measuring Instruments	78047	99132	-26.2
其他制造业	Others	133781	109127	15.1
电力、燃气及水的生产和供应业	**Production and Supply of Electric Power,Gas and Water**	**2084834**	**2144047**	**-6.6**
电力、热力的生产和供应业	Production and Supply of Electric Power and Heating Power	1793048	1871600	-7.1
燃气生产和供应业	Production and Supply of Gas	155780	195897	-30.5
水的生产和供应业	Production and Supply of Water	136007	76550	65.4
按支柱、特色行业分	**By Pillar and Characteristic Industries**			
能源、优势原材料为主的支柱产业	Pillar Industries of Energy and Raw Materials	5650897	5395644	1.3
电	Electricity	312061	274025	9.6
煤	Coal	64801	142905	-53.5
煤化工	Coal Chemical Industry	264956	448407	-43.0
铝及铝加工	Aluminum and Its Processing Industry	1551080	1521836	1.0
磷及磷化工	Phosphorus and Its Chemical Industry	3411820	2898953	12.4
铁合金	Iron Alloy	110980	252422	-54.9
烟酒为主的传统支柱产业	Traditional Pillar Industries of Tobacco and Liquor	2487286	2294682	1.1
酒	Liquor	480391	280899	55.5
烟	Tobacco	2006895	2013783	-6.5
贵阳市重点产业（行业）	Six Special Pillar Industries	20649993	18303456	7.3
磷煤化工	Phosphorus and Coal Chemical Industry	3612234	3144044	9.6
铝及铝化工	Aluminum and Its Chemical Industry	1551080	1521836	1.0
特色食品	Characteristic Food	2480633	2011278	15.6
烟草制品	Tobacco Products	2006895	2013783	-6.5
医药制造业	Modern Medicine	2454909	2176567	6.5
装备制造业	Equipment Manufacturing Industry	5333501	4096590	23.0
#汽车制造业	Automobile Industry	1111156	883458	15.8
#电子信息设备制造业	Electronic Information Equipment Manufacturing Industry	1823448	1412013	25.0
电力生产及供应业	Electric Power Production and Supply Industry	1793048	1871600	-7.1
橡胶及塑料制品业	Rubber and Plastic Products Industry	1663962	1661141	-5.1

注：1. 工业总产值按当年价格计算；
2. 增长速度按价格指数紧缩后的可比价格计算。

a) Gross output value of industrial enterprises is calculated at the current price.
b) The growth rate is calculated at the comparable price after the decrease of price index.

7–4 规模以上工业主要经济指标变动情况
The Variation of Main Economic Indicators in Industrial Enterprises above Designated Size

单位：万元 (10 000 yuan)

指 标	Item	总 计 Total		#国有及国有控股 State-owned and State-holding Enterprises	
		2015	2015年比2014年增长(%) Growth Rate in 2015 over 2014(%)	2015	2015年比2014年增长(%) Growth Rate in 2015 over 2014(%)
企业单位数(个)	Number of Enterprises(unit)	580	13.5	128	-0.8
#亏损企业数(个)	Number of Unprofitable Enterprises(unit)	127	33.7	39	14.7
工业总产值(当年价格)	Gross Industrial Output Value(current price)	25785917	10.7	12417480	4.3
工业销售产值(当年价格)	Industrial Sales Value(current price)	23739083	15.4	11379381	9.4
#出口交货值	Delivery Value of Export	714556	16.1	626860	12.1
工业增加值(收入法)	Industrial Added Value(income approach)	7122810	9.7	3914338	0.4
资产合计	Total Assets	29775354	13.2	20094200	10.2
流动资产合计	Total Current Assets	14665425	17.9	9040876	13.1
#应收账款净额	Net Receivables	3079498	23.2	1760539	16.5
存 货	Inventory	3495786	8.3	2491262	3.9
#产成品	Finished Goods	1608458	29.7	1067939	30.7
固定资产小计	Total Fixed Assets	9799423	17.9	7530326	18.2
固定资产原价	Original Value of Fixed Assets	12530219	8.8	9675320	4.9
累计折旧	Accumulated Depreciation	4263783	11.7	3430931	7.1
年末固定资产净值余额	Net Value of Fixed Assets at the Year-end	8266436	7.3	6244389	3.8
负债合计	Total Liabilities	19910177	15.6	14253070	12.1
流动负债合计	Total Current Liabilities	13516909	14.8	8946602	12.1
#应付帐款	Accounts Payable	2443957	14.7	1598654	9.5
非流动负债合计	Total Non-current Liabilities	4634392	30.6	4144426	28.8
所有者权益合计	Total Owners' Equity	9829739	11.5	5814205	7.4
#实收资本	Paid-up Capital	4875796	11.2	3198684	9.5
国家资本	State Capital	1322999	-2.1	1292373	-3.5
集体资本	Collective Capital	56594	-10.1	22549	4.8
法人资本	Corporate Capital	2575909	36.1	1716821	40.9
个人资本	Personal Capital	543931	-24.4	99192	-58.2
港澳台资本	Capital from Hong Kong,Macao and Taiwan	56961	-23.5	2222	-45.3
外商资本	Foreign Capital	319901	28.9	65527	
主营业务收入	Revenue from Principal Business	25345821	15.7	13483167	10.5
主营业务成本	Cost of Principal Business	19154542	18.2	9921454	15.4
主营业务税金及附加	Tax and Extra Charges of Principal Business	1178829	-2.0	1090735	-1.4
其他业务利润	Others	47865	25.7	41632	45.2
销售费用	Selling Expenses	1170212	8.7	327255	3.7
管理费用	Management Expenses	1162616	10.0	724408	3.8
#税 金	Taxes	46717	18.0	28154	20.5
财务费用	Financial Expenses	440457	11.6	322966	8.9
#利息支出	Interest Expenses	401876	18.6	303863	17.5
营业利润	Operating Profits	2303657	11.3	1155153	-8.5
投资收益	Investment Income	39799	-27.4	28374	-29.2
补贴收入	Income from Subsidies	119635	50.6	98217	76.0
利润总额	Total Profits	2660029	22.6	1474418	10.8
所得税费用	Income Tax Expense	235944	4.9	96597	-20.8
亏损企业亏损总额	Total Losses	189389	-22.1	160020	-25.6
利税总额	Total Taxes and Profits	4738680	13.0	3082940	5.5
本年应交增值税	Value Added Tax Payable	899822	9.4	517787	6.8
工业中间投入合计	Total Intermediate Industrial Input	18200934	17.1	8224838	9.4
全部从业人员年平均人数(人)	Annual Average Employed Persons (person)	192009	1.6	114860	-2.4

7-4 续表

单位：万元

指　　标	Item	#高技术工业 High-tech Industries	
		2015	2015年比2014年增长(%) Growth Rate in 2015 over 2014(%)
企业单位数(个)	Number of Enterprises(unit)	89	9.9
#亏损企业数(个)	Number of Unprofitable Enterprises(unit)	11	120.0
工业总产值(当年价格)	Gross Industrial Output Value (current price)	4756622	23.1
工业销售产值(当年价格)	Industrial Sales Value (current price)	4191042	29.1
#出口交货值	Delivery Value of Export	91792	80.9
工业增加值(收入法)	Industrial Added Value(income approach)	1220895	23.9
资产合计	Total Assets	5326053	49.6
流动资产合计	Total Current Assets	3213416	41.1
#应收账款净额	Net Receivables	830251	24.9
存　货	Inventory	664322	46.1
#产成品	Finished Goods	310272	33.0
固定资产小计	Total Fixed Assets	1463490	151.5
固定资产原价	Original Value of Fixed Assets	1514076	59.2
累计折旧	Accumulated Depreciation	598223	44.8
年末固定资产净值余额	Net Value of Fixed Assets at the Year-end	915853	70.3
负债合计	Total Liabilities	2850661	75.5
流动负债合计	Total Current Liabilities	2304051	64.6
#应付帐款	Accounts Payable	431168	29.4
非流动负债合计	Total Non-current Liabilities	495072	121.2
所有者权益合计	Total Owners' Equity	2434556	27.0
#实收资本	Paid-up Capital	1028961	51.0
国家资本	State Capital	330967	109.6
集体资本	Collective Capital	9753	-14.1
法人资本	Corporate Capital	574546	105.0
个人资本	Personal Capital	77338	-52.0
港澳台资本	Capital from Hong Kong,Macao and Taiwan	3680	-29.4
外商资本	Foreign Capital	32676	-0.4
主营业务收入	Revenue from Principal Business	3891845	22.1
主营业务成本	Cost of Principal Business	2449701	27.5
主营业务税金及附加	Tax and Extra Charges of Principal Business	21826	-22.0
其他业务利润	Others	9715	78.6
销售费用	Selling Expenses	704866	9.4
管理费用	Management Expenses	333664	30.8
#税　金	Taxes	7612	28.7
财务费用	Financial Expenses	65731	136.7
#利息支出	Interest Expenses	60620	128.1
营业利润	Operating Profits	313611	1.7
投资收益	Investment Income	9314	609.9
补贴收入	Income from Subsidies	27517	109.6
利润总额	Total Profits	353397	6.3
所得税费用	Income Tax Expense	54912	9.7
亏损企业亏损总额	Total Losses	6738	163.6
利税总额	Total Taxes and Profits	531325	6.0
本年应交增值税	Value Added Tax Payable	156102	10.9
工业中间投入合计	Total Intermediate Industrial Input	3254094	30.3
全部从业人员年平均人数(人)	Annual Average Employed Persons (person)	47953	18.7

(continued)

(10 000 yuan)

#非公有制工业 Non-public Industries		#大中型工业 Large and Medium-sized Industrial Enterprises		#装备制造业 Equipment Manufacturing Industry	
2015	2015年比2014年增长(%) Growth Rate in 2015 over 2014(%)	2015	2015年比2014年增长(%) Growth Rate in 2015 over 2014(%)	2015	2015年比2014年增长(%) Growth Rate in 2015 over 2014(%)
439	19.6	115	-0.9	134	13.6
85	46.6	19	-9.5	35	133.3
13163287	18.4	15043526	-0.4	5333501	23.0
12172212	22.5	13677513	3.3	4972688	31.5
87696	55.7	662933	20.6	127393	40.1
3163006	24.4	4854436	1.3	1116073	37.3
9543469	20.3	22713594	10.8	6390662	42.2
5544166	27.5	10751081	14.9	4138236	37.6
1289280	34.1	2004538	18.9	1162354	26.7
989243	23.0	2776204	4.0	837227	20.4
531234	32.1	1200591	27.7	369939	14.9
2233934	16.6	7649080	12.8	1636795	89.0
2803758	24.2	9404637	1.4	1851245	34.7
816839	38.3	3055023	3.9	761383	30.9
1986920	19.2	6349614	0.3	1089861	37.4
5587261	26.0	15838281	15.3	4176567	60.5
4506150	21.1	10374577	16.5	3575676	59.7
826924	27.9	1731785	10.6	753315	19.2
484277	49.2	3936944	18.8	532410	75.8
3947695	17.8	6838133	3.9	2173259	19.6
1656154	14.7	2969141	4.4	1242291	33.0
28877	195.6	1149922	-3.4	496590	48.5
30380	-21.6	5421	-81.3	11105	-43.8
845441	27.6	1357457	29.5	583793	110.6
442843	-7.4	238787	-41.2	89931	-56.5
54739	-22.3	8791	-19.4	4401	
254374	39.3	208763	71.2	56471	-2.1
11681714	23.1	15873085	5.2	4592783	23.4
9088671	22.5	11293058	7.4	3797554	22.5
87299	-5.0	1115902	-1.9	14140	-4.8
6183	-32.4	41652	57.5	15169	28.7
828020	10.9	750228	-1.1	162252	11.9
431115	23.3	773287	2.1	364923	24.2
18416	15.5	34149	24.8	7681	-1.7
116552	20.2	346168	8.3	62440	115.7
97082	22.6	331737	19.1	55002	120.2
1136249	42.3	1651980	-0.5	198018	28.1
11410	-22.1	33028	-34.2	12102	-7.3
21103	-9.1	102060	56.4	28721	108.8
1172329	41.4	1975769	13.7	235911	22.0
137723	36.2	182646	1.2	24478	-7.3
27503	5.2	129388	-34.6	25488	217.9
1635494	30.8	3740157	6.9	333967	17.3
375867	14.0	648486	4.0	83917	9.6
9814602	25.1	9878364	1.8	3984861	27.6
74871	9.2	139798	-3.5	59247	11.0

7-5 规模以上工业综合经济效益指标(2015年)

单位：万元

指 标	Item	总资产贡献率(%) Ratio of Profits, Taxes and Interests to Average Assets(%)	资产负债率(%) Ratio of Debts to Assets(%)
总 计	**Total**	**18.33**	**66.87**
#亏损企业	Unprofitable Enterprises	-0.17	82.11
#国有控股企业	State Holding Enterprises	17.67	70.93
#农村工业	Rural Industries	5.48	56.92
#非公有制工业	Non-public Industries	19.83	58.55
#高技术	High-tech	13.32	53.52
#文化产业	Cultural Industries	21.04	37.38
按登记注册类型分	**By Status of Registration**		
内资企业	Domestic-funded Enterprises	18.44	67.82
国有企业	State-owned Enterprises	50.54	58.42
集体企业	Collective-owned Enterprises	12.89	59.68
股份合作企业	Joint-equity Cooperative Enterprises	1.41	49.91
联营企业	Joint Ownership Enterprises	47.07	51.92
有限责任公司	Limited Liability Companies	8.52	73.28
股份有限公司	Companies Limited by Shares	11.19	60.36
私营企业	Private Enterprises	27.06	69.20
其他企业	Others	1.88	60.18
港、澳、台商投资企业	Enterprises with Funds from Hong Kong,Macao and Taiwan	13.01	54.21
外商投资企业	Enterprises with Foreign Investment	19.26	45.93
按经济组织类型分	**By Types of Economic Organization**		
独资企业	Solely Funded Enterprises	46.84	56.87
合作、合伙企业	Cooperative and Partnership Enterprises	23.05	48.36
股份有限公司	Companies Limited by Shares	11.35	60.24
有限责任公司	Limited Liability Companies	10.78	72.03
按轻重工业分	**By Light & Heavy Industries**		
轻工业	Light Industry	40.85	39.29
重工业	Heavy Industry	12.12	74.59
按企业规模分	**By Size of Enterprises**		
大型企业	Large Enterprises	21.87	68.77
中型企业	Medium-sized Enterprises	12.52	71.57
小型企业	Small Enterprises	17.40	58.24
微型企业	Micro-sized Enterprises	6.08	52.70
按企业主营业务收入分	**By Revenue from Principal Business**		
年收入在40亿元以上	Annual Income Above 4 billion yuan	34.35	77.80
年收入在20—40亿元	Annual Income Between 2 billion and 4 billion yuan	16.91	60.16
年收入在10—20亿元	Annual Income Between 1 billion and 2 billion yuan	13.70	69.34
年收入在5—10亿元	Annual Income Between 0.5 billion and 1 billion yuan	11.55	53.76
年收入在1—5亿元	Annual Income Between 0.1 billion and 0.5 billion yuan	10.56	65.45
年收入在3000万元—1亿元	Annual Income Between 30 million and 0.1 billion yuan	3.45	62.88
年收入在1000万元—3000万元	Annual Income Between 10 million and 30 million yuan	0.40	57.37
年收入在1000万元以下	Annual Income Below 10 million yuan	-11.49	105.38

Overall Indicators on Economic Benefits of Industrial Enterprises above Designated Size(2015)

(10 000 yuan)

流动资产周转率(次/年) Turnover Rate of Current Assets(times/year)	成本费用利润率(%) Ratio of Profits to Total Industrial Costs(%)	全员劳动生产率(元/人·年) Labor Productivity (yuan/ person /year)	产品销售率(%) Sales Rate of Industrial Products (%)	资本保值增值率(%) Capital Maintenance and Appreciation Rate(%)	工业综合经济效益指数(%) Composite Index of Industrial Economic Benefits(%)
1.87	**12.13**	**370962**	**92.06**	**111.45**	**360.59**
1.00	-7.76	120566	74.95	98.73	82.02
1.58	13.05	340792	91.64	107.43	339.91
1.89	1.50	141487	82.73	101.63	157.11
2.36	11.20	422461	92.47	117.76	398.90
1.42	9.94	254602	88.11	126.99	271.58
2.93	7.94	517500	93.49	119.38	452.37
1.88	11.97	371046	92.14	111.00	359.98
2.13	39.71	789893	101.04	113.51	784.82
1.65	5.04	207066	92.48	187.83	234.42
1.13	1.81	227389	79.48	213.10	209.62
17.48	5.66	26547	96.50	102.02	336.59
1.75	5.46	277854	92.29	107.59	257.03
1.34	9.59	212606	77.41	111.24	236.36
3.49	12.36	449288	93.41	122.45	442.20
1.10	0.82	109784	92.34	208.68	136.34
1.84	15.13	319088	93.99	224.32	347.64
1.68	14.99	403970	89.07	80.48	388.77
2.04	35.30	705402	99.18	113.56	708.99
2.52	6.88	213746	94.45	124.41	264.85
1.38	9.33	213897	78.45	109.36	236.83
1.94	7.32	318552	92.66	111.03	295.73
2.00	15.97	695111	91.98	114.60	617.38
1.82	10.82	254359	92.10	109.43	270.28
1.52	17.19	402289	89.04	100.63	399.37
1.71	11.35	263135	93.80	111.49	278.68
2.77	8.06	471731	93.70	123.54	417.40
1.81	2.80	182306	92.87	335.42	219.61
2.45	20.35	816966	90.41	95.68	691.92
2.15	10.89	281478	95.41	129.57	306.67
1.74	10.81	486924	90.71	105.23	414.14
1.49	11.46	332991	94.57	112.62	321.19
1.82	6.22	241312	92.23	104.56	244.21
1.07	0.32	164774	89.90	160.02	162.78
0.57	-5.40	175142	86.92	247.13	148.90
0.12	-81.00	9450	111.39	358.28	-258.97

7-5 续表1

单位：万元

指　　标	Item	总资产贡献率(%) Ratio of Profits, Taxes and Interests to Average Assets(%)	资产负债率(%) Ratio of Liabilities to Assets(%)
按支柱、特色行业分	**By Pillar and Characteristic Industries**		
能源、优势原材料为主的支柱产业	Pillar Industries of Energy and Raw Materials	10.35	85.11
电	Electricity	14.46	91.98
煤	Coal	0.15	55.71
煤化工	Coal Chemical Industry	-1.82	85.85
铝及铝加工	Aluminum and Its Processing Industry	14.95	75.49
磷及磷化工	Phosphorus and Its Chemical Industry	11.21	86.56
铁合金	Iron Alloy	-0.92	157.99
烟酒为主的传统支柱产业	Traditional Pillar Industries of Tobacco and Liquor	82.76	25.67
酒	Liquor	67.13	57.49
烟	Tobacco	84.75	21.66
贵阳市重点产业（行业）	Six Special Pillar Industries	21.20	69.04
磷煤化工	Phosphorus and Coal Chemical Industry	9.42	89.84
铝及铝化工	Aluminum and Its Chemical Industry	14.95	75.49
特色食品	Characteristic Food	40.81	54.28
烟草制品	Tobacco Products	84.75	21.66
医药制造业	Modern Medicine	21.05	40.49
装备制造业	Equipment Manufacturing Industry	7.15	65.35
#汽车制造业	Automobile Industry	15.33	54.58
#电子信息设备制造业	Electronic Information Equipment Manufacturing Industry	6.74	65.01
电力生产及供应业	Electric Power Production and Supply Industry	44.37	94.04
橡胶及塑料制品业	Rubber and Plastic Products Industry	3.87	64.33
按工业行业分	**By Sector**		
采矿业	**Mining**	**11.40**	**51.89**
煤炭开采和洗选业	Mining and Washing of Coal	0.07	55.39
有色金属矿采选业	Non-ferrous Metals Mining and Dressing	12.18	48.78
非金属矿采选业	Ming and Processing of Non-mental Ores	69.10	38.65

(continued)

(10 000 yuan)

流动资产周转率(次/年) Turnover Rate of Current Assets(times/year)	成本费用利润率(%) Ratio of Profits to Total Industrial Costs(%)	全员劳动生产率 (元/人·年) Labor Productivity (yuan/ person /year)	产品销售率(%) Sales Rate of Industrial Products (%)	资本保值增值率(%) Capital Maintenance and Appreciation Rate(%)	工业综合经济效益指数(%) Composite Index of Industrial Economic Benefits(%)
2.24	6.93	290289	93.07	77.63	270.94
2.55	30.77	579684	98.58	121.23	551.61
0.22	-16.21	22036	115.13	51.21	-10.96
0.66	-15.96	24956	99.41	31.14	-20.18
2.00	15.61	319558	91.23	115.56	335.39
2.67	5.82	379535	92.74	88.09	327.58
2.49	-4.46	320798	98.17	22.97	199.41
1.74	31.61	3374614	99.07	108.99	2376.28
3.70	40.11	1721800	92.63	119.23	1397.26
1.57	28.38	3905626	100.61	108.36	2688.08
1.92	13.42	406475	90.72	108.59	391.66
2.58	4.59	331426	92.83	71.07	286.32
2.00	15.61	319558	91.23	115.56	335.39
3.46	18.24	512743	94.46	108.66	529.23
1.57	28.38	3905626	100.61	108.36	2688.08
1.61	14.87	361563	82.22	119.20	369.55
1.29	5.38	188376	93.23	119.55	199.47
2.27	7.99	277312	93.19	134.43	291.82
1.14	5.73	302047	89.43	110.07	265.87
8.85	111.97	738624	98.64	129.52	1072.82
1.20	0.45	193293	61.79	104.13	170.91
1.06	**11.74**	**194056**	**97.87**	**60.86**	**227.06**
0.21	-17.02	19640	118.70	50.71	-15.26
6.03	3.35	1244007	88.42	117.15	888.47
3.12	24.65	758474	96.75	113.15	752.88

7-5 续表2

单位：万元

指　　标	Item	总资产贡献率(%) Ratio of Profits, Taxes and Interests to Average Assets(%)
制造业	**Manufacturing**	**17.11**
农副食品加工业	Farm and Sideline Products Processing	24.50
食品制造业	Food Manufacturing	31.31
酒、饮料和精制茶制造业	Manufacture of Liquor,Beverages and Refined Tea	59.97
烟草制品业	Manufacture of Tobacco	84.75
纺织业	Manufacture of Textile	56.90
纺织服装、服饰业	Manufacture of Textiles and Garments	22.32
皮革、毛皮、羽毛及其制品和制鞋业	Manufacture of Leather,Fur,Feather and Related Products and Footwear	21.90
木材加工及木、竹、藤、棕、草制品业	Wood Processing and Manufacture of Wood,Bamboo,Rattan, Palm,and Straw Products	-19.64
家具制造业	Manufacture of Furniture	12.19
造纸和纸制品业	Manufacture of Paper and Paper Products	39.49
印刷业和记录媒介复制业	Printing and Reproduction of Recording Media	27.10
文教、工美、体育和娱乐用品制造业	Manufacture of Articles for Culture,Education,Industrial Arts, Sports and Recreation	-1.41
石油加工、炼焦和核燃料加工业	Petroleum Processing, Coking, Nuclear Fuel Processing Industry	558.86
化学原料和化学制品制造业	Manufacture of Raw Chemical Materials and Chemical Products	7.63
医药制造业	Manufacture of Medicines	21.05
橡胶和塑料制品业	Manufacture of Rubber and Plastics	3.87
非金属矿物制品业	Manufacture of Non-metallic Mineral Products	9.89
黑色金属冶炼和压延加工业	Smelting and Calendering of Ferrous Metals	2.40
有色金属冶炼和压延加工业	Smelting and Calendering of Non-ferrous Metals	16.39
金属制品业	Manufacture of Metal Products	6.20
通用设备制造业	Manufacture of General Purpose Machinery	3.69
专用设备制造业	Manufacture of Special Purpose Machinery	7.57
汽车制造业	Manufacture of Automobiles	15.33
铁路、船舶、航空航天和其他运输设备制造业	Manufacture of Railway,Watercraft,Aviation,Aerospace and Other Transport Equipment	5.38
电气机械和器材制造业	Manufacture of Electrical Machinery and Equipment	3.70
计算机、通信和其他电子设备制造业	Manufacture of Computers, Communication Equipment and Other Electronic Equipment	10.17
仪器、仪表制造业	Manufacture of Measuring Instruments	3.67
其他制造业	Others	2.01
电力、燃气及水的生产和供应业	**Production and Supply of Electric Power,Gas and Water**	**28.74**
电力、热力的生产和供应业	Production and Supply of Electric Power and Heating Power	44.37
燃气生产和供应业	Production and Supply of Gas	1.81
水的生产和供应业	Production and Supply of Water	3.85

(continued)

(10 000 yuan)

资产负债率(%) Ratio of Liabilities to Assets(%)	流动资产周转率(次/年) Turnover Rate of Current Assets(times/year)	成本费用利润率(%) Ratio of Profits to Total Industrial Costs(%)	全员劳动生产率(元/人·年) Labor Productivity (yuan/ person /year)	产品销售率(%) Sales Rate of Industrial Products(%)	资本保值增值率(%) Capital Maintenance and Appreciation Rate(%)	工业综合经济效益指数(%) Composite Index of Industrial Economic Benefits(%)
64.93	**1.83**	**8.72**	**375874**	**91.40**	**113.76**	**348.86**
44.40	5.36	4.23	217280	94.25	112.47	286.11
58.21	2.17	20.06	370762	95.26	107.59	419.60
54.60	4.26	32.15	1175761	93.93	107.56	1027.07
21.66	1.57	28.38	3905626	100.61	108.36	2688.08
17.03	6.48	10.83	152521	87.96		327.49
25.06	12.53	3.43	136182	98.69	117.11	301.84
31.51	4.16	5.22	197260	94.20	110.72	260.75
642.00	0.33	-79.70	11295	133.25	108.38	-457.54
59.23	1.78	11.06	210829	107.63	128.40	253.58
57.35	6.63	8.41	262647	97.88	114.02	370.59
26.68	1.99	21.02	522181	97.12	117.12	506.91
69.95	2.22	-0.64	1334233	98.69		847.82
87.64	38.82	17.42	5372287	115.19		4768.65
84.84	2.20	4.42	289946	92.80	105.91	259.56
40.49	1.61	14.87	361563	82.22	119.20	369.55
64.33	1.20	0.45	193293	61.79	104.13	170.91
74.24	2.58	3.47	290908	94.47	119.80	269.86
58.54	0.90	2.11	162279	94.70	105.83	158.64
71.27	2.21	17.64	388538	92.59	126.04	392.48
62.36	1.38	2.47	144829	95.02	113.93	161.63
65.28	1.34	2.91	143592	91.64	72.22	150.56
67.14	1.23	6.70	265656	94.52	93.12	247.65
54.58	2.27	7.99	277312	93.19	134.43	291.82
69.39	0.96	3.87	119738	98.49	161.78	150.82
85.15	0.85	2.81	238903	88.48	129.51	204.46
41.09	1.71	7.04	292568	91.49	110.29	278.84
61.54	0.57	1.25	176247	86.91	88.80	159.18
62.80	0.44	3.62	67872	77.04	117.77	100.16
83.64	**3.33**	**79.05**	**446211**	**98.05**	**155.70**	**694.23**
94.04	8.85	111.97	738624	98.64	129.52	1072.82
87.44	1.20	-3.13	108002	99.13	204.34	113.30
55.29	0.52	17.23	230534	88.91	159.43	262.34

7–5 续表3

单位：万元

指　标	Item	总资产周转率(倍) Total Assets Turnover (time)	流动比率(倍) Current Ratio (time)	总资产利润率(%) Ratio of Profits to Total Assets(%)
总　计	**Total**	**85.12**	**108.50**	**8.93**
#亏损企业	Unprofitable Enterprises	42.68	85.18	-3.63
#国有控股企业	State Holding Enterprises	67.10	101.05	7.34
#农村工业	Rural Industries	158.30	125.13	2.34
#非公有制工业	Non-public Industries	122.41	123.04	12.28
#高技术	High-tech	73.07	139.47	6.64
#文化产业	Cultural Industries	184.72	200.94	13.67
按登记注册类型分	**By Status of Registration**			
内资企业	Domestic-funded Enterprises	85.32	108.26	8.84
国有企业	State-owned Enterprises	93.72	153.64	21.46
集体企业	Collective-owned Enterprises	129.48	140.65	6.19
股份合作企业	Joint-equity Cooperative Enterprises	61.70	171.11	1.10
联营企业	Joint Ownership Enterprises	382.33	53.01	21.22
有限责任公司	Limited Liability Companies	78.76	94.84	4.11
股份有限公司	Companies Limited by Shares	63.39	117.60	5.87
私营企业	Private Enterprises	160.98	113.00	17.63
其他企业	Others	73.34	105.04	0.59
港、澳、台商投资企业	Enterprises with Funds from Hong Kong,Macao and Taiwan	53.87	74.07	7.08
外商投资企业	Enterprises with Foreign Investment	112.52	159.84	14.54
按经济组织类型分	**By Types of Economic Organization**			
独资企业	Solely Funded Enterprises	94.18	156.68	20.28
合作、合伙企业	Cooperative and Partnership Enterprises	129.00	126.77	7.92
股份有限公司	Companies Limited by Shares	66.06	118.00	5.94
有限责任公司	Limited Liability Companies	86.78	95.72	5.95
按轻重工业分	**By Light & Heavy Industries**			
轻工业	Light Industry	115.29	190.70	13.71
重工业	Heavy Industry	76.68	92.96	7.60
按企业规模分	**By Size of Enterprises**			
大型企业	Large Enterprises	69.84	107.03	9.50
中型企业	Medium-sized Enterprises	69.97	97.66	7.16
小型企业	Small Enterprises	142.89	123.43	10.64
微型企业	Micro-sized Enterprises	59.57	134.87	1.62
按企业主营业务收入分	**By Revenue from Principal Business**			
年收入在40亿元以上	Annual Income Above 4 billion yuan	101.78	96.45	15.63
年收入在20—40亿元	Annual Income Between 2 billion and 4 billion yuan	92.72	107.35	9.22
年收入在10—20亿元	Annual Income Between 1 billion and 2 billion yuan	82.33	119.22	8.08
年收入在 5—10亿元	Annual Income Between 0.5 billion and 1 billion yuan	78.31	130.73	8.06
年收入在 1—5亿元	Annual Income Between 0.1 billion and 0.5 billion yuan	82.57	101.29	4.85
年收入在3000万元—1亿元	Annual Income Between 30 million and 0.1 billion yuan	52.79	114.17	0.17
年收入在1000万元—3000万元	Annual Income Between 10 million and 30 million yuan	20.67	149.63	-1.19
年收入在1000万元以下	Annual Income Below 10 million yuan	4.84	99.84	-10.93

(continued)

(10 000 yuan)

资金利税率(%) Profit-tax Rate of Capital(%)	主营收入利税率(%) Profit-tax of Sales Revenue(%)	百元固定资产实现工业增加值(元) Industrial Added Value per 100 yuan of Fixed Assets(yuan)	百元固定资产实现利税额(元) Profits and Taxes per 100 yuan of Fixed Assets(yuan)	每百元资产实现的主营业务收入(元) Prime Operating Revenue of per 100 yuan Assets(yuan)	产成品存货周转天数(天) Turnover Days of Finished Goods Inventory(day)	应收账款平均回收期(天) Accounts Receivable Average Payback Period (day)
20.66	**18.70**	**86.17**	**57.32**	**85.12**	**30.23**	**43.74**
-2.63	-4.84	28.66	-6.48	42.68	39.11	91.77
20.17	22.87	62.69	49.37	67.10	38.75	47.01
9.52	4.47	239.24	59.90	158.30	37.93	30.62
21.72	14.00	159.19	82.31	122.41	21.04	39.73
12.87	13.65	133.31	58.01	73.07	45.60	76.80
20.93	10.32	218.80	85.91	184.72	27.63	39.22
20.64	18.69	85.06	57.05	85.32	30.82	43.40
68.90	49.27	266.31	274.67	93.72	21.57	27.64
11.82	8.14	885.94	200.68	129.48	27.25	69.57
1.97	1.96	534.88	47.55	61.70	166.97	125.93
46.44	12.15	63.78	64.08	382.33	22.96	2.59
7.75	8.09	45.29	18.76	78.76	35.23	44.74
12.81	14.29	93.11	46.39	63.39	33.37	84.74
28.14	14.50	132.86	71.32	160.98	20.39	25.79
2.81	2.50	364.95	87.49	73.34	18.24	36.28
15.58	17.10	66.51	35.02	53.87	14.70	37.46
25.43	19.70	162.49	99.19	112.52	20.86	56.41
62.71	45.86	253.01	252.70	94.18	20.65	32.26
32.72	16.98	212.52	123.80	129.00	27.31	28.90
13.08	14.05	92.96	46.59	66.06	32.00	81.11
10.50	9.85	56.34	25.58	86.78	32.10	40.63
45.33	32.69	268.01	186.30	115.29	32.01	30.99
13.04	12.81	51.69	32.87	76.68	29.71	49.11
28.00	28.62	94.75	83.21	69.84	45.11	45.65
11.72	13.87	52.68	27.33	69.97	26.64	45.10
18.79	10.83	125.28	57.10	142.89	17.14	37.98
3.26	4.63	60.08	10.03	59.57	50.82	99.67
43.06	31.07	99.34	102.69	101.78	39.97	24.57
18.92	14.35	136.24	73.76	92.72	20.43	46.08
12.95	13.28	82.95	42.77	82.33	27.13	49.69
13.57	14.27	64.79	32.36	78.31	24.36	42.28
11.21	10.22	81.86	33.17	82.57	22.03	60.30
2.30	3.69	64.20	7.53	52.79	46.16	87.23
-0.38	-1.28	68.25	-1.36	20.67	83.51	146.37
-12.31	-190.07	9.46	-52.65	4.84	656.40	1005.97

7-5 续表4

单位：万元

指　　标	Item	总资产周转率(倍) Total Assets Turnover (time)	流动比率(倍) Current Ratio(time)
按支柱、特色行业分	**By Pillar and Characteristic Industries**		
能源、优势原材料为主的支柱产业	Pillar Industries of Energy and Raw Materials	77.98	73.35
电	Electricity	26.80	42.62
煤	Coal	10.75	160.29
煤化工	Coal Chemical Industry	23.09	92.85
铝及铝加工	Aluminum and Its Processing Industry	67.16	106.71
磷及磷化工	Phosphorus and Its Chemical Industry	106.12	67.22
铁合金	Iron Alloy	263.47	49.46
烟酒为主的传统支柱产业	Traditional Pillar Industries of Tobacco and Liquor	118.05	288.03
酒	Liquor	180.37	91.61
烟	Tobacco	110.20	346.05
贵阳市重点产业（行业）	Six Special Pillar Industries	87.83	109.55
磷煤化工	Phosphorus and Coal Chemical Industry	97.40	65.24
铝及铝化工	Aluminum and Its Chemical Industry	67.16	106.71
特色食品	Characteristic Food	190.51	121.12
烟草制品	Tobacco Products	110.20	346.05
医药制造业	Modern Medicine	90.76	183.21
装备制造业	Manufacture of Equipments	71.87	115.73
#汽车制造业	Automobile Industry	135.76	128.59
#电子信息设备制造业	Electronic Information Equipment Manufacturing Industry	80.77	134.58
电力生产及供应业	Electric Power Production and Supply Industry	69.32	53.53
橡胶及塑料制品业	Rubber and Plastic Products Industry	65.84	120.12
贵阳市产业园区	**Industrial Parks of Guiyang City**		
南明临空经济区产业园	Nanming Airport Economic Zone	116.34	167.82
云岩产业园	Yunyan Industrial Park	50.36	163.12
花溪产业园	Huaxi Industrial Park	145.67	156.83
小河—孟关装备制造业生态工业园	Xiaohe-Mengguan Equipment Manufacturing Industry Eco-Industrial Park	96.24	153.71
乌当医药食品新型产业园	Wudang Food and Drug New Industrial Park	101.20	167.51
白云铝及铝加工工业基地	Baiyun Aluminum and Aluminum Processing Industrial Base	152.99	151.35
麦架—沙文高新技术产业园	Maijia-Shawen High-tech Industrial Park	42.43	87.61
贵阳综合保税区	Guiyang Integrated Free Trade Zone	146.92	116.65
观山湖电子商务和现代制造业产业园	Guanshanhu Electronic Commerce and Modern Manufacturing Industrial Park	58.01	52.93
开阳磷煤化工生态工业示范基地	Kaiyang Phosphorus and Coal Chemical Ecological Industries Demonstration Base	80.87	72.39
息烽磷煤化工生态工业基地	Xifeng Phosphorus and Coal Chemical Ecological Industries Base	118.43	85.38
修文产业园	Xiuwen Industrial Park	150.27	108.61
清镇经开区	Qingzhen Economic Development Zone	42.03	74.30

(continued)

(10 000 yuan)

总资产利润率(%) Ratio of Profits to Total Assets(%)	资金利税率(%) Profit-tax Rate of Capital(%)	主营收入利税率(%) Profit-tax of Sales Revenue(%)	百元固定资产实现工业增加值(元) Industrial Added Value per 100 yuan of Fixed Assets(yuan)	百元固定资产实现利税额(元) Profits and Taxes per 100 yuan of Fixed Assets(yuan)	每百元资产实现的主营业务收入(元) Prime Operating Revenue of per 100 yuan Assets(yuan)	产成品存货周转天数(天) Turnover Days of Finished Goods Inventory(day)	应收账款平均回收期(天) Accounts Receivable Average Payback Period(day)
5.19	9.26	9.90	27.44	16.41	77.98	36.83	26.02
6.34	10.08	35.67	15.18	11.99	26.80		64.78
-2.34	-1.85	-12.78	13.59	-8.01	10.75	45.84	124.29
-4.69	-5.15	-17.64	4.81	-10.67	23.09	12.46	47.18
10.17	18.39	20.87	39.08	32.69	67.16	28.13	22.71
5.86	9.67	7.74	32.20	18.46	106.12	41.83	23.29
-12.13	-4.87	-1.56	702.39	-58.83	263.47	39.49	38.47
16.05	88.82	68.29	513.83	421.92	118.05	23.62	16.82
50.04	81.45	35.52	337.65	198.80	180.37	7.49	7.99
11.77	89.61	75.05	554.83	473.85	110.20	31.03	18.65
9.98	23.37	20.99	88.64	62.79	87.83	34.84	42.36
4.31	7.57	6.58	27.63	13.89	97.40	39.93	23.36
10.17	18.39	20.87	39.08	32.69	67.16	28.13	22.71
29.27	43.23	20.12	200.20	120.85	190.51	15.08	17.63
11.77	89.61	75.05	554.83	473.85	110.20	31.03	18.65
11.71	24.70	20.39	279.75	152.79	90.76	69.55	56.73
3.69	6.39	7.27	102.41	30.64	71.87	35.07	91.11
10.13	16.26	10.24	182.93	67.04	135.76	15.93	91.37
4.39	5.92	6.95	110.44	44.86	80.77	33.04	73.26
36.59	79.18	58.77	43.08	98.47	69.32		19.64
0.30	3.73	3.97	113.20	17.96	65.84	48.44	65.64
25.29	38.61	28.82	447.94	329.24	116.34	36.49	32.25
3.51	18.96	22.67	116.52	83.99	50.36	48.59	36.90
19.25	26.85	15.04	262.81	158.70	145.67	27.34	41.06
7.40	40.68	38.04	331.36	246.33	96.24	35.05	52.45
6.04	11.51	9.39	173.80	44.56	101.20	45.28	64.09
18.90	35.60	17.84	128.37	90.40	152.99	15.98	34.17
1.99	4.54	6.95	68.44	16.04	42.43	28.91	82.49
-0.70	-0.78	-0.48	3016.02	-76.95	146.92		164.95
-3.17	-0.87	-0.96	22.13	-2.01	58.01	15.20	91.35
3.08	6.77	7.28	26.74	11.74	80.87	41.27	26.52
9.28	12.92	9.38	42.48	27.82	118.43	38.21	23.21
12.86	25.02	13.02	151.91	80.00	150.27	12.09	31.59
1.28	3.78	7.37	23.67	6.47	42.03	33.85	59.68

7–5 续表5

单位：万元

指　　标	Item	总资产周转率(倍) Total Assets Turnover(time)	流动比率(倍) Current Ratio (time)
按工业行业分	**By Sector**		
采矿业	**Mining**	**53.80**	**158.13**
煤炭开采和洗选业	Mining and Washing of Coal	10.50	160.21
有色金属矿采选业	Non-ferrous Metals Mining and Dressing	155.65	69.39
非金属矿采选业	Mining and Processing of Non-mental Ores	200.85	172.59
制造业	**Manufacturing**	**91.39**	**112.10**
农副食品加工业	Farm and Sideline Products Processing	324.00	157.15
食品制造业	Food Manufacturing	133.83	134.02
酒、饮料和精制茶制造业	Manufacture of Liquor,Beverages and Refined Tea	190.55	91.17
烟草制品业	Manufacture of Tobacco	110.20	346.05
纺织业	Manufacture of Textile	218.59	396.51
纺织服装、服饰业	Manufacture of Textiles and Garments	338.45	117.93
皮革、毛皮、羽毛及其制品和制鞋业	Manufacture of Leather,Fur,Feather and Related Products and Footwear	302.10	436.60
木材加工及木、竹、藤、棕、草制品业	Wood Processing and Manufacture of Wood, Bamboo,Rattan,Palm and Straw Products	16.18	11.34
家具制造业	Manufacture of Furniture	82.05	89.02
造纸和纸制品业	Manufacture of Paper and Paper Products	383.96	145.73
印刷业和记录媒介复制业	Printing and Reproduction of Recording Media	113.96	242.81
文教、工美、体育和娱乐用品制造业	Manufacture of Articles for Culture,Education, Industrial Arts, Sports and Rcreation	109.49	141.29
石油加工、炼焦和核燃料加工业	Petroleum Processing, Coking, Nuclear Fuel Processing Industry	1850.12	113.94
化学原料和化学制品制造业	Manufacture of Raw Chemical Materials and Chemical Products	86.44	71.00
医药制造业	Manufacture of Medicines	90.76	183.21
橡胶和塑料制品业	Manufacture of Rubber and Plastics	65.84	120.12
非金属矿物制品业	Manufacture of Non-metallic Mineral Products	119.46	75.22
黑色金属冶炼和压延加工业	Smelting and Calendering of Ferrous Metals	47.63	110.67
有色金属冶炼和压延加工业	Smelting and Calendering of Non-ferrous Metals	66.72	120.39
金属制品业	Manufacture of Metal Products	78.23	116.39
通用设备制造业	Manufacture of General Purpose Machinery	67.34	97.68
专用设备制造业	Manufacture of Special Purpose Machinery	75.94	115.88
汽车制造业	Manufacture of Automobiles	135.76	128.59
铁路、船舶、航空航天和其他运输设备制造业	Manufacture of Railway,Watercraft,Aviation,Aerospace and Other Transport Equipment	39.53	97.85
电气机械和器材制造业	Manufacture of Electrical Machinery and Equipment	63.77	109.09
计算机、通信和其他电子设备制造业	Manufacture of Computers, Communication Equipment and Other Electronic Equipment	108.26	205.15
仪器、仪表制造业	Manufacture of Measuring Instruments	43.88	113.97
其他制造业	Others	25.05	142.38
电力、燃气及水的生产和供应业	**Production and Supply of Electric Power,Gas and Water**	**50.26**	**58.10**
电力、热力的生产和供应业	Production and Supply of Electric Power and Heating Power	69.32	53.53
燃气生产和供应业	Production and Supply of Gas	35.89	44.79
水的生产和供应业	Production and Supply of Water	12.19	81.65

(continued)

(10 000 yuan)

总资产利润率(%) Ratio of Profits to Total Assets(%)	资金利税率(%) Profit-tax Rate of Capital(%)	主营收入利税率(%) Profit-tax of Sales Revenue(%)	百元固定资产实现工业增加值(元) Industrial Added Value per 100 yuan of Fixed Assets(yuan)	百元固定资产实现利税额(元) Profits and Taxes per 100 yuan of Fixed Assets(yuan)	每百元资产实现的主营业务收入(元) Prime Operating Revenue of per 100 yuan Assets(yuan)	产成品存货周转天数(天) Turnover Days of Finished Goods Inventory(day)	应收账款平均回收期(天) Accounts Receivable Average Payback Period(day)
5.57	**16.23**	**21.71**	**128.22**	**73.67**	**53.80**	**20.26**	**28.95**
-2.43	-2.00	-14.16	12.69	-8.93	10.50	46.05	123.80
4.97	32.83	7.95	456.18	86.08	155.65	3.83	8.95
37.90	89.45	32.09	623.98	493.16	200.85	18.00	13.13
7.09	**18.20**	**16.12**	**93.74**	**53.82**	**91.39**	**32.00**	**45.29**
13.24	24.69	6.98	167.67	79.16	324.00	10.70	20.82
22.42	32.16	21.63	174.66	114.00	133.83	23.57	13.81
45.52	67.11	30.14	230.59	140.64	190.55	12.34	18.08
11.77	89.61	75.05	554.83	473.85	110.20	31.03	18.65
21.29	26.37	10.39	242.63	121.78	218.59	44.97	40.77
11.21	21.75	6.43	106.41	30.87	338.45	6.15	4.88
15.22	22.38	6.85	233.40	147.10	302.10	17.15	3.66
-45.82	-47.11	-277.64	4.99	-74.21	16.18		320.14
8.16	11.66	12.77	51.55	23.04	82.05	165.25	34.02
29.77	37.55	8.86	232.36	110.91	383.96	8.39	20.37
19.79	28.67	22.52	196.47	79.83	113.96	13.10	54.64
-0.70	-0.71	-0.64	2933.67	-91.20	109.49		253.05
274.09	287.45	15.10	15674.52	14789.44	1850.12	0.26	8.19
3.70	6.21	5.88	25.45	11.92	86.44	40.59	29.44
11.71	24.70	20.39	279.75	152.79	90.76	69.55	56.73
0.30	3.73	3.97	113.20	17.96	65.84	48.44	65.64
4.00	8.79	6.42	59.47	18.84	119.46	12.44	59.88
1.00	2.80	3.71	91.70	21.82	47.63	23.42	42.44
11.33	20.05	22.86	37.96	33.75	66.72	25.36	21.09
1.91	5.11	5.91	58.23	15.97	78.23	55.44	103.39
1.91	5.34	4.95	157.65	36.90	67.34	37.64	72.06
4.73	7.61	8.36	154.88	43.52	75.94	57.94	105.94
10.13	16.26	10.24	182.93	67.04	135.76	15.93	91.37
1.50	3.03	5.59	60.03	10.60	39.53	34.97	118.60
1.74	2.92	4.32	206.79	73.23	63.77	45.37	59.39
7.15	9.57	8.25	100.53	40.09	108.26	26.72	68.67
0.55	4.05	7.72	111.87	21.44	43.88	72.97	299.66
0.94	1.50	5.42	30.48	7.12	25.05	2.44	86.76
22.25	**48.31**	**49.69**	**39.20**	**74.94**	**50.26**	**0.03**	**28.41**
36.59	79.18	58.77	43.08	98.47	69.32		19.64
-1.18	-0.42	-0.64	27.10	-1.06	35.89	0.15	51.08
1.83	4.30	17.74	28.27	10.39	12.19		108.98

7–6 规模以上工业企业主要经济指标(2015年)

单位：万元

指标	Item	企业数(个) Number of Enterprises(unit)	#亏损企业 Unprofitable Enterprises
总 计	**Total**	**580**	**127**
#亏损企业	Unprofitable Enterprises	127	127
#国有控股企业	State Holding Enterprises	128	39
#农村工业	Rural Industries	4	
#非公有制工业	Non-public Industries	439	85
#高技术	High-tech	89	11
#文化产业	Cultural Industries	21	4
按登记注册类型分	**By Status of Registration**		
内资企业	**Domestic-funded Enterprises**	**541**	**118**
国有企业	State-owned Enterprises	39	7
中央企业	Central Enterprises	24	4
地方企业	Local Enterprises	15	3
集体企业	Collective-owned Enterprises	5	2
股份合作企业	Joint-equity Cooperative Enterprises	1	
联营企业	Joint Ownership Enterprises	1	
集体联营企业	Collective Joint Ownership Enterprises	1	
有限责任公司	Limited Liability Companies	297	60
国有独资公司	Sole State-funded Corporations	23	5
其他有限责任公司	Others	274	55
股份有限公司	Companies Limited by Shares	34	8
私营企业	Private Enterprises	163	41
私营独资企业	Private Sole Funded Companies	9	1
私营合作企业	Private Cooperative Enterprises	10	1
私营有限责任公司	Private Limited Liability Companies	137	39
私营股份有限公司	Private Companies Limited by Shares	7	
其他企业	Others	1	
港、澳、台商投资企业	**Enterprises with Funds from Hong Kong,Macao and Taiwan**	**18**	**3**
合资经营企业(港或澳、台资)	Joint-venture Enterprises	13	3
港澳台商独资经营企业	Solely Funded Enterprises	4	
港澳台商投资股份有限公司	Incorporated Company with Funds from Hong Kong,Macao and Taiwan	1	
外商投资企业	**Foreign-funded Enterprises**	**21**	**6**
中外合资经营企业	Sino-foreign Equity Joint Ventures	10	2
外资企业	Foreign–funded Enterprises	11	4
按经济组织类型分	**By Types of Economic Organization**		
独资企业	Solely Funded Enterprises	68	14
合作、合伙企业	Cooperative and Partnership Enterprises	13	1
股份有限公司	Companies Limited by Shares	42	8
有限责任公司	Limited Liability Corporations	457	104
按轻重工业分	**By Light & Heavy Industries**		
轻工业	Light Industry	183	16
重工业	Heavy Industry	397	111
按企业规模分	**By Size of Enterprises**		
大型企业	Large Enterprises	30	2
中型企业	Medium-sized Enterprises	85	17
小型企业	Small Enterprises	418	88
微型企业	Micro-sized Enterprises	47	20

Main Economic Indicators of Industrial Enterprises above Designated Size(2015)

(10 000 yuan)

全部从业人员年平均人数(人) Annual Average Employed Persons (person)	工业总产值(当年价格) Gross Industrial Output Value (current price)	工业增加值(当年价格) Industrial Added Value (current price)	工业销售产值(当年价格) Industrial Sales Value (current price)	#出口交货值 Delivery Value of Export	资产总计 Total Assets	流动资产合计 Total Current Assets	负债合计 Total Liabilities	流动负债合计 Total Current Liabilities
192009	**25785917**	**7122810**	**23739083**	**714556**	**29775354**	**14665425**	**19910177**	**13516909**
39470	2968023	475873	2224497	218018	5213529	2438441	4280676	2862581
114860	12417480	3914338	11379381	626860	20094200	9040876	14253070	8946602
631	64153	8928	53075		31590	19751	17981	15784
74871	13163287	3163006	12172212	87696	9543469	5544166	5587261	4506150
47953	4756622	1220895	4191042	91792	5326053	3213416	2850661	2304051
3014	711642	155974	665317		321252	221365	120078	110162
180419	**24272614**	**6694367**	**22364515**	**687925**	**28152738**	**13887129**	**19094197**	**12826993**
31540	5511641	2491321	5568787	49763	5565004	2793856	3251100	1818413
24378	4131572	2143691	4092270	48827	4420138	2110563	2872339	1495680
7162	1380069	347631	1476517	936	1144867	683293	378761	322733
862	52977	17849	48994		38339	32181	22881	22881
84	10129	1910	8050		14070	8257	7022	4826
232	5199	616	5017		1332	367	692	692
232	5199	616	5017		1332	367	692	692
86790	11084421	2411496	10229725	417144	15678620	7557774	11489414	7969052
30729	1457434	332390	1346038	171300	5492311	2405245	4167232	2771864
56061	9626986	2079106	8883687	245844	10186309	5152529	7322182	5197188
40319	3766692	857204	2915887	210579	4714502	2413307	2845901	2052175
20262	3804491	910347	3553830	10440	2093515	1051451	1448688	930456
703	67282	16879	66082		41770	24173	16276	11146
1467	117391	39016	113069		57369	20600	21883	12651
16586	3476528	819905	3235101	10440	1881956	959515	1347854	869279
1506	143290	34547	139578		112420	47163	62675	37381
330	37063	3623	34225		47355	29937	28500	28500
4684	**543161**	**149461**	**510491**	**10432**	**854193**	**280208**	**463066**	**378292**
4023	386589	130579	356039		819946	250855	444515	361120
601	97286	14725	95941	10432	24726	19841	13448	13448
60	59287	4157	58512		9521	9512	5104	3725
6906	**970142**	**278982**	**864077**	**16199**	**768424**	**498088**	**352915**	**311624**
2695	466715	145085	462348	12161	253006	165191	139094	133189
4211	503427	133896	401729	4038	515418	332896	213821	178435
37917	6232613	2674672	6181532	64233	6185258	3202948	3517525	2044321
2113	169782	45165	160361		120126	59160	58097	46668
41885	3969269	895908	3113978	210579	4836443	2469982	2913680	2093280
110094	15414252	3507066	14283212	439744	18633527	8933335	13420876	9332640
50797	8427204	3530956	7751420	15937	6512109	4096677	2558668	2148201
141212	17358713	3591854	15987663	698619	23263246	10568747	17351509	11368708
84501	9099151	3399379	8101527	591353	14935086	7074346	10271114	6609801
55297	5944375	1455057	5575986	71579	7778508	3676736	5567167	3764776
45488	10240087	2145809	9595057	51049	6320150	3491382	3681031	2828736
6723	502304	122564	466513	574	741610	422962	390865	313596

7-6 续表1

单位：万元

指　　标	Item	企业数（个）Number of Enterprises (unit)
按企业主营业务收入分	**By Revenue from Principal Business**	
年收入在40亿元以上	Annual Income Above 4 billion yuan	8
年收入在20—40亿元	Annual Income Between 2 billion and 4 billion yuan	10
年收入在10—20亿元	Annual Income Between 1 billion and 2 billion yuan	21
年收入在5—10亿元	Annual Income Between 0.5 billion and 1 billion yuan	56
年收入在1—5亿元	Annual Income Between 0.1 billion and 0.5 billion yuan	232
年收入在3000万元—1亿元	Annual Income Between 30 million and 0.1 billion yuan	178
年收入在1000万元—3000万元	Annual Income Between 10 million and 30 million yuan	56
年收入在1000万元以下	Annual Income Below 10 million yuan	19
按支柱、特色行业分	**By Pillar and Characteristic Industries**	
能源、优势原材料为主的支柱产业	Pillar Industry of Energy and Raw Materials	98
电	Electricity	8
煤	Coal	12
煤化工	Coal Chemical Industry	16
铝及铝加工	Aluminum and Its Processing Industry	39
磷及磷化工	Phosphorus and Its Chemical Industry	28
铁合金	Iron Alloy	7
贵阳市重点产业（行业）	Traditional Pillar Industries of Tobacco and Liquor	10
酒	Liquor	7
烟	Tobacco	3
六大特色支柱产业	Six Special Pillar Industries	368
磷煤化工	Phosphorus and Coal Chemical Industry	33
铝及铝化工	Aluminum and Its Chemical Industry	39
特色食品	Characteristic Food	72
烟草制品	Tobacco Products	3
医药制造业	Modern Medicine	48
装备制造业	Equipment Manufacturing Industry	134
#汽车制造业	Automobile Industry	13
#电子信息设备制造业	Electronic Information Equipment Manufacturing Industry	29
电力生产及供应业	Electric Power Production and Supply Industry	14
橡胶及塑料制品业	Rubber and Plastic Products Industry	32
贵阳市产业园区	**Industrial Parks of Guiyang City**	
南明临空经济区产业园	Nanming Airport Economic Zone	19
云岩产业园	Yunyan Industrial Park	4
花溪产业园	Huaxi Industrial Park	20
小河—孟关装备制造业生态工业园	Xiaohe-Mengguan Equipment Manufacturing Industry Eco-Industrial Park	53
乌当医药食品新型产业园	Wudang Food and Drug New Industrial Park	56
白云铝及铝加工工业基地	Baiyun Aluminum and Aluminum Processing Industrial Base	54
麦架—沙文高新技术产业园	Maijia-Shawen High-tech Industrial Park	35
贵阳综合保税区	Guiyang Integrated Free Trade Zone	2
观山湖电子商务和现代制造业产业园	Guanshanhu Electronic Commerce and Modern Manufacturing Industrial Park	6
开阳磷煤化工生态工业示范基地	Kaiyang Phosphorus and Coal Chemical Ecological Industries Demonstration Base	42
息烽磷煤化工生态工业基地	Xifeng Phosphorus and Coal Chemical Ecological Industries Base	36
修文产业园	Xiuwen Industrial Park	66
清镇经开区	Qingzhen Economic Development Zone	73

(continued)

(10 000 yuan)

#亏损企业 Unprofitable Enterprises	全部从业人员年平均人数(人) Annual Average Employed Persons (person)	工业总产值(当年价格) Gross Industrial Output Value (current price)	工业增加值(当年价格) Industrial Added Value (current price)	工业销售产值(当年价格) Industrial Sales Value (current price)	#出口交货值 Delivery Value of Export	资产总计 Total Assets	流动资产合计 Total Current Assets	负债合计 Total Liabilities	流动负债合计 Total Current Liabilities
1	33147	7542866	2707997	6819377	518724	8852603	3774628	6887283	3913518
	24748	2711469	696602	2586882	55910	2835514	1482110	1705915	1380623
2	15438	3147086	751713	2854742	39819	3544606	2085449	2457886	1749248
5	33727	4222348	1123078	3992991	16828	5017986	2400227	2697653	1835965
40	59730	6572925	1441359	6062499	59375	6921516	3449756	4529791	3405943
46	19332	1339631	318540	1204363	23575	1918521	1128104	1206428	988056
24	4705	244357	82404	212397	326	617015	306471	353994	204814
9	1182	5236	1117	5832		67593	38681	71228	38742
28	44007	5650897	1277477	5259116	366234	9894699	3597639	8421399	4904641
1	2317	312061	134313	307617		1109646	167732	1020647	393519
5	7403	64801	16314	74609		699952	400952	389927	250148
8	10500	264956	26204	263381		1427647	583221	1225704	628159
12	10535	1551080	336654	1414979	433	2008700	669769	1516463	627676
4	20038	3411820	760513	3164187	365801	5308374	2145712	4594865	3192191
3	617	110980	19793	108951		40333	31205	63721	63096
	5918	2487286	1997097	2464100	881	2034086	1457707	522074	506102
	1439	480391	247767	444992		227675	105726	130888	115414
	4479	2006895	1749330	2019108	881	1806411	1351981	391186	390688
72	147940	20649993	6013384	18732866	689676	23108149	11440418	15953015	10442966
8	23248	3612234	770498	3353154	365801	6045051	2329683	5430641	3570898
12	10535	1551080	336654	1414979	433	2008700	669769	1516463	627676
2	14106	2480633	723276	2343102	4606	1138885	648667	618244	535559
	4479	2006895	1749330	2019108	881	1806411	1351981	391186	390688
4	20228	2454909	731369	2018399		2158229	1355916	873872	740085
35	59247	5333501	1116073	4972688	127393	6390662	4138236	4176567	3575676
	10546	1111156	292454	1035498	8679	771116	499194	420872	388216
5	8556	1823448	258432	1630632	9862	1869040	1538091	1215088	1142898
1	5386	1793048	397823	1768728		2232076	224963	2098952	420257
11	12643	1663962	244380	1028143	190562	1482393	824501	953609	686382
2	4778	711246	206580	598261	4559	452852	347163	229615	206864
	4294	357701	96171	308250		607245	283129	216746	173573
	3249	607105	127659	552373		351738	238499	171133	152079
7	33750	5046230	2230629	4757956	50486	4529503	3402787	2396570	2213760
6	18978	1750279	503105	1543854	14091	1357430	831237	652945	496232
11	17012	2734029	656393	2590224	27526	1693631	787243	956285	520142
12	15018	1127171	289437	1086251	57746	2299666	1069681	1610758	1220980
2	31	20474	3794	20207		13754	12362	10597	10597
3	6323	222249	23751	230307		388649	141041	364237	266460
8	14632	2210530	496570	2040958	154997	3704994	1366228	3011149	1887322
2	11146	2435087	547247	2279889	210870	3225158	1486300	2492159	1740799
17	12002	1978491	437668	1858341	1	1178007	633051	666723	582887
27	15430	1384707	339152	1267251	434	2993694	1018078	2705298	1370223

7–6 续表2

单位：万元

指　　标	Item	企业数（个）Number of Enterprises (unit)
按工业行业分	**By Sector**	
采矿业	**Mining**	**25**
煤炭开采和洗选业	Mining and Washing of Coal	11
有色金属矿采选业	Non-ferrous Metals Mining and Dressing	3
非金属矿采选业	Mining and Processing of Non-mental Ores	11
制造业	**Manufacturing**	**527**
农副食品加工业	Farm and Sideline Products Processing	31
食品制造业	Food Manufacturing	24
酒、饮料和精制茶制造业	Manufacture of Liquor,Beverages and Refined Tea	17
烟草制品业	Manufacture of Tobacco	3
纺织业	Manufacture of Textile	1
纺织服装、服饰业	Manufacture of Textiles and Garments	1
皮革、毛皮、羽毛及其制品和制鞋业	Manufacture of Leather,Fur,Feather and Related Products and Footwear	1
木材加工及木、竹、藤、棕、草制品业	Wood Processing and Manufacture of Wood,Bamboo,Rattan,Palm, and Straw Products	1
家具制造业	Manufacture of Furniture	4
造纸和纸制品业	Manufacture of Paper and Paper Products	9
印刷业和记录媒介复制业	Printing and Reproduction of Recording Media	14
文教、工美、体育和娱乐用品制造业	Manufacture of Articles for Culture,Education,Industrial Arts, Sports and Recreation	2
石油加工、炼焦和核燃料加工业	Petroleum Processing, Coking, Nuclear Fuel Processing Industry	2
化学原料和化学制品制造业	Manufacture of Raw Chemical Materials and Chemical Products	42
医药制造业	Manufacture of Medicines	48
橡胶和塑料制品业	Manufacture of Rubber and Plastics	32
非金属矿物制品业	Manufacture of Non-metallic Mineral Products	113
黑色金属冶炼和压延加工业	Smelting and Calendering of Ferrous Metals	19
有色金属冶炼和压延加工业	Smelting and Calendering of Non-ferrous Metals	17
金属制品业	Manufacture of Metal Products	23
通用设备制造业	Manufacture of General Purpose Machinery	26
专用设备制造业	Manufacture of Special Purpose Machinery	17
汽车制造业	Manufacture of Automobile	13
铁路、船舶、航空航天和其他运输设备制造业	Manufacture of Railway,Watercraft,Aviation,Aerospace and Other Transport Equipment	16
电气机械和器材制造业	Manufacture of Electrical Machinery and Equipment	24
计算机、通信和其他电子设备制造业	Manufacture of Computers, Communication Equipment and Other Electronic Equipment	16
仪器、仪表制造业	Manufacture of Measuring Instruments	8
其他制造业	Others	3
电力、燃气及水的生产和供应业	**Production and Supply of Electric Power,Gas and Water**	**28**
电力、热力的生产和供应业	Production and Supply of Electric Power and Heating Power	14
燃气生产和供应业	Production and Supply of Gas	7
水的生产和供应业	Production and Supply of Water	7

(continued)

(10 000 yuan)

#亏损企业 Unprofitable Enterprises	全部从业人员年平均人数(人) Annual Average Employed Persons (person)	工业总产值(当年价格) Gross Industrial Output Value (current price)	工业增加值(当年价格) Industrial Added Value (current price)	工业销售产值(当年价格) Industrial Sales Value (current price)	#出口交货值 Delivery Value of Export	资产总计 Total Assets	流动资产合计 Total Current Assets	负债合计 Total Liabilities	流动负债合计 Total Current Liabilities
6	**9393**	**513353**	**182277**	**502412**		**896694**	**503008**	**465285**	**318092**
5	7332	59500	14400	70628		682000	392466	377732	244970
1	238	87890	29607	77711		45165	10529	22032	15174
	1823	365963	138270	354073		169529	100012	65521	57948
119	**171744**	**23187730**	**6455412**	**21192593**	**714556**	**25164658**	**13480354**	**16338428**	**12024873**
1	4705	767302	102230	723149	48	213415	134541	94762	85611
	6016	796967	223050	759228	4559	502852	325012	292719	242509
1	3385	916365	397995	860726		422618	189114	230763	207439
	4479	2006895	1749330	2019108	881	1806411	1351981	391186	390688
	65	4850	991	4267		2190	1479	373	373
	181	11275	2465	11127	18	3288	972	824	824
	1504	121579	29668	114524		90402	70828	28488	16223
1	62	281	70	375		2317	806	14875	7113
	597	40904	12586	44024		53661	23804	31785	26740
3	1390	200314	36508	196060		51239	30687	29385	21058
	2272	271944	118640	264113		187869	107733	50131	44369
2	25	16334	3336	16121		14724	14553	10300	10300
1	281	818700	150961	943077		50974	48588	44675	42643
13	25330	3564886	734432	3308212	369787	6768377	2656969	5742395	3742181
4	20228	2454909	731369	2018399		2158229	1355916	873872	740085
11	12643	1663962	244380	1028143	190562	1482393	824501	953609	686382
32	11947	1891092	347548	1786549	2592	1435957	667986	1066097	888002
7	5571	613722	90405	581197		1217532	669687	712802	605136
5	8255	1363467	320738	1262442	152	1870002	577736	1332683	479904
7	6315	463467	91460	440409	21350	542847	333487	338528	286527
11	5136	444163	73749	407022	166	517978	276374	338127	282952
5	3803	423378	101029	400166	11261	447005	307737	300118	265557
	10546	1111156	292454	1035498	8679	771116	499194	420872	388216
1	23206	1006520	277864	991310	83793	2219971	1156159	1540353	1181575
7	3392	818204	81036	723934	10432	1042658	942675	887783	864141
3	6929	1183266	202720	1082529	4029	905667	643226	372130	313534
4	1363	78047	24022	67827	6248	135885	92147	83626	80851
	2118	133781	14375	103059		247082	176463	155171	123941
2	**10872**	**2084834**	**485120**	**2044078**		**3714003**	**682063**	**3106464**	**1173945**
1	5386	1793048	397823	1768728		2232076	224963	2098952	420257
1	3197	155780	34528	154424		585322	192372	511781	429475
	2289	136007	52769	120925		896605	264728	495731	324213

7-6 续表3

单位：万元

指 标	Item	#应付账款 Accounts Payable	非流动负债 Non-current Liabilities
总 计	**Total**	**2443957**	**4634392**
#亏损企业	Unprofitable Enterprises	577378	1280518
#国有控股企业	State Holding Enterprises	1598654	4144426
#农村工业	Rural Industries	4900	2197
#非公有制工业	Non-public Industries	826924	484277
#高技术	High-tech	431168	495072
#文化产业	Cultural Industries	61461	8997
按登记注册类型分	**By Status of Registration**		
内资企业	**Domestic-funded Enterprises**	**2325649**	**4533956**
国有企业	State-owned Enterprises	463831	375618
中央企业	Central Enterprises	378035	319878
地方企业	Local Enterprises	85797	55740
集体企业	Cllective-owned Enterprises	4527	
股份合作企业	Joint-equity Cooperative Enterprises	3986	2197
联营企业	Joint Owership Enterprises		
集体联营企业	State Joint Ownership Enterprises		
有限责任公司	Limited Liability Companies	1200442	3296050
国有独资公司	State Sole Funded Corporations	330818	1325503
其他有限责任公司	Others	869623	1970547
股份有限公司	Companies Limited by Shares	431112	768136
私营企业	Private Enterprises	218509	91955
私营独资企业	Private Sole Funded Corporations	5049	2546
私营合作企业	Private Cooperative Enterprises	726	554
私营有限责任公司	Private Limited Liability Companies	206229	65666
私营股份有限公司	Private Companies Limited by Shares	6505	23190
其他企业	Others	3241	
港、澳、台商投资企业	**Enterprises with Funds from Hong Kong,Macao and Taiwan**	**43005**	**84774**
合资经营企业(港或澳、台资)	Joint-venture Enterprises	34223	83395
港澳台商独资经营企业	Solely Funded Enterprises	8782	
港澳台商投资股份有限公司	Incorporated Company with Funds from Hong Kong,Macao and Taiwan		1379
外商投资企业	**Foreign-funded Enterprises**	**75304**	**15662**
中外合资经营企业	Sino-foreign Equity Joint Ventures	43161	4501
外资企业	Foreign–funded Enterprises	32143	11161
按经济组织类型分	**By Types of Economic Organization**		
独资企业	Solely Funded Enterprises	514332	389326
合作、合伙企业	Corperative and Partnership Enterprises	7954	2750
股份有限公司	Cooperative Limited by Shares	437617	792705
有限责任公司	Limited Liability Companies	1484054	3449611
按轻重工业分	**By Light & Heavy Industries**		
轻工业	Light Industry	524978	331633
重工业	Heavy Industry	1918979	4302759
按企业规模分	**By Size of Enterprises**		
大型企业	Large Enterprises	1000491	2605978
中型企业	Medium-sized Enterprises	731293	1330966
小型企业	Small Enterprises	626908	647113
微型企业	Micro-sized Enterprises	85265	50335

(continued)

(10 000 yuan)

所有者权益合计 Total Owners' Equity	主营业务收入 Revenue from Principal Business	主营业务成本 Cost of Principal Business	营业税金及附加 Business Taxes and Surcharges	利润总额 Total Profits	亏损企业亏损总额 Total Losses	利税总额 Total Profits and Taxes
9829739	**25345821**	**19154542**	**1178829**	**2660029**	**189389**	**4738680**
938254	2225078	2080051	11914	-189389	189389	-107683
5814205	13483167	9921454	1090735	1474418	160020	3082940
13609	50006	39047	173	739		2235
3947695	11681714	9088671	87299	1172329	27503	1635494
2434556	3891845	2449701	21826	353397	6738	531325
201147	593417	486129	2958	43915	156	61244
9023130	**24021020**	**18223321**	**1168139**	**2487839**	**186044**	**4489690**
2310274	5215689	2620172	1037590	1194175	9407	2569513
1544168	3759261	1417727	1031275	1014446	6391	2349132
766106	1456428	1202445	6315	179729	3016	220381
15458	49641	44578	200	2373	1575	4043
7048	8682	6390	14	154		170
641	5094	4352	33	283		619
641	5094	4352	33	283		619
4203088	12348801	10549105	89422	644741	97286	998733
1325079	2358589	2098254	19690	42448	43163	90474
2878009	9990212	8450851	69732	602294	54123	908259
1831423	2988317	2260052	14395	276647	65535	427061
636343	3370067	2708667	26196	369184	12241	488683
17012	56086	46807	449	4093	141	8565
35485	106454	79221	6146	8790	75	24653
534101	3067904	2498811	18567	345530	12026	433996
49745	139624	83829	1035	10771		21469
18855	34730	30004	289	281		869
391100	**460139**	**340049**	**1830**	**60500**	**1531**	**78689**
375431	296965	195952	1679	52085	1531	68748
11279	96351	85352	150	8388		9512
4391	66824	58745	1	27		430
415509	**864661**	**591173**	**8861**	**111691**	**1815**	**170301**
113912	456884	330562	2087	66587	235	90586
301597	407777	260610	6774	45105	1580	79715
2655620	5825543	3057519	1045163	1254133	12703	2671348
62029	154959	119967	6482	9508	75	26310
1885559	3194765	2402626	15430	287446	65535	448960
5226531	16170554	13574430	111754	1108943	111077	1592062
3953412	7507842	4327363	1071870	892526	3903	2454478
5876327	17837979	14827179	106959	1767503	185486	2284202
4626794	10430371	7110965	1086783	1418832	33221	2985467
2211339	5442714	4182093	29119	556938	96167	754690
2633164	9030932	7502228	61661	672237	48039	978060
358442	441805	359256	1266	12023	11963	20463

7-6 续表4

单位：万元

指　标	Item	#应付账款 Accounts Payable
按企业主营业务收入分	**By Revenue from Principal Business**	
年收入在40亿元以上	Annual Income Above 4 billion yuan	614866
年收入在20—40亿元	Annual Income Between 2 billion and 4 billion yuan	275924
年收入在10—20亿元	Annual Income Between 1 billion and 2 billion yuan	183021
年收入在 5—10亿元	Annual Income Between 0.5 billion and 1 billion yuan	389470
年收入在 1—5亿元	Annual Income Between 0.1 billion and 0.5 billion yuan	704435
年收入在3000万元—1亿元	Annual Income Between 30 million and 0.1 billion yuan	241115
年收入在1000万元—3000万元	Annual Income Between 10 million and 30 million yuan	33429
年收入在1000万元以下	Annual Income Below 10 million yuan	1696
按支柱、特色行业分	**By Pillar and Characteristic Industries**	
能源、优势原材料为主的支柱产业	Pillar Industries of Energy and Raw Materials	717788
电	Electricity	50292
煤	Coal	27380
煤化工	Coal Chemical Industry	162308
铝及铝加工	Aluminium and Its Processing Industry	164463
磷及磷化工	Phosphorus and Its Chemical Industry	326085
铁合金	Iron Alloy	14641
烟酒为主的传统支柱产业	Traditional Pillar Industries of Tobacco and Liquor	212770
酒	Liquor	14693
烟	Tobacco	198077
贵阳市重点产业（行业）	Six Special Pillar Industries	1908948
磷煤化工	Phosphorus and Coal Chemical Industry	461013
铝及铝化工	Aluminum and Its Chemical Industry	164463
特色食品	Characteristic Food	87489
烟草制品	Tobacco Products	198077
医药制造业	Modern Medicine	96760
装备制造业	Equipment Manufacturing Industry	753315
#汽车制造业	Automobile Industry	175288
#电子信息设备制造业	Electronic Information Equipment Manufacturing Industry	130844
电力生产及供应业	Electric Power Production and Supply Industry	56315
橡胶及塑料制品业	Rubber and Plastic Products Industry	96322
贵阳市产业园区	**Industrial Parks of Guiyang City**	
南明临空经济区产业园	Nanming Airport Economic Zone	37136
云岩产业园	Yunyan Industrial Park	23476
花溪产业园	Huaxi Industrial Park	35529
小河—孟关装备制造业生态工业园	Xiaohe-Mengguan Equipment Manufacturing Industry Eco-Industrial Park	596213
乌当医药食品新型产业园	Wudang Food and Drug New Industrial Park	108246
白云铝及铝加工工业基地	Baiyun Aluminum and Aluminum Processing Industrial Base	184447
麦架—沙文高新技术产业园	Maijia-Shawen High-tech Industrial Park	147470
贵阳综合保税区	Guiyang Integrated Free Trade Zone	10594
观山湖电子商务和现代制造业产业园	Guanshanhu Electronic Commerce and Modern Manufacturing Industrial Park	69328
开阳磷煤化工生态工业示范基地	Kaiyang Phosphorus and Coal Chemical Ecological Industries Demonstration Base	245013
息烽磷煤化工生态工业基地	Xifeng Phosphorus and Coal Chemical Ecological Industries Base	208144
修文产业园	Xiuwen Industrial Park	80204
清镇经开区	Qingzhen Economic Development Zone	300131

(continued)

(10 000 yuan)

非流动负债 Non-current Liabilities	所有者权益合计 Total Owners' Equity	主营业务收入 Revenue from Principal Business	主营业务成本 Cost of Principal Business	营业税金及附加 Business Taxes and Surcharges	利润总额 Total Profits	亏损企业亏损总额 Total Losses	利税总额 Total Profits and Taxes
1922468	1965320	9010102	6273879	1068423	1383779	30351	2799485
324291	1129599	2628954	1974011	14164	261484		377156
681960	1049542	2918230	2236536	15659	286256	10499	387527
457549	2320306	3929677	3038568	15896	404350	4678	560936
923176	2388972	5715197	4677471	55510	335633	76363	584054
175441	711213	1012870	842088	7063	3242	47662	37375
140514	263020	127520	108510	1974	-7326	12428	-1638
8992	1767	3271	3479	141	-7390	7409	-6217
3055326	1483748	7715400	6833064	66302	513694	93228	763951
627128	88999	297361	182190	2489	70306	3751	106080
139105	301542	75262	64886	2507	-16349	19670	-9621
530044	193461	329614	334593	3216	-66968	71477	-58145
524387	492237	1349071	1202020	4182	204207	4995	281608
1373316	713509	5633092	5013453	56093	311040	7716	436066
452	-4458	106263	100808	323	-4891	5289	-1658
15972	1512012	2401298	842208	1041166	326465		1639883
15474	96787	410650	265113	13931	113920		145878
498	1415225	1990648	577096	1027235	212545		1494005
3827563	7105813	20296386	14881688	1151131	2305220	130098	4259516
1764255	605927	5887651	5283317	56831	260280	59664	387441
524387	492237	1349071	1202020	4182	204207	4995	281608
62489	520641	2169730	1670621	21119	333400	2257	436605
498	1415225	1990648	577096	1027235	212545		1494005
85250	1284357	1958803	915968	18126	252772	897	399442
532410	2173259	4592783	3797554	14140	235911	25488	333967
31760	350244	1046864	871236	2867	78118		107178
67371	613116	1509608	1258617	2930	82139	4119	104967
627157	133124	1547282	672982	5682	816669	3751	909405
233381	528784	976038	852789	4928	4431	33058	38783
6372	223237	526839	356159	3947	114510	62	151840
43173	390499	305799	75646	8113	21311		69324
4719	180605	512385	414511	1744	67727		77087
173421	2095755	4359050	2550026	1033404	335346	4091	1658225
92143	700854	1373716	946151	6403	82047	1941	128995
424514	737346	2591111	2250651	13432	320021	5435	462269
385141	688907	975837	696397	4582	45687	12414	67819
	3157	20207	20072		-97	97	-97
97777	24412	225469	210234	1921	-12317	16642	-2161
1085257	693843	2996216	2687938	35133	114268	14597	218038
744376	732999	3819672	3306527	31053	299418	3895	358401
47154	511284	1770147	1379632	10838	151440	7896	230484
870784	288396	1258355	1032892	6609	38376	70885	92715

7-6　续表5

单位：万元

指　　标	Item	#应付账款 Accounts Payable
按工业行业分	**By Sector**	
采矿业	**Mining**	**34089**
煤炭开采和洗选业	Mining and Washing of Coal	25944
有色金属矿采选业	Non-ferrous Metals Mining and Dressing	519
非金属矿采选业	Mining and Processing of Non-mental Ores	7626
制造业	**Manufacturing**	**2266228**
农副食品加工业	Farm and Sideline Products Processing	22282
食品制造业	Food Manufacturing	27132
酒、饮料和精制茶制造业	Manufacture of Liquor,Beverages and Refined Tea	38075
烟草制品业	Manufacture of Tobacco	198077
纺织业	Manufacture of Textile	76
纺织服装、服饰业	Manufacture of Textiles and Garments	17
皮革、毛皮、羽毛及其制品和制鞋业	Manufacture of Leather,Fur,Feather and Related Products and Footwear	5286
木材加工及木、竹、藤、棕、草制品业	Wood Processing and Manufacture of Wood,Bamboo,Rattan,Palm, and Straw Products	98
家具制造业	Manufacture of Furniture	5054
造纸和纸制品业	Manufacture of Paper and Paper Products	10009
印刷业和记录媒介复制业	Printing and Reproduction of Recording Media	22158
文教、工美、体育和娱乐用品制造业	Manufacture of Articles for Culture,Education,Industrial Arts, Sports and Recreation	10297
石油加工、炼焦和核燃料加工业	Petroleum Processing, Coking, Nuclear Fuel Processing Industry	20841
化学原料和化学制品制造业	Manufacture of Raw Chemical Materials and Chemical Products	438447
医药制造业	Manufacture of Medicines	96760
橡胶和塑料制品业	Manufacture of Rubber and Plastics	96322
非金属矿物制品业	Manufacture of Non-metallic Mineral Products	250119
黑色金属冶炼和压延加工业	Smelting and Calendering of Ferrous Metals	66883
有色金属冶炼和压延加工业	Smelting and Calendering of Non-ferrous Metals	153600
金属制品业	Manufacture of Metal Products	92064
通用设备制造业	Manufacture of General Purpose Machinery	57599
专用设备制造业	Manufacture of Special Purpose Machinery	66627
汽车制造业	Manufacture of Automobile	175288
铁路、船舶、航空航天和其他运输设备制造业	Manufacture of Railway,Watercraft,Aviation, Aerospace and Other Transport Equipment	222454
电气机械和器材制造业	Manufacture of Electrical Machinery and Equipment	44494
计算机、通信和其他电子设备制造业	Manufacture of Computers, Communication Equipment and Other Electronic Equipment	81795
仪器、仪表制造业	Manufacture of Measuring Instruments	32828
其他制造业	Others	31548
电力、燃气及水的生产和供应业	**Production and Supply of Electric Power,Gas and Water**	**143639**
电力、热力的生产和供应业	Production and Supply of Electric Power and Heating Power	56315
燃气生产和供应业	Production and Supply of Gas	71619
水的生产和供应业	Production and Supply of Water	15705

(continued)

(10 000 yuan)

非流动负债 Non-current Liability	所有者权益合计 Total Owners' Equity	主营业务收入 Revenue from Principal Business	主营业务成本 Cost of Principal Business	营业税金及附加 Business Taxes and Surcharges	利润总额 Total Profits	亏损企业亏损总额 Total Losses	利税总额 Total Profits and Taxes
138946	**422927**	**482417**	**358834**	**18999**	**49904**	**19856**	**104730**
132088	295785	71616	62305	2475	-16595	19670	-10137
6858	23133	70298	65985	1976	2244	186	5587
	104008	340503	230544	14548	64255		109281
3614465	**8799273**	**22996764**	**17868356**	**1151985**	**1783925**	**145664**	**3706506**
2243	118653	691474	628573	1677	28253	1040	48266
41289	210133	672943	498942	4023	112759		145586
18958	191855	805313	543106	15419	192388	1217	242753
498	1415225	1990648	577096	1027235	212545		1494005
	1817	4787	3438	16	466		498
	2464	11127	10026	23	368		715
12265	61915	273108	255240	570	13757		18698
7761	-12558	375	446	2	-1062	1062	-1041
5045	21876	44029	30467	379	4379		5624
4347	21855	196740	173205	538	15254	278	17425
5738	137738	214088	151165	2209	37184		48207
	4424	16121	15980		-104	104	-104
2032	6299	943077	799956	1280	139715	47	142437
1908873	1020936	5850771	5261955	45780	250437	48303	343919
85250	1284357	1958803	915968	18126	252772	897	399442
233381	528784	976038	852789	4928	4431	33058	38783
103123	369860	1715458	1505206	12055	57389	24042	110115
107086	523661	579916	545780	1872	12188	6970	21514
495745	537319	1247648	1117089	1281	211942	2311	285173
31181	204319	424686	377902	3123	10360	6065	25083
37220	179851	348832	307634	2105	9883	5188	17261
20618	146886	339462	257721	856	21123	6268	28390
31760	350244	1046864	871236	2867	78118		107178
355779	679617	877604	686173	1662	33383	2870	49079
11675	154875	664902	595385	1888	18166	1350	28696
58596	492701	980432	792555	1641	64748	3100	80841
2775	52259	59627	45507	298	752	1496	4604
31230	91911	61892	47817	134	2332		3358
880982	**607539**	**1866640**	**927353**	**7845**	**826200**	**23869**	**927444**
627157	133124	1547282	672982	5682	816669	3751	909405
82306	73541	210051	180127	1694	-6902	20119	-1351
171518	400874	109306	74244	470	16433		19390

7-7 规模以上国有及国有控股工业企业主要经济指标(2015年)

单位：万元

指标	Item	企业数(个) Number of Enterprises (unit)	#亏损企业 Unprofitable Enterprises	工业总产值(当年价格) Gross Industrial Output Value (current price)
总计	**Total**	**128**	**39**	**12417480**
#亏损企业	Unprofitable Enterprises	39	39	1879418
#高技术	High-tech	28	6	2134732
#文化产业	Cultural Industries	3		374765
按轻重工业分	**By Light & Heavy Industries**			
轻工业	Light Industry	20		2928504
重工业	Heavy Industry	108	39	9488976
按企业规模分	**By Size of Enterprises**			
大型企业	Large Enterprises	21	2	7563392
中型企业	Medium-sized Enterprises	40	13	2056061
小型企业	Small Enterprises	50	18	2476463
微型企业	Micro-sized Enterprises	17	6	321563
按企业主营业务收入分	**By Revenue from Principal Business**			
年收入在40亿元以上	Annual Income Above 4 billion yuan	7	1	6841670
年收入在20—40亿元	Annual Income Between 2 billion and 4 billion yuan	5		1404606
年收入在10—20亿元	Annual Income Between 1 billion and 2 billion yuan	5	2	823870
年收入在5—10亿元	Annual Income Between 0.5 billion and 1 billion yuan	20	1	1591847
年收入在1—5亿元	Annual Income Between 0.1 billion and 0.5 billion yuan	48	15	1514020
年收入在3000万元—1亿元	Annual Income Between 30 million and 0.1 billion yuan	24	9	220109
年收入在1000万元—3000万元	Annual Income Between 10 million and 30 million yuan	9	7	18427
年收入在1000万元以下	Annual Income Below 10 million yuan	10	4	2930
贵阳市产业园区	**Industrial Parks of Guiyang City**			
南明临空经济区产业园	Nanming Airport Economic Zone			
云岩产业园	Yunyan Industrial Park	1		19829
花溪产业园	Huaxi Industrial Park			
小河—孟关装备制造业生态工业园	Xiaohe-Mengguan Equipment Manufacturing Industry Eco-Industrial Park	25	3	4098114
乌当医药食品新型产业园	Wudang Food and Drug New Industrial Park	15	4	511624
白云铝及铝加工工业基地	Baiyun Aluminum and Aluminum Processing Industrial Base	10	3	976016
麦架—沙文高新技术产业园	Maijia-Shawen High-tech Industrial Park	11	5	578023
贵阳综合保税区	Guiyang Integrated Free Trade Zone			
观山湖电子商务和现代制造业产业园	Guanshanhu Electronic Commerce and Modern Manufacturing Industrial Park	1	1	27159
开阳磷煤化工生态工业示范基地	Kaiyang Phosphorus and Coal Chemical Ecological Industries Demonstration Base	4	1	939196
息烽磷煤化工生态工业基地	Xifeng Phosphorus and Coal Chemical Ecological Industries Base	5	1	855757
修文产业园	Xiuwen Industrial Park	5	3	235753
清镇经开区	Qingzhen Economic Development Zone	13	6	503401

Main Economic Indicators of State-owned or State-holding Industrial Enterprises above Designated Size(2015)

(10 000 yuan)

工业增加值(当年价格) Industrial Added Value (current price)	工业销售产值(当年价格) Industrial Sales Value (current price)	资产总计 Total Assets	流动资产合计 Total Current Assets	负债合计 Total Liabilities	流动负债合计 Total Current Liabilities	主营业务收入 Revenue from Principal Business	利润总额 Total Profits	亏损企业亏损总额 Total Losses	利税总额 Total Profits and Taxes	全部从业人员年平均人数(人) Annual Average Employed Persons (person)
3914338	**11379381**	**20094200**	**9040876**	**14253070**	**8946602**	**13483167**	**1474418**	**160020**	**3082940**	**114860**
284692	1232152	4025369	1680348	3571580	2291295	1230666	-160020	160020	-104916	30320
461307	1989633	3008800	1771214	1873447	1469171	1766331	93729	5687	123555	26362
35873	337379	121645	97013	58156	55492	303794	6490		12343	1228
1916360	2831474	2887307	1880794	919936	764125	2875085	253962		1552714	13067
1997978	8547907	17206893	7160082	13333134	8182477	10608082	1220456	160020	1530226	101793
2895871	6676650	12962094	5954801	9225114	5661659	8993529	1217601	33221	2679786	67302
409312	1909302	4257432	1782828	3379800	2135699	1844859	5052	90375	70163	33707
525692	2499990	2322994	978162	1349038	898615	2351174	240748	25766	314168	7758
83463	293439	551680	325085	299119	250629	293605	11017	10658	18824	6093
2545496	6130462	8762524	3739706	6839027	3865301	8336287	1246022	30351	2661161	32459
273539	1326061	1674497	855304	1145881	864512	1408980	49431		82660	17314
177789	768881	1322251	540771	964713	383567	764372	27262	10499	55162	2841
518136	1517477	3253472	1486911	1568646	1153593	1491887	181843	2870	257106	19811
327069	1415286	4084667	1988420	2875869	2038847	1309520	14862	64149	63550	33899
64344	199062	714812	305274	650165	538665	151618	-33320	40131	-27020	6157
7336	18535	265999	116917	166721	68996	18492	-4765	5103	-3877	1483
629	3618	15978	7573	42049	33120	2012	-6917	6917	-5801	896
2280	18261	37026	34252	25112	23560	20470	24		305	437
2063914	3911079	3447697	2442557	1535352	1367531	3601031	280008	3727	1587615	28643
140247	449846	636137	402708	263491	219527	437276	28395	1479	38063	8850
244922	904273	1157730	498470	701440	322703	894990	186312	3818	256675	12313
142730	580028	1553242	713705	1167288	866774	525016	2509	11534	11456	10709
3270	39692	293474	62154	280962	184663	39850	-16495	16495	-12368	5549
190682	839388	2865067	979881	2561048	1527282	1808586	9721	6748	36068	7333
179334	766675	2550311	1016397	2304922	1577198	2318105	30640	3352	64019	7443
45414	232519	166696	82776	113379	93581	210932	4497	3768	20548	1076
145063	481282	1981990	601203	1899643	985076	485176	11864	65856	44030	8316

7-7 续表1

单位：万元

指 标	Item	企业数（个）Number of Enterprises (unit)	#亏损企业 Unprofitable Enterprises	工业总产值（当年价格）Gross Industrial Output Value (current price)
按支柱、特色行业分	**By Pillar and Characteristic Industries**			
能源、优势原材料为主的支柱产业	Pillar Industry of Energy and Raw Materials	22	8	2738600
电	Electricity	8	1	312061
煤	Coal	1	1	27159
煤化工	Coal Chemical Industry	4	4	182876
铝及铝加工	Aluminum and Its Processing Industry	4	1	732489
磷及磷化工	Phosphorus and Its Chemical Industry	4	1	1511174
铁合金	Iron Alloy	2	1	
烟酒为主的传统支柱产业	Traditional Pillar Industries of Tobacco and Liquor	3		2006895
酒	Liquor			
烟	Tobacco	3		2006895
贵阳市重点产业（行业）	Six Special Pillar Industries	90	28	10486253
磷煤化工	Phosphorus and Coal Chemical Industry	7	4	1666891
铝及铝化工	Aluminum and Its Chemical Industry	4	1	732489
特色食品	Characteristic Food	4		84634
烟草制品	Tobacco Products	3		2006895
医药制造业	Modern Medicine	1		112445
装备制造业	Equipment Manufacturing Industry	55	20	3189343
#汽车制造业	Automobile Industry	3		613971
#电子信息设备制造业	Electronic Information Equipment Manufacturing Industry	14	4	1081058
电力生产及供应业	Electric Power Production and Supply Industry	14	1	1793048
橡胶及塑料制品业	Rubber and Plastic Products Industry	3	2	1012953
按登记注册类型分	**By Status of Registration**			
内资企业	**Domestic-funded Enterprises**	**125**	**38**	**12355095**
国有企业	State-owned Enterprises	39	7	5511641
中央企业	Central Enterprises	24	4	4131572
省地县属	Local Enterprises	15	3	1380069
有限责任公司	Limited Liability Companiess	72	26	4207377
国有独资公司	State Sole Funded Corporations	23	5	1457434
其他有限责任公司	Others	49	21	2749943
股份有限公司	Companies Limited by Shares	14	5	2636076

(continued)

(10 000 yuan)

工业增加值(当年价格) Industrial Added Value (current price)	工业销售产值(当年价格) Industrial Sales Value (current price)	资产总计 Total Assets	流动资产合计 Total Current Assets	负债合计 Total Liabilities	流动负债合计 Total Current Liabilitiess	主营业务收入 Revenue from Principal Business	利润总额 Total Profits	亏损企业亏损总额 Total Losses	利税总额 Total Profits and Taxes	全部从业人员年平均人数(人) Annual Average Employed Persons(peson)
628701	2482230	8010078	2685598	7254671	4221045	4985302	227376	80782	375665	31456
134313	307617	1109646	167732	1020647	393519	297361	70306	3751	106080	2317
3270	39692	293474	62154	280962	184663	39850	-16495	16495	-12368	5549
4499	186794	1011568	238823	1110029	557102	254191	-68302	68302	-62985	8561
181206	650436	1185828	398436	830692	342002	643392	189797	299	245084	6843
308683	1337383	4697201	1878296	4268538	2903657	3790359	40653	3352	91877	13693
		5835	2312	24765	24765		-5078	5078	-4392	42
1749330	2019108	1806411	1351981	391186	390688	1990648	212545		1494005	4479
1749330	2019108	1806411	1351981	391186	390688	1990648	212545		1494005	4479
3490966	9400004	16439716	7388733	12026084	7271780	11374495	1296944	114202	2861409	92103
309912	1484485	5415295	2054965	5097605	3276095	4004700	-11154	55159	41261	16705
181206	650436	1185828	398436	830692	342002	643392	189797	299	245084	6843
21679	82980	76318	35618	43375	39612	76063	1360		2340	1617
1749330	2019108	1806411	1351981	391186	390688	1990648	212545		1494005	4479
28836	86481	20599	14715	4565	4346	86481	3972		6235	180
714268	2979540	4598640	2701807	2781382	2246642	2693540	114908	24226	178300	48965
125331	558076	463157	304108	204816	182611	569676	21108		39482	8473
194218	980775	913580	674532	383853	330145	874361	58418	3874	75400	6765
397823	1768728	2232076	224963	2098952	420257	1547282	816669	3751	909405	5386
116748	414726	1125149	620964	782891	556484	418871	-27182	30767	-8987	8108
3891525	**11330212**	**19822097**	**8999285**	**14132103**	**8843494**	**13439632**	**1468209**	**159910**	**3074789**	**113605**
2491321	5568787	5565004	2793856	3251100	1818413	5215689	1194175	9407	2569513	31540
2143691	4092270	4420138	2110563	2872339	1495680	3759261	1014446	6391	2349132	24378
347631	1476517	1144867	683293	378761	322733	1456428	179729	3016	220381	7162
856156	3904679	11213427	4608479	8952706	5731764	6339189	98543	86079	234935	51248
332390	1346038	5492311	2405245	4167232	2771864	2358589	42448	43163	90474	30729
523766	2558641	5721116	2203234	4785474	2959900	3980600	56096	42916	144461	20519
544047	1856747	3043665	1596950	1928297	1293317	1884754	175491	64424	270341	30817

7-7 续表2

单位：万元

指标	Item	企业数(个) Number of Enterprises (unit)	#亏损企业 Unprofitable Enterprises	工业总产值(当年价格) Gross Industrial Output Value (current price)
港、澳、台商投资企业	**Enterprises with Foreign Investment**	**3**	**1**	**62385**
合资经营企业(港或澳、台资)	Sino-foreign Equity Joint Ventures	3	1	62385
按工业行业分	**By Sector**			
采矿业	**Mining**	**2**	**1**	**90129**
煤炭开采和洗选业	Mining and Washing of Coal	1	1	27159
非金属矿采选业	Mining and Processing of Non-mental Ores	1		62970
制造业	**Manufacturing**	**105**	**36**	**10450244**
农副食品加工业	Farm and Sideline Products Processing	3		21841
食品制造业	Food Manufacturing	1		62793
烟草制品业	Manufacture of Tobacco	3		2006895
皮革、毛皮、羽毛及其制品和制鞋业	Manufacture of Leather,Fur,Feather and Related Products and Footwear	1		121579
木材加工和木、竹、藤、棕、草制品业	Wood Processing and Manufacture of Wood,Bamboo,Rattan, Palm,and Straw Products	1	1	281
家具制造业	Manufacture of Furniture	1		25194
造纸和纸制品业	Paper Making and Paper Products Industries	1		6819
印刷业和记录媒介复制业	Printing and Reproduction of Recording Media	2		22870
石油加工、炼焦和核燃料加工业	Petroleum Processing, Coking, Nuclear Fuel Processing Industry	1		806316
化学原料和化学制品制造业	Manufacture of Raw Chemical Materials and Chemical Products	9	5	1699505
医药制造业	Manufacture of Medicines	1		112445
橡胶和塑料制品业	Manufacture of Rubber and Plastics	3	2	1012953
非金属矿物制品业	Manufacture of Non-metallic Mineral Products	12	6	348429
黑色金属冶炼和压延加工业	Smelting and Calendering of Ferrous Metals	3	1	46578
有色金属冶炼和压延加工业	Smelting and Calendering of Non-ferrous Metals	3		715818
金属制品业	Manufacture of Metal Products	10	5	280981
通用设备制造业	Manufacture of General Purpose Machinery	8	3	190221
专用设备制造业	Manufacture of Special Purpose Machinery	6	5	128257
汽车制造业	Manufacture of Automobiles	3		613971
铁路、船舶、航空航天和其他运输设备制造业	Manufacture of Railway,Watercraft,Aviation,Aerospace and Other Transport Equipment	13	1	988750
电气机械和器材制造业	Manufacture of Electrical Machinery and Equipment	3	2	8876
计算机、通信和其他电子设备制造业	Manufacture of Computers, Communication Equipment and Other Electronic Equipment	12	3	1051746
仪器、仪表制造业	Manufacture of Measuring Instrument	3	2	48645
其他制造业	Others	2		128480
电力、燃气及水的生产和供应业	**Production and Supply of Electric Power,Gas and Water**	**21**	**2**	**1877107**
电力、热力的生产和供应业	Production and Supply of Electric Power and Heating Power	14	1	1793048
燃气生产和供应业	Production and Supply of Gas	2	1	11517
水的生产和供应业	Production and Supply of Water	5		72542

(continued)

(10 000 yuan)

工业增加值(当年价格) Industrial Added Value (current price)	工业销售产值(当年价格) Industrial Sales Value (current price)	资产总计 Total Assets	流动资产合计 Total Current Assets	负债合计 Total Liabilities	流动负债合计 Total Current Liabilities	主营业务收入 Revenue from Principal Business	利润总额 Total Profits	亏损企业亏损总额 Total Losses	利税总额 Total Profits and Taxes	全部从业人员年平均人数(人) Annual Average Employed Persons(person)
22814	**49168**	**272103**	**41591**	**120967**	**103108**	**43535**	**6209**	**110**	**8152**	**1255**
22814	49168	272103	41591	120967	103108	43535	6209	110	8152	1255
21394	**108952**	**340213**	**85657**	**288815**	**192516**	**107536**	**-6261**	**16495**	**703**	**5965**
3270	39692	293474	62154	280962	184663	39850	-16495	16495	-12368	5549
18124	69260	46738	23503	7853	7853	67686	10234		13072	416
3462089	**9431360**	**16903841**	**8574221**	**11478728**	**8068723**	**11760779**	**674476**	**119656**	**2181295**	**100310**
3406	21622	8100	7436	6755	6029	21886	114		124	147
18274	61358	68218	28182	36621	33583	54177	1247		2216	1470
1749330	2019108	1806411	1351981	391186	390688	1990648	212545		1494005	4479
29668	114524	90402	70828	28488	16223	273108	13757		18698	1504
70	375	2317	806	14875	7113	375	-1062	1062	-1041	62
8507	31689	37660	12554	19511	14466	31689	4164		4495	462
1632	6730	4670	3527	1766	1766	5791	698		1130	86
9625	22377	21704	13244	10161	8147	21216	201		854	716
148627	931064	47851	46856	43767	41734	931064	139762		142392	261
344712	1510071	6099746	2378038	5395991	3436963	4059823	20608	43127	77080	19278
28836	86481	20599	14715	4565	4346	86481	3972		6235	180
116748	414726	1125149	620964	782891	556484	418871	-27182	30767	-8987	8108
67353	339285	546978	189136	453447	383775	343453	-915	15250	10949	3031
15058	42078	949133	533989	546563	459732	49333	-1295	5078	903	2967
177238	638268	1130232	360968	742846	277675	628525	190096		245218	5736
66777	271415	437989	277797	292018	251252	273098	7027	5362	18872	5273
37686	174903	437196	225877	287357	243027	123585	4801	4723	7550	3482
25016	110224	202874	110319	123539	98215	70149	-6232	6268	-4444	1471
125331	558076	463157	304108	204816	182611	569676	21108		39482	8473
273217	974236	2200630	1144582	1532132	1173425	860360	31735	2870	47115	23020
2129	8597	38319	23583	22282	22237	8905	-622	721	23	753
184959	956207	839979	613404	333298	280657	848617	58780	3100	73491	6341
15431	38867	95399	73348	60881	59814	31705	-915	1328	2093	963
12462	99079	229131	167978	142976	118763	58246	2086		2841	2047
430855	**1839069**	**2850146**	**380998**	**2485527**	**685363**	**1614851**	**806203**	**23869**	**900943**	**8585**
397823	1768728	2232076	224963	2098952	420257	1547282	816669	3751	909405	5386
1706	12051	94437	16489	150153	139828	13659	-20117	20119	-20033	1641
31327	58290	523634	139546	236422	125278	53910	9651		11571	1558

7-8 规模以上外商投资和港澳台商投资工业企业主要经济指标(2015年)

单位：万元

指标	Item	企业数(个) Number of Enterprises (unit)	#亏损企业 Unprofitable Enterprises	工业总产值(当年价格) Gross Industrial Output Value (current price)
总计	**Tatal**	**39**	**9**	**1513303**
#亏损企业	Unprofitable Enterprises	9	9	108320
#国有控股企业	State Holding Enterprises	3	1	62385
#农村工业	Rural Enterprises	1		31174
#非公有制工业	Non-public Industries	36	8	1450918
#高技术	High-tech Industries	11	2	430574
#文化产业	Cultural Industries	3		152949
按登记注册类型分	**By Status of Registration**			
港、澳、台商投资企业	Enterprises with Funds from Hong Kong,Macao and Taiwan	18	3	543161
合资经营企业(港或澳、台资)	Joint-venture Enterprises (Funds from Hong Kong, Macao and Taiwan)	13	3	386589
港澳台商独资经营企业	Taiwa, Hong Kong and Macao-funded Enterprises	4		97286
港澳台商投资股份有限公司	Enterprises with Sole Funds from Hong Kong, Macao and Taiwan	1		59287
外商投资企业	Foreign-funded Enterprises	21	6	970142
中外合资经营企业	Sino-foreign Equity Joint Ventures	10	2	466715
外资企业	Overseas-funded Enterprises	11	4	503427
按轻重工业分	**By Light &Light Industries**			
轻工业	Light Industry	22	1	1062209
重工业	Heavy Industry	17	8	451095
按企业规模分	**By Size of Enterprises**			
大型企业	Large Enterprises	2		189941
中型企业	Medium-sized Enterprises	6		495112
小型企业	Small Enterprises	27	7	798492
微型企业	Micro-sized Enterprises	4	2	29758
贵阳市重点产业（行业）	Six Special Pillar Industries	29	8	1247836
磷煤化工	Phosphorus and Coal Chemical Industry			
铝及铝化工	Aluminum and Its Chemical Industry	3	2	17640
特色食品	Characteristic Food	8	1	472534
烟草制品	Tobacco Products			
医药制造业	Modern Medicine	7		356221
装备制造业	Equipment Manufacturing Industry	8	2	258214
#汽车制造业	Automobile Industry	1		6128
#电子信息产业制造业	Electronic Information Equipment Manufacturing Industry	3	1	167311
电力生产及供应业	Electric Power Production and Supply Industry			
橡胶及塑料制品业	Rubber and Plastic Products Industry	4	3	159819
按主营业务收入分	**By Annual Revenue of Major Business**			
年收入在20—40亿元	Between 2 and 4 Billion Yuan	1		273425
年收入在10—20亿元	Between 1 and 2 Billion Yuan	2		235578
年收入在5—10亿元	Between 0.5 and 1 Billion Yuan	5		358486
年收入在1—5亿元	Between 0.1 and 0.5 Billion Yuan	20	5	572343
年收入在3000万元—1亿元	Between 30 and 100 Million Yuan	5	1	38508
年收入在1000万元—3000万元	Between 10 and 30 Million Yuan	3	1	33376
年收入在1000万元以下	Below 10 million yuan	3	2	1588

Main Economic Indicators of Industrial Enterprises with Hong Kong, Macao, Taiwan and Foreign Funds(2015)

(10 000 yuan)

工业增加值(当年价格) Industrial Added Value (current price)	工业销售产值(当年价格) Industrial Sales Value (current price)	资产总计 Total Assets	流动资产合计 Total Current Assets	负债合计 Total Liabilities	流动负债合计 Total Current Liabilities	主营业务收入 Revenue from Principal Business	利润总额 Total Profits	亏损企业亏损总额 Total Losses	利税总额 Total Profits and Taxes	全部从业人员年平均人数(人) Annual Average Employed Persons (person)
428443	**1374568**	**1622617**	**778295**	**815980**	**689916**	**1324801**	**172191**	**3345**	**248990**	**11590**
19398	100606	80412	35061	51787	49357	101541	-3345	3345	-643	821
22814	49168	272103	41591	120967	103108	43535	6209	110	8152	1255
2600	30215	4696	2165	1861	1861	26514	208		212	203
405629	1325400	1350513	736704	695013	586808	1281266	165982	3235	240838	10335
126176	333878	379303	271731	173874	145073	357527	45505	264	76826	4195
41061	149517	68496	41864	16645	15266	118720	22472		26609	556
149461	510491	854193	280208	463066	378292	460139	60500	1531	78689	4684
130579	356039	819946	250855	444515	361120	296965	52085	1531	68748	4023
14725	95941	24726	19841	13448	13448	96351	8388		9512	601
4157	58512	9521	9512	5104	3725	66824	27		430	60
278982	864077	768424	498088	352915	311624	864661	111691	1815	170301	6906
145085	462348	253006	165191	139094	133189	456884	66587	235	90586	2695
133896	401729	515418	332896	213821	178435	407777	45105	1580	79715	4211
333734	935346	865144	398319	371100	321363	908370	154202	1217	215064	7848
94709	439223	757473	379976	444880	368554	416431	17989	2128	33925	3742
92110	178961	303324	239309	143037	135278	185963	27479		48835	4079
182495	480652	764353	211445	430691	353236	463362	91038		118013	3662
148641	685648	481493	309072	234429	196229	671905	53805	3180	82004	3820
5197	29307	73447	18469	7824	5174	3571	-131	165	138	29
339411	1135157	840770	568467	422982	377952	1160998	135342	2875	203549	8822
2495	17396	9614	8385	5746	4563	17410	-69	69	-67	86
147892	459978	157952	53834	70627	69907	451192	78510	1217	102404	1596
117835	260960	351905	251946	157250	130996	278022	44805		75197	3827
35840	249591	244387	211137	152306	135433	263196	2387	264	8900	2318
1817	7156	5102	4093	1280	1280	7730	368		667	106
8229	156277	88800	79832	52546	39975	169664	391	110	1853	245
36838	159430	87706	49332	40270	40270	162823	11852	1325	19915	1163
104880	269846	61506	11495	26464	26464	269846	63910		80281	545
76696	212269	252685	194531	100640	87160	224928	27616		45419	2980
64667	341719	276592	228048	170826	144945	353612	17231		31476	2504
165392	481001	906853	293974	478406	399048	431984	60573	2555	86558	4668
9715	35289	46054	29688	27040	22347	35783	3118	470	4918	656
6771	32878	75233	17524	9283	7800	7851	-91	154	255	220
322	1567	3693	3035	3321	2153	798	-165	165	83	17

7-8 续表

单位：万元

指　　标	Item	企业数(个) Number of Enterprises (unit)	#亏损企业 Unprofitable Enterprises	工业总产值(当年价格) Gross Industrial Output Value (current price)
贵阳市产业园区	**Industrial Parks of Guiyang City**			
南明临空经济区产业园	Nanming Airport Economic Zone	1		76232
云岩产业园	Yunyan Industrial Park	1		39689
花溪产业园	Huaxi Industrial Park	1		31174
小河—孟关装备制造业生态工业园	Xiaohe-Mengguan Equipment Manufacturing Industry Eco-Industrial Park	4		148564
乌当医药食品新型产业园	Wudang Food and Drug New Industrial Park	3	1	35062
白云铝及铝加工工业基地	Baiyun Aluminum and Aluminum Processing Industrial Base	8	2	477827
麦架—沙文高新技术产业园	Maijia-Shawen High-tech Industrial Park	2		39254
贵阳综合保税区	Guiyang Integrated Free Trade Zone			
观山湖电子商务和现代制造业产业园	Guanshanhu Electronic Commerce and Modern Manufacturing Industrial Park			
开阳磷煤化工生态工业示范基地	Kaiyang Phosphorus and Coal Chemical Ecological Industries Demonstration Base	2		87309
息烽磷煤化工生态工业基地	Xifeng Phosphorus and Coal Chemical Ecological Industries Base	1		14582
修文产业园	Xiuwen Industrial Park	4	2	195346
清镇经开区	Qingzhen Economic Development Zone	3		192613
制造业	**Manufacturing**	**37**	**9**	**1430460**
农副食品加工业	Farm and Sideline Products Processing	3		104895
酒、饮料和精制茶制造业	Manufacture of Liquor,Beverages and Refined Tea	1		13352
食品制造业	Food Manufacturing Industries	4	1	354287
造纸和纸制品业	Manufacture of Paper and Paper Products	1		6819
印刷业和记录媒介的复制业	Printing and Reproduction of Recording Media	2		93662
化学原料和化学制品制造业	Manufacture of Raw Chemical Materials and Chemical Products	2		50377
医药制造业	Manufacture of Medicines	7		356221
橡胶和塑料制品业	Manufacture of Rubber and Plastics	4	3	159819
非金属矿物制品业	Manufacture of Non-metallic Mineral Products	5	3	32814
专用设备制造业	Manufacture of Special Purpose Machinery	1		60799
汽车制造业	Manufacture of Automobiles	1		6128
铁路、船舶、航空航天和其他运输设备制造业	Manufacture of Railway,Watercraft,Aviation,Aerospace and Other Transport Equipment	1		10388
电气机械和器材制造业	Manufacture of Electrical Machinery and Equipment	2		116934
计算机、通信和其他电子设备制造业	Manufacture of Computers, Communication Equipment and Other Electronic Equipment	2	1	60875
仪器、仪表制造业	Manufacture of Measuring Instruments	1	1	3090
电力、燃气及水的生产和供应业	**Electric Power of Gas and Water Production and Supply**	**2**		**82843**
水的生产和供应业	Production and Supply of Water	2		82843

(continued)

(10 000 yuan)

工业增加值(当年价格) Industrial Added Value (current price)	工业销售产值(当年价格) Industrial Sales Value (current price)	资产总计 Total Assets	流动资产合计 Total Current Assets	负债合计 Total Liabilities	流动负债合计 Total Current Liabilities	主营业务收入 Revenue from Principal Business	利润总额 Total Profits	亏损企业亏损总额 Total Losses	利税总额 Total Profits and Taxes	全部从业人员年平均人数(人) Annual Average Employed Persons (person)
19207	18809	59608	26405	22908	22908	39540	9211		15887	154
17338	38607	29046	15527	9131	9131	34538	7189		13766	280
2600	30215	4696	2165	1861	1861	26514	208		212	203
51307	148577	179526	140414	96797	92495	114025	19514		26456	1997
7431	25927	18398	11555	8847	8847	25311	2114	154	3370	465
127680	461362	177350	102227	88601	78576	466579	71273	425	91570	1089
18114	38277	346232	102452	240654	182488	30143	5186		5911	494
7763	86102	72730	17342	7195	5713	61136	1139		1775	104
1216	14378	7321	1414	4355	4133	14378	48		58	120
90445	178889	243878	159759	98274	90958	175787	29484	1230	49079	3351
43440	175133	148039	113447	79805	59187	177510	16284		25250	1233
392079	**1305209**	**1024109**	**647287**	**464085**	**412879**	**1266605**	**162321**	**3345**	**237271**	**10065**
6705	102955	14993	5486	8908	8686	99254	1361		1992	415
4984	13178	11081	9194	4205	3786	12162	521		625	150
136203	343845	131878	39153	57514	57435	339776	76628	1217	99788	1031
1632	6730	4670	3527	1766	1766	5791	698		1130	86
36904	91005	58974	32352	11542	11542	51896	22445		26179	496
8986	48503	84994	21492	6136	4653	22909	576		1566	152
117835	260960	351905	251946	157250	130996	278022	44805		75197	3827
36838	159430	87706	49332	40270	40270	162823	11852	1325	19915	1163
6152	29011	33520	23667	24189	18311	30777	1047	539	1979	427
19164	62889	127136	112376	87430	83128	63077	337		4701	1269
1817	7156	5102	4093	1280	1280	7730	368		667	106
2610	9788	12377	6786	5551	5551	8894	937		1075	123
6518	106629	84750	74882	46973	36948	112884	983		1903	575
4479	60079	12302	12233	7513	4966	67622	-83	110	569	75
1252	3050	2719	766	3560	3560	2989	-154	154	-14	170
36364	**69360**	**598508**	**131008**	**351895**	**277037**	**58196**	**9870**		**11719**	**1525**
36364	69360	598508	131008	351895	277037	58196	9870		11719	1525

7–9 规模以上大中型工业企业主要经济指标(2015年)

单位：万元

指　　标	Item	企业数(个) Number of Enterprises (unit)	#亏损企业 Unprofitable Enterprises	工业总产值(当年价格) Gross Industrial Output Value (current price)	工业增加值(当年价格) Industrial Added Value (current price)
总　　计	**Total**	**115**	**19**	**15043526**	**4854436**
#亏损企业	Unprofitable Enterprises	19	19	1700141	247049
#国有控股企业	State Holding Enterprises	61	15	9619453	3305183
#农村工业	Rural Industry				
#非公有制工业	Non-public Industries	53	4	5413333	1545184
#高技术	High-tech	28	1	2798743	815385
#文化产业	Cultural Industries	3		397430	51039
按登记注册类型分	**By Status of Registration**				
内资企业	**Domestic-funded Enterprises**	**107**	**19**	**14358473**	**4579831**
国有企业	State-owned Enterprises	19	3	4051952	2108786
中央企业	Central Enterprises	13	1	3781454	2054283
地方企业	Local Enterprises	6	2	270497	54503
集体企业	Collective-owned Enterprises	1		10740	4070
有限责任公司	Limited Liability Companies	58	11	5604973	1287273
国有独资公司	State Sole Funded Corporations	15	3	1377686	302144
其他有限责任公司	Others	43	8	4227287	985129
股份有限公司	Companies Limited by Shares	17	4	3109331	780967
私营企业	Private Enterprises	11	1	1544414	395112
私营有限责任公司	Private Limited Liability Companies	9	1	1470226	367888
私营股份有限公司	Private Companies Limited by Shares	2		74188	27224
其他企业	Others	1		37063	3623
港、澳、台商投资企业	**Enterprises with Funds from Hong Kong, Macao and Taiwan**	**5**		**221688**	**77615**
合资经营企业(港或澳、台资)	Joint-venture Enterprises	4		211189	74847
港澳台商独资经营企业	Solely Funded Enterprises	1		10498	2768
外商投资企业	**Enterprises with Foreign Funds Investment**	**3**		**463365**	**196990**
中外合资经营企业	Sino-foreign Equity Joint Ventures	2		334223	124045
外资企业	Foreign-funded Enterprises	1		129142	72945
按经济组织类型分	**By Types of Economic Organization**				
独资企业	Sole Proprietorships	22	3	4202332	2188568
合作、合伙企业	Cooperative and Partnership Enterprises	1		37063	3623
股份有限公司	Companies Limited by Shares	19	4	3183519	808191
有限责任公司	Limited Liability Companies	73	12	7620611	1854054
按轻重工业分	**By Light & Heay Industries**				
轻工业	Light Industry	34		5123319	2653095
重工业	Heavy Industry	81	19	9920207	2201341
按企业规模分	**By Size of Enterprises**				
大型企业	Large Enterprises	30	2	9099151	3399379
中型企业	Medium-sized enterprises	85	17	5944375	1455057

Main Economic Indicators of Large and Middle-sized Industrial Enterprises above Designated Size(2015)

(10 000 yuan)

工业销售产值(当年价格) Industrial Sales Value (current price)	资产总计 Total Assets	流动资产合计 Total Current Assets	负债合计 Total Liabilities	流动负债合计 Total Current Liabilities	主营业务收入 Revenue from Principal Business	利润总额 Total Profits	亏损企业亏损总额 Total Losses	利税总额 Total Profits and Taxes	全部从业人员年平均人数(人) Annual Average Employed Persons (person)
13677513	**22713594**	**10751081**	**15838281**	**10374577**	**15873085**	**1975769**	**129388**	**3740157**	**139798**
1061074	3653760	1606838	3068487	1857356	1129443	-129388	129388	-77652	28510
8585952	17219526	7737629	12604914	7797358	10838388	1222653	123596	2749949	101009
5082561	5487294	3007013	3232059	2575910	5025467	751586	5792	987979	38408
2516248	3878470	2270384	2132837	1674435	2339386	226820	553	348128	37273
360193	170167	121410	60934	59785	327498	16653		25676	1521
13017900	**21645917**	**10300327**	**15264554**	**9886063**	**15223760**	**1857253**	**129388**	**3573309**	**132057**
4016859	4360822	2058430	2864017	1494255	3629402	971830	5416	2299152	23461
3763692	4009924	1878095	2634691	1284656	3411433	963199	3461	2281476	19284
253167	350898	180335	229326	209599	217969	8631	1955	17675	4177
9000	6774	6440	1309	1309	9230	1530		2230	381
5114947	11739648	5475298	8844495	5965523	7725550	367237	58384	564651	62696
1268474	5069084	2293752	3872719	2560708	2283668	20325	41988	59296	29786
3846472	6670564	3181547	4971775	3404815	5441882	346911	16396	505354	32910
2353275	4453428	2279504	2709182	1964452	2432836	262272	64007	405060	37526
1489595	1037890	450719	817051	432025	1392012	254103	1581	301349	7663
1419366	946393	416451	765493	403172	1321737	244990	1581	281909	6474
70229	91497	34268	51558	28853	70275	9113		19440	1189
34225	47355	29937	28500	28500	34730	281		869	330
210807	**702847**	**199951**	**404227**	**326772**	**193516**	**27128**		**37732**	**3117**
200375	694595	192667	402288	324833	182675	26619		37113	2712
10432	8252	7284	1939	1939	10842	509		619	405
448807	**364830**	**250804**	**169501**	**161742**	**455808**	**91388**		**129116**	**4624**
332735	188643	123871	113894	109592	332923	64246		84982	1814
116072	176188	126933	55607	52150	122886	27142		44134	2810
4152362	4552036	2199086	2922873	1549653	3772359	1001012	5416	2346135	27057
34225	47355	29937	28500	28500	34730	281		869	330
2423504	4544926	2313772	2760740	1993304	2503110	271385	64007	424500	38715
7067423	13569277	6208288	10126169	6803119	9562885	703092	59965	968655	73696
4820748	4128493	2637696	1641177	1450691	4733095	640461		2091640	35174
8856765	18585102	8113385	14197104	8923886	11139990	1335309	129388	1648518	104624
8101527	14935086	7074346	10271114	6609801	10430371	1418832	33221	2985467	84501
5575986	7778508	3676736	5567167	3764776	5442714	556938	96167	754690	55297

7-9 续表1

单位：万元

指标	Item	企业数(个) Number of Enterprises (unit)	#亏损企业 Unprofitable Enterprises	工业总产值(当年价格) Gross Industrial Output Value (current price)
按主营业务收入分	**By Annual Revenue of Major Business**			
年收入在40亿元以上	Annual Income Above 4 billion yuan	7	1	6736550
年收入在20—40亿元	Annual Income Between 2 billion and 4 billion yuan	9		2405116
年收入在10—20亿元	Annual Income Between 1 billion and 2 billion yuan	14	2	1984009
年收入在5—10亿元	Annual Income Between 0.5 billion and 1 billion yuan	31	3	2474623
年收入在1—5亿元	Annual Income Between 0.1 billion and 0.5 billion yuan	40	6	1351804
年收入在3000万元—1亿元	Annual Income Between 30 million and 100 million yuan	9	5	88590
年收入在1000万元—3000万元	Annual Income Between 10 million and 30 million yuan	2	2	2833
年收入在1000万元以下	Below 10 million yuan	3		
按支柱、特色行业分组	**By Pillar and Characteristic Industries**			
能源、优势原材料为主的新兴支柱产业	Emerging Pillar Industries of Energy and Raw Materials	23	9	3994846
电	Electricity	3	1	149788
煤	Coal	2	2	33723
煤及煤化工	Coal and Its Chemical Industry	5	5	189440
铝及铝加工	Aluminum and Its Chemical Industry	6	2	921447
磷及磷化工	Phosphor and Its Chemical Industry	9	1	2734171
铁合金	Iron Alloy			
烟酒为主的传统支柱产业	Traditional Pillar Industries of Tabacco and Liquor	4		2212331
酒	Liquor	2		286663
烟	Tobacco	2		1925669
贵阳市重点产业（行业）	Six Special Pillar Industries	88	15	13637431
磷煤化工	Phosphorus and Coal Chemical Industries	12	4	2889888
铝及铝化工	Aluminum and Its Chemical Industry	6	2	921447
特色食品	Characteristic Food	11		1183725
烟草制品	Tobacco Products	2		1925669
医药制造业	Modern Medicine	12		1276767
装备制造业	Equipment Manufacturing Industry	36	7	2848201
#汽车制造业	Automobile Industry	5		660755
#电子信息设备制造业	Electronic Information Equipment Manufacturing Industry	5		771281
电力生产及供应业	Electric Power Production and Supply Industry	6	1	1421547
橡胶及塑料制品业	Rubber and Plastic Products Industry	4	1	1208782
贵阳市产业园区	**Industrial Parks of Guiyang City**			
南明临空经济区产业园	Nanming Airport Economic Zone	2		444674
云岩产业园	Yunyan Industrial Park	2		266250
花溪产业园	Huaxi Industrial Park	3		195440
小河—孟关装备制造业生态工业园	Xiaohe-Mengguan Equipment Manufacturing Industry Eco-Industrial Park	21	1	3717022
乌当医药食品新型产业园	Wudang Food and Drug New Industrial Park	12	1	819646
白云铝及铝加工工业基地	Baiyun Aluminum and Aluminum Processing Industrial Base	12	2	1498089
麦架—沙文高新技术产业园	Maijia-Shawen High-tech Industrial Park	11	1	799629
贵阳综合保税区	Guiyang Integrated Free Trade Zone			
观山湖电子商务和现代制造业产业园	Guanshanhu Electronic Commerce and Modern Manufacturing Industrial Park	1	1	27159
开阳磷煤化工生态工业示范基地	Kaiyang Phosphorus and Coal Chemical Ecological Industries Demonstration Base	9	2	1331587
息烽磷煤化工生态工业基地	Xifeng Phosphorus and Coal Chemical Ecological Industries Base	5	1	1700930
修文产业园	Xiuwen Industrial Park	6	1	574399
清镇经开区	Qingzhen Economic Development Zone	12	5	649510

(continued)

(10 000 yuan)

工业增加值(当年价格) Industrial Added Value (current price)	工业销售产值(当年价格) Industrial Sales Value (current price)	资产总计 Total Assets	流动资产合计 Total Current Assets	负债合计 Total Liabilities	流动负债合计 Total Current Liabilities	主营业务收入 Revenue from Principal Business	利润总额 Total Profits	亏损企业亏损总额 Total Losses	利税总额 Total Profits and Taxes	全部从业人员年平均人数(人) Annual Average Employed Persons (person)
2559370	5888314	8804753	3727772	6843517	3871784	8079038	1244017	30351	2657093	32886
685911	2333997	2785292	1465987	1682835	1375544	2376070	259802		374962	24493
590579	1788861	2918644	1572609	2065760	1387950	1923194	226808	10499	310645	13964
659099	2344037	3773284	1724938	2167103	1354499	2296114	231725	4513	324787	28448
332268	1241014	3861452	1848491	2635988	1969846	1128579	48526	47296	103297	33812
25049	76592	554316	401938	430713	402634	65204	-33721	35342	-29689	5396
2160	4698	15852	9346	12366	12320	4885	-1387	1387	-938	799
854066	3706710	8474965	3111807	7280185	4145422	6265270	365876	74536	513248	35387
59981	147465	540632	147212	495022	120844	144487	3681	3751	16442	1157
4910	46170	536110	304773	281456	185157	46261	-17038	17038	-12714	5879
6139	193272	1254204	481441	1110522	557595	260601	-68844	68844	-63330	8891
212634	828837	1697743	496372	1334371	489000	820636	188514	1880	252636	8048
575311	2537136	4982386	1986782	4340270	2977983	5039546	242525	61	307500	17291
1769030	2211362	1449844	1078933	481608	477660	2169494	269647		1555536	5182
116191	272420	149527	71907	93544	90094	272420	80568		98975	957
1652839	1938943	1300317	1007026	388065	387566	1897074	189080		1456561	4225
4501323	12350958	18098305	8650007	13143740	8255913	14364802	1873538	98076	3587874	113133
576541	2684238	5700480	2163451	5169337	3350422	5253886	190719	51868	256884	20303
212634	828837	1697743	496372	1334371	489000	820636	188514	1880	252636	8048
417186	1141507	697996	406286	384050	341846	1042745	256561		324770	8352
1652839	1938943	1300317	1007026	388065	387566	1897074	189080		1456561	4225
457767	1083511	1329916	808988	498423	410003	1054946	152031		251099	15504
745611	2693850	4486688	2884914	2976689	2556365	2548730	171002	10226	244545	44514
239053	651851	691241	464733	386792	373587	663944	74684		102225	9730
134842	667902	942915	835374	607342	584888	642092	48916		61778	2905
291481	1402607	1616799	185027	1555569	130094	1189198	749750	3751	804835	3492
165175	607018	1301924	715374	862836	616217	586616	-16411	30351	7135	9586
148009	438864	273070	237739	138721	137721	361558	99830		125905	3400
67234	233149	549907	249726	201082	157909	235357	7965		44876	3888
60736	156710	156615	104615	39330	37772	156940	34561		40695	1225
2053651	3560958	3821741	2897866	1929323	1779985	3388024	283140	412	1594098	30095
222138	720184	617138	379265	327112	247692	644578	44387	553	71911	10057
426730	1418608	1307144	520160	774564	388216	1409590	294046	3672	403209	13779
228710	787769	1927598	896928	1388166	1043576	716410	40681	3461	58440	12729
3270	39692	293474	62154	280962	184663	39850	-16495	16495	-12368	5549
267271	1223987	2943798	1076136	2483307	1647649	2265380	49030	6810	88483	10511
363039	1594115	2842888	1278885	2293827	1573845	3128218	191097	542	225290	8820
184535	535852	518788	285510	293089	261006	532738	94459	1581	127631	4952
178628	614264	2185637	649986	2145267	956740	618477	-3765	59775	28817	10270

7-9 续表2

单位：万元

指　　标	Item	企业数（个）Number of Enterprises (unit)	#亏损企业 Unprofitable Enterprises	工业总产值（当年价格）Gross Industrial Output Value (current price)
按工业行业大类分	**By Sector**			
采矿业	**Mining**	**4**	**2**	**130940**
煤炭开采和洗选业	Mining and Washing of Coal	2	2	33723
非金属矿采选业	Mining and Processing of Non-mental Ores	2		97217
制造业	**Manufacturing**	**100**	**15**	**13299276**
农副食品加工业	Farm and Sideline Products Processing	2		109670
食品制造业	Food Manufacturing	5		492553
酒、饮料和精制茶制造业	Manufacture of Liquor,Beverages and Refined Tea	4		581502
烟草制品业	Manufacture of Tobacco	2		1925669
皮革、毛皮、羽毛及其制品和制鞋业	Manufacture of Leather,Fur,Feather and Related Products and Footwear	1		121579
家具制造业	Manufacture of Furniture	1		25194
印刷业和记录媒介的复制业	Printing and Reproduction of Recording Media	2		45535
化学原料和化学制品制造业	Manufacture of Raw Chemical Materials and Chemical Products	12	4	2889070
医药制造业	Manufacture of Medicines	12		1276767
橡胶和塑料制品业	Manufacture of Rubber and Plastics	4	1	1208782
非金属矿物制品业	Manufacture of Non-metallic Mineral Products	6	2	301392
黑色金属冶炼和压延加工业	Smelting and Calendering of Ferrous Metals	4		317193
有色金属冶炼和压延加工业	Smelting and Calendering of Non-ferrous Metals	6	1	975963
金属制品业	Manufacture of Metal Products	5	2	120689
通用设备制造业	Manufacture of General Purpose Machinery	1	1	68052
专用设备制造业	Manufacture of Special Purpose Machinery	4	1	171940
汽车制造业	Manufacture of Automobile	5		660755
铁路、船舶、航空航天和其他运输设备制造业	Manufacture of Railway,Watercraft,Aviation,Aerospace and Other Transport Equipments	12	1	969380
电气机械和器材制造业	Manufacture of Electrical Machinery and Equipments	5	1	264698
计算机、通信和其他电子设备制造业	Manufacture of Computers, Communication Equipment and Other Electronic Equipment	3		602083
仪器、仪表制造业	Manufacture of Measuring Instruments	2	1	42331
其他制造业	Others	2		128480
电力、燃气及水的生产和供应业	**Production and Supply of Electric Power,Gas and Water**	**11**	**2**	**1613310**
电力、热力的生产和供应业	Production and Supply of Electric Power and Heating Power	6	1	1421547
燃气生产和供应业	Production and Supply of Gas	2	1	74321
水的生产和供应业	Production and Supply of Water	3		117442

(continued)

(10 000 yuan)

工业增加值(当年价格) Industrial Added Value (current price)	工业销售产值(当年价格) Industrial Sales Value (current price)	资产总计 Total Assets	流动资产合计 Total Current Assets	负债合计 Total Liabilities	流动负债合计 Total Current Liabilities	主营业务收入 Revenue from Principal Business	利润总额 Total Profits	亏损企业亏损总额 Total Losses	利税总额 Total Profits and Taxes	全部从业人员年平均人数(人) Annual Average Employed Persons(person)
35628	**149673**	**597704**	**339012**	**297374**	**201075**	**142614**	**739**	**17038**	**10481**	**6613**
4910	46170	536110	304773	281456	185157	46261	-17038	17038	-12714	5879
30718	103503	61594	34239	15918	15918	96353	17776		23195	734
4459854	**11947693**	**19349704**	**9897043**	**13140836**	**9332472**	**14323287**	**1222454**	**88481**	**2916037**	**124903**
26765	101760	67856	43167	13978	13978	89244	8764		13791	2064
162682	478057	398942	267177	241595	204841	391811	99617		127012	4326
227740	561690	231198	95942	128478	123027	561690	148180		183966	1962
1652839	1938943	1300317	1007026	388065	387566	1897074	189080		1456561	4225
29668	114524	90402	70828	28488	16223	273108	13757		18698	1504
8507	31689	37660	12554	19511	14466	31689	4164		4495	462
24791	45191	70226	37641	12939	12440	44921	10364		14187	1009
604035	2670047	6417715	2486894	5554300	3587568	5272799	213050	42417	280003	22194
457767	1083511	1329916	808988	498423	410003	1054946	152031		251099	15504
165175	607018	1301924	715374	862836	616217	586616	-16411	30351	7135	9586
59926	292316	474769	142140	344776	277449	288318	7893	3906	20181	3345
50029	296375	1119534	606732	606343	503215	303630	18206		22995	4103
225360	886676	1710766	496410	1256794	434662	875776	199800	1581	265485	7520
38769	114871	298336	178507	196784	176114	135858	1851	2345	9260	4327
6984	48514	116835	67508	97406	89762	14175	-412	412	717	1086
46540	170267	251068	204665	181757	173492	170794	16608	3461	22571	2641
239053	651851	691241	464733	386792	373587	663944	74684		102225	9730
264710	957971	2164402	1118585	1510273	1153273	843824	30282	2870	45030	22380
28812	235982	521507	489302	480437	480325	237612	7224	585	13617	1852
113878	528726	461289	371563	152134	130779	501596	41778		51941	2129
13364	32636	64672	43330	35754	34722	25616	-141	553	2228	907
12462	99079	229131	167978	142976	118763	58246	2086		2841	2047
358954	**1580148**	**2766186**	**515026**	**2400071**	**841030**	**1407183**	**752577**	**23869**	**813640**	**8282**
291481	1402607	1616799	185027	1555569	130094	1189198	749750	3751	804835	3492
25170	74034	511763	169475	468401	411899	125643	-9576	20119	-5897	2905
42302	103507	637625	160525	376102	299036	92342	12403		14702	1885

7-10 规模以上工业企业主要产品产销情况(2015年) Statistics on Output and Sales of Major Products of Industrial Enterprises above Designated Size(2015)

产品名称		Item		生产量 Output	销售量 Sales Volume	企业自用及其他 For Their Own or Other Use	产销率(%) Sales-output Ratio(%)
磷矿石(折含五氧化二磷30%)	(吨)	Phosphorus Ore (include 30% phosphorus pentoxide)	(ton)	19392300	12282255	6911057	99.0
配合饲料	(吨)	Formula Feed	(ton)	566920	566143	2756	100.3
混合饲料	(吨)	Compound Diet	(ton)	301886	294522	11359	101.3
精制食用植物油	(吨)	Refined Edible Vegetable Oil	(ton)	117784	116513	66	99.0
乳制品	(吨)	Dairy Products	(ton)	78946	78159		99.0
白酒(折65度.商品量)	(千升)	White Liquor (65 degree/commodity amount)	(kiloliter)	6878	7005	302	106.2
啤酒	(千升)	Beer	(kiloliter)	303741	300799	1504	99.5
软饮料	(吨)	Soft Drink	(ton)	2252151	2164774	3816	96.3
卷烟	(万支)	Cigarettes	(10 000 pieces)	12616963	12971889	15516	102.9
服装	(万件)	Costume	(10 000 articles)	156	154		98.7
人造板	(立方米)	Wood-based Panel	(cubic meter)	3100	4279		138.0
机制纸及纸板	(吨)	Machine-made Paper and Paperboard	(ton)	15059	14721	200	99.1
硫酸(折100%)	(吨)	Sulfuric Acid(100%)	(ton)	5035481		5015882	99.6
烧碱(折100%)	(吨)	Caustic Soda(100%)	(ton)	23641	21118	2015	97.9
碳化钙(电石,折300升/千克)	(吨)	Calcium Carbide (300 litres per kilogram)	(ton)			289	
合成氨(无水氨)	(吨)	Synthetic Ammonia (anhydrous ammonia)	(ton)	1163171	567214	576	48.8
农用氮、磷、钾化学肥料总计(折纯)	(吨)	Chemical Fertilizers (covert to pure)	(ton)	2984179	3866376	227195	137.2
氮肥(折含N100%)	(吨)	Nitrogen Fertilizers (include 100% N)	(ton)	942905	1111851	116002	130.2
磷肥(折五氧化二磷100%)	(吨)	Phosphate Fertilizers (include 100% phosphorus pentoxide)	(ton)	1991831	2701505	107810	141.0
钾肥(折氧化钾100%)	(吨)	Potash Fertilizer (potassium oxide100%)	(ton)	49443	53020	3384	114.1
涂料	(吨)	Coating	(ton)	3724	3594	7	96.7
初级形态的塑料	(吨)	Primary Plastics	(ton)	38811	4284	4265	22.0
橡胶轮胎外胎	(吨)	Rubber Cover Tyre	(tire)	4825743	4804186		99.6
塑料制品	(吨)	Plastic Products	(ton)	444632	420309	569	94.7
#农用薄膜	(吨)	Plastic Film	(ton)	2818	2819		100.0
水泥	(吨)	Cement	(ton)	12206980	9724149	105	79.7

7-10 续表 (continued)

产品名称		Item		生产量 Output	销售量 Sales Volume	企业自用及其他 For Their Own or Other Use	产销率(%) Sales-output Ratio(%)
生 铁	(吨)	Pig Iron	(ton)	430439	404457	8935	96.0
粗 钢	(吨)	Crude Steel	(ton)	561315	291492	270005	100.0
钢 材	(吨)	Rolled Steel	(ton)	595894	561647	212	94.3
#钢 筋	(吨)	Reinforcing Steel Bar	(ton)	443193	421742		95.2
铁合金	(吨)	Iron Alloy	(ton)	131281	154776	13	117.9
氧化铝	(吨)	Aluminum Oxide	(ton)	1442706	860618		59.7
原 铝(电解铝)	(吨)	Virgin Aluminum (Electrolytic Aluminum)	(ton)	306440	313284	1075	102.6
铝 材	(吨)	Aluminium Material	(ton)	99082	95677		96.6
金属切削机床	(台)	Metal-cutting Machine Tool	(set)	351	326		92.9
数控金属切削机床	(台)	Digital Metal-cutting Machine Tool	(set)	89	60		67.4
交流电动机	(千瓦)	Alternating-current Motor	(kw)	94408	187120		198.2
电子计算机整机	(台)	Complete Electronic Computer	(set)	169819	199654	11	117.6
#微型计算机设备	(台)	Microcomputer Devices	(set)	169819	199654	11	117.6
#笔记本计算机	(台)	Laptop Computer	(set)	19633	19882	2	101.3
移动通信手持机	(台)	Mobile Communication Handset	(set)	6000	6000		100.0
彩色电视机	(台)	Color Television Sets	(set)	1279977	1253974		98.0
集成电路	(万 块)	Integrated Circuits	(10 000 units)	1745	680		39.0

7-11 规模以上高技术产业（制造业）主要经济指标(2015年)

单位：万元

指　　标	Item	企业数(个) Number of Enterprises (unit)	#亏损企业 Unprofitable Enterprises
总　　计	**Tatol**	**89**	**11**
#亏损企业	**Unprofitable Enterprises**	**11**	**11**
#国有控股企业	State Holding Enterprises	28	6
#农村工业	Rural Industries	1	
#非公有制工业	Non-public Industries	58	5
#文化产业	Cultural Industries	2	
按登记注册类型分	**By Status of Registration**		
内资企业	**Domestic-funded Enterprises**	**78**	**9**
#国有企业	State-owned Enterprises	12	1
有限责任公司	Limited Liability Companies	42	6
股份有限公司	Companies Limited by Shares	8	
私营企业	Private Enterprises	16	2
港、澳、台商投资企业	**Enterprises with Funds from Hong Kong,Macao and Taiwan**	**6**	**1**
外商投资企业	**Enterprises with Foreign Investment**	**5**	**1**
按轻重工业分	**By Light & Heavy Industries**		
轻工业	Light Industry	54	4
重工业	Heavy Industry	35	7
按企业规模分	**By Size of Enterprises**		
大型企业	Large Enterprises	8	
中型企业	Medium-sized Enterprises	20	1
小型企业	Small Enterprises	54	8
微型企业	Micro-sized Enterprises	7	2
按企业主营业务收入分	**By Annual Revenue of Major Business**		
年收入在20—40亿元	Annual Income Between 2 billion and 4 billion yuan	3	
年收入在10—20亿元	Annual Income Between 1 billion and 2 billion yuan	8	
年收入在 5—10亿元	Annual Income Between 0.5 billion and 1 billion yuan	13	
年收入在 1—5亿元	Annual Income Between 0.1 billion and 0.5 billion yuan	38	2
年收入在3000万元—1亿元	Annual Income Between 30 million and 100 million yuan	21	6
年收入在1000万元—3000万元	Annual Income Between 10 million and 30 million yuan	5	2
年收入在1000万元以下	Annual Income Below 10 million yuan	1	1
按支柱、特色行业分组	**By Pillar and Characteristic Industries**		
贵阳市重点产业（行业）	Six Special Pillar Industries	82	10
磷煤化工	Phosphorus and Coal Chemical Industries		
铝及铝化工	Aluminum and Its Chemical Industry		
特色食品	Characteristic Food		
烟草制品	Tobacco Products		
医药制造业	Modern Medicine	48	4
装备制造业	Equipment Manufacturing Industry	41	7
#汽车制造业	Automobile Industry		
#电子信息设备制造业	Electronic Information Equipment Manufacturing Industry	21	4
电力生产及供应业	Electric Power Production and Supply Industry		
橡胶及塑料制品业	Rubber and Plastic Products Industry		
贵阳市产业园区	**Industrial Parks of Guiyang City**		
南明临空经济区产业园	Nanming Airport Economic Zone	4	
云岩产业园	Yunyan Industrial Park	2	
花溪产业园	Huaxi Industrial Park	2	
小河—孟关装备制造业生态工业园	Xiaohe-Mengguan Equipment Manufacturing Industry Eco-Industrial Park	12	

Main Economic Indicators of High-tech Industrial Enterprises above Designated Size(2015)

(10 000 yuan)

全部从业人员年平均人数(人) Annual Average Employed Persons (person)	工业总产值(当年价格) Gross Industrial Output Value (current price)	工业增加值(当年价格) Industrial Added Value (current price)	工业销售产值(当年价格) Industrial Sales Value (current price)	#出口交货值 Delivery Value of Export	资产总计 Total Assets	流动资产合计 Total Current Assets	负债合计 Total Liabilities	流动负债合计 Total Current Liabilities
47953	**4756622**	**1220895**	**4191042**	**91792**	**5326053**	**3213416**	**2850661**	**2304051**
2371	**138546**	**25670**	**117011**	**1139**	**276389**	**154767**	**183820**	**165190**
26362	2134732	461307	1989633	76172	3008800	1771214	1873447	1469171
214	9174	2798	8556		10853	7624	7711	7711
20857	2541244	741611	2125330	15620	2242268	1408282	940606	801765
572	411181	30404	373515		109462	93281	53099	51070
43758	**4326048**	**1094720**	**3857164**	**82004**	**4946750**	**2941685**	**2676788**	**2158978**
14443	746450	197503	743129	45794	1647326	847018	1146995	854850
19187	2357126	562526	2060195	16692	1922632	1287318	978472	862599
6976	834599	232473	724065	13686	1069612	628841	377654	288370
3152	387873	102218	329774	5833	307181	178508	173667	153160
725	**127885**	**20746**	**120132**		**59140**	**46296**	**37530**	**32387**
3470	**302689**	**105430**	**213746**	**9788**	**320164**	**225435**	**136343**	**112687**
21220	2976454	789711	2498553		2326876	1493699	969202	832356
26733	1780168	431185	1692488	91792	2999177	1719716	1881460	1471695
23520	1337135	416750	1204926	59812	2619422	1389855	1558371	1180352
13753	1461609	398634	1311322	15556	1259048	880529	574466	494083
7042	1763805	359730	1498490	16016	1214962	772068	625581	557974
3638	194073	45781	176304	408	232621	170964	92243	71643
11225	935306	185774	886610	45370	1670845	730094	1113660	823588
9764	1341727	386757	1171387	3226	1026411	792190	359687	296677
10311	1062333	306997	939616	10517	1080936	708930	515495	393827
13045	1208246	284021	1010381	16248	1132892	748187	611984	561480
3249	194028	53141	169192	16431	396994	225007	239646	219956
344	13392	3884	12289		15195	6287	7782	7282
15	1588	322	1567		2781	2721	2409	1242
46021	4510354	1164876	4005606	91792	5171796	3110119	2744144	2199797
20228	2454909	731369	2018399		2158229	1355916	873872	740085
27725	2301713	489526	2172642	91792	3167824	1857500	1976789	1563967
7565	1231802	218258	1126011	9862	1014962	721594	439784	378412
647	152693	35889	62232		105114	54054	46248	44748
3577	298183	76554	251382		541173	233350	182502	140882
493	107405	48712	81153		148941	101952	42194	39626
10221	1210811	224769	1116733	28884	1170221	823509	583731	486864

7-11 续表1

单位：万元

指　　标	Item	企业数（个）Number of Enterprises (unit)	#亏损企业 Unprofitable Enterprises
乌当医药食品新型产业园	Wudang Food and Drug New Industrial Park	22	5
白云铝及铝加工工业基地	Baiyun Aluminum and Aluminum Processing Industrial Base	5	
麦架—沙文高新技术产业园	Maijia-Shawen High-tech Industrial Park	12	2
贵阳综合保税区	Guiyang Integrated Free Trade Zone		
观山湖电子商务和现代制造业产业园	Guanshanhu Electronic Commerce and Modern Manufacturing Industrial Park		
开阳磷煤化工生态工业示范基地	Kaiyang Phosphorus and Coal Chemical Ecological Industries Demonstration Base		
息烽磷煤化工生态工业基地	Xifeng Phosphorus and Coal Chemical Ecological Industries Base	2	
修文产业园	Xiuwen Industrial Park	15	2
清镇经开区	Qingzhen Economic Development Zone	6	1
按国民经济行业分类	**By National Economic Sectors**		
医药制造业	Manufacture of Medicines	48	4
化学药品制造	Manufacture of Chemical Medicines	3	1
化学药品制剂制造	Manufacture of Chemicals Used in Medicine Production	3	1
中药饮片加工	Herbal Pieces Processing	1	
中成药生产	Manufacture of Chinese Patent Medicine	39	3
生物药品制造	Manufacture of Biological Medicines	1	
卫生材料及医药用品制造	Manufacture of Hygienic Materials and Medical Supplies	4	
航空、航天器及设备制造	Manufacture of Aircrafts, Space Vehicles and Related Equipment	13	
飞机制造	Manufacture of Airplanes	11	
航空、航天相关设备制造	Manufacture of Aerospace Equipment	2	
电子及通信设备制造业	Manufacture of Electronics and Communication Equipment	17	4
电子工业专用设备制造	Specialized Equipment Manufacturing of Electronic Industries	1	1
锂离子电池制造	Manufacture of Lithium Ion Batteries	1	
通信设备制造	Manufacture of Communication Equipment	2	1
通信系统设备制造	Manufacture of Communication System Device	1	
通信终端设备制造	Manufacture of Communication Terminal Equipment	1	1
视听设备制造	Manufacture of Audio and Visual Equipment	2	
电视机制造	Manufacture of Television Sets	2	
电子器材制造	Manufacture of Electronic Equipment	6	2
真空器件制造	Manufacture of Vacuum Devices	1	1
半导体分立器件制造	Manufacture of Discrete Semiconductor Devices	2	
集成电路制造	Manufacture of Integrated Circuits	2	
光电子器材及其他电子器件制造	Optoelectronic Devices and Other Electronics Manufacturing	1	1
电子元件制造	Manufacture of Electronic Components	5	
电子元件及组件制造	Manufacture of Electronic Components and Building Bricks	5	
计算机及办公设备制造	Manufacture of Computers and Office Equipment	1	
计算机整机制造	Manufacture of Whole Sets of Computers	1	
医疗仪器设备及仪器仪表制造业	Manufacture of Medical Devices and Measuring Instruments	10	3
医疗仪器设备及器械制造	Manufacture of Medical Equipment and Instrument	3	
假肢、人工器官及植（介）入器械制造	Manufacture of Artificial Limb, Organs and Implantable Device	1	
其他医疗设备及器械制造	Others	2	
仪器仪表制造	Manufacture of Measuring Instruments	7	3
工业自动控制系统装置制造	Manufacture of Devices Used in Industrial Automatic Control Systems	3	1
电子测量仪器制造	Manufacture of Electronic Measuring Instruments	1	
其他专用仪器制造	Manufacture of Dedicated Measuring Instruments	1	
光学仪器制造	Manufacture of Optical Instruments	2	2

(continued)

(10 000 yuan)

全部从业人员年平均人数(人) Annual Average Employed Persons (person)	工业总产值(当年价格) Gross Industrial Output Value (current price)	工业增加值(当年价格) Industrial Added Value (current price)	工业销售产值(当年价格) Industrial Sales Value (current price)	#出口交货值 Delivery Value of Export	资产总计 Total Asset	流动资产合计 Total Current Assets	负债合计 Total Liabilities	流动负债合计 Total Current Liabilities
11671	970214	255916	829532	839	673828	497997	320237	265578
2183	88729	24122	78050	6532	164759	117276	105511	97813
11321	795616	218607	779891	55537	1563760	726101	1139360	851205
440	223712	55029	201815		190558	129142	55717	43584
4772	532901	174641	486878		405375	264761	169665	154249
1483	189619	36200	144894		177014	135097	129719	107974
20228	2454909	731369	2018399		2158229	1355916	873872	740085
1341	155379	47916	119305		80996	48643	53694	53475
1341	155379	47916	119305		80996	48643	53694	53475
140	13135	1239	9423		18277	5692	10344	8844
17786	2109380	633040	1763388		1862736	1166576	736444	607979
370	86126	41071	60153		122959	80352	20566	19008
591	90888	8104	66130		73261	54654	52824	50779
18886	892790	234201	885940	81515	2038929	1055174	1452710	1105044
17124	792200	208931	786086	81515	1833350	902149	1359397	1022562
1762	100590	25270	99854		205578	153026	93313	82483
7206	1248526	209677	1138705	4029	955605	679730	417336	357638
145	44334	1705	36702		30231	23243	28179	25423
155	44378	10597	42392		22849	15401	19170	19170
174	10335	2098	9832	16	9983	8292	5633	4465
159	8747	1775	8265	16	7203	5571	3224	3224
15	1588	322	1567		2781	2721	2409	1242
572	411181	30404	373515		109462	93281	53099	51070
572	411181	30404	373515		109462	93281	53099	51070
2514	365790	34399	347747	787	272256	164384	138067	116245
763	26571	2316	24738	344	39724	30909	18094	17856
1066	78036	6803	67007	64	67612	46975	19806	11385
455	251370	21680	247074		58662	51817	34076	31598
230	9812	3599	8929	380	106258	34684	66090	55405
3646	372508	130474	328517	3226	510824	375129	173190	141266
3646	372508	130474	328517	3226	510824	375129	173190	141266
23	23452	5345	22917		3143	2141	2143	488
23	23452	5345	22917		3143	2141	2143	488
1610	136946	40303	125080	6248	170149	120455	104600	100796
265	65986	17341	64248		36336	29101	23061	22032
80	16060	4419	14976		5913	3877	914	914
185	49926	12922	49272		30423	25224	22147	21118
1345	70960	22962	60833	6248	133813	91354	81539	78764
192	19621	6556	19314		61723	45331	42225	40483
76	5918	1791	5833	5833	4699	1926		
368	22998	7191	18336		42874	31110	25428	24396
709	22423	7424	17350	415	24517	12986	13886	13886

7-11 续表2

单位：万元

指　　标	Item	非流动负债 Non-current Liability	所有者权益合计 Total Owners' Equity
总　　计	**Tatol**	**495072**	**2434556**
#亏损企业	Unprofitable Enterprises	14881	92569
#国有控股企业	State Holding Enterprises	401276	1094544
#农村工业	Rural Industries		3142
#非公有制工业	Non-public Industries	90304	1301635
#文化产业	Cultural Industries	2029	56336
按登记注册类型分	**By Status of Registration**		
内资企业	**Domestic-funded Enterprises**	**486472**	**2229153**
#国有企业	State-owned Enterprises	292145	496701
有限责任公司	Limited Liability Companies	113873	944159
股份有限公司	Companies Limited by Shares	63696	654780
私营企业	Private Enterprises	16759	133513
港、澳、台商投资企业	**Enterprises with Funds from Hong Kong, Macao and Taiwan**	**5144**	**21583**
外商投资企业	**Enterprises with Foreign Investment**	**3457**	**183820**
按轻重工业分	**By Light & Heavy Industries**		
轻工业	Light Industry	88308	1357647
重工业	Heavy Industry	406764	1076909
按企业规模分	**By Size of Enterprises**		
大型企业	Large Enterprises	378020	1023873
中型企业	Medium-sized enterprises	52795	684582
小型企业	Small Enterprises	43658	588475
微型企业	Micro-sized Enterprises	20600	137627
按企业主营业务收入分	**By Annual Revenue of Major Business**		
年收入在20—40亿元	Annual Income Between 2 billion and 4 billion yuan	290071	557185
年收入在10—20亿元	Annual Income Between 1 billion and 2 billion yuan	40422	629547
年收入在 5—10亿元	Annual Income Between 0.5 billion and 1 billion yuan	101468	565414
年收入在 1—5亿元	Annual Income Between 0.1 billion and 0.5 billion yuan	45503	518156
年收入在3000万元—1亿元	Annual Income Between 30 million and 100 million yuan	15941	156469
年收入在1000万元—3000万元	Annual Income Between 10 million and 30 million yuan	500	7413
年收入在1000万元以下	Annual Income Below 10 million yuan	1168	372
按支柱、特色行业分组	**By Pillar and Characteristic Industries**		
贵阳市重点产业（行业）	Six Special Pillar Industries	492808	2386816
磷煤化工	Phosphorus and Coal Chemical Industries		
铝及铝化工	Aluminum and Its Chemical Industry		
特色食品	Characteristic Food		
烟草制品	Tobacco Products		
医药制造业	Modern Medicine	85250	1284357
装备制造业	Equipment Manufacturing Industry	409822	1150199
#汽车制造业	Automobile Industry		
#电子信息设备制造业	Electronic Information Equipment Manufacturing Industry	61371	534343
电力生产及供应业	Electric Power Production and Supply Industry		
橡胶及塑料制品业	Rubber and Plastic Products Industry		
贵阳市产业园区	**Industrial Parks of Guiyang City**		
南明临空经济区产业园	Nanming Airport Economic Zone	1500	58866
云岩产业园	Yunyan Industrial Park	41620	358671
花溪产业园	Huaxi Industrial Park	2568	106748
小河—孟关装备制造业生态工业园	Xiaohe-Mengguan Equipment Manufacturing Industry Eco-Industrial Park	93868	549312

(continued)

(10 000 yuan)

主营业务收入 Revenue from Principal Business	主营业务成本 Cost of Principal Business	营业税金及附加 Business Taxes and Surcharges	利润总额 Total Profits	亏损企业亏损总额 Total Losses	利税总额 Total Profits and Taxes
3891845	**2449701**	**21826**	**353397**	**6738**	**531325**
110458	98702	394	-6738	6738	-2682
1766331	1362476	3466	93729	5687	123555
8556	2140	157	370		1825
2057905	1046283	17902	249940	1051	393601
349402	305994	570	6316		11919
3534318	**2254777**	**18328**	**307892**	**6474**	**454499**
679047	512586	1137	35352	47	45325
1809020	1206511	8773	190706	6003	255038
729929	354217	5386	53625		101067
316322	181463	3033	28209	424	53069
117190	**86791**	**408**	**5784**	**110**	**10340**
240337	**108133**	**3089**	**39721**	**154**	**66485**
2394983	1287436	19110	261125	897	414678
1496862	1162265	2716	92273	5841	116647
1133016	638115	7667	88375		163061
1206371	735658	7285	138445	553	185067
1378077	949551	6432	115335	6028	168530
174382	126377	442	11243	157	14667
801553	508365	4897	22531		69356
1107702	667125	5906	139427		182399
888002	555464	3872	109804		141014
938615	610931	5965	80094	1307	126930
143194	98356	1069	1954	4704	11086
11983	8535	106	-303	617	401
798	926	12	-110	110	139
3716226	2359042	20716	338402	6728	509585
1958803	915968	18126	252772	897	399442
1933042	1533733	3700	100625	5841	131883
1024116	824977	1838	66221	3874	85289
79581	23504	1079	13065		22914
250792	35040	4441	14098		55253
81154	37868	703	29885		34559
951094	760865	1901	64169		80574

7-11　续表3

单位：万元

指　　标	Item	非流动负债 Non-current Liability
乌当医药食品新型产业园	Wudang Food and Drug New Industrial Park	32071
白云铝及铝加工工业基地	Baiyun Aluminum and Aluminum Processing Industrial Base	7698
麦架—沙文高新技术产业园	Maijia-Shawen High-tech Industrial Park	286154
贵阳综合保税区	Guiyang Integrated Free Trade Zone	
观山湖电子商务和现代制造业产业园	Guanshanhu Electronic Commerce and Modern Manufacturing Industrial Park	
开阳磷煤化工生态工业示范基地	Kaiyang Phosphorus and Coal Chemical Ecological Industries Demonstration Base	
息烽磷煤化工生态工业基地	Xifeng Phosphorus and Coal Chemical Ecological Industries Base	12133
修文产业园	Xiuwen Industrial Park	11666
清镇经开区	Qingzhen Economic Development Zone	1545
按国民经济行业分类：	**By National Economic Sectors**	
医药制造业	Manufacture of Medicines	85250
化学药品制造	Manufacture of Chemical Medicines	219
化学药品制剂制造	Manufacture of Chemicals Used in Medicine Production	219
中药饮片加工	Herbal Pieces Processing	1500
中成药生产	Manufacture of Chinese Patent Medicine	79928
生物药品制造	Manufacture of Biological Medicines	1558
卫生材料及医药用品制造	Manufacture of Hygienic Materials and Medical Supplies	2045
航空、航天器及设备制造	Manufacture of Aircrafts, Space Vehicles and Related Equipment	344666
飞机制造	Manufacture of Airplanes	333836
航空、航天相关设备制造	Manufacture of Aerospace Equipment	10830
电子及通信设备制造业	Manufacture of Electronics and Communication Equipment	59698
电子工业专用设备制造	Specialized Equipment Manufacturing of Electronic Industries	2756
锂离子电池制造	Manufacture of Lithium Ion Batteries	
通信设备制造	Manufacture of Communication Equipment	1168
通信系统设备制造	Manufacture of Communication System Device	
通信终端设备制造	Manufacture of Communication Terminal Equipment	1168
视听设备制造	Manufacture of Audio and Visual Equipment	2029
电视机制造	Manufacture of Television Sets	2029
电子器材制造	Manufacture of Electronic Equipment	21821
真空器件制造	Manufacture of Vacuum Devices	238
半导体分立器件制造	Manufacture of Discrete Semiconductor Devices	8421
集成电路制造	Manufacture of Integrated Circuits	2477
光电子器材及其他电子器件制造	Photoelectron Devices and Other Electronics Manufacturing	10685
电子元件制造	Manufacture of Electronic Components	31924
电子元件及组件制造	Manufacture of Electronic Components and Building Bricks	31924
计算机及办公设备制造	Manufacture of Computers and Office Equipment	1654
计算机整机制造	Manufacture of Whole Sets of Computers	1654
医疗仪器设备及仪器仪表制造业	Manufacture of Medical Devices and Measuring Instruments	3804
医疗仪器设备及器械制造	Manufacture of Medical Equipment and Instrument	1029
假肢、人工器官及植（介）入器械制造	Manufacture of Artificial Limb, Organs and Implantable Device	
其他医疗设备及器械制造	Others	1029
仪器仪表制造	Manufacture of Measuring Instruments	2775
工业自动控制系统装置制造	Manufacture of Devices Used in Industrial Automatic Control Systems	1742
电子测量仪器制造	Manufacture of Dedicated Measuring Instruments for Environmental Monitoring	
其他专用仪器制造	Manufacture of Dedicated Measuring Instruments	1033
光学仪器制造	Manufacture of Optical Instruments	

(continued)

(10 000 yuan)

所有者权益合计 Total Owners' Equity	主营业务收入 Revenue from Principal Business	主营业务成本 Cost of Principal Business	营业税金及附加 Business Taxes and Surcharges	利润总额 Total Profits	亏损企业亏损总额 Total Losses	利税总额 Total Profits and Taxes
349961	780501	478956	3543	43598	1837	75620
59248	79038	54668	238	2174		5315
424400	718259	490318	3417	39628	4203	53595
134841	202710	134544	280	43689		47170
235710	459446	247431	3997	56223	126	91928
47295	135320	101976	742	10995	463	17657
1284357	1958803	915968	18126	252772	897	399442
27302	118908	53171	911	11670	10	16954
27302	118908	53171	911	11670	10	16954
7932	9423	8384	28	183		441
1126291	1713608	794767	16598	208655	887	344030
102393	60153	22158	390	28939		33231
20437	56711	37488	199	3325		4787
586218	770899	597197	1341	34334		44231
473953	679819	531259	1197	27493		36425
112266	91080	65939	144	6841		7806
497433	1024629	832921	1721	63608	4360	80598
2052	42301	39905	7	-1260	1260	-1125
3679	22930	21169	78	269		1041
3472	9785	7439	42	-41	110	512
3100	8988	6513	30	69		374
372	798	926	12	-110	110	139
56336	349402	305994	570	6316		11919
56336	349402	305994	570	6316		11919
131437	267219	231468	340	13071	2990	15986
21630	25299	19970	186	-47	47	1722
45054	66385	44012	52	6175		6387
24586	166625	155213	102	9885		10820
40168	8911	12273		-2943	2943	-2943
300456	332992	226946	685	45253		52265
300456	332992	226946	685	45253		52265
1000	21034	20708	4	149		159
1000	21034	20708	4	149		159
65548	116481	82906	634	2534	1481	6894
13275	63848	44305	336	1768		2276
4999	15851	13207	9	60		117
8276	47998	31098	327	1708		2158
52274	52632	38602	298	766	1481	4619
19498	18195	13257	121	877	775	2209
4699	5832	5472	11	184		196
17446	19656	13693	65	412		2043
10632	8949	6180	100	-707	707	171

7–12 规模以上工业企业数(历年)
Number of Industrial Enterprises above Designated Size(over Years)

单位：个 (unit)

指标	Item	2005	2006	2007	2008	2009	2010	2011	2012	2013	2014	2015
规模以上工业	**Number of Industrial Enterprises above Designated Size**	**689**	**601**	**507**	**520**	**550**	**603**	**703**	**401**	**469**	**511**	**580**
#亏损企业	Unprofitable Enterprises	322	240	162	157	158	168	180	89	94	95	127
#国有控股企业	State Holding Enterprises	314	196	148	147	138	150	143	126	133	129	128
#农村工业	Rural Industries	16	16	15	13	11	11	16	10	8	5	4
#非公有制工业	Non-public Industries	304	310	291	317	360	400	501	253	324	367	439
#高技术	High-tech Industries			92	90	91	94	99	73	76	81	89
#文化产业	Cultural Industries											21
按支柱、特色行业分	**By Pillar and Characteristic Industries**											
能源、优势原材料为主的支柱产业	Pillar Industries of Energy and Raw Materials	106	96	91	89	98	119	118	79	89	95	98
电	Electricity	16	14	12	13	14	14	9	8	7	7	8
煤	Coal	3	3	3	3		7	13	8	12	14	12
煤化工	Coal Chemical Industry	12	12	15	18	22	15	7	12	18	16	16
磷及磷化工	Phosphorus and Its Chemical Industry	53	47	47	41	44	34	31	20	22	26	28
铁合金	Iron Alloy	10	9	8	9	9	10	9	7	7	7	7
烟酒为主的传统支柱产业	Traditional Pillar Industries of Tobacco and Liquor	12	6	4	4	5	5	5	6	7	8	10
酒	Liquor	9	4	2	2	3	3	3	3	4	5	7
烟	Tobacco	3	2	2	2	2	2	2	3	3	3	3
贵阳市重点产业(行业)	Six Special Pillar Industries							251	240	268	290	368
磷煤化工	Phosphorus and Coal Chemical Industry							34	32	28	28	33
铝及铝化工	Aluminum and Its Chemical Industry	12	11	10	10	9	39	47	31	35	39	39
特色食品	Characteristic Food	63	47	45	43	49	55	66	44	53	63	72
烟草制品	Tobacco Products	3	2	2	2	2	2	2	3	3	3	3
医药制造业	Modern Medicine							49	35	36	39	41
装备制造业	Equipment Manufacturing Industry	157	137	113	126	140	147	183	95	113	118	134
#汽车制造业	Automobile Industry											13
#电子信息设备制造业	Electronic Information Equipment Manufacturing Industry											29
电力生产及供应业	Electric Power Production and Supply Industry											14
橡胶及塑料制品业	Rubber and Plastic Products Industry											32

7-12 续表 (continued)

单位：个 (unit)

指 标	Item	2005	2006	2007	2008	2009	2010	2011	2012	2013	2014	2015
按登记注册类型分	**By Status of Registration**											
内资企业	Domestic-funded Enterprises	635	544	460	470	499	555	657	367	436	472	541
国有企业	State-owned Enterprises	218	130	83	76	66	68	69	50	45	43	39
集体企业	Collective-owned Enterprises	57	44	27	22	20	22	24	4	4	4	5
股份合作企业	Joint-equity Cooperative Enterprises	16	15	11	12	9	8	6	2	1	1	1
联营企业	Joint Ownership Enterprises	4	3	1	3	2	3	3	2	1	1	1
有限责任公司	Limited Liability Companies	202	215	196	227	255	288	290	202	267	293	297
股份有限公司	Companies Limited by Shares	27	28	25	22	26	31	29	27	31	30	34
私营企业	Private Enterprises	111	109	117	108	121	135	236	80	86	99	163
其他企业	Others									1	1	1
港、澳、台商投资企业	Enterprises with Funds from Hong Kong, Macao and Taiwan	25	24	20	23	23	21	21	14	11	15	18
外商投资企业	Enterprises with Foreign Investment	29	33	27	27	28	27	25	20	22	24	21
按经济组织类型分	**By Types of Economic Organization**											
独资企业	Solely Funded Enterprises	232	211	148	140	132	143	153	79	70	74	68
合作、合伙企业	Cooperative and Partnership Enterprises	26	26	20	24	24	28	31	14	12	12	13
股份有限公司	Companies Limited by Shares	36	36	34	35	45	46	47	38	37	37	42
有限责任公司	Limited Liability Companies	304	328	305	321	349	386	471	270	350	388	457
按轻重工业分	**By Light & Heavy Industries**											
轻工业	Light Industry	257	217	179	178	180	195	217	122	138	156	183
重工业	Heavy Industry	432	384	328	342	370	408	486	279	331	355	397

注：规模以上工业企业2011年之前是年主营业务收入500万元及以上的工业企业，2012年（含2012年）以后是年主营业务收入2000万元及以上的工业企业。

a) Before 2011, industrial enterprises above designated size refer to enterprises with an annual main business income of 5 million yuan or above; 20 million yuan or above since 2012, including 2012.

7-13 工业增加值(历年)

单位：万元

指标	Item	2005	2006
全部工业增加值	**Total**	**2083302**	**2459447**
规模以上工业	**Industrial Enterprises above Designated Size**	**1918003**	**2289128**
#亏损企业	Unprofitable Enterprises	222902	214735
#国有控股企业	State Holding Enterprises	1326146	1454809
#农村工业	Rural Industries	6437	10541
#非公有制工业	Non-public Industries	555687	725287
#高技术工业	High-tech Industries	314301	409478
#文化产业	Cultural Industries		
按支柱、特色行业分	**By Pillar and Characteristic Industries**		
能源、优势原材料为主的支柱产业	Pillar Industry of Energy and Raw Materials	728614	871569
电	Electricity	196025	222422
煤	Coal	14003	17606
煤化工	Coal Chemical Industry	41173	45321
铝及铝加工	Aluminum and Its Processing Industry	240352	325287
磷及磷化工	Phosphorus and Its Chemical Industry	215562	229144
铁合金	Iron Alloy	21499	31789
烟酒为主的传统支柱产业	Traditional Pillar Industries on Tobacco and Liquor	460597	456805
酒	Liquor	6962	5294
烟	Tobacco	453635	451511
贵阳市重点产业（行业）	Six Special Pillar Industries		
磷煤化工	Phosphorus and Coal Chemical Industry		
铝及铝化工	Aluminum and Its Chemical Industry	240352	325287
特色食品	Characteristic Food	155982	86985
烟草制品	Tobacco Products	453635	451511
现代医药	Modern Medicine		
装备制造业	Equipment Manufacturing Industry	199233	261235
#汽车制造业	Automobile Industry		
#电子信息设备制造业	Electronic Information Equipment Manufacturing Industry		
电力生产及供应业	Electric Power Production and Supply Industry		
橡胶及塑料制品业	Rubber and Plastic Products Industry		
按登记注册类型分	**By Status of Registration**		
内资企业	Domestic-funded Enterprises	1860490	2171421
国有企业	State-owned Enterprises	749279	792237
集体企业	Collective-owned Enterprises	22384	12434
股份合作企业	Joint-equity Cooperative Enterprises	12215	19515
联营企业	Joint Ownership Enterprises	2209	2453
有限责任公司	Limited Liability Companies	512123	618392
股份有限公司	Companies Limited by Shares	407245	562714
私营企业	Private Enterprises	155034	163676
其他企业	Others		
港、澳、台商投资企业	Enterprises with Funds from Hong Kong,Macao and Taiwan	17159	24086
外商投资企业	Enterprises with Foreign Investment	40353	93622
按经济组织类型分	**By Types of Economic Organization**		
独资企业	Solely Funded Enterprises	804163	853077
合作、合伙企业	Cooperative and Partnership Enterprises	17544	24964
股份有限公司	Companies Limited by Shares	420701	573053
有限责任公司	Limited Liability Companies	675595	838035
按轻重工业分	**By Light & Heavy Industries**		
轻工业	Light Industry	830877	928046
重工业	Heavy Industry	1087126	1361083
规模以下工业	**Industrial Enterprises below Designated Size**	**165299**	**170319**

注：规模以上工业企业2011年之前是年主营业务收入500万元及以上的工业企业，2012年（含2012年）以后是年主营业务收入2000万元及以上的工业企业。

Added Value of All Industrial Enterprises(over Years)

(10 000 yuan)

2007	2008	2009	2010	2011	2012	2013	2014	2015	2015年比2014年增长(%) Growth Rate in 2015 over 2014(%)
2628537	**3007181**	**3066794**	**3460670**	**3987064**	**5347289**	**6083200**	**6780000**	**7141495**	**10.2**
2427007	**2791288**	**2905012**	**3298719**	**3782150**	**4556811**	**5523510**	**6334582**	**7122810**	**9.7**
168777	380834	414873	313433	350110	394694	459863	553003	475873	-4.0
1647349	1952701	187795	2174735	2462192	3128151	3507339	3721355	3914338	0.4
11035	11818	12442	11741	14775	61092	37974	10043	8928	-17.1
702443	766411	947348	1069078	1230080	1355954	1961089	2542714	3163006	24.4
424423	441116	594094	694393	531753	659543	874825	943772	1220895	23.9
								155974	14.1
920167	1005861	772476	879803	844257	1101870	1073979	1173378	1277477	12.8
278081	284778	330761	324345	64149	86080	57636	77164	134313	62.3
19562	33949	9668	14015	72195	54112	64840	66170	16314	-72.7
70977	38268	18202	49976	38799	57947	78218	52306	26204	-41.6
270765	312464	105055	224948	177354	331422	289788	395118	336654	-3.0
251386	329144	302638	241391	466478	608102	635216	605540	760513	24.4
49773	40357	14405	25128	29267	14520	13121	43251	19793	-57.3
507908	633216	663344	771657	1059995	1468970	1809109	1881300	1997097	-1.0
5191	6849	15095	21706	66575	50446	98909	149809	247767	54.2
502716	626366	648249	749952	993420	1418524	1710200	1731491	1749330	-5.8
				2709523	3598755	4308613	4726725	6013384	9.5
				496353	666049	639776	569792	770498	34.5
270765	312464	102788	224948	175963	331422	289788	395118	336654	-3.0
94649	98398	5534	105419	232401	259005	415744	578521	723276	20.2
502716	626366	648249	749952	989729	1418524	1710200	1731491	1749330	-5.8
				283468	367059	448999	611821	731369	5.1
336129	352244	351572	529150	531609	556696	804107	839982	1116073	37.3
								292454	42.4
								258432	51.1
								397823	4.7
								244380	-7.8
2297856	3653811	2717572	3075388	3534447	4284253	5204883	5931843	6694367	10.5
994540	1094681	1145047	1248808	1737357	1875881	2067111	2260512	2491321	3.0
14605	9795	8216	8661	13635	5046	5028	30605	17849	103.2
29221	41072	13453	3954	4171	733	782	1105	1910	61.2
3164	2936	2990	3464	1884	2647	3193	714	616	-19.5
593460	743184	858485	897642	775270	1188539	1813512	2259356	2411496	8.2
479405	533120	455037	682732	491832	666950	729168	679476	857204	17.6
183461	229023	234343	230127	510299	544456	581075	692920	910347	36.7
						5014	7155	3623	-52.8
28637	37918	72604	97500	82838	72410	57280	115458	149461	20.7
100514	99560	114836	125831	164865	200148	261347	287280	278982	-9.5
1080208	1153537	1233792	1358302	1900628	2031686	2193711	2454339	2674672	3.6
40105	53335	43616	37545	73047	46953	43375	59308	45165	3.1
495634	587568	530956	736563	550967	724393	758400	776070	895908	7.7
811061	996849	1096650	1166309	1257509	1753778	2528025	3044863	3507066	15.6
985155	1145664	1335222	1479524	1743922	2235093	2849704	3274172	3530956	2.1
1441852	1645624	1569790	1819195	2038228	2321717	2673806	3060409	3591854	18.3
201530	**215893**	**161782**	**161951**	**204914**	**790478**	**559690**	**445418**	**18685**	

a) Before 2011, industrial enterprises above designated size refer to enterprises with an annual main business income of 5 million yuan or above; 20 million yuan or above since 2012, including 2012.

7-14 工业总产值(历年)

单位：万元

指　　标	Item	2005	2006
全部工业总产值	**Total**	**6316848**	**7272237**
规模以上工业	**Industrial Enterprises above Designated Size**	**5740645**	**6696494**
#亏损企业	Unprofitable Enterprises	1153977	870555
#国有控股企业	State Holding Enterprises	3829864	3914935
#农村工业	Rural Industries	22610	34081
#非公有制工业	Non-public Industries	1773150	2335688
#高技术	High-tech Industries	961764	1067348
#文化产业	Cultural Industries		
按支柱、特色行业分	**By Pillar and Characteristic Industries**		
能源、优势原材料为主的支柱产业	Pillar Industry of Energy and Raw Materials	2337372	2903337
电	Electricity	756995	891639
煤	Coal	40119	43948
煤化工	Coal Chemical Industry	210341	236688
铝及铝加工	Aluminum and Its Processing Industry	563700	827352
磷及磷化工	Phosphorus and Its Chemical Industry	655699	761104
铁合金	Iron Alloy	110519	142607
烟酒为主的传统支柱产业	Traditional Pillar Industries of Tobacco and Liquor	683334	669759
酒	Liquor	16881	16833
烟	Tobacco	666453	652926
贵阳市重点产业（行业）	Six Special Pillar Industries		
磷煤化工	Phosphorus and Coal Chemical Industry		
铝及铝化工	Aluminum and Its Chemical Industry	563700	827352
特色食品	Characteristic Food	219449	345442
烟草制品	Tobacco Products	556169	652926
医药制造业	Modern Medicine		
装备制造业	Equipment Manufacturing Industry	904875	980371
#汽车制造业	Automobile Industry		
#电子信息设备制造业	Electronic Information Equipment Manufacturing Industry		
电力生产及供应业	Electric Power Production and Supply Industry		
橡胶及塑料制品业	Rubber and Plastic Products Industry		
按登记注册类型分	**By Status of Registration**		
内资企业	Domestic-funded Enterprises	5447421	6296029
国有企业	State-owned Enterprises	1811987	1963818
集体企业	Collective-owned Enterprises	82350	54531
股份合作企业	Joint-equity Cooperative Enterprises	49794	69313
联营企业	Joint Ownership Enterprises	10322	11104
有限责任公司	Limited Liability Corporations	1786737	2108072
股份有限公司	Companies Limited by Shares	1247146	1554714
私营企业	Private Enterprises	459085	534477
其他企业	Others		
港、澳、台商投资企业	Enterprises with Funds from Hong Kong,Macao and Taiwan	69974	89526
外商投资企业	Foreign-funded Enterprises	31822	310946

注：规模以上工业企业2011年之前是年主营业务收入500万元及以上的工业企业，2012年（含2012年）以后是年主营业务收入2000万元及以上的工业企业。

Gross Output Value of Industry (over Years)

(10 000 yuan)

2007	2008	2009	2010	2011	2012	2013	2014	2015	2015年比 2014年增长(%) Growth Rate in 2015 over 2014(%)
8248691	**9376997**	**9556756**	**11170653**	**15281979**	**18883384**	**22186052**	**23858812**	**25853568**	**11.2**
7559236	**8667178**	**8967496**	**10583479**	**14662863**	**15934771**	**20143140**	**22291542**	**25785917**	**10.7**
687550	1559019	2032355	1669678	1921426	2355165	3004198	2661869	2968023	7.9
4961370	5653418	5568527	6826601	8834873	10009794	10316211	11378451	12417480	4.3
35931	45407	52194	48073	84831	261059	245626	100290	64153	-39.0
2292378	2736088	3120416	3531377	5357776	5634541	9600513	10650166	13163287	18.4
1141901	1206143	1556973	1793079	2187669	2520645	3302252	3654209	4756622	23.1
								711642	20.3
3281153	3597264	3298784	3921382	3911648	4762994	5453451	5395644	5650897	1.3
1017783	1073877	1156867	1263433	165588	208216	219551	274025	312061	9.6
49221	72696	25482	40784	160184	163760	226628	142905	64801	-53.5
314912	380952	306719	414142	271862	444800	578329	448407	264956	-43.0
942789	720727	597303	890227	1065903	1470364	1458606	1521836	1551080	1.0
801405	1167236	1067486	1167313	2031816	2408888	2947668	2898953	3411820	12.4
207225	263185	170993	145483	225134	223808	249296	252422	110980	-54.9
717318	891078	935353	1142136	1440898	1814580	2255215	2294682	2487286	1.1
11753	18879	34515	48447	81999	99030	185876	280899	480391	55.5
705566	872199	900838	1093689	1358899	1715550	2069339	2013783	2006895	-6.5
				9174781	10768487	13867711	14770715	20649993	7.3
				2276526	2853688	3262240	3144044	3612234	9.6
942789	720727	597303	890227	1060399	1470364	1458606	1521836	1551080	1.0
445589	465573	526757	377342	906757	968649	1639134	2011278	2480633	15.6
705566	842659	669325	181714	1358899	1715550	2069339	2013783	2006895	-6.5
				1055808	1235723	1864713	1983184	2454909	6.5
1167720	1328275	1544539	1694571	2516392	2524514	3573678	4096590	5333501	23.0
								1111156	15.8
								1823448	25.0
								1793048	-7.1
								1663962	-5.1
7110368	8186898	8359273	9885539	13656614	14959517	18854597	20859327	24272614	11.4
2482745	2528181	2558660	2969558	4896761	3783654	3320968	4554531	5511641	15.5
58318	46824	37318	41830	86648	24961	43823	43380	52977	19.6
93366	150674	47812	17110	23318	8865	10899	9955	10129	-4.4
11074	14115	10578	12907	13277	13896	9077	5503	5199	-11.3
2097522	2787153	3210810	3633194	3805210	5659592	9067389	10260056	11084421	3.9
1748923	1825254	1762969	2322075	2753123	3261488	3725824	3281248	3766692	8.6
618420	834688	731127	888864	2078278	2207062	2635784	2671466	3804491	37.0
						40833	33189	37063	6.0
114085	169408	243830	245754	355905	286279	265572	437522	543161	17.4
334783	310871	364393	452186	650344	688975	1022971	994693	970142	-7.6

a) Before 2011, industrial enterprises above designated size refer to enterprises with an annual main business income of 5 million yuan or above; 20 million yuan or above since 2012, including 2012.

7-14 续表

单位：万元

指　　标	Item	2005	2006
按经济组织类型分	**By Types of Economic Organization**		
独资企业	Solely Funded Enterprises	2022061	2193923
合作、合伙企业	Cooperative and Partnership Enterprises	69996	94147
股份有限公司	Companies Limited by Shares	1292412	1593106
有限责任公司	Limited Liability Companies	2356176	2815319
按轻重工业分	**By Light & Heavy Industries**		
轻工业	Light Industry	1783270	1910089
重工业	Heavy Industry	3957375	4786406
按企业规模分	**By Size of Enterprises**		
大型企业	Large Enterprises	2118966	2504986
中型企业	Medium-sized Enterprises	2318695	2581602
小型企业	Small Enterprises	1302984	1609907
微型企业	Micro-sized Enterprises		
按企业主营收入分	**By Revenue from Principal Business**		
年收入在40亿元以上	Annual Income Above 4 billion yuan	1178740	1403667
年收入在20—40亿元	Annual Income Between 2 billion and 4 billion yuan	534916	1340591
年收入在10—20亿元	Annual Income Between 1 billion and 2 billion yuan	632682	201071
年收入在5—10亿元	Annual Income Between 0.5 billion and 1 billion yuan	688961	677854
年收入在1—5亿元	Annual Income Between 0.1 billion and 0.5 billion yuan	1467164	1757088
年收入在3000万元—1亿元	Annual Income Between 30 million and 0.1 billion yuan	730683	815409
年收入在1000万元—3000万元	Annual Income Between 10 million and 30 million yuan	372052	382010
年收入在1000万元以下	Annual Income Below 10 million yuan	135447	1188204
规模以下工业	**Industrial Enterprises below Designated Size**	**576203**	**575743**

注：1、市供电局由南明区搬迁到云岩区；开阳县不含开磷集团数据(仅含开磷集团的矿肥公司数据)；息烽县含开磷集团下属4户企业，因此，4区(县)数据波动较大。
2、规模以上工业企业2011年之前是年主营业务收入500万元及以上的工业企业，2012年（含2012年）以后是年主营业务收入2000万元及以上的工业企业。

(continued)

(10 000 yuan)

2007	2008	2009	2010	2011	2012	2013	2014	2015	2015年比2014年增长(%) Growth Rate in 2015 over 2014(%)
2777009	2747801	2829324	3342572	5556659	4315046	3944212	5241772	6232613	13.5
132555	197642	130660	133041	252589	211041	209825	148190	169782	11.7
1812440	1981678	2001265	2529236	3020222	3481949	3826684	3522752	3969269	6.6
2837233	3740056	4006246	4578630	5833393	7926736	12162420	13378828	15414252	10.7
2086884	2502421	2866480	3337003	4475231	4912009	6912842	7394216	8427204	7.1
5472352	6164757	6101016	7246475	10187631	11022762	13230298	14897326	17358713	12.5
3190261	3605188	3582084	4710415	8070810	9222967	8652773	9486069	9099151	-8.9
2678440	3015956	3040865	3289106	2542979	3041156	5138065	4926736	5944375	15.9
1690535	2046034	2344547	2584048	3883085	3646969	6246017	7755273	10240087	26.9
				165989	23680	106285	123465	502304	292.5
2865128	3183871	3186051	3896877	5846834	6748095	6173849	6514000	7542866	10.5
227638		320375	510587	1004866	831304	1540033	2506717	2711469	0.7
345867	1107995	635424	104284	452196	1071078	2242527	2405113	3147086	24.8
1078927	652331	814423	818594	1733665	2106679	3207798	3648281	4222348	12.9
1818661	2565093	2640471	2845644	3639277	3926958	5550477	5851163	6572925	7.9
803373	755910	919646	1026203	1364142	1066931	1248806	1229124	1339631	4.2
340402	326469	385510	338327	498123	163056	169817	135435	244357	73.5
79240	75509	65595	98963	123760	20670	9834	1711	5236	193.8
689455	**709819**	**589260**	**587174**	**619116**	**2948613**	**2042912**	**1567270**	**67651**	

a) Guiyang Power Supply Bureau moved from Nanming district to Yunyan district. Figures of Kaiyang just included figures from Mine and Fertilizer Companies subordinated to Guizhou Kailin(Growp)Co. , Ltd. However, figures of Xifeng included figures from 4 enterprises subordinated to Guizhou Kailin (Growp)Co. , Ltd.So, data of the four areas had a great change.

b) Before 2011, industrial enterprises above designated size refer to enterprises with an annual main business income of 5 million yuan or above; 20 million yuan or above since 2012, including 2012.

主 要 统 计 指 标 解 释

工　业　指从事自然资源的开采，对采掘品和农产品进行加工和再加工的物质生产部门。具体包括：(1)对自然资源的开采，如采矿、晒盐等(但不包括禽兽捕猎和水产捕捞)；(2)对农副产品的加工、再加工，如粮油加工、食品加工、缫丝、纺织、制革等；(3)对采掘品的加工、再加工，如炼铁、炼钢、化工生产、石油加工、机器制造、木材加工等，以及电力、自来水、煤气的生产和供应等；(4)对工业品的修理、翻新，如机器设备的修理、交通运输工具(包括小卧车)的修理等。

工业统计调查单位为独立核算法人工业企业。

独立核算法人工业企业　指从事工业生产经营活动的单位。独立核算法人工业企业应同时具备以下条件：①依法成立，有自己的名称、组织机构和场所，能够承担民事责任；②独立拥有和使用资产，承担负债，有权与其他单位签订合同；③独立核算盈亏，并能够编制资产负债表。

国有及国有控股企业　指国有企业加上国有控股企业。国有企业(即原全民所有制工业或国营工业)指企业全部资产归国家所有，并按《中华人民共和国企业法人登记管理条例》规定登记注册的非公司制的经济组织。包括国有企业、国有独资公司和国有联营企业。1957 年以前的公私合营和私营工业，后均改造为国营工业，1992 年改为国有工业，这部分工业的资料不单独分列时，均包括在国有企业内。国有控股企业是对混合所有制经济的企业进行的“国有控股”分类。它是指这些企业的全部资产中国有资产(股份)相对其他所有者中的任何一个所有者占资(股)最多的企业。该分组反映了国有经济控股情况。

轻工业　指主要提供生活消费品和制作手工工具的工业。按其所使用的原料不同，可分为两大类：(1)以农产品为原料的轻工业，是指直接或间接以农产品为基本原料的轻工业。主要包括食品制造、饮料制造、烟草加工、纺织、缝纫、皮革和毛皮制作、造纸以及印刷等工业；(2)以非农产品为原料的轻工业，是指以工业品为原料的轻工业。主要包括文教体育用品、化学药品制造、合成纤维制造、日用玻璃制品、日用金属制品、手工工具制造、医疗器械制造、文化和办公用机械制造等工业。

重工业　指为国民经济各部门提供物质技术基础的主要生产资料的工业。按其生产性质和产品用途，可以分为下列三类：(1)采掘(伐)工业，是指对自然资源的开采，包括石油开采、煤炭开采、金属矿开采、非金属矿开采等工业；(2)原材料工业，指向国民经济各部门提供基本材料、动力和燃料的工业。包括金属冶炼及加工、炼焦及焦炭、化学、化工原料、水泥、人造板以及电力、石油和煤炭加工等工业；(3)加工工业，是指对工业原材料进行再加工制造的工业。包括装备国民经济各部门的机械设备制造工业、金属结构、水泥制品等工业，以及为农业提供的生产资料如化肥、农药等工业。

工业总产值

(1)定义：工业总产值是以货币形式表现的，工业企业在一定时期内生产的工业最终产品或提供工业性劳务活动的总价值量。它反映一定时间内工业生产的总规模和总水平。

(2)计算原则：

工业生产的原则　即凡是企业在报告期生产的经检验合格的产品，不管是否在报告期销售，均包括在内。

最终产品的原则　即凡是计入工业总产值的产品，必须是本企业生产的经检验合格的，不需要再进行任何加工的最终产品。如果企业有中间产品(半成品)对外销售，则对外销售的中间产品应视为企业的最终产品。

工厂法原则　即工业总产值是以工业企业作为基本计算(核算)单位，即按企业的最终产品计算工业总产值。按这种方法计算的工业总产值，不允许同一产品价值在企业内部重复计算，不能把企业内部各个车间(分厂)生产的成果相加，但允许企业间的重复计算。

(3)内容及计算方法：包括三项内容：即本期生产成品价值、对外加工费收入、在制品半成品期末期初差额价值三部分。

本期生产成品价值　指企业本期生产，并在报告期内不再进行加工，经检验、包装入库的全部工业成品(半产品)价值合计，包括企业生产的自制设备及提供给本企业在建工程、其他非工业部门和福利部门等单位使用的成品价值。本期生产成品价值为按自备原材料生产的产品的数量乘以本期不含增值税(销项税额)

的产品实际销售平均单价计算；会计核算中按成本价格转帐的自制设备和自产自用的成品，按成本价格计算生产成品价值。生产成品价值中不包括用定货者来料加工的成品(半产品)价值。

对外加工费收入 指企业在报告期内完成的对外承接的工业品加工(包括用定货者来料加工产品)的加工费收入和对外工业修理作业所取得的加工费收入。对外加工费收入按不含增值税(销项税额)的价格计算，可根据会计“产品销售收入”科目的有关资料取得。

对于本企业对内非工业部门提供的加工修理、设备安装的劳务收入，如果企业会计核算基础较好，能取得这部分资料，而且这部分价值所占比重较大，应包括在对外加工费收入中。

自制半成品在制品期末期初差额价值 指企业报告期在制品期末减期初的差额价值，本指标一般可以从会计核算资料中取得。如果会计产品成本核算中不计算半成品、在制品的成本，则总产值中也不包括这部分价值，反之则包括。

(4)工业总产值计算的几种具体规定：

①凡自备原材料（包括自备零部件）生产，不论其加工繁简程度如何，一律按全价，即包括自备原材料的价值，计算工业总产值。

②凡来料加工，加工企业只收取加工费，则加工企业一律按财务上结算的加工费计算工业总产值，即不包括定货者来料的价值。一般分两种情况：a、工业企业之间的来料加工，加工企业（即承包单位）按财务上结算的加工费计算工业总产值；委托加工的企业（即发包单位）按全价计算工业总产值。b、工业企业与非工业企业之间的来料加工，当工业企业作为加工企业时一律按加工费计算工业总产值。

工业增加值 指工业企业在报告期内以货币表现的工业生产活动的最终成果。

工业增加值有两种计算方法：一是生产法，即工业总产出减去工业中间投入加上应交增值税；二是收入法，即从收入的角度出发，根据生产要素在生产过程中应得到的收入份额计算，具体构成项目有固定资产折旧、劳动者报酬、生产税净额、营业盈余，这种方法也称要素分配法。本年鉴中的工业增加值是以生产法计算的。

生产法工业增加值的计算方法为：

工业增加值=工业总产出-工业中间投入+应交增值税

(1)工业总产出 指工业企业在一定时期内工业生产活动的总成果。工业总产出包括：成品生产价值，对外加工费收入，自制半成品、在产品期末期初差额价值。1995年后用新规定计算的工业总产值代替。

(2)工业中间投入 指工业企业在工业生产活动中消耗的外购物质产品和对外支付的服务费用。服务费用包括支付给物质生产部门(工业、农业、批发零售贸易业、建筑业、运输邮电业)的服务费用和支付给非物质生产部门(如保险、金融、文化教育、科学研究、医疗卫生、行政管理等)的服务费用。工业中间投入的确定须遵循以下原则：必须从外部购入的，并已计入工业总产出的产品和服务价值；必须是本期投入生产，并一次性消耗掉(包括本期摊销的低值易耗品等)的产品和服务价值。

工业中间投入包括直接材料费用、制造费用中的工业中间投入、管理费用中的工业中间投入、销售费用中的工业中间投入和利息支出五部分。

现行调查方案工业增加值及增加值率均采用收入法计算。

收入法工业增加值=本年折旧+劳动者报酬+生产税净额+营业盈余

（1）固定资产折旧 是一定时期内工业企业为弥补固定资产损耗，按照核定的固定资产折旧率提取的折旧额，反映固定资产在当期生产中转移价值。

（2）劳动者报酬 是指工业企业的劳动者因从事生产活动所获得的全部报酬，包括劳动者获得的各种形式的工资、奖金和津贴，既包括货币形式的，也包括实物形式的，还包括劳动者所享受的公费医疗和医药卫生费、上下班交通补贴、单位交付的社会保险费、住房公积金等。

（3）生产税净额是指工业企业的生产税减生产补贴后的余额。

（4）营业盈余是指工业企业创造的增加值扣除劳动者报酬、生产税净额和固定资产折旧后的余额。

资产总计 指企业拥有或控制的能以货币计量的经济资源，包括各种财产、债权和其他权利。资产按流动性分为流动资产、长期投资、固定资产、无形资产、递延资产和其他资产。该指标根据企业会计“资产负债表”中“资产总计”项目的期末数增列。

负债合计 指企业过去的交易或者事项形成的，预期会导致经济利益流出企业的现时义务。

所有者权益合计 指企业资产扣除负债后，由所有者享有的剩余权益。包括实收资本、资本公积、盈余公积、未分配利润等。

主营业务收入 指企业确认的销售商品、提供劳务等主营业务的收入。

主营业务成本 指企业经营主要业务所发生的成本总额。

主营业务税金及附加 指企业经营主要业务应负担的营业税、消费税、城市维护建设税、教育费附加等。

利润总额 指企业生产经营活动的最终成果，是企业在一定时期内实现的盈亏相抵后的利润总额(亏损以“-”号表示)，它等于营业利润加上补贴收入加上投资收益加上营业外净收入再加上以前年度损益调整。

本年应交增值税 指企业在报告期内应交纳的增值税额。它等于本年销项税额加上出口退税加上进项税额转出数减去本年进项税额。小规模纳税企业直接按全年计税销售额乘以征收率计算取得。

年末从业人员平均人数 从业人员是指在企业工作并取得劳动报酬的全部人员数。包括在岗职工、再就业的离退休人员、民办教师及在企业工作的外方人员和港澳台方人员、兼职人员、借用的外单位人员和第二职业者。不包括离开本单位但仍保留劳动关系的职工。

总资产贡献率 反映企业全部资产的获利能力，是企业经营业绩和管理水平的集中体现，是评价和考核企业盈利能力的核心指标。

计算公式为：

总资产贡献率（%）=（利润总额+税金总额+利息支出）/平均资金总额×100%

公式中：税金总额为产品销售税金及附加与应交增值税之和；平均资产总额为期初期末资产之和的算术平均值。

资产负债率 该指标既反映企业经营风险的大小，也反映企业利用债权人提供的资金从事经营活动的能力。

计算公式为：

资产负债率（%）=负债总额/资产总额×100%

资产与负债均为报告期期末数。

流动资产周转次数 指一定时期内流动资产完成的周转次数，反映投入工业企业流动资金的周转速度。

计算公式为：

流动资产周转次数=产品销售收入/全部流动资产平均余额

公式中：全部流动资产平均余额为期初和期末的流动资产之和的算术平均值。

成本费用利润率 反映企业投入的生产成本及费用的经济效益，同时也反映企业降低成本所取得的经济效益。

计算公式为：

成本费用利润（%）=利润总额/成本费用总额×100%

公式中：成本费用总额为产品销售成本、销售费用、管理费用、财务费用之和。

全员劳动生产率 指根据产品的价值量指标计算的平均每一个从业人员在单位时间内的产品生产量。是考核企业经济活动的重要指标，是企业生产技术水平、经营管理水平、职工技术熟练程度和劳动积极性的综合表现。目前我国的全员劳动生产率是将工业企业的工业增加值除以同一时期全部从业人员的平均人数来计算的。计算公式为：

全员劳动生产率=工业增加值/全部从业人员平均人数

高技术工业 是指国民经济行业中 R&D 投入强度相对较高的制造业行业，包括医药制造、航空、航天器及设备制造，电子及通讯设备制造，计算机及办公设备制造，医疗仪器设备及仪器仪表制造，信息化产品制造等 6 大类。

Explanatory Notes on Main Statistical Indicators

Industry refers to the material production sector which engages in exploitation of natural resources as well as processing and reprocessing of extractive and agricultural products, including (1) exploitation of natural resources such as mining and evaporating brine in the sun to make salt (excluding hunting and fishing); (2) processing and reprocessing of farm and sideline products such as cereals and oils processing, food processing, silk reeling, spinning and weaving, textile processing as well as leather making; (3) processing and reprocessing of mining products such as iron smelting, steelmaking, chemicals manufacturing, petroleum processing, machine building and timber processing as well as production and supply of electricity, water and gas; (4) maintenance and renovation of industrial products such as maintenance of machinery and means of transportation (including small-sized sleeping cars).

In industrial statistics surveys, the units of investigation are industrial enterprises with independent accounting systems.

Industrial Enterprises with Independent Accounting Systems refer to enterprises engaging in industrial production and operating activities and they simultaneously meet the following requirements: (1) being enterprises established by law, owing exclusive names, organizations and sites and being capable of bearing civil liabilities; (2) possessing and utilizing assets independently, assuming liabilities, and having the right to sign contracts with other units; (3) being financially independent and capable of compiling balance sheets.

State-owned and State-holding Enterprises refer to state-owned enterprises plus State-holding enterprises. State-owned enterprises (originally known as State-run enterprises with ownership by the whole society or state-operated industry) refer to non-corporate economic entities registered in accordance with the *Regulation of the People's Republic of China on the Management of Registration of Legal Enterprises* and their total assets are owned by the State. Included in this category are State-owned enterprises, State-funded corporations and State-owned joint ownership enterprises. Joint State-private industries and private industries, which existed before 1957, were transformed into state-run industries since 1957 and into State-owned industries after 1992. Statistics on those enterprises are included in the state-owned industries when they are not filed separately. State-holding enterprises are classified as one branch of enterprises with mixed ownership under the title of state-owned holding and they referring to enterprises where the proportion of state assets (or shares of the state) is larger than any other single share holder of the same enterprises. This sub-classification illustrates the state's control over state-owned economy.

Light Industry refers to the industry that produces consumer goods and hand tools. It consists of two categories, depending on the raw materials used:

(1) Industries using farm products as raw materials. They are branches of light industry which directly or indirectly use farm products as basic raw materials, including the manufacture of food and beverages, tobacco processing, spinning and weaving, sewing, fur and leather manufacturing, paper making, printing, etc.

(2) Industries using non-farm products as raw materials. These are branches of light industry which use manufactured goods as raw materials, including manufacture of cultural, educational and sports articles, chemicals, synthetic fiber, glass products for daily use, metal products for daily use, hand tools, medical apparatus and instruments as well as manufacture of cultural and clerical machinery.

Heavy Industry refers to the industry, producing main capital goods, which provides a material and technological foundation for various sectors of the national economy. And it falls into three categories according to the feature of production and the usage of products:

(1) Extractive industry or logging industry refers to the industry that extracts natural resources such as extraction of petroleum, coal, metal and non-metal ores etc.

(2) Raw materials industry refers to the industry that provides various sectors of the national economy with basic materials, power, and fuels. Included in this category are smelting and calendaring of metals, coking and coke chemistry, chemical industry and chemical raw materials, cement and artificial boards as well as other industries like power industry, petroleum refining and coal processing.

(3) Manufacturing industry refers to the industry that reprocesses industrial raw materials, including mechanical equipments manufacturing industry which equips sectors of the national economy, industries of metal structure and cement products, industries providing means of production for agriculture such as chemical fertilizers and pesticides.

Gross Industrial Output Value

(1) **Definition** Gross Industrial Output Value refers to the total value of industrial products sold or industrial services provided in monetary terms in the given period. It reflects the overall scale and aggregate level of industrial production in the given period.

(2) **Principles of calculation:**

Principle of Calculating Industrial Products refers to all products, if produced by enterprises and verified to meet designated standards during the reference period, whether they are sold or not during the reference period their value shall be added to gross industrial output value.

Principle of Checking Final Products refers to all products that are included in the calculation of gross industrial output value are final products of enterprises which have been verified to meet designated standards and required no further processing. If an enterprise has intermediate (semi-finished) products to sell, these intermediate products shall be considered as the final products of the enterprise.

Principle of Factory Approach refers to industrial enterprise shall be used as the basic accounting unit in calculating the gross industrial output value. By this approach, value of the same product shall not be double counted and the output value of different workshops (branch factories) shall not be added together. However, this approach does not exclude the possibility of double counting among enterprises.

(3) **Content and Calculating Method** Three parts are included: value of current finished products, income from outward processing as well as the change of value in semi-finished and finished products between the end and the beginning of the reference period.

Value of Current Finished Products refers to the total value of all finished (semi-finished) industrial products, including the value of self-made equipments as well as the value of products provided for the same enterprise's projects under construction and for other non-industrial or welfare units. And those products are produced during the reference period that are verified to meet designated standards, without the need for further processing, packed and put into the warehouse of enterprises. Value of current finished products is calculated at the product of average actual selling unit prices of products sold during the reference period, excluding value-added tax (substituted money on value-added tax), and the quantity of products produced with own materials during the reference period. Own-produced equipments and products produced for own usage is valued at cost prices as in the case of enterprise accounting. Value of current finished products does not include the value of finished products (semi-finished products) that are produced using the materials from the clients who make the orders.

Income from Outward Processing refers to income from contracted processing of industrial products (including processing of industrial products using materials from clients) and income from industrial repairing work provided to other units. Income from outward processing can be calculated at statistics titled "sales revenue" from relative accounting information, if not calculated at prices excluding value-added tax (substituted money on value-added tax).

For income from services such as processing, repairing and installation of equipment provided to non-industrial units within the enterprise, if the accounting information of the enterprise is good enough and accessible and the value of such services account for a major proportion in the gross industrial output value, it shall also be included in the income from outward processing.

Change of Value in Finished and Semi-finished Products between the End and the Beginning of the Reference Period refers to the gap of value in finished and semi-finished products between the end and the beginning of the reference period, whose indicators generally can be obtained from accounting records of enterprises. If enterprise accounting excludes the cost of semi-finished products and products being processed, then the value of those products shall not be included in the gross industrial output value, or otherwise.

(4) Stipulations on the Calculating of Gross Industrial Output Value

First, all products produced with own raw materials, including components and parts, are to be calculated at full price, whether the procedure of production is complicated or not. Namely, in the process of calculating gross industrial output value, the value of raw materials used shall be included.

Second, for outward processing, processing enterprises only take processing charges and gross industrial output value of these enterprises shall be calculated at processing charges recorded in settled accounts. Namely, the value of materials provided by clients shall be added to gross industrial output value of these enterprises. Generally speaking, there are two cases: a) outward processing among industrial enterprises. In this case, processing industries (contractor units) shall calculate gross industrial output value at processing charges recorded in settled accounts but enterprises (consignors) entrust the task of manufacturing consignment shall calculate gross industrial output value at full price; b) outward processing between industrial enterprises and non-industrial enterprises. In this case, industrial enterprises serving as processing enterprises shall only calculate gross industrial output value at processing charges.

Industrial Added Value refers to the final results of industrial production of industrial enterprises in monetary terms during the reference period. Specifically, there are two approaches of calculating industrial added value. The first one is production approach. With this approach, the added value shall be the result after gross industrial output value minus intermediate input and then plus value-added tax. The second one is income approach. With this approach, from the perspective of incomes, the added value shall be calculated at the revenue shares of production factors used in the course of production, including depreciation of fixed assets, remunerations of laborers, net production tax, and operating surplus. Thus this approach is also called method of faltor distribution. Industry added value in this Yearbook is calculated with production approach, also called the approach of production factors, as follows:

Industrial added value = gross industrial output - industrial intermediate input + value-added tax

(1) Gross industrial output refers to the total achievements of industrial production during a given period. Gross industrial output includes value of finished products, income from outward processing, and change of value in self-made semi-finished products and products being processed between the end and the beginning of the reference period. Since 1995, it was substituted by the gross industrial output value calculated with new rules.

(2) Industrial intermediate input refers to purchased material products consumed during the industrial production of enterprises and services fees. Fees paid for services include fees paid for the services provided by material production sectors (industry, agriculture, wholesale and retail trades, construction, transport, post and telecommunications) and by non-material production sectors (insurance, banking, culture, education, scientific research, health and medical care, public administration, etc.). The determination of industrial intermediate input shall adhere to the following principles: a) goods and services shall be purchased and their value shall be added to the gross industrial output; b) goods and services purchased shall be put into production during the reference period and wholly consumed once (include low value consumables amortized during the reference period).

Industrial intermediate input includes 5 components, namely direct material cost, industrial intermediate input in manufacturing expenses, industrial intermediate input in administrative expenses industrial intermediate input in marketing expenses and interest expenses.

At present, industrial added value and its growth rate are both calculated with income approach.

Industrial added value = depreciation in current year + laborers' remuneration + net taxes on production+ operating surplus

(1) **Depreciation of Fixed Assets** refers to amount of depreciation which is extracted according to approved fixed assets depreciation rate for the purpose of making up the wear and tear of fixed assets during a given period and it reflects the value added during the process of transferring fixed assets in the reference period.

(2) **Laborers' Remuneration** refers to all the payments laborers gained from production activities, including all kinds of wages, bonuses and allowances, in monetary or substantial form. Still, it includes such expenses as state expenses for medical services, medical care expenses, traffic subsidies, social insurance expenses paid by enterprises and housing accumulation fund.

(3) **Net Taxes on Production** refer to the results gained by using industrial enterprises' production taxes to subtract production subsidies.

(4) **Operating Surplus** refers to the results gained by using industrial enterprises' added value to subtract laborers' remuneration, net taxes on production and depreciation of fixed assets.

Total Assets refer to all economic resources, in monetary terms, owned or controlled by enterprises, including properties, creditors' equity and other economic rights of all forms. According to liquidity of assets, total assets can be classified into current assets, long-term investment, fixed assets, intangible assets and deferred assets and other assets. Data on this indicator can be obtained from the year-end figures of total assets in enterprises' balance sheets.

Total Liability refers to current obligations which are formed in past trades or other activities and expected to bring about losses of economical interests.

Total Owners' Equity refers to the residual equity gained by using enterprise assets to subtract liabilities. It includes paid-in capital, capital reserves, surplus reserves, undistributed profits, etc.

Revenue from Principal Business refers to the income confirmed from the principal businesses such as selling products and providing labor services.

Cost of Principal Business refers to the total cost occurred in the principal business of the enterprise.

Tax and Extra Charges on Principal Business refers to the sale tax, consumption tax, urban maintenance, construction tax and education expenses shouldered by the enterprise from its principal business.

Total Profits refer to the final achievements of production and operating activities of enterprises. It is the profits gained by using total profits to deduct losses (loss is represented by "-") or the total sum of operating profits, subsidize revenue, investment earnings, non-operating revenue and allocations of previous years' profits and losses.

Value-added Tax Payable in the Current Year refers to the amount of the value-added tax which should be paid by the enterprises during the reference period. It is the amount gained by using the sum of value-added tax on sales, export rebates and transferred tax on purchases of the current year to minus the tax on purchases of the current year. Value-added tax payable of small-size enterprises is gained by using the taxable sales of the year to multiply the tax rate.

Average Annual Number of Employed Persons at the Year-end refers to all those who are employed in enterprises and receive remunerations there, including on-post staff, retirees who are re-employed, teachers of local-run schools, staff (work in enterprises) from abroad, Hong Kong, Macao and Taiwan, part-time employees, employees of other units temporarily working in the enterprises as well as persons with second jobs but excluding former employees who left their original enterprises with their employment records still being kept by the enterprises.

Ration of Profits, Taxes and Interests to Average Assets reflects the profit-making capability of all assets of enterprises and is a key indicator manifesting enterprises' operating performance and management level and evaluating the profit-making potential of enterprises. The design formula is as follows:

$$\text{Ratio of Profits, Taxes and Interests to Average Assets (\%)} = \frac{\text{total profits} + \text{total taxes} + \text{interest payment}}{\text{average assets}} \times 100\%$$

In the above formula, total taxes is the sum of tax and extra charges on the sales of products and value-added tax payable; and average assets is the arithmetic mean value between total assets at the beginning of a given period and total assets at the end of the same period.

Ratio of Debts to Assets reflects both the operation risk and the capability of the enterprise in making use of the capital from the creditors. The design formula is as follows:

Ratio of Debts to Assets (%) = (total debts / total assets) × 100%

Both assets and debts are figures at the end of the reference period.

Times of Turnover of Current Assets refers to the number of turnover of current assets in a given period, which reflects the speed of the turnover of current assets of industrial enterprises. The design formula is as follows:

Times of turnover of current assets = sales revenue / average balance of total current assets

In the above formula, average balance of total current assets refers to the arithmetic mean value between the sum of current assets at the beginning and at the end of the reference period.

Ratio of Profits to Total Industrial Costs refers to the ratio of profits realized in a given period to the total costs in the same period, which reflects the economic efficiency achieved by reducing cost. The design formula is as follows:

Ratio of profits to total industrial cost (%) = (total profits / total costs) × 100%

Total costs in the above formula are the sum of cost of products sold, marketing expenses, administrative expense and financial cost.

Overall Labor Productivity refers to the value of products produced by an employed person in unit time and the value is calculated according to indicators of output value. It is an important indicator of economic activities of enterprises and at the same time an integrate manifestation of enterprises' level of production, technology, operation and management as well as staff's technical proficiency and labor enthusiasm. At present, industrial added value and average number of employed persons of industrial enterprises in a given period are used to calculate the overall labor productivity. The design formula is as follows:

Overall labor productivity = industrial added value / average number of employed persons

Hi-tech Industry refers to the manufacturing industry with high R&D devotion intensity in the national economy, including 6 categories: pharmaceutical manufacturing; aviation, spacecraft and equipment manufacturing; electronic and communication equipment manufacturing; computer and office equipment manufacturing; medical instrument and apparatus manufacturing and information product manufacturing.

8
Eight

建筑业
Construction

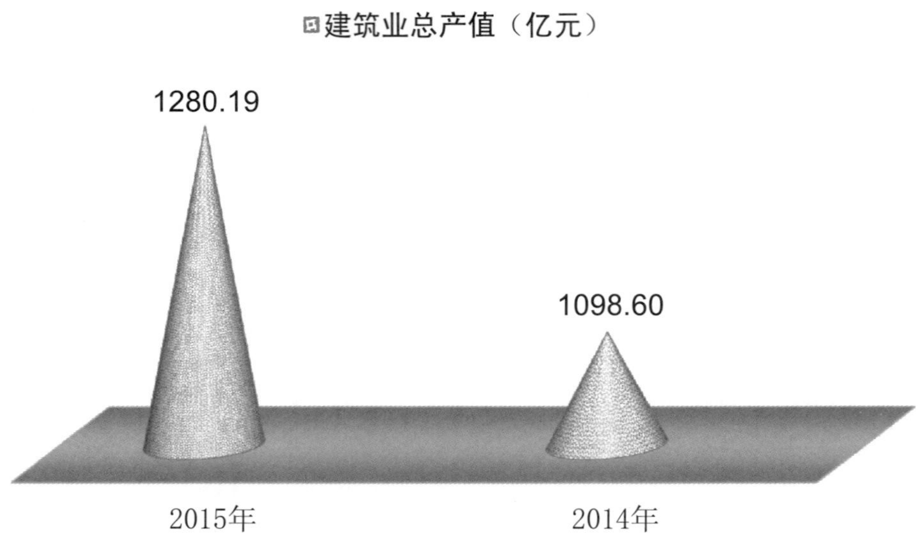
建筑业总产值（亿元）
1280.19
1098.60
2015年
2014年

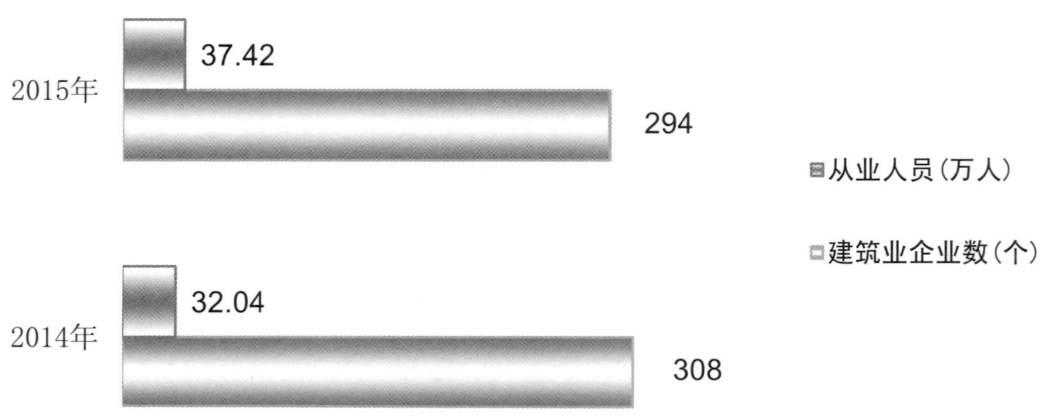
2015年
37.42
294
2014年
32.04
308
从业人员(万人)
建筑业企业数(个)

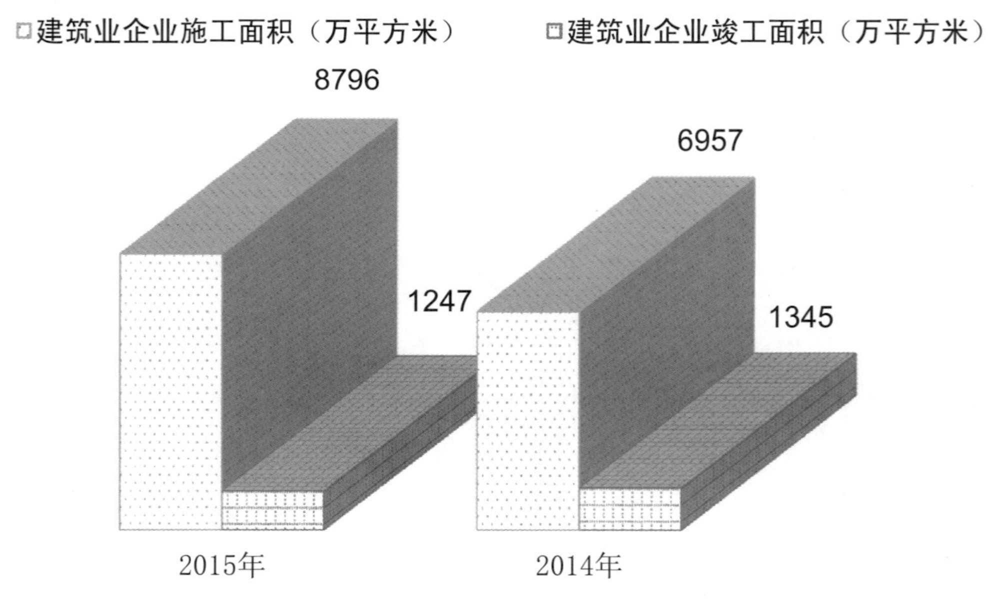
建筑业企业施工面积（万平方米）
建筑业企业竣工面积（万平方米）
8796
1247
6957
1345
2015年
2014年

8-1 总承包及专业承包建筑业企业主要经济指标
Main Economic Indicator on Construction Enterprises of General and Professional Contractors

指 标		Item		2015	2014	2015年比2014年增长(%) Growth Rate in 2015 over 2014(%)
从业人员	(万 人)	Number of Employed Persons	(10 000 persons)	37.42	32.04	16.8
自有固定资产原价	(亿 元)	Fixed Assets (original value)	(100 million yuan)	89.24	74.04	20.5
自有固定资产净价	(亿 元)	Fixed Assets (net value)	(100 million yuan)	45.56	38.85	17.3
建筑业总产值	(亿 元)	Gross Output Value of Construction	(100 million yuan)	1280.19	1098.60	16.5
施工面积	(万平方米)	Floor Space of Buildings Under Construction	(10 000sq.m)	8796.23	6957.02	26.4
竣工面积	(万平方米)	Floor Space of Buildings Completed	(10 000sq.m)	1246.57	1345.24	-7.3
利润总额	(亿 元)	Total Profits	(100 million yuan)	22.9	16.27	40.7
劳动生产率	(元/人)	Overall Labor Productivity	(yuan/person)	342138	342896	-0.2
产值利润率	(%)	Ratio of Profit to Gross Output Value	(%)	1.8	1.5	0.3个百分点
产值利税率	(%)	Ratio of Pre-tax Profit to Gross Output Value	(%)	5.1	5.1	持平

8-2 总承包及专业承包建筑企业生产情况(2015年)

单位：个、万元

指　　标	Item	建筑业企业个数 Number of Construction Enterprises	#有工作量的建筑业企业 Enterprises Having Project	#亏损企业 Losing Enterprises
总　计	**Total**	**294**	**248**	**55**
#国有及国有控股企业	State-owned and State-controlled Construction Enterprises	64	61	11
按登记注册类型分	**By Status of Registration**			
内资企业	Domestic Funded	294	248	55
国有企业	State-owned Enterprises	18	16	6
集体企业	Collective-owned Enterprises	17	11	2
股份合作企业	Cooperative Enterprises			
联营企业	Joint Ownership Enterprises	1	1	
有限责任公司	Limited Liability Corporations	172	150	29
股份有限公司	Share-holding Corporations Ltd.	15	15	2
私营企业	Private Enterprises	71	55	16
按国民经济行业分	**By Sector**			
房屋和土木工程建筑业	Building and Civil Engineering	163	138	24
房屋工程建筑	House Building	109	87	16
土木工程建筑	Civil Engineering	54	51	8
建筑安装业	Construction Installation	54	53	10
建筑装饰和其他建筑业	Construction Decoration and Others	77	57	21
建筑装饰业	Construction Decoration	45	31	12
工程准备活动	Project Preparation	17	15	5
提供施工设备服务	Construction Equipment Providing	2		
其他未列明建筑业	Others not listed	13	11	4
按隶属关系分	**By Administrative Division**			
中　央	Central Government	16	16	2
省(自治区、直辖市)	Provinces(Autonomous Regions and Municipalities)	59	50	8
地区(州、盟、省辖市)	Prefecture(Autonomous Prefecture,League,Provincially Administered Municipality)	29	25	4
县(区、市、旗)	Counties(Districts,Cities at County Level,Banner)	16	13	3
街　道	Street Communities	2	2	
乡	Towns	2	2	1
其　他	Others	170	140	37
按企业资质等级分	**By Qualification Grade**			
施工总承包	Construction of General Contractors	162	136	24
特　级	Special Grade	3	3	
一　级	First Grade	34	32	2
二　级	Second Grade	56	52	14
三级及以下	Third Grade and Below	69	49	8
专业承包	Speciality Contractors	132	112	31
一　级	First Grade	10	10	2
二　级	Second Grade	52	45	13
三级及以下	Third Grade and Below	70	57	16
按营业状态分	**By Operation Status**			
营　业	In Business or Operating	285	246	53
停业(歇业)	Closed	7	1	1
筹　建	In Preparation			
按控股情况分	**By Share-holding**			
国有控股	State-owned and State-controlled Enterprises	64	61	11
集体控股	Collective Share-holding Enterprises	35	28	6
私人控股	Private Share-holding Enterprises	179	144	37
港澳台商控股	Hong Kong, Macao and Taiwan Share-holding Enterprises			
其　他	Others	16	15	1

Main Indicators on Construction Enterprises of General and Professional Contractors(2015)

(unit;10 000 yuan)

合同情况 Contracts Signed by Construction Enterprises		承包工程完成情况 Completion of Contracted Projects						
#签订的合同额 Value from Signed Contracts	#本年新签合同额 Value from New Contracts Signed in This Year	直接从建设单位承揽工程完成的产值 Completed Output Value of Projects Contracted Directly from Investors	自行完成施工产值 Own-completed Output Value	分包出去工程的产值 Output Value of Out-sourced Projects	从建设单位以外承揽工程完成的产值 Completed Output Value of Projects Contracted from Non-investors	建筑业总产值 Total Output Value	#装饰装修产值 Output Value of Decoration	#在外省完成的产值 Output Value of Construction Fulfilled Outside of Guizhou Province
35644241	**16620008**	**12782834**	**12762310**	**20524**	**39586**	**12801897**	**200031**	**3311759**
33626616	15571717	11688060	11669876	18184	9842	11679718	109777	3287545
35644241	16620008	12782834	12762310	20524	39586	12801897	200031	3311759
1476568	824646	639551	630260	9290		630260	6937	148912
82837	50953	54192	54192		12281	66474	19531	
340	300	300	300			300		
29780136	14148625	10699914	10689462	10452	27186	10716648	130913	2921173
3791853	1338273	1063457	1063457			1063457	20413	227308
512508	257210	325421	324639	782	119	324757	22236	14366
32019648	14336847	10675317	10665908	9410	28285	10694192	83007	2731693
14785533	7555699	5416377	5407135	9242	28285	5435419	64190	1157144
17234115	6781148	5258941	5258773	168		5258773	18817	1574550
3077549	2060433	1640412	1630542	9870	8645	1639187	4168	564666
547044	222728	467105	465861	1244	2657	468518	112856	15399
270767	127423	189012	189008	4	119	189127	112651	12836
252827	75736	255886	254645	1240	1414	256059		2563
23450	19569	22208	22208		1125	23332	205	
14611766	6972574	4244434	4235633	8802	8802	4244434	9147	2043813
19242250	8822201	7341704	7341704		1040	7342744	105229	1242360
387859	146136	222322	222322		8213	230535	7235	6580
189537	122053	127832	127740	92	12281	140021	20321	
6805	4063	5742	5742			5742		
964	150	1344	1344			1344		
1205061	552832	839456	827827	11630	9250	837076	58099	19006
34993803	16246589	12237996	12228754	9242	28317	12257070	85990	3279878
9640286	4197898	2425411	2425411			2425411		1185647
23362453	11048589	8713070	8713070		1040	8714111	34783	2090048
1438245	667316	721142	712340	8802	14555	726895	23254	4107
552819	332786	378372	377932	440	12722	390654	27953	76
650438	373418	544839	533557	11282	11270	544827	114041	31880
308334	148991	310058	300768	9290		300768	87943	25169
203757	130966	138958	138958			138958	24258	
138346	93462	95823	93831	1992	11270	105101	1839	6712
35644224	16620004	12782830	12762306	20524	39573	12801880	200014	3311759
4	4	4	4			4	4	
33626616	15571717	11688060	11669876	18184	9842	11679718	109777	3287545
225652	146432	157272	156832	440	12722	169554	22674	
1486729	780620	763730	761831	1899	17023	778853	67349	23154
305244	121240	173772	173772			173772	232	1060

8-2 续表1

单位：万元、万平方米

指 标	Item	建筑工程产值 Output Value of Construction	安装工程产值 Output Value of Installation	其他产值 Others	竣工产值 Output Value of Buildings Completed
总 计	**Total**	**11489862**	**896068**	**415966**	**4097796**
#国有及国有控股企业	State-owned and State-controlled Construction Enterprises	10542151	761777	375790	3350977
按登记注册类型分	**By Status of Registration**				
内资企业	Domestic Funded	11489862	896068	415966	4097796
国有企业	State-owned Enterprises	322603	231801	75856	251957
集体企业	Collective-owned Enterprises	64729	1289	456	32491
股份合作企业	Cooperative Enterprises				
联营企业	Joint Ownership Enterprises	300			700
有限责任公司	Limited Liability Corporations	9800211	626155	290283	3155101
股份有限公司	Share-holding Corporations Ltd.	1023743	9967	29748	448192
私营企业	Private Enterprises	278278	26857	19623	209356
按国民经济行业分	**By Sector**				
房屋和土木工程建筑业	Building and Civil Engineering	10055352	314628	324212	3700614
房屋工程建筑	House Building	5070171	130451	234798	3195468
土木工程建筑	Civil Engineering	4985182	184177	89414	505146
建筑安装业	Construction Installation	995733	575235	68219	245969
建筑装饰和其他建筑业	Construction Decoration and Others	438777	6205	23536	151213
建筑装饰业	Construction Decoration	183261	4667	1199	71693
工程准备活动	Project Preparation	249021	3	7035	61227
提供施工设备服务	Construction Equipment Providing				
其他未列明建筑业	Others not listed	6495	1535	15302	18293
按隶属关系分	**By Administrative Division**				
中 央	Central Government	3697432	463621	83381	1128469
省(自治区、直辖市)	Provinces(Autonomous Regions and Municipalities)	6783558	283688	275498	2397425
地区(州、盟、省辖市)	Prefecture(Autonomous Prefecture,League, Provincially Administered Municipality)	211187	13940	5408	42121
县(区、市、旗)	Counties(Districts,Cities at County Level,Banner)	112985	27032	5	69662
街 道	Street Communities	3502	2240		5742
乡	Towns	974	150	220	403
其 他	Others	680224	105398	51454	453974
按企业资质等级分	**By Qualification Grade**				
施工总承包	Construction of General Contractors	11106700	769372	380998	3845687
特 级	Special Grade	2425411			288698
一 级	First Grade	7643575	712489	358047	2915681
二 级	Second Grade	679015	36025	11854	432151
三级及以下	Third Grade and Below	358699	20858	11097	209157
专业承包	Speciality Contractors	383162	126696	34968	252109
一 级	First Grade	265053	24096	11619	74179
二 级	Second Grade	79540	46058	13361	138659
三级及以下	Third Grade and Below	38570	56542	9989	39271
按营业状态分	**By Operation Status**				
营 业	In Business or Operating	11489862	896068	415949	4097779
停业(歇业)	Closed			4	4
筹 建	In Preparation				
按控股情况分	**By Share-holding**				
国有控股	State-owned and State-controlled Enterprises	10542151	761777	375790	3350977
集体控股	Collective Share-holding Enterprises	157393	11236	925	90715
私人控股	Private Share-holding Enterprises	636000	104665	38188	507224
港澳台商控股	Hong Kong, Macao and Taiwan Share-holding Enterprises				
其 他	Others	154319	18391	1063	148881

(continued)

(10 000 yuan;10 000 sq.m)

房屋建筑施工面积 Floor Space under Construction	#本年新开工面积 Newly Started Buildings This Year	#实行投标承包面积 Contracted Area Under Tendering	年末自有施工机械设备(净值)(万元) Construction Machinery Equipment at Year-end (net value) (10 000yuan)	年末自有施工机械设备(总台数)(台) Construction Machinery Equipment at Year-end (total number) (unit)	年末自有施工机械设备(总功率)(万千瓦) Construction Machinery Equipment at Year-end (total power) (10 000kilowatt)	从事建筑业活动的平均人数（人） Average Number of Employed Persons in Construction Industries (person)	建筑业企业期末人数（人） Employed Persons at Year-end (person)	房屋建筑竣工面积 Floor Space of Building Completed	#住宅房屋 Residential Building
8796	**2718**	**7149**	**340610**	**51118**	**193**	**374299**	**381262**	**1247**	**782**
8119	2479	6840	317037	46637	182	319146	328376	1029	642
8796	2718	7149	340610	51118	193	374299	381262	1247	782
187	67	134	10654	7453	8	19749	13415	69	46
28	8	8	2014	233		2659	2919	6	5
1	1	1		1		23	26	1	1
6829	2364	6583	317347	36926	166	326089	339519	996	583
1369	196	274	5953	6037	17	11596	11831	102	99
381	82	149	4642	468	1	14183	13552	72	49
8234	2546	6664	315612	45802	177	336127	342584	1180	738
8071	2509	6533	39754	10362	18	146190	161587	1138	706
163	36	131	275858	35440	158	189937	180997	43	31
562	172	485	18725	4162	13	29076	28871	66	44
			6274	1154	3	9096	9807		
			2498	699	2	5303	6227		
			2594	90		2890	2705		
				1		2			
			1181	364	1	901	875		
2750	873	1685	224911	21625	120	105889	105468	260	246
5419	1637	5194	91603	25318	63	217126	224451	800	426
106	35	46	8010	577	3	12487	13001	25	20
77	54	42	1157	481	2	4282	4090	59	29
			7	15		820	588		
			5	2		134	108		
443	119	183	14919	3100	5	33561	33556	103	61
8793	2715	7146	333060	49279	186	356971	364404	1244	782
692	208	692	211174	12539	116	90514	103389	106	74
7532	2239	6205	105886	32984	61	184008	190459	911	571
429	170	178	11707	2610	6	66088	53676	129	87
140	98	71	4293	1146	3	16361	16880	98	50
3	3	3	7550	1839	7	17328	16858	3	
3	3	3	2285	1231	5	4616	5525	3	
			1656	352	1	6867	6531		
			3609	256		5845	4802		
8796	2718	7149	340610	51118	193	374272	381237	1247	782
						19	15		
8119	2479	6840	317037	46637	182	319146	328376	1029	642
99	54	77	3190	697	1	6754	7653	48	33
536	159	195	16533	3281	9	37342	36967	135	78
42	25	37	3851	503	1	11057	8266	35	29

8-2 续表2

单位：万平方米；万元

指　　标	Item	商业及服务用房屋 Business Building	办公用房屋 Office Building	科研、教育、医疗用房屋 Scientific Research Educational and Medical Buildings	文化、体育、娱乐用房屋 Buildings for Culture, Sports and Entertainment
总　　计	**Total**	**59**	**104**	**126**	**6**
#国有及国有控股企业	State-owned and State-controlled Construction Enterprises	41	90	112	2
按登记注册类型分组	**By Status of Registration**				
内资企业	Domestic Funded	59	104	126	6
国有企业	State-owned Enterprises	9	1	1	
集体企业	Collective-owned Enterprises				
股份合作企业	Cooperative Enterprises				
联营企业	Joint Ownership Enterprises				
有限责任公司	Limited Liability Corporations	46	103	120	6
股份有限公司	Share-holding Corporations Ltd.		1		
私营企业	Private Enterprises	5		4	
按国民经济行业分组	**By Sector**				
房屋和土木工程建筑业	Building and Civil Engineering	59	104	114	6
房屋工程建筑	House Building	54	104	114	6
土木工程建筑	Civil Engineering	5			
建筑安装业	Construction Installation			13	
建筑装饰和其他建筑业	Construction Decoration and Others				
建筑装饰业	Construction Decoration				
工程准备活动	Project Preparation				
提供施工设备服务	Construction Equipment Providing				
其他未列明建筑业	Others not listed				
按隶属关系分组	**By Administrative Division**				
中　央	Central Government	4	2	1	
省(自治区、直辖市)	Provinces(Autonomous Regions and Municipalities)	36	88	112	5
地区(州、盟、省辖市)	Prefecture(Autonomous Prefecture,League,Provincially Administered Municipality)	2			
县(区、市、旗)	Counties(Districts,Cities at County Level,Banner)	12	13	5	
街　道	Street Communities				
乡	Towns				
其　他	Others	6	1	8	
按企业资质等级分组	**By Qualification Grade**				
施工总承包	Construction of General Contractors	59	104	126	6
特　级	Special Grade	10	13	6	
一　级	First Grade	26	75	107	2
二　级	Second Grade	15	2	8	3
三级及以下	Third Grade and Below	8	14	5	
专业承包	Speciality Contractors				
一　级	First Grade				
二　级	Second Grade				
三级及以下	Third Grade and Below				
按营业状态分	**By Operation Status**				
营　业	In Business or Operating	59	104	126	6
停业(歇业)	Closed				
筹　建	In Preparation				
按控股情况分	**By Share-holding**				
国有控股	State-owned and State-controlled Enterprises	41	90	112	2
集体控股	Collective Share-holding Enterprises		13	1	
私人控股	Private Share-holding Enterprises	16	1	13	3
港澳台商控股	Hong Kong, Macao and Taiwan Share-holding Enterprises				
其　他	Others	1		1	1

(continued)

10 000 sq.m;10 000 yuan)

厂房及建筑物 Workshop	仓 库 Storehouse	竣工房屋价 值 Value of Buildings Completed	#住 宅 房 屋 Residential Buildings	商业及服务用 房 屋 Business Buildings	办公用 房 屋 Office Buildings	科研、教育、医疗用房屋 Scientific Research, Educational and Medical Buildings	文化、体育、娱乐用房屋 Buildings for Culture,Sports and Entertainment	厂房及建筑物 Workshop	仓 库 Storehouse
78	**12**	**2102227**	**1290666**	**68175**	**141882**	**249869**	**8204**	**207726**	**19568**
73	12	1860029	1122848	51751	130247	233902	3242	184060	19379
78	12	2102227	1290666	68175	141882	249869	8204	207726	19568
7		77131	45942	10386	1024	1944		17692	
		8982	7831	440	191			399	122
		700	700						
66	12	1665480	920134	51098	138815	242167	8204	169661	19446
3		260401	253687		1852	561		4300	
2		89532	62371	6250		5197		15674	
69	12	1954720	1197988	68175	141882	214381	8204	188385	19568
66	12	1893454	1152484	61382	141882	214381	8204	179416	19568
2		61266	45504	6793				8969	
9		146957	92128			35488		19341	
		550	550						
		550	550						
3		527545	501054	5700	5129	2834	673	12155	
68	12	1372537	658315	44958	124312	232665	7519	170791	19379
2		30853	27058	1093	806	561		1335	
		46944	24754	8480	9812	3638		139	122
		383	123					260	
5		123964	79363	7944	1823	10170	13	23047	67
75	12	2092907	1290666	68175	141882	249869	8204	198406	19568
3		211217	145966	10500	22051	21700		11000	
65	12	1624391	977638	36508	104159	213799	4260	158843	19379
1		157084	116518	11690	4062	7620	3931	8424	47
6		100216	50545	9477	11611	6749	13	20140	142
3		9320						9320	
3		8950						8950	
		370						370	
78	12	2102227	1290666	68175	141882	249869	8204	207726	19568
73	12	1860029	1122848	51751	130247	233902	3242	184060	19379
		42193	29938	440	9912	961		819	122
3		156426	101906	14322	1643	13408	3944	20167	67
2		43579	35974	1662	80	1597	1018	2680	

8-3 总承包及专业承包建筑业企业财务状况(2015年)

单位：万元

指标	Item	年初存货 Stock at Year-beginning	年末资产负债 流动资产合计 Total Current Assets	应收工程款 Accounts Receivable	在建工程 Projects Under Construction
总计	**Total**	**3822794**	**14499914**	**3232553**	**106737**
#国有及国有控股企业	State-owned and State-controlled Construction Enterprises	3569383	12971486	2872285	100822
按登记注册类型分	**By Status of Registration**				
内资企业	Domestic Funded	3822794	14499914	3232553	106737
国有企业	State-owned Enterprises	92747	605708	302769	102
集体企业	Collective-owned Enterprises	2592	14777	1629	5
股份合作企业	Cooperative Enterprises				
联营企业	Joint Ownership Enterprises	231	822	40	
有限责任公司	Limited Liability Corporations	3452103	12415841	2470866	100637
股份有限公司	Share-holding Corporations Ltd.	196714	962266	371535	4411
私营企业	Private Enterprises	78407	500499	85713	1582
按国民经济行业分	**By Sector**				
房屋和土木工程建筑业	Building and Civil Engineering	3476514	12509617	2531974	73246
房屋工程建筑	House Building	512169	3709300	1255245	67674
土木工程建筑业	Civil Engineering	2964346	8800317	1276729	5572
建筑安装业	Construction Installation	317444	1261443	403510	28862
建筑装饰和其他建筑业	Construction Decoration and Others	28835	728854	297069	4629
建筑装饰业	Construction Decoration	16653	257007	75316	408
工程准备活动	Project Preparation	9543	425480	213045	4216
提供施工设备服务	Construction Equipment Providing	8	30		
其他未列明建筑业	Others not listed	2632	46338	8707	5
按隶属关系分	**By Administrative Division**				
中央	Central Government	967767	4992830	1133821	4637
省(自治区、直辖市)	Provinces(Autonomous Regions and Municipalities)	600736	5438009	1603201	73666
地区(州、盟、省辖市)	Prefecture(Autonomous Prefecture,League,Provincially Administered Municipality)	2080820	2618315	114198	214
县(区、市、旗)	Counties(Districts,Cities at County Level,Banner)	41332	140698	23720	21383
街道	Street Communities	1268	3954	861	
乡	Towns	926	1172	139	
其他	Others	129944	1304936	356613	6837
按企业资质等级分	**By Qualification Grade**				
施工总承包	Construction of General Contractors	3718514	13641702	2945589	79671
特级	Special Grade	401150	3392457	265437	
一级	First Grade	3194414	8823773	2145688	13527
二级	Second Grade	101573	1064216	441472	65997
三级以下	Third Grade and Below	21377	361256	92992	147
专业承包	Speciality Contractors	104280	858212	286964	27066
一级	First Grade	21728	401931	180337	3301
二级	Second Grade	25706	192088	41248	1452
三级以下	Third Grade and Below	56846	264194	65380	22313
按营业状态分	**By Operation Status**				
营业	In Business or Operating	3821895	14494375	3232129	106737
停业(歇业)	Closed	898	5494	419	
筹建	In Preparation				
按控股情况分	**By Share-holding**				
国有控股	State-owned and State-controlled Enterprises	3569383	12971486	2872285	100822
集体控股	Collective Share-holding Enterprises	12684	84297	17115	15
私人控股	Private Share-holding Enterprises	151264	1149518	236353	3514
港澳台商控股	Hong Kong,Macao and Taiwan Share-holding Enterprises				
其他	Others	89464	294613	106800	2385

Financial State for Construction Enterprises of General and Professional Contractors(2015)

(10 000 yuan)

Asset–liability at Year-end							
资产合计 Total Assets	流动负债合计 Total Working Liabilities	应付账款 Accounts Payable	负债合计 Total Liabilities	所有者权益合计 Total Owner's Equities	#实收资本 Paid-in Capitals	#国家资本 National Capital	集体资本 Collective Capital
17372472	**11154525**	**3881245**	**12634697**	**4738461**	**1683381**	**1035265**	**30186**
15667020	10036725	3563647	11419738	4247282	1282705	1021663	600
17372472	11154525	3881245	12634697	4738461	1683381	1035265	30186
683936	478282	149792	484714	199221	101982	96180	
21751	9310	1584	12353	10085	8506		7796
1222			922	300	78		78
14978092	9376619	3105292	10750078	4228014	1341926	903284	14586
1153094	905751	582977	986137	166957	118044	33800	6600
534377	384562	41601	400493	133884	112844	2001	1126
14772751	9434808	3382045	10726098	4047339	1395589	887342	20832
4131794	3292360	1074725	3342100	790379	550350	214865	12550
10640958	6142448	2307320	7383998	3256960	845240	672477	8281
1563639	1106214	327596	1219497	344143	125246	51377	4430
1036081	613503	171603	689102	346979	162546	96547	4924
268093	79465	17650	108376	159717	34927	255	1227
713083	509789	144132	553660	159423	118134	94300	3658
30				30	30		
54876	24250	9821	27066	27809	9454	1992	39
5803174	4448729	2124320	5053600	749574	420911	349809	
7012324	4988323	1301574	5584050	1428274	799789	566999	5159
2698880	458075	154893	633776	2065104	73349	13870	6851
186989	148544	20810	153312	34363	22248	12030	1802
4337	2603	1601	2603	1735	1501		501
1949	637	25	637	1311	1310		600
1664819	1107615	278022	1206719	458100	364273	92558	15274
16155245	10309370	3657480	11715693	4440238	1463998	928634	22332
4523216	3339474	1081922	3886096	637121	360565	263159	
9993730	5925759	2370283	6737118	3256612	769389	616250	1201
1244928	913198	181312	945386	299543	224843	36489	11100
393371	130939	23963	147094	246963	109202	12736	10030
1217226	845155	223765	919004	298223	219383	106631	7855
668141	506694	132011	520949	147192	109559	96000	
218271	117244	46614	137851	80421	52143	992	3522
330814	221218	45140	260204	70610	57681	9639	4333
17358835	11152033	3880970	12632095	4727426	1671979	1027010	29575
13564	2491	274	2601	10963	11330	8255	611
15667020	10036725	3563647	11419738	4247282	1282705	1021663	600
111972	62305	17133	66063	46594	37210	11300	13554
1275992	794716	141340	884828	391164	317948	2303	12589
317488	260778	159125	264068	53420	45518		3444

8-3 续表

单位：万元

指 标	Item	损益及分配 营业收入 Business Revenue	主营业务收入 Revenue from Principal Business	营业成本 Business Cost	主营业务成本 Cost of Principal Business
总 计	**Total**	**13466918**	**13376358**	**12408025**	**12228019**
#国有及国有控股企业	State-owned and State-controlled Construction Enterprises	12241763	12175868	11306202	11254120
按登记注册类型分	**By Status of Registration**				
内资企业	Domestic Funded	13466918	13376358	12408025	12228019
国有企业	State-owned Enterprises	596060	575923	548505	531879
集体企业	Collective-owned Enterprises	36562	36550	33725	30000
股份合作企业	Cooperative Enterprises				
联营企业	Joint Ownership Enterprises	130	130	110	110
有限责任公司	Limited Liability Corporations	11331879	11265450	10466527	10330339
股份有限公司	Share-holding Corporations Ltd.	1137451	1136304	1024579	1004727
私营企业	Private Enterprises	364835	362000	334579	330965
按国民经济行业分	**By Sector**				
房屋和土木工程建筑业	Building and Civil Engineering	11318579	11232900	10501870	10326057
房屋工程建筑	House Building	4935272	4886929	4552756	4508899
土木工程建筑业	Civil Engineering	6383307	6345971	5949114	5817158
建筑安装业	Construction Installation	1680475	1678365	1516440	1514831
建筑装饰和其他建筑业	Construction Decoration and Others	467863	465093	389715	387132
建筑装饰业	Construction Decoration	153612	150904	139778	137251
工程准备活动	Project Preparation	259134	259134	202869	202869
提供施工设备服务	Construction Equipment Providing				
其他未列明建筑业	Others	55118	55055	47068	47011
按隶属关系分	**By Administrative Division**				
中 央	Central Government	5360858	5339572	5030468	5013431
省(自治区、直辖市)	Provinces(Autonomous Regions and Municipalities)	6797251	6751929	6241650	6107765
地区(州、盟、省辖市)	Prefecture(Autonomous Prefecture,League, Provincially Administered Municipality)	256944	256623	227556	227438
县(区、市、旗)	Counties(Districts,Cities at County Level,Banner)	97600	97456	79025	75272
街 道	Street Communities	6951	6951	6483	6483
乡	Towns	1354	1354	1293	1293
其 他	Others	945959	922474	821550	796337
按企业资质等级分	**By Qualification Grade**				
施工总承包	Construction of General Contractors	12884267	12800691	11928262	11753944
特 级	Special Grade	3468817	3444429	3294217	3275425
一 级	First Grade	8330420	8312892	7658548	7644494
二 级	Second Grade	794969	770516	716754	597784
三级以下	Third Grade and Below	290061	272854	258744	236242
专业承包	Speciality Contractors	582651	575667	479763	474075
一 级	First Grade	279925	279784	227708	227591
二 级	Second Grade	134906	133232	114816	113625
三级以下	Third Grade and Below	167820	162650	137238	132859
按营业状态分	**By Operation Status**				
营 业	In Business or Operating	13466791	13376231	12407934	12227928
停业(歇业)	Closed	62	62	27	27
筹 建	In Preparation				
按控股情况分	**By Share-holding**				
国有控股	State-owned and State-controlled Enterprises	12241763	12175868	11306202	11254120
集体控股	Collective Share-holding Enterprises	109168	108373	98780	94617
私人控股	Private Share-holding Enterprises	899393	875664	803906	683393
港澳台商控股	Hong Kong,Macao and Taiwan Share-holding Enterprises				
其 他	Others	216594	216452	199136	195889

(continued)

(10 000 yuan)

Profits and Losses				应交所得税 Income Tax Payable	应付职工薪酬（本年贷方累计发生额） Payroll Payable (Accumulated Amount of Credit This Year)	建筑业企业在境外完成的营业收入 Revenue Earned by Construction Enterprises from Abroad
营业税金及附加 Taxes and Extra Charges Business	主营业务税金及附加 Taxes and Extra Charges on Principal Business	营业利润 Business Profits	利润总额 Total Profits			
411465	**395728**	**221609**	**229018**	**41912**	**1075138**	**247761**
371000	360199	203592	210608	36399	915248	246311
411465	395728	221609	229018	41912	1075138	247761
18173	17629				62278	
1770	1770		18	40	10109	
4	4				132	
338079	323738	213564	218268	40215	921617	211804
41078	40296	13250	12963	1604	41549	34507
12362	12289	1854	2456	829	39454	1450
340489	325594	155807	161358	25851	961454	192485
173200	162929	78469	83706	21700	434992	
167290	162665	77338	77652	4152	526462	192485
57303	56684	47804	48977	11832	69731	55276
13673	13450	17997	18684	4228	43953	
4721	4649	2877	2964	399	18835	
8220	8069	12238	12491	3268	20125	
732	732	2882	3228	560	4994	
137152	136340	62519	68896	10549	180186	192485
230848	217196	122940	121885	21402	722992	53826
7935	7902	5857	6200	1338	58272	
3744	3744	6784	8242	2184	14320	
233	233	30	30	6	1318	
35	35			1	406	
31517	30278	23482	23768	6432	97645	1450
393411	378550	197326	203086	35325	1009158	246311
75109	74364	40346	40362	2742	134508	153152
282043	273101	133582	137028	25890	717257	93159
25616	21226	15773	18262	5292	120156	
10644	9860	7625	7434	1401	37238	
18054	17177	24283	25932	6587	65980	1450
9557	8981	11107	11192	2942	30538	
3441	3410	3741	4048	735	21453	
5056	4787	9435	10691	2910	13989	1450
411461	395723	221780	229189	41912	1075046	247761
2	2				83	
371000	360199	203592	210608	36399	915248	246311
4053	4044	1205	1234	491	26564	
29385	24456	14098	14463	4269	104613	1450
7028	7028	2713	2713	752	28713	

主要统计指标解释

建筑业统计单位　指从事房屋、构筑物建造和设备安装活动的法人企业。建筑业法人企业应同时具备的条件是：①依法成立，有自己的名称、组织机构和场所，能够承担民事责任；②独立拥有和使用资产，承担负债，有权与其他单位签订合同；③独立核算盈亏，能够编制资产负债表。

建筑业总产值　是以货币表现的建筑企业在一定时期内生产的建筑业产品和服务的总和。建筑业总产值包括：

(1)建筑工程产值：指列入建筑工程预算内的各种工程价值。

(2)设备安装工程产值：指设备安装工程价值，不包括被安装设备本身价值。

(3)房屋、构筑物修理产值：指房屋、构筑物修理所完成的价值，但不包括被修理房屋、构筑物本身的价值和生产设备的修理价值。

(4)非标准设备制造产值：指加工制造没有定型的、非标准的生产设备的加工费和原材料价值，以及附属加工厂为本企业承建工程制作的非标准设备的价值。

房屋施工面积　指在报告期内施过工的全部房屋建筑面积，包括本期新开工的房屋面积、上期施工跨入本期继续施工的房屋面积、上期停缓建在本期恢复施工的房屋面积、本期竣工的房屋面积及本期施工后又停缓建的房屋面积。

房屋竣工面积　指在报告期内房屋建筑按照设计要求全部完工，达到了住人和使用条件，经验收鉴定合格，正式移交使用的各栋房屋建筑面积的总和。

工程总承包　指取得施工总承包资质的企业(以下简称施工总承包企业)，可以承接施工总承包工程。施工总承包企业可以对所承接的施工总承包工程内各专业工程全部自行施工，也可以将专业工程或劳务作业依法分包给具有相应资质的专业承包企业或劳务分包企业。

工程专业承包　指取得专业承包资质的企业，可以承接施工总承包企业分包的专业工程和建设单位依法发包的专业工程。专业承包企业可以对所承接的专业工程全部自行施工，也可以将劳务作业依法分包给具有相应资质的劳务分包企业。

Explanatory Notes on Main Statistical Indicators

Statistical Unit in the Construction Industry refers to a corporate enterprise engaging in the construction of buildings and structures and in the Installation of equipment. A corporate construction enterprise should meet the following 3 requirements: a) being set up in line with relevant legal basis, having its full name, Organization and location, and capable of taking civil liabilities; b) independently processing and using its assets and assuming its liabilities, and entitled to sign contracts with other institutions; and c) making independent accounts of its profits and losses, and capable of compiling its own balance sheet.

Gross Output Value of Construction refers to total construction products and services, expressed in money terms, produced or rendered by construction and installation enterprises during a given period of time. It includes:

(1) Output value of construction projects: the value of projects covered by the project budgets;

(2) Output value of installation projects: the value of the installation of equipment, (excluding the value of the equipment to be installed);

(3) Output value of repair of buildings and structures: the value created through the repairs of buildings or structures. It does not include the value of buildings or structures being repaired and the value of the repair of production equipment;

(4) Output value of manufactured non-standard equipment; the value of non-standard production equipment, including raw materials and manufacturing cost, made for the construction project (i.e., chemical plant; kettles or tanks used by refineries; various fillers, triangle tanks, valves used by mines). It also includes the output value of equipment manufactured by subsidiary workshops.

Floor Space Under Construction refers to floor space of buildings under construction during the reference period, including the floor space of building for which construction has newly started; buildings for which construction has started earlier and is continuing during the reference period: and buildings for which construction has been suspended earlier but has restarted during the reference period; buildings completed during the reference period; and buildings under construction but construction has subsequently been during the reference period.

Floor Space Completed refers to total floor space of each building that has been completed in the reference period in accordance with the requirements of the design, up to the standard for being resided in and put into use, or has been checked and accepted by departments concerned as qualified ones which can be handed over for putting into use.

Engineering, procurement and construction (EPC) refers to construction enterprises with general contractors' qualification (general contracted enterprises), which undertake construction projects of general contractors. General contracted enterprises construct of all professions by their own and subcontract professional engineering or labor service to qualified professional contracted enterprises or labor service sublet enterprises by law.

Professional engineering contractor refers to construction enterprises with professional contractors' qualification, which undertake professional projects subcontracted by general contracted enterprises and professional projects let contracted by construction units by law. Professional engineering contractor constructs of all professions by their own or subcontract professional engineering or labor service to qualified professional contracted enterprises or labor service sublet enterprises by law.

9

Nine

农 业

Agriculture

农林牧渔业总产值（万元）

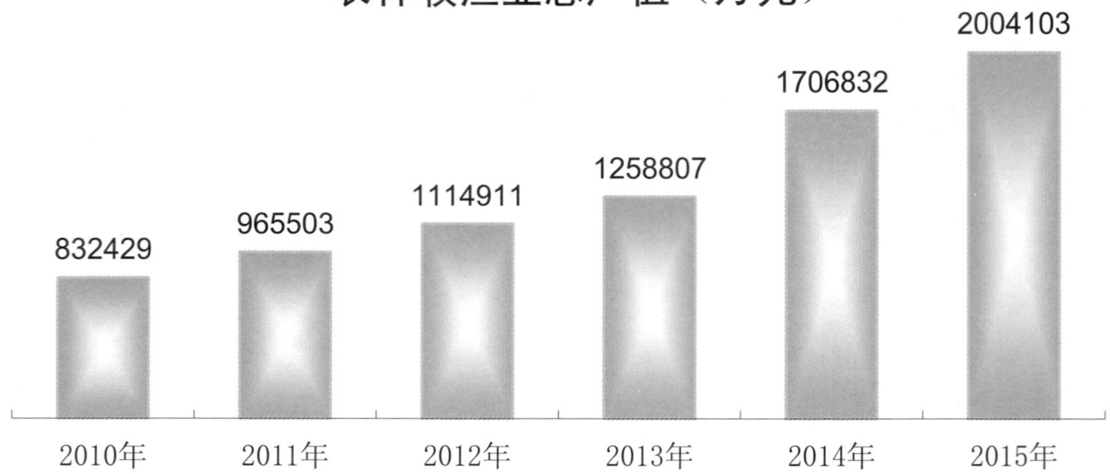

农林牧渔业总产值构成

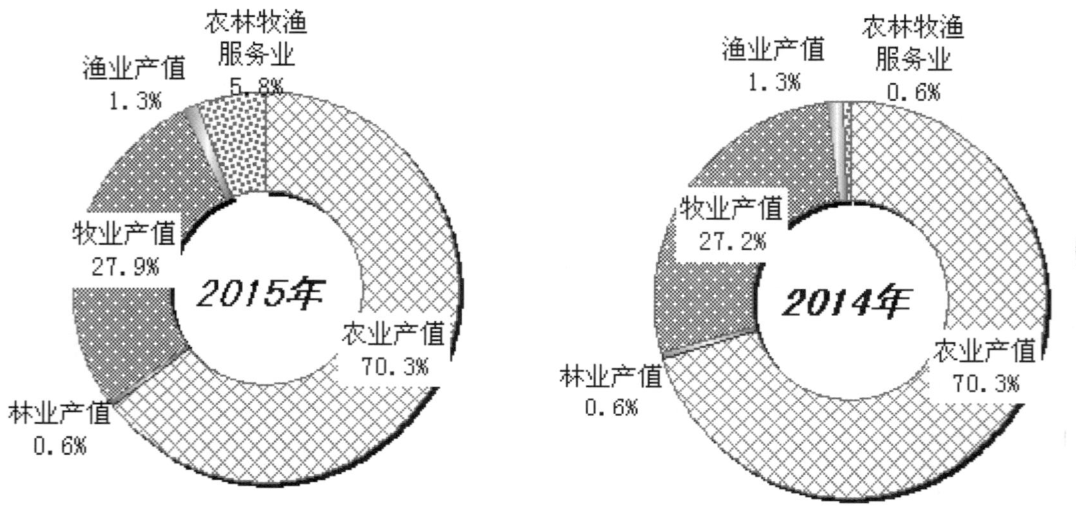

主要农作物产品产量（万吨）

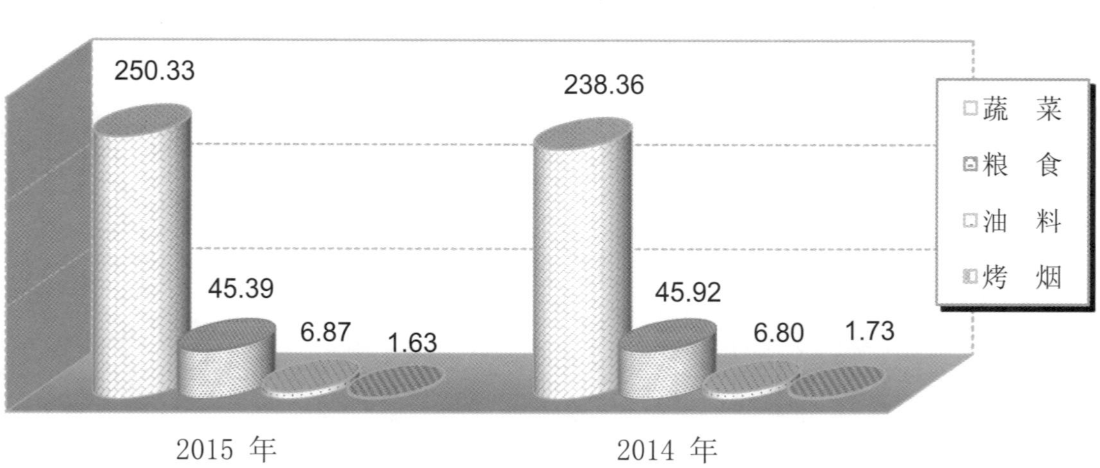

9-1 农村基本情况及农业生产条件
Basic Conditions of Rural Areas and Agricultural Production

指 标		Item		2015	2014	2015年比2014年增长(%) Growth Rate in 2015 over 2014 (%)
农村基层组织		**Rural Grassroots Units**				
乡镇个数	(个)	Number of Towns and Townships	(unit)	77	77	持平
#镇	(个)	Towns	(unit)	45	45	持平
村委会个数	(个)	Number of Villagers Committee	(unit)	947	948	-0.1
农村社会基础设施		**Infrastructure in Rural Areas**				
自来水受益村数	(个)	Villages with Tap Water	(unit)	947	948	-0.1
通电乡镇数	(个)	Townships and Towns with Electricity	(unit)	77	77	持平
通电村数	(个)	Villages with Electricity	(unit)	947	948	-0.1
通公路的乡镇数	(个)	Townships and Towns with Highway	(unit)	77	77	持平
通公路的村数	(个)	Villages with Highway	(unit)	947	948	-0.1
通汽车的村数	(个)	Villages with Automobile	(unit)	947	948	-0.1
通邮件的乡镇数	(个)	Townships and Towns with Post Communication	(unit)	77	77	持平
通邮件的村数	(个)	Villages with Post Communication	(unit)	947	941	0.6
通电话的乡镇数	(个)	Townships and Towns with Telephone	(unit)	77	77	持平
通电话的村数	(个)	Villages with Telephone	(unit)	947	948	-0.1
通有线广播的村数	(个)	Villages with Wire Broadcast	(unit)	768	763	0.7
建成农村地面卫星接收站个数	(个)	Satellite Ground Receiving Station in Rural Area	(unit)	153308	190691	-19.6
有文化站的乡数	(个)	Townships with Cultural Station	(unit)	32	32	持平
有文化中心的镇数	(个)	Towns with Cultural Center	(unit)	44	44	持平
用电户数	(户)	Households with Electricity	(household)	565810	568289	-0.4
饮用安全卫生水户数	(户)	Households with Safe and Healthy Water	(household)	551314	550812	0.1
使用沼气的户数	(户)	Households with Marsh Gas	(household)	148866	159438	-6.6
#当年新增	(户)	The Increase over Last Year	(household)	37	71	-47.9
农村人口及劳动力资源		**Rural Population and Laborers**				
乡村户数	(万户)	Rural Households	(10 000households)	56.58	56.89	-0.5
乡村人口数	(万人)	Rural Population	(10 000 persons)	193.99	194.61	-0.3
乡村从业人员数	(万人)	Rural Employees	(10 000 persons)	114.09	115.77	-1.5
按性别分		By Gender				
男	(万人)	Male	(10 000 persons)	59.95	60.81	-1.4
女	(万人)	Female	(10 000 persons)	54.14	54.96	-1.5
按行业分		By Sector				
农林牧渔业劳动力	(万人)	Farming,Forestry,Animal Husbandry and Fishery	(10 000 persons)	47.90	47.39	1.1

9-1 续表 (continued)

指标		Item		2015	2014	2015年比2014年增长(%) Growth Rate in 2015 over 2014 (%)
工业劳动力	(万人)	Industrial Labors	(10 000 persons)	10.40	11.09	-6.2
建筑业劳动力	(万人)	Construction Labors	(10 000 persons)	11.59	11.67	-0.7
交通运输、仓储业及邮电通讯业劳动力	(万人)	Labors in Transportation,Storage, Post and Telecommunication	(10 000 persons)	4.37	4.47	-2.2
批发零售贸易业、餐饮业劳动力	(万人)	Labors in Wholesale,Retail and Catering Industry	(10 000 persons)	11.44	11.69	-2.1
其他劳动力	(万人)	Others	(10 000 persons)	28.40	29.45	-3.6
#外出人数	(万人)	Labors Working out of Guiyang	(10 000 persons)	22.85	21.32	7.2
#出省人数	(万人)	Labors Working out of Guizhou	(10 000 persons)	13.00	12.50	4.0
农田水利建设和农业机械化情况		**Construction of Water Conservancy and Agricultural Machinery**				
机耕面积	(公顷)	Area Plowed by Machinery	(hectare)	118145	100613	17.4
机播面积	(公顷)	Area Sowed by Machinery	(hectare)	3744	3342	12.0
机电灌溉面积	(公顷)	Area Irrigated by Machinery	(hectare)	36675	34752	5.5
机械植保面积	(公顷)	Plant Area Protected by Machinery	(hectare)	26636	21639	23.1
机械收获面积	(公顷)	Area Harvested by Machinery	(hectare)	9937	9419	5.5
农用机械总动力	(万千瓦)	Total Agricultural Machinery Power	(10 000 kw)	186.46	181.39	2.8
柴油机	(万千瓦)	Diesel Engine	(10 000 kw)	140.37	136.45	2.9
汽油机	(万千瓦)	Gasoline Engine	(10 000 kw)	13.10	12.59	4.1
电动机	(万千瓦)	Electricmotor	(10 000 kw)	32.99	32.35	2.0
其他机械	(万千瓦)	Others	(10 000 kw)	-	-	-
农用主要能源及物资消耗		**Rural Energy and Material Consumption**				
农用化肥施用量(折纯法)	(万吨)	Pure Consumption of Chemical Fertilizers	(10 000 ton)	6.39	6.27	1.9
氮肥	(万吨)	Nitro-genous Fertilizer	(10 000 ton)	2.95	2.84	3.9
磷肥	(万吨)	Phosphate Fertilizer	(10 000 ton)	0.52	0.57	-8.8
钾肥	(万吨)	Potash Fertilizer	(10 000 ton)	0.84	0.90	-6.7
复合肥	(万吨)	Compound Fertilizer	(10 000 ton)	2.08	1.97	5.6
平均每亩耕地化肥施用量	(公斤)	Consumption of Chemical Fertilizers per Mou	(kg)	40.12	41.78	-4.0
农村用电量	(万千瓦时)	Rural Electricity Consumption	(10 000 kwh)	56513	47793	18.2
农药使用量	(吨)	Use of Pesticides	(ton)	453	469	-3.4
地膜使用量	(吨)	Consumption of Farm Plastic Film	(ton)	1819	1658	9.7

9–2 主要农业机械年末拥有量
Major Agricultural Machinery at Year-end

指标		Item		2015	2014	2015年比2014年增长(%) Growth Rate in 2015 over 2014(%)
大中型拖拉机	(台)	Large and Medium-sized Tractors	(set)	2994	2683	11.6
大中型拖拉机配套农具	(部)	Towing Farm Machinery of Large and Medium-sized Tractors	(unit)	1771	1659	6.8
小型拖拉机	(台)	Small Tractors	(set)	3549	3513	1.0
小型拖拉机配套农具	(部)	Towing Farm Machinery of Small Tractors	(unit)	2800	3332	-16.0
农用排灌柴油机	(台)	Diesel Engines	(set)	11705	11246	4.1
农用排灌电动机	(台)	Electromotor Engines	(set)	20077	16866	19.0
耕整机	(台)	Cultivator	(set)	61781	50646	22.0
农用水泵	(台)	Agriculture Pumps	(set)	33292	29473	13.0
机动喷雾(粉)机	(台)	Motorized Spray (Powder) Machines	(set)	2465	2222	10.9
联合收获机	(台)	Combine Harvester	(set)	43	39	10.3
机动脱粒机	(台)	Power Thresher	(set)	41841	22898	82.7
谷物烘干机	(台)	Grain Drying Machine	(set)	71	68	4.4
饲草料加工机械	(台/套)	Processing Machinery of Fodder and Hay	(set)	20747	20584	0.8
机动挤奶机	(台)	Mobile Milking Machine	(set)	553	554	-0.2
农用运输车	(辆)	Agricultural Vehicles	(unit)	18669	18515	0.8

注：本表资料由市农委提供。
a) Data in this table is providied by committee of Agriculture of Guiyang.

9–3 主要农作物播种面积
Total Sown Areas of Major Farm Crops

单位：公顷 (hectare)

指标	Item	2015	2014	2015年比2014年增长(%) Growth Rate in 2015 over 2014(%)
农作物总播种面积	**Total Sown Area**	**291904**	**286617**	**1.8**
粮食作物播种面积	**Sown Areas of Grain Crops**	**111348**	**112740**	**-1.2**
#稻谷	Rice	32840	33366	-1.6
小麦	Wheat	3907	3952	-1.1
玉米	Corn	41087	40741	0.8
大豆	Soybean	6721	6746	-0.4
薯类	Tubers	25599	26038	-1.7
经济作物播种面积	**Sown Areas of Cash Crops**	**180556**	**173877**	**3.8**
#棉花	Cotton	-	-	-
油菜籽	Rapeseeds	38737	38974	-0.6
花生	Peanuts	1072	1043	2.8
麻类	Fiber Crops	1	1	持平
烤烟	Flue-cured Tobacco	8866	8946	-0.9
蔬菜及食用菌	Vegetables and Edible Fungus	119114	113396	5.0
西瓜	Watermelon	797	464	71.8
青饲料	Succulence	6177	5568	10.9
绿肥	Green Manure	1296	1174	10.4

9–4 主要农作物产品产量及单产
Basic Statistics on Output of Major Farm Products

指　　标	Item	2015		2014		2015年比2014年增长(%) Growth Rate in 2015 over 2014(%)	
		产量(万吨) Output (10 000 tons)	单产(公斤/亩) Output Per Hectare(kg/mou)	产量(万吨) Output (10 000 tons)	单产(公斤/亩) Output Per Hectare(kg/mou)	产　量 Output	单　产 Output Per Mou
粮食作物产量	**Grain Crops**	**45.39**	**272**	**45.92**	**272**	**-1.2**	**持平**
按夏秋粮分	**By Seasons**						
#夏　粮	Summer Grain	8.89	224	8.80	218	1.0	2.8
秋　粮	Autumn Grain	36.50	287	37.12	288	-1.7	-0.3
按类别分	**By types**						
稻　谷	Rice	18.25	370	18.80	376	-2.9	-1.6
小　麦	Wheat	1.01	172	1.03	174	-1.9	-1.1
玉　米	Corn	16.44	267	16.12	264	2.0	1.1
大　豆	Soybean	0.75	75	0.76	75	-1.3	持平
薯　类	Tubers	8.67	226	8.72	223	-0.6	1.3
油料作物	**Oil Crops**	**6.87**	**114**	**6.80**	**112**	**1.0**	**1.8**
#油菜籽	Rapeseeds	6.58	113	6.51	111	1.1	1.8
花　生	Peanuts	0.21	128	0.20	128	5. 0	持平
烤　烟	**Flue-cured Tobacco**	**1.63**	**123**	**1.73**	**129**	**-5.8**	**-4.7**
蔬菜及食用菌	**Vegetables**	**250.33**	**1401**	**238.36**	**1401**	**5.0**	**持平**

9–5 茶叶、水果、水产品面积及产量
Basic Statistics on Tea, Fruits and Aquatic Products

指　　标	Item	2015	2014	2015年比2014年增长 (%) Growth Rate in 2015 over 2014(%)
面　积(公顷)	**Area(Hectare)**			
茶园面积	Area of Tea Fields	16522	10637	55.3
果园面积	Area of Orchards Fields	44640	39179	13.9
产　量(吨)	**Output(ton)**			
茶　叶	Tea	3739	3516	6.3
园林水果	Garden Fruits	176241	152862	15.3
苹　果	Apples	224	215	4.2
柑　桔	Citrus	10464	10165	2.9
#桔	Tangerine	8189	7758	5.6
梨	Pears	54645	55878	-2.2
桃	Peach	22786	21980	3.7
杨　梅	Red Bayberry	6861	5968	15.0
猕猴桃	Kiwi	35866	11104	223.0
葡　萄	Grape	18678	16599	12.5
柿　子	Persimmons	401	392	2.3
水产品产量	**Output of Aquatic Products**	**10227**	**9708**	**5.3**

9–6 造林及林产品产量
Areas of Forestation and Output of Forest Products

指 标		Item		2015	2014	2015年比2014年增长(%) Growth Rate in 2015 over 2014(%)
当年造林面积	**(公顷)**	**Annual Areas of Forestation**	**(hectare)**	**11531**	**10000**	**15.3**
#竹林面积	(公顷)	Areas of Bamboo Grove	(hectare)	33	187	-82.4
林产品产量		**Output of Forest Products**				
生 漆	(吨)	Lacquer	(ton)	11	15	-26.7
油桐籽	(吨)	Tung-oil Seeds	(ton)	22	24	-8.3
油茶籽	(吨)	Tea-oil Seeds	(ton)	84	102	-17.6
乌桕籽	(吨)	Tallow Seed	(ton)	2	2	持平
五倍籽	(吨)	Nutgall	(ton)	11	14	-21.4
棕 片	(吨)	Palm Flake	(ton)	36	32	12.5
松 脂	(吨)	Pine Resin	(ton)	18	19	-5.3
竹笋片	(吨)	Bamboo Shoot	(ton)	11	11	持平
核 桃	(吨)	Walnuts	(ton)	657	461	42.5
板 栗	(吨)	Chestnut	(ton)	257	240	7.1
花 椒	(吨)	Zanthoxylum	(ton)	50	56	-10.7
银 杏(白果)	(吨)	Ginkgo	(ton)	11	9	22.2

9–7 畜牧业生产
Number of Livestock and Livestock Products

指 标		Item		2015	2014	2015年比2014年增长(%) Growth Rate in 2015 over 2014(%)
猪牛羊家禽出栏头数		**Number of Slaughtered Hogs,Cattle and Poultry**				
当年肉猪出栏头数	(万 头)	Annual Slaughtered Fattened Hogs	(10 000 heads)	130.18	130.15	0.02
当年肉用牛出栏头数	(万 头)	Annual Slaughtered Beef Cattle	(10 000 heads)	5.99	5.73	4.5
当年羊出栏头数	(万 只)	Annual Slaughtered Sheep and Goats	(10 000 heads)	3.02	2.47	22.3
当年家禽出栏头数	(万 只)	Annual Slaughtered Poultry	(10 000 heads)	1725.73	1700.14	1.5
当年肉类总产量	**(万 吨)**	**Annual Output of Meat**	**(10 000 tons)**	**15.75**	**15.41**	**2.2**
#猪 肉	(万 吨)	Pork	(10 000 tons)	11.88	11.61	2.3
牛 肉	(万 吨)	Beef	(10 000 tons)	0.78	0.77	1.3
羊 肉	(万 吨)	Mutton	(10 000 tons)	0.05	0.05	持平
禽 肉	(万 吨)	Poultry	(10 000 tons)	2.91	2.85	2.1
其他畜产品产量		**Other Livestock Products**				
#牛 奶	(吨)	Milk	(ton)	49560	45753	8.3
蜂 蜜	(吨)	Honey	(ton)	38	33	15.2
禽 蛋	(吨)	Poultry Eggs	(ton)	25393	24309	4.5
大牲畜年末存栏头数	**(万 头)**	**Large Animal at year-end**	**(10 000 heads)**	**24.72**	**26.52**	**-6.8**
#牛	(万 头)	Cattle and Buffaloes	(10 000 heads)	23.06	24.84	-7.2
肉 牛	(万 头)	Beef Cattle	(10 000 heads)	4.99	5.83	-14.4
奶 牛	(万 头)	Cows	(10 000 heads)	1.41	1.34	5.2
役用牛	(万 头)	Draft Cattle	(10 000 heads)	16.66	17.67	-5.7
马	(万 匹)	Horses	(10 000 heads)	1.65	1.67	-1.2
猪年末存栏数	**(万 头)**	**Hogs at year-end**	**(10 000 heads)**	**97.77**	**95.66**	**2.2**
羊年末存栏数	**(万 只)**	**Sheep and Goats at year-end**	**(10 000 heads)**	**4.54**	**4.24**	**7.1**
家禽年末存栏数	**(万 只)**	**Poultry at year-end**	**(10 000 heads)**	**1371.21**	**1279.68**	**7.2**

9–8 主要农产品、畜产品最高年产量
Annual Peak Output of Major Agricultural and Livestock Products

产品名称	Item	年 份 Year	产 量 Output
种植业(万吨)	**Farm Crops (10 000 tons)**		
粮 食	Grain Crops	2000	63.45
#稻 谷	Rice	2000	30.37
小 麦	Wheat	1997	5.15
玉 米	Corn	2009	21.40
大 豆	Soybean	2009	1.29
薯 类	Tubers	2009	9.86
油菜籽	Rapeseeds	2015	6.58
烤 烟	Flue-cured Tobacco	1997	3.73
蔬 菜	Vegetables	2015	250.33
茶 叶	Tea	2015	0.37
园林水果	Garden Fruits	2015	17.62
畜牧业(万头、万只、万吨)	**Livestock (10 000 heads,10 000 tons)**		
大牲畜年末存栏数	Large Animal (year-end)	2010	30.70
#牛	Cattle and Buffaloes	2010	27.50
猪年末存栏数	Hogs (year-end)	2015	97.77
肉猪出栏头数	Slaughtered Fattened Hogs	2015	130.18
家禽年末存栏数	Poultry (year-end)	2015	1371.21
家禽出栏数	Slaughtered Fattened Poultry	2013	1828.11
肉类总产量	Total Output of Meat	2015	15.75
牛奶产量	Output of Milk	2015	4.96
禽蛋产量	Output of Poultry Eggs	2015	2.54
水产品(吨)	**Aquatic Products (ton)**	**2015**	**10227**

9–9 农林牧渔总产值、增加值
Gross Output Value and Added Value of Agriculture, Forestry, Animal Husbandry and Fishery

指　　标	Item	2015		2014		2015年比2014年增长(%) Growth Rate in 2015 over 2014(%)
		绝对数(万 元) Value (10 000 yuan)	构 成(%) Proportion (%)	绝对数(万 元) Value (10 000 yuan)	构 成(%) Proportion (%)	
农林牧渔业总产值(万元)	**Total**	**2004103**	**100.0**	**1706832**	**100.0**	**6.6**
农业产值	**Output Value of Farming**	**1291882**	**64.5**	**1200009**	**70.3**	**8.0**
谷物及其他作物	Grain and Others	246070	12.3	253881	14.9	-1.1
蔬菜园艺作物	Vegetables and Horticultual Crops	800715	40.0	737349	43.2	8.1
水果、饮料和香料作物	Fruit,Beverage and Aromatic Crops	193931	9.7	149510	8.8	24.1
中药材	Medicinal Materials	51166	2.6	59269	3.5	5.1
林业产值	**Output Value of Forestry**	**12773**	**0.6**	**10424**	**0.6**	**18.7**
林木的培育和种植	Cultivating and Planting of Forest	5534	0.3	5324	0.3	3.9
竹木采运	Transporting of Timber & Bamboo	6862	0.3	4560	0.3	41.7
林产品	Collecting of Forest Products	377	0.0	540	0.0	-30.2
牧业产值	**Output Value of Animal Husbandry**	**558798**	**27.9**	**463499**	**27.2**	**2.5**
牲畜饲养	Animal Raising	82940	4.1	56156	3.3	10.4
猪的饲养	Hogs Raising	332605	16.6	288450	16.9	0.3
家禽饲养	Poultry Raising	139786	7.0	116897	6.8	4.0
其他畜牧业	Others	3467	0.2	1996	0.1	15.3
渔业产值	**Output Value of Fishery**	**24579**	**1.2**	**22233**	**1.3**	**5.8**
农林牧渔服务业产值	**Output Value of Agriculture, Forestry,Animal Husbandry and Fishery**	**116071**	**5.8**	**10667**	**0.6**	**16.2**
农林牧渔业增加值(当年生产价)	**Added Value of FFAF Services (at current price)**	**1298860**	**100.0**	**1058236**	**100.0**	**6.4**
农　业	Agriculture	869530	66.9	762479	72.1	7.8
林　业	Forestry	7983	0.6	6033	0.6	18.7
牧　业	Animal Husbandry	323416	24.9	268830	25.4	2.2
渔　业	Fishery	13958	1.1	13175	1.2	5.7
农林牧渔服务业	Service Industry of Agriculture, Forestry,Animal Husbandry and Fishery	83973	6.5	7719	0.7	16.0

注：表中绝对数按当年价格计算，增长速度按可比价格计算。
a) Data in value terms in this table is calculated at current prices, while growth rate is calculated at comparable prices.

主要统计指标解释

农林牧渔业总产值 是以货币表现的农林牧渔业的全部产品总量和对农林牧渔业生产活动进行的各种支持性服务活动的价值。它反映一定时期内农林牧渔业生产总规模和总成果。根据农业生产特点，农林牧渔业总产值的核算采用“产品法”进行计算，即用产品产量乘以价格求出各种产品的产值，然后把它们加总求得各业的产值，最后各业相加求出农林牧渔业总产值。

农林牧渔业增加值 指农、林、牧、渔及农林牧渔服务业生产货物或提供服务活动而增加的价值，为农林牧渔业现价总产值扣除农林牧渔业现价中间投入后的余额。农林牧渔业增加值核算采用“生产法”和“分配法”两种方法计算。

（1）生产法：这是目前各地计算增加值普遍使用的一种方法。即由现价农林牧渔业总产值减去农林牧渔业中间消耗(不包括固定资产折旧及大修理基金)的方法取得。

（2）分配法：分配法也称收入法，是根据各种生产要素在生产过程中应取得收入份额来进行计算的一种方法。农林牧渔业增加值=固定资产折旧+劳动者报酬+生产税净额(生产税-生产补贴)+营业盈余

耕地面积 指种植农作物的土地。包括熟地，新开发、复垦、整理地，休闲地（含轮歇地、轮作地）；以种植农作物（含蔬菜）为主，间有零星果树、桑树或其他树木的土地；平均每年能保证收获一季的已垦滩地和海涂。耕地中包括南方宽度＜1.0 米、北方宽度＜2.0 米固定的沟、渠、路和地坎(埂)；临时种植药材、草皮、花卉、苗木等的耕地，以及其他临时改变用途的耕地。

农业机械总动力 指全部农业机械动力的额定功率之和。农业机械是指用于种植业、畜牧业、渔业、农产品初加工、农用运输和农田基本建设等活动的机械及设备。

化肥使用量（折纯量） 指本年度内实际用于农业生产的化学肥料数量，包括氮肥、磷肥、钾肥和复合肥。使用量要求按折纯量计算数量，即各类化学肥料的实际施用数量按其含氮、含五氧化二磷、含氧化钾的比例折成百分之百计算。折纯量＝实物量×某种化肥有效成份含量的百分比。

有效灌溉面积 指具有一定的水源，地块比较平整，灌溉工程或设备已经配套，在一般年景下当年能够进行正常灌溉的耕地面积。在一般的情况下，有效灌溉面积应等于灌溉工程或设备已经配套，能够进行正常灌溉的水田和水浇地面积之和。

农作物播种面积 指农业生产经营者应在日历年度内收获农作物在全部土地（耕地或非耕地）上的播种或移植面积。凡是本年内收获的农作物，无论是本年还是上年播种，都算为播种面积，但不包括本年播种，下年收获的农作物面积。移植的农作物面积按移植后的面积计算，不计算移植前的秧田、畦田等面积。多年生作物，即播种后可连续生长多年的缩根性草本植物，如有些麻类、中药等作物的播种面积，按本年新增面积加往年的连续累计面积计算。如果因灾害等原因，应该收获却未能收获，也要按原播种面积计算，新补或改种，并在本年收获的，要按复种作物计算面积。间种、混种的作物面积按比例折算各个作物的面积，如果完全混合、同步生长、收获的作物，按混合面积平均分配。复种、套种的作物，按次数计算面积，每种一次计算一次。再生稻、再生高粱、再生烟等，因其没有经过播种或移植，不算入播种面积。

粮食产量 指农业生产经营者日历年度内生产的全部粮食数量。按收获季节包括夏收粮食、早稻和秋收粮食，按作物品种包括谷物、薯类和豆类。其中谷物包括小麦、玉米、早稻、中稻和一季晚稻、双季晚稻、大麦、高粱、谷子、荞麦等禾本科和蓼科粮食作物；薯类只包括马铃薯、甘薯，木薯统计在其它农作物，芋头等其它薯统计在其它蔬菜；豆类包括大豆、绿豆、红小豆、杂豆等。谷物产量按脱粒后的原粮计算，薯类按鲜薯重量的 5：1 折算，豆类按去豆荚后的干豆计算。

经济作物 指除粮食作物之外，种植在耕地或非耕地上的农作物。包括油料、棉花、麻类、糖料、烟叶、中草药材、蔬菜、瓜果等。

油料产量 指全部油料作物的生产量。包括花生、油菜籽、芝麻、向日葵籽、胡麻籽(亚麻籽)和其他油料。不包括大豆、木本油料和野生油料。花生以带壳干花生计算。

茶叶产量 是指本年度内生产的全部茶叶产量。包括从成片茶园和零星种植的茶树以及荒芜未垦复的茶树上所采摘的全部产量。不论自食的或出售的，都应统计在内。茶叶的产量按经过初步加工的干毛茶的重量计算。根据制造方法的不同和品质上的差异，将茶叶分为绿茶、青茶、红茶其他茶等。

园林水果 指农业生产经营者日历年度内在专业性果园、林地及零星种植果树（藤）上生产的水果。包括苹果、梨、柑橘类、热带及亚热带水果和其它园林水果如桃、葡萄、红枣等，不包括采集的野生水果。按实收的鲜果计算产量。经脱水、晾干等处理的干果，如干枣、葡萄干、柿饼、桔饼等一律折合成鲜果计算。

水果产量 指农业生产经营者日历年度内生产的乔木类和藤本类水果、多年草本水果及果用瓜。包括园林水果和非园林水果（瓜果类），不包括采集的野生水果。按鲜果产量计算。经脱水、晾干等处理的干果，如干枣、葡萄干、柿饼、桔饼等一律折合成鲜果计算。

茶园、果园面积 是指成片种植的茶园、果园面积，包括原有的、垦复的和本年新植定株的面积，以及调查时虽已荒芜，但只要稍加开垦、修整和培育后就能恢复生产的面积，不论树龄大小，也不论当年有无得到收益，都要包括在内。茶园、果园面积中，不包括培育幼苗的苗圃面积。零星种植的桑树、果树株数和茶树的丛数，不必折算面积。

造 林 指在宜林地、无立木林地、疏林地、灌木林地和有林地上通过人工措施形成、恢复或改善森林、林木、灌木林的过程。按造林地类分为荒山荒(沙)地造林和有林地造林。

荒山荒(沙)地造林 指报告期内宜林荒山荒地、宜林沙荒地、无立木林地、疏林地和退耕地等其他宜林地上通过人工措施形成或恢复森林、林木、灌木林的过程。包括三种造林方式:人工造林、飞播造林、无林地和疏林地新封山(沙)育林。

有林地造林 指在灌木林地和有林地上通过人工措施改善森林、林木、灌木林的过程。包括三种造林方式:林冠下造林、飞播营林、有林地和灌木林地新封山(沙)育林。

猪、牛、羊出栏头数 指育肥出售和自食的头数。包括淘汰的和因伤死的耕牛、肉牛、奶牛和羊。猪出栏不包括个别地区习惯吃的“烤小猪”或出口的“乳猪”。

禽、兔出栏数 指统计期内出栏供屠宰的家禽和家兔。不包括出卖的雏禽和幼兔。

猪期末存栏 指本调查期末饲养生猪的总量，包括 15 公斤以下仔猪、待育肥猪(架子猪)和种猪等数量之和。

能繁殖母猪 是指猪龄约在 9 个月(包括 9 个月)以上的、具备繁殖能力的母猪。

肉类总产量 指各种牲畜及家禽、兔等动物肉产量总计。猪、牛、羊、马、驴、骡、骆驼肉产量按去掉头蹄下水后带骨肉的胴体重量计算,兔禽肉产量按屠宰后去毛和内脏后的重量计算。

水产品产量 指渔业(捕捞和养殖)生产活动的最终有效成果，包括全部海水和淡水鱼类、甲壳类(虾、蟹)、贝类、头足类、藻类和其它类渔业产品的最终产量。不包括渔业生产过程中的中间成果，如鱼苗、鱼种、亲鱼、转塘鱼、存塘鱼和自用作饵料的产品等。水产品在上岸前已经腐烂变质，不能供人食用或加工成其他制品的，不统计在水产品产量中。

Explanatory Notes on Main Statistical Indicators

Gross Output Value of Agriculture, Forestry, Animal Husbandry and Fishery refers to the total value of products of agriculture, forestry, animal husbandry and fishery, and total value of services in support of agriculture, forestry, animal husbandry and fishery activities. It reflects the total scale and outputs of agricultural production during a given period. Gross output value of agriculture is obtained by multiplying the output of each product or by-product by its price, resulting in the output value of each single item,thus addition leads to gross output value of agriculture.

Added Value of Agriculture, Forestry, Animal Husbandry and Fishery refers to the total value of products of agriculture, forestry, animal husbandry and fishery and also the added value from tertiary production of goods and tertiary activities. It is obtained from the current gross output value of agriculture, forestry, animal husbandry and fishery divided by its balance after the current rate for intermediate inputs. Two ways of calculating the added value are method of production and method of distribution.

(1) Method of production: now one of the common and widespread ways to calculate the added value. It is obtained from the current gross output value of agriculture, forestry, animal husbandry and fishery minus intermediate consumption of those industries (excluding depreciation of fixed assets and fund for major overhaul).

(2) Method of distribution: also called method of income. It is a way to calculate due income share based on various production factors in the process of production. Added Value of Agriculture, Forestry, Animal Husbandry and Fishery=depreciation of fixed assets + laborers' remuneration + net taxes on production (taxes on production-production subsidy) + operating surplus.

Cultivated Area (Area under Cultivation) refers to farmland for growing crops, including cultivated land, newly cultivated land, reclamation land, fallow land (including rotation plot and transferring cultivation of paddy and upland land); it includes mainly land for crop planting (including vegetables) with some land for fruit trees, mulberry trees and other trees, and cultivated seashore land and shoal for a season's harvest. The plantation of mulberry fields, tea plantations, and orchards, nurseries of young plants, forest land, reeds and natural or artificial pasture are not included in this category. The cultivated land includes fixed ditch, trench, path and sill less than 1.0 meter in South and North in terms of its width; and temporary land for planting medicinal materials, turf, flowers, and nursery stock, as well as land used for other temporary usage.

Total Power of Agriculture Machinery refers to total rated mechanical power used in agriculture, forestry, animal husbandry and fishery. Here agricultural machinery refers to those machinery and equipment used in crop framing, animal husbandry, fishery, primary process of agricultural products, farm transport vehicle and farmland capital construction equipment.

Consumption of Chemical Fertilized in Agriculture refers to the quantity of chemical fertilizers actually applied in the agriculture in the current year, including nitrogenous fertilizer, phosphate fertilizer, potash fertilizer, and compound fertilizer. The consumption of chemical fertilizers is calculated at volume of effective components, which means various chemical fertilizer, such as nitrogen, phosphorus pentoxide, potassium oxide, are accounted by being converted into percentage. Volume of effective components = physical quantity of goods* percentage of effective ingredient of some fertilizers.

Effective Irrigated Area refers to arable land that are effectively irrigated, i.e. relatively level land, where there are water sources or complete sets of irrigation facilities to lift and transport adequate water for irrigation purpose under normal conditions. Generally, effective irrigated area means paddy field and irrigated land with normal irrigation where irrigation project and equipment has been complete.

Sown Area of Crops refers to area of land sown or transplanted with crops regardless of cultivated area or non-cultivated area for agricultural production operator within the calendar year. The crops harvested this year, regardless of this-year or last-year sow, are all considered as area of crops, but it excludes the area of crops sown this year for next-year harvest. Area of transplanted crops is counted through the area of transplantation, which excludes rice field and ridge-bordered plots before transplantation. The area of perennial crops, which can grow continuously many years after planting the root herbs, such as some hemp and Chinese traditional medicine is counted based on new area accumulated that of the previous year. In case of disasters, due crops failed to harvest; thus the area of crops should be counted by the previous area of crops; Addition and revert to plant other crops being harvested within this year is counted by multiple crops' area. The area of crossbred and interplant convert to respective area based on proportion while crops of complete crossbred and synchronous growth to harvest are counted through the equal division of mixed area. The area of multiple cropping and interplant are counted based on times—one calculation per time. Ratoon rice, regeneration sorghum and aftergrowth tobacco cannot be counted into the area of crops because of without sow or transplant.

Grain Output refers to the total output of grains produced by all agricultural producers within the calendar year. According to harvest season, grains include summer-harvest grain, early season rice, and autumn-harvest grain; according to crop variety, grains include cereals, beans and tubers—cereals include gramineous crops, such as wheat, corn, early rice, middle-season rice, single-cropping late rice, double-cropping late rice, barley, sorghum, millet and polygonaceae crops; beans only include potatoes and sweet potatoes while cassava are counted into other crops, and other tubers such as taro is counted into other vegetables; beans include soybeans, green beans, red beans and mixed beans etc.. Grain yield is calculated after raw grain thresh, potato's weight have reduced one fifth compared to the fresh potato; beans is calculated based on dried beans without pod.

Economic crops refer to those crops planted in arable lands or bare places except grains, which include oil, cotton, hemp, sugar, tobacco, Chinese medicine, vegetable, and fruits etc..

Yield of Oil Bearing Crops refers to the total yield of oil bearing crops of various kinds, including peanuts, rapeseeds, sesame, sunflower seeds, flax seeds, and other oil bearing crops. Soybeans, oil bearing woody plants, and wild oil bearing crops are not included. Dried peanuts are counted with shells.

Yield of Tea refers to gross yield of tea in this calendar year, including those picked from tea gardens, scattered tea trees and desolate uncultivated trees. Tea for self-sufficient need or sales are all included. The yield of tea is calculated based on dry semi-finished tea through initial processing. According to different manufacturing methods and quality of products, teas are divided into green tea, blue tea, black tea and so on.

Garden fruits refer to the fruit produced by agricultural production operator in the calendar year planted in the specialized orchard, forest and scattered fruit trees, including apples, pears, citrus, tropical and subtropical fruits and other garden fruits such as peach, grape and red dates etc.. Wild fruits collected are excluded. The yield of fruits is counted by actual collected fresh fruits. Nuts through the process of dehydration and airing, such as dry dates, raisin, dried persimmon and flattened orange, are counted as fresh fruits.

Yield of Fruits refer to timber and vine fruits, several-year herb fruits and melons produced by agricultural production operator in the calendar year, including garden fruits and non-garden fruits(melons); Wild fruits collected are excluded. The yield of fruits is counted by fresh fruits. Nuts through the process of dehydration and airing, such as dry dates, raisin, dried persimmon and flattened orange, are counted as fresh fruits.

Tea Plantations, Orchards Areas refer to tableted tea plantations and richards, including those original, reclaimed and newly planted areas. Although they were desolated when under research, those areas can put back on production with proper reclamation, adjustment and nurture. Despite of tree ages and current-year profits, those areas are included. The area of tea plantation and orchard excludes area of nursery bed cultivating seedling.

Afforestation refers to a process of forming, returning or improving forests, trees and shrubs through artificial measures in suitable land for forest, bare land, open forest land, shrubland and forest land. According to category of afforestation, land of afforestation is divided into afforestation on barren and sand land as well as forest land.

Afforestation on Barren and Sand land refers to a process of forming and returning forests, trees and shrubs through artificial measures in waste hills and unreclaimed lands suitable for afforestation, sand lands suitable for afforestation, bare lands, open forest land and rehabilitated land during the reporting period.

Afforestation on Forest Land refers to a process of improving forests, trees and shrubs through artificial measures in shrubs lands and forest lands, which includes three ways of afforestation—afforesting the canopy base，afforestation by aerial seeding，the project of closing hillsides to facilitate afforestation in forest lands and shrub lands.

Output of Pork, Beef, Mutton refers to amount of fattening animals for sales and self-sufficient, including obsolete farm cattle, meat castle, milk sheep and sheep dead from injury. The amount of pork excludes grilled young pig eaten habitually in some special districts or suckling pig for export.

Output of Poultry and Rabbits refer to the poultry and rabbits raised for slaughter in the statistical period, which excludes young birds and immature rabbit.

Amount of Pig in Stock at Year-end refers to total amount of swine raised at end of the reference period, including the total amount of piglet under 15 kg, fattening pig (feeder pig) and boar.

Fertile Boar refers to boar above 9 months (including 9 months) with fertility.

Total Output of Aquatic Products refers to total meat yield of animals including various livestock, poultry and rabbits. The yield of meat includes carcass with bones and meat without animal offals and head and feet of animals such as pig, cattle, sheep, horse, donkey, mule, camel. The yield of rabbit excludes fur and offals after slaughtering.

Output of Aquatic Products refers to the final output actually yielded from fishing production (fishery and breeding), including all output of marine and freshwater fish, crustacea（shrimps, crabs），mollusc，cephalopod, seaweed and other fishery products; but it excludes the intermediate output in the process of fishery, such as fry, fingerling, parent fish, pond-turning fish, pond-despositing fish and products for personal use as bait. Aquatic products putrid before landing cannot be eaten or processed to make other aquatic products,which are not counted in the yield of aquatic products.

10

Ten

国内外贸易及旅游

Domestic Trade, Foreign Trade and Tourism

社会消费品零售总额（亿元）

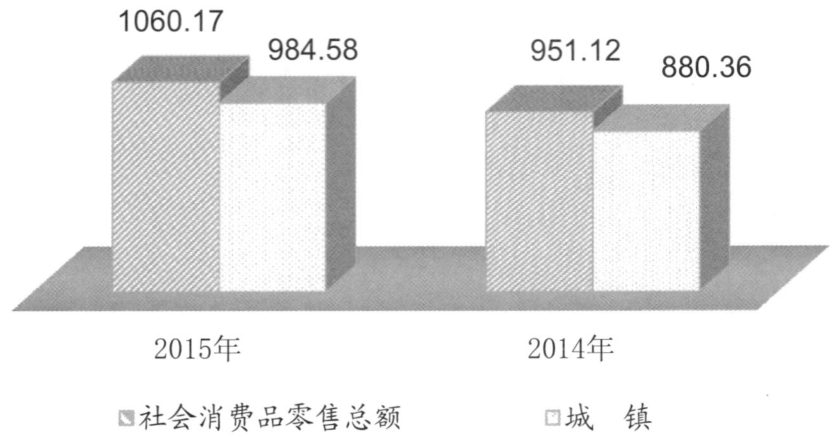

社会消费品零售总额构成（%）

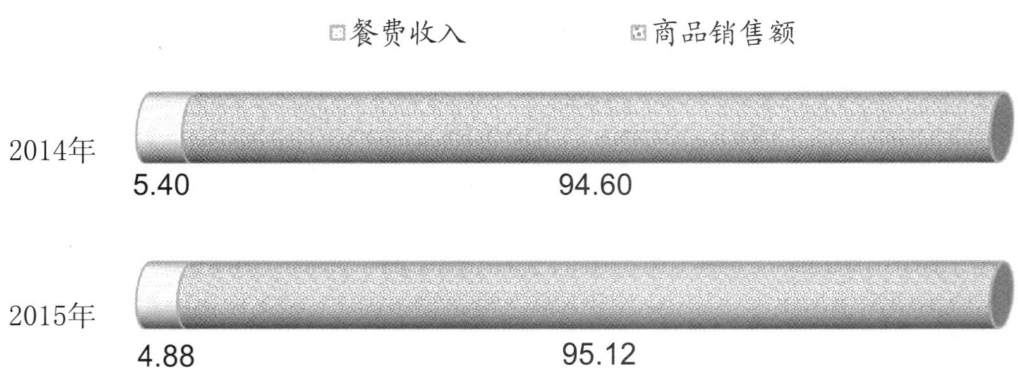

进出口总额（万美元）

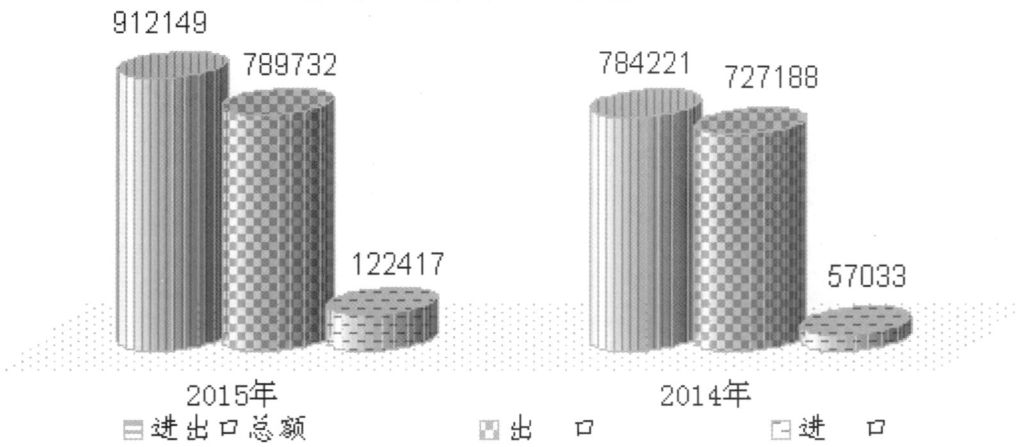

10-1 社会消费品零售总额
Total Retail Sales of Consumer Goods

单位：万元 (10 000 yuan)

指　　标	Item	2015	2014	2015年比2014年增长(%) Growth Rate in 2015 over 2014(%)
总　计	**Total**	**10601690**	**9511218**	**11.5**
按销售单位所在地分	**Grouped by Area**			
城　镇	Towns and Cities	9845772	8803583	11.7
#城　区	Urban Areas	9589805	8553561	11.4
乡　村	Rural Areas	755918	707635	8.1
按消费形态分	**Grouped by Consumption Patterns**			
餐费收入	Income from Meals	516924	513606	10.7
商品销售额	Sales of Commodities	10084766	8997612	11.5

10-2 住宿和餐饮业经营情况
Statistics on Hotels and Catering Services

单位：万元 (10 000 yuan)

年　份 Year	营业额 Gross Revenue	限额以上企业(单位) Enterprises(units) above Designated Size	限额以下企业及个体户 Enterprises below Designated Size and Individual Operators	商品零售额 Retail Sales	限额以上企业(单位) Enterprises(units) above Designated Size	限额以下企业及个体户 Enterprises below Designated Size and Individual Operators
2005	467444	92183	375261	430741	55480	375261
2006	548268	108969	439299	506044	66745	439299
2007	662726	117515	545211	615490	70279	545211
2008	809591	159895	649696	748188	98492	649696
2009	709329	161358	547971	539798	101750	438048
2010	797286	181508	615778	599559	117181	482378
2011	891366	250012	641354	620390	158480	461910
2012	977828	306834	670994	620920	191518	429402
2013	1048623	321717	726906	586390	191357	395033
2014	1197020	310092	886928	636815	178759	458056
2015	1411891	266666	1145225	745787	150314	595473

注：2008年以前为全市住宿和餐饮业营业总收入，从2009年开始按省统计局评估反馈的全社会住宿和餐饮业营业额指标，2013年和2014年各项指标数据均为经济普查调整数据。

a) The data before 2008 are the whole revenue of accommodations and catering services in Guiyang city. Since 2009, catering services revenue have begun to base on the data assessed and by Provincial Bureau of Statistics; all data of 2013 and 2014 are the adjustment data of economic census.

10-3 批发零售贸易业销售总额
Total Sales of Wholesale and Retail Trades

单位：万元 (10 000 yuan)

年　份 Year	销售总额 Total Sales	限额以上企业(单位) Enterprises (units)above Designated Size	限额以下企业及个体户 Enterprises below Designated Size and Individual Operators	批发业销售额 Total Sales of Wholesale Trade	限额以上企业(单位) Enterprises (units)above Designated Size	限额以下企业及个体户 Enterprises below Designated Size and Individual Operators	零售业销售额 Total Sales of Retail Trade	限额以上企业(单位) Enterprises (units)above Designated Size	限额以下企业及个体户 Enterprises below Designated Size and Individual Operators
2005	5341497	2327352	3014145	3646479	1682077	1964402	1695018	645275	1049743
2006	5989490	2589774	3399716	4077734	1852992	2224742	1911756	736782	1174974
2007	6794894	3037635	3757259	4408124	1966993	2441131	2386770	1070642	1316128
2008	9749038	5492498	4256540	6719713	4005436	2714277	3029325	1487062	1542263
2009	9926342	5536944	4389398	6474189	3714644	2759545	3452153	1822300	1629853
2010	10289425	7311541	2977884	6214681	4974233	1240448	4074744	2337308	1737436
2011	12679806	8959683	3720123	7505724	5532897	1972827	5174082	3426786	1747296
2012	15204267	12170225	3034042	9111949	8026142	1085807	6092318	4144083	1948235
2013	19417549	15700677	3716872	11988816	10369081	1619735	7428733	5331596	2097137
2014	21429329	18453268	2976061	12864000	12112432	751569	8565329	6340836	2224493
2015	23022404	18439332	4583071	13346441	11910359	1436082	9675962	6528973	3146989

注：2013年和2014年各项指标数据均为经济普查调整数据。

a) All data of 2013 and 2014 are the adjustment data of economic census.

10-4 限额以上批发和零售业企业基本情况(2015年)

指　　标	Item
总　　计	**Total**
批发业	**Wholesale Trade**
按批发行业小类分	**By Sectors**
农、林、牧产品批发	Wholesale of Agricultural,Forestry and Livestock Products
饲料批发	Wholesale of Forage
牲畜批发	Wholesale of Livestocks
食品、饮料及烟草制品批发	Wholesale of Food,Beverages and Tobacco Products
米、面制品及食用油批发	Wholesale of Rice,Flour and Edible Oil
果品、蔬菜批发	Wholesale of Fruits and Vegetables
肉、禽、蛋、奶及水产品批发	Wholesale of Meats,Poultry,Eggs,Milk and Aquatic Products
盐及调味品批发	Wholesale of Salt and Flavouring
酒、饮料及茶叶批发	Wholesale of Liquor,Beverages and Tea
烟草制品批发	Wholesale of Tobacco Products
纺织、服装及家庭用品批发	Wholesale of Texiles,Garments and Household Articles
服装批发	Wholesale of Garments
鞋帽批发	Wholesale of Shoes and Hats
化妆品及卫生用品批发	Wholesale of Cosmetics and Hygienic Products
厨房、卫生间用具及日用杂货批发	Wholesale of Kitchen Utensils,Bathroom Appliances and Daily Groceries
家用电器批发	Wholesale of Household Electrical Appliances
其他家庭用品批发	Wholesale of Other Household Articles
文化、体育用品及器材批发	Wholesale of Culture Articles and Sports Appliances and Equipments
文具用品批发	Wholesale of Stationery
图书批发	Wholesale of Books
其他文化用品批发	Wholesale of Other Culture Articles
医药及医疗器材批发	Wholesale of Medicines and Medical Equipments
西药批发	Wholesale of Western Medicines
中药批发	Wholesale of Traditional Chinese Medicines
矿产品、建材及化工产品批发	Wholesale of Mineral Products,Building Materials and Chemical Products
煤炭及制品批发	Wholesale of Coal and Coal Products
石油及制品批发	Wholesale of Petroleum and Related Products
非金属矿及制品批发	Wholesale of Non-metallic Minerals and Related Products
金属及金属矿批发	Wholesale of Metals and Metalliferous Minerals
建材批发	Wholesale of Building Materials
化肥批发	Wholesale of Chemical Fertilizers
其他化工产品批发	Wholesale of Other Chemical Products
机械设备、五金产品及电子产品批发	Wholesale of Machinery,Hardware and Electronic Products
汽车批发	Wholesale of Automobiles
汽车零配件批发	Wholesale of Automotive Spare and Accessory Parts
摩托车及零配件批发	Wholesale of Motorcycles and Related Spare and Accessory Parts
五金产品批发	Wholesale of Hardware Products
计算机、软件及辅助设备批发	Wholesale of Computers,Softwares and Assistant Appliances
通讯及广播电视设备批发	Wholesale of Communication, Radio and Television Equipments
其他机械设备及电子产品批发	Wholesale of Other Machinery and Electronic Products
其他批发业	Other Wholesales
再生物资回收与批发	Recycling and Wholesale of Renewable Materials
其他未列明批发业	Other Wholesales not Listed Here
按登记注册类型分	**By Status of Registration**
内资企业	Domestic Funded Enterprises
国有企业	State-owned Enterprises
集体企业	Collective-owned Enterprises
股份合作企业	Cooperative Enterprises
有限责任公司	Limited Liability Corporations

Basic Conditions of Enterprises above Designated Size in Wholesale and Retail Trades(2015)

法人企业数(个) Number of Corporations (unit)	年末从业人员(人) Employees at Year-end (person)	年末零售营业面积(平方米) Area of Retail Business at Year-end (sq.m.)
547	**46067**	**1668189**
196	**13561**	**246907**
4	59	526
2	20	270
1	18	
22	2967	11074
4	332	460
3	259	
3	349	500
9	362	10114
2	1483	2629
18	1464	774
6	249	1150
2	199	
1	61	
2	217	705
7	738	435
7	341	375
4	87	
1	202	60
2	52	
29	2533	40330
17	1720	35850
11	789	4480
66	4245	112816
15	555	1120
8	1560	96800
2	94	1350
17	530	4241
7	130	
8	973	9154
9	403	151
45	1687	70333
10	398	54802
6	264	7700
6	146	4629
3	145	486
6	209	567
4	229	895
10	296	1254
5	265	8764
1	62	
4	203	8764
193	13281	246907
12	2087	1694
1	3	2000
91	7378	165207

10-4 续表1

指 标	Item
国有独资公司	State Sole Funded Corporations
其他有限责任公司	Other Limited Liability Corporations
股份有限公司	Share-holding Corporations Ltd.
私营企业	Private Enterprises
私营独资企业	Sole Proprietorship
私营有限责任公司	Private Limited Liability Corporations
私营股份有限公司	Private Share-holding Corporations Ltd.
外商投资企业	Enterprises with Foreign Investment
中外合资经营企业	Sino-foreign Equity Joint Ventures
按控股情况分	**By Holdings**
国有控股	State-owned Holding
集体控股	Collective Holding
私人控股	Private Holding
其 他	Others
按经营形式分	**By Management Forms**
独立门店	Independent Stores
连锁总店	Chain Store Headquarters
连锁门店	Chain Stores
其 他	Others
按单位规模分	**By Scale**
大 型	Large
中 型	Middle
小 型	Small
微 型	Minitype
零售业	**Retail Trade**
按零售行业小类分	**By Sector**
综合零售	Integrated Retail
百货零售	Retail of General Merchandise
超级市场零售	Retail of Supermarkets
其他综合零售	Other Integrated Retails
食品、饮料及烟草制品专门零售	Specialist Retail of Food,Beverages and Tobacco Products
粮油零售	Retail of Grain and Oils
肉、禽、蛋、奶及水产品零售	Retail of Meats,Poultry,Eggs,Milk and Aquatic Products
酒、饮料及茶叶零售	Retail of of Liquor,Beverages and Tea
其他食品零售	Retail of Other Food
纺织、服装及日用品专门零售	Specialist Retail of Texiles,Garments and Daily Necessities
纺织品及针织品零售	Retail of Texiles and Knitgoods
服装零售	Retail of Garments
化妆品及卫生用品零售	Retail of Cosmetics and Hygienic Products
钟表、眼镜零售	Retail of Clocks, Watches and Glasses
厨房用具及日用杂品零售	Retail of Kitchen Utensils and Daily Groceries
其他日用品零售	Retail of Other Daily Necessities
文化、体育用品及器材专门零售	Specialist Retail of Culture and Sports Appliances and Equipments
文具用品零售	Retail of Stationery
体育用品及器材零售	Retail of Sports Appliances and Equipments
图书、报刊零售	Retail of Books,Newspapers and Periodicals
工艺美术品及收藏品零售	Retail of Arts and Crafts and Related Collectibles
照相器材零售	Retail of Photographic Apparatus
其他文化用品零售	Retail of Other Culture Articles
医药及医疗器材专门零售	Specialist Retail of Medicines and Medical Devices
药品零售	Retail of Medicines
医疗用品及器材零售	Retail of Medical Supplies and Equipments
汽车、摩托车、燃料及零配件专门零售	Specialist Retail of Automobiles,Motorcycles,Fuels and Spare and Accessory Parts
汽车零售	Retail of Automobiles
汽车零配件零售	Retail of Automotive Spare and Accessory Parts
摩托车及零配件零售	Retail of Motorcycles and Related Spare and Accessory Parts
机动车燃料零售	Retail of Automotive Fuels

(continued)

法人企业数(个) Number of Corporation (unit)	年末从业人员(人) Employees at Year-end (person)	年末零售营业面积(平方米) Area of Retail Business at Year-end (sq.m.)
16	2840	74677
75	4538	90530
6	545	35160
83	3268	42846
79	3178	40174
4	90	2672
3	280	
3	280	
53	6713	103945
5	246	4629
127	5697	92693
11	905	45640
70	4188	121994
1	3	2000
1	43	625
124	9327	122288
7	4409	102500
100	7169	73369
83	1957	68938
6	26	2100
351	**32506**	**1421282**
48	9807	610410
25	3388	317610
16	5487	260886
7	932	31914
33	1023	29910
7	172	18125
1	35	500
20	418	5565
1	10	300
23	1699	46785
1	12	243
16	1570	42855
1	18	140
2	42	198
1	34	160
1	8	3000
14	833	18506
1	15	30
2	57	685
6	633	16542
2	36	54
1	60	80
38	4588	57952
26	4329	57092
12	259	860
146	11352	481413
136	10529	416491
2	47	2370
2	33	7400
6	743	55152

10-4 续表2

指　　标	Item
家用电器及电子产品专门零售	Specialist Retail of Household Electrical Appliances and Electronic Products
家用视听设备零售	Retail of Household Audio-Visual Equipments
日用家电设备零售	Retail of Household Electric Appliances
计算机、软件及辅助设备零售	Retail of Computers,Softwares and Assistant Appliances
通信设备零售	Retail of Communication Facilities
其他电子产品零售	Retail of Other Electronic Products
五金、家具及室内装饰材料专门零售	Specialist Retail of Hardware Products,Furniture and Interior Decoration Materials
五金零售	Retail of Hardware Products
家具零售	Retail of Furniture
涂料零售	Retail of Coating
木质装饰材料零售	Retail of Wood-based Materials
陶瓷、石材装饰材料零售	Retail of Ceramic and Stone Decorative Materials
货摊、无店铺及其他零售业	Stalls, Non-shop and Other Retails
互联网零售	Internet Retail
邮购及电视、电话零售	Retail Goods Sold via Mail Order,Television and Telephone
生活用燃料零售	Retail of Residential Fuels
其他未列明零售业	Other Retails not Listed Here
按登记注册类型分	**By Status of Registration**
内资企业	Domestic Funded Enterprises
国有企业	State-owned Enterprises
集体企业	Collective-owned Enterprises
股份合作企业	Cooperative Enterprises
联营企业	Joint Ownership Enterprises
集体联营企业	Collective Joint Ownership Enterprises
有限责任公司	Limited Liability Corporations
国有独资公司	State Sole Funded Corporations
其他有限责任公司	Other Limited Liability Corporations
股份有限公司	Share-holding Corporations Ltd.
私营企业	Private Enterprises
私营独资企业	Sole Proprietorships
私营有限责任公司	Private Limited Liability Corporations
私营股份有限公司	Private Share-holding Corporations Ltd.
其他企业	Other Enterprises
港、澳、台商投资企业	Enterprises with Funds from Hong Kong,Macao and Taiwan
与港澳台商合资经营企业	Joint-venture Enterprises with Funds from Hong Kong,Macao and Taiwan
港澳台商独资企业	Sole Proprietorships with Funds from Hong Kong,Macao and Taiwan
外商投资企业	Enterprises with Foreign Investment
中外合资经营企业	Chinese-foreign Equity Joint Ventures
外资企业	Enterprises with Foreign Funds
按控股情况分	**By Holding**
国有控股	State-owned Holding
集体控股	Collective-owned Holding
私人控股	Private Holding
港澳台商控股	Hong Kong,Macao and Taiwan Holdings
外商控股	Foreign Holding
其　他	Others
按经营形式分	**By Management Forms**
独立门店	Independent Stores
连锁总店	Chain Store Headquarters
连锁门店	Chain Stores
其　他	Others
按单位规模分	**By Scale**
大　型	Large
中　型	Middle
小　型	Small
微　型	Minitype

(continued)

法人企业数(个) Number of Corporation (unit)	年末从业人员(人) Employees at Year-end (person)	年末零售营业面积(平方米) Area of Retail Business at Year-end (sq.m.)
32	2186	147837
2	43	1050
12	1121	137105
9	226	1960
8	473	7022
1	323	700
9	165	25241
1	9	8600
4	19	5500
1	27	340
2	50	10800
8	853	3228
4	117	380
1	289	
2	396	2648
1	51	200
340	28995	1261947
2	28	1720
2	21	1761
1	190	879
1	16	1500
1	16	1500
175	17412	809227
5	408	14357
170	17004	794870
5	793	62710
154	10535	384150
10	323	12182
1	6	600
143	10206	371368
8	1504	87559
6	1136	81201
1	346	5908
3	2007	71776
1	997	26255
2	1010	45521
27	3165	160704
4	67	3351
276	21023	881263
7	1482	87109
3	1040	57461
34	5729	231394
267	19203	1045285
20	8394	306566
5	1186	35069
59	3723	34362
13	10332	431805
157	18403	765996
140	3522	192349
41	249	31132

10–5 限额以上批发和零售业企业商品销售情况(2015年)

单位：万元

指 标	Item
总 计	**Total**
批发业	**Wholesale Trade**
按批发行业小类分	**By Sector**
农、林、牧产品批发	Wholesale of Agriculture, Forestry and Livestock Products
饲料批发	Wholesale of Forage
牲畜批发	Wholesale of Livestocks
食品、饮料及烟草制品批发	Wholesale of Food,Beverages and Tobacco Products
米、面制品及食用油批发	Wholesale of Rice,Flour and Edible Oil
果品、蔬菜批发	Wholesale of Fruits and Vegetables
肉、禽、蛋、奶及水产品批发	Wholesale of Meats, Poultry,Eggs,Milk and Aquatic Products
盐及调味品批发	Wholesale of Salt and Flavouring
酒、饮料及茶叶批发	Wholesale of Liquor,Beverages and Tea
烟草制品批发	Wholesale of Tobacco Products
纺织、服装及家庭用品批发	Wholesale of Texiles,Garments and Household Articles
服装批发	Wholesale of Garments
鞋帽批发	Wholesale of Shoes and Hats
化妆品及卫生用品批发	Wholesale of Cosmetics and Hygienic Products
厨房、卫生间用具及日用杂货批发	Wholesale of Kitchen Utensils,Bathroom Appliances and Daily Groceries
家用电器批发	Wholesale of Household Electrical Appliances
其他家庭用品批发	Wholesale of Other Household Articles
文化、体育用品及器材批发	Wholesale of Culture Articles and Sports Appliances and Equipments
文具用品批发	Wholesale of Stationery
图书批发	Wholesale of Books
其他文化用品批发	Wholesale of Other Culture Articles
医药及医疗器材批发	Wholesale of Medicines and Medical Equipments
西药批发	Wholesale of Western Medicines
中药批发	Wholesale of Traditional Chinese Medicines
矿产品、建材及化工产品批发	Wholesale of Mineral Products,Building Materials and Chemical Products
煤炭及制品批发	Wholesale of Coal and Coal Products
石油及制品批发	Wholesale of Petroleum and Related Products
非金属矿及制品批发	Wholesale of Non-metallic Minerals and Related Products
金属及金属矿批发	Wholesale of Metals and Metalliferous Minerals
建材批发	Wholesale of Building Materials
化肥批发	Wholesale of Chemical Fertilizers
其他化工产品批发	Wholesale of Other Chemical Products
机械设备、五金产品及电子产品批发	Wholesale of Machinery,Hardware and Electronic Products
汽车批发	Wholesale of Automobiles
汽车零配件批发	Wholesale of Automotive Spare and Accessory Parts
摩托车及零配件批发	Wholesale of Motorcycles and Related Spare and Accessory Parts
五金产品批发	Wholesale of Hardware Products
计算机、软件及辅助设备批发	Wholesale of Computers,Softwares and Assistant Appliances
通讯及广播电视设备批发	Wholesale of Communication, Radio and Television Equipments
其他机械设备及电子产品批发	Wholesale of Other Machinery and Electronic Products
其他批发业	Other Wholesales
再生物资回收与批发	Recycling and Wholesale of Renewable Materials
其他未列明批发业	Other Wholesales not Listed Here

The Sales of Enterprises above Designated Size in Wholesale and Retail Trades(2015)

(10 000 yuan)

销售合计 Total Sales	批发额 Wholesale Trade	零售额 Retail Trade
18439332	**11762816**	**6676258**
11910359	**11085474**	**824885**
17231	16742	488
10955	10955	
3864	3864	
1319800	1301867	17933
64025	59121	4905
22354	22354	
105252	104878	374
78820	66166	12654
1018903	1018903	
283416	278806	4609
47001	46521	479
18616	17660	956
3173	3173	
8462	8252	210
206165	203201	2965
153799	152420	1379
30541	30213	328
113885	113885	
9373	8322	1051
998676	913313	85363
773459	721109	52350
218321	185308	33013
8204297	7524251	680046
441758	441758	
1861820	1182775	679046
125342	125342	
1706616	1706616	
294577	294577	
2715522	2714522	1000
1058662	1058662	
873093	838026	35067
81911	58182	23729
253842	252797	1045
99987	99751	237
39849	39554	295
40432	34131	6301
97150	94182	2968
259921	259429	492
60048	60048	
20803	20803	
39246	39246	

10−5 续表1

单位：万元

指　　标	Item
按登记注册类型分	**By Status of Registration**
内资企业	Domestic-funded Enterprises
国有企业	State-owned Enterprises
集体企业	Collective-oened Enterprises
股份合作企业	Cooperative Enterprises
有限责任公司	Limited Liability Corporations
国有独资公司	State Sole Funded Corporations
其他有限责任公司	Other Limited Liability Corporations
股份有限公司	Share-holding Corporation Ltd.
私营企业	Private Enterprises
私营独资企业	Private Sole Proprietorships
私营有限责任公司	Private Limited Liability Corporations
私营股份有限公司	Private Share-holding Corporation Ltd.
外商投资企业	Enterprises with Foreign Investment
中外合资经营企业	Sino-foreign Equity Joint Ventures
按控股情况分	**By Holding**
国有控股	State-owned Holding
集体控股	Collective-owned Holding
私人控股	Private Holding
其　他	Others
按经营形式分	**By Management Forms**
独立门店	Independent Stores
连锁总店	Chain Store Headquarters
连锁门店	Chain Stores
其　他	Others
按单位规模分	**By Scale**
大　型	Large
中　型	Middle
小　型	Small
微　型	Minitype
零售业	**Retail Trade**
按零售行业小类分	**By Sector**
综合零售	Integrated Retail
百货零售	Retail of General Merchandise
超级市场零售	Retail of Supermarkets
其他综合零售	Other Integrated Retails
食品、饮料及烟草制品专门零售	Specialist Retail of Food,Beverages and Tobacco Products
粮油零售	Retail of Grain and Oils
肉、禽、蛋、奶及水产品零售	Retail of Meats, Poultry,Eggs,Milk and Aquatic Products
酒、饮料及茶叶零售	Retail of of Liquor,Beverages and Tea
其他食品零售	Retail of Other Food
纺织、服装及日用品专门零售	Specialist Retail of Texiles,Garments and Daily Necessities
纺织品及针织品零售	Retail of Texiles and Knitgoods
服装零售	Retail of Garments
化妆品及卫生用品零售	Retail of Cosmetics and Hygienic Products
钟表、眼镜零售	Retail of Clocks, Watches and Glasses
厨房用具及日用杂品零售	Retail of Kitchen Utensils and Daily Groceries
其他日用品零售	Retail of Other Daily Necessities
文化、体育用品及器材专门零售	Specialist Retail of Culture and Sports Appliances and Equipments
文具用品零售	Retail of Stationery
体育用品及器材零售	Retail of Sports Appliances and Equipments
图书、报刊零售	Retail of Books,Newspapers and Periodicals
工艺美术品及收藏品零售	Retail of Arts and Crafts and Related Collectibles
照相器材零售	Retail of Photographic Apparatus
其他文化用品零售	Retail of Other Culture Articles
医药及医疗器材专门零售	Specialist Retail of Medicines and Medical Devices
药品零售	Retail of Medicines
医疗用品及器材零售	Retail of Medical Supplies and Equipments

(continued)

(10 000 yuan)

销售合计 Total Sales	批发额 Wholesale Trade	零售额 Retail Trade
11810143	10987048	823095
1652933	1627443	25490
2800	1800	1000
6958084	6248734	709350
4189335	3577140	612195
2768749	2671594	97155
1833020	1784199	48821
1363306	1324872	38434
1301541	1263123	38418
61766	61749	17
100216	98426	1790
100216	98426	1790
8629188	7923263	705925
167304	166304	1000
2554408	2438238	116171
559459	557670	1790
2769065	2719256	49809
2800	1800	1000
7889	5365	2524
9130605	8359054	771552
3512999	2900728	612271
6107832	5926194	181638
855790	825814	29976
1433739	1432739	1000
6528973	**677342**	**5851374**
1018516	1000	1017258
548643	340	548046
401083		401083
68790	661	68129
269258	89009	180250
12256	2103	10153
110894	43669	67225
87881	19593	68288
606		606
122506	14074	108433
911	33	879
109802	10999	98804
3788		3788
4209	3007	1203
1238		1238
1456	10	1445
68784	16432	52353
1530	591	939
2969		2969
54301	9440	44862
2827	648	2179
5762	5754	8
797513	179086	618427
668151	157370	510781
129362	21716	107646

10-5 续表2

单位：万元

指　　标	Item
汽车、摩托车、燃料及零配件专门零售	Specialist Retail of Automobiles,Motorcycles,Fuels and Spare and Accessory Parts
汽车零售	Retail of Automobiles
汽车零配件零售	Retail of Automotive Spare and Accessory Parts
摩托车及零配件零售	Retail of Motorcycles and Related Spare and Accessory Parts
机动车燃料零售	Retail of Automotive Fuels
家用电器及电子产品专门零售	Specialist Retail of Household Electrical Appliances and Electronic Products
家用视听设备零售	Retail of Household Audio-Visual Equipments
日用家电设备零售	Retail of Household Electric Appliances
计算机、软件及辅助设备零售	Retail of Computers,Softwares and Assistant Appliances
通信设备零售	Retail of Communication Facilities
其他电子产品零售	Retail of Other Electronic Products
五金、家具及室内装饰材料专门零售	Specialist Retail of Hardware Products,Furniture and Interior Decoration Materials
五金零售	Retail of Hardware Products
家具零售	Retail of Furniture
涂料零售	Retail of Coating
木质装饰材料零售	Retail of Wood-based Materials
陶瓷、石材装饰材料零售	Retail of Ceramic and Stone Decorative Materials
货摊、无店铺及其他零售业	Stalls, Non-shop and Other Retails
互联网零售	Internet Retail
邮购及电视、电话零售	Retail Goods Sold via Mail Order,Televition and Telephone
生活用燃料零售	Retail of Residential Fuels
其他未列明零售业	Other Retails not Listed Here
按登记注册类型分	**By Status of Registration**
内资企业	Domestic-funded Enterprises
国有企业	State-owned Enterprises
集体企业	Collective-owned Enterprises
股份合作企业	Cooperative Enterprises
联营企业	Joint Ownership Enterprises
集体联营企业	Collective Joint Ownership Enterprises
有限责任公司	Limited Liability Corporations
国有独资公司	State Sole Funded Corporations
其他有限责任公司	Other Limited Liability Corporations
股份有限公司	Share-holding Corporation Ltd.
私营企业	Private Enterprises
私营独资企业	Private Sole Proprietorships
私营有限责任公司	Private Limited Liability Corporations
私营股份有限公司	Private Companies Limited by Shares
其他企业	Other Enterprises
港、澳、台商投资企业	Enterprises with Funds from Hong Kong, Macao and Taiwan
与港澳台商合资经营企业	Joint-venture Enterprises with Funds from Hong Kong,Macao and Taiwan
港澳台商独资企业	Sole Proprietorships with Funds from Hong Kong,Macao and Taiwan
外商投资企业	Enterprises with Foreign Investment
中外合资经营企业	Sino-foreign Equity Joint Ventures
外资企业	Foreign-funded Enterprises
按控股情况分	**By Holding**
国有控股	State-owned Holding
集体控股	Collective Holding
私人控股	Private Holding
港澳台商控股	Hong Kong,Macao and Taiwan Holdings
外商控股	Foreign Holding
其　他	Others
按经营形式分	**By Management Forms**
独立门店	Independent Stores
连锁总店	Chain Store Headquarters
连锁门店	Chain Stores
其　他	Others
按单位规模分	**By Scale**
大　型	Large
中　型	Middle
小　型	Small
微　型	Minitype

(continued)

(10 000 yuan)

销售合计 Total Sales	批发额 Wholesale Trade	零售额 Retail Trade
3634469	257476	3376993
3002008	226044	2775964
27818	11306	16513
11812		11812
592832	20127	572705
372003	65131	306872
3479		3479
234146	1682	232463
37276	6845	30431
87011	56604	30408
10091		10091
40354	165	40189
6481	165	6316
3094		3094
4006		4006
25698		25698
1075		1075
205569	54970	150600
47590	39297	8293
120706		120706
36296	15673	20623
977		977
6036920	657354	5379309
1940		1940
5231	349	4882
21053		21053
40301		40301
40301		40301
3692582	448760	3243564
34660	7089	27571
3657922	441672	3215993
589928	21380	568548
1685887	186865	1499022
42404	18130	24274
1388		1388
1642095	168735	1473360
342915	19988	322927
325312	15673	309640
15920	2633	13287
149138		149138
72876		72876
76261		76261
1219456	107393	1112064
84013	38831	45182
3914534	470432	3444102
341233	18306	322927
85404		85404
884334	42382	841695
4330173	341223	3988950
1044848	22292	1022555
113762	13666	100096
1040191	300161	739772
1648328	115940	1532387
3709048	341928	3367120
1057713	201639	855816
113885	17835	96050

10-6 限额以上批发和零售业企业主要财务状况(2015年)

单位：万元

指　　标	Item	流动资产合计 Current Assets
总　　计	**Total**	**9902859**
一、批发业	**Wholesale Trade**	**7518933**
按批发行业小类分	**By Sector**	
农、林、牧产品批发	Wholesale of Agricultural,Forestry and Livestock Products	3248
饲料批发	Wholesale of Forage	2007
牲畜批发	Wholesale of Livestocks	585
食品、饮料及烟草制品批发	Wholesale of Food,Beverages and Tobacco Products	472550
米、面制品及食用油批发	Wholesale of Rice,Flour and Edible Oil	17607
果品、蔬菜批发	Wholesale of Fruits and Vegetables	
肉、禽、蛋、奶及水产品批发	Wholesale of Meats, Poultry,Eggs,Milk and Aquatic Products	3996
盐及调味品批发	Wholesale of Salt and Flavouring	125255
酒、饮料及茶叶批发	Wholesale of Liquor,Beverages and Tea	37249
烟草制品批发	Wholesale of Tobacco Products	284920
纺织、服装及家庭用品批发	Wholesale of Texiles,Garments and Household Articles	122906
服装批发	Wholesale of Garments	17901
鞋帽批发	Wholesale of Shoes and Hats	5001
化妆品及卫生用品批发	Wholesale of Cosmetics and Hygienic Products	3258
厨房、卫生间用具及日用杂货批发	Wholesale of Kitchen Utensils,Bathroom Appliances and Daily Groceries	5342
家用电器批发	Wholesale of Household Electrical Appliances	91404
其他家庭用品批发	Wholesale of Other Household Articles	
文化、体育用品及器材批发	Wholesale of Culture Articles and Sports Appliances and Equipments	343716
文具用品批发	Wholesale of Stationery	40521
图书批发	Wholesale of Books	297262
其他文化用品批发	Wholesale of Other Culture Articles	5933
医药及医疗器材批发	Wholesale of Medicines and Medical Equipments	491459
西药批发	Wholesale of Western Medicines	366050
中药批发	Wholesale of Traditional Chinese Medicines	123730
矿产品、建材及化工产品批发	Wholesale of Mineral Products,Building Materials and Chemical Products	5592092
煤炭及制品批发	Wholesale of Coal and Coal Products	487149
石油及制品批发	Wholesale of Petroleum and Related Products	1322642
非金属矿及制品批发	Wholesale of Non-metallic Minerals and Related Products	11546
金属及金属矿批发	Wholesale of Metals and Metalliferous Minerals	966412
建材批发	Wholesale of Building Materials	874734
化肥批发	Wholesale of Chemical Fertilizers	1372367
其他化工产品批发	Wholesale of Other Chemical Products	557243
机械设备、五金产品及电子产品批发	Wholesale of Machinery,Hardware and Electronic Products	455505
汽车批发	Wholesale of Automobiles	53840
汽车零配件批发	Wholesale of Automotive Spare and Accessory Parts	129813
摩托车及零配件批发	Wholesale of Motorcycles and Related Spare and Accessory Parts	34817
五金产品批发	Wholesale of Hardware Products	33445
电气设备批发	Wholesale of Electrical Equipments	
计算机、软件及辅助设备批发	Wholesale of Computers,Softwares and Assistant Appliances	12836
通讯及广播电视设备批发	Wholesale of Communication, Radio and Television Equipments	110428
其他机械设备及电子产品批发	Wholesale of Other Machinery and Electronic Products	80327
其他批发业	Other Wholesales	37458
再生物资回收与批发	Recycling and Wholesale of Renewable Materials	12477
其他未列明批发业	Other Wholesales not Listed Here	24982
按登记注册类型分	**By Status of Registration**	
内资企业	Domestic Funded Enterprises	7263311
国有企业	State-owned Enterprises	590142
集体企业	Collective-owned Enterprises	923
股份合作企业	Cooperative Enterprises	

Main Financial Indicators of Enterprises above Designated Size in Wholesale and Retail Trades(2015)

(10 000 yuan)

#存　货 Inventory	固定资产合计 Total Fixed Assets	固定资产原价 Original Value of Fixed Assets	本年折旧 Depreciation in This Year	资产总计 Total Assets	负债合计 Total Liabilities	所有者权益 Owners Equities
1112841	**478039**	**718775**	**43805**	**12453220**	**9824755**	**2628465**
613264	**190498**	**299676**	**17177**	**9022991**	**7065818**	**1957173**
803	342	375	16	5495	3619	1876
477	16	39	8	2023	760	1263
	65	65		2204	1827	377
115834	60221	100713	5725	608155	229496	378659
4112	194	651	60	17868	15250	2618
1011	208	437	55	4204	2772	1431
3422	21695	33032	1735	214625	158275	56350
8218	2129	4498	173	40092	26021	14072
94916	35902	61969	3680	327748	29646	298102
45355	978	2935	286	128274	120570	7705
6774	357	1379	82	21587	20552	1034
2234	213	535	100	5277	4141	1137
2646	2	50		3278	3235	43
3106	195	379	38	6514	5156	1357
30596	211	593	66	91618	87485	4133
1822	4389	8869	390	359307	289124	70183
5724	366	793	51	41573	38157	3416
-5327	3949	7984	339	310205	244857	65349
1425	74	92		7528	6110	1418
90899	31325	41100	1902	628564	462449	166115
72326	21608	30016	1430	487259	343777	143482
18219	9494	10724	335	138477	117749	20727
297671	82433	127443	7813	6713064	5494004	1219061
6079	15370	22966	802	666574	347932	318643
72109	49053	77464	5523	1440041	1225841	214199
1152	120	257	57	14767	9984	4782
54653	5383	10467	591	1202482	863196	339287
12354	629	889	110	1416547	1190609	225938
103649	1116	2020	139	1386982	1327255	59726
47676	10762	13382	591	585673	529187	56485
59292	8529	15001	875	519724	430220	89504
10684	4886	6048	225	103107	75732	27375
6343	386	901	98	137957	113630	24327
10972	573	1207	155	36307	30819	5489
9921	1093	2727	143	35278	27845	7433
2477	236	730	58	13699	8326	5374
3193	151	476	37	110629	108221	2408
15702	1205	2913	161	82747	65647	17100
1588	2282	3241	169	60409	36337	24071
1054	667	1111	66	26140	23043	3097
534	1614	2130	103	34269	13295	20974
612271	186848	293143	16994	8631801	6888905	1742896
89397	38922	67796	4059	750038	363556	386482
157	263	282		1944	1616	328

10–6 续表1

单位：万元

指 标	Item	流动资产合计 Current Assets
有限责任公司	Limited Liability Corporations	5405272
国有独资公司	State Sole Funded Corporations	3124519
其他有限责任公司	Other Limited Liability Corporations	2280753
股份有限公司	Share-holding Corporations Ltd.	682609
私营企业	Private Enterprises	584366
私营独资企业	Private-funded Corporations	
私营有限责任公司	Private Limited Liability Corporations	565549
私营股份有限公司	Private Share-holding Corporations Ltd.	18817
外商投资企业	Enterprises with Foreign Investment	255622
中外合资经营企业	Sino-foreign Equity Joint Venture	255622
按控股情况分	**By Holding**	
国有控股	State-owned Holding	6106700
集体控股	Collective-owned Holding	37743
私人控股	Private Holding	1157428
其 他	Others	217062
按经营形式分	**By Management Forms**	
独立门店	Independent Stores	1668249
连锁总店	Chain Store Headquarters	923
连锁门店	Chain Stores	3429
其 他	Others	5846331
按单位规模分	**By Scale**	
大 型	Large	2995069
中 型	Middle	3837145
小 型	Small	448213
微 型	Minitype	238506
零售业	Retail Trade	**2383926**
按零售行业小类分	**By Sector**	
综合零售	Integrated Retail	355171
百货零售	Retail of General Merchandise	246550
超级市场零售	Retail of Supermarkets	92930
其他综合零售	Other Integrated Retails	15690
食品、饮料及烟草制品专门零售	Specialist Retail of Food,Beverages and Tobacco Products	142260
粮油零售	Retail of Grain and Oils	7185
肉、禽、蛋、奶及水产品零售	Retail of Meats, Poultry,Eggs,Milk and Aquatic Products	78
酒、饮料及茶叶零售	Retail of of Liquor,Beverages and Tea	115261
其他食品零售	Retail of Other Food	268
纺织、服装及日用品专门零售	Specialist Retail of Texiles,Garments and Daily Necessities	47736
纺织品及针织品零售	Retail of Texiles and Knitgoods	115
服装零售	Retail of Garments	42203
化妆品及卫生用品零售	Retail of Cosmetics and Hygienic Products	728
钟表、眼镜零售	Retail of Clocks, Watches and Glasses	1390
厨房用具及日用杂品零售	Retail of Kitchen Utensils and Daily Groceries	425
其他日用品零售	Retail of Other Daily Necessities	2802
文化、体育用品及器材专门零售	Specialist Retail of Culture and Sports Appliances and Equipments	70430
文具用品零售	Retail of Stationery	120
体育用品及器材零售	Retail of Sports Appliances and Equipments	1547
图书、报刊零售	Retail of Books,Newspapers and Periodicals	63582
工艺美术品及收藏品零售	Retail of Arts and Crafts and Related Collectibles	
照相器材零售	Retail of Photographic Apparatus	3158
其他文化用品零售	Retail of Other Culture Articles	505
医药及医疗器材专门零售	Specialist Retail of Medicines and Medical Devices	429027
药品零售	Retail of Medicines	321737
医疗用品及器材零售	Retail of Medical Supplies and Equipments	107291
汽车、摩托车、燃料及零配件专门零售	Specialist Retail of Automobiles,Motorcycles,Fuels and Spare and Accesso	1155377
汽车零售	Retail of Automobiles	1116988
汽车零配件零售	Retail of Automotive Spare and Accessory Parts	22028
摩托车及零配件零售	Retail of Motorcycles and Related Spare and Accessory Parts	12195
机动车燃料零售	Retail of Automotive Fuels	4166

(continued)

(10 000 yuan)

#存　货 Inventory	固定资产合计 Total Fixed Assets	固定资产原价 Original Value of Fixed Assets	本年折旧 Depreciation in This Year	资产总计 Total Assets	负债合计 Total Liabilities	所有者权益 Owners Equities
360131	125280	190289	10533	6459872	5373566	1086306
217013	83235	130760	7408	3517501	2945025	572475
143119	42044	59529	3125	2942371	2428541	513830
49407	13175	17169	675	798186	652475	145711
113180	9210	17608	1727	621762	497692	124070
111466	8913	17461	1700	602287	487949	114338
1713	297	147	28	19475	9743	9732
993	3650	6533	183	391190	176913	214277
993	3650	6533	183	391190	176913	214277
369963	144470	233280	13301	7421657	5805128	1616529
14713	550	761	56	41803	33366	8438
199580	20433	31943	2391	1216775	987104	229671
29009	25045	33693	1429	342756	240220	102536
172913	32099	45781	2051	1788731	1659879	128851
157	263	282		1944	1616	328
2137	61	128		3491	3229	261
438059	158074	253485	15126	7228826	5401093	1827733
222672	91464	145632	9336	3170176	2626193	543983
281676	85856	134252	6545	5116249	3839151	1277098
72588	12733	19059	1275	490983	403595	87388
36327	444	734	21	245583	196880	48704
499577	**287541**	**419099**	**26628**	**3430229**	**2758937**	**671292**
58030	93237	136831	4039	589917	450028	139889
12323	76813	111679	1837	444423	338166	106257
41274	12269	19784	2027	123893	95683	28210
4432	4155	5369	175	21601	16180	5422
34380	11729	16672	2525	463848	402439	61408
3199	2518	3879	125	10744	10593	151
	2518	2977	459	3382	1589	1793
26896	5688	7191	369	419654	383537	36117
	18			286		286
23167	14644	21954	1050	80285	52264	28022
18	4	5	1	119	5	114
21329	13290	20101	1012	72444	47488	24955
675	22	71	3	818	685	133
943	24	33	2	1415	1200	215
170	29	79	15	454	168	287
	1273	1663	16	4961	2713	2249
15738	1075	2311	181	72174	63782	8392
60	2	22	0	123	102	21
1069	44	132	9	1590	1079	512
11550	1017	2116	166	65029	58077	6952
1411	3	23	4	3206	2889	317
360	9	16	2	709	306	403
54803	13626	21839	1807	460107	374177	85930
42880	9121	15673	1128	344657	290465	54192
11922	4505	6166	679	115450	83712	31738
287759	138513	195210	14826	1533384	1275496	257887
278556	117592	160026	11764	1463673	1248755	214918
4686	756	1025	87	24223	23860	363
982	572	580	8	13024	638	12386
3535	19593	33579	2967	32464	2244	30220

10-6 续表2

单位：万元

指　　标	Item	流动资产合计 Current Assets
家用电器及电子产品专门零售	Specialist Retail of Household Electrical Appliances and Electronic Products	98020
家用视听设备零售	Retail of Household Audio-Visual Equipments	1928
日用家电设备零售	Retail of Household Electric Appliances	61675
计算机、软件及辅助设备零售	Retail of Computers,Softwares and Assistant Appliances	11800
通信设备零售	Retail of Communication Facilities	17216
其他电子产品零售	Retail of Other Electronic Products	5402
五金、家具及室内装饰材料专门零售	Specialist Retail of Hardware Products,Furniture and Interior Decoration Materials	7418
五金零售	Retail of Hardware Products	325
家具零售	Retail of Furniture	752
涂料零售	Retail of Coating	
木质装饰材料零售	Retail of Wood-based Materials	1480
陶瓷、石材装饰材料零售	Retail of Ceramic and Stone Decorative Materials	4829
货摊、无店铺及其他零售业	Stalls, Non-shop and Other Retails	78487
互联网零售	Internet Retail	27356
邮购及电视、电话零售	Retail Goods Sold via Mail Order,Televition and Telephone	40131
生活用燃料零售	Retail of Residential Fuels	10575
其他未列明零售业	Other Retails not Listed Here	425
按登记注册类型分	**By Status of Registration**	
内资企业	Domestic-funded Enterprises	2121648
国有企业	State-owned Enterprises	550
集体企业	Collective-owned Enterprises	18022
股份合作企业	Cooperative Enterprises	1269
联营企业	Joint Ownership Enterprises	5366
集体联营企业	Collective Joint Ownership Enterprises	5366
有限责任公司	Limited Liability Corporations	1280422
国有独资公司	State Sole Funded Corporations	25908
其他有限责任公司	Other Limited Liability Corporations	1254515
股份有限公司	Share-holding Corporation Ltd.	20854
私营企业	Private Enterprises	795165
私营独资企业	Private Sole Proprietorships	19294
私营有限责任公司	Private Limited Liability Corporations	775646
私营股份有限公司	Private Companies Limited by Shares	
其他企业	Other Enterprises	
港、澳、台商投资企业	Enterprises with Funds from Hong Kong, Macao and Taiwan	174795
与港澳台商合资经营企业	Joint-venture Enterprises with Funds from Hong Kong,Macao and Taiwan	165720
港澳台商独资企业	Sole Proprietorships with Funds from Hong Kong,Macao and Taiwan	7315
外商投资企业	Enterprises with Foreign Investment	87483
中外合资经营企业	Joint-venture Enterprises	55385
外资企业	Foreign-funded Enterprises	32099
按控股情况分	**By Holding**	
国有控股	State-owned Holding	286095
集体控股	Collective-owned Holding	47291
私人控股	Private Holding	1602994
港澳台商控股	Hong Kong,Macao and Taiwan Holdings	173035
外商控股	Foreign Holding	32117
其　他	Others	242394
按经营形式分	**By Management Forms**	
独立门店	Independent Stores	1636216
连锁总店	Chain Store Headquarters	165013
连锁门店	Chain Stores	42766
其　他	Others	539931
按单位规模分	**By Scale**	
大　型	Large	350808
中　型	Middle	1445714
小　型	Small	495488
微　型	Minitype	91917

(continued)

(10 000 yuan)

#存 货 Inventory	固定资产合计 Total Fixed Assets	固定资产原价 Original Value of Fixed Assets	本年折旧 Depreciation in This Year	资产总计 Total Assets	负债合计 Total Liabilities	所有者权益 Owners Equities
17003	6708	8435	442	108873	59621	49252
503	41	176	15	1974	1602	372
7094	2395	3300	63	66464	36559	29905
3709	1312	1497	24	13436	7163	6274
5144	2861	3175	313	21324	11933	9391
553	100	287	26	5675	2365	3310
2120	788	1009	82	8983	6021	2962
16	3	4	0	787	483	304
487	317	318	1	1085	313	771
840	17	88	10	1497	1031	465
776	267	291	11	5399	4187	1211
6578	7222	14839	1678	112660	75109	37551
880	479	534	36	28018	25571	2448
3702	3774	8440	1466	65884	44684	21200
1997	2529	5010	171	17522	4365	13157
	440	856	5	1235	489	746
457622	259275	372894	23956	3082350	2523366	558983
72	221	317	6	794	692	102
1515	89	183	31	18212	123	18089
1064	1577	2537	207	9678	6853	2825
42	3415	3849		10276	5161	5115
42	3415	3849		10276	5161	5115
287783	138202	197675	12525	1912533	1586035	326498
9757	3216	6054	1650	38938	22747	16191
278025	134987	191621	10875	1873595	1563288	310307
6968	21254	35192	3178	51612	13091	38521
160179	94517	133141	8009	1079244	911411	167833
3060	987	1343	58	21764	18995	2770
157086	93284	131491	7935	1056921	892362	164559
26115	22742	36977	1806	248639	158202	90437
20474	22147	36245	1725	231170	149925	81245
4447	83	203	73	15198	8120	7078
15841	5524	9228	866	99241	77369	21872
5560	729	2736	386	61310	50020	11290
10281	4796	6492	481	37930	27349	10581
71516	54183	87086	5787	665450	560929	104521
1557	3504	4033	31	52392	29568	22824
308453	167936	232875	14638	2081940	1702342	379598
24921	22230	36448	1798	246367	158044	88323
10288	16423	20558	828	52650	36786	15864
82842	23265	38100	3547	331429	271268	60161
360345	234562	326959	16299	2258456	1798208	460248
58099	31365	53936	4934	229415	163268	66147
11758	4940	8443	2081	59725	28959	30766
69374	16674	29762	3314	882634	768503	114131
72641	78988	117671	6131	507352	380349	127004
297056	147862	226486	16196	1946136	1555238	390898
102158	57389	70526	4056	596587	457503	139084
27722	3302	4415	245	380153	365847	14306

10-6 续表3

单位：万元

指　　标	Item	主营业务收入 Revenue from Principal Business
总　　计	**Total**	**16425984**
一、批发业	**Wholesale Trade**	**10721594**
按批发行业小类分	**By Sector**	
农、林、牧产品批发	Wholesale of Agriculture,Forestry and Livestock Products	15977
饲料批发	Wholesale of Forage	10107
牲畜批发	Wholesale of Livestocks	3573
食品、饮料及烟草制品批发	Wholesale of Food,Beverages and Tobacco Products	1164404
米、面制品及食用油批发	Wholesale of Rice,Flour and Edible Oil	56655
果品、蔬菜批发	Wholesale of Fruits and Vegetables	
肉、禽、蛋、奶及水产品批发	Wholesale of Meats, Poultry,Eggs,Milk and Aquatic Products	19106
盐及调味品批发	Wholesale of Salt and Flavouring	94849
酒、饮料及茶叶批发	Wholesale of Liquor,Beverages and Tea	73104
烟草制品批发	Wholesale of Tobacco Products	894371
纺织、服装及家庭用品批发	Wholesale of Texiles,Garments and Household Articles	243260
服装批发	Wholesale of Garments	40172
鞋帽批发	Wholesale of Shoes and Hats	15911
化妆品及卫生用品批发	Wholesale of Cosmetics and Hygienic Products	2712
厨房、卫生间用具及日用杂货批发	Wholesale of Kitchen Utensils,Bathroom Appliances and Daily Groceries	7232
家用电器批发	Wholesale of Household Electrical Appliances	177234
其他家庭用品批发	Wholesale of Other Household Articles	
文化、体育用品及器材批发	Wholesale of Culture Articles and Sports Appliances and Equipments	148096
文具用品批发	Wholesale of Stationery	26132
图书批发	Wholesale of Books	113885
其他文化用品批发	Wholesale of Other Culture Articles	8078
医药及医疗器材批发	Wholesale of Medicines and Medical Equipments	857775
西药批发	Wholesale of Western Medicines	663443
中药批发	Wholesale of Traditional Chinese Medicines	187436
矿产品、建材及化工产品批发	Wholesale of Mineral Products,Building Materials and Chemical Products	7460129
煤炭及制品批发	Wholesale of Coal and Coal Products	437663
石油及制品批发	Wholesale of Petroleum and Related Products	1509240
非金属矿及制品批发	Wholesale of Non-metallic Minerals and Related Products	107600
金属及金属矿批发	Wholesale of Metals and Metalliferous Minerals	1464654
建材批发	Wholesale of Building Materials	264509
化肥批发	Wholesale of Chemical Fertilizers	2667813
其他化工产品批发	Wholesale of Other Chemical Products	1008650
机械设备、五金产品及电子产品批发	Wholesale of Machinery,Hardware and Electronic Products	780079
汽车批发	Wholesale of Automobiles	68142
汽车零配件批发	Wholesale of Automotive Spare and Accessory Parts	217771
摩托车及零配件批发	Wholesale of Motorcycles and Related Spare and Accessory Parts	85566
五金产品批发	Wholesale of Hardware Products	34337
电气设备批发	Wholesale of Electric Equipments	
计算机、软件及辅助设备批发	Wholesale of Computers,Softwares and Assistant Appliances	34588
通讯及广播电视设备批发	Wholesale of Communication, Radio and Television Equipments	87789
其他机械设备及电子产品批发	Wholesale of Other Machinery and Electronic Products	251885
其他批发业	Other Wholesales	51876
再生物资回收与批发	Recycling and Wholesale of Renewable Materials	17780
其他未列明批发业	Other Wholesales not Listed Here	34096
按登记注册类型分	**By Status of Registration**	
内资企业	Domestic-funded Enterprises	10624705
国有企业	State-owned Enterprises	1431165
集体企业	Collective-owned Enterprises	2475
股份合作企业	Cooperative Enterprises	

(continued)

(10 000 yuan)

主营业务成本 Cost of Principal Business	主营业务税金及附加 Tax and Extra Charges on Principal Business	营业利润 Operating Profits	利润总额 Total Profits	应交所得税 Income Tax Payable	本年应交增值税 VAT Payable
15195884	**144540**	**252561**	**267237**	**66157**	**360530**
10060855	**114335**	**163678**	**180689**	**44608**	**200656**
15188	28	315	315	24	21
9814	11	12	12	1	18
3389	0	156	156		
874158	81860	112886	116897	31037	48328
50662	116	306	579	231	1080
15816	70	11	178	67	789
70453	782	6731	6764	714	2822
64210	205	269	258	527	1000
647925	80596	105523	109067	29460	42395
221111	489	1653	2083	633	3666
37950	63	-392	-368	37	-21
13818	45	176	181	40	220
2116	5	1	1	0	50
5768	28	-42	-42	7	174
161459	348	1908	2310	548	3243
139686	67	2625	4238	212	461
24634	49	866	874	207	398
107435		1776	3359		
7618	18	-17	5	5	63
798004	1987	13719	14118	3931	6352
616689	1598	12484	12531	3295	4593
174990	372	1050	1399	587	1668
7230396	28237	27030	37058	7333	112728
422979	559	-420	605	1686	1546
1460658	1118	13172	12781	1249	64298
106086	124	357	368		87
1430793	1891	15572	15953	967	12154
237099	498	-1879	-1262	277	476
2618940	13576	-4707	2554	1297	31313
953841	10471	4935	6059	1856	2854
738236	1405	1636	2063	723	28686
63514	222	-1045	-834	95	312
205921	162	-301	-289	93	1324
81882	116	1053	1116	68	719
30607	97	934	949	260	191
32825	54	215	198	48	331
83059	347	102	102	21	794
240428	407	678	820	139	25016
44077	262	3816	3916	715	415
14870	193	814	838	132	51
29207	69	3002	3078	583	364
9968114	114202	155265	171880	43209	200136
1165664	82063	113627	118031	28621	54358
2323	24	-6	13		

10-6 续表4

单位：万元

指　　标	Item
有限责任公司	Limited Liability Corporations
国有独资公司	State Sole Funded Corporations
其他有限责任公司	Other Limited Liability Corporations
股份有限公司	Share-holding Corporation Ltd.
私营企业	Private Enterprises
私营独资企业	Private Sole Proprietorships
私营有限责任公司	Private Limited Liability Corporations
私营股份有限公司	Private Share-holding Corporation Ltd.
外商投资企业	Enterprises with Foreign Investment
中外合资经营企业	Sino-foreign Equity Joint Ventures
按控股情况分	**By Holdings**
国有控股	State-owned Hollding
集体控股	Collective-owned Holding
私人控股	Private Holding
其　他	Others
按经营形式分	**By Management Forms**
独立门店	Independent Stores
连锁总店	Chain Store Headquarters
连锁门店	Chain Stores
其　他	Others
按单位规模分	**By Scale**
大　型	Large
中　型	Middle
小　型	Small
微　型	Minitype
零售业	**Retail Trade**
按零售行业小类分	**By Sector**
综合零售	Integrated Retail
百货零售	Retail of General Merchandise
超级市场零售	Retail of Supermarkets
其他综合零售	Other Integrated Retails
食品、饮料及烟草制品专门零售	Specialist Retail of Food,Beverages and Tobacco Products
粮油零售	Retail of Grain and Oils
肉、禽、蛋、奶及水产品零售	Retail of Meats, Poultry,Eggs,Milk and Aquatic Products
酒、饮料及茶叶零售	Retail of of Liquor,Beverages and Tea
其他食品零售	Retail of Other Food
纺织、服装及日用品专门零售	Specialist Retail of Texiles,Garments and Daily Necessities
纺织品及针织品零售	Retail of Texiles and Knitgoods
服装零售	Retail of Garments
化妆品及卫生用品零售	Retail of Cosmetics and Hygienic Products
钟表、眼镜零售	Retail of Clocks, Watches and Glasses
厨房用具及日用杂品零售	Retail of Kitchen Utensils and Daily Groceries
其他日用品零售	Retail of Other Daily Necessities
文化、体育用品及器材专门零售	Specialist Retail of Culture and Sports Appliances and Equipments
文具用品零售	Retail of Stationery
体育用品及器材零售	Retail of Sports Appliances and Equipments
图书、报刊零售	Retail of Books,Newspapers and Periodicals
工艺美术品及收藏品零售	Retail of Arts and Crafts and Related Collectibles
照相器材零售	Retail of Photographic Apparatus
其他文化用品零售	Retail of Other Culture Articles
医药及医疗器材专门零售	Specialist Retail of Medicines and Medical Devices
药品零售	Retail of Medicines
医疗用品及器材零售	Retail of Medical Supplies and Equipments
汽车、摩托车、燃料及零配件专门零售	Specialist Retail of Automobiles,Motorcycles,Fuels and Spare and Accessory Parts
汽车零售	Retail of Automobiles
汽车零配件零售	Retail of Automotive Spare and Accessory Parts
摩托车及零配件零售	Retail of Motorcycles and Related Spare and Accessory Parts
机动车燃料零售	Retail of Automotive Fuels

(continued)

(10 000 yuan)

主营业务收入 Revenue from Principal Business	主营业务成本 Cost of Principal Business	主营业务税金及附加 Tax and Extra Charges on Principal Business	营业利润 Operating Profits	利润总额 Total Profits	应交所得税 Income Tax Payable	本年应交增值税 VAT Payable
6207766	5939727	18966	29240	39868	9148	134122
3812396	3683231	15674	16036	22971	4797	124282
2395370	2256496	3292	13205	16897	4351	9840
1796172	1728228	11012	14243	15631	4386	5366
1187127	1132172	2137	-1839	-1662	1054	6290
1133448	1080852	2059	-1334	-1170	1021	6348
53679	51321	78	-505	-492	33	-58
96889	92741	133	8414	8809	1398	521
96889	92741	133	8414	8809	1398	521
7878036	7361810	109368	149458	164478	38535	185394
150781	147297	98	-448	447	91	212
2212603	2099951	3804	4289	5232	3461	11864
480174	451797	1066	10379	10532	2521	3186
2553306	2446627	14734	2784	9897	2823	516
2475	2323	24	-6	13		
7768	6451	7	92	92	24	50
8158046	7605454	99570	160809	170687	41760	200091
3048192	2709062	94111	115946	127480	29549	102384
5548960	5265828	17638	49925	54548	13666	60527
735541	702461	1352	-2079	-1225	1369	1972
1388902	1383505	1234	-114	-114	23	35773
5704389	**5135029**	**30205**	**88882**	**86549**	**21549**	**159874**
915698	773665	6392	39614	37993	10274	18503
465966	388116	4612	32855	32530	7965	10574
395785	341261	1673	4707	5857	2271	6622
53947	44288	107	2053	-394	38	1307
238965	205504	8332	3358	6408	1054	1059
10927	10586	31	-975	25	6	46
94781	80573	6266	66	111		
79667	68908	1857	2141	3537	270	255
580	342	59	159	159		
106563	83068	662	3341	3857	694	1592
911	780	4	7	7	2	3
95453	73821	527	3209	3717	669	1373
3237	2955	1	19	19	2	7
3598	3163	12	12	15	2	66
1058	750	16	-90	-84	19	120
1204	645	98	181	181		
62367	52512	116	1025	1649	146	940
1308	1203	3	3	3		15
2538	2209	7	56	56	13	50
49989	41696	63	897	1521	108	754
2416	2179	3	-40	-39	1	26
4925	4275	11	89	89	22	88
686504	610605	2088	18050	18276	4513	11333
575640	517934	1595	11466	11688	2770	10319
110864	92671	494	6585	6587	1743	1014
3160011	2949327	7880	8062	4075	3721	119602
2649040	2469501	5860	-1687	-3698	3638	116217
24355	23711	21	-613	-631	9	127
10095	6063	1626	1924	-29		7
476521	450053	373	8438	8433	74	3251

10-6 续表5

单位：万元

指　　标	Item	主营业务收入 Revenue from Principal Business
家用电器及电子产品专门零售	Specialist Retail of Household Electrical Appliances and Electronic Products	318923
家用视听设备零售	Retail of Household Audio-Visual Equipments	3013
日用家电设备零售	Retail of Household Electric Appliances	196730
计算机、软件及辅助设备零售	Retail of Computers,Softwares and Assistant Appliances	31824
通信设备零售	Retail of Communication Facilities	78731
其他电子产品零售	Retail of Other Electronic Products	8625
五金、家具及室内装饰材料专门零售	Specialist Retail of Hardware Products,Furniture and Interior Decoration Materials	38431
五金零售	Retail of Hardware Products	5669
家具零售	Retail of Furniture	2799
涂料零售	Retail of Coating	
木质装饰材料零售	Retail of Wood-based Materials	3424
陶瓷、石材装饰材料零售	Retail of Ceramic and Stone Decorative Materials	25464
货摊、无店铺及其他零售业	Stalls, Non-shop and Other Retails	176928
互联网零售	Internet Retail	40814
邮购及电视、电话零售	Retail Good Sold via Mail Order,Televition and Telephone	103167
生活用燃料零售	Retail of Residential Fuels	32120
其他未列明零售业	Other Retails not Listed Here	827
按登记注册类型分	**By Status of Registration**	
内资企业	Domestic-funded Enterprises	5181961
国有企业	State-owned Enterprises	1883
集体企业	Collective-owned Enterprises	4471
股份合作企业	Cooperative Enterprises	18234
联营企业	Joint Ownership Enterprises	29415
集体联营企业	Collective Joint Ownership Enterprises	29415
有限责任公司	Limited Liability Corporations	3171852
国有独资公司	State Sole Funded Corporations	33409
其他有限责任公司	Other Limited Liability Corporations	3138443
股份有限公司	Companies Limited by Shares	474360
私营企业	Private Enterprises	1481747
私营独资企业	Private Sole Proprietorships	40240
私营有限责任公司	Private Limited Liability Corporations	1440320
私营股份有限公司	Private Companies Limited by Shares	
其他企业	Other Enterprises	
港、澳、台商投资企业	Enterprises with Funds from Hong Kong, Macao and Taiwan	343194
与港澳台商合资经营企业	Joint-venture Enterprises with Funds from Hong Kong,Macao and Taiwan	327960
港澳台商独资企业	Sole Proprietorships with Funds from Hong Kong,Macao and Taiwan	13607
外商投资企业	Enterprises with Foreign Investment	179234
中外合资经营企业	Joint-venture Enterprises	62288
外资企业	Foreign-funded Enterprises	116947
按控股情况分	**By Holding**	
国有控股	State-owned Holding	1032414
集体控股	Collective-owned Holding	66776
私人控股	Private Holding	3363699
港澳台商控股	Hong Kong,Macao and Taiwan Holdings	341567
外商控股	Foreign Holding	126089
其　他	Others	773844
按经营形式分	**By Management Forms**	
独立门店	Independent Stores	3784439
连锁总店	Chain Store Headquarters	864257
连锁门店	Chain Stores	152550
其　他	Others	903144
按单位规模分	**By Scale**	
大　型	Large	1431180
中　型	Middle	3244325
小　型	Small	927430
微　型	Minitype	101454

(continued)

(10 000 yuan)

主营业务成本 Cost of Principal Business	主营业务税金及附加 Tax and Extra Charges on Principal Business	营业利润 Operating Profits	利润总额 Total Profits	应交所得税 Income Tax Payable	本年应交增值税 VAT Payable
288682	2545	4226	4378	669	4084
2415	11	147	146	23	102
173675	2141	1299	1315	124	3100
29747	77	459	550	138	174
74635	259	989	1022	32	637
8211	56	1332	1346	352	71
32817	1002	2763	339	54	209
5560	1	53	53	1	9
2238	21	205	191	30	48
2571	17	87	87	22	137
21756	960	2409			
138848	1188	8443	9574	424	2553
39280	34	-419	-410	10	170
74502	950	888	2001		2236
24619	196	7969	7979	414	138
447	9	5	4	1	10
4686893	27760	54045	52005	13848	149417
1448	6	5	5	1	57
3947	13	311	306	76	102
16267	76	140	134		550
23559	32	2747			
23559	32	2747			
2861497	21194	32962	32956	8827	50145
27444	106	2437	3673	789	1365
2834052	21088	30525	29283	8038	48780
446841	315	8044	8056	21	3048
1333335	6124	9837	10548	4922	95516
36632	178	257	278	72	436
1295695	5943	9519	10209	4842	95080
298845	1577	26558	26050	4859	5815
288242	1441	24752	24374	4709	5066
9309	81	1676	1676	150	750
149291	869	8280	8494	2843	4642
48709	361	1538	1415	1071	2579
100582	508	6743	7079	1772	2063
955257	2779	25750	27052	4586	9668
60231	46	2677	-74	76	104
3036941	22112	24991	19371	9597	121533
297551	1522	26429	26050	4859	5815
107922	590	7195	7531	1772	2088
677127	3157	1840	6619	659	20666
3423280	23495	49112	41149	13208	134238
773990	2118	10826	13267	2235	12151
131767	578	9833	10812	2561	2716
805992	4014	19111	21320	3545	10769
1282030	4419	35759	37538	5611	29287
2922230	10890	40668	43886	13722	119088
835772	13578	10151	2845	1939	11334
94997	1319	2304	2280	277	165

10-7 限额以上住宿和餐饮业企业基本情况(2015年)

指 标	Item	法人企业数(个) Number of Corporations(unit)
总 计	**Total**	**155**
住宿业	**Lodging Industry**	**87**
按住宿业行业小类分	**By Classification of Lodging Industry**	
旅游饭店	Tourist Hotels	68
一般旅馆	General Hotels	18
其他住宿业	Other Hotels	1
按登记注册类型分	**By Status of Registration**	
内资企业	Domestic Funded Enterprises	84
国有企业	State-owned Enterprises	13
集体企业	Collective-owned Enterprises	
有限责任公司	Limited Liability Corporations	33
国有独资公司	State Sole Funded Corperations	2
其他有限责任公司	Other Limited Liability Corporations	31
私营企业	Private Enterprises	37
私营独资企业	Sole Proprietorships	
私营有限责任公司	Private Limited Liability Corporations	37
港、澳、台商投资企业	Enterprises with Funds from Hong Kong,Macao and Taiwan	2
与港澳台商合资经营企业	Joint-venture Enterprises with Funds from Hong Kong,Macao and Taiwan	
港澳台商独资企业	Sole Proprietorships with Funds from Hong Kong, Macao and Taiwan	2
外商投资企业	Enterprises with Foreign Investment	1
中外合资经营企业	Sino-foreign Equity Joint Venture Enterprises	1
按控股情况分	**By Holding**	
国有控股	State-owned Holding	24
集体控股	Collective-owned Holding	1
私人控股	Private Holding	56
港澳台商控股	Hong Kong,Macao and Taiwan Holdings	2
其 他	Others	4
按经营形式分	**By Management Forms**	
独立门店	Independent Stores	82
连锁门店	Chain Stores	3
其 他	Others	2
按星级分	**By Hotel Ratings**	
五 星	Five-star	4
四 星	Four-star	24
三 星	Three-star	15
二 星	Two-star	1
一 星	One-star	
其 他	Others	43
按单位规模分	**By Scale**	
大 型	Large	2
中 型	Middle	25
小 型	Small	59
微 型	Minitype	1

Basic Conditions of Enterprises above Designated Size of Hotels and Catering Services(2015)

年末从业人员(人) Employed Persons at Year-end(person)	客房数(间) Number of Hotel Rooms(room)	床位数(个) Number of Beds(unit)	餐位数(张) Number of Tables(table)
16014	**13890**	**22341**	**60333**
10053	**13095**	**21030**	**29013**
8568	10766	17307	24894
1215	2129	3434	3119
270	200	289	1000
9435	12540	20221	27039
1759	1848	3320	5710
5367	5924	9262	14536
856	677	991	2650
4511	5247	8271	11886
2302	4725	7575	6776
2302	4725	7575	6776
380	338	488	1130
380	338	488	1130
238	217	321	844
238	217	321	844
4226	4220	6957	11998
301	218	347	700
4245	7313	11672	14443
380	338	488	1130
901	1006	1566	742
9662	12406	19986	25180
88	301	432	34
303	388	612	3799
1466	1248	1833	2919
4191	4756	7623	15831
1074	1866	3335	3731
92	74	150	320
3230	5151	8089	6212
1101	887	1306	2792
5185	5424	8656	17306
3760	6741	11004	8898
7	43	64	17

10-7 续表

指　　标	Item	法人企业数(个) Number of Corporations(unit)
餐饮业	**Catering Services**	**68**
按餐饮业行业小类分	**By Classification of Catering Industry**	
正餐服务	Dinner Services	**67**
快餐服务	Fast Food Services	1
其他餐饮业	Other Catering Services	
按登记注册类型分	**By Status of Registration**	
内资企业	Domestic Funded Enterprises	68
国有企业	State-owned Enterprises	
股份合作企业	Cooperative Enterprises	1
有限责任公司	Limited Liability Corporations	29
国有独资公司	State Sole Funded Corporations	1
其他有限责任公司	Other Limited Liability Corporations	28
股份有限公司	Companies Limited by Shares	
私营企业	Private Enterprises	38
私营独资企业	Private Sole Proprietorships	9
私营合伙企业	Private Partnership Enterprises	1
私营有限责任公司	Private Limited Liability Corporations	27
私营股份有限公司	Private Share-holding Corporations Limited	1
其他企业	Other Enterprises	
外商投资企业	Enterprises with Foreign Investment	
外商投资股份有限公司	Foreign-funded Companies Limited by Shares	
按控股情况分	**By Holding**	
国有控股	State-owned Holding	4
私人控股	Private Holding	57
外商控股	Foreign Holding	
其　他	Others	7
按经营形式分	**By Management Forms**	
独立门店	Independent Stores	63
连锁总店	Chain Store Headquarters	2
连锁门店	Chain Stores	
其　他	Others	3
按单位规模分	**By Scale**	
大　型	Large	1
中　型	Middle	10
小　型	Small	49
微　型	Minitype	8

(continued)

年末从业人员(人) Employed Persons at Year-end(person)	客房数(间) Number of Hotel Rooms(room)	床位数(个) Number of Beds(unit)	餐位数(张) Number of Tables(table)
5961	**802**	**1336**	**31320**
5913	**802**	**1336**	**31140**
48			180
5961	802	1336	31320
23			200
3136	517	883	13433
92			651
3044	517	883	12782
2802	285	453	17687
249			3200
237			1000
2281	285	453	13367
35			120
898	75	125	2302
4328	727	1211	24166
735			4852
4154	727	1211	25777
1083			3982
724	75	125	1561
500			600
2479	284	437	11488
2940	493	844	18275
42	25	55	957

10-8 限额以上住宿和餐饮业企业经营情况(2015年)

单位：万元

指　　标	Item	营业额 Business Revenue
总　　计	**Total**	**266666**
住宿业	**Lodging Industry**	**172032**
按住宿业行业小类分	**By Classification of Lodging Industry**	
旅游饭店	Tourist Hotels	148928
一般旅馆	General Hotels	20598
其他住宿业	Other Hotels	2506
按登记注册类型分	**By Status of Registration**	
内资企业	Domestic Funded Enterprises	164473
国有企业	State-owned Enterprises	23701
集体企业	Collective-owned Enterprises	
有限责任公司	Limited Liability Corporations	101144
国有独资公司	State Sole Funded Corperations	19599
其他有限责任公司	Other Limited Liability Corporations	81544
私营企业	Private Enterprises	39369
私营独资企业	Sole Proprietorships	
私营有限责任公司	Private Limited Liability Corporations	39369
港、澳、台商投资企业	Enterprises with Funds from Hong Kong,Macao and Taiwan	4432
与港澳台商合资经营企业	Joint-venture Enterprises with Funds from Hong Kong,Macao and Taiwan	
港澳台商独资企业	Sole Proprietorships with Funds from Hong Kong, Macao and Taiwan	4432
外商投资企业	Enterprises with Foreign Investment	3126
中外合资经营企业	Sino-foreign Equity Joint Ventures	3126
按控股情况分	**Holdings**	
国有控股	State-owned Holding	71857
集体控股	Collective-owned Holding	5986
私人控股	Private Holding	71822
港澳台商控股	Hong Kong,Macao and Taiwan Holdings	4432
其　他	Others	17935
按经营形式分	**By Management Forms**	
独立门店	Independent Stores	165787
连锁门店	Chain Stores	1961
其　他	Others	4284

Business of Enterprises above Designated Size of Hotels and Catering Services(2015)

(10 000 yuan)

客房收入 Reveneue from Hotel Rooms	餐费收入 Reveneue from Meals	商品销售额 Merchandise Sales	其他收入 Other Revenue	年末餐饮营业面积(平方米) Operating Area of Retail Trade at Year-end(sq.m.)
99848	**143589**	**6726**	**16503**	**280536**
96537	**59601**	**3337**	**12558**	**125720**
81772	52833	3276	11048	112566
13508	5522	61	1508	9984
1258	1246		3	
92755	56242	3321	12156	121790
11618	8962	108	3013	21111
51169	38407	2940	8628	64721
6448	10043	766	2342	8195
44721	28364	2173	6286	56526
29807	8773	274	515	31658
29807	8773	274	515	31658
2247	2086	16	84	2508
2247	2086	16	84	2508
1536	1273		318	1422
1536	1273		318	1422
33605	29632	1060	7561	43920
1484	3093		1409	5300
49158	18383	1657	2624	65966
2247	2086	16	84	2508
10043	6406	605	881	8026
91375	58620	3277	12515	113920
1789	61	70	42	100
3374	910			11700

10-8 续表

指　　标	Item	营业额 Business Revenue
按星级分	**By Hotel Ratings**	
五　星	Five-star	29320
四　星	Four-star	70257
三　星	Three-star	18965
二　星	Two-star	1334
一　星	One-star	
其　他	Others	52156
按单位规模分	**By Scale**	
大　型	Large	27930
中　型	Middle	89667
小　型	Small	54175
微　型	Minitype	260
餐饮业	**Catering Services**	**94634**
按餐饮业行业小类分	**By Classification of Catering Industry**	
正餐服务	Dinner Services	93321
快餐服务	Fast Food Services	1313
其他餐饮业	Other Catering Services	
按登记注册类型分	**By Status of Registration**	
内资企业	Domestic-funded Enterprises	94634
国有企业	State-owned Enterprises	
股份合作企业	Cooperative Enterprises	278
有限责任公司	Limited Liability Corporations	55898
国有独资公司	State Sole Funded Corporations	1052
其他有限责任公司	Other Limited Liability Corporations	54846
股份有限公司	Companies Limited by Shares	
私营企业	Private Enterprises	38457
私营独资企业	Private-funded Enterprises	3499
私营合伙企业	Private Partnership Enterprises	4220
私营有限责任公司	Private Limited Liability Corporations	30309
私营股份有限公司	Private Share-holding Corporations Limited	430
其他企业	Other Enterprises	
外商投资企业	Enterprises with Foreign Investment	
外商投资股份有限公司	Foreign-funded Companies Limited by Shares	
按控股情况分	**By Holding**	
国有控股	State-owned Holding	12195
私人控股	Private Holding	67889
外商控股	Foreign Holding	
其　他	Others	14550
按经营形式分	**By Management Forms**	
独立门店	Independent Stores	65401
连锁总店	Chain Store Headquarters	19635
连锁门店	Chain Stores	
其　他	Others	9598
按单位规模分	**By Scale**	
大　型	Large	10950
中　型	Middle	41157
小　型	Small	40223
微　型	Minitype	2304

(continued)

客房收入 Reveneue from Hotel Rooms	餐费收入 Reveneue from Meals	商品销售额 Merchandise Sales	其他收入 Other Revenue	年末餐饮营业面积 (平方米) Operating Area of Retail Trade at Year-end(sq.m.)
13512	13777	591	1440	22037
37546	24937	1219	6556	52833
10201	5509	1289	1966	19546
544	666		124	1100
34735	14702	248	2472	30204
11258	12369	1283	3021	11711
45112	35844	1789	6922	64450
40008	11278	275	2615	45259
160	100			4300
3311	**83959**	**3418**	**3945**	**154816**
3311	82646	3418	3945	153016
	1313			1800
3311	83959	3418	3945	154816
	229	49		362
2153	47833	2071	3842	56451
	1052			1500
2153	46781	2071	3842	54951
1158	35898	1298	103	98003
	3212	229	58	13370
	4220			10000
1158	28036	1069	45	73133
	430			1500
582	11526	76	11	5501
2729	61695	3307	157	129003
	10738	35	3777	20312
2729	55410	3319	3942	124920
	19635			24095
582	8913	100	3	5801
	10950			5000
1707	35139	530	3780	56736
1484	35845	2788	107	84606
120	2025	101	58	8474

10–9 限额以上住宿和餐饮业企业主要财务状况(2015年)

单位：万元

指　　标	Item	流动资产合计 Current Assets
总　　计	**Total**	**223896**
住宿业	**Lodging Industry**	**162289**
按住宿业行业小类分	**By Classification of Lodging Industry**	
旅游饭店	Tourist Hotels	148708
一般旅馆	General Hotels	13263
其他住宿业	Other Hotels	318
按登记注册类型分	**By Status of Registration**	
内资企业	Domestic Funded Enterprises	160507
国有企业	State-owned Enterprises	9153
集体企业	Collective-owned Enterprises	
有限责任公司	Limited Liability Corporations	112250
国有独资公司	State Sole Funded Corperations	13002
其他有限责任公司	Other Limited Liability Corporations	99249
私营企业	Private Enterprises	39016
私营独资企业	Sole Proprietorships	
私营有限责任公司	Private Limited Liability Corporations	39016
港、澳、台商投资企业	Enterprises with Funds from Hong Kong,Macao and Taiwan	815
与港澳台商合资经营企业	Joint-venture Enterprises with Funds from Hong Kong,Macao and Taiwan	
港澳台商独资企业	Sole Proprietorships with Funds from Hong Kong, Macao and Taiwan	815
外商投资企业	Enterprises with Foreign Investment	968
中外合资经营企业	Sino-foreign Equity Joint Ventures	968
按控股情况分	**By Holdings**	
国有控股	State-owned Holding	34631
集体控股	Collective-owned Holding	616
私人控股	Private Holding	117511
港澳台商控股	Hong Kong,Macao and Taiwan Holdings	815
其　他	Others	8715
按经营形式分	**By Management Forms**	
独立门店	Independent Stores	97710
连锁门店	Chain Stores	2524
其　他	Others	62056
按星级分	**By Hotel Ratings**	
五　星	Five-star	11726
四　星	Four-star	104420
三　星	Three-star	12152
二　星	Two-star	834
一　星	One-star	
其　他	Others	33158
按单位规模分	**By Scale**	
大　型	Large	18133
中　型	Middle	106614
小　型	Small	37455
微　型	Minitype	87

Main Financial Indicators of Enterprises above Designated Size of Hotels and Catering Services(2015)

(10 000 yuan)

#存 货 Inventory	固定资产合计 Total Fixed Assets	固定资产原价 Original Value of Fixed Assets	本年折旧 Depreciation in This Year	资产总计 Total Assets	负债合计 Total Liabilities	所有者权益 Owners Equities
10686	**245265**	**374353**	**17178**	**560400**	**457380**	**103020**
6431	**222389**	**332200**	**14919**	**444597**	**374779**	**69818**
6012	217822	320377	13502	421524	360786	60738
321	4315	10972	819	22371	12907	9464
98	252	851	599	702	1085	-383
6278	206131	299387	13767	423651	363808	59843
1223	18644	34649	1936	32028	21089	10940
4014	174516	242925	9873	318753	288526	30227
1719	3972	20040	782	17915	6075	11840
2294	170544	222885	9091	300838	282451	18387
1037	12123	20965	1958	71679	54188	17491
1037	12123	20965	1958	71679	54188	17491
106	8999	19267	651	10032	8576	1456
106	8999	19267	651	10032	8576	1456
48	7259	13546	502	10914	2395	8519
48	7259	13546	502	10914	2395	8519
3922	129013	179632	7509	184998	163136	21862
98	54	758	35	2631	520	2111
1677	49929	75750	3913	200121	167764	32357
106	8999	19267	651	10032	8576	1456
629	34394	56794	2812	46816	34784	12032
6234	211743	320417	14353	367211	300174	67037
8	3100	3525	196	5693	495	5198
189	7547	8259	370	71693	74110	-2416
1166	58398	86904	4638	81542	46807	34735
3160	46751	88941	4115	176295	148086	28209
480	28758	42790	1261	48597	30546	18051
223	426	879	53	1263	669	594
1403	88057	112687	4853	136900	148671	-11771
1417	31292	60163	2802	52531	35203	17328
3245	158032	215932	9256	298056	278455	19600
1764	32217	55257	2861	92820	61115	31705
5	848	848		1191	6	1185

10-9 续表1

单位：万元

指　　标	Item	流动资产合计 Current Assets
餐饮业	**Catering Services**	**61607**
按餐饮业行业小类分	**By Classification of Catering Industry**	
正餐服务	Dinner Services	60891
快餐服务	Fast Food Services	716
其他餐饮业	Other Catering Services	
按登记注册类型分	**By Status of Registration**	
内资企业	Domestic Funded Enterprises	61607
国有企业	State-owned Enterprises	
股份合作企业	Cooperative-owned Enterprises	243
有限责任公司	Limited Liability Companies	39707
国有独资公司	State Sole Funded Corporations	7125
其他有限责任公司	Other Limited Liability Companies	32582
股份有限公司	Companies Limited by Shares	
私营企业	Private Enterprises	21657
私营独资企业	Private-funded Enterprises	574
私营合伙企业	Private Partnership Enterprises	1599
私营有限责任公司	Private Limited Liability Corporations	19454
私营股份有限公司	Private Share-holding Corporations Limited	30
其他企业	Other Enterprises	
外商投资企业	Enterprises with Foreign Investment	
外商投资股份有限公司	Foreign-funded Companies Limited by Shares	
按控股情况分	**By Holdings**	
国有控股	State-owned Holding	16494
私人控股	Private Holding	33538
外商控股	Foreign Holding	
其　他	Others	11576
按经营形式分	**By Management Forms**	
独立门店	Independent Stores	43493
连锁总店	Chain Store Headquarters	8696
连锁门店	Chain Stores	
其　他	Others	9418
按单位规模分	**By Scale**	
大　型	Large	964
中　型	Middle	38403
小　型	Small	21782
微　型	Minitype	458

(continued)

(10 000 yuan)

#存 货 Inventory	固定资产合计 Total Fixed Assets	固定资产原价 Original Value of Fixed Assets	本年折旧 Depreciation in This Year	资产总计 Total Assets	负债合计 Total Liabilities
4255	**22876**	**42153**	**2259**	**115803**	**82601**
4199	22876	41915	2259	115086	82554
56		238		716	47
4255	22876	42153	2259	115803	82601
3	157	269	5	400	192
1125	12063	18918	986	69171	53278
27	49	61	4	15200	5224
1098	12014	18857	982	53972	48054
3127	10657	22966	1269	46231	29131
106	1001	1241	44	1754	267
279	194	991	194	2861	2061
2732	9322	20474	991	41446	26733
10	140	260	40	170	70
419	4719	8650	418	29896	23055
3595	17154	31629	1548	72007	44733
242	1004	1874	292	13901	14813
2155	13332	24103	1607	83932	55237
1719	4777	9395	216	17028	9590
381	4767	8655	436	14843	17775
65	840	980	64	1804	854
2707	11278	24380	1226	63224	56353
1414	10097	16106	963	49565	25177
69	661	687	6	1210	217

10–9 续表2

单位：万元

指　　标	Item	主营业务收入 Revenue from Principal Business
总　　计	**Total**	**263317**
住宿业	**Lodging Industry**	**170113**
按住宿业行业小类分	**By Classification of Lodging Industry**	
旅游饭店	Tourist Hotels	147199
一般旅馆	General Hotels	20408
其他住宿业	Other Hotels	2506
按登记注册类型分	**By Status of Registration**	
内资企业	Domestic Funded Enterprises	162553
国有企业	State-owned Enterprises	23657
集体企业	Collective-owned Enterprises	
有限责任公司	Limited Liability Corporations	99158
国有独资公司	State Sole Funded Corperations	19005
其他有限责任公司	Other Limited Liability Corporations	80153
私营企业	Private Enterprises	39233
私营独资企业	Sole Proprietorships	
私营有限责任公司	Private Limited Liability Corporations	39233
港、澳、台商投资企业	Enterprises with Funds From Hong Kong,Macao and Taiwan	4433
与港澳台商合资经营企业	Joint-venture Enterprises with Funds from Hong Kong,Macao and Taiwan	
港澳台商独资企业	Wholly Hong Kong-, Macao- and Taiwan-funded Enterprises	4433
外商投资企业	Enterprises with Foreign Investment	3126
中外合资经营企业	Sino-foreign Equity Joint Venture Enterprises	3126
按控股情况分	**By Holdings**	
国有控股	State-owned Holding	70963
集体控股	Collective-owned Holding	5987
私人控股	Private Holding	70863
港澳台商控股	Hong Kong,Macao and Taiwan Holdings	4433
其　他	Others	17867
按经营形式分	**By Management Forms**	
独立门店	Independent Stores	163977
连锁门店	Chain Stores	1886
其　他	Others	4251
按星级分	**By Hotel Ratings**	
五　星	Five-star	29302
四　星	Four-star	69475
三　星	Three-star	18682
二　星	Two-star	1334
一　星	One-star	
其　他	Others	51320
按单位规模分	**By Scale**	
大　型	Large	27340
中　型	Middle	88899
小　型	Small	53369
微　型	Minitype	505

(continued)

(10 000 yuan)

主营业务成本 Cost of Principal Business	主营业务税金及附加 Tax and Extra Charges on Principal Business	营业利润 Operating Profits	利润总额 Total Profits	应交所得税 Income Tax Payable
120190	**14754**	**-11956**	**-5279**	**1709**
72029	**9882**	**-14698**	**-11879**	**1536**
64068	8623	-13735	-10900	1467
7354	1118	-143	-156	70
607	140	-821	-822	
69399	9341	-14177	-11362	1536
9378	1375	-1005	-879	214
48516	5705	-12256	-9711	1161
7977	1041	1323	1336	334
40539	4664	-13579	-11047	827
11167	2233	-915	-772	161
11167	2233	-915	-772	161
2177	251	-460	-455	
2177	251	-460	-455	
453	290	-61	-62	
453	290	-61	-62	
37814	4245	-10282	-9675	657
2424	329	127	129	29
25877	4078	-5600	-4311	188
2177	251	-460	-455	
3737	979	1516	2433	664
69490	9503	-10897	-8266	1536
1110	108	-371	-328	
1429	270	-3430	-3285	
9358	1717	208	1274	681
25726	4074	-3599	-3382	612
10839	985	-311	681	137
499	100	127	127	32
25607	3005	-11123	-10579	74
9050	1492	2987	3922	981
40947	5246	-16775	-15141	407
21694	3115	-909	-660	149
338	29	-1		

10-9 续表3

单位：万元

指　　标	Item	主营业务收入 Revenue from Principal Business
餐饮业	**Catering Services**	**93204**
按餐饮业行业小类分	**By Classification of Catering Industry**	
正餐服务	Dinner Services	91891
快餐服务	Fast Food Services	1313
其他餐饮业	Other Catering Services	
按登记注册类型分	**By Status of Registration**	
内资企业	Domestic Funded Enterprises	93204
国有企业	State-owned Enterprises	
股份合作企业	Cooperative-owned Enterprises	278
有限责任公司	Limited Liability Corporations	54729
国有独资公司	State Sole Funded Corporations	1052
其他有限责任公司	Other Limited Liability Corporations	53677
股份有限公司	Companies Limited by Shares	
私营企业	Private Enterprises	38197
私营独资企业	Private-funded Enterprises	3420
私营合伙企业	Private Partnership Enterprises	4220
私营有限责任公司	Private Limited Liability Corporations	30126
私营股份有限公司	Private Share-holding Corporations Limited	430
其他企业	Other Enterprises	
外商投资企业	Enterprises with Foreign Investment	
外商投资股份有限公司	Foreign-funded Companies Limited by Shares	
按控股情况分	**By Holding**	
国有控股	State-owned Holding	11424
私人控股	Private Holding	67376
外商控股	Foreign Holding	
其　他	Others	14404
按经营形式分	**By Management Forms**	
独立门店	Independent Stores	64734
连锁总店	Chain Store Headquarters	19635
连锁门店	Chain Stores	
其　他	Others	8835
按单位规模分	**By Scale**	
大　型	Large	10950
中　型	Middle	40271
小　型	Small	39567
微　型	Minitype	2415

(continued)

(10 000 yuan)

主营业务成本 Cost of Principal Business	主营业务税金及附加 Tax and Extra Charges on Principal Business	营业利润 Operating Profits	利润总额 Total Profits	应交所得税 Income Tax Payable
48161	**4872**	**2742**	**6600**	**172**
47333	4801	2693	6553	172
828	71	50	48	
48161	4872	2742	6600	172
139	16	16	16	4
30782	2845	3009	6870	45
624	52	283	283	
30158	2793	2726	6587	45
17240	2011	-283	-287	124
1940	187	284	248	21
1389	99	226	226	32
13653	1694	-825	-792	71
259	32	31	31	
9332	368	-227	3654	24
33619	3689	3174	2731	131
5210	815	-205	214	17
28997	3303	3032	3028	140
11922	1340	227	208	
7241	229	-517	3364	32
7951	843	491	491	
19440	1839	-901	3351	57
19489	2061	2599	2209	55
1281	129	553	549	61

10−10 各区(市、县)社会消费品零售总额
Total Retail Sales of Consumer Goods by District (City, County)

单位：万元 (10 000 yuan)

区(市、县)名称	District (City, County)	2015	2014	2015年比2014年增长(%) Growth Rate in 2015 over 2014(%)
南明区	Nanming	3366524	3027450	11.2
云岩区	Yunyan	3064515	2758339	11.1
花溪区	Huaxi	2086406	1876264	11.2
乌当区	Wudang	340932	303320	12.4
白云区	Baiyun	431573	383962	12.4
观山湖区	Guanshanhu	1014698	905172	12.1
开阳县	Kaiyang	359629	319386	12.6
息烽县	Xifeng	195327	173316	12.7
修文县	Xiuwen	226803	201603	12.5
清镇市	Qingzhen	404475	359214	12.6

10−11 “黄金周”旅游接待情况（2015年）
Statistics on Tourist Reception in Golden Week(2015)

指标		Item		春节 Spring Festival	国庆节 National Day
旅游住宿设施		**Tourism Accommodation**			
累计接待人天数	(万人/天)	Number of Tourists per Day	(10 000 persons/day)	46.21	147.55
平均停留天数	(天)	Average Length of Stay	(Day)	2.87	1.86
星级宾馆出租率		Room Occupancy Rate			
#饭店宾馆	(%)	Hotel	(%)	57.13	67.72
#旅馆招待所	(%)	Guesthouse	(%)	57.64	74.38
旅行社		**Travel Agencies**			
累计接团数	(个)	Cumulative Number of Tours	(unit)	940	989
累计接待人数	(万人次)	Cumulative Number of Tourists Arrival	(10 000 person-times)	4.56	3.06
景区(点)		**Scenic Spots**			
统计的景区(点)	(个)	Numbers of Statistical Scenic Spots	(unit)	41	40
累计接待人数	(万人次)	Cumulative Number of Tourists	(10 000 person-times)	122.33	221.68
一日游游客所占比重	(%)	Percentage of Day-tripper	(%)	86.50	81.00
门票收入	(万元)	Ticket Receipt	(10 000yuan)	1599.70	3319.22
交通客运		**Transportation**			
累计抵达班车次		Cumulative Number			
#铁路	(班车、次)	Railway	(time)	784	915
民航	(班车、次)	Civil Aviation	(time)	1096	1157
公路	(班车、次)	Highway	(time)	26140	35429
累计抵达旅客量		Cumulative Number of Tourists Arrival			
#铁路	(万人、次)	Railway	(10 000 person-times)	24.60	57.50
民航	(万人、次)	Civil Aviation	(10 000 person-times)	11.40	13.25
公路	(万人、次)	Highway	(10 000 person-times)	64.36	85.17
接待综合情况		**General Information of Tourism**			
接待人数	(万人、次)	Number of Visitors	(10 000 person-times)	212.65	417.54
旅游收入	(万元)	Tourism Earnings	(10 000yuan)	78017	300386
人均天花费		Per Capita Expenditure per Day			
#过夜旅游者	(元/人天)	Tourists Stay Overnight	(yuan/person)	723.60	1235.96
一日游游客	(元/人天)	Day-tripper	(yuan/person)	226.84	348.94

10–12 旅 游
Tourism

指 标		Item		2015	2014	2015年比2014年增长(%) Growth Rate in 2015 over 2014(%)
接待海外旅游人数	**(人 次)**	**Number of Foreign Tourists**	**(person-time)**	**158469**	**145931**	**8.6**
外国人	(人 次)	Foreigners	(person-time)	71960	69072	4.2
港澳同胞	(人 次)	Compatriots from Hong Kong and Macao	(person-time)	49501	45057	9.9
台湾同胞	(人 次)	Compatriots from Taiwan	(person-time)	37008	31802	16.4
接待海外旅游人天数	**(人 天)**	**International Tourists**	**(person-time)**	**340453**	**317099**	**7.4**
外国人	(人 天)	Foreigner	(person-day)	151466	153004	-1.0
港澳同胞	(人 天)	Compatriots from Hong Kong and Macao	(person-day)	106417	94313	12.8
台湾同胞	(人 天)	Compatriots from Taiwan	(person-day)	82570	69782	18.3
旅游外汇收入	**(万美元)**	**Foreign Exchange Earnings for Tourisms**	**(10 000 U.S.D)**	**6034.70**	**5661.94**	**6.6**
国内旅游		**Domestic Tourism**				
接待国内游客	(万人次)	Domestic Tourists	(10 000 person-times)	8461.95	7225.50	17.1
旅游收入	(亿 元)	Tourism Earnings	(100 million yuan)	1036.56	870.86	19.0
旅游总收入	**(亿 元)**	**Total Tourism Earnings**	**(100 million yuan)**	**1040.53**	**874.39**	**19.0**

10–13 星级饭店
Star-rated Hotels

单位：个 (unit)

指 标	Item	2015	2014	2015年比2014年增长(%) Growth Rate in 2015 over 2014(%)
总 计	**Total**	**59**	**64**	**-7.8**
按星级分	**By Hotel Level**			
一 星	One-star Hotel	3	5	-40.0
二 星	Two-star Hotel	13	13	持平
三 星	Three-star Hotel	18	20	-10.0
四 星	Four-star Hotel	21	22	-4.5
五 星	Five-star Hotel	4	4	持平
按经济类型分	**By Ownership**			
国有经济	State-owned	9	22	-59.1
集体经济	Collective-owned			
外商投资经济	Foreign Funded	1		
个人投资经济	Private Funded	49	42	16.7
按规模分	**By Capacity**			
客房总数500间以上	With more than 500 Rooms	1	1	持平
客房总数300–499间	With 300-499 Rooms	4	4	持平
客房总数200–299间	With 200-299 Rooms	9	9	持平
客房总数100–199间	With 100-199 Rooms	23	26	-11.5
客房总数99间以下	With Less than 99 Rooms	22	24	-8.3

10–14 招商引资
Capital Attraction and Investment Promotion

指 标	Item	项目个数(个) Number of Projects(unit)		合同引资额 Contracted Capital		实际到位资金 Actually Absorbed Capital		
		2015	2014	2015	2014	2015	2014	2015年比2014年增长(%) Growth Rate in 2015 over 2014(%)
直接利用外资	**Direct Foreign Investment**	**30**	**24**	**63212.64**	**65994.33**	**92740.44**	**76173.51**	**21.7**
#合资经营企业	Joint Venture Enterprises	12	7	15187.73	2747.20	2730.10	30362.17	-91.0
合作经营企业	Cooperative Enterprises		1		3244.20		1197.00	
外资企业	Foreign-funded Enterprises	18	16	48024.91	60002.93	54160.06	39648.07	36.6
引进内资(亿元)	**Domestic Capital (100 million yuan)**	**463**	**317**	**1707.94**	**1990.23**	**2765.69**	**2260.95**	**22.3**

注：1. 2015年实际到位资金中投注差（投资总额与注册资本的差额）为35850万美元；
2. 引进内资统计口径为省外境内。

a) The gap between total investment and registered capital was 358.50 million U.S.D among actually absorbed capital in 2015;
b) Domestic investment introduced is calculated as from outside the provincial districts.

10–15 各区(市、县)实际直接利用外资
Direct Foreign Investment Actually Utilized by District (City, County)

单位：万美元 (10 000 USD)

区(市、县)名 称	District(City, County)	2015	2014	2015年比2014年增长(%) Growth Rate in 2015 over 2014(%)
总 计	**Total**	**92740**	**76174**	**21.7**
南 明 区	Nanming	11167	9278	20.4
云 岩 区	Yunyan	10814	8976	20.5
花 溪 区	Huaxi	8748	7290	20.0
乌 当 区	Wudang	8415	7006	20.1
白 云 区	Baiyun	8457	7006	20.7
观山湖区	Guanshanhu	12072	10032	20.3
开 阳 县	Kaiyang	3371	2796	20.6
息 烽 县	Xifeng	3145	2619	20.1
修 文 县	Xiuwen	3147	2623	20.0
清 镇 市	Qingzhen	3200	2644	21.0
高 新 区	High-tech Zone	11369	9408	20.8
经开区（原小河区）	Economic Development Zone (the original Xiaohe District)	8637	7169	20.5

注：花溪区不含经开区数据。
a) Huaxi district does not contain the open area data.

10-16 进出口总额
Total Value of Imports and Exports

单位：万美元 (10 000 USD)

指　标	Item	2015	2014	2015年比2014年增长(%) Growth Rate in 2015 over 2014(%)
进出口总额	**Total Value of Imports and Exports**	**912149**	**784221**	**16.3**
按企业性质分	**By Ownship of Enterprise**	**912149**	**784221**	**16.3**
三资企业	Foreign-funded Enterprises	23404	9710	141.0
国有企业	State-owned Enterprises	270991	237278	14.2
集体企业	Collective-owned Enterprises	3785	7510	-49.6
民营企业及其他	Private and Other Enterprises	613969	529723	15.9
按贸易方式分	**By Types of Trade**	**912149**	**784221**	**16.3**
一般贸易	General Trade	747941	731330	2.3
加工贸易	Processing Trade	111507	41899	166.1
其他贸易	Others	52701	10991	379.5
出口总额	**Total Value of Exports**	**789732**	**727188**	**8.6**
按企业性质分	**By Ownship of Enterprise**	**789732**	**727188**	**8.6**
三资企业	Foreign-funded Enterprises	11907	5853	103.4
国有企业	State-owned Enterprises	217527	194898	11.6
集体企业	Collective-owned Enterprises	3263	4021	-18.9
民营企业及其他	Private and Other Enterprises	557034	522416	6.6
按贸易方式分	**By Types of Trade**	**789732**	**727188**	**8.6**
一般贸易	General Trade	704541	692310	1.8
加工贸易	Processing Trade	64460	26043	147.5
其他贸易	Others	20732	8834	134.7
进口总额	**Total Value of Imports**	**122417**	**57033**	**114.6**
按企业性质分	**By Ownship of Enterprise**	**122417**	**57033**	**114.6**
三资企业	Foreign-funded Enterprises	11497	3856	198.2
国有企业	State-owned Enterprises	53464	42379	26.2
集体企业	Collective-owned Enterprises	521	3489	-85.1
民营企业及其他	Private and Other Enterprises	56935	7308	679.1
按贸易方式分	**By Types of Trade**	**122417**	**57033**	**114.6**
一般贸易	General Trade	43401	39019	11.2
加工贸易	Processing Trade	47047	15857	196.7
其他贸易	Others	31969	2157	1382.1

注：数据来源于市商务局。
a) Data in this table is provided by Commerce Bureau of Guiyang.

10−17 分国别(地区)进出口总额
Total Value of Imports and Exports by Country(Region)

单位：万美元 (10 000 USD)

指标	Item	2015 合计 Total Value	2015 出口 Exports	2015 进口 Imports	2014 合计 Total Value	2014 出口 Exports	2014 进口 Imports
总计	**Total**	**912149**	**789732**	**122417**	**784221**	**727188**	**57033**
亚洲	Asia	518727	447650	71077	422833	391987	30845
#香港	Hong Kong	92577	82481	10096	32753	30522	2231
印度	India	37231	37158	73	43822	43594	228
日本	Japan	15671	10715	4956	11403	9610	1793
韩国	South Korea	56126	55538	589	26960	26417	543
台湾	Taiwan	41947	11327	30620	4159	3865	294
东盟	ASEAN	186447	171961	14486	226979	210880	16098
非洲	Africa	65739	65332	407	79024	78629	395
欧洲	Europe	103547	93805	9742	98863	86788	12075
#欧盟	European Union	86802	80958	5845	87222	80117	7105
拉丁美洲	Latin America	38749	31710	7040	38097	36342	1755
北美洲	North America	147200	113714	33486	103684	93872	9812
#美国	America	134783	106915	27868	92756	87397	5358
大洋洲	Oceania	38179	37522	656	41719	39568	2150
#澳大利亚	Australia	25850	25195	655	28653	26513	2140

10−18 各区(市、县)进出口总额
Total Value of Imports and Exports by District(City, County)

单位：万美元 (10 000 USD)

区(市、县)名称	District (City,County)	2015 合计 Total Value	2015 出口 Exports	2015 进口 Imports	2014 合计 Total Value	2014 出口 Exports	2014 进口 Imports
总计	**Total**	**912149**	**789742**	**122417**	**784221**	**730315**	**53906**
南明区	Nanming	186988	158895	28103	259326	234562	24764
云岩区	Yunyan	197994	182244	15750	307649	285803	21846
花溪区	Huaxi	390	357	34	478	478	
乌当区	Wudang	19189	18446	743	23475	22633	842
白云区	Baiyun	10942	5575	5367	9381	7906	1475
小河区	Xiaohe	35450	32648	2802	37488	33968	3520
开阳县	Kaiyang	728	524	203	437	435	2
息烽县	Xifeng	3228	3228		3949	3948	1
修文县	Xiuwen	8178	8107	71	10005	9945	60
清镇市	Qingzhen	1518	1518		1857	1857	
观山湖区	Guanshanhu	45683	45628	55	20261	20238	23
高新区	High-tech Zone	93078	84069	9009	109915	108542	1373

主要统计指标解释

社会消费品零售总额 指企业（单位、个体户）通过交易直接售给个人、社会集团非生产、非经营用的实物商品金额，以及提供餐饮服务所取得的收入金额。个人包括城乡居民和入境人员，社会集团包括机关、社会团体、部队、学校、企事业单位、居委会或村委会等。

批发零售贸易业商品购、销、存总额 指各种登记注册类型的批发、零售贸易业(不包括个体)企业（单位）以本企业（单位）为总体的商品购进、销售、库存总额。

商品购进总额 指从本企业(单位)以外的单位和个人购进(包括从境外直接进口)作为转卖或加工后转卖的商品总额。它反映批发零售贸易业从国内、国外市场上购进商品的总量。商品购进总额包括：(1)从工农业生产者购进的商品；(2)从出版社、报社的出版发行部门购进的图书、杂志和报纸；(3)从各种登记注册类型的批发零售贸易企业(单位)购进的商品；(4)从其他单位购进的商品，如从机关、团体、企业等单位购进的剩余物资，从餐饮业、服务业购进的商品，从海关、市场管理部门购进的缉私和没收的商品，从居民手中收购的废旧商品等；(5)从国(境)外直接进口的商品。不包括企业(单位)为自身经营用和未通过买卖行为而收入的商品以及销售退回、商品升溢等。

商品销售总额 指对本企业(单位)以外的单位和个人出售(包括对境外直接出口)的商品总额。它反映批发零售贸易业在国内市场上销售商品以及出口商品的总量。商品销售总额包括：⑴售给城乡居民和社会集团消费用的商品；⑵售给工业、农业、建筑业、运输邮电业、批发零售贸易业、餐饮业、服务业等作为生产、经营使用的商品；⑶售给批发零售贸易业作为转卖或加工后转卖的商品；⑷对国(境)外直接出口的商品。不包括出售本企业(单位)自用的废旧包装用品；未通过买卖行为付出的商品；经本单位介绍，由买卖双方直接结算，本单位只收取手续费的业务；购货退出的商品以及商品损耗和损失等。

批发零售贸易业库存 指报告期末各种登记注册类型的批发零售贸易企业(单位)已取得所有权的商品。它反映批发零售贸易企业(单位)的商品库存情况和对市场商品供应的保证程度。

零售额 指售给城乡居民用于生活消费和社会集团用于公共消费的商品金额。具体包括：

（1）售给城乡居民的各种生活消费品；

（2）售给入境旅游的外国人、华侨、港澳台同胞的各类商品；

（3）售给行政事业单位、社会团体、军队和武警等机构的商品，以及以零售方式售予各类企业的商品。具体包括：用于非生产和社会交往的办公用品，如通讯设备、计算器具和设备、电讯网络设备、文印设备、音像视听器材和设备、纸张、本册、文具及装订文印材料、家具、日用电器、针纺织品、清洁卫生用品、文体用品、奖品、纪念品、礼品等；供内部人员乘坐的交通工具和燃料；用于办公设施修缮的各类配件、材料、工具等；用于取暖和防暑降温的设备、燃料、材料及食品等；专用于教学的用品和设备；非营利医疗机权的中、西药品、中药材和医疗设备器材；非专用的劳动保护用品；不对外营业的内部食堂用的餐具、炊具、设备、清洁卫生工具和食品、燃料等；军队、武警用于其人员生活的衣着品和个人用品；其他各类非生产性设备和用品。不包括：

（1）售给城乡居民已确知是用于生产、经营的商品；

（2）售给各类农业生产者的生产资料类商品；

（3）售给企业单位生产上专用的劳动保护用品；

批发额 指售给国民经济各行业用于生产经营的商品金额。具体包括：

（1）售予国民经济各行业用于生产经营、勘察设计、科研试验等的商品；加油站售予生产及营运用的运输工具的石油及制品类商品；售予民政部门救灾用的商品。

（2）售予批发零售业、餐饮业和其他服务行业用于转卖的商品。

（3）直接向境外出品的商品和委托外贸部门代理出口的商品。不包括售给外贸部门出口或加工后出口的商品以及在境内市场以外币销售的商品。外贸企业只统计自主出口的商品，不包括代理出口的商品。

住宿和餐饮业经营情况

营业额 指住宿和餐饮业法人企业、产业活动单位在经营活动中因提供服务或销售商品等取得的收入。包括：客房收入、餐费收入、商品销售额（含增值税）和其他收入。

客房收入 指住宿和餐饮业法人企业、产业活动单位在经营活动中因提供住宿服务取得的客房收入。

餐费收入 指住宿和餐饮业法人企业、产业活动单位因为顾客提供就餐服务取得的收入。包括：经烹饪、调制加工后出售的各种食品，如主食、炒菜、凉拌菜等的收入。

商品销售额 指住宿和餐饮业法人企业、产业活动单位出售商品的总金额（含增值税）。

其他收入指营业额中除客房收入、餐费收入、商品销售额（含增值税）以外的其他收入。包括：娱乐、健身和商务服务等。

从业人员 指在该连锁企业工作并取得劳动报酬的年末实有人员数。包括在岗职工、再就业的离退休人员、在该企业工作的外方人员、港、澳、台方人员、兼职人员、借用的外单位人员和第二职业者。不包括离开本单位但仍保留劳动关系的职工。从业人数包括总店和全部门店以及自有配送中心的从业人数。

外贸进出口总额 指实际进出我国国境的货物总金额。包括对外贸易实际进出口货物，来料加工装配进出口货物，国家间、联合国及国际组织无偿援助物资和赠送品，华侨、港澳台同胞和外籍华人捐赠品，租赁期满归承租人所有的租赁货物，来料加工进出口货物，边境地方贸易及边境地区小额贸易进出口货物（边民互市贸易除外），中外合资企业、中外合作经营企业、外商独资经营企业进出口货物和公用物品，到、离岸价格在规定限额以上的进出口货样和广告品（无商业价值、无使用价值和免费提供出口的除外），从保税仓库提取在中国境内销售的进口货物，以及其他进出口货物。进出口总额用以观察一个国家在对外贸易方面的总规模。我国规定出口货物按离岸价格统计，进口货物按到岸价格统计。

利用外资 指我国各级政府、部门和其他经济组织通过对外借款、吸收外商直接投资以及用其他方式筹措的境外现汇、设备、技术等。

外商直接投资 指外国企业和经济组织或个人（包括华侨、港澳台胞以及我国在境外注册的企业）按我国有关政策、法规，用现汇、实物、技术等在我国境内开办外商独资企业、与我国境内的企业或经济组织共同举办中外合资经营企业、合作经营企业或合作开发资源的投资（包括外商投资收益的再投资），以及经政府有关部门批准的项目投资总额内企业从境外借入的资金。

旅游者人数

（1）入境国际旅游者人数 指来中国参观、访问、旅行、探亲、访友、休养、考察、参加会议和从事经济、科技、文化、教育、宗教等活动的外国人、华侨、港澳同胞和台湾同胞的人数。不包括外国在我国的常驻机构，如使领馆、通讯社、企业办事处的工作人员；来我国常住的外国专家、留学生以及在岸逗留不过夜人员。

（2）出境居民人数 指大陆居民因公务活动或私人事务短期出境的人数。公务活动出境居民人数包括在国际交通工具上的中国服务员工，因私出境居民人数不包括在国际交通工具上的中国服务员工。

（3）国内旅游者人数 指我国大陆居民和在我国常住 1 年以上的外国人、华侨、港澳台同胞离开常住地在境内其他地方的旅游设施内至少停留一夜，最长不超过 6 个月的人数。

旅游总收入 游客（海外游客和国内游客）在旅游过程中（由游客或游客的代表为游客）支付的一切旅游支出就是国家（省、区、市）的旅游总收入。旅游支出应包括（过夜）旅游者和一日游游客在整个游程中行、游、住、食、购、娱，以及为亲友、家人购买纪念品、礼品等方面的旅游支出，不包括为商业目的购物、购买房、地、车、船等资本性或交易性的投资、馈赠亲友的现金及给公共机构的捐赠。

旅游收入包括国际旅游（外汇）收入和国内旅游收入。

国际旅游（外汇）收入 海外旅游者在中国（大陆）境内旅行、游览过程中用于交通、参观游览、住宿、餐饮、购物、娱乐等全部花费。

国内旅游收入 指国内旅游者在国内旅行、游览过程中用于交通、参观游览、住宿、餐饮、购物、娱乐等全部花费。

涉外饭店 指经有关部门批准，允许接待外国人、华侨、港澳同胞和台湾同胞的饭店。

Explanatory Notes on Main Statistical Indicators

Total Retail Sales of Consumer Goods refers to the amount obtained by enterprises (unites, self-employed individuals) through direct sales of non-production and non-business physical commodity to individuals and social institutions, and revenue from providing catering services. Individuals include rural and urban households as well as people from abroad; social institutions include government agencies, social organizations, military units, schools, public institutions, neighborhood (village) committees, etc.

Purchase, Sales and Stock of Commodities by Wholesale and Retail Trades refer to the total volume of commodities purchased, total volume of sales and the stock of commodities by wholesale and retail enterprises (establishments) of different types of registration (excluding individuals).

Total Purchases of Commodities refer to the total value of purchases of commodities purchased by enterprises (establishments) from other establishments or individuals (including direct import from abroad) for the purpose of re-selling, either with or without further processing of the commodities purchased. This indicator reflects the total value of commodities purchased by wholesale and retail establishments from domestic and overseas markets. The types of commodities include: (1) products purchased from agricultural and industrial producers; (2) books, magazines and newspapers purchased from distribution departments of the publishers and newspaper offices; (3) commodities purchased from wholesale and retail establishments of different types of registration; (4) commodities purchased from other units, such as surplus materials purchased from government agencies, enterprises or institutions, commodities purchased from catering and service establishments, confiscated goods purchased from customs authorities or market management agencies second-hand goods and wastes purchased from residents; and (5) commodities directly imported from abroad. Commodities excluded those purchased by establishments(units) for their own use in business operation, commodities obtained without buying or selling procedures, returned commodities, etc.

Total Sales of Commodities refer to value of commodities sold by the establishments to other establishments and individuals (including direct export). This indicator is used to show the total value of sales of commodities at domestic markets and in exports. The types of commodities sold include: (1) commodities sold to urban and rural residents and social groups for their consumption; (2) commodities sold to establishments in industry, agriculture, construction, transportation, post and telecommunications, wholesale and retail trades, hotels and catering services, and public utility for their production and operation; (3) commodities sold to wholesale and retail establishments for re-selling, with or without further processing; (4) commodities directly exported to other countries. Commodities excluded selling of waste packaging materials used by the establishments (units) themselves, commodities transferred without buying or selling procedures, commission income from brokerage in transactions for which settlement is directly handled by buyers and sellers, returned commodities, loss in commodities, etc.

Commodity Stock of Wholesale and Retail Enterprises refers to total commodities possessed by wholesale and retail enterprises (units) of various types of registration at the end of the reference period, reflecting the commodity stock level of various wholesale and retail enterprises and the potential for market supply.

Turnover of Retail Sales refers to retail goods sold to urban and rural households for household consumption and to social institutions for public consumption. Specific types of retail goods are as follows:

a) Commodities sold to urban and rural households;

b) Commodities sold to foreigners, overseas Chinese and Chinese compatriots from Hong Kong, Macao and Taiwan visiting China;

c) Commodities sold to government agencies, institutions, social organizations, military and armed police units, and commodities to enterprises in the form of retail sales. More specifically, they include: office facilities and articles for non-production purposes such as communications equipment, computing equipment and instruments, TV and network equipment, printing and copying equipment, audio-visual equipment and instruments, paper, notebooks, stationeries, furniture, electric appliances, knitwear, sanitation and cleaning articles, cultural and sport articles, articles for prizes, souvenirs, etc.; transport vehicles and fuels for employees; materials, spare parts and tools for the maintenance of office facilities; equipment, fuels, materials and food for winter heating or summer cooling purposes; articles and equipment for teaching purpose; Chinese and western medicines and medical equipment and facilities purchased by non profit-making medical institutes; non-specialized work safety articles; cooking utensils, tableware, equipment, cleaning articles, food and fuels purchased by in-house cafeterias; clothes and personal articles purchased by military or armed police units for their officials and soldiers; and other equipment and articles for non-production purposes.

Commodities of retail sales exclude:

(1) Commodities sold to residents for production and management;

(2) Commodities like means of production sold to agricultural producers;

(3) Labor protection products sold to enterprises during production.

Turnover of Wholesale Sales refers to the amount of commodities sold to industries of national economy for production and management. Specific types of retail goods are as follows:

(1) Commodities sold to industries for production and management, survey and design and scientific researches, Oil and oil products permitted by gas station to produce and be used to traffic tools and relief goods sold to Ministry of Civil Affairs.

(2) Commodities sold to retailers, catering and other service industries to resale.

(3) Commodities directly exported overseas or exported by Foreign Trade Department, excluding commodities sold to Foreign Trade Department to export, processed commodities for export and commodities sold in foreign currencies at domestic market. Commodities of foreign trade enterprises only count those exported themselves, not including commodities by export broker.

Accommodation and catering

Business Revenue refers to revenue of hotels and catering services received from providing services or selling commodities through business activities, including income from hotels, from catering services, from selling of commodities(including value added tax) and from other services.

Income from Hotel Rooms refers to income of corporate enterprises and establishments by providing lodging services.

Income from Catering Services refers to income of corporate enterprises and establishments by providing catering services, including selling of cooked or prepared foods such as staple food, cooked dishes or cold dishes.

Income from Serving Meals refers to income of corporate enterprises and establishments by serving customers meals. Types of meals include all kinds of food cooked and flavoured such as staple food, stir-fried and cold vegetable dishes in sauce.

Income from Selling of Commodities refers to income of corporate enterprises and establishments by selling commodities that accompany the services they provide (including value added tax). Income from other activities refers to those other than income from hotel rooms, catering services or selling of commodities, such as income from providing recreational, fitness or business services.

Employed Persons refer to all those who are employed in enterprises and receive remunerations there, including currently working employees, retirees who are re-employed, teachers of local-run schools, as well as foreigners, staff from Hong Kong, Macao and Taiwan, part-time employees and persons with second job who are employed by the enterprises, and employees of other units temporarily working in the enterprises, but excluding former employees who left the enterprises with their employment records still being kept by the enterprises.

Total Volume of Imports and Exports refers to the real value of commodities imported and exported across the border of China. They include the actual imports and exports through foreign trade, imported and exported goods under the processing and assembling trades and materials, supplies and gifts as aid given gratis between governments and by the United Nations and other international organizations, and donations by overseas Chinese, compatriots in Hong Kong and Macao and Chinese with foreign citizenship, leasing commodities owned by tenant at the expiration of leasing period, the imported and exported commodities processed with imported materials, commodities trading in border areas (excluding mutual exchange goods), the imported and exported commodities and articles for public use of the Sino-foreign joint ventures, cooperative enterprises and ventures with sole foreign investment. Included in this category are also imports or exports of samples and advertising goods for whose CIF or FOB value are beyond the permitted ceiling (excluding goods of no trading or use value and free commodities for export), imported goods sold in China from bonded warehouses and other imported or exported goods. This indicator can be used to observe the total size of external trade in a country. In accordance with the stipulation of the Chinese government, imports are calculated at CIF, while exports are calculated at FOB.

Utilization of Foreign Capital refers to remittance, equipment and technology financed from abroad, by loans, foreign direct investment and other forms undertaken by the governments at all levels, by various departments, enterprises and other economic units.

Foreign Direct Investment refers to the investments inside China by foreign enterprises and economic organizations or individuals (including overseas Chinese, compatriots from Hong Kong, Macao and Taiwan, and Chinese enterprises registered abroad), following the relevant policies and laws of China, for the establishment of ventures exclusively with foreign own investment, Sino-foreign joint ventures and cooperative enterprises or for co-operative exploration of resources with enterprises or economic organizations in China. It includes the reinvestment of the foreign entrepreneurs with the profits gained from the investment and the funds that enterprises borrow from abroad in the total investment of projects which are approved by the relevant department of the government.

Number of Tourists

（1）International tourists refer to foreigners, overseas Chinese, Chinese compatriots from Hong Kong, Macao and Taiwan coming to China for sight-seeing, visits, tours, family reunions, vacations, study tours, conferences and other activities of a business, scientific and technological, cultural, educational and religious nature. It does not include representatives and employees of resident institutions of foreign countries in China such as embassies, consulates, news agencies and offices of foreign companies and organizations, nor does it include long-term foreign experts or students residing in China, or persons in transition without spending a night in China.

（2）Number of local residents going abroad refers to the number of mainland China residents who go abroad either for official business or for private affairs. The quantity of Chinese workers who serve in the international transportation vehicles are included in those who go for official business, but those for private affairs are not included.

（3）Number of domestic tourists refers to the quantity of people who leave their living places to stay in tourism destinations for at least one night but no more than 6 months, including mainland China residents, foreigners, residents from Hong Kong, Macao and Taiwan who lived in China for more than one year.

Total Tourism Revenue refers to the total expenditure of foreigners, overseas Chinese, Chinese compatriots from Hong Kong, Macao and Taiwan and domestic tourists spending during their stay in mainland China on transportation, sighting, accommodation, food, shopping, entertainment, souvenirs and gifts for their friends and families, excluding the expenses on commercial shopping, houses, lands, cars, ships, cash given to friends and families and donations.

Tourism Revenue includes foreign exchange earnings from international tourism and income from domestic tourism.

Foreign Exchange Earnings from International Tourism refers to the total expenditure of foreigners, overseas Chinese, Chinese compatriots from Hong Kong, Macao and Taiwan during their stay in mainland China on transportation, sightseeing, accommodation, food, shopping and entertainment.

Income from Domestic Tourism refers to expenditure of domestic tourists on transportation, sighting, accommodation, food, shopping and entertainment while they travel.

Foreign-oriented Hotels refer to those hotels authorized by the government to receive foreigners, overseas Chinese and compatriots from Hong Kong, Macao and Taiwan.

11

Eleven

交通、运输、邮电、城市公用事业

Traffic, Transportation, Postal and Telecommunication Services, Urban Public Utilities

2015年民用车辆拥有量（辆）

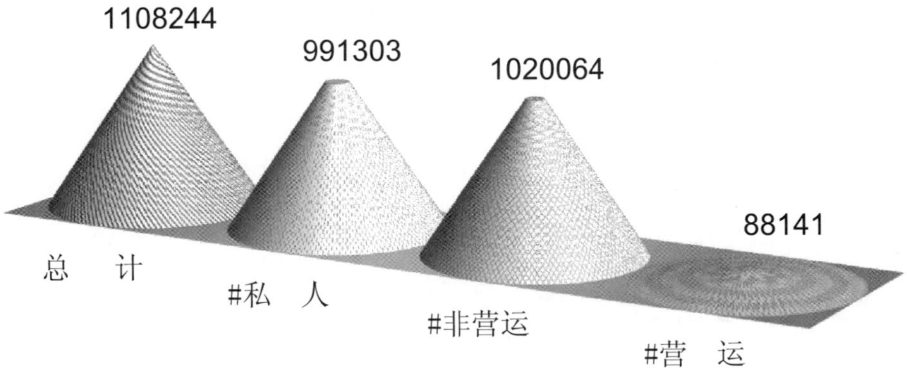

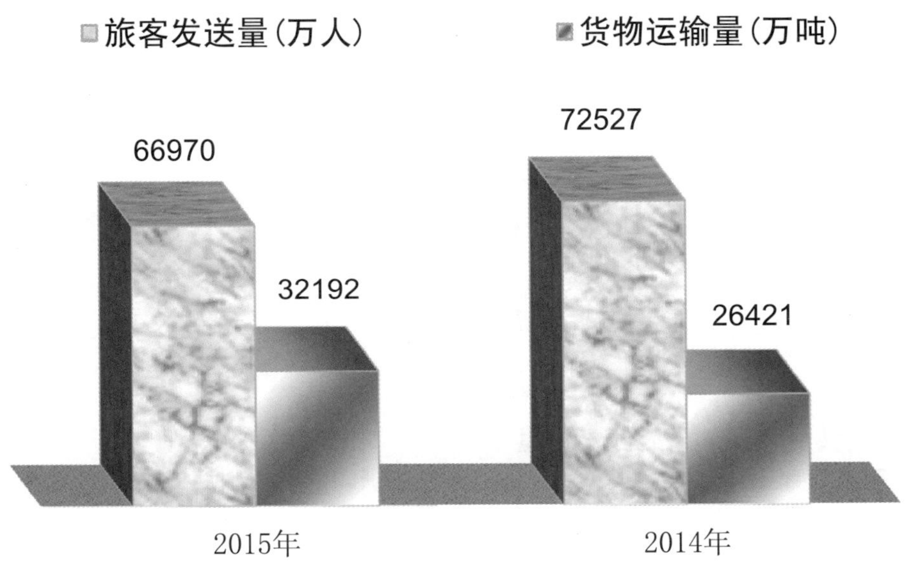

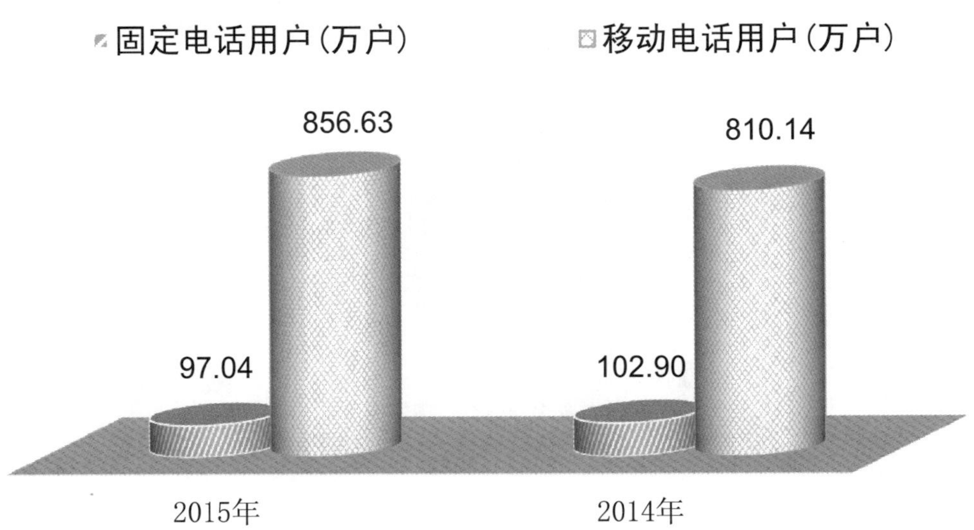

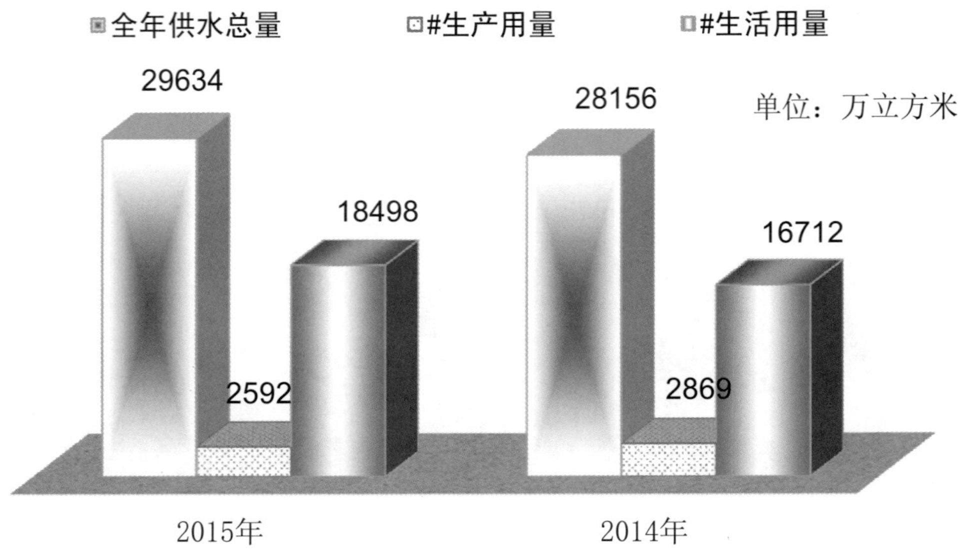
全年供水总量
#生产用量
#生活用量
单位：万立方米
29634
2592
18498
28156
2869
16712
2015年
2014年

2015年城市用气

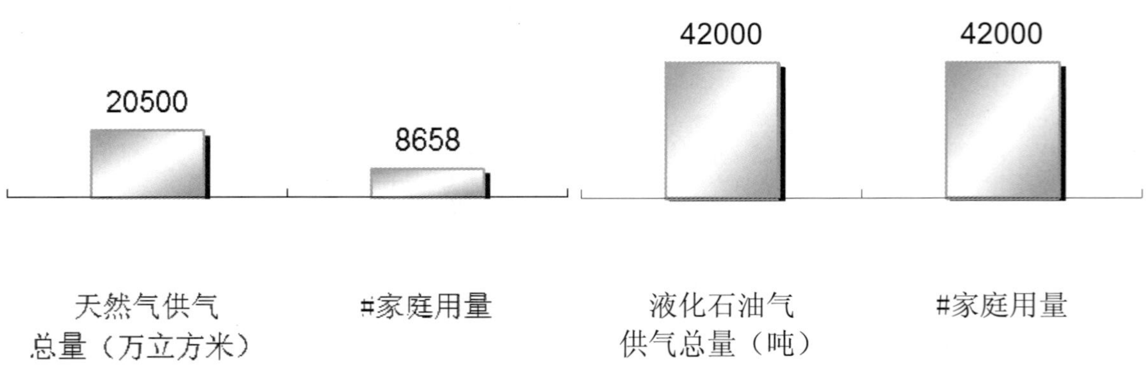
20500
8658
42000
42000
天然气供气总量（万立方米）
#家庭用量
液化石油气供气总量（吨）
#家庭用量

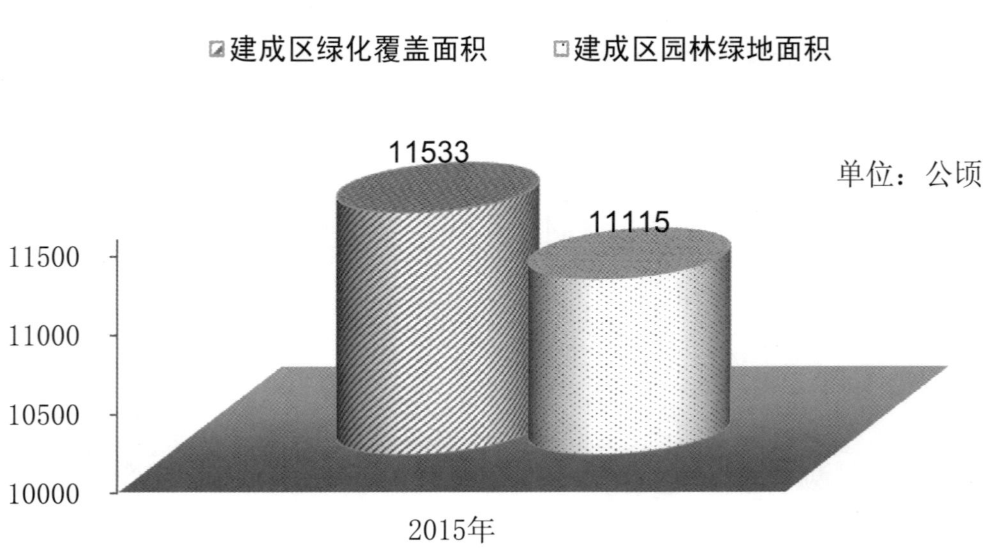
建成区绿化覆盖面积
建成区园林绿地面积
单位：公顷
11533
11115
11500
11000
10500
10000
2015年

11-1 民用车辆拥有量(2015年)
Possession of Civil Vehicles(2015)

单位：辆 (unit)

指 标	Item	总 计 Total	营 运 Commercial Vehicle	非营运 Non-commercial Vehicle	#进 口 Imported	#个 人 Private	#新注册 Newly Registered	报 废 Eliminated
民用车辆合计	**Total Civil Vehicles**	**1108244**	**88141**	**1020064**	**44112**	**991303**	**192844**	**4265**
汽 车	**Cars**	**841570**	**87459**	**754072**	**43962**	**726195**	**102686**	**4215**
载客汽车	Passenger Vehicles	697660	21974	675647	43842	613817	90795	3506
大 型	Large	7663	5660	1970	41	174	1253	407
中 型	Medium	3520	1198	2316	134	567	248	201
小 型	Small	668278	15116	653162	43275	595930	89086	2544
微 型	Minicar	18199		18199	392	17146	208	354
载货汽车	Trucks	133694	63347	70347	94	106037	10750	639
重 型	Heavy	21428	19038	2390	44	10959	2028	70
中 型	Medium	11825	11085	740	3	9747	239	29
轻 型	Light	100225	33200	67025	47	85149	8483	533
微 型	Mini	216	24	192		182		7
其它汽车	Others	10216	2138	8078	26	6341	1141	70
三轮汽车	Tricar	1981	93	1888		1972	129	10
低速汽车	Low-speed Cars	1845	674	1171		1776	386	5
摩托车	**Motorcycle**	**265970**	**16**	**265954**	**150**	**264984**	**90073**	**50**
普 通	Ordinary	258452	16	258436	150	257491	88063	50
轻 便	Lightweight	7518		7518		7493	2010	
挂 车	**Trailer**	**704**	**666**	**38**		**124**	**85**	

注：机动车驾驶员1458599人，其中汽车驾驶员1341576人。
a) The number of vehicle drivers was 1,458,599 and the number of car drivers was 1,341,576 in 2015.

11-2 旅客运量及货物运输量
Passenger and Freight Traffic

指 标	Item	2015	2014	2015年比2014年增长(%) Grwoth Rate in 2015 over 2014(%)
旅客发送量(万人)	**Total Passenger Traffic (10 000 persons)**	**66970**	**72527**	**-7.7**
铁 路	Railways	2019	1575	28.2
公 路	Highways	63580	69659	-8.7
航 空	Aviation	1325	1253	5.7
水 运	Waterways	46.24	40.45	14.3
货物运输量(万吨)	**Total Freight Traffic (10 000 tons)**	**32192**	**26421**	**21.8**
铁 路	Railways	1264	1402	-9.9
公 路	Highways	30915	25007	23.6
航 空	Aviation	8.72	8.21	6.2
水 运	Waterways	4.34	3.75	15.7

11-3 邮电线路及通信工具拥有量
Number of Postal Routes and Telecommunication Facilities

指标		Item		2015	2014	2015年比2014年增长(%) Growth Rate in 2015 over 2014(%)
邮路总条数	**(条)**	**Total Postal Routes**	**(line)**	**142**	**126**	**12.7**
邮路总长度(单程)	**(公 里)**	**Length of Postal Routes (one way)**	**(km)**	**49717**	**48554**	**2.4**
汽车邮路	(公 里)	Highway Routes	(km)	13061	11898	9.8
铁路邮路	(公 里)	Railway Routes	(km)	2536	2536	持平
航空邮路	(公 里)	Air Mail Routes	(km)	34120	34120	持平
农村投递线路总长度	**(公 里)**	**Rural Delivery Routes**	**(km)**	**5838**	**6183**	**-5.6**
电话交换机容量	**(万 门)**	**Capacity of Telephone Exchanges**	**(10 000 lines)**	**1137**	**963**	**18.2**

注：1. 邮路总条数中包含速递物流公司的26条航空邮路。
2. 邮政数据来源于市邮政管理局。

a) The number of postal routes included 26 air mail lines of the express corporations.
b) Postal data came from Municipal Postal Service.

11-4 邮电业务量
Statistics on Postal and Telecommunication Services

指标		Item		2015	2014	2015年比2014年增长(%) Growth Rate in 2015 over 2014(%)
邮电业务收入	**(万 元)**	**Business Revenue of Postal and Telecommunication Services**	**(10 000 yuan)**	**680462**	**654163**	**4.0**
电信业务收入	(万 元)	Business Revenue of Telecommunication Services	(10 000 yuan)	575072	563391	2.1
邮政业务收入	(万 元)	Business Revenue of Postal Services	(10 000 yuan)	105390	90772	16.1
函 件	(万 件)	Numbers of Letters	(10 000 pcs)	662.00	739.61	-10.5
包 件	(万 件)	Package	(10 000 pcs)	10.00	15.09	-33.7
特快专递	(万 件)	Pieces of Express Mail Services	(10 000 pcs)	4041.00	2981.87	35.5
汇 票	(万 张)	Postal Order	(10 000 pcs)	47.00	93.89	-49.9
订销报纸	(万 份)	Issue of Newspapers	(10 000 copies)	11953.00	11122.61	7.5
订销杂志	(万 份)	Issue of Magazines	(10 000 copies)	892.00	846.05	5.4
邮电业务总量	**(万 元)**	**Business Volume of Postal and Telecommunication Services**	**(10 000 yuan)**	**1322408**	**969878**	**36.3**
电信业务总量	(万 元)	Business Volume of Telecommunication Services	(10 000 yuan)	1214085	882912	37.5
邮政业务总量	(万 元)	Business Volume of Postal Services	(10 000 yuan)	108323	86965	24.6
年末固定电话用户	**(万 户)**	**Number of Fixed Telephone Subscribers at Year-end**	**(10 000 subscribers)**	**97.04**	**102.90**	**-5.7**
#城市电话用户	(万 户)	Urban Fixed Telephone Subscribers	(10 000 subscribers)	90.06	92.67	-2.8
#住宅电话用户	(万 户)	Household Fixed Telephone Surbscribers	(10 000 subscribers)	53.88	55.05	-2.1
农村电话用户	(万 户)	Rural Fixed Telephone Subscribers	(10 000 subscribers)	6.98	10.21	-31.6
#住宅电话用户	(万 户)	Household Fixed Telephone Subscribers	(10 000 subscribers)	6.49	6.87	-5.5
#公用电话用户	(万 户)	Public Telephone	(10 000 subscribers)	6.86	13.25	-48.3
移动电话用户	**(万 户)**	**Mobile Telephone Subscribers**	**(10 000 subscribers)**	**856.63**	**810.14**	**5.7**
3G用户数	**(万 户)**	**3G Subscribers**	**(10 000 subscribers)**	**203.58**	**282.16**	**-27.9**
宽带上网用户	**(万 户)**	**Broadband Internet Subscribers**	**(10 000 subscribers)**	**116.15**	**105.44**	**10.2**
互联网用户数	**(万 户)**	**Internet Subscribers**	**(10 000 subscribers)**	**459.50**	**429.66**	**6.9**

注：1. 邮政数据来源于市邮政管理局；
2. 由于统计系统调整，2015年以后无集邮业务量；
3. 邮政储蓄期末余额划分为银行业务，不再单独统计。

a) Postal data came from Municipal Postal Service;
b) There are no data for postal philatelic business because of the adjustment of statistical system;
c) The postal savings ending balance has been put under the banking business, no separate statistics any more.

11-5 自来水、公共汽车基本情况
Basic Statistics on Tap Water Supply and Buses

指标		Item		2015	2014
水　厂	(个)	Water Plant	(unit)	8	8
综合生产能力	(万吨/日)	Production Capacity of Water Supply	(10 000tons/day)	115.64	114.45
供水管道长度	(公　里)	Length of Water Supply Pipelines	(km)	4064.56	3965.60
全年供水总量	(万立方米)	Total Annual Volume of Water Supply	(10 000cu.m)	29633.97	28156.37
#生产用量	(万立方米)	For Productive Use	(10 000cu.m)	2592.00	2869.28
生活用量	(万立方米)	For Residential Use	(10 000cu.m)	18498.33	16712.21
用水户数	(万　户)	Registered Subscribers	(10 000subscribers)	78.62	68.75
#家庭用户	(万　户)	Household Subscribers	(10 000subscribers)	72.47	65.28
用水人口	(万　人)	Number of Residents with Access to Tap Water	(10 000 persons)	355.06	341.92
年末实有公共汽车(电)车营运车辆数	(辆)	Number of Buses (Trolley) under Operation at Year-end	(unit)	2738	2450
公共汽(电)车营运标准车台数	(标　台)	Number of Buses (Trolley) under Operation	(unit)	3536	3031
公共汽(电)车营运线路网长度	(公　里)	Length of Buses (Trolley) under Operation	(km)	714	697
全年公共汽(电)车客运总量	(万人次)	Passengers Transported by Public Vehicles of the Whole Year	(10 000 person-times)	57584	62142
年末实有出租汽车数	(辆)	Number of Taxis at Year-end	(unit)	7849	7534

注：本表数据为市辖区数。
a) All statistics in the table came from Guiyang Municipal Districts.

11-6 市政设施和城市燃气情况
Basic Statistics on Municipal Infrastructure and Supply of Gas in Cities

指标		Item		2015	2014
道路长度	(公　里)	Length of Paved Roads	(km)	1307	1294
道路面积	(万平方米)	Area of Paved Roads	(10 000sq.m)	2645	2611
#人行道	(万平方米)	Area of Pavements	(10 000sq.m)	862	867
桥梁数	(座)	Number of City Bridges	(unit)	375	313
排水管道长度	(公　里)	Length of City Sewage Pipes	(km)	3523	3520
路灯盏数	(万　盏)	Number of Street Lights	(10 000units)	22.57	21.86
天然气供气总量	(万立方米)	Volume of Natural Gas Supply	(10 000cu.m)	20500	13902
#家庭用量	(万立方米)	Consumption of Natural Gas for Residential Use	(10 000cu.m)	8658	5414
用天然气户数	(万　户)	Number of Households Using Coal Gas	(10 000households)	74.32	68.15
#家庭用户	(万　户)	Residential Users	(10 000households)	73.87	67.75
用天然气人口	(万　人)	Population with Access to Coal Gas	(10 000persons)	210	237
液化石油气供气总量	(万　吨)	Volume of Liquefied Petroleum Gas Supply	(10 000tons)	4.20	4.00
#家庭用量	(万　吨)	Consumption of LPG for Residential Use	(10 000tons)	4.20	4.00
用液化气户数	(万　户)	Number of Households Using Liquefied Gas	(10 000households)	20.5	20.5
#家庭用户	(万　户)	Residential Users	(10 000households)	20.5	20.5
用液化石油气人口	(万　人)	Population with Access to Liquefied Petroleum	(10 000persons)	72	72

11-7 园林绿化和环境保护
Basic Statistics on Parks, Gardens and Green Areas and Environment Protection

指标		Item		2015	2014
建成区绿化覆盖面积	(公 顷)	Green Coverage of Built-up Districts	(hectare)	11533	--
建成区园林绿地面积	(公 顷)	Area of Parks and Greenland in Built-up Districts	(hectare)	11115	--
建成区公园绿地面积	(公 顷)	Area of Public Greenland in Built-up Districts	(hectare)	3065	--
建成区绿地率	(%)	The Rate of Green Land in Built-up Districts	(%)	37.2	--
建成区绿化覆盖率	(%)	Green Coverage Rate in Built-up Districts	(%)	38.6	--
人均公园绿地面积	(平方米/人)	Per Capita Public Green Areas	(square meters per person)	10.95	--
公园数	(个)	Number of Parks	(unit)	14	--
公园面积	(公 顷)	Area of Parks	(hectare)	2598	--
道路清扫面积	(万平方米)	The Area of Road Swept and Cleaned	(10 000 square meters)	3012	2289
生活垃圾清运量	(万 吨)	Volume of Consumption Wastes Treated	(10 000 tons)	111.88	119.26
生活垃圾粪便无害化处理量	(万 吨)	Volume of Consumption Wastes and Excrement Harmlessly Treated	(10 000 tons)	110.72	117.29
城市生活垃圾无害化处理率	(%)	Rate of Harmlessly Treating Consumption Wastes	(%)	95.09	97.59
城市生活垃圾粪便无害化处理率	(%)	Rate of Harmlessly Treating Consumption Wastes and Excrement	(%)	95.13	97.61
公厕数量(水冲式)	(座)	The Number of Public Latrine(Flushing)	(unit)	540	540
环卫机械总数(环卫专用车总数)	(台)	Total Number of Environmental Sanitary Machines(Total Number of Environmental Sanitary Vehicles)	(unit)	1203	1061
废水排放总量	(万 吨)	Total Volume of Waste Water Discharged	(10 000 tons)	28686	25353
工业废水排放总量	(万 吨)	Total Volume of Industrial Waste Water Discharged	(10 000 tons)	2700	2895
工业废气排放总量	(亿标立方米)	Total Volume of Waste Gas	(100 million standard cubic meters)	2322	1933
二氧化硫排放总量	(万 吨)	Total Volume of SO2 Emission	(10 000 tons)	10.36	10.71
#工业二氧化硫排放量	(万 吨)	Volume of Industrial Sulphur Dioxide Discharged	(10 000 tons)	5.72	7.05
烟尘排放总量	(万 吨)	Total Volume of Smoke and Dust Discharged	(10 000 tons)	2.90	3.48
工业固体废物产生量	(万 吨)	Volume of Industrial Solid Wastes Produced	(10 000 tons)	1201.0	1097.8

注：市生态委于2014年7月按《国家园林城市遥感调查与测试要求》（建城园函［2010］150号）标准，以覆盖贵阳市建成区（299平方公里）、贵阳市规划区（1230平方公里）和市域范围（8034平方公里）卫星遥感数据为基础数据源开展相应调查，调整指标统计口径和范围，数据不可比。

a) According to the standards of "National Garden City Remote Sensing Survey and Testing Requirements"(Letter No. 2010150, the city park),based on the satellite remote sensing data of Guiyang built-up area(299sq.km.),Guiyang planning area(1230sq.km.) and Guiyang city region (8034aq. km.), Guiyang Ecology Committee stared to investigate in July 2014, and adjusted the investigation caliber and region, so the data is incomparable.

主要统计指标解释

民用汽车拥有量　指报告期末，在公安交通管理部门按照《机动车注册登记工作规范》，已注册登记领有民用车辆牌照的全部汽车数量。汽车拥有量统计的主要分类：根据汽车结构分为载客汽车、载货汽车、其他汽车；根据汽车所有者不同分为个人(私人)汽车、单位汽车；根据汽车的使用性质分为营运汽车、非营运汽车；根据汽车大小规格不同，载客汽车分为大型、中型、小型和微型，载货汽车分为重型、中型、轻型和微型。

货(客)运量　指在一定时期内，各种运输工具实际运送的货物(旅客)数量。货运按吨计算，客运按人次计算。货物不论运输距离长短、货物类别，均按实际重量统计。旅客不论行程远近或票价多少，均按一人一次客运量统计；半价票、小孩票也按一人统计。

铁路旅客运量　指在一定时期内使用铁路客车运送的旅客人数。铁路旅客运量的计算方法：不论票价多少或行程长短，均按单程计算为一人次；不足购票年龄免购客票的儿童，不记运量；月、季票按往返 25 人计算。因地方铁路管理体制改变，各地可以辖区内的铁路火车站为基本统计单位进行客货发送量统计。

公路客（货）运量　统计范围为在公路运输管理部门注册登记从事公路运输的营业性载客汽车和营业性货运车辆一定时期内实际运送的旅客（货物）数量。

水运客运量　指水运企业及其他单位在一定时期内实际运送的旅客人数。

民用航空客运量　指公共航空运输飞行所载运的旅客人数。成人和儿童各按一人计算，婴儿不计人数。每一特定航班的每一旅客只计算一次。唯一例外的是，乘坐定期航班既经过国内航段又经过国际航段的旅客，同时计算一个国内旅客和一个国际旅客。

民用航空货邮运量　指航空站在一年内从航站发运的行李、邮件、货物的重量总和。包括始发运量和联运量。发运量是根据进出港舱单、载重表等原始记录计算的。

邮电业务总量　指以价值量形式表现的邮电通信企业为社会提供各类邮电通信服务的总数量。邮电业务量按专业分类包括函件、包件、汇票、报刊发行、邮政快件、特快专递、邮政储蓄、集邮、公众电报、用户电报、传真、长途电话、出租电路、市话无线寻呼、移动电话、分组交换数据通信、出租代维等。计算方法为各类产品乘以相应的平均单价(不变价)之和，再加上出租电路和设备、代用户维护电话交换机和线路等的服务收入。其计算公式为：

邮电业务总量＝Σ（各类邮电业务量×不变单价）+出租代维及其他业务收入

邮政、电信业务收入　指邮电、通信企业通过生产经营活动所取得的全部业务收入，包括邮政、长途电信、本地电话等各项主营业务收入和地方国有通信收入。统计范围改为全社会所有从事电信运营的企业（即中国电信、中国移动、中国联通三家基础电信企业），邮政企业和年业务收入 200 万元以上的快递企业。

移动电话用户　指在移动电话营业部门登记，通过移动电话交换机进入移动电话网、占有移动电话号码的电话用户。用户数量以实际办理登记手续进入邮电部门移动电话网的户数进行计算，一部或一台移动电话统计为一户。

固定电话用户　指接入国家公众固定电话网，并按固定电话业务进行经营管理的电话用户。

城市电话用户　指直辖市、省辖市、地级市、县级市的市区、市郊区及县城（包括县人民政府所在地的县城关区或行政建制相当于县人民政府所在地的镇）范围内接入局用交换机的电话用户数，包括分布在农村地区的独立工矿区、林区、驻军等电话用户数。

农村电话用户　指按行政区划属于城市范围内以外的乡镇、村的电话用户数

供水综合生产能力　指城建部门系统自来水公司所属自来水厂及各单位自备水源取水、净化、送水、出厂输水干管等环节的综合生产能力，以四个环节中最薄弱的环节为主确定能力，超负荷运行增加的能力不应计算。

城市供水总量　指报告期供水企业(单位)供出的全部水量，包括有效供水量和漏损水量，不包括开水直接利用量。

居民生活用水量　指城市范围内所有居民家庭的日常生活用水。包括城市居民、农民家庭、公共供水

站用水。

用水人口 指供应生活用水的年末实际人口。包括非农业人口和农业人口。

供气总量（人工、天然气） 指城市煤气企业向城市生产用户、家庭用户和其他用户供应的全部煤气量，包括外购及损失量。

用气人口 指报告期末家庭用户的用气人口。

年末实有公共汽(电)车营运车辆数 指城市公共交通企业可参加营运的全部车辆数。包括技术完好的、在修的、待修的、长期停驶的，以及拟报废尚未经上级主管部门批准报废的运营车辆数。不包括公交企业的油罐车、货车和其他专用车等非运营车，也不包括借入、租入的客运车辆。

全年公共汽(电)车客运总量 指运送乘客的总人数。包括普通票乘客人次，月票乘客人次和包车乘客人次。

年末实有出租汽车数 指经有关部门批准的专门从事出租业务的一切营业车辆。包括轿车、面包车、大客车。

年末实有城市道路面积 指路面经过铺筑的路面宽度在 3.5 米以上(含 3.5 米)的道路。包括高级、次高级道路和普通道路，不包括街道内部路面宽度不足 3.5 米的胡同、里弄。

道路面积只包括路面面积和与道路相通的广场、桥梁、停车场面积。不包括街心花坛、侧石、人行道和路肩的面积。

排水管道长度 排水管道是指汇集和排放污水、废水和雨水的管渠及其附属设施所组成的系统。包括干管、支管以及通往处理厂的管道，无论修建在街道上或其他任何地方，只要是起排水作用的管道，都应作排水管道统计。

绿地面积 指报告期末用作园林和绿化的各种绿地面积。包括公园绿地、生产绿地、防护绿地、附属绿地和其他绿地的面积。

公园绿地面积 指城市中向公众开放的、以游憩为主要功能，有一定的游憩设施和服务设施，同时兼有健全生态、美化景观、防灾减灾等综合作用的绿化用地。包括综合公园、社区公园、专类公园、带状公园和街旁绿地。其中综合公园、专类公园和带状公园面积之和为公园面积。

建成区绿化覆盖面积 指城市建成区内各单位管理的一切用于绿化的乔灌木和多年生草本植物的垂直投影面积。包括园林绿地以外的道路绿化覆盖面积(即道路的隔离带、中心绿岛和林荫道及行道树的覆盖面积)和单株树木的覆盖面积。

工业废水排放总量 指经过企业厂区所有排放口排到企业外部的工业废水量。包括生产废水、外排的直接冷却水、超标排放的矿井地下水和与工业废水混排的厂区生活污水，不包括外排的间接冷却水(清污不分流的间接冷却水应计算在内)。

工业废气排放总量 指报告期内企业厂区内燃料燃烧和生产工艺过程中产生的各种排入大气的含有污染物的气体的总量，以标准状态(273K，101325Pa)计算。测算公式为：

工业废气排放量=燃料燃烧过程中废气排放量+生产工艺过程中废气排放量

工业烟尘排放总量 指企业厂区内燃料燃烧过程中产生的烟气中夹带的颗粒物排放量。

工业固体废物产生量 指报告期内企业在生产过程中产生的固体状、半固体状和高浓度液体状废弃物的总量，包括危险废物、冶炼废渣、粉煤灰、炉渣、煤矸石、尾矿、放射性废物和其他废物等。不包括矿山开采的剥离废石和掘进废石(煤矸石和呈酸性或碱性的废石除外)。酸性或碱性废石指采掘的废石其流经水、雨淋水的 pH 值小于 4 或 pH 值大于 10.5 者。

生活垃圾清运量 指报告期内收集和运送到垃圾处理厂(场)的生活垃圾数量。生活垃圾指城市日常生活或为城市日常生活提供服务的活动中产生的固体废物以及法律行政规定的视为城市生活垃圾的固体废物。包括：居民生活垃圾、商业垃圾、集市贸易市场垃圾、街道清扫垃圾、公共场所垃圾和机关、学校、厂矿等单位的生活垃圾。

生活垃圾无害化处理率 指报告期生活垃圾无害化处理量与生活垃圾产生量比率。在统计上，由于生活垃圾产生量不易取得，可用清运量代替。计算公式为：

生活垃圾无害化处理率=生活垃圾无害化处理量/生活垃圾产生量×100%

Explanatory Notes on Main Statistical Indicators

Possession of Civil Motor Vehicles refer to the total number of vehicles that are registered and received vehicles license tags according to the *Work Standard for Motor Vehicles Registration* formulated by the Transport Management Office under the department of public security at the end of the reference period. They are divided into categories. According to the structure of motor vehicles, they are divided into passenger vehicles,trucks and others; according to ownership into private vehicles and vehicles for the unit's use; according to kind of usage into working vehicles and non-working vehicles and according to size of vehicles into large passenger vehicles, medium-sized passenger vehicles, small passenger vehicles and mini passsenger vehicles, heavy trucks, light-heavy trucks, light trucks and mini-trucks.

Freight (Passenger) Traffic refers to the weight of freight (number of passenger) transported with various means within a specific period of time. Freight transport is calculated in tons and passenger traffic is calculated in terms of the actual weight of the goods and takes no account of the type of freight and distance of diatance, Passenger traffic is calculated by the principle that one person can be counted only once in one trip and takes no account of the travelling distance and ticket price. The passengers who travel with a half price ticket or a child's ticket is also calculated as one person.

Railway (Passenger) Tranffic refers to the weight of freight (number of passenger) transported with railway within a specific period of time. Passenger traffic is calculated by the principle that: a) one person can be counted only once in one trip and takes no account of the travelling distance and ticket price. b) children eligible for free ticket are not calculated; c) persons with monthly or season tickets shall be regarded as 25 passengers. Besides, due to the change of management system of local railway, every district has the right to calculate the volume of passengers through railway stations within its district as the basic statistic unit.

Highway Passenger (Freight) Traffic refers to the actual quantity of cargos delivered with commercial freight cars and passengers travelling with commercial passenger service vehicles in a given period. Besides, these commercial vehicles shall be registered at Management Department of Highway Transportation.

Water Traffic refers to the actual quantity of passengers travel with means of transport provided by water transportation enterprises and other units in a given period.

Civil Aviation Passenger Traffic refers to the quantity of passengers travels with means of public air transport in a given period. In the process of calculation, both adults and children shall be regarded as statistic units but infants shall not. And every passenger of ever particular flight shall be counted only once. But there is one exception that one passenger taking a scheduled flight which both flies across domestic and international sectors can be counted twice and regarded as a domestic and a international passenger at the same time.

Civil Aviation Delivery of Cargos and Mails refers to the total weight of luggage, mails and cargos delivered from air terminals within one year. It includes the total weight of originating and multimodal transport. And the weight of transport is calculated at such original records as listed in shipping bills and load sheets.

Business Volume of Post and Telecommunications refers to the total amount of postal and telecommunication services, expressed in value terms, provided by the post and telecommunication departments for society. According to professional classification, post and telecommunication services can be classified as letters, package, postal order, issue of newspapers and periodicals, QMX, EMS, postal savings, stamps for collection, public telegraphs, facsimiles, long-distance telephone service, leasing of telephone lines, mobile telephone service, communication of packet switched data, maintenance, etc. The calculation method is to multiply the service products of all types with their average unit price (constant price) to get the total business value and to plus the result with income from other services such as leasing of telephone lines and equipments as well as maintenance of telephone switchboards and lines for customers.

The formula is as follows:

Business volume of post and telecommunications = ∑(transaction of post and telecommunication services × price [constant price]) + income from leasing, maintenance and other services

Post and Telecommunications Revenue refers to total income from all production and operating activities of post and telecommunication enterprises, including main business incomes from post, telecommunication and local call services as well as from local state-owned telecommunication services. Besides, this year the statistical range has changed into all enterprises engaged into telecom operation (namely China Telecom, China Mobile Communication Corporation and China Unicom), postal enterprises and express enterprises with an annual business income above 2 million yuan.

Mobile Telephone Subscribers refer to persons who have registered at postal and telecommunication institutions and are hence connected with the mobile telephone communication network through the mobile telephone switchboards and occupy moble phone numbers. The number of subscribers is calculated at the actual subscribers who have gone through all the register formalities and are connected with the mobile telephone communication network. Besides, one mobile telephone owner is treated as a subscriber.

Fixed-line Phone Subscribers refer to all subscribers who are connected to the national public fixed-line telephone network and enjoy fixed telephone services.

Urban Telephone Subscribers refer to the number of telephone subscribers located at the municipalities directly under the Central Government, cities under the jurisdiction of province, cities at prefecture level, downtowns and suburb of city at county level town and county towns (including country towns where county governments located and towns rank at county level according to the administrative organizational system) and subscribers in rural mineral areas, forest area and military areas.

Rural Telephone Subscribers refer to telephone subscribers located at counties (towns) and villages outside the coverage of urban areas according to administrative jurisdiction.

Production Capacity of Water Supply refers to comprehensive productive capacity of waterworks and various units affiliated to water supplying companies of city constructing departments to fetch water from self-contained water source, to purify water, to deliver water and to build water transmission main pipes. The capacity is determined mainly on the weakest og the above-mentioned four segments, excluding the capacity increased through overload operation.

Total Volume of Urban Water Supply refers to the total volume of water supplied by water-works (units) during the reference period, including both the efective water supply and loss during the water supply, excluding the volume of boiling water directly available.

Consumption of Water for Household Use refers to consumption of water for daily life of all households in cities, including households of urban residents, farmers and public water supply stations.

Population Consuming Water refers to the actual population consuming domestic water calculated at year-end. The population includes both nonagricultural and agricultural population.

Volume of Gas Supply (Artificial and Natural Gas) refers to total volume of gas provided to urban production users, households and other users by gas-producing enterprises, including the volume purchased and lost gas.

Population Consuming Gas refers to number of domestic consumers consuming gas calculated at the end of reference period.

Number of Buses (Trolley) under Opereation at Year-end refers to total number of vehicles urban public transport enterprises put into operation, including those which are technologically intact, under repair, to be repaired, out of use for a long time and number of operating vehicles which are about to be scraped but haven't been scraped without the permission of superior competent departments. But the actual quantity of operating vehicles excludes fuel tank cars and trucks of public transport enterprises, other non-operating special purpose vehicles as well as borrowed and rented passenger service vehicles.

Passenger Traffic of Buses (Trolley) All Year Round refers to total number of passengers, including passengers travel with tickets of standard fares and monthly tickets as well as passengers who charter buses.

Number of Taxies under Opereation at Year-end refers to all business vehicles used in rental business with the permission of related departments, including cars, minibuses and motor buses.

Area of Urban Paved Roads at Year-end refers to the total land area of roads the width of whose pavement are over 3.5 (include 3.5) meters. And the roads used as statistical units include high level, sub-high level and general roads but exclude lanes and alleys the width of whose pavement are below 3.5 meters.

Besides, road area consists of only the land areas of pavements as well as those of squares, bridges and parking lots which are connected with roads, excluding the land areas of flower beds in the city center, curbstones, sidewalks and road shoulders.

Length of Sewage Pipes refers to the drainage system made up of pipes and ditches which are used for aggregating and discharging sewage, waste water and rain water as well as subsidiary facilities, including main pipes, branch pipes and pipes leading to treatment plants. Besides, whether installed in streets or else where, pipes which can drain away water shall be regarded as drainage pipelines.

Green Land Area refers to the total area occupied for green projects at the end of reference period, including park green land, production green land, protection green land, green land attached to institutions and other green areas.

Park Green Area refers to green area opent o the public for amusement and test with the facilities of amusement, rest and services. Its function included perfecting ecology,beautifying landscape and preventing and reducing distaster. Park green areas include comprehensive park, community park, theme park, linear park and roadside green space. Total areas of comprehensive park, topic park and belt-shaped is the area of park.

Green Coverage of Built-up Areas refers to the total vertical projected area of trees and shrubs in urban built-up areas, including green coverage of roads (namely the total cover area of isolation belts, center green lands, boulevards and street trees) apart from that of gardens and cover area of trees. Besides, those plants are used for greening projects and are managed by related units of respective built-up areas.

Total Industrial Waste Water Discharged refers to the volume of waste water discharged by industrial enterprises through all their outlets, including waste water from production process, directly cooled water, groundwater from mining wells which excesses discharge standards and sewage from households mixed with industrial wastewater. However, indirectly discharged cooled water shall not be regarded as the statistic unit while indirectly discharged cooled water which is discharged uniformly whether muddy or not shall be regarded as the statistic unit.

Total Emission of Industrial Waste Gas refers to the total volume of pollution gases which are generated from fuel burning and production process in enterprises and discharged into atmosphere within a given period of time. It is calculated in standard state (273K, 101325Pa) and the design formula is as follows:

Emission of industrial waste gas = volume of industrial waste gas generated from fuel burning + volume of industrial waste gas generated from production process

Total Industrial Fumes Emission refers to volume of particulate matters in exhaust gas generated in the process of fuel burning in factories of enterprises.

Industrial Solid Wastes Produced refers to total volume of solid, semi-solid and highly concentrated liquid wastes produced by industrial enterprises in production process in the report period, including hazardous wastes, smelting wastes, coal ash, slag, coal gangue, tailings, radioactive residues and other wastes, but excluding stones stripped or dug out from mines (exclude gangue and acid or alkaline stones). And acid or alkaline stones refer to those soaked in water or drenched by rain water whose PH value is below 4 or above 10.5.

Consumption Wastes Transported refers to volume of consumption wastes collected and transported to disposal factories or sites during the reference period. Consumption waste are solid wastes produced from urban households or from service activities for urban households and solid wastes regarded by laws and regulations as urban consumption wastes, including those from households, commercial activities, markets, cleaning of streets, public sites, offices, schools, factories and mines and other sources.

Decontamination Rate of Life Refuse refers to Consumption Wastes Treated over that produced, in practical statistics, as it is difficult to estimate, the volume of consumption wasted produced is replaced with that transported. It is calculated as:

Decontamination Rate of Life Refuse = consumption wastes treated / consumption wastes produced × 100%

12

Twelve

财政、税收、金融、证券、保险

Government Finance, Taxation, Banking, Securities, Insurance

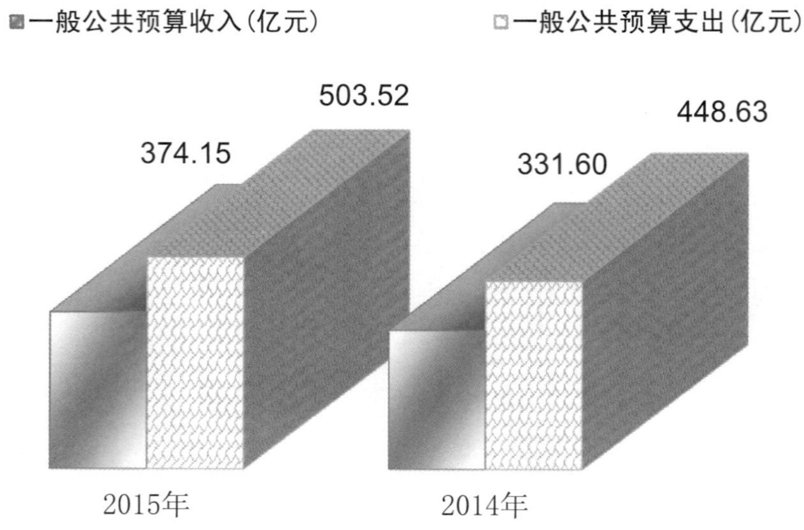
一般公共预算收入(亿元)
一般公共预算支出(亿元)
503.52
374.15
448.63
331.60
2015年
2014年

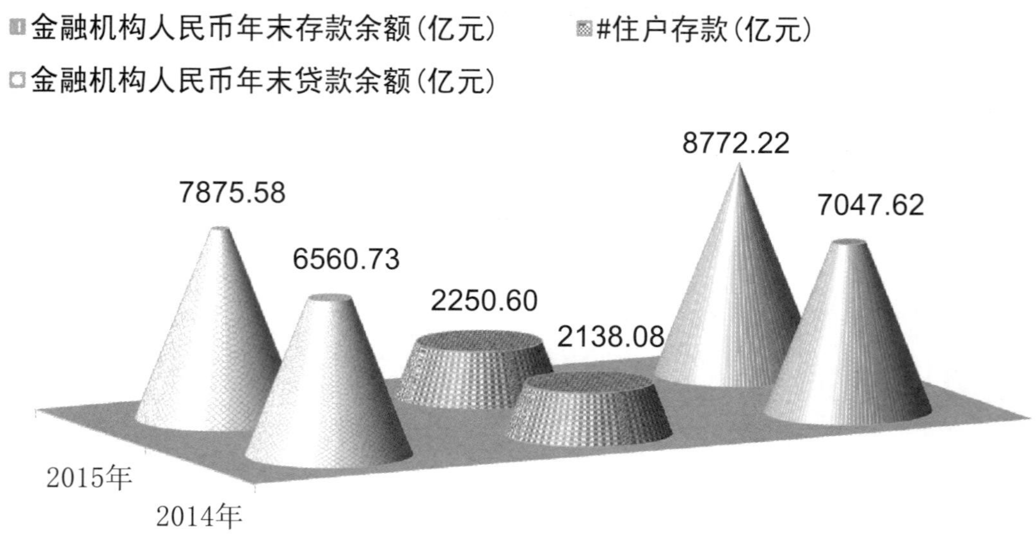
金融机构人民币年末存款余额(亿元)
#住户存款(亿元)
金融机构人民币年末贷款余额(亿元)
8772.22
7875.58
7047.62
6560.73
2250.60
2138.08
2015年
2014年

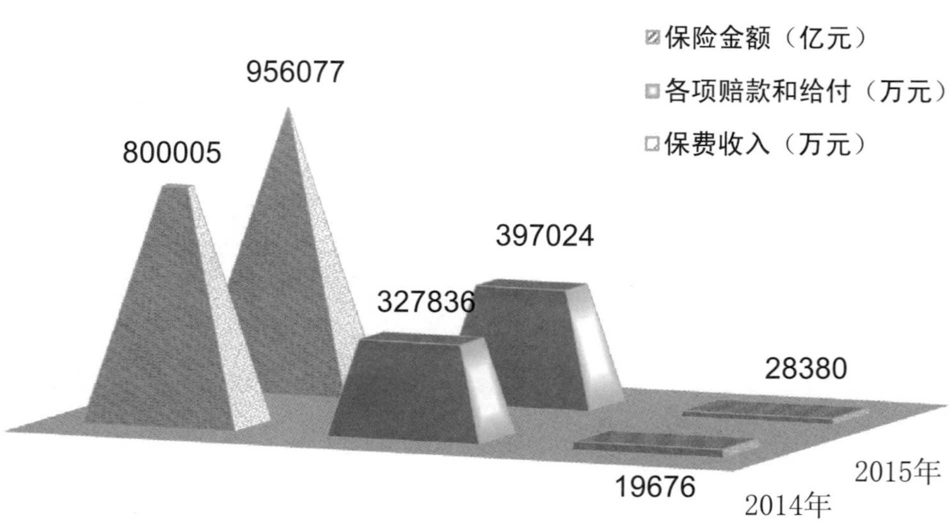
保险金额（亿元）
各项赔款和给付（万元）
保费收入（万元）
956077
800005
397024
327836
28380
19676
2015年
2014年

12-1 财政收入基本情况
Government Revenues

单位：万元 (10 000 yuan)

指　　标	Item	2015	2014	2015年比2014年增长(%) Growth Rate in 2015 over 2014(%)
财政总收入	**Total Government Revenue**	**7232965**	**6546894**	**10.5**
#一般公共预算收入	**Public Financial Budget Revenues**	**3741476**	**3315962**	**12.8**
税收收入	**Total Tax Revenue**	**3018866**	**2718543**	**11.0**
增值税	Value-added Tax	352048	325590	8.1
营业税	Business Tax	1011428	1014160	-0.3
企业所得税	Corporate Income Tax	304043	262593	15.8
个人所得税	Individual Income Tax	119133	89166	33.6
资源税	Resource Tax	26316	22906	14.9
城市维护建设税	City Maintenance and Construction Tax	231089	219585	5.2
房产税	House Property Tax	134344	94411	42.3
印花税	Stamp Tax	66440	51498	29.0
城镇土地使用税	Urban Land Use Tax	79055	45037	75.5
土地增值税	Land Appreciation Tax	142012	168656	-15.8
车船税	Tax on Vehicles and Boat Operation	28850	26088	10.6
耕地占用税	Farm Land Occupation Tax	262205	188358	39.2
契　税	Deed Tax	255001	203220	25.5
烟叶税	Tobacco Tax	6902	7275	-5.1
其他税收收入	Other Tax Revenues			
非税收入	**Total Non-tax Revenue**	**722610**	**597419**	**21.0**
专项收入	Special Project Revenue	268118	168286	59.3
行政事业性收费收入	Charges of Administrative Institutions	118052	127969	-7.7
罚没收入	Income from Fines and Confiscation	59242	51410	15.2
国有资本经营收入	Income from State-owned Capital Operation	70294	45804	53.5
国有资源(资产)有偿使用收入	Income from Use of State-owned Resources(Assets)	174431	148004	17.9
其他收入	Other Non-tax Revenues	32473	55946	-42.0
政府性基金收入	**Income from Government-managed Funds**	**1220737**	**1721539**	**-29.1**

12-2 财政支出基本情况
Government Expenditures

单位：万元 (10 000 yuan)

指　　标	Item	2015	2014	2015年比2014年增长(%) Growth Rate in 2015 over 2014(%)
财政总支出	**Total Government Expenditure**	**6103907**	**6248843**	**-2.3**
一般公共预算支出	**Public Financial Budget Expenditures**	**5035189**	**4486298**	**12.2**
一般公共服务	Expenditure for General Public Services	723700	784866	-7.8
公共安全	Expenditure for Public Security	414461	352262	17.7
教　育	Expenditure for Education	986633	804652	22.6
科学技术	Expenditure for Science and Technology	145535	123754	17.6
文化体育与传媒	Expenditure for Culture, Sports and Media	79771	82529	-3.3
社会保障和就业	Expenditure for Social Security and Employment	346245	319424	8.4
医疗卫生与计划生育	Expenditure for Medical and Health Care	394605	332979	18.5
节能环保	Expenditure for Energy Conservation and Environment Protection	166989	163597	2.1
城乡社区事务	Expenditure for Urban and Rural Community Affairs	466461	341331	36.7
农林水事务	Expenditure for Agriculture, Forestry and Water Conservancy	403841	348211	16.0
交通运输	Expenditure for Transportation	84778	71586	18.4
资源勘探电力信息等事务	Expenditure for Affairs of Exploration,Power and Information	267440	259918	2.9
商业服务业等事务	Expenditure for Affairs of Commerce and Services	40985	35432	15.7
金融监管等事务支出	Expenditure for Affairs of Financial Supervision	332	172	93.0
国土资源气象等事务	Expenditure for Affairs of Territorial Resources and Weather	34545	20477	68.7
住房保障支出	Expenditure for Housing Security	180860	216199	-16.3
粮食物资储备管理等事务	Expenditure for Reservation and Management of Grain & Related Materials	15182	11341	33.9
国债还本付息支出	Expenditure for Repaying Principals and Interests of National Debts	18384	7311	151.5
其他支出	Other Expenditures	247684	194447	27.4
政府性基金支出	**Expenditure for government-managed funds**	**1068718**	**1762545**	**-39.4**

12-3 各级地方财政分类别收入(2015年)
Government Revenues by Level and Item(2015)

单位：万元 (10 000 yuan)

指 标	Item	全市合计 Guiyang	市 级 City Level	县 级 County Level	乡镇级 Town Level
总 计	**Total**	**3741476**	**1305378**	**2171870**	**264228**
税收收入	**Total Tax Revenue**	**3018866**	**983961**	**1779700**	**255205**
增值税	Value-added Tax	352048	174758	142945	34345
营业税	Business Tax	1011428	352381	565529	93518
企业所得税	Corporate Income Tax	304043	140959	149226	13858
个人所得税	Individual Income Tax	119133	46060	66938	6135
资源税	Resource Tax	26316	6404	16182	3730
城市维护建设税	City Maintenance and Construction Tax	231089	129617	93714	7758
房产税	House Property Tax	134344		122599	11745
印花税	Stamp Tax	66440		60563	5877
城镇土地使用税	Urban Land Use Tax	79055	26190	48517	4348
土地增值税	Land Appreciation Tax	142012	30111	94252	17649
车船税	Tax on Vehicles and Boat Operation	28850	25785	1818	1247
耕地占用税	Farm Land Occupation Tax	262205	13314	208142	40749
契 税	Deed Tax	255001	38382	208334	8285
烟叶税	Tobacco Tax	6902		941	5961
非税收入	**Total Non-tax Revenue**	**722610**	**321417**	**392170**	**9023**
专项收入	Special Project Revenue	268118	190619	73477	4022
行政事业性收费收入	Charges of Administrative Institutions	118052	56304	60212	1536
罚没收入	Income from Fines and Confiscation	59242	36401	22590	251
国有资本经营收入	Income from State-owned Capital Operation	70294	4200	64821	1273
国有资源(资产)有偿使用收入	Income from Use of State-owned Resources(Assets)	174431	26730	146481	1220
其他收入	Other Non-tax Revenues	32473	7163	24589	721

12-4 各级地方财政分类别支出(2015年)
Government Expenditures by Level and Category(2015)

单位：万元 (10 000 yuan)

指 标	Item	全市合计 Guiyang	市 级 City Level	县 级 County level	乡镇级 Town level
总 计	**Total**	**5035189**	**1331580**	**3524744**	**178865**
一般公共服务	Expenditure for General Public Services	723700	130434	520941	72325
国 防	Expenditure for National Defense	16306	12057	4188	61
公共安全	Expenditure for Public Security	414461	163468	247250	3743
教 育	Expenditure for Education	986633	191381	789171	6081
科学技术	Expenditure for Science and Technology	145535	43477	101743	315
文化体育与传媒	Expenditure for Culture,Sports and Media	79771	43696	31940	4135
社会保障和就业	Expenditure for Social Security and Employment	346245	132295	202811	11139
医疗卫生与计划生育	Expenditure for Medical and Health Care	394605	110208	263651	20746
节能环保	Expenditure for Energy Conservation and Environmental Protection	166989	50002	114997	1990
城乡社区事务	Expenditure for Urban and Rural Community Affairs	466461	97827	359229	9405
农林水事务	Expenditure for Agriculture,Forestry and Water Conservancy	403841	79029	284333	40479
交通运输	Expenditure for Transportation	84778	61054	23677	47
资源勘探电力信息等事务	Expenditure for Affairs of Exploration,Power and Information	267440	88888	176046	2506
商业服务业等事务	Expenditure for Affairs of Commerce and Services	40985	23090	17554	341
金融监管等事务支出	Expenditure for Affairs of Financial Supervision	332	133	199	
国土资源气象等事务	Expenditure for Affairs of Territorial Resources and Weather	34545	9130	25077	338
住房保障支出	Expenditure for Housing Security	180860	51339	124460	5061
粮油物资储备管理等事务	Expenditure for Reservation and Management of Grain & Related Materials	15182	10428	4754	
国债还本付息支出	Expenditure for Repaying Principals and Interests of National Debts	18384	3371	15013	
其他支出	Other Expenditures	247684	30273	217258	153

12-5 一般公共预算分类别支出
Public Financial Budget Expenditures by Item

单位：万元　　(10 000 yuan)

指　　标	Item	支出数 Expenditure
教　育	**Expenditure for Education**	**986633**
教育管理事务	Educational Affairs Management	15527
普通教育	Regular Education	739322
#学前教育	Preschool Education	50746
小学教育	Primary Education	313834
初中教育	Junior Secondary Education	213984
高中教育	Senior Secondary Education	97432
高等教育	Higher Education	32158
职业教育	Vocational Education	96410
成人教育	Adult Education	234
广播电视教育	Radio and Television Education	542
特殊教育	Special Education	5029
进修及培训	Further Education for Teachers and Cadres	20948
教育费附加安排的支出	Educational Surtax	89604
其他教育支出	Others	19017
科学技术	**Expenditure for Science and Technology**	**145535**
#科学技术管理事务	Management Issues of Science and Technology	4820
技术研究与开发	Scientific Research and Development	76076
科技条件与服务	Scientific Conditions and Services	28411
社会科学	Social Science	1433
科学技术普及	Popularization of Science and Technology	2888
其他科学技术支出	Others	31856
文化体育与传媒	**Expenditure for Culture, Sports and Media**	**79771**
文　化	Culture	26557
文　物	Historical Relics	4280
体　育	Sports	12691
广播影视	Radio,Film and Television	6886
新闻出版	Press and Publication	2163
其他文化体育与传媒	Others	27194
社会保障和就业	**Expenditure for Social Security and Employment**	**346245**
#人力资源和社会保障管理事务	Management of Human Recources, and Social Security Affairs	22907
民政管理事务	Management of Civil Affairs	56733
财政对社会保险基金的补助	Government Subsidies for Social Insurance Funds	56458
行政事业单位离退休	Pensions for Retirees from Administrative Institutions	2089
企业改革补助	Subsidies for Enterprise Reform	5819
就业补助	Employment Subsidy	31787
抚　恤	Pension	18514
退役安置	Ex-servicemen's Employment	19336
社会福利	Social Welfare	21877
残疾人事业	Undertakings of the Disabled	10640
城市居民最低生活保障	Minimum Living Allowances for Urban Residents	39878
其他城市生活救济	Other Social Assistants for Urban Residents	115
自然灾害生活救助	Allowance for Natural Disasters	4230
农村最低生活保障	Minimum Living Allowances for Rural Residents	9294
其他农村生活救助	Other Life Assistants for Rural Residents	751
医疗卫生与计划生育	**Expenditure for Medical Care**	**394605**
#医疗卫生管理事务	Management of Medical and Health Care	17282
公立医院	Public Hospitals	46835
基层医疗卫生机构	Grassroots Health Care Institutions	27596
公共卫生	Public Health	60687
医疗保障	Medical Security	162290
节能环保	**Expenditure for Environment Protection**	**166989**
#环境保护管理事务	Management of Environmental Protection	23269
环境监测与监察	Environmental Monitoring and Supervision	3546
污染防治	Pollution Control	33587
自然生态保护	Conservation of Natural Ecology	12608
天然林保护	Natural Forest Protection	4591
退耕还林	Returning Farmland to Forest	10766
风沙荒漠治理	Management of Sand Desertification	5478
能源节约利用	Energy Conservation	37937
污染减排	Pollution Reduction	17642
农林水事务	**Expenditure for Agriculture, Forestry and Water**	**403841**
#农　业	Agriculture	108545
林　业	Forestry	60506
水　利	Water Conservation	106676
扶　贫	Poverty Alleviation	30715
农业综合开发	Comprehensive Agricultural Development	8295
农村综合改革	Comprehensive Agricultural Reform	49652

12-6 各区(市、县)地方财政收支
Government Revenue and Expenditure by District (City, County)

单位：万元 (10 000 yuan)

区(市、县)名称	Disrict (City,County)	一般公共预算收入 Public Financial Budget Revenue 2015	2014	2015年比2014年增长(%) Growth Rate in 2015 over 2014(%)	一般公共预算支出 Public Financial Budget Expenditure 2015	2014	2015年比2014年增长(%) Growth Rate in 2015 over 2014(%)
南明区	Nanming	435660	398313	9.4	507945	434083	17.0
云岩区	Yunyan	358798	326371	9.9	431638	378036	14.2
花溪区	Huaxi	338920	294655	15.0	567863	519977	9.2
#经开区	Economic Development	161749	141730	14.1	157304	141530	11.1
乌当区	Wudang	184447	152990	20.6	294923	239058	23.4
白云区	Baiyun	263690	218671	20.6	348530	285387	22.1
#高新区	High-tech	123315	97333	26.7	144072	109351	31.8
#综保区	Comprehensive Bonded	5405	4467	21.0	10287		
观山湖区	Guangshanhu	446528	373388	19.6	473824	383541	23.5
开阳县	Kaiyang	116859	102188	14.4	296957	233000	27.4
息烽县	Xifeng	73660	68771	7.1	232929	207353	12.3
修文县	Xiuwen	81071	70305	15.3	218594	200911	8.8
清镇市	Qingzhen	136465	118960	14.7	330406	282634	16.9

12-7 金融机构本外币信贷情况
Credit Conditions of Domestic and Foreign Currency in Financial Institutions

单位：万元 (10 000 yuan)

指标	Item	2015	2014	2015年比年初增长(%) Growth Rate in 2015 over the Beninning of the Year(%)	2015年比2014年增长(%) Growth Rate in 2015 over 2014(%)
各项存款合计	**Total Deposits**	**88579829**	**70843259**	**25.2**	**25.0**
境内存款	Demestic Deposits	88549939	70815689	25.2	25.0
住户存款	Household Deposits	22629124	21467016	5.8	5.4
活期存款	Current Deposit	10919147	10166159	8.3	7.4
定期及其他存款	Fixed Deposit and	11709977	11300857	3.6	3.6
非金融企业存款	Non-financial Corporate Deposits	39273106	31787155	23.6	23.6
活期存款	Demand Deposits	24677502	18055963	36.7	36.7
定期及其他存款	Time Deposits and Others	14595603	13731192	6.3	6.3
广义政府存款	General Government Deposits	21466992	16497460	30.1	30.1
财政性存款	Fiscal Deposits	3628479	3830519	-5.3	-5.3
机关团体存款	Deposits of Non-profit Institutions	17838514	12666941	40.9	40.8
非银行业金融机构存款	Non-banking Financial Institutions Deposits	5180717	1064059	385.7	386.9
境外存款	Oversees Deposits	29890	27570	8.2	8.4

12−7 续表 (continued)

单位：万元 (10 000 yuan)

指 标	Item	2015	2014	2015年比年初增长(%) Growth Rate in 2015 over the Beninning of the Year(%)	2015年比2014年增长(%) Growth Rate in 2015 over 2014(%)
各项贷款合计	**Total Loans**	**79445457**	**66247542**	**19.9**	**19.9**
境内贷款	Demestic Loans	78949533	65855361	19.9	19.9
住户贷款	Household Loans	15280206	13382025	13.9	14.2
短期贷款	Short-term Loans	3033303	2534139	19.0	19.7
消费贷款	Consumption Loans	1144946	797128	43.6	43.6
经营贷款	Business Loans.	1888357	1737011	7.7	8.7
中长期贷款	Medium & Long-term Loans	12246903	10847886	12.8	12.9
消费贷款	Consumption Loans	9651518	8597720	12.1	12.3
经营贷款	Business Loans.	2595385	2250166	15.3	15.3
非金融企业及机关团体贷款	Non-financial Corporate & Non-government Loans	63657132	52471141	21.4	21.3
短期贷款	Short-term Loans	11474607	11774931	-2.4	-2.6
中长期贷款	Medium & Long-term Loans	50503577	39534439	27.7	27.7
票据融资	Bill Financing	1461559	992547	47.3	47.3
各项垫款	Miscellaneous Advances	217389	169223	28.5	28.5
非银行业金融机构贷款	Non-banking Financial Institutions Loans	12195	2195	455.6	455.6
境外贷款	Oversees Loans	495924	392181	26.5	26.5

12−8 金融机构人民币信贷情况
The RMB Credit Conditions in Financial Institutions

单位：万元 (10 000 yuan)

指 标	Item	2015	2014	2015年比年初增长(%) Growth Rate in 2015 over the Beninning of the Year(%)	2015年比2014年增长(%) Growth Rate in 2015 over 2014(%)
各项存款合计	**Total Deposits**	**87722178**	**70476157**	**24.6**	**24.5**
境内存款	Demestic Deposits	87694697	70449485	24.6	24.5
住户存款	Household Deposits	22506008	21380790	5.7	5.3
活期存款	Current Deposit	10846566	10116845	8.1	7.2
定期及其他存款	Fixed Deposit and	11659442	11263945	3.5	3.5
非金融企业存款	Non-financial Corporate Deposits	38558467	31514810	22.4	22.4
活期存款	Demand Deposits	24543020	17930103	36.9	36.9
定期及其他存款	Time Deposits and Others	14015447	13584707	3.2	3.2
广义政府存款	General Government Deposits	21451447	16490872	30.1	30.1
财政性存款	Fiscal Deposits	3628479	3830519	-5.3	-5.3
机关团体存款	Deposits of Non-profit Institutions	17822969	12660353	40.8	40.8
非银行业金融机构存款	Non-banking Financial Institutions Deposits	5178774	1063014	386.0	387.2
境外存款	Oversees Deposits	27481	26672	2.8	3.0

12-8 续表 (continued)

单位：万元 (10 000 yuan)

指　　标	Item	2015	2014	2015年比年初增长(%) Growth Rate in 2015 over the Beninning of the Year(%)	2015年比2014年增长(%) Growth Rate in 2015 over 2014(%)
各项贷款合计	**Total Loans**	**78755785**	**65607258**	**20.0**	**20.0**
境内贷款	Demestic Loans	78753056	65604017	20.0	20.0
住户贷款	Household Loans	15278477	13380290	13.9	14.2
短期贷款	Short-term Loans	3031738	2532591	19.0	19.7
消费贷款	Consumption Loans	1143381	795579	43.7	43.7
经营贷款	Business Loans.	1888357	1737011	7.7	8.7
中长期贷款	Medium & Long-term Loans	12246740	10847699	12.8	12.9
消费贷款	Consumption Loans	9651355	8597534	12.1	12.3
经营贷款	Business Loans.	2595385	2250166	15.3	15.3
非金融企业及机关团体贷款	Non-financial Corporate & Non-government Loans	63462384	52221532	21.6	21.5
短期贷款	Short-term Loans	11282190	11527662	-2.0	-2.1
中长期贷款	Medium & Long-term Loans	50501246	39532099	27.7	27.7
票据融资	Bill Financing	1461559	992547	47.3	47.3
各项垫款	Miscellaneous Advances	217389	169223	28.5	28.5
非银行业金融机构贷款	Non-banking Financial Institutions Loans	12195	2195	455.6	455.6
境外贷款	Oversees Loans	2729	3241	-15.8	-15.8

12–9 保险业务情况
Statistics on Insurance Business

(人寿保险公司)

险种Insurances		承保人次(万人) Insurer(10 000 person)		保险金额(万元) Insured Amount (10 000 yuan)		保费收入(万元) Premium(10 000 yuan)	
		2015	2014	2015	2014	2015	2014
合　计	**Total**	**1075.47**	**1096.93**	**63393229**	**43325629**	**450111**	**371782**
寿险小计	**Subtotal of Life Insurance**	**173.89**	**157.22**	**9970938**	**6973173**	**380595**	**318127**
普通寿险	Ordinary Life Insurance	105.23	91.33	6655715	3729243	164710	88985
分红寿险	Life Insurance with Dividends	50.07	49.70	1961096	1948286	210677	224004
投资连结产品	Investment-linked Products	0.52	0.58	45452	43348	195	213
万能寿险	Universal Life Insurance	18.07	15.60	1308675	1252296	5013	4924
意外伤害险小计	**Subtotal of Personal Accident Insurance**	**524.00**	**427.25**	**37446374**	**30668102**	**21421**	**17974**
健康险小计	**Subtotal of Health Insurance**	**377.57**	**512.47**	**15975916**	**5684354**	**48095**	**35681**

注：本表包括九家人寿保险分公司：中国人民人寿保险股份有限公司贵州省分公司，中国人寿保险股份有限公司贵州省分公司，太平人寿保险有限公司贵州分公司，中国平安人寿保险股份有限公司贵州分公司，平安养老保险股份有限公司贵州分公司，中国太平洋人寿保险股份有限公司贵州分公司，泰康人寿保险股份有限公司贵州分公司，新华人寿保险股份有限公司贵州分公司，生命人寿保险股份有限公司贵州分公司。

a) Data in this table include figures of branches of nine life insurance branch companies: Guizhou Branch of PICC Life Insurance Company Inc., Guizhou Branch of China Life Insurance Company Inc., Guizhou Branch of Taiping Life Insurance Company Ltd., Guizhou Branch of Ping An Life Insurance Company of China, Inc., Guizhou Branch of Ping An Endowment Insurance Company Inc., Guizhou Branch of Pacific Life Insurance Company Inc., Guizhou Branch of Taikang Life Insurance Company Inc., Guizhou Branch of Xinhua Life Insurance Company Inc., and Guizhou Branch of Shengming Life Insurance Company Inc..

12–9 续表1 (continued)

险种Insurances		新单保费(万元) Premium of New Insurance (10 000 yuan)		赔付支出(万元) Payment (10 000 yuan)		#退保金 Insurance Withdrawn	
		2015	2014	2015	2014	2015	2014
合　计	**Total**	**178767**	**126508**	**139425**	**116285**	**112597**	**102178**
寿险小计	**Subtotal of Life Insurance**	**178767**	**126508**	**119247**	**99742**	**111796**	**101473**
普通寿险	Ordinary Life Insurance	136682	70280	22598	21278	40162	5101
分红寿险	Life Insurance with Dividends	41414	55436	95254	77378	71631	96370
投资连结产品	Investment-linked Products	3	4	38	23	0.11	0.11
万能寿险	Universal Life Insurance	667	788	1357	1062	2.60	2.78
意外伤害险小计	**Subtotal of Personal Accident Insurance**			**4421**	**4399**		
健康险小计	**Subtotal of Health Insurance**			**15757**	**12144**	**801**	**705**

注：从2014年起，新单保费取消统计意外伤害险种和健康险种。

a) From 2014 onwards, premium of new insurance excludes personal accident insurance and health insurance.

12-9 续表2 (continued)

项目Item / 年份Year / 险种Insurances		承保件数（万件）Insured Cases (10 000 cases)		保险金额或责任限额（万元）Insured Amount (10 000 yuan)		签单保费（万元）Writter Premium (10 000 yuan)	
		2015	2014	2015	2014	2015	2014
合计	**Total**	**1040.35**	**443.42**	**220401951**	**153437190**	**505967**	**428223**
企业财产保险	Enterprise Property Insurance	1.06	1.29	30033807	26136386	28633	31116
家庭财产保险	Family Property Insurance	3.61	3.35	1160197	812762	606	519
机动车辆保险	Motor Vehicle Insurance	171.83	139.73	56183704	43597131	374266	321468
工程保险	Engineering Insurance	0.04	0.06	7160369	7526599	15891	21282
责任保险	Liability Insurance	3.51	2.41	40040640	15855130	12551	9399
信用保险	Credit Insurance			52529	33361	197	132
保证保险	Guarantee Insurance	2.69	1.24	570278	62609	43788	22149
船舶保险	Ship Insurance				2351		19
货物运输保险	Cargo Transportation Insurance	4.52	2.43	9268600	8732352	2296	3230
特殊风险保险	Special Risks Insurance			1440850	97582	200	42
农业保险	Agriculture Insurance	0.06	0.04	421945	521296	3762	2739
健康险	Health Insurance	19.26	4.14	9550019	7140344	5278	4038
意外伤害保险	Personal Accident Insurance	66.96	30.24	11807	3058	17825	11829
其他险	Other Insurances	766.81	258.47	28579204	20210706	674	261

注：本表包括十六家财产保险分公司：中国人民财产保险股份有限公司贵州省分公司，中国人寿财产保险股份有限公司贵州省分公司，太平财产保险有限公司贵州分公司，中国大地财产保险股份有限公司贵州分公司，中国平安财产保险股份有限公司贵州分公司，中国太平洋财产保险股份有限公司贵州分公司，阳光财产保险股份有限公司贵州省分公司，华泰财产保险股份有限公司贵州省分公司，天安保险股份有限公司贵州省分公司，华安财产保险股份有限公司贵州分公司，安邦财产保险股份有限公司贵州分公司，都邦财产保险股份有限公司贵州分公司，安诚财产保险股份有限公司贵州分公司，鼎和财产保险股份有限公司贵州分公司，锦泰财产保险股份有限公司贵州分公司，众安财险保险贵州（虚拟）。其中“众安财险保险贵州（虚拟）”保费记入贵州省，但目前未设立“众安财险保险贵州”实体机构。

a) Data in this table include figures of 16 Guizhou branch property insurance companies: People's Insurance Company of China, Inc., China Life Insurance Property and Casualty Insurance Co., Ltd., Taiping General Casualty Insurance Co., Ltd., China Continent Property and Casualty Insurance Co., Ltd., Ping An Property and Casualty Insurance Company of China, Ltd., China Pacific Property Insurance Co., Ltd., Sunshine Property and Casualty Insurance Co., Ltd., Huatai Property and Casualty Insurance Co., Ltd., Tianan Property Insurance Company Limited of China, Sinosafe General Insurance Co., Ltd., Anbang Property and Casualty Insurance Co., Ltd., Du—bang Property and Casualty Insurance Co., Ltd., Ancheng Property and Casualty Insurance Co., Ltd., Dinghe Property Insurance Co., Ltd., Jintai Property Insurance Co., Ltd., and Guizhou Zhong An Property Insurance Co., Ltd.(in virtual). Among those, Guizhou Zhong An Property Insurance Co., Ltd. hasn't established entities, thus its premiums are counted into Guizhou province.

12-9 续表3 (continued)

项目Item / 年份Year / 险种Insurances		赔付件数（万件）Number of Claims (10 000 cases)		已决赔款（万元）Settled Compensation (10 000 yuan)		未决赔款（万元）Outstanding Loss (10 000 yuan)	
		2015	2014	2015	2014	2015	2014
合计	**Total**	**90.52**	**66.79**	**257599**	**211551**	**127000**	**126208**
企业财产保险	Enterprise Property Insurance	0.75	0.81	19091	13663	21417	24001
家庭财产保险	Family Property Insurance	0.06	0.10	183	78	146	58
机动车辆保险	Motor Vehicle Insurance	4.77	6.08	195757	171718	72780	76230
工程保险	Engineering Insurance	0.26	0.25	7851	5388	13492	11945
责任保险	Liability Insurance	1.07	0.89	9480	8591	9544	7347
信用保险	Credit Insurance						
保证保险	Guarantee Insurance	0.81	0.26	15072	2449	586	50
船舶保险	Ship Insurance					653	653
货物运输保险	Cargo Transportation Insurance	0.02	0.02	236	364	676	385
特殊风险保险	Special Risks Insurance			0.18	46.26	186	1
农业保险	Agriculture Insurance	0.34	0.63	943	531	1392	940
健康险	Health Insurance	1.55	0.87	3546	2174	1084	1055
意外伤害保险	Personal Accident Insurance	0.49	0.37	5008	6355	5036	3539
其他险	Other Insurances	35.68	16.94	432	192	7	4

注：赔付件数包括已决赔付件数和未决赔付件数。

a) Number of claims includes both those settled and unsettled.

12–10　上市公司情况
Listed Companies

指　　标		Item		2015	2014
上市公司数量	**(个)**	**Number of Listed Companies**	**(unit)**	**13**	**13**
#上交所	(个)	Shanghai Stock Exchange	(unit)	4	4
#深交所	(个)	Shenzhen Stock Exchange	(unit)	9	9
上市公司总股本	**(亿 股)**	**Total Capital of Listed Companies**	**(100 million shares)**	**107.85**	**74.64**
上市公司总市值	**(亿 元)**	**Total Market Capitalization of Listed Companies**	**(100 million yuan)**	**1665.82**	**1213.14**
募集资金	**(亿 元)**	**Raised Capital**	**(100 million yuan)**	**3.33**	**66.22**

注：1）资料范围为总部设在贵阳市辖区内的上市公司；
2）2014年底有一家上市公司注册地由贵州改为新疆，所以2014年的数据有所变动，以最新数据为准。

a) Data in this table include listed companies with headquarters located in Guiyang.

b) Please be subject to the latest information, the data of 2014 have slight variation because the registration place of a listed company has been changed from Guizhou to Sinkiang at the end of 2014.

12–11　证券期货交易情况
General Statistics on Securities and Futures Trading

指　　标		Item		2015	2014
证券公司	**(家)**	**Securities Company**	**(unit)**	**1**	**1**
客户交易结算资金	(亿 元)	Customers' Transaction Settlement Funds	(100 million yuan)	51.49	31.08
指定与托管证券市值	(亿 元)	Market Value of Designated and Deposited Securities	(100 million yuan)	383.30	252.02
证券分支机构	**(家)**	**Branch Offices of Securities Company**	**(unit)**	**43**	**40**
资金帐户数	(户)	Number of Share Capital Accounts	(household)	556500	416900
客户交易结算资金	(亿 元)	Customers' Transaction Settlement Funds	(100 million yuan)	73.01	36.09
指定与托管证券市值	(亿 元)	Market Value of Designated and Deposited Securities	(100 million yuan)	923.02	590.86
成交金额	(亿 元)	Turnover	(100 million yuan)	11182.37	3922.44
期货营业部	**(家)**	**Futures Business Departments**	**(unit)**	**11**	**10**
成交金额	(亿 元)	Turnover	(100 million yuan)	9635.99	7254.41

注：资料范围包括贵阳市辖区内从事证券交易的所有证券机构。

a) Data in the table include figures of all securities institutions locaded in Guiyang and engaged in securities trading.

12-12 税收收入分企业类型情况(2015年)
Tax Revenue by Enterprise Entities(2015)

单位：万元 (10 000 yuan)

指标	Item	税收总计 Tax Revenue	国税 National Taxation	地税 Local Taxation
总计	**Total**	**6421515**	**3127552**	**3293963**
内资企业	**Domestic-funded Enterprise**	**5924002**	**2831908**	**3092094**
国有企业	State-owned Enterprises	490040	302956	187084
集体企业	Collective-owned Enterprises	23037	9166	13871
股份合作企业	Joint-stock Enterprises	39108	23065	16043
联营企业	Joint Ownership Enterprises	913	450	463
股份公司	Joint Stock Companies	5028624	2433245	2595379
私营企业	Private Enterprises	103750	56331	47419
其他企业	Others	238530	6695	231835
港澳台投资企业	**Enterprises with Funds from Hong Kong,Macao and Taiwan**	**76646**	**45992**	**30654**
外商投资企业	**Foreign-funded Enterprises**	**142005**	**93604**	**48401**
个体经营	**Individual Operators**	**278862**	**156048**	**122814**

12-13 税收收入分产业情况(2015年)
Tax Revenue by Sector(2015)

单位：万元 (10 000 yuan)

指标	Item	税收总计 Tax Revenue	国税 National Taxation	地税 Local Taxation
总计	**Total**	**6421515**	**3127552**	**3293963**
第一产业	**Primary Industry**	**10938**	**2788**	**8150**
第二产业	**Secondary Industry**	**3021887**	**1901114**	**1120773**
采矿业	Mining Industry	98462	41579	56883
制造业	Manufacturing	1983925	1631765	352160
电力、燃气及水的生产和供应业	Production and Supply of Electric Power, Gas and Water	235113	205005	30108
建筑业	Building Industry	704387	22765	681622
第三产业	**Tertiary Industry**	**3388690**	**1223650**	**2165040**
交通运输、仓储及邮政业	Transport,Storage and Post	78385	47340	31045
批发和零售业	Wholesale and Retail Trades	593352	484621	108731
金融业	Financial Industry	781089	321472	459617
信息传输、计算机服务和软件业	Information Transmission,Computer Services and Software Industry	65960	51669	14291
住宿和餐饮业	Lodging and Catering Industries	34383	1030	33353
文化、体育和娱乐业	Culture,Sports and Entertainment	18620	5674	12946
租赁和商务服务业	Leasing and Business Services	595085	62598	532487
房地产业	Real Estates	808791	73057	735734
其他行业	Others	413025	176189	236836

12-14 地税收入分企业类型情况(2015年)
Local Taxation Revenue by Business Entities(2015)

单位：万元 (10 000 yuan)

指标	Item	合计 Total	内资企业 Domestic-funded Enterprises 小计 Subtotal	国有企业 State-owned Enterprises	集体企业 Collective-owned Enterprises	股份合作企业 Joint-stock Enterprises	联营企业 Joint Ownership Enterprises
税收收入合计	**Total Tax Income**	**3293963**	**3092094**	**187084**	**13871**	**16043**	**463**
#营业税	Business Tax	1296098	1234078	59323	5821	5924	226
企业所得税	Corporate Income Tax	388122	388045	12427	3873	1954	85
个人所得税	Individual Income Tax	370756	297351	33536	930	6975	36
资源税	Resource Tax	32274	31953	1286	200		
城市维护建设税	City Maintenance and Construction Tax	230065	220338	20357	678	398	41
房产和城市房地产税	Property tax	134224	123759	9460	1567	491	16
印花税	Stamp Tax	65266	63211	7203	120	203	6
城镇土地使用税	Urban Land Use Tax	98671	95033	15497	366	79	36
土地增值税	Land Appreciation Tax	141958	132198	467	307		17
烟叶税	Tobacco Tax	6843	6843	6103			

12-14 续表 (continued)

单位：万元 (10 000 yuan)

指标	Item	内资企业 Domestic-funded Enterprises 股份公司 Joint Stock Companies	私营企业 Private Enterprises	其他企业 Others	港澳台投资企业 Enterprises with Funds from HongKong, Macao and Taiwan	外商投资企业 Foreign-funded Enterprises	个体经营 Individual Operators	附列资料：乡镇(企业) Township and Village Enterprises
税收收入合计	**Total Tax Income**	**2595379**	**47419**	**231835**	**30654**	**48401**	**122814**	
#营业税	Business Tax	1101547	25698	35539	12700	14363	34957	
企业所得税	Corporate Income Tax	330532	2713	36461	19	58		
个人所得税	Individual Income Tax	216280	4213	35381	2413	21802	49190	
资源税	Resource Tax	26908	1453	2106		13	308	
城市维护建设税	City Maintenance and Construction Tax	193533	2687	2644	2252	5010	2465	
房产和城市房地产税	Property tax	105703	1333	5189	2522	2674	5269	
印花税	Stamp Tax	54167	581	931	370	841	844	
城镇土地使用税	Urban Land Use Tax	75771	2243	1041	960	2300	378	
土地增值税	Land Appreciation Tax	126982	3099	1326	6090	1223	2447	
烟叶税	Tobacco Tax	740						

12-15 国税收入分企业类型情况(2015年)
National Taxation Revenue by Business Entities(2015)

单位：万元 (10 000 yuan)

指标	Item	合计 Total	内资企业 Domestic-funded Enterprises				
			小计 Subtotal	国有企业 State-owned Enterprises	集体企业 Collective-owned Enterprises	股份合作企业 Joint-stock Enterprises	联营企业 Joint Ownership Enterprises
税收收入合计	**Total**	**3127552**	**2831908**	**302956**	**9166**	**23065**	**450**
#增值税	Value-added Tax	1270607	1140953	189160	6251	1063	440
#一般纳税人	General Taxpayer	1177577	1093427	184533	4948	1016	434
小规模纳税人	Small-scale Taxpayers	93030	47526	4627	1303	47	6
消费税	Consumption Tax	952221	947487	65749	7		2
企业所得税	Corporate Income Tax	783276	729633	42365	2882	21523	
外商投资企业和外国企业所得税	Income Tax on Foreign-invested Enterprises and Foreign Enterprises						
个人所得税	Personal Income Tax	15					
车辆购置税	Vehicle Purchase Tax	121433	13835	5682	26	479	8

12-15 续表 (continued)

单位：万元 (10 000 yuan)

指标	Item	内资企业 Domestic-funded Enterprises			港澳台投资企业 Enterprises with Funds from HongKong, Macao and Taiwan	外商投资企业 Foreign-funded Enterprises	个体经营 Individual Operators	附列资料：乡镇(企业) Township and Village Enterprises
		股份公司 Joint Stock Companies	私营企业 Private Enterprises	其他企业 Others				
税收收入合计	**Total**	**2433245**	**56331**	**6695**	**45992**	**93604**	**156048**	
#增值税	Value-added Tax	886642	52819	4578	25829	55513	48312	
#一般纳税人	General Taxpayer	852276	47718	2502	25746	55271	3133	
小规模纳税人	Small-scale Taxpayers	34366	5101	2076	83	242	45179	
消费税	Consumption Tax	881718	11		1146	3420	168	
企业所得税	Corporate Income Tax	659113	3132	618	18997	34646		
外商投资企业和外国企业所得税	Income Tax on Foreign-invested Enterprises and Foreign Enterprises							
个人所得税	Personal Income Tax						15	
车辆购置税	Vehicle Purchase Tax	5772	369	1499	20	25	107553	

主要统计指标解释

财政收入 包括地方财政收入和上划中央增值税、消费税两部分。财政一般预算内收入包括营业税、地方企业所得税 40%部分、个人所得税 40%部分、城镇土地使用税 70%部分、城镇维护建设税、房产税、车船使用税、印花税、屠宰税、烤烟税、耕地占用税、契税、增值税 15%部分和除海洋石油资源税以外的其他资源税 70%部分。

财政支出 国家财政将筹集起来的资金进行分配使用，以满足经济建设和各项事业的需要，主要包括：一般公共服务、公共安全、教育、科学技术、文化体育与传媒、社会保障和就业、医疗卫生、环境保护、城乡社区事务、农林水事务、交通运输、粮食物资储备管理等事务、采掘电力信息等事务和其他支出。

地方财政一般预算收入 包括增值税、营业税、企业所得税、个人所得税、资源税、城市维护建设税、房产税、印花税、城镇土地使用税、土地增值税、车船税、耕地占用税、契税、烟草税、其他各项税收等税收收入和专项收入、行政事业性收费收入、罚没收入、国有资本经营收入、国有资源（资产）有偿使用收入、其他收入等非税收入。

各项税收 包括增值税、消费税、营业税、企业所得税、企业所得税退税、个人所得税、资源税、固定资产投资方向调节税、城市维护建设税、房产税、印花税、城镇土地使用税、土地增值税、车船税、耕地占用税、契税、烟叶税、其他税收收入。

企业所得税 反映税务机关按《中华人民共和国企业所得税暂行条例》征收的企业所得税及依照《中华人民共和国外商投资企业和外国企业所得税法》征收的外商投资企业和外国企业所得税。税务机关对港澳台商投资企业征收的企业所得税也包括在内。

个人所得税 反映按照《中华人民共和国个人所得税法》、《对储蓄存款利息所得征收个人所得税的实施办法》征收的个人所得税。

地方财政一般预算支出 包括一般公共服务、国防、公共安全、教育、科学技术、文化体育与传媒、社会保障就业、医疗卫生、环境保护、城乡社区事务、农林水事务、交通运输等方面的支出。

一般公共服务支出 反映政府提供一般公共服务的支出。

科学技术支出 反映用于科学技术方面的支出。

教育支出 反映政府教育事务支出。有关具体教育事务包括教育行政管理、学前教育、小学教育、初中教育、普通高中教育、普通高等教育、初等职业教育、中专教育、技校教育、职业高中教育、高等职业教育、广播电视教育、留学生教育、特殊教育、干部继续教育、教育机关服务等。

文化体育与传媒支出 反映政府在文化、文物、体育、广播电视、新闻出版等方面的支出。

医疗卫生支出 即地方财政一般预算内支出中的医疗卫生支出项目。指政府医疗卫生方面的支出。具体包括医疗卫生管理事务支出、医疗服务支出、医疗保障支出、疾病预防控制支出、卫生监督支出、妇幼保健支出、农村卫生支出等。

城乡社区事务支出 反映政府城乡社区事务支出。具体包括：城乡社区管理事务支出、城乡社区规划与管理支出、城乡社区公共设施支出、城乡社区住宅支出、城乡社区环境卫生支出、建设市场管理与监督支出等

交通运输支出 反映政府交通运输方面的支出。包括公路运输支出、水路运输支出、铁路运输支出、民用航空运输支出等。

社会保障和就业支出 反映政府在社会保障与就业方面的支出。有关事项包括社会保障与就业管理事务、民政管理事务、财政对社会保险基金的补助、补充全国社会保障基金、行政事业单位离退休、企业改革补助、就业补助、抚恤、退役安置、社会福利、残疾人事业、城市居民最低生活保障、其他城镇社会救济、农村社会救济、自然灾害生活补助、红十字事务等。

信贷资金 指金融机构以信用方式积聚和分配的货币资金。金融机构信贷资金的来源有各项存款、对国际金融机构负债、流通中货币、银行自有资金及当年结益等；信贷资金的运用有各项贷款、黄金占款、外汇占款、财政借款及在国际金融机构中的资产等。

存　款　指企业、机关、团体或居民根据资金必须收回的原则，把货币资金存入银行或其他信用机构保管并取得一定利息的一种信用活动形式。根据存款对象的不同可划分为企业存款、财政存款、机关团体存款、基本建设存款、城镇储蓄存款、农村存款等科目。它是银行信贷资金的主要来源。

年末金融机构人民币各项存款余额　指企业、机关、团体和居民根据可以收回的原则，把货币存入银行或其他信用机构保管并取得一定利息的年末货币总量。

城乡居民储蓄存款余额　指某一时点城乡居民存入银行及农村信用社的储蓄金额，包括城镇居民储蓄存款和农民个人储蓄存款，不包括居民的手存现金和工矿企业、部队、机关、团体等单位存款。

贷　款　指银行或其他信用机构根据资金必须归还的原则，按一定利率，为企业、个人等提供资金的一种信用活动形式。我国银行贷款分为流动资金贷款、固定资产贷款、城乡个体工商户贷款以及农业贷款等科目。

年末金融机构人民币各项贷款余额　指年终时银行或其他信用机构根据必须归还的原则，按一定利率，为企业、个人等提供资金贷款的总额。不包括外币贷款。

保险金额　指保险人承担赔偿或者给付保险金责任的最高限额。

保费收入　指保险合同订后，被保险人必须向保险人付出一定的费用才能取得保险人根据合同内容承担赔偿责任。这种费用叫“保费”。

赔款、给付　指保险人在年内实际支付给被保险人遭到损失时的赔款。无论哪年承保业务和发生的损失，凡在本年内支付赔款、结案均计在本年内。

股票市价总值　指在交易所上市的证券在某一时点按市价与发行数量计算的总金额。计算公式为：

股票市价总值＝Σ(市价×发行数量)。

Explanatory Notes on Main Statistical Indicators

Government Revenue refers to local government revenue and central VAT and consumption tax. General Budgetary Financial Revenue includes business tax, 40% of local enterprise income tax, 40% of personal income tax, 70% of city land use tax, urban maintenance and construction tax, house property tax, vehicle and vessel tax, stamp tax, slaughter tax, tobacco tax, farm land pccupation tax, deed tax, 15% of VAT and 70% other taxes except for offshore petroleum resources tax.

Government Expenditure refers to the distribution and use of the funds which the government finance has raised, so as to meet the needs of economic construction and various causes. It includes: expenditure for general public services, expenditure for public security, expenditure for education, expenditure for science and technology, expenditure for culture, sport and media, expenditure for social safety net and employment effort, expenditure for medical and health care, expenditure for environment protection, expenditure for urban and rural community affairs, expenditure for agriculture forestry and water conservancy, expenditure for transportation, expenditure for grain and material reserves and management, expenditure for affairs of exploration, power and information and others.

General Budgetary Revenue of Local Finance refers to revenue from valued-added tax, business tax, corporate income tax, individual income tax, resource tax, urban maintenance and construction tax, house property tax, stamp tax, urban and rural land use tax, land value increment tax, vehicle and vessel tax, farmland occupancy tax, deed tax, tobacco tax and other taxes. It also includes special revenue, and non-tax revenue of administrative and institutional fees, penalty income, government capital operating income, state-owned resource (asset) compensable use income and other incomes.

Taxes of Various Kinds refer to value-added tax, consumption tax, business tax, corporate income tax, drawback for corporate income tax, individual income tax, resource tax, fixed asset investment regulation tax, urban maintenance and construction tax, house property tax, stamp tax, urban and rural land use tax, land value increment tax, vehicle and vessel tax, farmland occupancy tax, deed tax, tobacco tax and other taxes.

Corporate Income Tax refers to the income levied by tax authorities abiding by *Provisional Regulation of PRC on Corporate Income Tax* and the foreign-funded enterprises income tax and foreign enterprises income tax levied abiding by *Tax Law of PRC on Foreign-funded Enterprises Income and Foreign Enterprises Income*. The income levied by tax authorities from the investment on the Hong Kong, Macao and Taiwan enterprises is included as well.

Individual Income Tax refers to the tax levied abiding by *Individual Income Tax Law of the People's Republic of China* and by *Implementary Measure of Collection to Individual Income to Savings Deposit Interest*.

General Budgetary Expenditure of Local Finance refers to the cost from general public service, national defense, social security, education, science and technology, culture, sports and media, social security and employment effort, medical and health care, environment protection, urban and rural community affairs, agriculture, forestry, water conservancy affairs, communications and transportations and etc.

General Public Service Expenditure refers to the cost provided by government for public service.

Science and Technology Expenditure refers to the cost for science and technology.

Education Expenditure refers to the cost provided by government for education affairs. The education affairs include educational administration and service for pre-school education, primary school education, junior high school education, regular senior high school education, regular higher education, elementary vocational education, technical secondary school education, technical school education, vocational high school education, higher vocational education, radio and television education, oversea-students education, special education, cadre continuing education and other education organizations.

Culture, Sports and Media Expenditure refers to the cost provided by government for culture, cultural relic, sports, radio and television, press and publication news.

Medical and Health Care Expenditure refers to the medical and health programs in the general budget of local finance. It refers to the cost provided by government for medicine and health care, including medical and health management affairs, medical service, medical support, disease control and prevention, health supervision, maternal and children hygiene and rural health.

Urban and Rural Community Affairs Expenditure refers to the cost provided by government, including the cost of urban and rural community management affairs, urban and rural community plan and management, urban and rural community public facilities, urban and rural community residences, establishing of marketing management and supervision.

Communication and Transportation Expenditure refers to the cost provided by government for communication and transportation, including road transportation, waterway transportation, railway transportation, civil aviation transportation and etc.

Social Safety and Employment Effort Expenditure refers to the cost provided by government for social safety and employment effort including the social security and employment management affairs, civil management affairs, subsidies to social security fund from finance, replenish to national social security fund, subsidies for retirement of administrative institutions, subsidies for enterprises reform, subsidies for employment, pension, arrangement after retirement, social welfare, handicapped utilities, minimum subsistence allowances for urban residents, other urban social relief, rural social relief, living subsidies for natural disasters, red cross affairs and etc.

Credit Funds refers to the monetary funds accumulated and disturbed in the means of credit by the financial institutions. The sources of credit funds include various deposits, liabilities to international financial institutions, currency in circulation, bank itself owned funds, current retained profits and other items. The uses of credit funds include loans, securities and investment, position for bullion and silver purchase, position for foreign exchange purchase, advances to treasury, and assets with international financial institutions.

Deposit is a form of credit by which enterprises, institutions, organizations or households can put money into banks and other credit institutions for safekeeping and interest earning under the principle of free withdrawal. According to different depositors, deposits are divided into enterprise deposits, treasury deposits, deposits of government agencies and organizations, capital construction deposits, urban savings deposits, rural deposits and other deposits. Deposits are major sources of the credit funds of banks.

Savings Deposits in RMB in all Items of Financial Institutions refer to the total year-end monetary aggregates of enterprises, institutions, organizations and residents saving money into banks and other credit institutions and gaining some interests according to the recoverable principle.

Savings Deposit Balance of Urban and Rural Residents refers to the money put into banks and rural credit unions at certain time points, include the bank savings deposit of urban residents and the bank savings deposit of rural residents. The cash held by residents and the deposits of organizations such as industrial and mining enterprises, army units, institutions, etc, are not included.

Loan is a form of credit by which banks and other credit institutions provide funds at certain interest rate to enterprises and individuals in the light of the principle of unconditional repayment. Loans from Chinese banks include circulating capital loans, fixed assets loans, loans to urban and rural individuals engaged in industrial and commercial business and agricultural loans.

Loan Balances in RMB in all Items of Financial Institutions refer to the total volume of loans with some interest rate provided by banks and other credit institutions for enterprises and individuals at year-end according to principle of must-be-returned.

Amount Insured refers to the maximum that the insurant will get for the claim of the case insured.

Premium is the fee paid by the insurant to the insurer to obtain the obligation of compensation from the insurance within the agreed terms.

Settled Claim is the compensation paid by the insurer to the insurant in accordance with the insurance contract.

Total Market Capitalization refers to the total value of the issued shares calculated on the share price at a certain time and the number of issued shares. The formula is as follows:

Total Market Capitalization= ∑（Market Price × Issued Volume）

13

Thirteen

城乡调查

Urban and Rural Survey

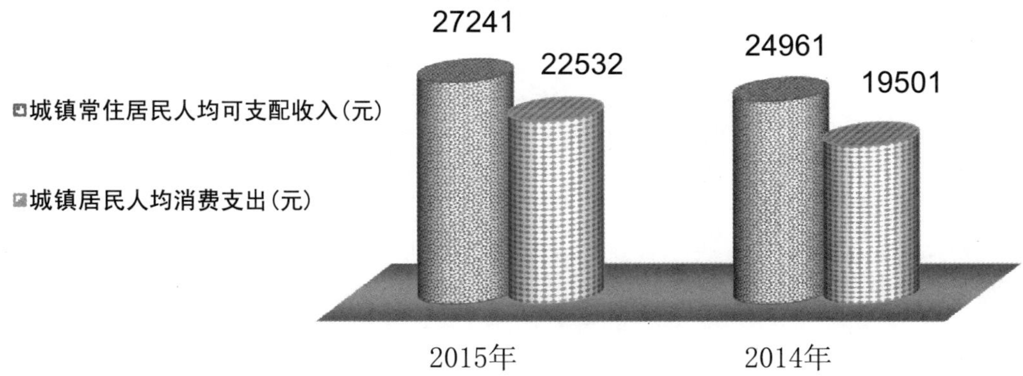

2015年每百户城镇居民主要耐用消费品拥有量

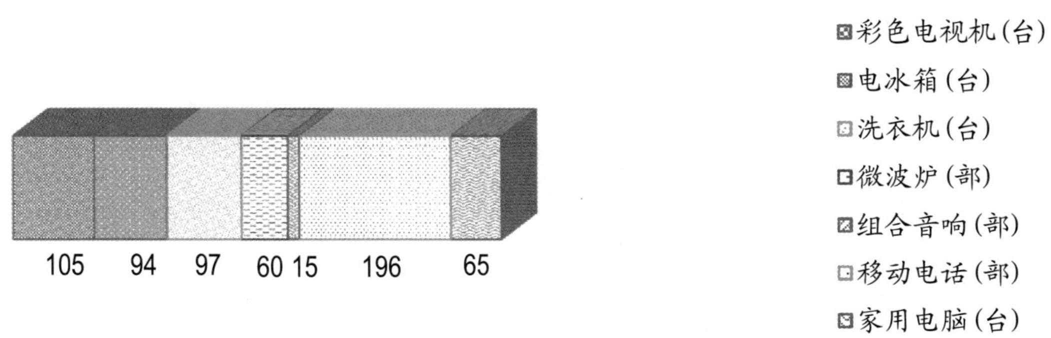

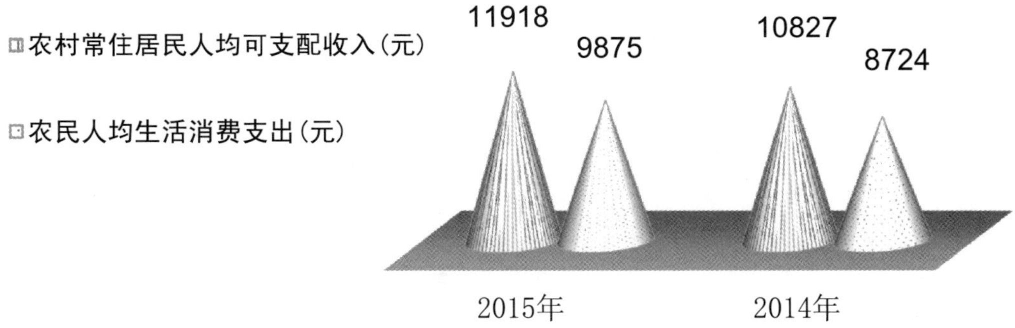

2015年每百户农民主要耐用消费品拥有量

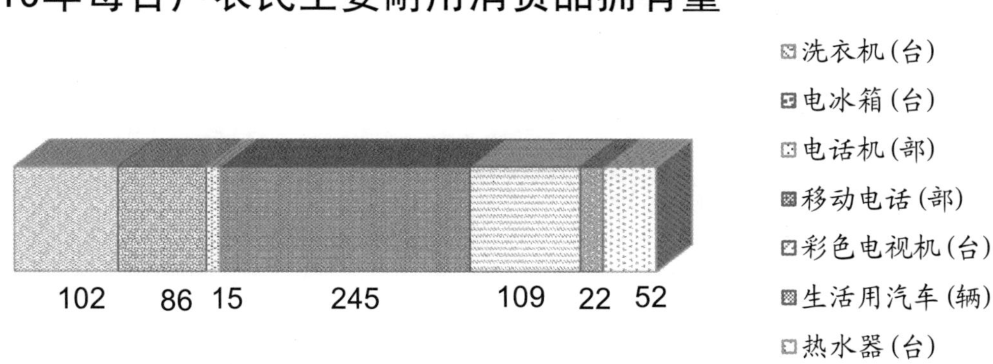

城市居民消费价格指数（上年同期=100）

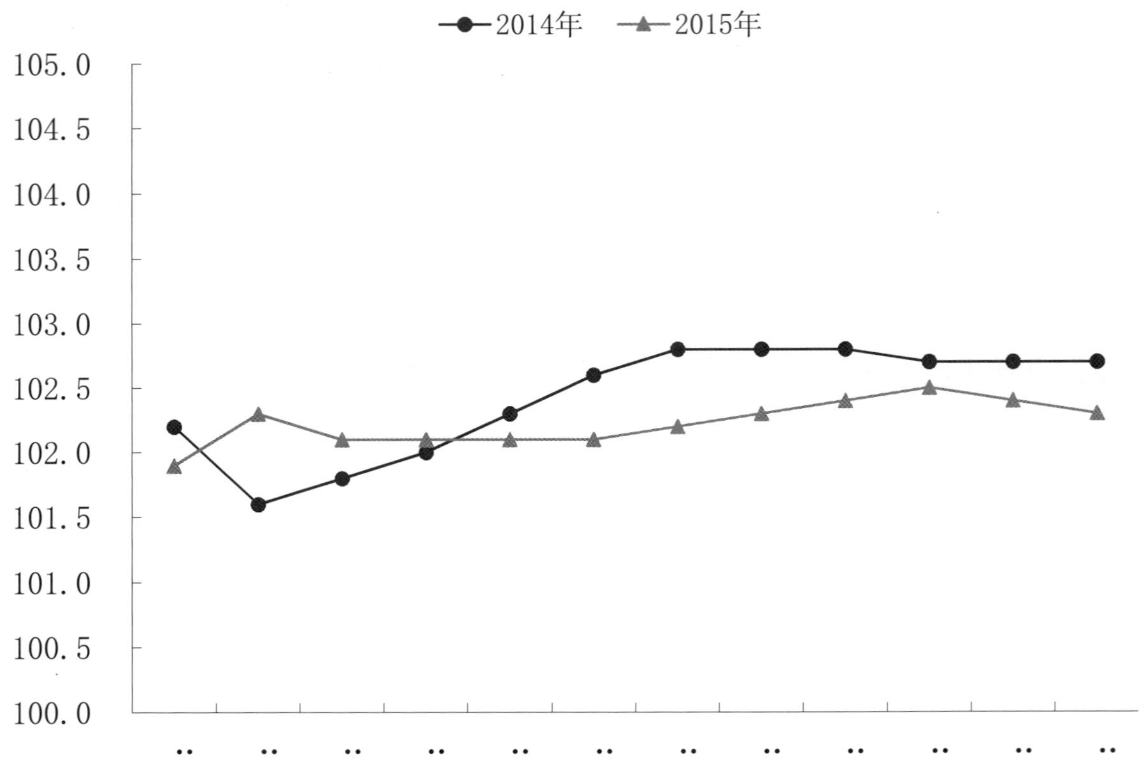

商品零售价格指数（上年同期=100）

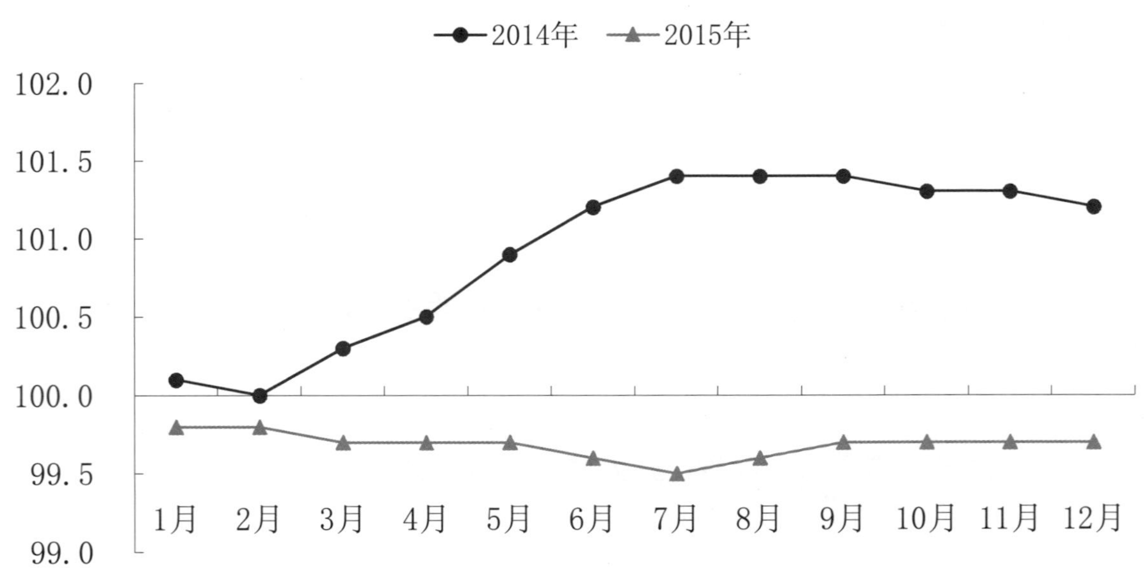

13-1 城市居民消费价格指数
Urban Consumer Price Indices

(以上年同期为100)

指　标	Item	2015	2014	指　标	Item	2015	2014
居民消费价格总指数	**Gereral Consumer Price Index**	**102.3**	**102.7**	饮　料	Beverages	104.2	106.6
#服务项目价格指数	Services Price Index	104.7	103.1	干鲜瓜果	Dried and Fresh Melons and Fruits	95.4	117.6
消费品价格指数	Consumer Goods Price Index	101.3	102.5	鲜　果	Fresh Fruits	93.7	122.7
食　品	**Food**	**103.0**	**105.5**	干(坚)果及瓜果制品	Dried Fruits (nuts) and Processed Products	102.3	100.7
粮　食	Grain	102.2	100.9	糕点饼干面包	Cake,Biscuit and Bread	103.7	100.9
淀粉及薯类	Starches and Tubers	102.3	107.6	液体乳及乳制品	Milk and Its Products	101.5	110.4
干豆类及豆制品	Beans and Bean Products	100.4	102.7	在外用膳食品	Outward dinner	104.5	109.5
油　脂	Oil or Fat	95.9	93.2	其它食品及食品加工服务	Other Foods and Processing Services	101.5	103.6
肉禽及其制品	Meat, Poultry and Processed Products	106.9	99.3	**烟酒及用品**	**Tobacco,Liquor and Articles**	**102.9**	**97.4**
食用畜肉及副产品	Meat and By-products	107.9	97.0	烟　草	Tobacco	102.3	100.0
禽	Poultry	103.3	111.0	酒	Liquor	104.0	92.6
肉禽加工制品	Processed Products	103.9	101.0	吸烟饮酒用品	Other Articles about Tobacco and Liquor		
蛋	Eggs	97.5	105.4	**衣　着**	**Clothing**	**100.3**	**102.7**
水产品	Aquatic Products	102.4	103.5	服　装	Garments	100.2	103.1
鱼	Fish	100.9	99.7	男式服装	Men's Garments	101.7	104.9
其它水产品	Other Aquatic Products	105.3	111.8	女式服装	Women's Garments	99.3	101.8
菜	Vegetables	100.0	104.8	儿童服装	Children's Garments	98.8	104.7
鲜　菜	Fresh Vegetables	99.5	104.8	衣着材料	Clothing Material	100.0	100.0
干菜及菜制品	Dried Vegetable and Processed Products	106.4	104.1	鞋袜帽	Shoes,Socks and Hats	100.6	101.9
调味品	Flavoring	102.0	100.0	鞋	Shoes	100.9	102.2
糖	Sugar	103.0	101.7	袜　子	Socks	100.0	100.0
茶及饮料	Tea and Beverages	103.3	105.2	帽　子	Hats	96.9	100.4
茶　叶	Tea	100.0	99.9	衣着加工服务	Clothing Manufacturing Services	100.0	100.1

13-1 续表 (continued)

指　标	Item	2015	2014	指　标	Item	2015	2014
家庭设备用品及维修服务	**Household Facilities, and Maintenance Services**	**102.2**	**101.0**	车用燃料及零配件	Fuels and Auto-parts for Vehicles	82.5	98.9
耐用消费品	Durable Consumer Goods	100.7	102.7	车辆使用及维修	Vehicles Use and Maintenance	103.7	104.6
家　具	Furniture	101.0	105.3	市区公共交通	Incity Traffic	119.8	101.0
家庭设备	Household Facilities	100.5	101.7	城市间交通	Intercity Traffic	104.0	103.0
室内装饰品	Interior Decorations	99.9	99.8	通　信	Communication	97.9	98.4
床上用品	Bedding Articles	100.0	99.6	通信工具	Communication Facility	78.8	85.6
家庭日用杂品	Household Articles for Daily Use	101.7	99.3	通信服务	Communication Service	100.0	100.0
家庭服务及加工维修服务	Household Services and Maintenance and Renovation	108.2	103.6	**娱乐教育文化用品及服务**	**Recreation,Education and Culture Articles**	**104.6**	**100.9**
医疗保健和个人用品	**Health Care and Personal Articles**	**100.2**	**101.1**	文娱用耐用消费品及服务	Durable Consumer Goods for Cultural and Recreational Use and Sercices	94.1	91.0
医疗保健	Heath Care and Medical Services	100.2	99.7	教　育	Education	105.5	103.3
医疗器具及用品	Medical Instrument and Articles	100.0	100.0	教材及参考书	Teaching Materials and Reference Books	102.8	99.4
中药材及中成药	Traditional Chinese Medicine	100.3	100.0	教育服务	Education Services	105.6	103.4
西　药	Western Medicine	100.4	100.2	文化娱乐类	Culture and Recreation	100.5	101.1
保健器具及用品	Health Care Applicants and Articles	100.0	93.9	文化娱乐用品	Recreational Articles	99.6	98.5
医疗保健服务	Health Care Services	100.0	100.0	书报杂志	Newspapers and Magazines	100.0	100.0
个人用品及服务	Personal Articles and Services	100.2	103.5	文娱费	Expenditure on Culture and Recreation	100.7	101.8
化妆美容用品	Cosmetics	100.1	99.6	旅游及外出	Touring and Outing	114.7	105.5
卫生用品	Sanitation Articles	100.9	100.3	**居　住**	**Residence**	**101.2**	**102.5**
个人饰品	Personal Ornaments	93.4	93.6	建房及装修材料	Building and Decoration Materials	99.7	99.5
个人服务	Personal Services	101.5	114.7	租　房	Renting	101.3	101.8
交通和通讯	**Transport and Communication**	**102.5**	**100.0**	自有住房	Home-ownership	102.2	103.8
交　通	Transportation	106.3	101.4	水、电、燃料	Water,Electricity and Fuels	100.3	101.7
交通工具	Transportation Facility	100.1	99.3				

13-2 商品零售价格指数
Retail Price Index

(以上年同期为100)

指　标	Item	2015	2014	指　标	Item	2015	2014
商品零售价格总指数	**General Retail Price Index**	**99.7**	**101.2**	**纺织品类**	**Textiles**	**100.0**	**99.9**
食品类	**Food**	**102.5**	**104.8**	衣着材料	Clothing	100.0	100.0
粮　食	Grain	102.0	100.7	床上用品	Bed Articles	100.0	99.9
淀粉及薯类	Starches and Tubers	102.3	107.6	**家用电器及音像器材**	**Household Appliances and Audio-Video Instruments**	**98.6**	**98.1**
干豆类及豆制品	Beans and Bean Products	100.5	102.8	家庭设备	Household Appliances	100.3	102.1
油　脂	Oil or Fat	96.0	93.2	文娱用耐用消费品	Durable Consumer Goods for Cultural and Recreational Use	95.7	90.3
肉禽及其制品	Poultry and Processed Products	106.1	100.4	音像器材类	Music and Video Equipment	99.2	105.0
食用畜肉及副产品	Meat and By-products	107.7	97.6	**文化办公用品**	**Cultural and Office Appliances**	**98.9**	**97.6**
禽	Poultry	103.4	111.1	**日用品**	**Articles for Daily Use**	**101.4**	**99.4**
肉禽加工制品	Poultry Products	103.9	101.0	日用百货	General Merchandise for Daily Use	103.4	99.7
蛋	Eggs	97.5	105.4	日用杂品	Articles for Daily Use	102.6	99.9
水产品	Aquatic Products	101.6	101.3	洗涤用品	Washing Articles	100.6	98.6
鱼	Fish	100.9	99.7	其它日用品	Others	99.7	100.2
其它水产品	Other Aquatic Products	105.7	112.9	**体育娱乐用品**	**Sports and Recreation Articles**	**99.9**	**100.3**
菜	Vegetables	100.1	104.8	体育用品	Sports Articles	100.1	100.1
调味品	Flavoring	102.0	100.0	娱乐用品	Recreation Articles	99.8	100.4
糖	Sugar	103.0	101.4	**交通、通信用品**	**Transport and Communication Appliances**	**98.3**	**98.3**
干鲜瓜果	Dried and Fresh Melons and Fruits	95.2	118.3	交通运输机械	Transportation Appliances	99.0	99.4
糕点饼干面包	Cake,Biscuit and Bread	103.9	101.0	通讯器材类	Communication Appliances	88.8	85.7
液体乳及乳制品	Milk and Its Products	101.5	110.9	**家　具**	**Furniture**	**101.0**	**105.5**
在外用膳食品	Outward dinner	104.4	109.0	**化妆品类**	**Cosmetics**	**100.1**	**99.6**
其它食品	Other Foods	101.5	103.6	**金银珠宝类**	**Gold,Silver and Jewelry**	**87.5**	**88.8**
饮料、烟酒	**Beverages,Tobacco and Liquor**	**102.4**	**98.4**	**中西药品及医疗保健用品类**	**Traditional Chinese and Western Medicines and Health Care Articles**	**100.4**	**99.8**
茶及饮料	Tea and Beverages	100.9	102.4	医疗器具及用品	Medical Apparatus and Article	100.0	100.0
茶　叶	Tea	100.0	99.9	中药材及中成药	Traditional Chinese Medicinal Materials and Medicines	100.4	100.0
饮　料	Beverages	101.2	103.1	西　药	Western Medicine	100.4	100.2
烟　草	Tobacco	102.4	100.0	保健器具及用品	Health Care Applicants and Articles	100.0	93.9
酒	Liquor	103.9	92.0	**书报杂志及电子出版物类**	**Books,Newspapers,Magazines and Electronic Publications**	**100.6**	**99.8**
服装、鞋帽类	**Garments,Shoes and Hats**	**100.3**	**102.4**	教材及参考书	Teaching Materials and Reference Books	102.0	99.4
服　装	Garments	100.2	103.5	书报杂志	Newspapers and Magazines	100.0	100.0
男士服装	Men's Garments	101.6	104.9	电子音像制品	Electronic Music and Video Products	100.0	100.0
女式服装	Women's Garments	99.3	101.8	**燃料类**	**Fuels**	**91.2**	**102.3**
儿童服装	Children's Garments	98.8	104.7	煤炭及制品类	Coal and Coal products	114.6	88.8
鞋袜帽	Shoes,Socks and Hats	100.8	102.0	石油及制品类	Oil and Oil products	89.0	103.8
鞋	Shoes	100.9	102.2	**建筑材料及五金电料类**	**Building Materials and Hardware**	**98.5**	**99.1**
袜　子	Socks	100.0	100.0	建筑装璜材料	Building Decoration Materials	97.6	98.8
帽　子	Hats	96.9	100.4	五金电料类	Hardware	101.9	100.1
其　它	Others	100.1	95.6				

13-3 城市住户基本情况(2015年)
Statistics on Urban Households(2015)

指　　标		Item		数 量 Quantity
调查户数	**(户)**	**Number of Households Surveyed**	**(household)**	**667**
家庭人口数	**(人/户)**	**Number of Persons per Household**	**(household/person)**	**2.79**
离退休人数	(人/户)	Number of Retirees	(household/person)	0.38
负担系数	**(人/就业者)**	**Dependency Ratio**	**(person/employee)**	**1.42**
耐用消费品		**Durable Consumer Goods**		
摩托车	(辆/百户)	Motorcycle	(unit/100households)	5
助力车	(辆/百户)	Hand Car	(unit/100households)	3
家用汽车	(辆/百户)	Automobile	(unit/100households)	21
洗衣机	(台/百户)	Washing Machine	(set/100households)	97
电冰箱	(台/百户)	Refrigerator	(set/100households)	94
彩色电视机	(台/百户)	Color TV Set	(set/100households)	104.68
家用电脑	(台/百户)	Computer	(set/100households)	64.92
组合音响	(套/百户)	audio system	(unit/100households)	14.53
摄像机	(架/百户)	Video Camera	(unit/100households)	7.24
照相机	(架/百户)	Camera	(unit/100households)	27.99
钢　琴	(架/百户)	Piano	(unit/100households)	
其它中高档乐器	(件/百户)	Other Medium and High Grade Musical Instrument	(unit/100households)	2.91
微波炉	(台/百户)	Microwave Oven	(set/100households)	59.81
空调器	(台/百户)	Air Conditioner	(set/100households)	17.44
热水器	(台/百户)	Water Heater for Shower	(set/100households)	82.93
消毒碗柜	(台/百户)	Disinfection Cupboard	(set/100households)	23.41
洗碗机	(台/百户)	Dishwasher	(set/100households)	0.44
健身器材	(套/百户)	Health Equipment	(unit/100households)	4.39
固定电话	(部/百户)	Fixed Telephone	(unit/100households)	54.91
移动电话	(部/百户)	Mobile Phone	(unit/100households)	196.32
信息化调查		**Informationization Survey**		
接入互联网的移动电话	(部/百户)	Number of Mobil Phones with Access to Internet	(unit/100households)	107.64
接入有线电视网络的电视机	(台/百户)	Number of TVs with Access to CATV Network	(set/100households)	87.18
接入互联网的计算机	(台/百户)	Number of Computers with Access to Internet	(set/100households)	49.14

13-3 续表 (continued)

指　　标	Item	数　量 Quantity
现住房总建筑面积(平方米/人)	Total Floor Space of Houses(sq.m/person)	**34.28**
房屋产权	Housing Property Right	
租赁公房	Leasing of State-owned Housing	2.25
租赁私房	Leasing of Private Housing	8.86
原有私房	Private Housing Existed	22.06
房改私房	Private Housing through Housing Reforming	20.26
商品房	Commercial Housing	38.57
其　它	Others	8.00
住宅建筑式样	Housing Styles	
单栋住宅	Single Housing	29.12
四居室	Four-bedroom House	4.65
三居室	Three-bedroom House	27.80
二居室	Two-bedroom House	34.67
一居室	One-bedroom House	2.70
筒子楼及连片平房	Ordinary House	0.75
其　它	Bungalow and Others	0.31
饮水情况	Drinking Water	
自来水	Tap Water	87.54
桶装水	Barrelled Water	10.96
井、河水	Well and Spring Water	1.50
其　它	Others	
用水情况(合计)	Water Condition(Total)	
独用自来水	Separate Using Tap Water	99.85
公用自来水	Public Using	0.15
取暖设备	Warm Equipment	
无取暖设备	Without Heating Installation	10.84
自行供暖	Supply Heating by Oneself	89.01
由市政或小区集中供暖	Central Heating	0.15
炊用燃料使用情况	Fuels for Cooking	
管道煤气	Piped Coal Gas	10.69
液化石油气	Liquefied Petroleum Gas	7.05
煤	Coal	1.35
管道天然气	Piped Natural Gas	23.41
电	Electricity	57.19
其　它	Others	0.31

13–4 城市住户收支情况(2015年)
Income and Expenditure of Urban Households(2015)

单位：元/人 (yuan/person)

指　　标	Item	合　计 Total	指　　标	Item	合　计 Total
家庭总收入	**Total Households Income**	**29696.79**	政策性生活补贴	Allowance from the Government	8.12
#可支配收入	Disposable Income	27241.01	报销医疗费	Income from Medical Reimbursement	51.88
工资性收入	**Income from Wages and Salaries**	**16193.34**	家庭外出从业人员寄回带回收入	Income from Family Members Working Outside	13.69
工　资	Income from Laborage and Allowance	15599.76	赡养收入	Income from Offsprings	366.56
实物福利	Material Benefits	64.53	其他经常转移性收入	Others	95.75
其　他	Others	529.05	从政府和组织得到的实物产品和服务折价	Discounted Products and Services from Government	5.18
经营净收入	**Net Business Income**	**2354.27**	现金政策性惠农补贴	Cash Aids under Benefting-Farmers Policy	268.52
财产净收入	**Net Property Income**	**2559.33**	**非收入所得**	**Other Income**	**2162.63**
财产性收入	**Property Income**	**2623.83**	出售资产所得	Income from Selling Properties	1115.27
利息净收入	Interest Income	112.30	**非经常性转移所得**	Income from Irregular Transfer	**1040.81**
红利收入	Dividends and Bonus Income	52.22	其他非收入所得	Others	6.54
储蓄性保险净收益	Net Income from Endowment Insurance	0.34	**借贷性所得**	**Income from Debit and Credit**	**4470.89**
转让承包土地经营权租金净收入	Other Investment Income	50.34	提取储蓄存款	Drawing Money from Banks	4013.11
出租房屋财产性收入	House Rent	669.88	借入款	Loan Payable	265.14
出租机械专利版权等资产的收入	Income from Machinery and Copyright Rent	9.43	收回借出款	Loans Received	57.65
其他财产净收入	Other Net Income	45.73	住房贷款	Housing Loan	4.22
房屋虚拟租金	Virtual House Rent	1619.08	汽车贷款	Car Loan	0.57
转移净收入	**Net Income from Transfer**	**6134.07**	其他贷款	Other Loans	112.81
转移性收入	**Income from Transfer**	**7717.21**	其他借贷所得	Others	17.29
养老金或离退休金	Annuities or Pension	6835.00	**家庭总支出**	**Total Households Expenditure**	**34462.15**
社会救济和补助	Income from Social Relief and Aids	72.52	**消费支出**	**Consumption Expenditure**	**22532.28**

13-4 续表 (continued)

单位：元/人 (yuan/person)

指 标	Item	合 计 Total	指 标	Item	合 计 Total
#服务性消费支出	Expenditure on Service Consun	3906.29	其他生活贷款利息支出	Expenditure on Other Loan Interest	6.62
通过互联网购买商品或服务	Purchasing Goods or Services from the Internet	295.91	其他财产性支出	Others	1.34
食品烟酒	Food,Tobacco and Liquor	6935.01	购置资产及非经常性转移支出	Expenditure on Assets Acquisition and Irregular Transfer	**3567.31**
衣 着	Clothing	1728.86	购置资产支出	Expenditure on Assets Acquisition	557.70
生活用品及服务	Household Items and Services	1522.70	**非经常性转移支出**	Expenditure on Irregular Transfer	3009.61
医疗保健	Health Care and Medical Services	1072.17	**借贷性支出**	**Expenditure on Loan**	**5975.74**
交通和通信	Transport and Communication	3142.28	存入储蓄款	Saving Deposits	4355.43
教育文化娱乐服务	Education,Culture and Recreation Services	3337.41	借出款	Lending	4.71
居 住	Residence	4388.24	归还借款	Loan Payment	86.36
其他用品和服务	Miscellaneous Goods and Services	405.62	购买有价证券	Purchase of Negotiable Securities	339.05
转移性支出	**Transfer Expenditure**	**1583.14**	其他投资支出	Other Investment Expenditure	266.36
个人所得税	Individual Income Tax	108.11	归还住房贷款	Payments on Housing Loan	799.67
社会保障支出	Social Security Expenditure	1282.76	归还汽车贷款	Payments on Car Loan	81.75
个人缴纳的养老保险	Endowment Insurance by Individual	883.18	归还教育贷款	Payments on Educational Loan	0.57
个人缴纳的医疗保险	Medicare Paid by Individual	333.59	归还其他贷款	Payments on Other Loans	14.39
个人缴纳的失业保险	Unemployment Insurance Paid by Individual	60.27	其他借贷支出	Others	27.43
其他社会保障支出	Others	5.72	部分商业保险支出	Expenditure on Commercial Loan	70.32
外来从业人员寄给家人的支出	Expenditure on Lottery	4.89	意外伤害保险	Accidents Insurance	16.98
赡养支出	Expenditure on Supportingthe Old	121.62	商业医疗保险（含大病保险）	Commercial Health Insurance (Including critical illness insurance)	29.06
其他转移性支出	Expenditure on Transfer	65.76	其他非储蓄性商业保险	Other Non-saving Commercial Insurance	7.59
财产性支出	**Property Expenditure**	**64.51**	其他储蓄性商业保险	Other Commercial Insurance of saving	16.68
住房贷款利息支出	Payments on Housing Loan Interest	56.54			

13-5 城市住户消费支出情况(2015年)
Consumption Expenditure of Urban Households(2015)

指标		Item		数量(-/人) Quantity (-/person)	金额(元/人) Amount (yuan/person)	平均单价(元/千克) Average Unit Price(yuan/kg)
消费支出	**(元)**	**Consumption Expenditure**	**(yuan)**		**22532.28**	
#服务性消费支出	**(元)**	**Services**	**(yuan)**		**3906.29**	
食品烟酒	**(元)**	**Food,Tobacco and Liquor**	**(yuan)**		**6935.01**	
食　品		**Food**		**102.20**	**4694.55**	
谷物类	**(元)**	**Grain**	**(yuan)**	**91.38**	**511.54**	**5.60**
小　麦	(千　克)	Wheat	(kg)	20.13		
稻　谷	(千　克)	Rice	(kg)	60.30		
玉　米	(千　克)	Corn	(kg)	1.61		
其他谷物类	(千　克)	Others	(kg)	9.34		
薯　类	**(千　克)**	**Tubers**	**(kg)**	**1.43**	**29.05**	**20.31**
红　薯	(元)	Sweet Potatoes	**(yuan)**	0.34		
马铃薯	(千　克)	Potatoes	(kg)	1.00		
其他薯类	(千　克)	Others	(kg)	0.09		
豆　类	**(千　克)**	**Beans**	**(kg)**	**9.39**	**75.10**	**8.00**
大　豆	(元)	Soybean	**(yuan)**	0.30		
其他豆类	(千　克)	Others	(kg)	9.09		
油脂类	**(千　克)**	**Oil and Fats**	**(kg)**	**12.57**	**224.71**	**17.88**
植物油	(千　克)	Vegetable Oil	(kg)	11.34		
动物油	(千　克)	Animal Oil	(kg)	1.23		
蔬菜及菜制品	**(千　克)**	**Vegetables and Vegetable Products**	**(kg)**	**98.58**	**746.34**	**7.57**
鲜　菜	(千　克)	Fresh Vegetables	(kg)	93.89		
干菜及菜制品	(千　克)	Dried Vegetables and Vegetable Products	(kg)	2.98		
鲜　菌	(千　克)	Fresh Mushrooms	(kg)	1.39		
干菌及菌制品	(千　克)	Dried Mushrooms andMushroom Products	**(kg)**	0.33		
肉　类	**(千　克)**	**Meat**	**(kg)**	**35.90**	**1151.48**	**32.08**
猪　肉	(千　克)	Pork	(kg)	28.86		
牛　肉	(千　克)	Beef	(kg)	2.13		
羊　肉	(元)	Mutton	(yuan)	0.30		
其他肉类及制品	(千　克)	Others	(kg)	4.61		
禽　类	**(千　克)**	**Poultry**	**(kg)**	**9.58**	**316.66**	**33.05**
鸡、鸭、鹅	(千　克)	Chicken,Duck and Goose Meat	(kg)	8.35		
其他禽类及制品	(千　克)	Others	(kg)	1.23		

13-5 续表1 (continued)

指 标	Item	数 量 (-/人) Quantity(-/person)	金 额 (元/人) Amount (yuan/person)	平均单价 (元/千克) Average Unit Price (yuan/kg)
水产品	**Aquatic Products**	**6.29**	**187.20**	**29.74**
鱼 类	Fish	5.10		
虾贝蟹类	Shrimp, Prawns and Crabs	0.55		
藻 类	Algas	0.36		
其 他	Others	0.28		
蛋类及蛋制品	**Eggs and Egg Products**	**7.55**	**113.68**	**15.06**
鲜 蛋	Fresh Eggs	6.84		
蛋制品	Egg Products	0.71		
奶和奶制品	**Milk and Milk Products**	**18.62**	**315.70**	**16.95**
鲜 奶	Fresh Milk	16.09		
酸 奶	Yoghourt	1.85		
奶 粉	Milk Powder	0.40		
其他奶制品	Others	0.29		
干鲜瓜果类	**Dried and Fresh Melons and Fruits**	**44.52**	**596.83**	**13.41**
鲜瓜果	Fresh Fruits and Melons	39.10		
瓜果制品	Fruit and Melon Products	0.88		
坚果类	Nuts	4.54		
糖果糕点类	**Sweet and Sugar**	**7.43**	**202.01**	**27.21**
食 糖	Sugar	1.14		
糖 果	Sweet	1.03		
糕 点	Cake	3.88		
其他糖果糕点	Others	1.37		
饮 料	**Beverages**		**455.72**	
烟叶消费量	**Tobacco Consumption**	**33.33**	**565.65**	**16.97**
酒 类	**Liquor**	**5.01**	**231.46**	**46.20**
白 酒	Spirit	2.69		
啤 酒	Beer	2.21		
果 酒	Fruit Wine	0.11		
其他食品	Others		224.27	
饮食服务	**Catering Service**		**1281.40**	
食堂用餐	Canteen Dining		104.03	
其他在外饮食	Other Dining Out		1171.43	
食品加工服务费	Food Processing Service Fee		5.94	

13-5 续表2 (continued)

指　　标		Item		数　　量 (-/百户) Quantity (-/100 households)	金　　额 (元/人) Amount (yuan/person)	平均单价 (元/-) Average Unit Price (yuan/-)
衣　着	**(元)**	**Clothing**	**(yuan)**		**1728.86**	
衣　类	(件)	Clothes	(yuan)		1247.65	
鞋　类	(元)	Shoes	(yuan)		481.21	
居　住	**(元)**	**Residence**	**(yuan)**		**4388.24**	
租赁房房租	(元)	House Rent	(yuan)		297.64	
住房维修及管理	(元)	Housing Maintenance and Management	(yuan)		350.37	
水电燃料及其他	(元)	Water,Electricity,Fuel and Others	(yuan)		1001.43	
自有住房折算租金	(元)	Imputed Rent for Private Housing	(yuan)		2738.80	
生活用品及服务	**(元)**	**Articles for Daily Use and Services**	**(yuan)**		**1522.70**	
家具及室内装饰品	(元)	Furniture and Upholstery	(yuan)		183.41	
家用器具	(元)	Household Appliance	(yuan)		371.45	
家用纺织品	(元)	Household Textile	(yuan)		157.50	
家庭日用杂品	(元)	Daily Household Articles	(yuan)		498.33	
个人用品	(元)	Individual Articles	(yuan)		204.59	
家庭服务	(元)	Family Services	(yuan)		107.42	
#家政服务	(元)	Household Services	(yuan)		57.29	
交通通信	**(元)**	**Transportation and Communication**	**(yuan)**		**3142.28**	
交　通	(元)	Trasportation	(yuan)		1874.12	
交通工具	(元)	Trasportation Tools	(yuan)		761.14	
交通费	(元)	Expenditure on Trasportation	(yuan)		351.96	
交通工具用燃料	(元)	Fuel of Trasportation Tools	(yuan)		412.34	
交通工具使用及维修	(元)	Expenditure on Vehicles Use and Maintenance	(yuan)		348.67	
#车辆保险支出	(元)	Expenditure on Car Insurance	(yuan)		77.55	
通　信	(元)	Communication	(yuan)		1268.16	
通信工具	(元)	Communication Tools	(yuan)		296.02	
通信服务	(元)	Communication Services	(yuan)		972.14	

13-5 续表3 (continued)

指标		Item		数量 (-/百户) Quantity (-/100 households)	金额 (元/人) Amount (yuan/person)	平均单价 (元/-) Average Unit Price (yuan/-)
教育文化娱乐	**(元)**	**Education,Culture and Recreation**	**(yuan)**		**3337.41**	
教育	**(元)**	**Education**	**(yuan)**		**1009.09**	
学前教育	(元)	Preschool Education	(yuan)		128.62	
小学教育	(元)	Elementary Education	(yuan)		161.90	
初中教育	(元)	Junior Middle School Education	(yuan)		141.81	
高中教育	(元)	Senior High School Education	(yuan)		205.53	
中专职高教育	(元)	Secondary Vocational Education	(yuan)		21.57	
大专及以上教育	(元)	College Diploma or Above	(yuan)		279.81	
成人教育	(元)	Adult Education	(yuan)		69.86	
文化娱乐	**(元)**	**Culture and Recreation**	**(yuan)**		**2328.32**	
文娱耐用消费品	(元)	Durable Consumer Goods of Culture and Recreation	(yuan)		187.81	
其他文娱用品	(元)	Other Cultural and Recreational Articles	(yuan)		204.09	
文化娱乐服务	(元)	Cultural and Recreational Services	(yuan)		1936.42	
团体旅游	(元)	Group Tour	(yuan)		1539.09	
景点门票	(元)	Attractions Tickets	(yuan)		67.02	
体育健身活动	(元)	Physical Fitness Activity	(yuan)		15.85	
电影话剧演出票	(元)	Film,Drama and Concert Tickets	(yuan)		36.46	
有线电视费	(元)	Cable Bill	(yuan)		107.64	
其他文化娱乐服务	(元)	Other Cultural and Recreational Services	(yuan)		170.37	
医疗保健	**(元)**	**Medical Care**	**(yuan)**		**1072.17**	
医疗器具及药品	(元)	Medical Apparatus and Medicine	(yuan)		431.61	
医疗服务	(元)	Medical Services	(yuan)		640.56	
门诊总费用	(元)	Total Outpatient Expenditure	(yuan)		254.61	
住院总费用	(元)	Hospitalization Expenditure	(yuan)		385.95	
其他用品和服务	**(元)**	**Other Articles and Services**	**(yuan)**		**405.62**	
其他用品	(元)	Other Articles	(yuan)		222.03	
首饰及手表	(元)	Jewellery and Watches	(yuan)		125.15	
其他杂项用品	(元)	Others	(yuan)		96.88	
其他服务	(元)	Other Services	(yuan)		183.59	
旅馆住宿费	(元)	Hotel Bills	(yuan)		40.03	
美容美发洗浴	(元)	Beauty, Salons and Bath	(yuan)		85.23	
其他杂项服务	(元)	Others	(yuan)		58.34	

13–6 城市住户按相对收入不等距分组情况(2015年)

指　　标		Item	
家庭人口数	**(人/户)**	**Number of Persons per Household**	**(person/household)**
家庭总收入	**(元/人)**	**Total Households Income**	**(yuan/person)**
#可支配收入	(元/人)	Disposable Income	(yuan/person)
工资性收入	**(元/人)**	**Income from Wages and Salaries**	**(yuan/person)**
工　资	(元/人)	Income from Laborage and Allowance	(yuan/person)
实物福利	(元/人)	Material Welfare	(yuan/person)
其　他	(元/人)	Others	(yuan/person)
经营净收入	**(元/人)**	**Net Business Income**	**(yuan/person)**
财产净收入	**(元/人)**	**Income from Properties**	**(yuan/person)**
利息净收入	(元/人)	Interest Income	(yuan/person)
红利收入	(元/人)	Bonus Income	(yuan/person)
储蓄性保险净收益	(元/人)	Net Income from Endowment Insurance	(yuan)
转让承包土地经营权租金净收入	(元/人)	Net Rent Income from Contracted Land Transfer	(yuan)
出租房屋财产性收入	(元/人)	House Rent	(yuan)
出租机械专利版权等资产的收入	(元/人)	Income from Machinery and Copyright Rent	(yuan)
其他财产净收入	(元/人)	Other Net Income	(yuan)
房屋虚拟租金	(元/人)	Virtual House Rent	(yuan/person)
转移净收入	**(元/人)**	**Net Income from Transfer**	**(yuan/person)**
转移性收入	(元/人)	Income from Transfer	(yuan/person)
养老金或离退休金	(元/人)	Annuities or Pension	(yuan/person)
社会救济和补助	(元/人)	Income from Social Relief and Aids	(yuan/person)
政策性生活补贴	(元/人)	Allowance from the Government	(yuan/person)
报销医疗费	(元/人)	Income from Medical Reimbursement	(yuan/person)
家庭外出从业人员寄回带回收入	(元/人)	Income from Family Members Working Out	(yuan/person)
赡养收入	(元/人)	Income from Offsprings	(yuan/person)
其他经常转移收入	(元/人)	Others	(yuan/person)
从政府和组织得到的实物产品和服务折价	(元/人)	Discounted Products and Services from Government	(yuan/person)
现金政策性惠农补贴	(元/人)	Cash Aids under Benefting-Farmers Policy	(yuan/person)

Urban Households on Relative Income Inequality(2015)

合 计 Total	低20% Low Income Households	较低20% Lower Middle Income Households	中间20% Middle Income Households	较高20% Upper Middle Income Households	高20% High Income Households
2.75	**3.30**	**3.05**	**2.88**	**2.61**	**2.14**
29696.79	**14717.11**	**22695.37**	**29357.81**	**35005.90**	**58037.63**
27241.01	12935.34	20981.57	26730.62	33587.06	52307.65
16193.34	**8474.25**	**14817.61**	**18762.66**	**16456.36**	**26707.72**
15599.76	8246.08	14318.95	17840.38	15961.88	25723.65
64.53	4.31	82.36	96.61	65.91	87.57
529.05	223.87	416.31	825.68	428.57	896.49
2354.27	**1623.41**	**1409.53**	**1682.12**	**2247.59**	**6036.72**
2559.33	**1375.62**	**1630.73**	**2510.44**	**2885.62**	**5511.10**
112.30	15.93	78.84	51.61	306.60	156.43
52.22	8.65	19.36	0.23	9.24	300.17
0.34			1.64		
50.34	1.95		31.49	0.66	293.68
669.88	270.71	268.98	537.90	506.75	2308.46
9.43	4.71				56.54
45.73	10.34	3.10	15.74	-0.25	267.74
1619.08	1063.33	1260.45	1871.83	2062.62	2128.07
6134.07	**1462.05**	**3123.69**	**3775.40**	**11997.49**	**14052.12**
7717.21	2624.71	4561.80	6122.18	13144.36	16001.42
6835.00	2043.42	4284.17	5890.54	12220.29	12858.74
72.52	286.83	14.04	0.42	1.35	7.78
8.12	10.13	5.02	5.72	7.47	13.73
51.88	17.06	27.32	20.08	96.00	133.70
13.69		16.89	7.04	45.42	
366.56	155.66	110.05	131.44	678.21	1027.44
95.75	103.59	102.66	61.82	84.16	135.68
5.18	5.71	1.33	3.56	6.37	10.86
268.52	2.31	0.32	1.56	5.11	1813.48

13-7 农村住户基本情况
Basic Conditions of Rural Households

指标		Item		2015	2014
调查户数	**(户)**	**Households Surveyed**	**(household)**	**471**	**477**
调查户常住人口	**(人)**	**Permanent Residents per Surveyed Households**	**(person)**	**1645**	**1714**
平均每户常住人口	(人)	Average Number of Permanent Residents per Household	(person)	3.50	3.59
每户整、半劳动力	**(人)**	**Number of Full/Semi Labor Force Per Household**	**(person)**	**2.52**	**2.54**
整、半劳动力占常住人口比重	(%)	The Proportion of Full Semi Labor Force	(%)	72.00	70.72
平均每百个劳动力中		**In Per 100 Laborers**			
文盲或半文盲	(人)	Illiterate or Semi-Illiterate	(person)	1.77	2.31
小学程度	(人)	Elementary School	(person)	31.59	30.12
初中程度	(人)	Junior High School	(person)	53.97	54.54
高中程度	(人)	Senior High School	(person)	7.94	8.75
中专程度	(人)	Technical Secondary School	(person)		
大专以上	(人)	Junior College	(person)	4.73	4.29
劳动力平均受教育年限	**(年/人)**	**Average Schooling Years of Laborers**	**(year/person)**		
年末住房面积	**(平方米/人)**	**Living Space at Year-end**	**(sq.m/person)**	**49.87**	**50.61**
#新建房屋面积	(平方米/人)	Areas of Houses Newly Built	(sq.m/person)	2.62	1.11
年末住房价值	**(元/平方米)**	**Houses Value at Year-end**	**(yuan/sq.m)**	**1362.60**	**1499.04**

13-8 农村住户家庭经营情况
Basic Conditions of Household Business in Rural Households

指标		Item		2015	2014
经营耕地面积	**（亩/人）**	**Area of Cultivated Land**	**(mu/person)**	**1.17**	**0.99**
#有效灌溉面积	（亩/人）	Area of Effective Irrigation	(mu/person)	0.34	
经营林地面积	**（亩/人）**	**Areas of Forests Managed**	**(mu/person)**	**0.54**	
经营园地面积	**（亩/人）**	**Areas of Gardens Managed**	**(mu/person)**	**0.05**	
经营养殖水面面积	**（亩/人）**	**Areas of Meadow Managed**	**(mu/person)**	**0.01**	
年内出售猪头数	**（头/户）**	**Number of Selling Fattened Hogs in the Year**	**(head/household)**	**1.24**	**1.13**
年内自宰肥猪数	（头/户）	Output of Fattened Hogs Slaughtered by Peasants Themselves and Sold	(head/household)		
出售、自宰肥猪肉产量	（公斤/户）	Output of Pork Slaughtered by Peasants Themselves and Sold	(kg/household)	145.94	129.16
每头猪肉产量	（公斤/头）	Output of Per Slaughtered Hog	(kg/head)	114.73	114.30
年内出售菜羊只数	**（只/百户）**	**Number of Sold Mutton Sheep and Goat in the Year**	**(head/100 households)**	**5.52**	
出售、自宰羊的肉产量	（公斤/户）	Output of Mutton Slaughtered by Peasants Themselves and Sold	(kg/household)	2.36	0.10
年内出售肉牛数	**（头/百户）**	**Number of Sold Fattened Cattle in the Year**	**(head/100 households)**	**12.74**	**4.19**

13-9 农村家庭人均总收入
Per Capita Annual Income of Rural Households

单位：元 (yuan)

指 标	Item	2015	2014	2015年比2014年增长(%) Growth Rate in 2015 over 2014(%)
全年总收入	Total Revenue of the Year	**15013**	**14428**	**3.9**
工资性收入	Income from Wages and Salaries	6831	5662	17.1
经营性收入	Net Business Income	6617	7013	-6.0
财产性收入	Property Income	494	558	-13.0
转移性收入	Income from Transfer	1070	1195	-11.6
非收入所得	Other Income	1785	2007	-12.4
借贷性所得	Income from Debit and Credit	1539	1966	-27.7
家庭经营收入	Income from Household Operation	6617	7013	-6.0
第一产业	Primary Industry	4625	4967	-7.4
农业收入	Farming	1981	1854	6.4
#农产品收入	Farm Products			
林业收入	Forestry	55	96	-75.2
牧业收入	Animal Husbandry	2320	2895	-24.8
渔业收入	Fishery	270	122	54.9
第二产业	Secondary Industry	133	219	-64.8
采矿业收入	Mining industry	12	31	-160.5
制造业收入	Manufacturing industry	49	146	-197.2
建筑业收入	Construction	72	42	41.8
第三产业	Tertiary Industry	1859	1827	1.7
批发和零售业	Wholesale and retail trade	383	330	13.8
交通运输仓储和邮政业	Transportation, warehousing and postal services	924	1253	-35.7
住宿和餐饮业	Accommodation and catering industry	153	55	63.9
房地产业	Real Estate			
租赁和商务服务业	Leasing and business services	78	23	70.9
居民服务修理和其他服务业	Resident services and other services	300	157	47.5
其 他	Others	18	5	73.8
农林牧渔服务业	agricultural services industry	4	4	2.6
转移性收入	Income from Transfer	1070	1195	-11.6
养老金或离退休金	Annuities or Pension	241	134	44.5
社会救济和补助	Income from Social Relief and Aids	30	24	20.2
政策性生活补贴	Allowance from the Government	40	31	22.3
家庭外出从业人员寄回带回收入	Income from Family Members Working Outside	96	221	-131.5
赡养收入	Income from Offsprings	168	143	14.4
报销医疗费	Income from Medical Reimbursement	60	95	-57.0
从政府和组织得到的实物产品和服务折价	Discounted Products and Services from Government	11	35	-214.7
现金政策性惠农补贴	Cash Aids under Benefting-Farmers Policy	82	148	-78.9
其他转移性收入	Others	343	365	-6.4
财产性收入	Property Income	494	558	-13.0
利息收入	Interest Income	15	64	-315.7
红利收入	Income from Collective Dividend and Bonus	29	2	92.5
储蓄性保险净收益	Net Income from Endowment Insurance	1		
转让承包土地经营权租金净收入	Other Investment Income	125	17	86.5
出租房屋财产性净收入	House Rent	286	314	-9.5
出租机械专利版权等资产的净收入	Income from Machinery and Copyright Rent	8	25	-234.8
其他财产净收入	Other Net Income	30	136	-359.6

13-9 续表1

指　　标		Items	
转移性支出	(元/人)	Transfer Expenditure	(yuan/person)
个人所得税	(元/人)	Individual Income Tax	(yuan/person)
社会保障支出	(元/人)	Social Security Expenditure	(yuan/person)
个人缴纳的养老保险	(元/人)	Endowment Insurance by Individual	(yuan/person)
个人缴纳的医疗保险	(元/人)	Medicare Paid by Individual	(yuan/person)
个人缴纳的失业保险	(元/人)	Unemployment Insurance Paid by Individual	(yuan/person)
其他社会保障支出	(元/人)	Others	(yuan/person)
外来从业人员寄给家人的支出	(元/人)	Expenditure on Lottery	(yuan/person)
赡养支出	(元/人)	Expenditure on Supporting the Old	(yuan/person)
其他转移性支出	(元/人)	Expenditure on Transfer	(yuan/person)
经常性捐赠支出	(元/人)	Expenditure on Frequent Donations	(yuan/person)
经常性赔偿支出	(元/人)	Expenditure on Frequent Compensation	(yuan/person)
其他经常转移支出	(元/人)	Others	(yuan/person)
家庭总支出	**(元/人)**	**Total Households Expenditure**	**(yuan/person)**
消费支出	(元/人)	Consumption Expenditure	(yuan/person)
食品烟酒	(元/人)	Food and Liquor	(yuan/person)
食　品	(元/人)	Food	(yuan/person)
谷　物	(元/人)	Grain	(yuan/person)
薯　类	(元/人)	Tubers	(yuan/person)
豆　类	(元/人)	Beans	(yuan/person)
食用油	(元/人)	Oil	(yuan/person)
蔬菜和食用菌	(元/人)	Vegetables and Mushrooms	(yuan/person)
肉　类	(元/人)	Meat	(yuan/person)
禽　类	(元/人)	Poultry	(yuan/person)
水产品	(元/人)	Aquatic Products	(yuan/person)
蛋　类	(元/人)	Eggs	(yuan/person)
奶　类	(元/人)	Milk	(yuan/person)
干鲜瓜果类	(元/人)	Dried and FresMelons and Fruits	(yuan/person)
糖果糕点类	(元/人)	Sweet and Sugar	(yuan/person)
其他食品	(元/人)	Others	(yuan/person)
烟　酒	(元/人)	Tobacco and Liquor	(yuan/person)
烟　草	(元/人)	Tobacco	(yuan/person)
酒　类	(元/人)	Liquor	(yuan/person)

(continued)

合　计 Total	低20% Low Income Households	较低20% Lower Middle Income Households	中间20% Middle Income Households	较高20% Upper Middle Income Households	高20% High Income Households
1583.14	1162.65	1438.11	2346.78	1146.88	1949.29
108.11	44.45	9.87	72.54	41.81	492.75
1282.76	989.48	1149.78	2090.05	919.57	1270.89
883.18	677.46	795.12	1466.15	628.53	843.20
333.59	268.87	318.27	518.49	255.65	297.56
60.27	40.91	31.57	91.32	33.34	124.71
5.72	2.25	4.83	14.09	2.05	5.42
4.89		9.32		15.15	
121.62	80.55	157.23	107.96	142.52	127.22
65.76	48.17	111.91	76.23	27.82	58.44
20.89	11.60	26.42	35.65	6.65	24.77
0.03	0.13				
44.84	36.44	85.49	40.58	21.17	33.66
34462.15					
22532.28	15571.58	18984.12	24144.68	25191.63	33385.82
6935.01	5214.61	6427.99	6672.02	7789.34	9751.56
4694.55	3745.86	4395.02	4489.10	5296.83	6196.34
511.54	429.61	539.54	516.80	533.62	566.03
29.05	22.65	31.85	23.21	35.04	35.79
75.10	69.99	68.53	67.64	79.36	98.32
224.71	196.93	238.37	200.08	244.54	258.70
746.34	642.29	718.28	696.18	822.68	930.00
1151.48	951.04	997.72	1128.29	1299.91	1548.61
316.66	214.01	278.44	316.79	387.91	448.34
187.20	113.37	187.91	195.63	236.80	229.96
113.68	97.07	98.85	118.98	128.08	136.76
315.70	268.73	274.73	293.68	391.71	387.23
596.83	407.35	550.60	582.85	667.81	900.79
202.01	141.08	211.63	157.17	233.05	309.86
224.27	191.72	198.57	191.79	236.33	345.94
797.11	544.00	650.80	780.64	977.54	1217.65
565.65	430.33	458.29	540.22	699.70	809.84
231.46	113.67	192.51	240.43	277.84	407.81

13–9 续表2

指　　标		Items	
饮　料	(元/人)	Beverage	(yuan/person)
饮食服务	(元/人)	Catering Service	(yuan/person)
衣　着	(元/人)	Clothing	(yuan/person)
衣　类	(元/人)	Clothes	(yuan/person)
鞋　类	(元/人)	Shoes	(yuan/person)
居　住	(元/人)	Residence	(yuan/person)
租赁房房租	(元/人)	House Rent	(yuan/person)
住房维修及管理	(元/人)	Housing Maintenance and Management	(yuan/person)
水电燃料及其他	(元/人)	Water,Electricity,Fuel and Others	(yuan/person)
自有住房折算租金	(元/人)	Imputed Rent for Private Housing	(yuan/person)
生活用品及服务	(元/人)	Articles for Daily Use and Services	(yuan/person)
家具及室内装饰品	(元/人)	Furniture and Upholstery	(yuan/person)
家用器具	(元/人)	Household Appliance	(yuan/person)
家用纺织品	(元/人)	Household Textile	(yuan/person)
家庭日用杂品	(元/人)	Daily Household Articles	(yuan/person)
个人用品	(元/人)	Individual Articles	(yuan/person)
家庭服务	(元/人)	Family Services	(yuan/person)
#家政服务	(元/人)	Household Services	(yuan/person)
交通通信	(元/人)	Transportation and Communication	(yuan/person)
交　通	(元/人)	Trasportation	(yuan/person)
通　信	(元/人)	Communication	(yuan/person)
教育文化娱乐	(元/人)	Education,Culture and Recreation	(yuan/person)
教　育	(元/人)	Education	(yuan/person)
文化娱乐	(元/人)	Culture and Recreation	(yuan/person)
医疗保健	(元/人)	Medical Care	(yuan/person)
医疗器具及药品	(元/人)	Medical Apparatus and Medicine	(yuan/person)
医疗服务	(元/人)	Medical Services	(yuan/person)
其他用品和服务	(元/人)	Other Articles and Services	(yuan/person)
其他用品	(元/人)	Other Articles	(yuan/person)
其他服务	(元/人)	Other Services	(yuan/person)
消费支出中服务消费支出	(元/人)	Consumption Expenditures	(yuan/person)

(continued)

合　计 Total	低20% Low Income Households	较低20% Lower Middle Income Households	中间20% Middle Income Households	较高20% Upper Middle Income Households	高20% High Income Households
161.95	114.62	152.56	173.15	186.86	204.65
1281.40	810.14	1229.61	1229.12	1328.11	2132.93
1728.86	1278.62	1478.78	1684.54	1890.53	2685.83
1247.65	882.94	1098.35	1221.67	1375.26	1933.22
481.21	395.68	380.43	462.87	515.26	752.61
4388.24	3104.64	3665.33	4498.43	5060.34	6526.74
297.64	357.26	337.94	155.45	268.58	380.09
350.37	143.00	281.20	277.67	270.70	992.71
1001.43	768.34	919.47	1012.67	1148.16	1296.90
2738.80	1836.04	2126.73	3052.65	3372.89	3857.04
1522.70	1038.97	1393.95	1553.58	1541.44	2427.13
183.41	123.93	230.59	154.27	87.29	372.30
371.45	239.00	276.18	358.23	380.72	734.47
157.50	103.33	127.48	154.12	150.29	303.67
498.33	405.90	454.63	460.49	562.05	685.30
204.59	134.02	218.63	207.53	240.39	247.47
107.42	32.78	86.44	218.93	120.69	83.93
57.29	4.53	16.32	142.11	86.36	46.28
3142.28	1570.23	2225.93	4525.34	2700.99	5646.07
1874.12	555.25	1155.24	3221.73	1349.60	3830.55
1268.16	1014.98	1070.68	1303.60	1351.39	1815.52
3337.41	2498.45	2653.89	3912.89	4090.72	3936.70
1009.09	1177.79	1300.65	1047.92	705.11	632.53
2328.32	1320.66	1353.24	2864.97	3385.61	3304.17
1072.17	619.42	759.51	972.67	1622.09	1710.91
431.61	335.59	412.75	275.81	511.89	733.47
640.56	283.83	346.75	696.86	1110.20	977.44
405.62	246.63	378.74	325.21	496.18	700.87
222.03	150.54	239.38	141.75	268.05	366.62
183.59	96.09	139.37	183.46	228.13	334.25
3906.29	2242.42	2466.23	4587.82	5647.26	5559.61

13-10 农村家庭人均可支配收入
Per Capita Annual Net Income of Rural Households

单位：元 (yuan)

指 标	Item	2015	2014	2015年比2014年增长(%) Growth Rate in 2015 over 2014(%)
绝对数	**Absolute Value**			
全年可支配收入	**Annual Net Income**	**11917.8**	**10826.7**	**10.1**
工资性收入	Income from Wages and Salaries	6831.5	5662.0	20.7
经营性净收入	Income from Household Operation	3841.8	3695.6	4.0
第一产业	Primary Industry	2515.4	2200.6	14.3
农业收入	Farming	1306.2	1252.7	4.3
林业收入	Forestry	38.4	33.0	16.5
牧业收入	Animal Husbandry	1118.3	864.1	29.4
渔业收入	Fishery	52.5	50.7	3.5
第二产业	Secondary Industry	95.6	169.1	-43.5
采矿业	Industry	10.3	26.3	-61.0
制造业	Construction	26.3	101.7	-74.2
电力热力燃气及水生产和供应业	Electricity,Heat,Gas and Water Production and Supply Industries			
建筑业	Construction Industry	59.0	41.1	43.7
第三产业	Tertiary Industry	1230.9	1325.9	-7.2
批发和零售业	Wholesale and Retail Trade	274.5	272.9	0.6
交通运输仓储和邮政业	Transportation,Warehousing and Postal Service	660.2	961.7	-31.3
住宿和餐饮业	Accomodation and Catering Industries	74.0	30.1	146.0
房地产业	Real Estate Industries	-0.2		
租赁和商务服务业	Leasing and Commerical Services	25.5	17.3	46.9
居民服务修理和其他服务业	Neighborhood Maintenance Services and Others	183.7	57.1	221.9
其 他	Others	14.5	2.2	559.8
农林牧渔服务业	Services of Farming,Forestry,Animal, Husbandry and Fishery	-1.3	-15.4	91.3
财产性净收入	Income from Transfer	458.0	520.8	-12.1
转移性净收入	Property Income	786.5	948.3	-17.1

13-11 农村家庭人均经营费用和生产性固定资产购置
Per Capita Expenditure for Households Business Operations and Purcrase of Productive Fixed Assets of Rural Households

单位：元 (yuan)

指 标	Item	2015	2014	2015年比2014年增长(%) Growth Rate in 2015 over 2014(%)
生产经营费用支出	**Expenditure on Production and Operation**	**2334.4**	**2865.4**	**-18.5**
第一产业经营费用支出	Primary Industry	1854.3	2509.4	-26.1
农 业	Farming	524.6	461.6	
林 业	Forestry	16.3	57.5	-71.7
牧 业	Animal Husbandry	1125.7	1931.6	-41.7
渔 业	Fishery	187.7	58.7	219.8
第二产业经营费用支出	Secondary Industry	24.1	40.3	-40.2
采矿业	Mining and Quarrying			
制造业	Manufacturing	16.5	40.1	-58.9
建筑业	Construction	7.6	0.2	3952.7
第三产业经营费用支出	Tertiary Industry	456.0	315.7	44.4
批发和零售业	Wholesale and Retail Trade	96.1	33.4	187.4
交通运输仓储和邮政业	Transpore,Storage and Post	167.1	172.3	-3.0
住宿和餐饮业	Hotel and Catering Services	51.6	6.5	692.3
房地产业	Real Estates	0.2		
租赁和商务服务业	Leasing and Business Services	40.1	5.2	666.1
居民服务修理和其他服务业	Neighborhood Services and Maintenance	100.1	79.1	26.6
其 他	Others		1.1	
农林牧渔服务业	Farming,Forestry,Animal Husbandry,Fishery	0.7	18.0	-96.0
购置资产支出	Expenditure on Assets Purchase	417.2	929.3	-55.1
建造住房支出	Expenditure on House-building	293.0	697.8	-58.0
购买住房支出	Expenditure on House Purchase	3.4	0.3	1073.4
购建第一产业生产性固定资产	Creating Fixed Assets of Primary Industry	66.8	125.2	-46.6
购买或建造农业生产性用房	Purchase of Agricultural Production House	33.3	104.0	-68.0
购买役畜	Purchase of Draught Animal	12.9	9.4	36.8
购买产品畜	Purchase of Commodity Animals	1.0	4.0	-75.6
购买或建造农业设施	Purchase of Agricultural Facilities	3.0		
购建第二产业生产性固定资产支出	Creating Fixed Assets of Secondary Industry		6.5	
制造业	Manufacturing		1.7	
建筑业	Construction		4.7	
购建第三产业生产性固定资产支出	Creating Fixed Assets of Tertiary Industry	51.4	97.7	-47.4
批发和零售业	Wholesale and Retail Trade	19.6	12.2	60.1
交通运输仓储和邮政业	Transpore,Storage and Post	28.3	69.3	-59.2
居民服务修理和其他服务业	Neighborhood Services and Maintenance	3.5	3.5	-0.3
其 他	Others	0.0	12.6	-99.7
购建其他资产支出	Expenditure on Other Purchase	2.5	1.8	42.0

13-12 农村居民人均现金收入
Per Capita Annual Cash Income of Farmers

单位：元 (yuan)

指　　标	Item	2015	2014	2015年比2014年增长(%) Growth Rate in 2015 over 2014(%)
现金收入（未扣除生产费用）	**Cash Income(Including Expenditure on Production)**	**14078.47**	**13260.94**	**6.2**
现金工资性收入	Cash Income from Wages and Salaries	6829.88	5650.29	20.9
工　资	Wages and Salaries	6691.32	5625.14	19.0
其他工资性收入	Other Income from Wages and Salaries	138.56	25.15	450.9
现金经营性收入	Cash Business Income	5755.45	5986.53	-3.9
第一产业现金收入	Cash Income from Primary Industry	3763.27	3940.37	-4.5
第二产业现金经营收入	Cash Income from Secondary Industry	132.91	219.02	-39.3
第三产业现金经营收入	Cash Income from Tertiary Industry	1859.27	1827.14	1.8
现金财产性收入	Cash Property Income	494.00	558.46	-11.5
利息收入	Interest Income	15.49	64.39	-75.9
红利收入	Income from Collective Dividend and Bonus	28.82	2.17	1230.1
储蓄性保险收益	Income from Endowment Insurance	0.77		
转让承包土地经营权租金收入	Other Investment Income	125.33	16.94	639.7
出租房屋财产性净收入	House Rent	286.48	313.78	-8.7
出租机械专利版权等资产的净收入	Income from Machinery and Copyright Rent	7.51	25.14	-70.1
其他财产性收入	Other Property Income	29.60	136.03	-78.2
现金转移性收入	Cash Income from Transfer	999.14	1065.66	-6.2
养老金或离退休金	Annuities or Pension	241.19	133.88	80.2
社会救济和补助	Income from Social Relief and Aids	29.60	23.64	25.2
政策性生活补贴	Allowance from the Government	39.74	30.89	28.7
家庭外出从业人员寄回带回收入	Income from Family Members Working Outside	95.62	221.35	-56.8
赡养收入	Income from Offsprings	167.56	143.38	16.9
其他转移性收入	Other Income from Transfer	342.94	365.00	-6.0
现金政策性惠农补贴	Cash Aids under Benefting-Farmers Policy	82.48	147.52	-44.1
非收入所得	Other Income	1785.34	2007.47	-11.1
出售资产所得	Income from Selling Properties	496.31	936.51	-47.0
非经常性转移所得	Income from Irregular Transfer	1280.86	1065.72	20.2
其他非收入所得	Others	8.17	5.24	56.1
借贷性所得	Income from Debit and Credit	1539.14	1965.58	-21.7
提取储蓄存款	Drawing Money from Banks	839.57	865.18	-3.0
借入款	Loan Payable	563.58	793.65	-29.0
收回借出款	Loans Received	46.71	117.44	-60.2
收回储蓄性保险本金	Insurance Saving Capital Received			
住房贷款	Housing Loan	2.76	12.79	-78.4
汽车贷款	Car Loan	43.71	110.57	-60.5
教育贷款	Educational Loans	0.48		
其他贷款	Other Loans	42.33	52.48	-19.3
其他借贷所得	Others		13.47	-100.0

13-13 农村家庭人均生活消费支出
Per Capita Annual Living Expenditures of Rural Households

单位：元 (yuan)

指　　标	Item	2015	2014	2015年比2014年增长(%) Growth Rate in 2015 over 2014(%)
平均每人生活消费支出	**Per Capita Consumption Expenditure**	**9875**	**8724**	**13.2**
食品烟酒	Food	2851	2609	9.3
衣　着	Clothing	687	580	18.4
居　住	Residence	2451	2213	10.8
生活用品及服务	Household Facilities,Articles and Related Services	612	570	7.4
交通和通讯	Transport and Communications	1547	1292	19.7
教育文化娱乐	Education,Culture,Recreation,and Related Services	1056	865	22.1
医疗保健	Health Care and Medical Services	526	462	13.8
其他用品和服务	Miscellaneous Goods and Services	145	132	9.7

13-14 农村家庭人均主要消费品消费量
Per Capita Consumption on Major Consumer Goods of Rural Households

单位：公斤 (kg)

指　　标	Item	2015	2014	2015年比2014年增长(%) Growth Rate in 2015 over 2014(%)
粮食消费量	Grain	117.00	121.26	-3.5
油脂类消费量	Oil and Fats	15.17	14.28	6.3
蔬菜及菜制品消费量	Vegetables and Its Products	72.36	73.13	-1.0
肉　类	Meat	23.91	23.19	3.1
禽　类	Poultry	4.24	5.15	-17.7
水产品	Aquatic Products	1.41	1.17	20.7
蛋类及蛋制	Eggs and Processed Products	4.05	3.54	14.3
奶和奶制品	Milk and Processed Products	3.90	5.36	-27.2
干鲜瓜果类	Dried and Fresh Melons and Fruits	26.11	24.19	8.0
糖果糕点类	Sweet and Sugar	3.04	3.09	-1.6
饮　料	Beverage	0.23	0.22	4.2
烟叶消费量	Tobacco Consumption	39.78	37.70	5.5
酒	Liquor	7.58	7.97	-4.9

13-15 农村家庭每百户耐用消费品拥有量
Ownership of Durable Consumer Goods Per 100 Rural Households

指 标		Item		2015	2014	2015年比2014年增长(%) Growth Rate in 2015 over 2014(%)
洗衣机	(台)	Washing Machine	(set)	101.77	100.20	1.6
电冰箱	(台)	Refrigerator	(set)	86.19	76.00	13.4
空调机	(台)	Air Conditioner	(set)	1.52	2.00	-23.8
热水器	(台)	Water Heater	(set)	52.49	45.40	15.6
摩托车	(辆)	Motorcycle	(unit)	56.81	60.00	-5.3
生活用汽车	(辆)	Automobile	(unit)	21.95	18.70	17.4
电话机	(部)	Telephone	(set)	14.54	21.90	-33.6
移动电话	(部)	Mobile Telephone	(set)	244.72	234.10	4.5
彩色电视机	(台)	Color TV Set	(set)	108.52	108.20	0.3
摄像机	(台)	Radio Camera	(set)	0.36	1.50	-76.2
照相机	(台)	Camera	(set)	5.55	6.10	-9.0

13-16 各区(市、县)城镇常住居民人均可支配收入及消费性支出
Per Capita Annual Disposable Income and Per Capita Consumption Expenditure of Urban Households by District (City, County)

单位：元 (yuan)

区(市、县)名称	District (City, County)	城镇常住居民人均可支配收入 Per Capita Disposable Income of Urban Residents				城镇居民人均消费性支出 Per Capita Consumption Expenditure of Urban Residents			
		2015	2014	2015年比2014年增长(%) Growth Rate in 2015 over 2014 (%)	扣价增速(%) Growth Rate of Discount (%)	2015	2014	2015年比2014年增长(%) Growth Rate in 2015 over 2014(%)	扣价增速(%) Growth Rate of Discount (%)
南明区	Nanming	28061	25796	8.8	6.3	27495	23878	15.1	12.6
云岩区	Yunyan	28117	25840	8.8	6.4	24399	20725	17.7	15.1
花溪区	Huaxi	26532	24374	8.9	6.4	17301	15197	13.8	11.3
乌当区	Wudang	26410	24435	8.1	5.7	22406	17891	25.2	22.4
白云区	Baiyun	26605	24508	8.6	6.1	23044	19617	17.5	14.8
观山湖区	Xiaohe	26561	24446	8.7	6.2	26436	23852	10.8	8.3
开阳县	Kaiyang	26291	23745	10.7	8.2	13710	9976	37.4	34.3
息烽县	Xifeng	25095	22420	11.9	9.4	15149	13344	13.5	11.0
修文县	Xiuwen	26113	23601	10.6	8.2	22275	19178	16.2	13.5
清镇市	Qingzhen	26231	23627	11.0	8.5	16958	17179	-1.3	-3.5

13-17 农村居民人均出售产品现金收入
Per Capita Annual Cash Income of Selling Products

单位：元 (yuan)

指　　标	Item	2015	2014	2015年比2014年增长(%) Growth Rate in 2015 over 2014(%)
出售农林牧渔业产品	**Selling Products**	3763	3940	-4.5
农业产品	Farming Products	1341	1102	21.7
林业产品	Forestry Products	47	79	-40.3
牧业产品	Animal Husbandry Products	2106	2640	-20.2
渔业产品	Fishery Products	269	120	124.7

13-18 各区(市、县)农村常住居民人均可支配收入及生活消费支出
Per Capita Annual Disposal Income and Consumption Expenditure of Permanent Rural Residents by District (City, County)

单位：元 (yuan)

区(市、县)名　称	District (City, County)	农村常住居民人均可支配收入 Per Capita Annual Net Income of Rural Residents				农民人均生活消费支出 Per Capita Consumption Expenditure of Rural Residents		
		2015	2014	2015年比2014年增长(%) Growth Rate in 2015 over 2014 (%)	扣价增速(%) Growth Rate of Discount (%)	2015	2014	2015年比2014年增长(%) Growth Rate in 2015 over 2014 (%)
南明区	Nanming	13896	12722	9.2	7.6	16401	12762	28.5
云岩区	Yunyan	14026	12839	9.2	7.6	15875	11874	33.7
花溪区	Huaxi	12414	11327	9.6	8.0	11788	10193	15.7
乌当区	Wudang	13061	11924	9.5	7.9	12972	11911	8.9
白云区	Baiyun	14006	12833	9.1	7.5	14003	12830	9.1
观山湖区	Xiaohe	13242	12103	9.4	7.8	12601	11294	11.6
开阳县	Kaiyang	11308	10227	10.6	8.9	5613	5150	9.0
息烽县	Xifeng	10822	9787	10.6	8.9	6847	5807	17.9
修文县	Xiuwen	10856	9807	10.7	9.1	10352	9112	13.6
清镇市	Qingzhen	11522	10439	10.4	8.7	9161	8864	3.4

13–19 农村住户按相对收入不等距分组情况(2015年)

指 标		Item	
家庭人口数	**(人/户)**	**Number of Persons per Household**	**(person/household)**
家庭总收入	**(元/人)**	**Total Households Income**	**(yuan/person)**
#可支配收入	(元/人)	Disposable Income	(yuan/person)
工资性收入	(元/人)	Income from Wages and Salaries	(yuan/person)
#工资及补贴收入	(元/人)	Income from Laborage and Allowance	(yuan/person)
#实物福利	(元/人)	Material Welfare	(yuan/person)
#其 他	(元/人)	Others	(yuan/person)
经营净收入	(元/人)	Net Business Income	(yuan/person)
#第一产业经营净收入	(元/人)	Net Business Income of Primary Industry	(yuan/person)
#第二产业经营净收入	(元/人)	Net Business Income of Secondary Industry	(yuan/person)
#第三产业经营净收入	(元/人)	Net Business Income of Tertiary Industry	(yuan/person)
财产净收入	(元/人)	Income from Properties	(yuan/person)
#利息净收入	(元/人)	Interest Income	(yuan/person)
#红利收入	(元/人)	Bonus Income	(yuan/person)
#储蓄性保险净收益	(元/人)	Net Income from Endowment Insurance	(yuan/person)
#转让承包土地经营权租金净收入	(元/人)	Net Rent Income from Contracted Land Transfer	(yuan/person)
#出租房屋财产性收入	(元/人)	House Rent	(yuan/person)
#出租机械专利版权等资产的收入	(元/人)	Income from Machinery and Copyright Rent	(yuan/person)
#其他财产净收入	(元/人)	Other Net Income	(yuan/person)
转移净收入	(元)	Income from Transfer	(yuan)
#养老金或离退休金	(元)	Annuities or Pension	(yuan)
社会救济和补助	(元)	Income from Social Relief	(yuan)
#最低生活保障收入	(元)	Basic Living Allowances	(yuan)
赡养收入	(元)	Income of Supporting the Old	(yuan)
现金政策性惠农补贴	(元)	Income from Donation	(yuan)
家庭总支出	**(元/人)**	**Total Households Expenditure**	**(yuan/person)**
消费支出	(元/人)	Consumption Expenditure	(yuan/person)
食品烟酒	(元/人)	Food	(yuan/person)
衣 着	(元/人)	Clothing	(yuan/person)
居 住	(元/人)	Household Fcilities,Articles and Services	(yuan/person)
生活用品及服务	(元/人)	Health Care and Medical Services	(yuan/person)
交通通信	(元/人)	Transport and Communication	(yuan/person)
教育文化娱乐	(元/人)	Education,Culture and Recreation Services	(yuan/person)
医疗保健	(元/人)	Residence	(yuan/person)
其他用品和服务	(元/人)	Others	(yuan/person)
社会保障支出	(元/人)	Social Security Expenditure	(yuan/person)
食 品	(元/人)	Food	(yuan/person)
谷 物	(元/人)	Grain	(yuan/person)
薯 类	(元/人)	Tubers	(yuan/person)
豆 类	(元/人)	Beans	(yuan/person)
食用油	(元/人)	Oil	(yuan/person)
蔬菜和食用菌	(元/人)	Vegetables and Mushrooms	(yuan/person)
肉 类	(元/人)	Meat	(yuan/person)
禽 类	(元/人)	Poultry	(yuan/person)
水产品	(元/人)	Aquatic Products	(yuan/person)
蛋 类	(元/人)	Eggs	(yuan/person)
奶 类	(元/人)	Milk	(yuan/person)
干鲜瓜果类	(元/人)	Dried and FresMelons and Fruits	(yuan/person)
糖果糕点类	(元/人)	Sweet and Sugar	(yuan/person)
其他食品	(元/人)	Others	(yuan/person)

Rural Households on Relative Income Inequality(2015)

合 计 Total	低20% Low Income Households	较低20% Lower Middle Income Households	中间20% Middle Income Households	较高20% Upper Middle Income Households	高20% High Income Households
3.49	**4.03**	**3.85**	**3.47**	**3.37**	**2.77**
15013.13	**7654**	**10318**	**13057**	**20657**	**27270**
11917.80	4260	8351	11279	15192	24372
6831.45	3112	5411	7323	8776	11045
6691.32	3105	5395	7301	8673	10359
1.57	4		0	3	
138.56	3	16	22	101	686
3841.81	1040	2195	2984	4930	9756
2515.40	1069	1795	1705	3953	4772
95.55	59	17	140	211	57
1230.86	-88	383	1139	766	4927
458.03	57	138	184	450	1805
-3.58	-29	4	30	-17	-3
28.82	7	7	33	25	89
0.77					5
125.33	45	104	73	173	276
286.48	7	15	50	209	1433
-4.57	-14	-7	-1		3
24.79	40	15	-1	60	3
786.49	50	607	788	1037	1766
241.19	111	146	212	239	593
29.60	27	16	30	16	67
10.83	23		22	2	5
167.56	82	116	98	201	403
82.48	47	83	86	67	146
16196.32	**13240**	**11542**	**14458**	**20245**	**23824**
9875.35	7474	7654	9197	11774	14781
2851.34	2371	2308	2802	3206	3892
687.12	469	459	706	851	1080
2451.19	1688	1912	2385	2674	4069
611.96	483	462	553	733	920
1546.59	1192	1000	1109	2299	2400
1056.45	685	1074	997	1059	1630
525.86	424	329	543	811	564
144.84	162	109	101	142	226
249.59	543	131	116	236	173
2100.47	1718	1730	1981	2428	2888
375.93	363	350	373	377	431
28.73	30	35	30	23	23
47.82	45	47	47	46	56
158.79	121	135	160	205	187
248.68	216	190	225	274	373
586.33	464	469	549	704	820
83.98	57	65	80	109	122
30.04	22	20	27	38	49
53.05	45	53	56	56	57
92.17	65	65	69	148	127
217.66	146	154	196	247	396
52.68	36	43	50	64	79
124.62	107	103	120	137	169

13-19　续表

指　　标		Item	
烟　酒	(元/人)	Tobacco and Liquor	(yuan/person)
烟　草	(元/人)	Tobacco	(yuan/person)
酒　类	(元/人)	Liquor	(yuan/person)
饮　料	(元/人)	Beverage	(yuan/person)
饮食服务	(元/人)	Catering Service	(yuan/person)
食堂用餐	(元/人)	Dining in Canteen	(yuan/person)
其他在外饮食	(元/人)	Dining Outside	(yuan/person)
食品加工服务费	(元/人)	Food Processing Service Fee	(yuan/person)
衣　着	(元/人)	Clothing	(yuan/person)
衣　类	(元/人)	Garments	(yuan/person)
鞋　类	(元/人)	Shoes	(yuan/person)
居　住	(元/人)	Household Facilities,Articles and Services	(yuan/person)
租赁房房租	(元/人)	House Rent	(yuan/person)
住房维修及管理	(元/人)	Durable Consumer Goods	(yuan/person)
水电燃料及其他	(元/人)	Interior Decorations	(yuan/person)
自有住房折算租金	(元/人)	Bed Articles	(yuan/person)
生活用品及服务		Articles for Daily Use and Services	
家具及室内装饰品		Furniture and Upholstery	
家用器具		Household Appliance	
家用纺织品		Household Textile	
家庭日用杂品		Daily Household Articles	
个人用品		Individual Articles	
家庭服务		Family Services	
#家政服务		Household Services	
交通和通讯	(元/人)	Transportation and Communications	(yuan/person)
交　通	(元/人)	Transportation	(yuan/person)
通　信	(元/人)	Communication	(yuan/person)
教育文化娱乐	(元/人)	Education,Culture and Recreational Services	(yuan/person)
教　育	(元/人)	Culture and Recreational Articles	(yuan/person)
文化娱乐	(元/人)	Education	(yuan/person)
医疗保健		Medical Care	
医疗器具及药品		Medical Apparatus and Medicine	
医疗服务		Medical Services	
其它商品和服务	(元/人)	Other Goods and Services	(yuan/person)
其它用品	(元/人)	Other Goods	(yuan/person)
其他服务	(元/人)	Other Services	(yuan/person)

(continued)

合 计 Total	低20% Low Income Households	较低20% Lower Middle Income Households	中间20% Middle Income Households	较高20% Upper Middle Income Households	高20% High Income Households
504.47	459	425	576	529	559
408.19	377	348	466	429	437
96.28	82	77	110	100	122
59.21	50	38	62	70	84
187.19	145	116	183	178	360
1.87		6	1	2	
182.65	142	107	180	171	358
2.67	2	3	2	5	2
687.12	469	459	706	851	1080
472.00	314	289	478	631	740
215.13	155	170	228	220	340
2451.19	1688	1912	2385	2674	4069
92.66	95	101	105	20	152
98.08	58	100	25	47	305
449.23	337	380	415	558	610
1811.21	1199	1330	1840	2049	3003
611.96	483	462	553	733	920
83.82	92	87	32	62	159
159.64	148	120	170	187	183
69.97	41	37	83	91	114
232.90	165	179	199	293	369
51.78	31	25	59	78	76
13.85	7	15	10	21	18
1.83		2	2	4	
1546.59	1192	1000	1109	2299	2400
1067.67	840	601	669	1802	1607
478.92	352	399	440	497	794
1056.45	685	1074	997	1059	1630
699.08	469	872	709	621	878
357.37	216	202	288	438	753
525.86	424	329	543	811	564
132.17	106	120	139	154	151
393.69	318	209	404	658	412
144.84	162	109	101	142	226
85.01	69	71	69	85	147
59.83	93	39	33	56	79

13-20 农村住户人均主要产品产量及商品率（2015年）
Per Capita Output of Major Agricultural Products and Commodity Rate of Rural Households(2015)

指　　标	Item	产品产量(公斤) Output(kg)	出售量(公斤) Sale(kg)	商品率(%) Commodity Rate(%)
主要产品	Main Products			
谷　物	Grain	315.1		
#小　麦	Wheat	0.0		
稻　谷	Rice	82.5	20.6	25.0
玉　米	Corn	229.5	85.3	37.1
高　粱	Sorghum	0.1		
薯　类	Tubers	7.2	1.7	23.7
红薯产量	Output of Sweet Potatoes	3.1	1.2	39.6
马铃薯产量	Output of Potatoes	4.1	0.5	11.7
其他薯类产量	Output of Others			
豆类产量	Output of Beans	9.2	3.8	40.9
大豆产量	Output of Soybean	9.0	3.2	35.6
其他豆类产量	Output of Other Beans	0.1	0.5	361.3
棉花产量	cotton Yield			
油料产量	Oilseed Yield	35.1	8.8	25.1

主要统计指标解释

商品零售价格指数 是反映城乡商品零售价格变动趋势的一种经济指数。零售物价的变动直接反映城乡居民的生活支出和国家的财政收入，反映居民购买力和市场供需平衡，反映消费与积累的比例。

居民消费价格指数 是反映一定时期内城乡居民所购买的生活消费品价格和服务项目价格变动趋势和程度的相对数，是对城市居民消费价格指数和农村居民消费价格指数进行综合汇总计算的结果。

可支配收入 指调查户在调查期内获得的、可用于最终消费支出和储蓄的总和，即调查户可以用来自由支配的收入。可支配收入既包括现金，也包括实物收入。按照收入的来源，可支配收入包含五项，分别为：工资性收入、经营净收入、财产净收入、转移净收入和自有住房折算净租金。计算公式为：

可支配收入 = 工资性收入 + 经营净收入 + 财产净收入 + 转移净收入 + 自有住房折算净租金

其中：经营净收入 = 经营收入 - 经营费用 - 生产性固定资产折旧– 生产税净额（生产税-生产补贴）

财产净收入 = 财产性收入 - 财产性支出

转移净收入 = 转移性收入 - 转移性支出

工资性收入 指就业人员通过各种途径得到的全部劳动报酬和各种福利，包括受雇于单位或个人、从事各种自由职业、兼职和零星劳动得到的全部劳动报酬和福利。

经营净收入 指住户或住户成员从事生产经营活动所获得的净收入，是全部经营收入中扣除经营费用、生产性固定资产折旧和生产税净额（生产税减去生产补贴）之后得到的净收入。计算公式具体为：

经营净收入 = 经营收入 - 经营费用 - 生产性固定资产折旧- 生产税净额（生产税-生产补贴）

财产净收入 指住户或住户成员将其所拥有的金融资产和自然资源交由其他机构单位、住户或个人支配而获得的回报并扣除相关的费用之后得到的净收入。财产净收入包括利息净收入、红利收入、储蓄性保险净收益和转让承包土地经营权租金净收入等。

财产净收入不包括将非金融资产（如住房、生产经营用房、机械设备、专利、专有技术、商标商誉等）交由其他机构单位、住户或个人支配而获得的回报，这应该计入“经营净收入”。财产净收入也不包括转让资产所有权的溢价所得，这应该计入“非收入所得”。

转移性收入 指国家、单位、社会团体对住户的各种经常性转移支付和住户之间的经常性收入转移。包括政府、非行政事业单位、社会团体对居民转移的养老金或退休金、社会救济和补助、政策性生活补贴、救灾款、经常性捐赠和赔偿以及报销医疗费等；住户之间的赡养收入、经常性捐赠和赔偿以及农村地区（村委会）在外（含国外）工作的本住户非常住成员寄回带回的收入等。

转移性收入不包括行政事业单位人员未缴纳任何社会保险费而获得的离退休金和报销医疗费。转移性收入不包括国家为扶持农业进行的相关生产补贴，如粮食直补、购置和更新大型农机具补贴、良种补贴、购买生产资料综合补贴、退耕还林还草补贴、畜牧业补贴等，这应视为第一产业经营活动中的生产补贴，即一种负的生产税。转移性收入不包括住户之间的实物馈赠。

自有住房折算净租金 指现住房产权为自有住房（含自建住房、自购商品房、自购房改住房、自购保障性住房、拆迁安置房、继承或获赠住房）的住户为自身消费提供住房服务的折算价值扣除缴纳的各项税费后得到的净租金。自有住房折算净租金的计算方法为：自有住房年度折算净租金=自有住房年度折算租金-购建房年度分摊成本。购建房年度分摊成本按照购建房价格以及城乡相应的年折旧率计算。

自有住房折算净租金为一种实物收入，不包括在现金可支配收入的计算中。

自有住房折算租金 指现住房为自有住房（含自建住房、自购商品房、自购保障性住房、继承或获赠住房、免费借用房）的住户为自身消费提供住房服务的折算价值。提供的住房服务价值一般等于在市场上租用同样大小、质量和类型的房屋所要支付的租金。考虑到很多地方还不存在规范和成熟的房屋租赁市场，目前自有住房折算租金采用折旧法计算。具体方法是：自有住房折算租金=自有住房市场现价估值×年折旧率（城乡不同）。

自有住房折算租金属于实物消费，不包括在现金消费支出中。

城市住户

家庭人口 指居住在一起，经济上合在一起共同生活的家庭成员。凡计算为家庭人口的成员其全部收支都包括在本家庭中。

家庭总收入 指家庭成员得到的工薪收入、经营净收入、财产性收入、转移性收入之和，不包括出售财物收入和借贷收入。

家庭总支出 指除借贷支出以外的全部家庭支出。包括消费性支出、购房建房支出、转移性支出、财产性支出、社会保障支出。

家庭消费性支出 指家庭用于日常生活的支出，包括食品、衣着、家庭设备用品及服务、医疗保健、交通和通信、教育文化娱乐服务、居住、其它商品和服务等八大类支出。

家庭服务性消费支出 指家庭用于支付社会提供的各种非商品性服务费用。

家庭收入分组方法 将所有调查户依户人均可支配收入由低到高排队，按 10%，10%，20%，20%，20%，10%，10%的比例依次分成：最低收入户、低收入户、中等偏下收入户、中等收入户、中等偏上收入户、高收入户、最高收入户等七组。总体中最低 5%的户为困难户。

恩格尔系数 指食物支出金额在生活消费总支出金额中所占的比例。计算公式为：

恩格尔系数=食品支出金额/生活消费总支出金额×100%

农村住户

农村住户 指农村常住户。农村常住户指长期(一年以上)居住在乡镇(不包括城关镇)行政管理区域内的住户，以及长期居住在城关镇所辖行政村范围内的农村住户。户口不在本地而在本地居住一年及以上的住户也包括在本地农村常住户范围内；有本地户口，但举家外出谋生一年以上的住户，无论是否保留承包耕地都不包括在本地农村住户范围内。

家庭常住人口 指全年经常在家或在家居住 6 个月以上，而且经济和生活与本户连成一体的人口。外出从业人员在外居住时间虽然在 6 个月以上，但收入主要带回家中，经济与本户连为一体，仍视为家庭常住人口；在家居住，生活和本户连成一体的国家职工、退休人员也为家庭常住人口。但是现役军人、中专及以上(走读生除外)的在校学生、以及常年在外(不包括探亲、看病等)且已有稳定的职业与居住场所的外出从业人员，不算家庭常住人口。家庭常住人口主要作为计算农村住户平均每人收入、消费和积累水平及分析家庭人口状况的依据。

整、半劳动力 整劳动力指男子 18 周岁到 50 周岁，女子 18 周岁到 45 周岁；半劳动力指男子 16 周岁到 17 周岁，51 周岁到 60 周岁；女子 16 周岁到 17 周岁，46 周岁到 55 周岁，同时具有劳动能力的人。虽然在劳动年龄之内，但已丧失劳动能力的人，不应算为劳动力；超过劳动年龄，但能经常参加劳动，计入半劳动力数内。常住人口中的职工，若这些职工为劳动力，就包括在本户的整半劳动力中。

农民人均总收入 指调查期内农村住户和住户成员从各种来源渠道得到的收入总和。按收入的性质划分为工资性收入、家庭经营收入、财产性收入和转移性收入。

现金收入 指农村住户和住户成员在调查期内得到以现金形态表现的收入。按来源分成工资性收入、家庭经营现金收入、财产性收入、转移性收入。

农民人均总支出 指农村住户用于生产、生活和再分配的全部支出。家庭经营费用支出、购置生产性固定资产支出、生产性固定资产折旧、税费支出、生活消费支出、财产性支出和转移性支出。

农民人均生活消费支出 指农民家庭用于物质生活和精神生活方面的支出。生活消费支出包括食品、衣着、居住、家庭设备用品及服务、医疗保健、交通和通讯、文教娱乐用品及服务、其他商品及服务等消费支出。

Explanatory Notes on Main Statistical Indicators

Retail Price Index reflect the trend and degree of changes in retail prices of commodities. The change and adjustment in retail prices directly reflects the living expenditure of urban and rural residents and government revenue, purchasing power of residents and the equilibrium of market supply and demand, and the ratio of consumption to accumulation.

Consumer Price Index reflect the trend and degree of changes in prices of consumer goods and services purchased by urban and rural households during a given period. They are obtained by combining Consumer Price Indices of Urban Household and Consumer Price Indices of Rural Household.

Disposable Income refers to the actual income at the disposal of members of the households which can be used for final consumption and savings, including cash and physical income. It is classified, by source of income, into income from wages and salaries, net business income, net income from properties, transfer and discount net lease from self-own house.

Disposable income = income from wages and salaries + net business income + property income + trasfer income + discount net lease from self-own house

Of which, net business income = total operation income - expenditure of operation - depreciation of productive fixed assets - net tax on production (product tax - production subsidy)

net income from properties = total income from properties- expenses on properties

net income from transfer = total income from transfer - expenses on transfers

Income from Wages and Salaries refers to the total remuneration and welfare of employee obtained through various channels, including employed by units or individuals and engaged in various freelance, part-time and sporadic labor job.

Net Businesss Income refers to net income of households or household members acquired through engaging in production and business activities. It equals to total operating income deducts operating expenses, depreciation of fixed assets for production and net taxes on production (taxes on production minus subsidies on production). The formula for calculation is as follows:

Net business income = total operation income - expenditure of operation - depreciation of productive fixed assets - net tax on production (product tax-production subsidy)

Net Income from Properties refers to rewards of households or household members gained by authorizing their financial assets and natural resoures to other institutional units, households or individuals and the net income after deducting related expenses. Property income includes interest income, dividend income, savings insurance and net rental income throuth transferring management rights of contracted land etc.

Net property income do not include the rewards gained through authorizing non-financial assets (such as housing, production and operation of buildings, machinery and equipment, patents, proprietary technology, trademarks, goodwill, etc.) to other institutional units, households or individuals. The non-financial assets should be considerd into "net business income" and rewards through transferring ownership of assets should be considered into the "non-revenue income".

Income from Transfers refers to various current transfer payment provided by countries, institutions and social organizations for households and current transfers between households, including pensions, social relief and assistance, living allowance, disaster relief, regular donations and compensation and reimbursement of medical expenses transferred to residents by government, non-administrative institutions and community groups; alimony income, regular donations and compensation and reimbursement of medical expenses between households in rural areas (village committee) as well as income sent back home by non-permanent family menbers working outside (including abroad).

Transfer income does not include pensions gained by personnel in administrative institutions who did not pay any social insurance and reimbursement of medical expenses. Transfer income does not include the relevant agricultural production subsidies supported by country, such as direct food subsidies, subsidies for updating and purchasing large farm machinery, seed subsidies, general subsidies for purchasing production materials, subsidies for forest and grass and livestocks, which should be regarded as production subsidy for operation of first industry, that is, a negative tax on production. Nor do material gifts between households.

Discounted net Rental of Self-owned Housing refers to net rent, that is discounted value after deducting all kinds of taxes, gained by households with self-owned housing property (including self-built housing, purchased commercial residental buliding, reformed housing and affordable housing, resettlement housing, inherited or received housing) through offering housing services for their own consumption. Calculating method of discounted net rent of self-owned housing is: discounted annual net rent of self-owned housing = discounted annual rent − annual cost − sharing of house purchasig or building. Annual cost-sharing of house purchasig or building is calculated on the price of house purchasig or building in accordance with the corresponding annual depreciation rate of urban and rural areas.

Discounted net rental of self-owned housing is a kind of material income and it is not in the calculation of disposable cash income.

Discounted Rental of Self-owned Housing refers to discounted value gained by households with self-owned housing property(including self-built housing, purchased commercial residental buliding, affordable housing, inherited or received housing, free of charge housing) through offering housing services for their own consumption.The value of housing services is generally equal to the rental of the same size, quality and type of housing to be paid on the market. For normal and matural housing rental market does not exist in many places, currently the discounted rental of self-owned housing is calculated with the depreciation method. The specific method is: discounted rental of self-owned housing = market price valuation ×annual depreciation rate(rural and urban areas are different).

Discounted rental of self-owned housing is kind of material consumption and it is not included in the cash consumption expenditure.

Urban Households

Population of Urban Households refer to members of households living and sharing economically together in the urban areas. All the income and expenditure of all the members of such households are included in the income and expenditure of the household.

Total Income of Urban Households refers to the sum of wage income; net business income; income from properties; and income from transfers of members of the households. Income from selling of properties and income from borrowing are not included.

Total Expenditure of Urban Households refers to all expenditure of households except expenditure on lending. It includes cash expenditure, property, transfer expenditure, social insurance expenditure and expenditure on house purchasing or house building.

Consumption Expenditure of Urban Households refers to total expenditure of households for consumption in daily life, including expenditure on the eight categories of food, clothing, housing, household appliances and services, health care and medical services, transport and communications, education, cultural and recreational services, housing as well as miscellaneous goods and services.

Consumption Expenditure of Urban Households on Services refers to expenditure of households on various kinds of non-commodity services provided by society.

Urban Households by Income Group All households in the sample are grouped, by per capita disposable income of the household, into groups of lowest income, low income, lower middle income, middle income, upper middle income, high income and highest income, each group consisting of 10%, 10%, 20%, 20%, 20%, 10% and 10% of all households respectively. The lowest 5% of households are also referred to as poor households.

Engel's Coefficient refers to the percentage of expenditure on food to the total consumption expenditure, using the following formula:

Engel's coefficient = expenditure on food / total living consumption expenditure × 100%

Rural Households

Rural Households refer to usual resident households in rural areas. Usual resident households in rural areas are households residing on a long term basis (for more than one year) in the areas under the administration of township governments (not including county towns), and in the areas under the administration of villages in county towns. Households residing in the current addresses for over one year with their household registration in other places are still considered as resident households of the locality. For households with their household registration in one place but all members of the households having moved away to make a living in another place for over one year, they will not be included in the rural households of the area where they are registered, irrespective of whether they still keep their contracted land.

Permanent Resident Population refers to persons staying at home regularly or for over 6 months during a year and integrated with the household economically and in terms of living. Members of the household staying away from the household for over 6 months but keeping a close economic relation with the household by sending the majority of income to the household are regarded as usual resident of the household. Government staff and workers or retirees living as close members of the household are also considered as usual resident. However, servicemen, students of secondary technical schools or schools of higher education and persons with stable jobs and residence outside the household (excluding those visiting relatives or seeking medical service) are not included as resident population of the household. Resident population is used in calculating income, consumption, accumulation on per capita basis of rural households and in analyzing composition of rural households.

Full/Semi Labor Force full labor force refers to persons capable of work, aged 18-50 for males and 18-45 for females. Semi labor force refers to persons capable of work, aged 16-17 and 51-60 for males and 16-17 and 46-55 for females. Persons at their working ages but not capable of work are not to be included as labor force. Persons not at working ages but participating regularly in work are included in semi labor force. For staff and workers who are usual residents, are included as full or semi labor force of the household if they are in the labor force.

Total Income of Rural Residents refers to the sum of income earned from various sources by the rural households and their members during the reference period, and is classified as income from wages and salaries, income from household operations, income from properties and income from transfers.

Cash Income refers to income received by rural households and their members in the form of cash during the reference period. It is classified, by source of income, into income from wages and salaries, cash income from household operations, income from properties and income from transfers.

Total Expenditure refers to total expenses of rural households on production, consumption and redistribution, including expenditure on household operations, purchase of productive fixed assets, taxed and fees, consumption expenditure, expenses on properties, and expenses on transfers.

Consumption Expenditure of Rural Households refers to expenditure by rural households on their material and cultural life, including expenditure on food, clothing, housing, household appliances, articles and services, health and medical service, transportation and communications, articles and services on culture, education and recreation, and other goods and services.

14

Fourteen

科技、教育、文化、广播

Science and Technology, Education , Culture and Radio

广播电视节目制作时间（小时）

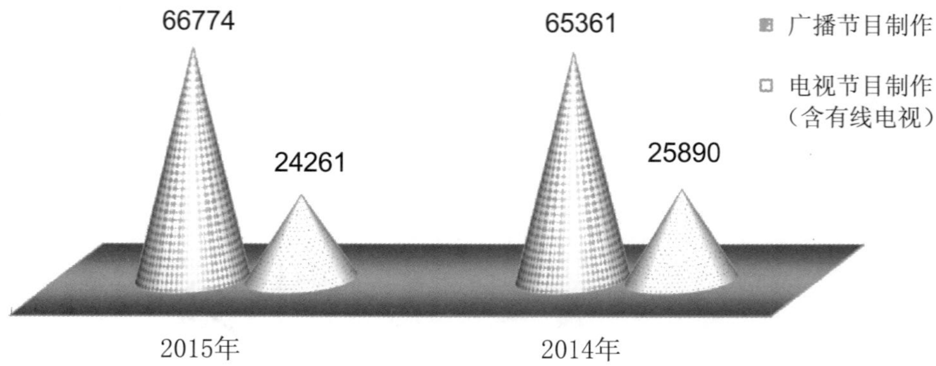

2015年在校生人数（人）

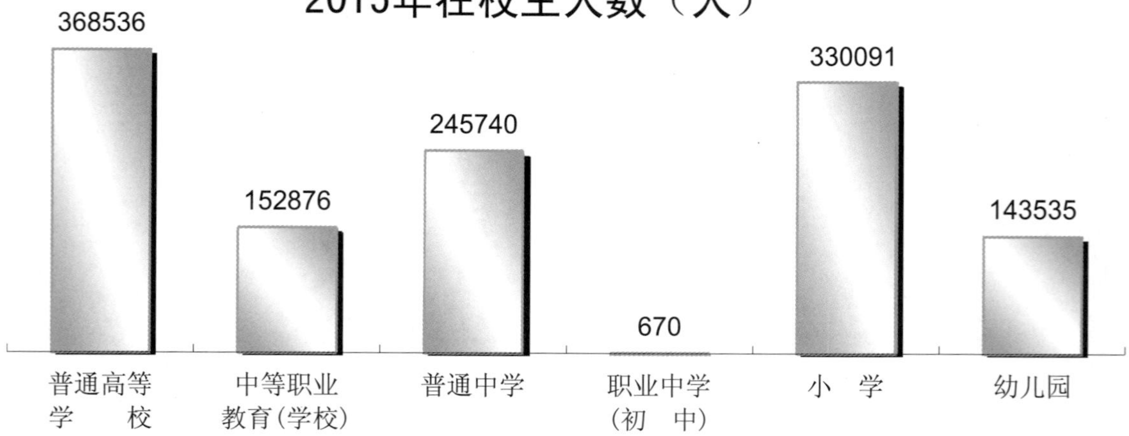

2015年专任教师数（人）

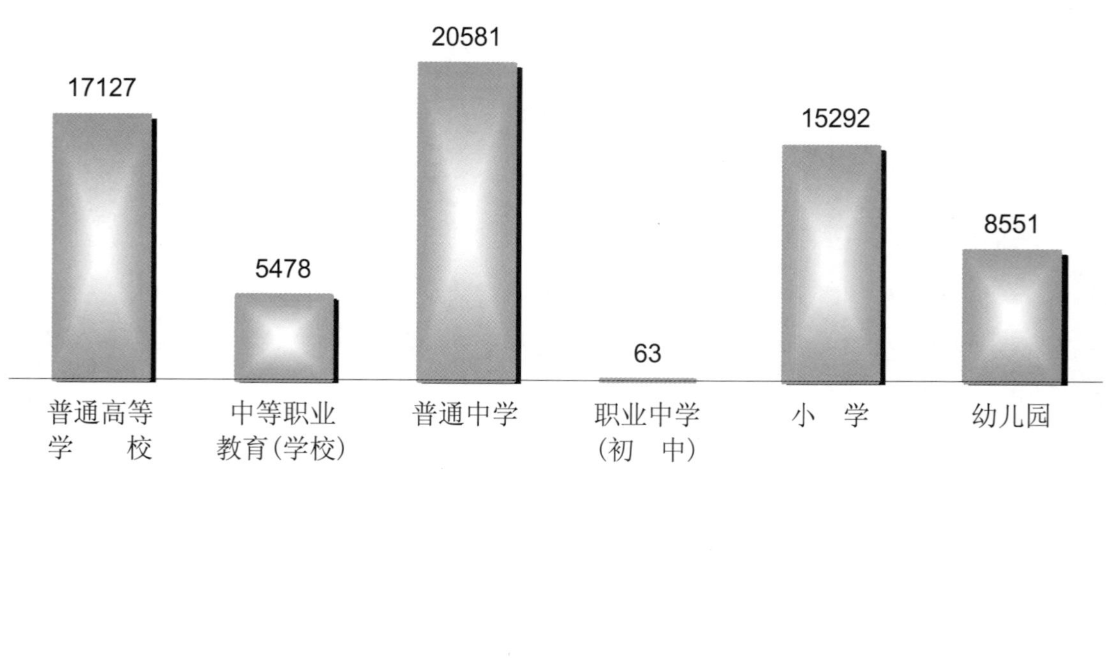

14-1 规模以上工业企业科技机构情况(2015年)
Scientific and Technological Institutions of Industrial Enterprises above Designated Size(2015)

指 标	Item	机构数(个) Number of R&D Institutions (unit)	机构科技活动人员(人) Persons Engaged in Scientific and Technological Activities(person)	仪器设备原价(万 元) Prime Cost of Equipment (10 000 yuan)
总 计	**Total**	**88**	**6002**	**204346**
按隶属关系分	**By Subordination**			
中 央	Subordinated to Central Level	43	4316	114466
地 方	Subordinated to Local Level	45	1686	89880
按登记注册类型分	**By Status of Registration**			
内资企业	Domestic-funded Enterprises	88	6002	204346
外商投资	Foreign-funded Enterprises			
按工业行业大类分	**By Sector**			
农副食品加工业	Farm and Sideline Products Processing			
食品制造业	Manufacture of Food	2		18
烟草制品业	Manufacture of Tobacco	2		19258
皮革、毛皮、羽毛及其制品和制鞋业	Manufacture of Leather,Fur,Feather and Related Products and Footware	1		636
化学原料和化学制品制造业	Manufacture of Raw Chemical Materials and Chemical Products	17		11096
医药制造业	Manufacture of Medicines	7		1462
橡胶和塑料制品业	Manufacture of Rubber and Plastics Products	2		1136
非金属矿物制品业	Manufacture of Non-ferrous Metals	6		137
黑色金属冶炼和压延加工业	Smelting and Pressing of Ferrous Metals	1		3732
有色金属冶炼和压延加工业	Smelting and Pressing of Non-ferrous Metals	2		199
金属制品业	Manufacture of Metal Products	1		548
通用设备制造业	Manufacture of General Purpose Machinery	1		37
专用设备制造业	Manufacture of Special Purpose Machinery	1		46
汽车制造业	Manufacture of Automobile	16		1539
铁路、船舶、航空、航天和其他运输设备制造业	Manufacture of Railway,Ship,Aerospace and Other Transport Equipment	10		62575
电气机械和器材制造业	Manufacture of Electrical Machinery and Apparatus			
计算机、通信和其他电子设备制造业	Manufacture of Computers,Communication and Other Electronic Equipment	14		66234
仪器仪表制造业	Manufacture of Instruments and Meters	2		3452
其他制造业	Other Manufacturing	1		349
电力、热力的生产和供应业	Production and Supply of Electricity and Heat	2		31894

14-2 规模以上工业企业R&D人员和经费情况(2015年)

指　　标	Item	R&D人员合计(人) Total Number of R&D Personnel (person)
总　计	**Total**	9974
按隶属关系分	**By Subordination**	
中　央	Subordinated to Central Level	6217
地　方	Subordinated to Local Level	3757
按登记注册类型分	**By Status of Registration**	
内资企业	Domestic-funded Enterprises	9551
外商投资	Foreign-funded Enterprises	423
按工业行业大类分	**By Sector**	
农副食品加工业	Processing of Food from Agricultural Products	24
食品制造业	Manufacture of Foods	30
酒、饮料和精制茶制造业	Manufacture of Liquor,Beverage and Fefined Tea	5
烟草制品业	Manufacture of Tobacco	1515
家具制造业	Manufacture of Furniture	48
印刷和记录媒介复制业	Printing Recording Medium and Duplicating Industry	55
化学原料和化学制品制造业	Manufacture of Raw Chemical Materials and Chemical Products	799
医药制造业	Manufacture of Medicines	739
橡胶和塑料制品业	Manufacture of Rubber and Plastic	1195
非金属矿物制品业	Manufacture and Processing of Non-ferrous Metals	93
黑色金属冶炼和压延加工业	Manufacture and Processing of Ferrous Metals	39
有色金属冶炼和压延加工业	Manufacture and Processing of Non-ferrous Metals	44
金属制品业	Manufacture of Metal Products	436
通用设备制造业	Manufacture of General Purpose Machinery	38
专用设备制造业	Manufacture of Special Purpose Machinery	204
汽车制造业	Manufacture of Automobile	360
铁路、船舶、航空航天和其他运输设备制造业	Manufacture of Railway,Watercraft,Aviation,Aerospace and Other Transport Equipment	1812
电气机械和器材制造业	Manufacture of Electrical Machinery and Equipment	68
计算机、通信和其他电子设备制造业	Manufacture of Computers,Communication Equipment and Other Electronic Equipment	1727
仪器仪表制造业	Manufacture of Measuring Instruments	198
其他制造业	Other Manufacture	331
电力、热力、燃气及水生产和供应业	Production and Supply of Electric Power, Heat Power and Gas Power	214

R&D Personnel and Expenditures of Industrial Enterprises above Designed Size(2015)

R&D人员折合全时当量（人·年） Full-time Equivalent of R&D Personnel (person-year)	R&D经费内部支出（万元） Internal Expenditure on R&D (10 000 yuan)	政府资金 Government Funds	企业资金 Self-raised Funds by Enterprises	其他资金 Other Funds
5719	196688	22624	171169	2894
3951	98476	18792	77621	2063
1718	98212	3832	93548	832
5406	189013	22449	163669	2894
313	7675	175	7500	
10	70	1	69	
13	412		412	
1	39		39	
79	11352	4	10974	374
48	1507	130	1377	
29	1239		1239	
476	39908	713	38645	550
396	13038	1682	11281	75
368	29385	137	29183	65
55	1205	158	905	142
7	146	15	131	
21	530	63	467	
335	3662	306	3167	189
28	377		377	
149	3518	908	2610	
229	3932	678	3254	
1454	38893	14221	24191	481
51	822	95	727	
1460	26941	2960	23981	
58	2883	126	2757	
279	2609	348	1242	1019
173	14223	80	14143	

14–3 各级各类学校概况(2015年)

单位：人

类　　别	Item	学校数(所) Number of Schools (unit)	毕业生 Graduates
各类学校总计	**Total**	**2192**	**429238**
研究生培养机构	Institutions Providing Postgraduate Programs	6	4027
#高等学校	Institutions of Higher Education	6	4027
普通高等学校	Regular Institutions of Higher Education	29	82828
普通高等教育	Regular Higher Education		65010
成人高等教育	Adult Higher Education		17818
中等职业教育(学校)	Secondary Vocational Education	62	40692
#普通中专	Regular Secondary Specialized Schools	26	29982
职业高中	Vocational Senior Secondary Schools	27	8301
成人中专学校	Adult Specialized Secondary Schools	9	2409
普通中学	Regular Secondary Schools	306	86808
#初　中	Junior Secondary Schools	239	58417
#职业中学（初中）	Vocational Junior Secondary Schools	3	320
#高　中	Senior Secondary Schools	67	28391
小　学	Primary Schools	546	51155
特殊教育学校	Special Education	10	181
工读学校	Schools for Juvenile Delinquents	3	96
技工学校	Technical Schools	12	1027
成人高等学校	Institutions of Higher Education for Adult	2	3307
普通高等教育	Regular Higher Education		
成人高等教育	Adult Higher Education	2	3307
职业技术培训机构	Vocational and Technical Training Institutions	550	157922
成人基础教育	Adult Basic Education	25	1195
成人小学	Adult Primary Schools	25	1195
幼儿园	Kindergarten	647	

注：每万人中在校学生数按常住半年及以上口径人口数计算；技工学校为市本级数。

Basic Statistics on Schools(2015)

(person)

招 生 New Enrollment	在校生 Total Enrollment	毕业班学生 Current-year Graduates	专任教师 Full-time Teachers	每一专任教师负担学生 Number of Students for Per Full-time Teacher	每万人口中在校学生 Number of Students Per 10 000 Population
389940	**1439263**	**340425**	**70075**	**20.5**	**3114.1**
4778	13760	4726			29.8
4778	13760	4726			29.8
112384	368536	94493	17127	21.5	797.4
86939	289404	70589			626.2
23383	79132	23904			171.2
53451	152876	51476	5478	27.9	330.8
41141	115245	38273	3192	36.1	249.4
9803	21712	6250	1161	18.7	47.0
2507	15919	6953	1089	14.6	34.4
79278	245740	84631	20581	11.9	531.7
48616	156874	55992			339.4
223	670	214			1.4
30662	88866	28639			192.3
64317	330091	49860	15292	21.6	714.2
387	1459		211	6.9	3.2
90	94		23	4.1	0.2
5127	10541	2606	535	19.7	22.8
1680	7736	5105	332	23.3	16.7
1680	7736	5207	332	23.3	16.7
	163173		1910	85.4	353.1
	1722		35	49.2	3.7
	1722		35	49.2	3.7
68448	143535	47528	8551	16.8	310.6

a) Total enrollment per ten thousand person is calculated on the basis of resident population for over half year; Technical Schools belong to city-level.

14–4 普通高等教育(学校)基本情况(2015年)

单位：人

类　　别	Item	学校数(所) Number of Schools (unit)
总　计	**Total**	**29**
本科大学	**Universities with Full Undergraduate Courses**	**5**
贵州大学	Guizhou University	1
贵州医科大学	Guizhou Medcial University	1
贵州师范大学	Guizhou Normal University	1
贵州财经大学	Guizhou University of Finance and Economics	1
贵州民族大学	Guizhou Minzu University	1
本科院校	**Institutions with Full Undergraduate Courses**	**5**
贵阳中医学院	Guiyang College of Traditional Chinese Medicine	1
贵阳学院	Guiyang University	1
贵州师范学院	Guizhou Normal College	1
贵州理工学院	Guizhou Institute of Technology	1
贵州商学院	Guizhou Commercial College	1
本科独立学院	**Undergraduate Independent Institutions**	**6**
贵阳中医学院时珍学院	Shizhen Institute of Guiyang College of Traditional Chinese Medicine	1
贵州大学科技学院	The College of Science and Technology of Guizhou University	1
贵州大学明德学院	Mingde College of Guizhou University	1
贵州民族大学人文科技学院	The College of Humanities Sciences Guizhou Universicity for Nationalities	1
贵州师范大学求是学院	Qiushi College of Guizhou Normal College	1
贵阳医学院神奇民族医药学院	Shenqi Ethnic Medicine College.GMU	1
专科院校(高等专科学校)	**Non-university Tertiary(Junior College)**	**1**
贵阳幼儿师范高等专科学校	Guiyang Preschool Education College	1
专科院校(高等职业学校)	**Non-university Tertiary(Advanced Vocational School)**	**12**
贵州警官职业学院	Guizhou Police Officer Vocational College	1
贵州交通职业技术学院	Guizhou Polytechnic College of Communications	1
贵州城市职业学院	Guizhou City Vocational College	1
贵州工业职业技术学院	Guizhou Industry Polytechnic College	1
贵州电力职业技术学院	Guizhou Power Vocational and Technical College	1
贵州轻工职业技术学院	Guizhou Light Industry Technical College	1
贵阳护理职业学院	Guiyang Nursing Vocational College	1
贵阳职业技术学院	Guiyang Vocational and Technology College	1
贵州职业技术学院	Guizhou Vocational and Technology Institute	1
贵州工商职业学院	Guizhou Technology and Business Institute	1
贵州建设职业技术学院	Guizhou Polytechnic of Construction	1
贵州农业职业学院	Guizhou Vocational College of Agriculture	1

Basic Statistics on Regular Higher Education(Schools)(2015)

(Person)

毕业生 Graduates			招生 New Enrollment		
	普通高等教育 Regular Higher Education	成人高等教育 Adult Higher Education		普通高等教育 Regular Higher Education	成人高等教育 Adult Higher Education
82828	**65010**	**17818**	**112384**	**86939**	**23383**
33337	**21474**	**11863**	**43507**	**25625**	**17882**
11208	7777	3431	14041	7886	6155
3202	1622	1580	4522	3413	1109
8655	5295	3360	10518	5533	4985
5711	4035	1676	6418	4820	1598
4561	2745	1816	8008	3973	4035
18526	**12922**	**5604**	**21633**	**14923**	**4648**
1343	1231	112	2240	2134	106
7996	4270	3726	5628	2615	3013
5047	3452	1595	4053	2715	1338
			2972	2861	111
4140	3969	171	6740	4598	80
9483	**9483**		**8796**	**8796**	
944	944		1156	1156	
1660	1660		1662	1662	
1865	1865		1614	1614	
1404	1404		1833	1833	
3066	3066		2364	2364	
1488	1488		1323	1323	
			2561	**1960**	**601**
			2561	1960	601
21482	**21131**	**351**	**35887**	**35635**	**252**
1758	1758		1711	1711	
3239	3239		3959	3959	
1705	1705		5002	5002	
3283	2987	296	4226	4074	152
704	649	55	738	638	100
2511	2511		4306	4306	
1656	1656		1857	1857	
3007	3007		3500	3500	
2415	2415		2805	2805	
1204	1204		5100	5100	
			2245	2245	
			438	438	

14-4 续表

单位：人

类　　别	Item	在校生 Total Enrollment
总　　计	**Total**	**368536**
本科大学	**Universities with Full Undergraduate Courses**	**162519**
贵州大学	Guizhou University	48924
贵州医科大学	Guizhou Medcial University	18815
贵州师范大学	Guizhou Normal University	41527
贵州财经大学	Guizhou University of Finance and Economics	26841
贵州民族大学	Guizhou Minzu University	26412
本科院校	**Institutions with Full Undergraduate Courses**	**69036**
贵阳中医学院	Guiyang College of Traditional Chinese Medicine	8590
贵阳学院	Guiyang University	22090
贵州师范学院	Guizhou Normal College	19137
贵州理工学院	Guizhou Institute of Technology	8822
贵州商学院	Guizhou Commercial College	10397
本科独立学院	**Undergraduate Independent Institutions**	**39855**
贵阳中医学院时珍学院	Shizhen Institute of Guiyang College of Traditional Chinese Medicine	4393
贵州大学科技学院	The College of Science and Technology of Guizhou University	7105
贵州大学明德学院	Mingde College of Guizhou University	7314
贵州民族大学人文科技学院	The College of Humanities Sciences Guizhou Universicity for Nationalities	7433
贵州师范大学求是学院	Qiushi College of Guizhou Normal College	11191
贵阳医学院神奇民族医药学院	Shenqi Ethnic Medicine College. GMU	6812
专科院校(高等专科学校)	**Non-university Tertiary(Junior College)**	**5681**
贵阳幼儿师范高等专科学校	Guiyang Preschool Education College	5681
专科院校(高等职业学校)	**Non-university Tertiary(Advanced Vocational School)**	**91445**
贵州警官职业学院	Guizhou Police Officer Vocational College	4588
贵州交通职业技术学院	Guizhou Polytechnic College of Communications	12043
贵州城市职业学院	Guizhou City Vocational College	9939
贵州工业职业技术学院	Guizhou Industry Polytechnic College	11411
贵州电力职业技术学院	Guizhou Power Vocational and Technology College	2860
贵州轻工职业技术学院	Guizhou Light Industry Technical College	10891
贵阳护理职业学院	Guiyang Nursing Vocational College	5249
贵阳职业技术学院	Guiyang Vocational and Technology College	11002
贵州职业技术学院	Guizhou Vocational and Technology Institute	7831
贵州工商职业学院	Guizhou Technology and Business Institute	12186
贵州建设职业技术学院	Guizhou Polytechnic of Construction	3007
贵州农业职业学院	Guizhou Vocational College of Agriculture	438

(continued)

(person)

普通高等教育 Regular Higher Education	成人高等教育 Adult Higher Education	毕业班学生 Current Graduates	普通高等教育 Regular Higher Education	成人高等教育 Adult Higher Education	教职工 Teachers and Staff	#专任教师 Full-time Teachers
289404	**79132**	**94493**	**70589**	**23904**	**24521**	**17127**
104054	**58465**	**42765**	**25887**	**16878**	**10996**	**7223**
31722	17202	11989	8619	3370	3896	2351
14171	4644	3737	2144	1593	1520	1003
22734	18793	12499	6408	6091	2502	1767
19514	7327	8044	5091	2953	1636	1099
15913	10499	6496	3625	2871	1442	1003
50700	**18336**	**17191**	**10919**	**6272**	**4144**	**2838**
8222	368	1406	1336	70	1101	633
11124	10966	6744	3195	3549	780	651
12576	6561	6067	3574	2493	1133	658
8711	111				642	455
10067	330	2974	2814	160	488	441
39855		**9829**	**9829**		**2823**	**2043**
4393		734	734		342	301
7105		1921	1921		516	430
7314		1589	1589		426	301
7433		1660	1660		579	420
11191		3059	3059		673	524
6812		1600	1600		629	368
5080	**601**	**466**	**466**		**297**	**207**
5080	601	466	466		297	207
89715	**1730**	**24242**	**23488**	**754**	**6261**	**4816**
4588		1103	1103		425	301
12043		4035	4035		732	589
9939		1757	1757		505	445
10711	700	2854	2532	322	730	645
1959	901	935	599	336	200	120
10891		2981	2981		828	700
5249		1712	1616	96	342	261
10873	129	3506	3506		619	441
7831		2467	2467		525	305
12186		2892	2892		707	556
3007					359	231
438					289	222

14–5 高等教育研究生及本科分科学生数(2015年)
Number of Undergraduate and Postgraduate Students in Institutions of Higher Education by Field of Study(2015)

单位：人 (person)

指 标	Item	毕业生 Graduates		招 生 New Enrollment		在校生 Total Enrollment		毕业班学生 Current Graduates	
		研究生以上学历 Master's Degreee above	本 科 Undergraduate Students	研究生以上学历 Master's Degreee above	本 科 Undergraduate Students	研究生以上学历 Master's Degreee above	本 科 Undergraduate Students	研究生以上学历 Master's Degreee above	本 科 Undergraduate Students
总 计	**Total**	**4027**	**46620**	**4778**	**56079**	**13760**	**225207**	**4726**	**53918**
哲 学	Philosophy	56	30	41	50	118	181	37	42
经济学	Economics	121	1834	192	2155	526	9981	169	2465
法 学	Law	545	3055	562	3196	1757	13583	590	3651
教育学	Education	332	3029	390	3170	931	12452	466	3048
文 学	Literature	180	7004	207	5912	562	25831	177	7511
历史学	History	43	458	42	339	136	1513	50	466
理 学	Science	378	4287	467	4776	1422	19176	478	4856
工 学	Engineering	817	9048	907	12575	2699	50239	883	10626
农 学	Agriculture	209	862	271	1168	770	4796	281	1268
医 学	Medicine	694	5688	859	7914	2446	32290	787	6015
管理学	Management	576	7604	679	10434	2035	39013	721	9952
艺术学	Arts	76	3721	161	4390	358	16152	87	4018

14–6 高等教育专科分科学生数(2015年)
Number of Students in Junior College by Field of Study(2015)

单位：人 (Person)

指 标	Item	毕业生 Graduates	招 生 New Enrollment	在校生 Total Enrollment	毕业班学生 Current Graduates
总 计	**Total**	**40459**	**57079**	**155458**	**46516**
农林牧渔	Agriculture,Forestry,Animal Husbandry and Fishery	103	495	762	142
交通运输	Communication and Transportation	2285	4688	10374	2926
生化与药品	Biochemistry and Drugs	859	924	2474	585
资源开发与测绘	Exploiture of Resources & Surveying and Mapping	1667	924	3096	1248
材料与能源	Materials and Sources of Energy	574	481	1894	710
土 建	Civil Construction	5379	9669	24104	6189
水 利	Water Conservancy		192	192	
制 造	Manufacturing	2574	3183	9006	2515
电子信息	Electronic Information	2817	3311	9422	2893
环保、气象与安全	Environmental Protection, Meteorology and Security	203	108	644	234
轻纺食品	Textile and Food	92	287	682	177
财 经	Finance and Economics	7948	11497	30277	8953
医药卫生	Medicine and Health	2774	5573	15194	4314
旅 游	Tourism	1738	1537	5082	1709
公共事业	Public Service	1098	2210	5932	1800
文化教育	Culture and Education	6649	8341	25968	9215
艺术设计传媒	Art Design and Media	1802	1865	5238	1543
公 安	Public Security		342	826	151
法 律	Law	1897	1452	4291	1212

14–7 研究生基本情况(2015年)
Statistics on Postgraduates(2015)

单位：人 (Person)

类　　别	Item	学校数(所) Number of Schools (unit)	毕业生 Graduates	博士 Doctor	硕士 Master	招生 New Enrollment	博士 Doctor	硕士 Master	在校生 Total Enrollment	博士 Doctor	硕士 Master	毕业班学生 Current Graduates	博士 Doctor	硕士 Master
高等院校小计	**Institutions of Higher Education**	**6**	**4027**	**47**	**3980**	**4778**	**135**	**4643**	**13760**	**496**	**13264**	**4726**	**238**	**4488**
贵州大学	Guizhou University	1	2101	38	2063	2429	89	2340	7202	384	6818	2432	212	2220
贵州医科大学	Guiyang Medical University	1	487	9	478	618	25	593	1763	71	1692	577	26	551
贵阳中医学院	Guiyang College of Traditional Chinese Medicine	1	215		215	263		263	736		736	225		225
贵州师范大学	Guizhou Normal University	1	766		766	800	17	783	2173	31	2142	873		873
贵州财经大学	Guizhou University of Finance and Economics	1	273		273	427		427	1211		1211	417		417
贵州民族大学	Guizhou Minzu University	1	185		185	241	4	237	675	10	665	202		202

14–8 职业技术培训机构基本情况(2015年)
Basic Statistics on Vocational Training Institutions(2015)

单位：人 (person)

类　　别	Item	学校数(所) Number of Schools (unit)	教学班(点)(个) Number of Classes (unit)	毕业生 Graduates	在校生 Total Enrollment	教职工 Teachers and Staff	#专任教师 Full-time Teachers	聘请校外教师 Teachers Engaged from Other Schools
总　　计	**Total**	**550**	**2345**	**157922**	**163173**	**2964**	**1910**	**604**
职工技术培训学校（机构）	**Vocational/Technical Training School(Institutions)**	**1**	**1**	**1800**	**1560**	**23**	**16**	**13**
其他部门办	Run by Non-ed. Dept.	1	1	1800	1560	23	16	13
农村成人文化技术培训学校（机构）	**Technical Training Schools/ Institutions for Peasants**	**471**	**1979**	**154047**	**147370**	**2066**	**1434**	**586**
教育部门办	**Run by Education Departments and Collectives**	**408**	**469**	**121691**	**118287**	**612**	**296**	**450**
县　办	Run by Counties	1	1	1300	1200	14	7	4
乡　办	Run by Townships	77	103	20159	20000	158	67	93
村　办	Run by Villages	330	365	100232	97087	440	222	353
民　办	**Run by Private Institutions**	**63**	**1510**	**32356**	**29083**	**1454**	**1138**	**136**
其他培训机构（含社会培训机构）	**Others(Including Social Training Institutions)**	**78**	**365**	**2075**	**14243**	**875**	**460**	**5**
民　办	Run by Private Institutions	78	365	2075	14243	875	460	5

14–9 中等职业教育(学校)基本情况(2015年)

单位：人

类　　别	Item	毕业生 Graduates	#普通中专 Regular Secondary Specialized Schools
总　　计	**Total**	**40692**	**29982**
#女	Female Students	21510	15897
按类别划分	**By Field of Study**	**1412**	**1332**
农林牧渔	Agriculture,Forestry,Animal Husbandry and Fishery	299	173
资源环境	Resources and Environment	565	565
能源与新能源	Energy and New Energy	6051	5570
土木水利	Civil and Hydraulic Engineering	4221	3947
加工制造	Manufacturing	320	163
石油化工	Petroleum and Chemical	257	231
轻纺食品	Textile and Food	2662	1375
交通运输	Transport	4919	2428
信息技术	Information Technology	5944	3990
医药卫生	Medicine and Health	26	26
休闲保健	Leisure and Health	3694	2356
财经商贸	Finance and Trade	2202	1889
旅游服务	Tourism Services	370	287
文化艺术	Culture and Arts	99	99
体育与健身	Sports and Fitness	5703	4436
教　育	Education	136	136
司法服务	Justice Services	1085	252
公共管理与服务	Public Management and Services	727	727
其　他	Others		

注：中等职业教育学校共71所，其中普通中专28所，职业高中32所，成人中专11所。

Statistics on Secondary Vocational Education(2015)

(person)

		招 生 New Enrollment			
职业高中 Vocational Senior Secondary Schools	成人中专 Adult Specialized Secondary Schools		#普通中专 Regular Specialized Secondary Schools	职业高中 Vocational Senior Secondary Schools	成人中专 Adult Specialized Secondary Schools
8301	**2409**	**53451**	**41141**	**9803**	**2507**
4519	1094	26878	21475	4443	960
	80	**1519**	**998**		**521**
126		101	101		
		390	390		
481		6191	5664	527	
274		4452	3368	755	329
97	60	457	150	19	288
26		187	85	40	62
1287		6225	4487	1436	302
1727	764	7480	3791	3287	402
1954		8131	7056	1075	
		653	593	41	19
516	822	5023	4088	914	21
313		3453	2186	973	294
83		664	591	2	71
		215	215		
1267		6337	5825	512	
		375	248	127	
150	683	766	504	64	198
		832	801	31	

a) There are 71 secondary vocational schools including 28 regular specialized secondary schools,32 vocationgal senior secondary schools,and 11 adult specialized secondary schools.

14-9 续表

单位：人

类　　别	Item	在校生 Total Enrollment	#普通中专 Regular Secondary Specialized Schools	职业高中 Vocational Senior Secondary Schools	成人中专 Adult Specialized Secondary Schools
总　　计	**Total**	**152876**	**115245**	**21712**	**15919**
#女	Female Students	79094	61890	10013	7191
#文化基础课	Cultural Basic Courses				
#实习指导课	Internship Tutorials				
按类别划分	**By Field of Study**				
农林牧渔	Agriculture,Forestry,Animal Husbandry and Fishery	5279	2611	37	2631
资源环境	Resources and Environment	321	321		
能源与新能源	Energy and New Energy	1197	1197		
土木水利	Civil and Hydraulic Engineering	18816	17015	1768	33
加工制造	Manufacturing	13940	9279	1311	3350
石油化工	Petroleum and Chemical	2026	999	90	937
轻纺食品	Textile and Food	433	304	67	62
交通运输	Transport	16970	11505	4133	1332
信息技术	Information Technology	19917	10926	5323	3668
医药卫生	Medicine and Health	21848	18928	2920	
休闲保健	Leisure and Health	1842	1458	117	267
财经商贸	Finance and Trade	13064	10432	2148	484
旅游服务	Tourism Services	8731	6151	1385	1195
文化艺术	Culture and Art	2586	1445	169	972
体育与健身	Sports and Fitness	450	450		
教　育	Education	19344	17713	1631	
司法服务	Justice Services	973	635	338	
公共管理与服务	Public Management and Services	1960	1331	244	385
其　他	Others	3179	2545	31	603

注：专人教师总计中包括其他机构教师。

(continued)

(person)

毕业班学生 Current-year Graduates	#普通中专 Regular Specialized Secondary Schools	职业高中 Vocational Senior Secondary Schools	成人中专 Adult Specialized Secondary Schools	专任教师 Full-time Teachers	#普通中专 Regular Specialized Secondary Schools	职业高中 Vocational Senior Secondary Schools	成人中专 Adult Specialized Secondary Schools
51476	**38273**	**6250**	**6953**	**5478**	**3192**	**1161**	**1089**
27265	20994	2860	3411	2821	1858	521	420
				1827	912	450	437
				197	59	55	83
1910	938	37	935	275	117	3	155
128	128			14	2		12
498	498			51	31		20
6884	6208	643	33	254	187	23	44
4320	3119	327	874	276	208	52	16
634	456	71	107	24	14	7	3
148	121	27		26	19	7	
5077	3092	1485	500	158	87	67	4
7189	3603	1065	2521	448	246	138	64
7614	6540	1074		505	452	48	5
325	289	36		37	37		
4274	3348	562	364	245	192	35	18
2553	1765	293	495	222	150	64	8
969	415	88	466	175	116	43	16
120	120			110	75	35	
6918	6425	493		245	89	71	85
234	234			26	5	21	
434	330	49	55	72	41	18	13
1247	644		603	291	153	24	106

a) Full-time teachers here include teachers from other institutions.

14−10 普通中学基本情况(2015年)

单位：人

类　　别	Item	学校数(所) Number of Schools (unit)	初 中 Junior Secondary Schools
总　计	**Total**	**306**	**109**
#女	Female Students		
教育部门和集体办	Run by Education Departments and Collectives	175	100
民　办	Run by Private Institutions	129	9
其他部门办	Run by Other Departments	2	
城区合计	**Cities**	**207**	**54**
教育部门和集体办	Run by Education Departments and Collectives	92	47
民　办	Run by Private Institutions	114	7
其他部门办	Run by Other Departments	1	
镇区合计	**Counties and Towns**	**59**	**35**
教育部门和集体办	Run by Education Departments and Collectives	50	35
民　办	Run by Private Institutions	8	
其他部门办	Other Departments in Running Schools	1	
乡村合计	**Rural**	**40**	**20**
教育部门和集体办	Run by Education Departments and Collectives	33	18
民　办	Run by Private Institutions	7	2
其他部门办	Run by Other Departments		

注：学生数不含十二年一贯制学校的小学生人数。

14−10 续表

单位：人

类　　别	Item	招生 New Enrollment 初 中 Junior Secondary Schools	高 中 Senior Secondary Schools
总　计	**Total**	**48616**	**30662**
#女	Female Students	22928	16400
教育部门和集体办	Run by Education Departments and Collectives	37088	25277
民　办	Run by Private Institutions	11315	5311
其他部门办	Run by Other Departments	213	74
城区合计	**Cities**	**32641**	**21519**
教育部门和集体办	Run by Education Departments and Collectives	22331	18410
民　办	Run by Private Institutions	10294	3109
其他部门办	Run by Other Departments	16	
镇区合计	**Counties and Towns**	**11722**	**8065**
教育部门和集体办	Run by Education Departments and Collectives	10932	6867
民　办	Run by Private Institutions	593	1124
其他部门办	Run by Other Departments	197	74
乡村合计	**Rural**	**4253**	**1078**
教育部门和集体办	Run by Education Departments and Collectives	3825	
民　办	Run by Private Institutions	428	1078
其他部门办	Run by Other Departments		

Regular Secondary Schools(2015)

(person)

					毕业生 Graduates	
高 中 Senior Secondary Schools	完 全 中 学 Six-grades Secondary Schools	职 业 初 中 Vocational Junior Secondary Schools	九年一贯制学校 9-Year Schools	十二年一贯制学校 12-Year Schools	初 中 Junior Secondary Schools	高 中 Senior Secondary Schools
22	**31**	**3**	**127**	**14**	**58417**	**28391**
					28132	15305
20	17	3	30	5	45834	24908
2	13		97	8	12264	3407
	1			1	319	76
18	**21**		**105**	**9**	**36066**	**20192**
16	12		14	3	24664	17645
2	8		91	6	11381	2517
	1				21	30
4	**9**	**1**	**7**	**3**	**16148**	**7859**
4	5	1	3	2	15347	7263
	4		4		503	550
				1	298	46
	1	**2**	**15**	**2**	**6203**	**340**
		2	13		5823	
	1		2	2	380	340

a) Number of students exclude pupils in Twelve-year Education Schools.

(continued)

(person)

在校生 Total Enrollment		毕业班学生 Current Graduates		教职工 Teachers and Staff	
初 中 Junior Secondary Schools	高 中 Senior Secondary Schools	初 中 Junior Secondary Schools	高 中 Senior Secondary Schools		#专任教师 Full-time Teachers
156874	**88866**	**55992**	**28639**	**22761**	**20581**
74293	47801	26505	15460	13548	12425
121458	75876	44302	25355	16669	15661
34726	12708	11402	3177	5982	4820
690	282	288	107	110	100
103300	**63457**	**35744**	**20737**	**15814**	**14325**
71198	55395	25050	18575	10586	10067
32039	8032	10663	2132	5190	4226
63	30	31	30	38	32
38961	**23262**	**14604**	**7463**	**5214**	**4665**
36884	20481	13957	6780	4629	4249
1450	2529	390	606	513	348
627	252	257	77	72	68
14613	**2147**	**5644**	**439**	**1733**	**1591**
13376		5295		1454	1345
1237	2147	349	439	279	246

14−11 小学基本情况(2015年)
Statistics on Primary Schools(2015)

单位：人 (person)

类别	Item	学校数(所) Number of Schools (unit)	#独立设置少数民族学校 Independent Primary Schools for Minorities	其它机构(教学点) Others Insitutions	毕业生 Graduates	招生 New Enrollment	在校生 Total Enrollment	毕业班学生 Current Graduates	教职工 Teachers and Staff	#专任教师 Full-time Teachers
总计	**Total**	**546**	**14**	**107**	**51155**	**64317**	**330091**	**49860**	**16259**	**15292**
#女	Female Students				24003	30197	154227	23449	11743	11215
教育部门和集体办	Run by Education Departments and Collectives				39027	51833	266164	39542	14054	13543
民办	Run by Private Institutions				12083	12410	63554	10270	2205	1749
其他部门办	Run by Other Departments				45	74	373	48		
城区合计	**Cities**	**282**	**4**	**1**	**35266**	**42147**	**225498**	**34626**	**9901**	**9297**
教育部门和集体办	Run by Education Departments and Collectives	178	3	1	23413	30117	163838	24772	7794	7616
民办	Run by Private Institutions	104	1		11853	12030	61660	9854	2107	1681
其他部门办	Run by Other Departments									
镇区合计	**Counties and Towns**	**77**		**5**	**8633**	**11819**	**57326**	**8567**	**3120**	**2903**
教育部门和集体办	Run by Education Departments and Collectives	74		5	8461	11553	56013	8298	3047	2853
民办	Run by Private Institutions	3			127	192	940	221	73	50
其他部门办	Run by Other Departments				45	74	373	48		
乡村合计	**Rural**	**187**	**10**	**101**	**7256**	**10351**	**47267**	**6667**	**3238**	**3092**
教育部门和集体办	Run by Education Departments and Collectives	185	10	101	7153	10163	46313	6472	3213	3074
民办	Run by Private Institutions	2			103	188	954	195	25	18
其他部门办	Run by Other Departments									

14-12 特殊教育基本情况(2015年)
Statistics on Special Education Schools(2015)

单位：人 (person)

类别	Item	班数(个) Number of Classes (unit)	毕业生 Graduates	招生 New Enrollment	在校生 Total Enrollment	教职工 Teachers and Staff	#专任教师 Full-time Teachers
总计	**Total**	**98**	**181**	**387**	**1459**	**249**	**211**
#女	Female		84	156	583	180	163
按特殊教育分	**Disability Classification**	**10**	**21**	**40**	**125**		
视力残疾	Visual Deficiency	30	82	84	344		
听力残疾	Hearing Disability	57	61	192	769		
智力残疾	Mental Dificiency	1	17	71	221		
其他残疾	Other Disability						
按地域分	**Classification by Region**						
城市	Cities		121	269	937		
镇区	Towns		44	97	406		
农村	Rural		16	21	116		

注：特殊学校数全市合计10所，其中弱智学校4所，其他学校6所。
a) There are 10 special education schools including 4 mental deficiency schools and 6 others.

14-13 成人高等学校基本情况(2015年)
Statistics on Institutions of Adult Higher Education(2015)

单位：人 (person)

类别	Item	学校数(所) Number of Schools (unit)	毕业生 Graduates	普通高等教育 Regular Higher Education	成人高等教育 Adult Higher Education	招生 New Enrollment	普通高等教育 Regular Higher Education	成人高等教育 Adult Higher Education
总计	**Total**	**2**	**3307**		**3307**	**1680**		**1680**
贵州广播电视大学	Guizhou Radio&TV University	1	3292		3292	1650		1650
贵州铝厂职工大学	Guizhou Aluminum Plant University for Employees	1	15		15	30		30

14-13 续表 (continued)

单位：人 (person)

类别	Item	在校生 Total Enrollment	普通高等教育 Regular Higher Education	成人高等教育 Adult Higher Education	毕业班学生 Current-year Graduates	普通高等教育 Regular Higher Education	成人高等教育 Adult Higher Education	教职工 Teachers and Staff	#专任教师 Full-time Teachers
总计	**Total**	**7736**		**7736**	**5105**		**5207**	**564**	**332**
贵州广播电视大学	Guizhou Radio&TV University	7488		7488	5105		5105	491	271
贵州铝厂职工大学	Guizhou Aluminum Plant University for Employees	248		248			102	73	61

14-14 广播电视宣传基本情况(2015年) Basic Statistics on Radio and TV(2015)

单位：小时 (hour)

指　　标	Item	全年广播电视节目播出时间 Length of Radio and Television Programs	按节目类型分 Grouped by Program Type	
			新闻资讯 News	专题服务 Special Subject
无线广播合计	**All Radio Broadcasting Stations**	**91466**	**12125**	**20560**
省人民广播电台	Provincial Level	61320	5184	14207
地(市)级广播电台	Prefectural Level	30146	6941	6353
电视播映合计(含有线电视)	**All Television Stations (including cable TV)**	**94957**	**16041**	**20114**
省电视台	Provincial Level	56288	8550	10901
地(市)级电视台	Prefectural Level	34098	4726	8914
县电视台	County Level	4571	2765	299

14-14 续表 (continued)

单位：小时 (hour)

指　　标	Item	按节目类型分 Grouped by Program Type			
		综艺益智 General Entertainment	广播影视剧 Radio Play	广　告 Advertising	其　他 Others
无线广播合计	**All Radio Broadcasting Stations**	**23489**	**5420**	**13260**	**16612**
省人民广播电台	Provincial Level	16980	4502	8700	11747
地(市)级广播电台	Prefectural Level	6509	918	4560	4865
电视播映合计(含有线电视)	**All Television Stations (including cable TV)**	**5065**	**18600**	**16064**	**19072**
省电视台	Provincial Level	1733	14838	8140	12126
地(市)级电视台	Prefectural Level	3157	2637	7805	6858
县电视台	County Level	175	1125	119	88

14-15 广播电视节目制作
Production of Radio and Television Programs Produced

单位：小时 (hour)

指标	Item	2015	2014	2015年比2014年增长(%) Growth Rate in 2015 over 2014(%)
广播节目制作	**Production of Radio Programs**	**66774**	**65361**	**2.2**
#新闻资讯	News Programs	6245	4327	44.3
专题服务	Special Subject Programs	19167	21149	-9.4
综艺	Variety Shows	16883	17796	-5.1
广播剧	Radio Plays	1135	740	53.4
广告	Advertisements	10685	10374	3.0
其他	Others	12659	10974	15.4
电视节目制作(含有线电视)	**Production of TV Programs (including cable TV)**	**24261**	**25890**	**-6.3**
#新闻资讯	News Programs	6037	6939	-13.0
专题服务	Special Subject Programs	7491	4229	77.1
综艺	Variety Shows	589	1139	-48.3
影视剧	Movies and TV Plays	2938	2413	21.8
广告	Advertisements	1703	2849	-40.2
其他	Others	5503	8321	-33.9

14-16 广播电视事业发展情况
Basic Statistics on Radio and Television Industry

指标	Item	2015	2014
中短波转播发射台 (座)	Transmission and Relaying Stations of Medium and Short Wave Broadcast (unit)	12	12
发射机功率 (千瓦)	Transmitter Power (kilowatt)	453	453
调频电视转播发射台 (座)	Relaying Stations of Frequency Modulation Broadcasting (unit)	10	10
调频发射机功率 (千瓦)	Transmitter Power (kilowatt)	155	155
电视发射机功率 (千瓦)	Transmitter Power (kilowatt)	146.35	146.35
广播人口覆盖率 (%)	Radio Coverage Rate of Population (%)	100	100
农村广播综合人口覆盖率 (%)	Radio Coverage Rate of Population in Rural Areas (%)	100	100
电视人口覆盖率 (%)	TV Coverage Rate of Population (%)	99.71	99.71
农村电视综合人口覆盖率 (%)	TV Coverage Rate of Population in Rural Areas (%)	99.50	99.50
广播电视台 (座)	Radio and Television Stations (unit)	2	2

注：2015年起，广播电台和电视台合并称为广播电视台。

a) From 2015,Broadcasting Station and TV Station combined as Broadcasting and TV Station.

14−17　图书、报纸、杂志出版情况
Number of Books, Newspaper and Magazines Published in Guiyang

指　　标		Item		2015	2014	2015年比2014年增长(%) Growth Rate in 2015 over 2014(%)
图书出版		**Books Published**				
种　数	(种)	Number of Publication	(kind)	835	885	-5.6
总印数	(万 册)	Printed Copies	(10 000 copies)	10064.69	6090.64	65.2
总印张	(千印张)	Printed Sheets	(1000 sheets)	636776	436304	45.9
报纸出版		**Newspapers Published**				
种　数	(种)	Number of Publication	(kind)	30	29	3.4
总印数	(万 份)	Printed Copies	(10 000 copies)	23273	26923	-13.6
总印张	(千印张)	Printed Sheets	(1000 sheets)	1011181	1227447	-17.6
杂志出版		**Magazines Published**				
种　数	(种)	Number of Publication	(kind)	78	78	持平
总印数	(万 册)	Printed Copies	(10 000 copies)	1697	1469	15.5
总印张	(千印张)	Printed Sheets	(1000 sheets)	77733	75824	2.5

14−18　文化事业机构及人员（2015年）
Number of Institutions and Personnel in Cultural Industry(2015)

指　　标	Item	机　构(个) Number of Institutions (unit)	人　员(人) Numbers of Employed Persons(person)
总　　计	**Total**	**1372**	**22298**
文化合计	Total Item of Culture	1351	21200
#艺术表演团体	Art Performance Troupes	13	3236
艺术表演场馆	Artistic Performance Stadium	5	264
公共图书馆	Public Libraries	12	267
文化馆	Cultural Center	12	2283
文化站	Cultural Stations	170	753
艺术展览创作机构	Art Exhibition and Creation Agencies	2	107
文化科研机构	Cultural Study Institutions	1	51
文化市场经营机构	Cultural Market Management Institutions	1110	8711
文化行政主管部门	Executive Departments of Culture	12	679
其他文化机构	Other Cultural Institutions	14	1693
文物合计	Total Item of Cultural Relics	21	1098
#博物馆	Museums	6	208
文化保护管理机构	Cultural Protection and Management Institutions	8	41
文物科研机构	Cultural Relic Study Institutions	2	90
文物商店	Antique Store	1	493
其他文物机构	Other Cultural Relic Institutions	4	266

注：本表数据因报表体系调整，数据与往年不可比。

a) The reporting system has been adjusted, so the data are incomparable with previous years.

14-19 专利申请及授权
Patent Applications Accepted and Granted

单位：件 (piece)

指　　标	Item	2015	2014	2015年比2014年增长(%) Growth Rate in 2015 over 2014(%)
专利申请受理量	**Number of Patent Aplications Accepted**	**7194**	**12630**	**-43.0**
发明专利	Inventions	3083	4564	-32.4
实用新型专利	Utility Models	3603	3824	-5.8
外观设计专利	Designs	508	4242	-88.0
专利授权量	**Number of Patent Aplications Granted**	**8002**	**3766**	**112.5**
发明专利	Inventions	940	674	39.5
实用新型专利	Utility Models	3573	2676	33.5
外观设计专利	Designs	3489	416	738.7

14-20 公共图书馆
Public Libraries

类　　别		Item		2015	2014
公共图书馆个数	(个)	Number of Public Libraries	(unit)	12	11
总藏书	(万册、件)	Total Collections	(10 000 copies)	868.53	818.84
#图　书	(万册、件)	Books	(10 000 copies)	340.57	317.20
电子图书	(万册、件)	Electronic books	(10 000 copies)	441.48	410.00
电子阅览室终端数	(个)	Termals in Electronic Media Reading Rooms	(set)	535	531
书刊文献外借人次	(万人次)	Borrowing from Libraries	(10 000 person-times)	65.51	53.89
书刊文献外借册次	(万册次)	Number of Books and Periodicals Lent to Readers	(10 000 copies-times)	104.85	76.49
累计发放有效借书证	(万 张)	Accumulative Number of Library Cards Distributed	(10 000 units)	14.85	12.68

主要统计指标解释

企业办科技机构数　企业办科技机构指企业自办（或与外单位合办），管理上同生产系统相对独立（或者单独核算）的专门科技活动机构，如企业办的技术中心、研究院所、开发中心、开发部、实验室、中试车间、试验基地等。企业办科技活动机构经过资源整合，被国家或省级有关部门认定为国家级或省级技术中心的，应按一个机构填报。与外单位合办的科技活动机构若主要由本企业出资兴办，则由本企业统计，否则应由合办方统计。企业科技管理职能处（科）室（如科研处、技术科等）一般不统计在内；若科研处、技术科等同时挂有科技活动机构的牌子，视其报告年度内主要工作任务而定，主要任务是从事科技活动的可以统计，否则不予统计。本指标不含企业在中国境外设立的科技活动机构数。

机构人员合计　指报告期末企业办科技活动机构中从业人员合计。

仪器和设备原价　指企业办科技机构报告期末固定资产中仪器和设备的原价（不包括长期闲置不用的仪器和设备）。

R&D（科学研究与试验发展，简称“研发”）　是指在科学技术领域，为增加知识总量、以及运用这些知识去创造新的应用进行的系统的创造性的活动，包括基础研究、应用研究、试验发展三类活动。

R&D 人员　指单位内部从事基础研究、应用研究和试验发展三类活动的人员。包括直接参加上述三类项目活动的人员以及这三类项目的管理人员和直接服务人员。为研究活动提供直接服务的人员包括直接为研究活动提供资料文献、材料供应、设备维护等服务的人员。

R&D 人员折合全时当量　由参加 R&D 项目人员的全时当量及应分摊在 R&D 项目的管理和直接服务人员的全时当量两部分相加计算。一个折合全时当量是一人年。例如，一个人在 R&D 活动上花费了 30%的正常工作时间而 70%的时间用于其他工作，则其折合全时当量为 0.3。

R&D 经费内部支出合计　指调查单位在报告年度用于内部开展 R&D 活动（基础研究、应用研究和试验发展）的实际支出。包括用于 R&D 项目（课题）活动的直接支出，以及间接用于 R&D 活动的管理费、服务费、与 R&D 有关的基本建设支出以及外协加工费等。不包括生产性活动支出、归还贷款支出以及与外单位合作或委托外单位进行 R&D 活动而转拨给对方的经费支出。

R&D 经费内部支出中政府资金　指调查单位 R&D 经费内部支出中来自各级政府部门的各类资金，包括财政科学技术拨款、科学基金、教育等部门事业费以及政府部门预算外资金的实际支出。

R&D 经费内部支出中企业资金　指调查单位 R&D 经费内部支出中来自本企业的自有资金和接受其他企业委托而获得的经费，以及科研院所、高校等事业单位从企业获得的资金的实际支出。

R&D 经费内部支出中其他资金　指从上述渠道以外获得的计划用于 R&D 活动的经费，如企业从金融机构贷款得到的用于内部开展 R&D 活动的资金，从独立科研院所和高等学校等事业单位获得的用于 R&D 活动的经费，来自民间非盈利机构的资助和个人捐赠等。

普通高等学校　指按照国家规定的设置标准和审批程序批准举办，通过国家统一招生考试，招收高中毕业生为主要培养对象，实施高等教育的全日制大学、独立设置的学院和高等专科学校、短期职业大学。

成人高等学校　指按照国家有关规定审批，招收通过全国成人高教统一招生考试的具有高中毕业或同等学历的在职从业人员，利用脱产、半脱产、业余或函授等多种形式对其实施高等学历教育，培养高等教育专科或本科毕业水平的专门人才，修业年限、课程设置和总学时数均按高等学历教育要求付诸实施的学校。包括广播电视大学、职工高等学校、农民高等学校、管理干部学院、教育学院、独立设置的函授学院等。

中等职业教育学校　指按规定的设置标准和审批程序批准建立的，招收初中(或部分高中)毕业生或同等学历者，实施中等职业技术教育，培养中等职业技术人才的学校。招收初中毕业生的，修业年限一般为三至四年；招收高中毕业生的，修业年限一般为二年至三年。包括中等专业学校、技工学校、职业中学（高中）等。统计中等职业学校时应注意，已承担培养学生任务的中等职业技术学校和独立设置的高等学校中专部或中专学校计算校数。正在筹建、尚未招生的中等职业学校和高等学校附设的中专班不计校数。

普通中学 指按规定的审批程序批准设立的，招收小学、初中(或部分高中)毕业生或同等学历者，实施普通中学教育的学校。

专任教师 指主要从事教学工作的人员。包括临时(一年以内)调去帮助做其他工作的教学人员。高等学校函授部、夜大学的专任教师和承担科研任务，未担任教学工作仍属教师编制的人员，应计入专任教师中。不包括调离教学岗位，担任行政领导工作或其他工作的原教学人员。

文化事业机构 指从事专业文化工作和为专业文化工作服务的独立建制的单位。不包括这些单位另外举办独立核算的其他机构和各部门的业余文化组织。

Explanatory Notes on Main Statistical Indicators

Number of S&T Institutions refers to specialized technology institutions run by enterprises (or jointly with other units) and their activities in the production system is relatively independent (or accounted separately) on the management, such as technology center office, research institutes, development centers, development department, laboratory, pilot plant and test base. Through resource integration, institutions identified as national or provincial technology center by national or provincial departments should be reported as one institution. A S&T institution organized with other units should implement the statistics by enterprise itself if the institution is funded mainly by the enterprise, otherwise co-sponsor. Enterprise Technology Management Office (Branch) / Room (such as research department, technology department, etc.) are generally not included in the statistics; If the research department, technology department and other S&T departments hanging brand agency at the same time, the statistic depends on main tasks stipulated in the annual report and only the S&T activities should be considered into statistics.

Total Personnel of Institutions refers to institutions reported total number of employees engaged in the S&T activities in the year-end.

Instruments and Equipment Cost refers to institutions reported the original cost of instruments and equipment (excluding long-term idle equipment and facilities) in the fixed assets in the year end.

R&D(Research and Development, hereinafter R&D) refers to systematic and creative activities in the field of science and technology aiming at increasing the knowledge and using the knowledge for new application. R&D includes 3categories of activities: basic research, applied research and experimentation for development.

R&D Personnel refers to persons engaged in the above mentioned activities of R&D, including persons in the project team, persons engages in the management of projects and persons providing direct services. The latter includes persons providing documents, materials and equipment maintenance.

Full-time Equivalent of R&D Personnel refers to the full-time equivalent of R & D project personnel and personnel assessed in full-time equivalent management and direct service. A full-time equivalent is a person-years. For example, a person spends 30% of working hours on the R & D activities while 70% of the time for other work, the full-time equivalent is 0.3.

Total Expenditure of Funds on R&D refers to the real expenditure of surveyed units on their own R&D activities (basic research, application study, test and development) including direct expenditure on R&D activities, indrect expenditure of management and services on R&D activities, expenditure on capital construction and material processing by others. Excluding the expenditure on production activities, return of loan, fees transferred to cooperated and entrusted agencies on R&D activities.

Expenditure of Government Funds on R&D refers to the expenditure of funds on R&D activities from government agencies at different levels including appropriate funds on science and technology from financial departments, scientific funds, operating expenses from education departments and the real expenditure of extra budgetary funds from government agencies.

Expenditure of Funds of enterprises on R&D refers to the expenditure of funds on R&D activities from self-raised funds of enterprises and funds from other enterprises through entrustment, and the expenditure of funds of institutions such as institution of scientific research and universities, from enterprises.

Expenditure of other Funds on R&D refers to funds from other sources other than those mentioned above for R & D activities such as corporate loans from financial institutions, institution of scientific research universities, grants and individual donations of private non-profit organizations.

Regular Institutions of Higher Learning refer to educational establishments set up according to the government evaluation and approval procedures, enrolling graduates from senior secondary schools and providing higher education courses and training for senior professionals. They include full-time universities, colleges, and institutions of higher professional education, institutions of higher vocational education and others.

Institutions of Higher Learning for Adults refer to educational establishments approved according to relevant government rules, enrolling staff and workers with senior secondary or equivalent education through uniform national matriculation examinations, and providing them with regular higher education in various forms such as full-time, part-time, spare-time and correspondence courses in accordance with requirements of regular higher education in years of education, curricula, and total learning hours, so that they meet the standards for graduation of universities or junior colleges. Institutions of higher learning for adults include radio and TV universities, colleges for staff and workers, colleges for farmers, colleges for management cadres, teachers' colleges, and independent correspondence colleges.

Second Vocational Schools refer to those recruiting junior high school (or partly senior high school) graduates or people having the same educational level implement medium vocational education based on regulated setting standards and examination and approval procedure. The lengthy of secondary schools which receive junior high school graduates is usually three to four years; the lengthy of those which receive senior high school graduates is usually two to three years. The secondary vocational schools include medium professional schools, technical schools, vocational middle schools (senior high schools) and etc. Note that medium vocational technical schools taking the mission of developing students and independently established secondary specialized schools of higher education or medium professional schools are counted. The medium vocational technical schools are preparing and are not recruiting students and medium professional classes attaching to higher education are not accounted.

Regular High Schools refer to those recruiting primary schools, junior high schools (senior high schools) graduates or people having the same educational level implement regular high education based on regulated setting standards and examination and approval procedure.

Full-time Teachers refer to those engaging in teaching activities, include the teaching staff dispatched to do other jobs temporarily (within one year).Correspondence departments of higher schools, full-time teachers of evening universities, people with authorized qualifications who taking the mission of doing research but do not teaching students should be regarded as full-time teachers. Former teaching staff who are dispatched off teaching post or bear administrative leadership or other jobs are not regarded as full-time teachers.

Cultural Institutions refers to institutions engaged in professional culture work and independent institutions providing services to cultural work. Institutions with independent accounting departments and amateur cultural organizations are not included.

15

Fifteen

民政、卫生、体育及其他

Social Welfare ,Public Health,Sports and Others

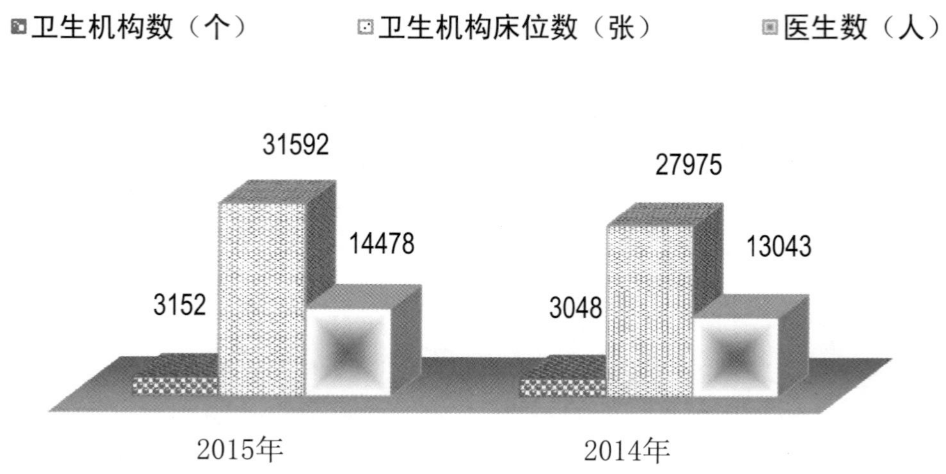
卫生机构数（个）
卫生机构床位数（张）
医生数（人）
31592
14478
3152
27975
13043
3048
2015年
2014年

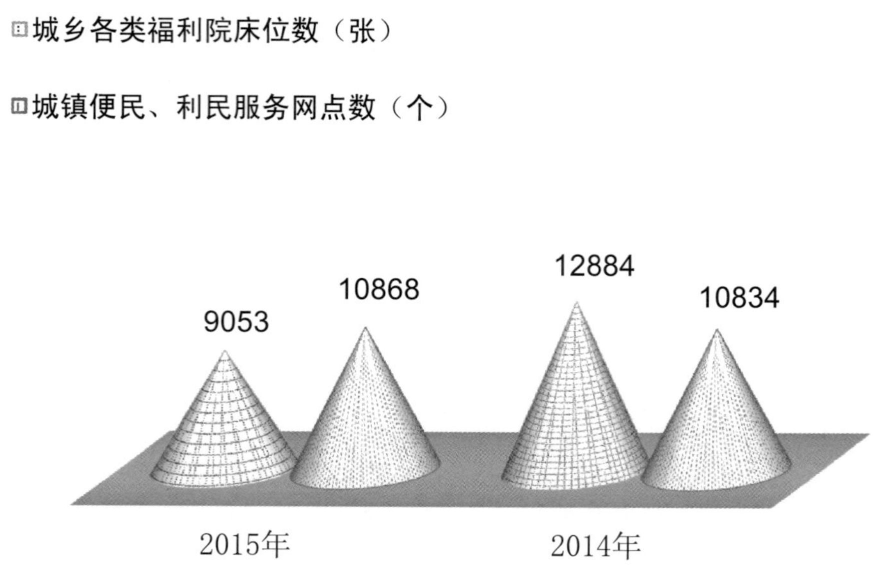
城乡各类福利院床位数（张）
城镇便民、利民服务网点数（个）
9053
10868
12884
10834
2015年
2014年

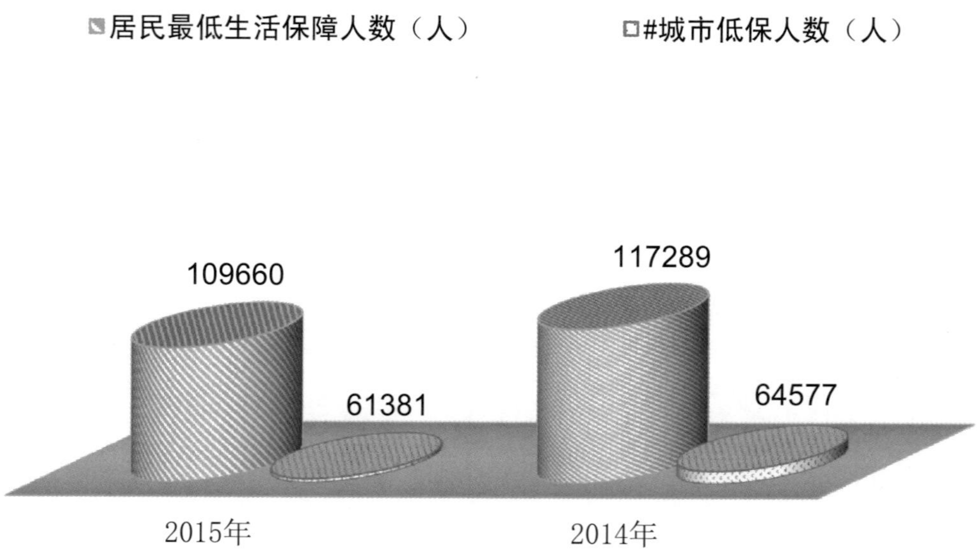
居民最低生活保障人数（人）
#城市低保人数（人）
109660
61381
117289
64577
2015年
2014年

15−1 民政事业基本情况(2015年)
Statistics on Civil Administration Departments(2015)

指　　标	Item	单位数(个) Number of Institutions (unit)	职工人数(人) Number of Staff (person)	固定资产原价(万　元) Original Cost of Fixed Assets (10 000 yuan)	收入合计(万　元) Total Revenue (10 000 yuan)	支出合计(万　元) Total Expenditure (10 000 yuan)
优抚安置单位	**Institutions for Veteran Benefit and Placement**	**7**	**79**	**2025**	**6870**	**7701**
军休所(含管理中心)	Veteran Management Institutions	5	56	1841	5846	6666
军供站	Military Supply Stations	1	20	174	1004	1013
烈士纪念建筑物管理单位	Martyr Memorial Building Management Units	1	3	10	20	22
收养类单位	**Adoptive Institutions**	**78**	**853**	**25346**	**7686**	**8832**
社会福利院	Social Welfare Homes	2	118	6898	2986	3520
儿童福利院	Social Welfare Homes for Children	1	74	1309	2226	2502
社会福利医院(精神病福利院)	Social Welfare Hospitals (Welfare Homes for Psychiatric Patients)	1	51	758	1520	1510
城市养老服务机构	Urban Service Institutions for Aged Persons	69	570	12879	951	1237
农村养老服务机构	Rural Service Institutions for Aged Persons	5	40	3502	3	63
救助类单位	**Institutions for Relief**	**3**	**88**	**4738**	**1807**	**2102**
救助管理站	Relief Stations	3	88	4738	1807	2102
殡仪服务单位	**Funeral and Interment Institutions**	**19**	**1221**	**46855**	**31212**	**11729**
殡仪馆	Funeral Home	5	398	16189	10420	4227
公　墓	Cemetery	10	797	30529	20383	7074
殡葬管理	Funeral and Interment Management Institutions	4	26	137	409	428
福利彩票发行单位	**Welfare Lottery Issuing Institutions**	**1**	**71**	**443**	**1659**	**1572**
老龄事业单位	**Institutions for the Cause of Aging**	**10**	**43**	**350**	**2321**	**2348**
其他事业单位	**Other Institutions**	**11**	**187**	**1185**	**7288**	**8101**
行政机关	**Administrative Institutions**	**11**	**367**	**5283**	**84969**	**79293**

注：2015年，床位数未达50个的农村敬老院计入社区服务机构，不再计入农村养老服务机构，与去年数据不可比。

a) In 2015,rural gerocomium with beds number under 50 numbered among community service institutions, no longer numbered among rural service institutions for aged persons. Thus, the data are imcopmarable with last year.

15-2 城乡各种福利院机构和人员情况
Statistics on Welfare Institutions and Personnel in Rural and Urban Area

指　标	Item	2015	2014	2015年比2014年增长(%) Growth Rate in 2015 over 2014 (%)
机构数(个)	**Number of Institutions(unit)**	**78**	**142**	**-45.1**
社会福利院	Social Welfare Homes	2	2	持平
儿童福利院	Social Welfare Homes for Children	1	1	持平
精神病福利院	Welfare Homes for Psychiatric Patients	1	1	持平
城市养老服务机构	Urban Service Institutions for Aged Persons	69	75	-8.0
农村养老服务机构	Rural Service Institutions for Aged Persons	5	63	-92.1
职工人数(人)	**Number of Staff (person)**	**853**	**1015**	**-16.0**
社会福利院	Social Welfare Homes	118	116	1.7
儿童福利院	Social Welfare Homes for Children	74	74	持平
精神病福利院	Welfare Homes for Psychiatric Patients	51	50	2.0
城市养老服务机构	Urban Service Institutions for Aged Persons	570	576	-1.0
农村养老服务机构	Rural Service Institutions for Aged Persons	40	199	-79.9
床位数(张)	**Number of Beds (bed)**	**9053**	**12884**	**-29.7**
社会福利院	Social Welfare Homes	950	950	持平
儿童福利院	Social Welfare Homes for Children	500	500	持平
精神病福利院	Welfare Homes for Psychiatric Patients	100	100	持平
城市养老服务机构	Urban Service Institutions for Aged Persons	6543	7191	-9.0
农村养老服务机构	Rural Service Institutions for Aged Persons	960	4143	-76.8
在院人数(人)	**Inpatients(person)**	**3359**	**3796**	**-11.5**
社会福利院	Social Welfare Homes	414	387	7.0
儿童福利院	Social Welfare Homes for Children	397	383	3.7
精神病福利院	Welfare Homes for Psychiatric Patients	84	84	持平
城市养老服务机构	Urban Service Institutions for Aged Persons	2064	1909	8.1
农村养老服务机构	Rural Service Institutions for Aged Persons	400	1033	-61.3

注：2015年，床位数未达50个的农村敬老院计入社区服务机构，不再计入农村养老服务机构，城乡福利院机构个数减少与去年数据不可比。

a) In 2015, the number of beds is not up to 50 of rural homes for the elderly in community service organizations, are no longer in the rural pension service, the number of urban and rural welfare institutions and reduce the data are not comparable to last year.

15-3 民政事业发展情况
Basic Statistics on Civil Affairs

指　　标		Item		2015	2014	2015年比2014年增长(%) Growth Rate in 2015 over 2014 (%)
抚恤、补助对象情况		**Pension and Subsidy**				
抚恤、补助优抚对象总数	(人)	Total Quantity	(person)	16743	16212	3.3
定期抚恤	(人)	People Receiving Regular Pensions	(person)	270	270	持平
定期补助	(人)	People Receiving Regular Subsidies	(person)	14424	13782	4.7
伤残人员	(人)	Injured and Disabled Persons	(person)	2049	2160	-5.1
优待、烈士褒扬情况		**Preferential Treatment and Resettlement**				
优待优抚对象	(户)	Number of Household Receiving Preferential Treatment	(household)	6809	6366	7.0
#优待军属	(户)	Number of Soldier's Family Receiving Preferential Treatment	(household)	3509	3812	-7.9
安置退役士兵、复员干部	(人)	Number of Ex-servicemen Receiving Resettlement	(person)	1560	1650	-5.5
低保、救济和医疗救助情况		**Minimum Living Allowance, Relief and Medical Assistance**				
城市居民最低生活保障家庭数	(户)	Number of Households Receiving Minimum Living Allowance in Urban Areas	(household)	33030	33457	-1.3
城市居民最低生活保障人数	(人)	Number of Persons Receiving Minimum Living Allowance in Urban Areas	(person)	61381	64577	-4.9
#女　性	(人)	Female	(person)	27572	29439	-6.3
农村居民最低生活保障家庭数	(户)	Number of Households Receiving Minimum Living Allowance in Rural Areas	(household)	26351	26967	-2.3
农村居民最低生活保障人数	(人)	Number of Persons Receiving Minimum Living Allowance in Rural Areas	(person)	48279	52712	-8.4
农村五保户供养人数	(人)	Number of Persons Receiving Livelihood Guarantees in Five Aspects in Rural Areas	(person)	2663	2663	持平
#女　性	(人)	Female	(person)	233	389	-40.1
民政部门资助参保人数	(人 次)	Number of Women Receiving Government Subsidies for Insurances	(person-time)	53963	55842	-3.4
民政部门资助参合人数	(人 次)	Number of Women Receiving Government Subsidies for Cooperative Medical Care	(person-time)	62249	66581	-6.5
民政部门直接医疗救助人次数	(人 次)	Number of Women Receiving Direct Medical Assistance from Civil Administration Departments	(person-time)	10048	9169	9.6
社会捐赠情况		**Social Donations**				
直接接收捐赠款	(万 元)	Directly Donated Money	(10 000 yuan)	1977	759.3	160.4
直接接收捐赠衣被	(万 件)	Directly Donated Clothes and Quilts	(10 000 units)			
间接接收捐赠款	(万 元)	Indirectly Donated Money	(10 000 yuan)		6.3	
间接接收捐赠衣被	(万 件)	Indirectly Donated Clothes and Quilts	(10 000 units)			
受益人次数	(人 次)	Number of Beneficiary	(person-time)	8900	6113	45.6
社会捐赠接收工作站、点数	(个)	Number of Work Stations and Spots Receiving Social Donations	(unit)	149	150	-0.7
#社会捐赠接收工作站	(个)	Number of Work Stations Receiving Social Donations	(unit)	11	12	-8.3
慈善超市	(个)	Number of Charity Supermarkets	(unit)	32	29	10.3
社区服务情况		**Community Service**				
社区服务志愿者组织数	(个)	Number of Community Voluntary Organizations	(unit)	492	434	13.4
城镇便民、利民服务网点数	(个)	Number of Convenience Networks in Cities and Towns	(unit)	10868	10834	0.3

15−4 卫生机构、床位和人员(2015年)

单位：人

指　　标	Item	机构数(个) Number of Institutions (unit)	床位数(张) Number of Bed (bed)
总　　计	**Total**	**3152**	**31592**
医　院	**Hospitals**	**184**	**27238**
综合医院	General Hospitals	130	18744
中医医院	Hospitals of Traditional Chinese Medicine	14	3342
中西医结合医院	Hospitals of Traditional Chinese and Western Medicine	4	395
专科医院	Specialized Hospitals	36	4757
口腔医院	Stomatological Hospitals	1	40
眼科医院	Ophthalmic Hospitals	2	105
耳鼻喉科医院	Otorhinolaryngology Hospital	2	70
肿瘤医院	Cancer Hospitals	1	985
妇产(科)医院	Obstetrics and Gynecology Hospitals	5	230
精神病医院	Psychiatric Hospitals	4	1040
皮肤病医院	Dermatological Hospitals	3	115
结核病医院	Tuberculosis Hospitals		
骨科医院	Orthopaedic Hospitals	5	1585
康复医院	Convalescent Hospitals	3	121
整形外科医院	Plastic Surgery Hospitals	1	120
美容医院	Beauty Hospitals	3	60
其他专科医院	Other Specialized Hospitals	6	286
基层医疗卫生机构	**Primary-level Medical and Sanitary Institutions**	**2854**	**2787**
社区卫生服务中心(站)	Health Service Centers(stations) for Community	130	901
社区卫生服务中心	Community Health Service Centers	53	851
社区卫生服务站	Community Health Service Stations	77	50
卫生院	Health Centers	78	1886
乡镇卫生院	Township Health Centers	78	1886
中心卫生院	Central Health Centers	30	1039
乡卫生院	Countryside Health Centers	48	847
村卫生室	Village Clinics	1389	
门诊部	Outpatient Departments	46	
综合门诊部	Comprehensive Outpatient Departments	23	
中医门诊部	Chinese medicine clinic	2	
中西医结合门诊部	Outpatient Departments of Traditional Chinese and Western Medicine	2	
专科门诊部	Specialist Outpatient Departments	19	
诊所、卫生所、医务室	Clinics,Health Centers and Infirmaries	1211	
诊　所	Clinics	1110	
卫生所、医务室	Health Centers and Infirmaries	101	

Basic Statistics on Health Care Institutions(2015)

(person)

卫生技术人员 Medical Technical Personnel	#医生 Doctor	#执业医师 Licensed Doctor	注册护士 Registered Nurse	药师(士) Pharmacist	技师(士) Technician	#检验师 Inspector	其他 Others
38625	**14478**	**13389**	**16951**	**1655**	**2182**	**1539**	**3359**
27835	**9510**	**9213**	**13219**	**1224**	**1641**	**1079**	**2241**
19721	6785	6581	9275	822	1266	843	1573
3171	1004	977	1571	186	135	90	275
363	87	75	162	23	28	16	63
4580	1634	1580	2211	193	212	130	330
266	153	150	90	3	9	6	11
178	29	29	94	7	1	1	47
49	17	17	22	3	2	2	5
1264	369	363	653	74	64	40	104
164	56	55	94	5	9	6	
611	206	206	343	19	22	19	21
120	38	22	41	7	6	4	28
1183	511	502	481	55	69	33	67
84	29	29	47	4	3	3	1
196	78	69	113	2	3	1	
167	54	50	100	4	5	4	4
298	94	88	133	10	19	11	42
8135	**3772**	**3064**	**3120**	**370**	**225**	**159**	**648**
1870	698	596	860	102	84	60	126
1177	427	369	555	67	57	38	71
693	271	227	305	35	27	22	55
1907	785	413	517	90	99	71	416
1907	785	413	517	90	99	71	416
959	405	220	249	47	52	32	206
948	380	193	268	43	47	39	210
257	147	59	110				
501	232	207	194	24	22	15	29
274	118	107	105	16	15	12	20
12	6	6	2	3	1		
17	6	6	6	2	2	2	1
198	102	88	81	3	4	1	8
3600	1910	1789	1439	154	20	13	77
3177	1699	1604	1255	145	13	7	65
423	211	185	184	9	7	6	12

15-4 续表

单位：人

指　　标	Item	机构数（个）Number of Institutions (unit)	床位数（张）Number of Bed (bed)
专业公共卫生机构	**Professional Public Health Institutions**	**105**	**1467**
疾病预防控制中心	Disease Prevention & Treatment Centers	13	
省　属	Provincial Centers	1	
省辖市(地区)属	Centers of Provincially Administered Cities	1	
地辖市属	Municipal Centers	7	
县　属	County Centers	3	
其　他	Others	1	
专科疾病防治院(所、站)	Specialized Disease Prevention & Treatment Institutions (Centers or Stations)	1	50
专科疾病防治院	Specialized Disease Prevention & Treatment Agencies	1	50
妇幼保健院(所、站)	Maternal and Child Health Care Institutions(Centers or Stations)	15	1417
按隶属分	**By Administration**		
省辖市(地区)属	Centers of Provincially Administered Cities	1	1097
地辖市属	Municipal Centers	6	211
县　属	County Centers	3	92
其　他	Others	5	17
按类型分	**By Types**		
妇幼保健院	Maternal and Child Health Hospitals	4	1223
妇幼保健所	Maternal and Child Health Centers	2	73
妇幼保健站	Maternal and Child Health Stations	8	109
生殖保健中心	Reproductive Health Centers	1	12
急救中心(站)	First Aid Centers (Stations)	1	
采供血机构	Blood Banks	2	
卫生监督所(中心)	Health Supervision Institutions(Centers)	11	
省　属	Provincial Centers	1	
省辖市(地区)属	Centers of Provincially Administered Cities	1	
地辖市属	Municipal Centers	6	
县　属	County Centers	3	
计划生育技术服务机构	Family planning technical service organization	62	
其他卫生机构	**Other Institutions**	**9**	**100**
疗养院	Sanatoriums	1	100
医学科学研究机构	Institutions of Medical Scientific Research	1	
医学在职培训机构	Institutions of Medical In-service Training	3	
临床检验中心（所、站）	Clinical laboratory center (station)	1	
其　他	Others	3	

注：本表人员合计中包括乡村医生1491人和卫生员239人；不含乡镇卫生院在村卫生室工作的执业（助理）医师、注册护士数。

(continued)

(person)

卫生技术人员 Medical Technical Personnel	#医生 Doctors	#执业医师 Licensed Doctors	注册护士 Registered Nurses	药师(士) Pharmacist	技师(士) Technician	#检验师 Inspector	其他 Others
2586	**1171**	**1095**	**587**	**61**	**299**	**284**	**468**
817	398	377	62	8	181	174	168
370	159	157	16	2	83	80	110
143	63	63	8	1	46	46	25
194	118	109	28	3	31	30	14
80	42	32	10	2	16	13	10
30	16	16			5	5	9
18	5	3	10	1			2
18	5	3	10	1			2
1131	643	610	355	45	68	64	20
663	424	424	174	27	33	33	5
314	163	134	120	10	20	18	1
142	48	45	58	8	15	13	13
12	8	7	3				1
865	514	492	266	34	46	45	5
78	48	42	22	3	4	3	1
166	66	62	63	8	15	13	14
22	15	14	4		3	3	
21	8	8	11		2		
140	33	33	69	2	29	29	7
252							252
68							68
44							44
89							89
51							51
207	84	64	80	5	19	17	19
69	**25**	**17**	**25**		**17**	**17**	**2**
41	19	11	21		1	1	
12	6	6	3		1	1	2
15					15	15	
1			1				

a) Staff counted in the table contains 1491 village doctors and 239 health workers. Licensed (Assistant) doctors and registered nurses who work in village clinics but from township health centers are not included.

15-5 县(区)诊所、卫生室、医务室基本情况(2015年)

指标	Item	机构数(个) Number of Institutions (unit)	总人员数(人) Medical Personnel (person)	卫生技术人员(人) Medical Technical Personnel(person)
合计	**Total**	**1257**	**4222**	**4101**
按管理类别分	**By Management**			
非营利性	Non-profit	110	516	500
营利性	Profit	1147	3706	3601
按经济类型分	**By Ownership**			
国有	State-owned	88	428	414
集体办	Collective-owned	8	44	42
联营	Jointly Operated			
私营	Privately Operated	1131	3631	3530
其他	Others	30	119	115
按设置、主办单位分	**By Sponsor**			
政府办	Run by Government	12	58	57
社会办	Run by Society	92	453	436
私人办	Run by Private	1153	3711	3608
按诊所类别分	**By Types**			
普通	General	767	2206	2195
中医	Traditional Chinese Medicine	133	320	304
中西医结合	Traditional Chinese Medicine and Western Medicine	96	310	305
口腔	Stomatological	94	326	313
其他	Others	121	493	483

15-6 县(区)村卫生室基本情况(2015年)

指标		Item		合计 Total	村办 Run by Villages
机构数	(个)	Number of Institutions	(unit)	1389	320
执业(助理)医师	(人)	Licensed(Assistant) Doctor	(person)	147	31
注册护士	(人)	Registered Nurse	(person)	110	25
乡村医生和卫生员	(人)	Village Doctors and Health Workers	(person)	1730	430
乡村医生	(人)	Village Doctors	(person)	1491	375
#以中医、中西医结合或民族医为主的人数	(人)	Personnel with Integrated Knowledge of Traditional Chinese and Western Medicine or of Minority Groups' Arts of Healing	(person)	74	14
当年考核合格的乡村医生数	(人)	Qualified Village Doctors of the Current Year	(person)	1233	333
卫生员	(人)	Health Workers	(person)	239	55
诊疗人次数	(万人次)	Visits	(10 000 times)	317.83	61.68
#出诊人次数	(万人次)	Patients	(10 000 times)	8.81	1.49

注：乡镇卫生院下设的村卫生室人员中，执业医师177人、执业助理医师186人、注册护士272人。

Basic Statistics on Clinics and Health Centers at County(District) Level(2015)

执业医师 Licensed Doctors	执业助理医师 Licensed Assistant Doctors	注册护士 Registered Nurses	药剂师 (士) Pharmacist	技　师 (士) Technician	#检验师(士) Inspector	其 他 Others	诊 疗 人次数 (万人次) Visits (10 000 times)
1996	**146**	**1633**	**178**	**42**	**28**	**106**	**589.64**
220	27	208	15	8	7	22	58.85
1776	119	1425	163	34	21	84	530.79
183	26	164	14	6	6	21	47.68
15	4	16	5	1		1	8.18
1745	108	1402	158	34	21	83	524.44
53	8	51	1	1	1	1	9.35
20	10	23	2			2	6.05
195	19	179	13	8	7	22	54.56
1781	117	1431	163	34	21	82	529.04
1126	53	938	45	8	5	25	391.57
169	3	41	85			6	47.06
149	9	131	10	2	2	4	36.73
137	26	122	1	3		24	29.63
208	30	207	13	7	6	18	60.56

Basic Statistics on Village Clinics at County(District) Level(2015)

按主办单位分 By Sponsor				按行医方式分 By Medicine		
乡镇卫生院设点 Township Hospitals	联合办 Jointly Run	私人办 Run by Private	其 他 Others	中 医 Chinese Traditional Medicine	西 医 Western Medicine	中西医结合 Integration of Traditional Chinese and Western Medicine
76	18	646	329	21	1216	152
		55	61	3	113	31
		61	24	2	90	18
84	32	717	467	20	1521	189
78	18	660	360	20	1310	161
4		45	11	1	44	29
70	17	549	264	18	1077	138
6	14	57	107		211	28
13.49	1.01	160.98	80.67	4.44	283.51	29.88
0.29	0.00	1.22	5.82	0.04	8.38	0.39

a) In all the staff working in village clinics under township health centers, the number of licensed doctors is 177, licensed assistant doctors 186, registered nurses 272.

15-7 体育事业基本情况(2015年)
Basic Statistics on Sports(2015)

指标		Item		合计 Total	省级 Provincial Level	市级 Municipal Level
运动员		**Number of Athletes**				
一线在队人员	(人)	First-team Player	(person)	257	141	116
二线在队人员	(人)	Second-team Player	(person)	263	78	185
三线在队人员	(人)	Third-team Player	(person)	630	230	400
体育设施个数		**Sports Facilities**				
室外全民健身公园、广场	(个)	Fitness Parks and Squares	(unit)	1		1
健身路径	(个)	Fitness Paths	(unit)	245		245
小篮板	(个)	Basketball Stands	(unit)	132		132
乒乓球台	(个)	Table Tennis Tables	(unit)	294		294
室内全民健身中心	(个)	Fitness Center	(unit)	1		1
体育设施占地面积		**Area of Sports Facilities**				
室外全民健身公园、广场、山体公园	(平方米)	Fitness Parks,Squares and Mountain Parks	(s.k.m.)	4200		4200
健身路径	(平方米)	Fitness Paths	(s.k.m.)	49000		49000
小篮板	(平方米)	Basketball Stands	(s.k.m.)	126720		126720
乒乓球台	(平方米)	Table Tennis Tables	(s.k.m.)	8820		8820
室内全民健身中心	(平方米)	Fitness Center	(s.k.m.)	18500		18500

15-8 体育系统机构和从业人员(2015年)
Number of Institutions and Engaged Persons in Sports(2015)

指标		Item		合计 Total	省属 Provincial Level	市属 Municipal Level
机构数	**(个)**	**Number of Institution**	**(unit)**	**29**	**20**	**9**
行政机关	(个)	Administrative Organizations	(unit)	2	1	1
体育运动学校	(个)	Sports Schools	(unit)	2	1	1
业余体校	(个)	Spare-time Sports Schools	(unit)			
体育场馆	(个)	Stadium and Gymnasium	(unit)	6	2	4
其他事业单位	(个)	Other Public Institutions	(unit)	19	16	3
从业人员	**(人)**	**Number of Engaged Persons**	**(person)**	**1278**	**1068**	**210**
行政机关	(人)	Administrative Organizations	(person)	62	48	14
体育运动学校	(人)	Sports Schools	(person)	222	141	81
业余体校	(人)	Spare-time Sports Schools	(person)			
体育场馆	(人)	Stadiums and Gymnasiums	(person)	259	167	92
其他事业单位	(人)	Other Public Institutions	(person)	735	712	23

注：省属为在贵阳市地域上，但隶属于省的机构和人员；市属为在贵阳市地域上，同时也隶属于市的机构和人员。
a) Provincial-level institutions and engaged persons refer to those administrated by Guizhou provincial government in Guiyang City; Municipal-level ones refer to those administrated by Guiyang municipal government.

15-9 举办体育业务情况(2015年)
Basic Statistics on Sports Activities(2015)

指 标		Item		合 计 Total	省 级 Provincial Level	市 级 Municipal Level	区、县(市)级 Prefectural (County, District) Level
运动会或比赛		**Sports Games**					
举办综合运动会	(次)	Number of Comprehensive Games	(time)	2	1	1	
现代体育项目活动	(次)	Number of Modern Sports	(time)	2		2	
全民健身活动		**National Fitness Activities**					
举办全民健身活动次数	(次)	Activities of Full Fitness	(time)	387	27	360	240
#1000人以上	(次)	Over 1 000 Participators	(time)	155	5	150	82
参加活动人数	(人)	Number of Participators	(person)	702800	12000	690800	168000
国际体育活动情况		**International Sports Games**					
出访起数	(起)	Times of Attending International Sports Games	(time)	29	29		
出访人次	(人 次)	Number of Participators Attending International Sports Games	(person)	95	95		
举办培训班情况		**Training Classes**					
举办培训班次数	(次)	Times of Training Classes	(time)	24	13	11	10
参加培训班人数	(人)	Times of Participators	(person)	4140	2600	1540	980

15-10 婚姻情况
Statistics on Marriages

指 标		Item		2015	2014	2015年比2014年增长(%) Growth Rate in 2015 over 2014(%)
国内婚姻		**Marriages with Citizens of Mainland China**				
登记结婚对数	(对)	Number of Registered Marriages	(pair)	50918	50478	0.9
初 婚	(人)	First Marriages	(person)	93673	93199	0.5
再 婚	(人)	Marriages After Divorces	(person)	8163	7757	5.2
登记离婚对数	(对)	Number of Registered Divorces	(pair)	21167	18044	17.3
涉外婚姻		**Marriages with Citizens out of Mainland China**				
登记结婚对数	(对)	Number of Registered Marriages	(pair)	393	409	-3.9
国内公民	(人)	Citizen of Mainland China	(person)	393	409	-3.9
香港、澳门、台湾居民	(人)	Citizen of Hong Kong, Macao and Taiwan	(person)	205	222	-7.7
华 侨	(人)	Overseas Chinese	(person)	16	12	33.3
外国人	(人)	Foreigners	(person)	172	175	-1.7
登记离婚对数	(对)	Number of Registered Divorces	(pair)	64	63	1.6

15-11 社会保险及就业情况
Social Insurance and Employment

指　　标		Item		2015	2014	2015年比2014年增长(%) Growth Rate in 2015 over 2014 (%)
城镇就业和失业		**Rural Employment and Unemployment**				
城乡统筹就业人数	(人)	Number of Engaged Person in Urban and Rural Areas	(person)	257374	242967	5.9
城镇失业人员就业人数	(人)	Number of Re-employed Person in Urban Areas	(person)	48816	49461	-1.3
农村富余劳动力转移人数	(人)	Number of Surplus Rural laborer Transferring to Urban Areas	(person)	37136	31771	16.9
就业困难对象	(人)	Number of People Having Difficulties Getting Employed	(person)	10132	10164	-0.3
城镇新增就业人数	(人)	Number of New Jobs in Urban Areas	(person)	220238	211196	4.3
城镇登记失业人员期末实有人数	(人)	Actual Number of Registered Unemployment in Urban Areas at the Year-end	(person)	35281	34673	1.8
#女　性	(人)	Female	(person)	17737	18112	-2.1
城镇登记失业率	(%)	Registered Unemployment Rate in Urban Areas	(%)	3.12	3.14	-0.02个百分点
社会保险		**Social Insurance**				
养老保险	(人)	Endowment Insurance	(person)	1559556	1460045	6.8
在职职工养老保险	(人)	Endowment Insurance for On-the-job Staff	(person)	1306187	1228648	6.3
离退休退职人员养老保险	(人)	Endowment Insurance for Retirees	(person)	253369	231397	9.5
失业保险	(人)	Unemployment Insurance	(person)	645794	612341	5.5
医疗保险	(人)	Medical Care Insurance	(person)	1264322	1201993	5.2
#退休人员	(人)	Retirees	(person)	340796	312622	9.0
生育保险	(人)	Maternity Insurance	(person)	1077452	1028026	4.8
工伤保险	(人)	Work-related Injury Insurance	(person)	827746	787104	5.2
城乡居民养老保险参保人数	(人)	Number of Insured Urban and Rural Residents of Endowment Insure	(person)	836022	820892	1.8
城镇居民医疗保险参保人数	(人)	Number of Insured Urban Residents of Medical Insurance	(person)	651971	638949	2.0

15-12 火灾事故
Basic Statistics on Fires

指　　标		Item		2015	2014
火灾事故	(起 数)	Number of Fire Accidents	(case)	220	353
死亡人数	(人)	Number of Deaths	(person)	1	1
受伤人数	(人)	Number of Injuries	(person)		1
直接损失额	(万 元)	Direct Property Losses	(10 000 yuan)	413.11	5757.01

注：2015年火灾统计口径为生产经营性火灾与往年数据不可比。
a) The statistical caliber of fire accidents in 2015 is from production operating fire,incomparable with previous years.

15-13 社会治安
Basic Statistic on Social Securities

指　　标		Item		2015	2014	2015年比2014年增长(%) Growth Rate in 2015 over 2014(%)
交通事故件数	(件)	Number of Traffic Accidents	(case)	182	202	-9.9
交通事故死亡人数	(人)	Number of Deaths in Traffic Accidents	(person)	130	141	-7.8
交通事故受伤人数	(人)	Number of Injuries in Traffic Accidents	(person)	216	240	-10.0
交通事故损失额	(万 元)	Amount of Loss in Traffic Accidents	(10 000 yuan)	225	295	-23.6
刑事案件立案数	(件)	Number of Criminal Cases Registered	(case)	7791	7039	10.7
犯罪人数	(人)	Number of Offenders	(person)	8499	6480	31.2

注:刑事案件立案数和犯罪人数均为贵阳市中级人民法院数据。
a) Data of criminal cases registered and offenders were provided by the intermediate people's court of Guiyang.

主要统计指标解释

卫生机构 包括医疗机构、疾病预防控制中心(防疫站)、采供血机构、卫生监督及监测(检验)机构、医学科研和在职培训机构、健康教育所等。

医疗机构 包括医院、社区卫生服务中心(站)、疗养院、卫生院、门诊部、诊所(卫生所、医务室)、妇幼保健院(所、站)、专科疾病防治院(所、站)、急救中心(站)和临床检验中心。医疗机构分为非赢利性医疗机构和赢利性医疗机构。

医　院 指设有固定床位，能收容病人住院并能为病人提供医疗、护理服务的医疗机构，包括县及县以上医院、农村乡卫生院和其他医院三部分。县及县以上医院按业务性质不同分为综合医院和专科医院。

卫生技术人员 指卫生事业机构支付工资的全部职工中现任职务为卫生技术工作的专业人员，包括执业医师、执业助理医师、注册护士、药剂人员、检验员和其他初级卫生技术人员。

医　生 指在医疗、预防保健机构工作且取得《执业医师证书》的执业医师和执业助理医师。

体育场 指有 400 米跑道（中心含足球场），有固定道牙，跑道 6 条以上，并有固定看台的室外田径场地。体育场按看台容纳观众人数分为：甲级 25000 人以上，乙级 15000—25000 人，丙级 5000—15000 人，丁级 5000 人以下。

体育馆 指有固定看台，可供篮球、排球、羽毛球、乒乓球、体操等项目训练比赛活动用的室内运动场地。体育馆按看台容纳观众人数分为：甲级 6000 人以上，乙级 4000—6000 人，丙级 2000—4000 人，丁级 2000 人以下。

城镇登记失业人员 指有非农业户口，在一定的劳动年龄内(16 周岁至退休年龄)，有劳动能力，无业而要求就业，并在当地就业服务机构进行求职登记的人员。

城镇登记失业率 城镇登记失业人员与城镇单位就业人员(扣除使用的农村劳动力、聘用的离退休人员、港澳台及外方人员)、城镇单位中的不在岗职工、城镇私营业主、个体户主、城镇私营企业和个体就业人员、城镇登记失业人员之和的比。计算公式为：

城镇登记失业率=城镇登记失业人数/(城镇单位就业人员-使用的农村劳动力-聘用的离退休人员-聘用的港澳台及外方人员)+不在岗职工+城镇私营业主+城镇个体户主+城镇私营企业及个体就业人员+城镇登记失业人数×100%

城镇职工基本养老保险参保人数 指报告期末按照法律、法规和有关政策规定参加城镇基本养老保险并在社保经办机构已建立缴费记录档案的职工人数(包括中断缴费但未终止养老保险关系的职工人数，不包括只登记未建立缴费记录档案的人数)和离休、退休和退职人员的人数。取自人力资源和社会保障部统计年报。

城镇基本医疗保险参保人数 指报告期末按有关规定参加城镇职工基本医疗保险和城镇居民基本医疗保险的人数。取自人力资源和社会保障部统计年报。

失业保险参保人数 指报告期末按照法律、法规和有关政策规定参加了失业保险的城镇企业、事业单位的职工及地方政府规定参加失业保险的其他人员的人数。取自人力资源和社会保障部统计年报。

工伤保险参保人数 指报告期末依据有关规定参加工伤保险的职工人数和有雇工的个体工商户的雇工数。取自人力资源和社会保障部统计年报。

生育保险参保人数 指报告期末依据有关规定参加生育保险的人数。取自人力资源和社会保障部统计年报。

社会福利院数 指年末在所辖区内由民政部门主办的社会福利院、儿童福利院、精神病人福利院、其他收养性单位，以及民政部指导的城乡社会办的各类敬老院、养老院等。

社会福利院床位数 指福利院报告期末床位的实际收养能力。

社区服务设施数 指报告期末城镇（街道办事处、居委会）设立以非盈利为目的，为本社区居民服务，特别是为老年人、残疾人、儿童服务的社区服务中心、活动站、服务站、养老院、老年公寓、残疾人工疗站、残疾儿童日托所家务服务站、婚姻介绍所等福利性设施以及职工社会保险管理服务的机构数。几种不同类型的社区服务单位，共用一个场所的，只能统计为一个社区服务设施。条件是：(1)独立核算单位；(2)有固定的从业人员；(3)有一定的服务项目；(4)有一定的场所。

城市居民最低生活保障人数 指在报告期末，家庭平均收入在当地规定的最低生活保障线以下的城市居民数。包括“三无对象”，失业人员和在职、下岗、退休人员等。

交通事故死亡人数 指实际因交通事故死亡的人数。

交通事故损失额 指道路交通事故造成的车辆、财产直接损失折款，不含现场抢救(险)、人身伤亡善后处理的费用，也不含停工、停产、停业等所造成的财产间接损失。

火灾事故损失额 指火灾事故所造成的直接财产损失折款。火灾直接财产损失是指被烧毁、烧损、烟熏和灭火中破拆、水渍以及因火灾引起的污染等所造成的损失。

Explanatory Notes on Main Statistical Indicators

Health Care Institutions refer to medical institutions, disease prevention and control centers (epidemic prevention stations), blood gathering and supplying institutions, health supervision and inspection (check-up) institutions, medical scientific research and on-job training institutions, health education centers and so on.

Medical Organizations refer to hospitals, health service centers (stations) in communities, sanatoria, health centers, out-patient clinics, clinics (health stations and infirmaries), maternity and child care agencies (centers and stations), special disease prevention and curing agencies (centers and stations), first aid centers (stations) and clinical inspection centers. Medical organizations are grouped by two types: profit-making and non-profit-making medical organizations.

Hospitals refer to medical institutions with permanent hospital beds, including hospitals at county and higher levels, township health certers and other hospitals, which are able to take in patients and provide them with medical and nursing services. Hospitals at county and higher levels can be divided into general hospitals and specialized hospitals according to their business scope.

Medical Technical Personnel refer to the professional staff engaged in, getting payment from health care institutions and working in medical technical position, such as licensed doctors, licensed assistant doctors, registered nurses, pharmacists, laboratory technicians and others.

Doctors refer to the medical workers who have obtained the licenses of qualified doctors or qualified assistant doctors and are employed in medical treatment, disease provension or health care institutions.

Stadiums refer to stadiums for track and field events with six lane 400-meter tracks around soccer fields, permanent track marks and permanent bleachers. Stadiums are classified according to seating capacity. They include: Class A stadiums have the capacity of seating 25000 people each. Class B stadiums have the capacity of seating 15000 to 25000 people each. Class C stadiums have the capacity of seating 5000 to 15000 people each, and Class D stadiums have the capacity of seating fewer than 5000 people. This indicator reflects numbers of large and medium-sized stadiums.

Gymnasiums refer to indoor sports grounds with permanent seats in which basketball, volleyball, badminton, table tennis and gymnastics competitions can be held. Gymnasiums are classified according to seating capacity. They include Class A gymnasiums with the capacity of seating over 6000 people, Class B gymnasiums seating 4000 to 6000 people, Class C gymnasiums seating 2000 to 4000 people, and Class D gymnasiums seating fewer than 2000 people.

Urban Registered Unemployed Persons refer to the persons with non-agricultural household registration at certain working ages (from 16 years old to retirement age), who are capable of working ,unemployed and willing to work, and have been registered at the local employment services agencies to apply for a job.

Urban Registered Unemployment Rate refers to the ratio of the number of the registered unemployed persons to the total number of persons employed in various units (minus the employed rural labour force, re-employed retirees and Hong Kong, Macao, Taiwan or foreign employees), laid-off staff and workers in urban units, owners of private enterprises in urban areas, owners of self-employed individuals in urban areas, employees of private enterprises in urban areas, employees of self-employed individuals in urban areas and the registered umemployed persons in urban aresa. It is calculated as follows:

Urban registered unemployment rate = urban registered unemployed persons/[(persons employed in various units — employed rural labour force — re-employed retirees — Hong Kong, Macao, Taiwan or foreign employees) + laid-off staff and workers + employment in urban private sectors and individuals + urban registered unemployed person] × 100%

Number of Basic Endowment Insurance for Urban Employees refers to number of employees who join the urban basic endowment insurance and has payment records in social security administration department in accordance with relevant laws and regulations at the end of reference period (including those not stop the basic endowment insurance relation but stop capturing spends; excluding those who has registered but without payment records) and retirees and registered persons. The information comes from statistic report of Ministry of Labor and Social Security.

Number of Urban Basic Endowment Insurance refers to number of those people who join the basic endowment insurance for urban employees and urban basic endowment insurance in accordance with relevant regulations at the end of reference period. The information comes from statistic report of Ministry of Labor and Social Security.

Number of Unemployment Insurance refers to number of staffs from town enterprises and institutions joining unemployment insurance and other personnel joining unemployment insurance stipulated by local government in accordance with relevant laws and regulationsat the end of reference period. The information comes from statistic report of Ministry of Labor and Social Security.

Number of Work-related Injury Insurance refers to number of staffs joining work-related injure insurance and employees from individual businesses in accordance with relevant regulations at the end of reference period. The information comes from statistic report of Ministry of Labor and Social Security.

Number of Maternity Insurance refers to number of those who join maternityinsurance in accordance with relevant regulations at the end of reference period. The information comes from statistic report of Ministry of Labor and Social Security.

Number of Social Welfare Homes refers to social welfare homes, social welfare homes for children, welfare homes for psychiatric patients and other adoptive institutions sponsored by civil administration department under the local jurisdiction and various old people's home etc. covering urban and rural areas instructed by ministry of civil affairs at year-end.

Number of Social Welfares' Beds refers to actual adoptive capacity of social welfares' beds in the reference period.

Number of Social Welfares' Beds refers to actual adoptive capacity of social welfares' beds in the reference period.

Number of Community Service Facilities refers to number of nonprofit institutions set up by towns and cities(subdistrict office, neighborhood office) to serve the local community residents at the end of reference period. It included welfare facilities such as community service center for the old, the disable and children, activity stations, service stations, old people's home, elderly apartment, work therapy station for the disabled, day nursery and housework service station for disabled children, matchmaking service center, and social insurance management services for employees. Various different types of community services units sharing one place are calculated as one community service facility. The following are some requirements: 1 independent accounting units; 2 fixed facility; 3 offer certain service items; 4 certain places.

Number of Residents Receiving Minimum Living Allowance in Urban Area refers to number of cities residents whose average household income is below the local minimum subsistence level. It includes "three non-personnel", unemployment person, in-service staff, lay-off workers and retirees etc..

Number of Deaths in Traffic Accidents refers to actual number of person caused to death due to traffic accidents.

Amount of Loss in Traffic Accidents refers to direct losses converted into cash of cars and property caused by road accidents. It excludes onsite care (insurance), treatment fees for personal injuries and deaths and indirect property loss caused by shut down, production halts and closure etc..

Amount of Loss in Fire Accidents refers to direct property loss converted into cash caused by fire accidents. Direct property loss caused by fire accidents refers to losses caused by burnout, sparkwear and smudging as well as forcible entry, waterlogging during firefighting and pollution caused by fire accidents.

16

Sixteen

全国、全省及省会城市和副省级城市主要经济指标

Major Economic Indicators of China, Guizhou, Provincial Capitals and Deputy Provincial Cities in China

16-1 全国、全省及省会城市和副省级城市主要经济指标
Major Economic Indicators of China, Guizhou, Provincial Capitals and Deputy Provincial Cities in China

单位：亿元 (100 million yuan)

城市名称	City	生产总值 GDP	位次 Ranking	2015年比2014年增长(%) Growth Rate in 2015 over 2014 (%)	位次 Ranking	第一产业增加值 Added Value of Primary Industry	位次 Ranking	2015年比2014年增长(%) Growth Rate in 2015 over 2014 (%)	位次 Ranking	第二产业增加值 Added Value of Secondary Industry	位次 Ranking
全 国	**National Total**	**676708.00**		**6.9**		**60863.00**		**3.9**		**274278.00**	
贵州省	**Guizhou Province**	**10502.56**		**10.7**		**1640.62**		**6.5**		**4146.94**	
西部省会城市	**Provincial Capital Cities of Western China**										
贵阳	Guiyang	2891.16	20	12.5	1	129.89	19	6.4	2	1108.52	19
*成都	Chengdu	10801.16	3	7.9	18	373.15	4	3.9	13	4723.49	3
昆明	Kunming	3970.00	17	8.0	17	188.10	16	5.8	5	1588.40	17
*西安	Xi'an	5810.03	10	8.2	15	220.20	15	5.0	7	2165.54	15
兰州	Lanzhou	2095.99	23	9.1	9	56.22	23	5.9	4	782.65	24
西宁	Xining	1131.62	26	10.9	2	37.46	24	5.3	6	543.47	25
银川	Yinchuan	1480.73	24	8.3	14	57.46	22	4.7	9	787.11	23
乌鲁木齐	Urumqi	2680.00	22	10.5	3	31.20	26	6.0	3	788.80	22
南宁	Nanning	3410.09	18	8.6	12	370.35	5	4.1	11	1345.66	18
呼和浩特	Hohhot	3090.52	19	8.3	14	126.23	20	3.3	17	867.08	21
其它省会城市	**Other Provincial Cities**										
石家庄	Shijiazhuang	5440.60	15	7.5	19	494.40	2	2.3	20	2452.90	12
太原	Taiyuan	2735.34	21	8.9	10	37.43	25	1.3	22	1020.14	20
*沈阳	Shenyang	7280.50	8	3.5	22	341.40	9	3.5	15	3499.00	8
*长春	Changchun	5530.00	14	6.5	21	343.30	7	5.0	7	2770.90	10
合肥	Hefei	5660.30	12	10.5	3	263.40	12	4.4	10	3097.90	9
福州	Fuzhou	5618.10	13	9.6	7	434.74	3	4.0	12	2482.44	11
南昌	Nanchang	4000.01	16	9.6	7	171.26	17	3.9	13	2179.96	14
*济南	Jinan	6100.23	9	8.1	16	305.39	10	4.1	11	2307.00	13
郑州	Zhengzhou	7315.19	7	10.1	5	150.96	18	3.0	18	3625.52	7
长沙	Changsha	8510.13	6	9.9	6	341.78	8	3.6	14	4478.20	4
*武汉	Wuhan	10905.60	2	8.8	11	359.81	6	4.8	8	4981.54	2
海口	Haikou	1161.28	25	7.5	19	58.12	21	1.2	23	223.67	26
*杭州	Hangzhou	10053.58	4	10.2	4	287.69	11	1.8	21	3910.60	6
*南京	Nanjing	9720.77	5	9.3	8	232.39	13	3.4	16	3916.11	5
*哈尔滨	Harbin	5751.20	11	7.1	20	672.60	1	7.2	1	1862.80	16
*广州	Guangzhou	18100.41	1	8.4	13	228.09	14	2.5	19	5786.21	1
其它副省级城市	**Other Deputy Provincial Cities**										
*大连	Dalian	7731.64		4.2		453.25		3.0		3580.84	
*宁波	Ningbo	8011.50		8.0		285.20		1.8		3924.50	
*厦门	Xiamen	3466.00		7.2		23.94		-0.5		1508.98	
*青岛	Qingdao	9300.07		8.1		363.98		3.2		4026.46	
*深圳	Shenzhen	17502.99		8.9		5.66		-1.7		7205.53	

注：加*号为副省级城市。

a) The cities marked with“*”are deputy provincial cities.

16-1 续表1 (continued)

单位：亿元 (100 million yuan)

城市名称	City	2015年比2014年增长(%) Growth Rate in 2015 over 2014 (%)	位次 Ranking	#工业增加值 Added Value of Industry	位次 Ranking	2015年比2014年增长(%) Growth Rate in 2015 over 2014 (%)	位次 Ranking	第三产业增加值 Added Value of Tertiary Industry	位次 Ranking	2015年比2014年增长(%) Growth Rate in 2015 over 2014 (%)	位次 Ranking
全 国	**National Total**	**6.0**		**228974.00**		**5.9**		**341567.00**		**8.3**	
贵州省	**Guizhou Province**	**11.4**		**3315.58**		**9.8**		**4715.00**		**11.1**	
西部省会城市	**Provincial Capital Cities of Western China**										
贵 阳	Guiyang	14.6	1	714.15	17	10.2	3	1652.75	21	11.1	7
*成 都	Chengdu	7.2	12	4056.19	3	7.4	12	5704.52	3	9.0	15
昆 明	Kunming	7.4	11	1041.76	15	5.4	18	2193.50	16	8.7	18
*西 安	Xi'an	6.8	13	1417.61	13	6.6	14	3424.29	10	9.5	13
兰 州	Lanzhou	6.8	13	535.04	21	6.1	15	1257.11	23	11.2	6
西 宁	Xining	12.6	2	443.17	22	12.7	1	550.69	26	9.0	15
银 川	Yinchuan	9.1	6	574.54	20	7.8	11	636.16	25	7.6	20
乌鲁木齐	Urumqi	5.6	16	625.00	19	4.9	19	1860.00	18	13.9	2
南 宁	Nanning	8.2	9	1000.37	16	8.1	9	1694.08	19	9.9	10
呼和浩特	Hohhot	8.0	10	678.57	18	8.2	8	2097.21	17	8.8	17
其它省会城市	**Other Provincial Cities**										
石家庄	Shijiazhuang	5.8	15	2186.40	10	5.7	16	2493.30	13	10.6	9
太 原	Taiyuan	6.0	14					1677.77	20	11.4	4
*沈 阳	Shenyang	0.9	18	3114.70	7	0.3	23	3440.10	9	6.3	21
*长 春	Changchun	4.1	17	2356.30	9	3.4	22	2415.80	14	9.8	11
合 肥	Hefei	10.6	3	2498.90	8	11.0	2	2298.90	15	11.0	8
福 州	Fuzhou	8.9	7	1907.88	11	8.6	6	2700.92	12	11.3	5
南 昌	Nanchang	9.8	4	1619.50	12	9.0	5	1648.79	22	9.8	11
*济 南	Jinan	7.4	11					3487.84	8	8.9	16
郑 州	Zhengzhou	9.4	5	3188.21	6	9.6	4	3538.71	7	11.4	4
长 沙	Changsha	8.8	8					3690.15	6	12.1	3
*武 汉	Wuhan	8.2	9	4081.91	2	8.4	7	5564.25	5	9.6	12
海 口	Haikou	5.8	15	135.11	23	4.0	20	879.49	24	8.3	19
*杭 州	Hangzhou	5.6	16	3497.92	4	5.5	17	5855.29	2	14.6	1
*南 京	Nanjing	7.2	12	3395.26	5	8.0	10	5572.27	4	11.3	5
*哈尔滨	Harbin	4.1	17	1301.50	14	3.5	21	3215.80	11	9.3	14
*广 州	Guangzhou	6.8	13	5246.07	1	6.9	13	12086.11	1	9.5	13
其它副省级城市	**Other Deputy Provincial Cities**										
*大 连	Dalian	0.9		3107.21		-0.1		3697.54		8.2	
*宁 波	Ningbo	4.8		3460.89		4.4		3801.80		12.5	
*厦 门	Xiamen	7.9		1287.48		7.9		1933.08		6.5	
*青 岛	Qingdao	7.1		3547.60		6.9		4909.63		9.4	
*深 圳	Shenzhen	7.3		6743.10		7.5		10291.80		10.2	

注：加*号为副省级城市。
a) The cities marked with"*"are deputy provincial cities.

16-1 续表2 (continued)

单位：亿元 (100 million yuan)

城市名称	City	规模以上工业增加值 Added Value of Industry above Designated Size	位次 Ranking	2015年比2014年增长(%) Growth Rate in 2015 over 2014 (%)	位次 Ranking	固定资产投资 Total Investment in Fixed Assets	位次 Ranking	2015年比2014年增长(%) Growth Rate in 2015 over 2014 (%)	位次 Ranking	房地产投资 Real Estate Investment	位次 Ranking
全　国	**National Total**			**6.1**		**551590.04**		**10.0**		**95978.85**	
贵州省	**Guizhou Province**	**3550.13**		**9.9**		**10676.70**		**21.6**		**2205.09**	
西部省会城市	**Provincial Capital Cities of Western China**										
贵　阳	Guiyang	711.59	13	9.7	5	2804.45	19	20.1	2	1005.00	13
*成　都	Chengdu			7.3	14	7007.00	2	5.8	20	2442.00	3
昆　明	Kunming			5.4	20	3497.88	17	11.5	15	1451.31	7
*西　安	Xi'an	1174.67	10	6.6	16	5165.98	11	-12.5	22	1831.67	6
兰　州	Lanzhou	515.00	16	5.5	19	1803.75	21	12.0	13	339.01	25
西　宁	Xining			12.7	1	1295.95	25	10.1	19	280.43	26
银　川	Yinchuan	487.81	17	8.9	8	1540.88	24	10.6	16	409.17	23
乌鲁木齐	Urumqi	576.87	15	3.0	23	1708.39	22	11.9	14	388.37	24
南　宁	Nanning	969.55	11	8.3	11	3366.89	18	16.6	6	657.19	16
呼和浩特	Hohhot			10.0	4	1618.60	23	15.8	8	509.00	19
其它省会城市	**Other Provincial Cities**										
石家庄	Shijiazhuang	2117.30	7	6.0	17	5689.90	6	12.1	12	986.30	15
太　原	Taiyuan	600.48	14	5.7	18	2025.61	20	16.0	7	604.22	17
*沈　阳	Shenyang			-2.9	25	5326.00	10	-18.9	23	1337.70	10
*长　春	Changchun	2131.80	6	3.3	22	4400.00	14	15.0	9	506.00	20
合　肥	Hefei	2255.65	5	11.3	2	5851.90	5	10.4	17	1259.14	11
福　州	Fuzhou	1927.90	8	8.8	9	4853.61	12	10.6	16	1381.12	9
南　昌	Nanchang	1451.84	9	9.4	6	4000.07	15	17.0	5	485.37	21
*济　南	Jinan			7.5	13	3498.40	16	14.2	10	1014.14	12
郑　州	Zhengzhou			10.2	3	6288.00	4	19.6	3	2000.20	5
长　沙	Changsha	3228.21	2	9.2	7	6363.29	3	17.1	4	996.60	14
*武　汉	Wuhan			8.5	10	7680.89	1	10.3	18	2581.79	1
海　口	Haikou	124.52	18	3.7	21	1012.05	26	23.2	1	456.39	22
*杭　州	Hangzhou	2903.30	4	5.4	20	5556.32	7	12.2	11	2472.07	2
*南　京	Nanjing	3043.50	3	8.1	12	5425.98	8	-0.1	21	1429.02	8
*哈尔滨	Harbin	930.40	12	2.9	24	4595.70	13	10.1	19	581.80	18
*广　州	Guangzhou	4840.42	1	7.2	15	5405.95	9	10.6	16	2137.59	4
其它副省级城市	**Other Deputy Provincial Cities**										
*大　连	Dalian			-4.5		4559.28		-32.7		897.46	
*宁　波	Ningbo	2575.37		3.8		4506.58		13.0		1228.84	
*厦　门	Xiamen	1254.06		7.9		1896.52		20.6		774.07	
*青　岛	Qingdao			7.5		6555.70		14.2		1122.30	
*深　圳	Shenzhen	6785.01		7.7		3298.31		21.4		1331.03	

注：加*号为副省级城市。
a) The cities marked with“*”are deputy provincial cities.

16−1 续表3 (continued)

单位：亿元 (100 million yuan)

城市名称	City	2015年比2014年增长(%) Growth Rate in 2015 over 2014 (%)	位次 Ranking	工业投资 Industrial Investment	位次 Ranking	2015年比2014年增长(%) Growth Rate in 2015 over 2014 (%)	位次 Ranking	社会消费品零售总额 Total Retail Sales of Consumer Goods	位次 Ranking	2015年比2014年增长(%) Growth Rate in 2015 over 2014 (%)	位次 Ranking
全国	**National Total**	**1.0**						**300931.00**		**10.7**	
贵州省	**Guizhou Province**	**0.8**		**2746.78**		**17.5**		**3283.02**		**11.8**	
西部省会城市	**Provincial Capital Cities of Western China**										
贵阳	Guiyang	-1.2	18	478.33	21	3.4	18	1060.17	23	11.5	7
*成都	Chengdu	10.0	11	1517.09	10	8.2	13	4946.19	3	10.7	9
昆明	Kunming	-2.8	19	645.99	18	6.9	14	2061.66	16	8.2	16
*西安	Xi'an	4.0	16	1135.87	14	-5.8	23	3405.38	10	10.1	12
兰州	Lanzhou	0.7	17	364.58	24	-10.1	24	1152.15	21	9.0	14
西宁	Xining	13.6	8	500.57	20	4.7	17	461.94	26	11.6	6
银川	Yinchuan	5.2	15	603.35	19	25.7	2	477.63	25	7.2	19
乌鲁木齐	Urumqi	8.1	13	463.10	22	16.5	6	1152.00	22	7.6	18
南宁	Nanning	19.1	4	961.40	15	12.8	9	1786.68	17	10.5	10
呼和浩特	Hohhot	-9.6	23	324.40	25	30.7	1	1353.53	20	7.8	17
其它省会城市	**Other Provincial Cities**										
石家庄	Shijiazhuang	-3.8	20	2505.80	2	18.4	5	2680.90	13	9.3	13
太原	Taiyuan	25.0	3	450.42	23	2.8	19	1540.80	19	6.2	21
*沈阳	Shenyang	-32.3	26	2111.60	5	-15.8	25	3883.20	6	8.2	16
*长春	Changchun	-5.3	22	2295.70	3	22.1	4	2409.30	14	8.8	15
合肥	Hefei	11.7	9	2049.66	7	9.9	12	2183.65	15	12.0	4
福州	Fuzhou	-5.1	21	1236.39	12	5.8	16	3488.74	8	14.0	1
南昌	Nanchang	17.2	6	1552.73	9	11.5	10	1662.87	18	12.5	2
*济南	Jinan	10.5	10	1147.90	13	13.8	8	3410.30	9	10.5	10
郑州	Zhengzhou	14.7	7	1472.73	11	0.5	21	3294.71	12	11.5	7
长沙	Changsha	-24.0	25	2153.35	4	23.4	3	3690.59	7	12.1	3
*武汉	Wuhan	9.7	12	2769.36	1	6.3	15	5102.24	2	11.6	6
海口	Haikou	52.7	1	23.43	26	-36.6	26	595.53	24	6.6	20
*杭州	Hangzhou	7.4	14	930.01	16	1.8	20	4697.23	4	11.8	5
*南京	Nanjing	27.0	2	2056.96	6	-4.4	22	4590.17	5	10.2	11
*哈尔滨	Harbin	-13.6	24	1730.30	8	15.1	7	3394.50	11	10.5	10
*广州	Guangzhou	17.7	5	754.78	17	10.2	11	7932.96	1	11.0	8
其它副省级城市	**Other Deputy Provincial Cities**										
*大连	Dalian	-37.2		1434.55		-34.7		3084.27		8.5	
*宁波	Ningbo	-7.5		1499.86		18.7		3349.60		12.0	
*厦门	Xiamen	9.9		354.59		18.7		1168.42		8.9	
*青岛	Qingdao	0.4		3145.80		16.4		3713.69		10.5	
*深圳	Shenzhen	24.5		590.80		13.5		5017.84		2.0	

注：加*号为副省级城市。

a) The cities marked with"*"are deputy provincial cities.

16−1　续表4　(continued)

单位：亿美元　　　　　　　　　　　　　　　　　　　　　　　　　　　　(100 million dallors)

城　市 名　称	City	进出口 总　额 Total Value of Imports and Exports	位　次 Ranking	2015年比2014年增长(%) Growth Rate in 2015 over 2014 (%)	位　次 Ranking	#出　口 总　额 Total Value of Exports	位　次 Ranking	2015年比2014年增长(%) Growth Rate in 2015 over 2014 (%)	位　次 Ranking	外　商 直接投资 Foreign Direct Investment	位　次 Ranking
全　国	**National Total**	**39586.44**		**-8.0**		**22765.74**		**-2.8**		**1263.00**	
贵州省	**Guizhou Province**	**122.20**		**15.6**		**99.49**		**5.9**		**26.27**	
西　部 省会城市	**Provincial Capital Cities of Western China**										
贵　阳	Guiyang	91.22	15	16.3	3	78.97	10	8.6	6	9.27	17
*成　都	Chengdu	395.94	5	-29.0	17	239.74	5	-29.1	18	75.20	1
昆　明	Kunming	123.64	10	-30.4	20	94.54	8	-18.5	15	21.94	12
*西　安	Xi'an	1761.69（亿元）		15.0		819.86（亿元）		11.6		40.08	6
兰　州	Lanzhou	50.59	17	10.9	4	44.00	16	11.28	3		
西　宁	Xining	114.13（亿元）		16.3		98.49（亿元）		47.9		0.61	23
银　川	Yinchuan	32.67	20	-27.4	16	25.11	17	-29.4	19	1.67	22
乌鲁木齐	Urumqi	58.43	16	-29.5	18	48.11	15	-33.3	21		
南　宁	Nanning	364.46（亿元）		23.3		202.48（亿元）		2.6		7.01	20
呼和浩特	Hohhot	20.72	21	-5.6	11	12.48	20	0.5	9		
其　它 省会城市	**Other Provincial Cities**										
石家庄	Shijiazhuang	121.40	11	-15.4	15	73.20	11	-6.0	14	9.00	18
太　原	Taiyuan	106.77	13	0.1	8	65.92	13	0.3	10	8.50	19
*沈　阳	Shenyang	140.80	8	-10.8	14	67.90	12	-5.0	13	10.60	16
*长　春	Changchun	139.90	9	-32.5	21	19.20	19	-22.2	17	12.00	15
合　肥	Hefei	203.40	7	1.3	7	137.10	7	9.6	5	25.07	11
福　州	Fuzhou	2065.48（亿元）		-2.8		1312.28（亿元）		0.6		16.79	13
南　昌	Nanchang	114.64	12	-6.2	12	85.94	9	2.1	7	26.17	10
*济　南	Jinan	99.10	14	-5.5	10	59.96	14	-1.0	11	15.80	14
郑　州	Zhengzhou	570.30	3	22.9	2	312.70	4	17.2	1	38.30	7
长　沙	Changsha	806.47（亿元）		5.8		538.25（亿元）		0.9		44.06	5
*武　汉	Wuhan	280.70	6	6.3	5	151.50	6	9.9	4	73.40	2
海　口	Haikou	43.40	19	27.6	1	9.63	21	-21.8	16	2.91	21
*杭　州	Hangzhou	665.66	2	-2.1	9	500.67	2	1.8	8	71.13	3
*南　京	Nanjing	532.40	4	-7.0	13	315.03	3	-3.4	12	33.35	8
*哈尔滨	Harbin	47.80	18	-29.8	19	23.60	18	-31.5	20	29.90	9
*广　州	Guangzhou	1338.70	1	2.5	6	811.69	1	11.6	2	54.16	4
其 它 副 省级城市	**Other Deputy Provincial Cities**										
*大　连	Dalian	560.34		-14.8		263.48		-12.8		27.03	
*宁　波	Ningbo	1004.66		-4.0		714.29		-2.3		42.34	
*厦　门	Xiamen	832.91		-0.2		534.97		0.6		20.94	
*青　岛	Qingdao	702.00		-12.1		453.30		-1.0		66.90	
*深　圳	Shenzhen	4425.58		-9.3		2640.83		-7.1		64.97	

注：加*号为副省级城市。
a) The cities marked with“*”are deputy provincial cities.

16-1 续表5 (continued)

单位：亿元 (100 million yuan)

城市名称	City	2015年比2014年增长(%) Growth Rate in 2015 over 2014 (%)	位次 Ranking	一般公共预算收入 Public Budgetary Revenue	位次 Ranking	2015年比2014年增长(%) Growth Rate in 2015 over 2014 (%)	位次 Ranking	一般公共预算支出 Public Budgetary Expenditure	位次 Ranking	2015年比2014年增长(%) Growth Rate in 2015 over 2014 (%)	位次 Ranking
全国	**National Total**	**6.4**		**152269.23**		**8.5**		**175877.77**		**15.9**	
贵州省	**Guizhou Province**	**22.2**		**1503.38**		**10.0**		**3939.50**		**11.2**	
西部省会城市	**Provincial Capital Cities of Western China**										
贵阳	Guiyang	21.8	2	374.15	18	12.8	9	503.52	18	12.2	16
*成都	Chengdu	5.8	15	1154.40	4	12.6	10	1478.60	2	10.3	19
昆明	Kunming	1.0	18	502.22	13	5.1	22	615.51	15	3.7	21
*西安	Xi'an	8.2	13	650.91	8	16.3	3	916.81	7	12.9	15
兰州	Lanzhou			185.58	23	21.8	1	343.51	22	22.6	3
西宁	Xining	-29.7	21	94.79	26	13.0	8	280.03	24	12.9	15
银川	Yinchuan	154.8	1	171.28	24	12.1	11	309.27	23	17.2	8
乌鲁木齐	Urumqi			368.67	19	8.2	19	446.66	19	10.3	19
南宁	Nanning	9.6	11	297.05	20	8.1	20	527.69	17	13.3	14
呼和浩特	Hohhot			247.40	22	17.0	2	367.67	21	18.3	7
其它省会城市	**Other Provincial Cities**										
石家庄	Shijiazhuang	9.8	10	375.00	17	9.2	17	682.30	13	20.4	4
太原	Taiyuan	-21.0	20	274.24	21	5.9	21	420.09	20	30.2	1
*沈阳	Shenyang	-53.3	22	606.20	10	-22.8	25	808.60	9	-11.6	23
*长春	Changchun	13.0	5	388.20	16	-2.2	23	765.70	11	13.3	14
合肥	Hefei	14.9	4	571.54	11	14.2	4	772.66	10	10.6	18
福州	Fuzhou	8.5	12	560.46	12	9.7	15	723.68	12	25.9	2
南昌	Nanchang	12.7	6	389.22	15	13.7	5	547.50	16	15.7	9
*济南	Jinan	10.0	9	614.30	9	13.1	7	658.60	14	15.2	11
郑州	Zhengzhou	5.4	16	942.90	6	13.1	7	1103.36	4	20.1	6
长沙	Changsha	11	8	718.95	7	13.6	6	922.06	6	14.9	12
*武汉	Wuhan	18.5	3	1245.63	2	12.0	12			1.0	22
海口	Haikou	-11.7	19	111.50	25	10.0	13	171.13	25	9.4	20
*杭州	Hangzhou	12.3	7	1233.88	3	9.8	14	1205.48	3	15.6	10
*南京	Nanjing	1.3	17	1020.03	5	9.3	16	1045.18	5	13.5	13
*哈尔滨	Harbin	10.0	9	407.70	14	-3.7	24	824.80	8	11.5	17
*广州	Guangzhou	6.1	14	1349.09	1	8.5	18	1728.15	1	20.3	5
其它副省级城市	**Other Deputy Provincial Cities**										
*大连	Dalian	8.1		579.90		-25.7		910.70		-8.0	
*宁波	Ningbo	5.2		1006.40		8.2		1256.00		17.6	
*厦门	Xiamen	6.2		606.06		11.5		652.05		18.9	
*青岛	Qingdao	10.0		1006.30		12.4		1222.90		13.8	
*深圳	Shenzhen	11.9		2727.06		30.9		3519.95		62.5	

注：加*号为副省级城市。

a) The cities marked with"*"are deputy provincial cities.

16-1 续表6 (continued)

单位：亿元 (100 million yuan)

城市名称	City	全金融机构人民币存款余额 Balance of Deposits in All Financial Institutions	位次 Ranking	比年初增长(%) Growth Rate over the Year Beginning (%)	位次 Ranking	住户存款 Balance of Savings Deposits in Urban and Rural Areas	位次 Ranking	比年初增长(%) Growth Rate over the Year Beginning (%)	位次 Ranking
全　国	**National Total**	**1357022.00**		**10.9**		**546078.00**		**7.7**	
贵州省	**Guizhou Province**	**19438.64**		**27.0**		**7394.86**		**9.3**	
西　部省会城市	**Provincial Capital Cities of Western China**								
贵　阳	Guiyang	8772.22	18	24.6	2	2250.60	17	5.7	16
*成　都	Chengdu	29474.92	2	8.5	22	9922.18	2	7.2	9
昆　明	Kunming	11879.67	11	10.7	21	3836.43	11	3.7	19
*西　安	Xi'an	17796.38	6	14.9	11	6571.18	4	7.3	8
兰　州	Lanzhou	7803.12	20	17.4	6				
西　宁	Xining	3548.43	24	13.8	13	1160.33	22	6.0	13
银　川	Yinchuan	3017.77	25	16.0	9	1304.97	20	9.7	3
乌鲁木齐	Urumqi	6984.60	21	11.9	16	2157.31	18	4.0	18
南　宁	Nanning	8257.77	19	15.5	10	2700.37	16	6.9	10
呼和浩特	Hohhot	5364.66	22	12.4	15	1683.96	19	5.8	14
其　它省会城市	**Other Provincial Cities**								
石家庄	Shijiazhuang	9800.20	16	5.7	23	4868.90	7	7.4	7
太　原	Taiyuan	10593.91	14	4.7	25	3660.63	13	4.7	17
*沈　阳	Shenyang	13867.90	9	11.0	20				
*长　春	Changchun	9848.60	15	11.4	18	3792.80	12	8.7	5
合　肥	Hefei	10967.91	12	16.2	8	3018.54	15	11.9	2
福　州	Fuzhou	10875.62	13	11.5	17	3520.42	14	7.6	6
南　昌	Nanchang								
*济　南	Jinan	13553.00	10	11.3	19	3951.40	10	5.7	15
郑　州	Zhengzhou	16936.27	7	16.4	7				
长　沙	Changsha	14065.66	8	19.6	3	4352.63	9		
*武　汉	Wuhan	19057.17	5	19.1	4	6059.03	5	6.1	12
海　口	Haikou	3962.82	23	25.7	1	1262.06	21	12.7	1
*杭　州	Hangzhou	29003.07	3	13.5	14	7507.09	3	6.2	11
*南　京	Nanjing	25887.77	4	18.1	5	5535.53	6	2.7	20
*哈尔滨	Harbin	9688.60	17	5.4	24	4370.40	8	9.1	4
*广　州	Guangzhou	41574.49	1	14.4	12	13297.42	1	2.6	21
其它副省级城市	**Other Deputy Provincial Cities**								
*大　连	Dalian	13338.71		7.6		5107.89		3.9	
*宁　波	Ningbo	15400.24		12.0		5302.84		6.1	
*厦　门	Xiamen	8366.37		17.2		1912.48		4.8	
*青　岛	Qingdao	12533.00				5024.00			
*深　圳	Shenzhen	53800.13		15.1		9468.60		6.9	

注：加*号为副省级城市；全国和贵州省为比上年同期增长。

a) The cities marked with"*"are deputy provincial cities.

16-1 续表7 (continued)

单位：元

城市名称	City	全金融机构人民币贷款余额 Balance of Loans in All Financial Institutions	位次 Ranking	比年初增长(%) Growth Rate over the Year Beginning (%)	位次 Ranking	城镇常住居民人均可支配收入 Per Capita Annual Disposable Income of Urban Households	位次 Ranking	2015年比2014年增长(%) Growth Rate in 2015 over 2014 (%)	位次 Ranking
全国	**Natioanl Total**	**939540.00**		**12.6**		**31195**		**8.2**	
贵州省	**Guizhou Province**	**15051.94**		**21.7**		**24580**		**9.0**	
西部省会城市	**Provincial Capital Cities of Western China**								
贵阳	Guiyang	7875.58	18	20.0	4	27241	24	9.1	6
*成都	Chengdu	21970.64	3	11.0	21	33476	11	8.0	14
昆明	Kunming	11976.49	9	17.0	10	33955	10	8.5	10
*西安	Xi'an	13714.02	6	17.4	9	33188	12	8.1	13
兰州	Lanzhou	6892.02	19	22.8	3	27088	25	10.5	2
西宁	Xining	4095.93	23	23.1	2	25232	26	10.2	3
银川	Yinchuan	3653.98	25	14.7	16	28261	21	8.2	12
乌鲁木齐	Urumqi	4957.43	22	10.1	22	31500	15	17.1	1
南宁	Nanning	8228.66	17	16.0	14	29106	18	7.5	17
呼和浩特	Hohhot	6073.88	21	18.0	7	37362	6	7.6	16
其它省会城市	**Other Provincial Cities**								
石家庄	Shijiazhuang	6121.10	20	17.6	8	28097	22	8.1	13
太原	Taiyuan	9027.59	14	13.6	19	27727	23	7.6	16
*沈阳	Shenyang	11343.80	10	13.1	20	36664	7	7.1	18
*长春	Changchun	8935.10	15	19.5	5	29090	19	6.6	19
合肥	Hefei	9636.57	13	18.0	7	31989	13	9.0	7
福州	Fuzhou	10638.44	11	14.0	17	34982	9	7.8	15
南昌	Nanchang					31942	14	9.8	4
*济南	Jinan	9674.20	12	13.7	18	39889	5	8.0	14
郑州	Zhengzhou	12650.26	7	16.4	13	31099	16	8.7	9
长沙	Changsha	12323.87	8	15.1	15	39961	4	8.5	10
*武汉	Wuhan	16018.30	5	18.7	6	36436	8	9.5	5
海口	Haikou	3656.03	24	23.9	1	28535	20	7.6	16
*杭州	Hangzhou	22395.29	2	9.5	23	48316	1	8.3	11
*南京	Nanjing	18217.80	4	16.6	12	46104	3	8.3	11
*哈尔滨	Harbin	8492.30	16	16.9	11	30977	17	7.5	17
*广州	Guangzhou	26136.95	1	15.1	15	46735	2	8.8	8
其它副省级城市	**Other Deputy Provincial Cities**								
*大连	Dalian	10696.06		7.6		35889		6.8	
*宁波	Ningbo	14966.92		9.9		47852		8.4	
*厦门	Xiamen	6714.66		15.3		42607		7.5	
*青岛	Qingdao	10772.00				40370		8.1	
*深圳	Shenzhen	28223.74		18.3					

注：加*号为副省级城市。

a) The cities marked with“*”are deputy provincial cities.

16-1 续表8 (continued)

单位：元 (yuan)

城市名称	City	农村常住居民人均可支配收入 Per Capita Annual Net Income of Rural Residents	位次 Ranking	2015年比2014年增长(%) Growth Rate in 2015 over 2014 (%)	位次 Ranking	居民消费价格指数(%) CPI (%)	位次 Ranking	2015年比2014年增长(%) Growth Rate in 2015 over 2014 (%)	位次 Ranking
全国	**National Total**	**11422**		**8.9**		**101.4**		**1.4**	
贵州省	**Guizhou Province**	**7387**		**10.5**		**101.8**		**1.8**	
西部省会城市	**Provincial Capital Cities of Western China**								
贵阳	Guiyang	11918	18	10.1	5	102.3	3	2.3	3
*成都	Chengdu	17690	6	9.6	7	101.1	12	1.1	12
昆明	Kunming	11444	22	10.4	3	102.4	2	2.4	2
*西安	Xi'an	14072	12	9.1	11	100.7	14	0.7	14
兰州	Lanzhou	9621	24	12.3	2	101.3	10	1.3	10
西宁	Xining	8865	26	8.7	13	102.5	1	2.5	1
银川	Yinchuan	11148	23	8.5	15	101.6	8	1.6	8
乌鲁木齐	Urumqi	15200	10	14.2	1	100.7	14	0.7	14
南宁	Nanning	9408	25	9.7	6	101.9	5	1.9	5
呼和浩特	Hohhot	13491	16	7.6	18	101.8	6	1.8	6
其它省会城市	**Other Provincial Cities**								
石家庄	Shijiazhuang	11609	21	8.6	14	101.0	13	1.0	13
太原	Taiyuan	13626	14	8.0	16	100.4	15	0.4	15
*沈阳	Shenyang	13498	15	7.8	17	101.2	11	1.2	11
*长春	Changchun	11749	19	4.1	19	101.3	10	1.3	10
合肥	Hefei	15733	8	9.2	10	101.6	8	1.6	8
福州	Fuzhou	15203	9	8.5	15	101.7	7	1.7	7
南昌	Nanchang	13693	13	10.3	4	101.6	8	1.6	8
*济南	Jinan	14232	11	8.5	15	101.9	5	1.9	5
郑州	Zhengzhou	17125	7	8.9	12	101.1	12	1.1	12
长沙	Changsha	23601	2	8.6	14	101.1	12	1.1	12
*武汉	Wuhan	17722	5	9.7	6	101.4	9	1.4	9
海口	Haikou	11635	20	9.5	8	101.2	11	1.2	11
*杭州	Hangzhou	25719	1	9.2	10	101.8	6	1.8	6
*南京	Nanjing	19483	3	10.3	4	102.0	4	2.0	4
*哈尔滨	Harbin	13375	17	10.3	4	101.4	9	1.4	9
*广州	Guangzhou	19323	4	9.4	9	101.7	7	1.7	7
其它副省级城市	**Other Deputy Provincial Cities**								
*大连	Dalian	14667		8.3		101.6		1.6	
*宁波	Ningbo	26469		9.0		101.8		1.8	
*厦门	Xiamen	17558		8.2		101.7		1.7	
*青岛	Qingdao	16730		8.4		101.2		1.2	
*深圳	Shenzhen					102.2		2.2	

注：加*号为副省级城市。

a) The cities marked with"*"are deputy provincial cities.

17
Seven-teen

主要年份指标
Major Indicators in Main Years

2016
贵阳统计年鉴
GUIYANG STATISTICAL YEARBOOK

17-1 全市年末从业人员数
Number of Employed Persons at Year-end

单位：万人 (10 000 persons)

年　份 Year	从业人员 Number of Employed Persons	第一产业 Primary Industry	第二产业 Secondary Industry	第三产业 Tertiary Industry	城镇私营（含个体） Urban Private Enterprises (Include Self-employed Individuals)	农村从业人员 Rural Employed Persons
1978	102.69	51.36	32.04	19.29	0.66	52.19
1979	104.70	50.97	34.61	19.12	0.72	51.89
1980	107.94	52.12	35.59	20.23	0.98	53.15
1981	111.82	53.12	35.86	22.84	1.37	55.13
1982	114.92	54.69	36.30	23.93	1.56	56.81
1983	116.09	54.72	36.65	24.72	1.86	58.29
1984	125.17	55.84	39.67	29.66	2.59	60.93
1985	133.41	56.89	46.75	29.77	2.92	63.98
1986	139.64	59.57	45.85	34.22	5.02	65.97
1987	143.07	62.16	48.69	32.22	3.71	68.55
1988	146.47	67.70	48.51	33.26	3.96	71.50
1989	152.09	68.67	48.95	34.47	4.98	76.61
1990	159.57	71.50	49.99	38.08	5.15	80.89
1991	164.06	72.42	52.77	38.87	5.44	81.25
1992	169.85	74.77	52.20	42.88	5.24	83.76
1993	173.71	76.93	53.00	43.78	6.06	88.46
1994	181.94	79.11	56.28	46.55	4.11	90.63
1995	184.28	78.07	56.29	49.94	9.02	84.96
1996	189.73	78.85	56.00	54.88	17.28	94.71
1997	195.86	77.79	59.96	58.11	18.78	96.98
1998	200.35	77.24	63.27	59.84	19.82	98.95
1999	200.58	79.32	59.40	61.86	19.66	99.73
2000	204.29	87.01	53.70	63.58	24.55	116.83
2001	202.75	79.52	52.21	71.02	27.83	105.69
2002	205.06	76.39	51.41	77.26	29.52	106.04
2003	210.15	77.95	52.75	79.45	29.83	109.38
2004	211.66	72.98	55.33	83.35	38.41	110.24
2005	200.52	94.01	37.18	69.34	21.81	111.08
2006	206.69	93.17	39.39	74.14	24.35	115.19
2007	204.89	85.40	39.93	79.55	26.95	114.75
2008	209.74	81.41	42.03	86.31	28.46	117.60
2009	213.42	76.62	45.25	91.55	35.05	116.66
2010	212.98	70.40	46.49	96.09	46.65	118.83
2011	217.93	65.73	48.93	103.26	44.02	118.41
2012	223.57	61.07	54.72	107.78	40.47	117.48
2013	232.13	57.81	61.65	112.67	45.80	116.51
2014	242.02	54.86	68.68	118.48	45.95	115.77
2015	251.79	52.23	75.12	124.44	43.85	114.09

注：2005－2010年为第六次人口普查调整数。

a) Data from 2005 to2010 refer to the adjusted figures of the Sixth Population Census.

17–2 全市年末职工人数与工资总额
Number of Staff and Gross Payroll at Year-end

年份 Year	职工人数（万人） Number of Staff (10 000 persons)	国有单位 State-owned Units	城镇集体单位 Urban Collective-owned Units	其它经济类型 Others	全部职工工资总额（万元） Total Salary of All Staff (10 000 yuan)	国有单位 State-owned Units	城镇集体单位 Urban Collective-owned Units	其它经济类型 Others	在岗职工平均工资（元） Average Salary of On-Post Staff(yuan)
1978	49.84	37.01	12.83		29466	23411	5876		
1979	52.10	38.58	13.52		33116	26859	6089		
1980	53.80	40.30	13.50		39884	32369	7419		
1981	55.32	42.46	13.86		41777	33352	8298		
1982	56.55	43.53	14.02		43699	34756	8967		
1983	55.94	42.77	14.17		45583	35490	9730		
1984	56.79	43.18	14.53	0.08	53492	41153	12160		
1985	60.05	43.12	16.43	0.50	64125	51292	12833		
1986	61.61	45.53	16.02	0.06	73409	59618	13748	43	
1987	63.26	46.90	16.34	0.02	82510	67533	14929	48	
1988	63.77	48.05	15.59	0.13	97748	107830	16819	98	
1989	64.32	49.25	14.87	0.20	109392	91423	17662	306	
1990	68.31	50.68	17.23	0.39	134771	109630	24155	985	
1991	70.33	51.67	18.28	0.38	149080	119246	28633	1200	
1992	71.22	51.78	18.79	0.65	173728	137969	33572	2186	
1993	72.71	52.92	18.83	0.96	209844	164713	41114	4016	
1994	70.75	52.84	16.95	0.95	280397	228097	47217	5083	
1995	66.60	51.85	12.64	1.98	316787	263713	41337	11736	
1996	68.32	52.23	13.20	2.89	366122	296943	50759	18420	5461
1997	69.00	52.76	13.29	2.95	397699	324947	50808	21944	5814
1998	60.99	42.58	10.45	7.96	397802	284117	51178	62507	6588
1999	55.55	38.82	8.57	8.16	419681	308397	47082	64202	7592
2000	53.62	38.00	7.44	8.18	473641	351290	46795	75556	8784
2001	50.11	36.09	5.57	8.45	525095	404655	39109	81331	10611
2002	53.95	37.82	5.22	10.91	575551	428048	38616	108887	10987
2003	55.45	35.26	5.06	15.13	664234	449066	39755	175413	12182
2004	57.30	34.98	4.53	17.79	791311	527475	38079	225757	14099
2005	60.59	36.73	4.13	19.73	964896	640431	42929	281536	16553
2006	59.11	35.58	3.44	20.10	1086325	722524	44864	318937	18524
2007	65.31	39.76	3.26	22.28	1420653	949233	54442	416977	22581
2008	64.52	38.93	3.13	22.46	1704279	1142652	54080	507547	26388
2009	66.25	37.86	2.60	25.79	1803395	1134357	49720	619318	28026
2010	69.84	41.08	2.35	26.41	2087789	1311053	45471	731265	31192
2011	72.15	40.54	2.39	29.22	2742300	1742040	53787	946474	38674
2012	75.86	37.97	1.61	36.28	3236338	1798308	51845	1386185	42974
2013	89.16	33.19	1.50	54.47	4508238	1866776	54506	2586956	50817
2014	90.06	36.53	1.23	55.30	5434671	2383933	54369	2996369	59334
2015	93.34	32.74	1.05	59.55	5813417	2402964	45721	3364732	63949

注：1998年以后的职工人数、工资总额为在岗职工口径；2011年起职工平均工资包含劳务派遣人员。

a) The number of employed persons and gross payroll after 1998 refer to the caliber of on-post staff; since 2011, the labor service for dispatch has been included in the average salary of employed persons.

17-3 全市生产总值
Gross Domestic Product in the Whole City

(当年价 current price)

年 份 Year	生产总值 (万 元) GDP (10 000 yuan)				三次产业构成(%) Composition of Industries (%)		
		第一产业 Primary Industry	第二产业 Secondary Industry	第三产业 Tertiary Industry	第一产业 Primary Industry	第二产业 Secondary Industry	第三产业 Tertiary Industry
1978	107690	14397	70431	22862	13.4	65.4	21.2
1979	124916	15407	83509	26000	12.3	66.9	20.8
1980	141506	17245	95319	28942	12.2	67.4	20.5
1981	147901	21118	93196	33587	14.3	63.0	22.7
1982	164450	24851	102662	36937	15.1	62.4	22.4
1983	203635	26134	129612	47889	12.8	63.7	23.5
1984	254855	33954	154675	66226	13.3	60.7	26.0
1985	321865	33546	203833	84486	10.4	63.3	26.3
1986	357145	39171	223663	94311	11.0	62.6	26.4
1987	403620	47769	250578	105273	11.8	62.1	26.1
1988	451562	60834	266003	124725	13.5	58.9	27.6
1989	536413	65565	328769	142079	12.2	61.3	26.5
1990	602246	61985	349856	190405	10.3	58.1	31.6
1991	711129	76889	401664	232576	10.8	56.5	32.7
1992	833254	79843	458544	294867	9.6	55.0	35.4
1993	981275	92664	531798	356813	9.4	54.2	36.4
1994	1236708	142405	664107	430196	11.5	53.7	34.8
1995	1491181	173209	806196	511776	11.6	54.1	34.3
1996	1711880	206626	856467	648787	12.1	50.0	37.9
1997	1966287	223112	1004980	738195	11.3	51.2	37.5
1998	2198003	228912	1127141	841950	10.4	51.3	38.3
1999	2398261	237523	1190858	969880	9.9	49.7	40.4
2000	2747006	245146	1313146	1188714	8.9	47.8	43.3
2001	3106207	253040	1469275	1383892	8.1	47.3	44.6
2002	3480244	268513	1634422	1577309	7.7	47.0	45.3
2003	3959219	291554	1815433	1852232	7.4	45.9	46.8
2004	4691204	323566	2202055	2165583	6.9	46.9	46.2
2005	5256159	350217	2493874	2412068	6.7	47.4	45.9
2006	6172427	379455	2878516	2914456	6.2	46.6	47.2
2007	7289734	456333	3128264	3705137	6.3	42.9	50.8
2008	8768210	472885	3646658	4648667	5.4	41.6	53.0
2009	9719382	500766	3951065	5267551	5.1	40.7	54.2
2010	11218174	571048	4569539	6077587	5.1	40.7	54.2
2011	13830724	625514	5868389	7336821	4.6	42.4	53.0
2012	17103048	722826	7173223	9206999	4.2	42.0	53.8
2013	20854234	815234	8486400	11552600	3.9	40.7	55.4
2014	24972691	1080236	9765900	14126555	4.3	39.1	56.6
2015	28911581	1298860	11085216	16527505	4.5	38.3	57.2

注:2004年起, 农林牧渔服务业划入第一产业；1997年－2004年为第一次经济普查调整数，2005年－2008年为第二次经济普查调整数。

a) Since 2004, services of agriculture, forestry, animal husbandry and fishery have been divided into primary industry; data from 1997-2004 refer to the adjusted figures of the First Economic Census; data from 2005-2008 refer to the adjusted figures of the Second Economic Census.

17–4 全市生产总值指数
Indices of Gross Domestic Product in the Whole City

(以上年为100)

年 份 Year	生产总值指数(%) Gross Domestic Product Indices (%)	第一产业 Primary Industry	第二产业 Secondary Industry	第三产业 Tertiary Industry	人均生产总值 Per Capita GDP 当年价(元) Current Price(yuan)	指 数(%) Indices(%)
1978	127.7	102.3	143.2	105.0		
1979	111.1	105.5	113.6	106.0	530	
1980	108.1	110.7	108.6	102.2	592	106.7
1981	99.1	100.7	97.2	107.4	610	97.7
1982	113.4	117.6	113.3	108.8	667	111.6
1983	116.9	106.4	118.1	124.8	816	115.5
1984	115.5	110.3	114.7	125.2	1011	114.3
1985	115.4	97.5	118.8	118.5	1260	113.9
1986	106.4	107.1	104.6	114.0	1374	104.5
1987	109.3	105.5	109.2	112.6	1523	107.2
1988	111.8	101.7	108.1	133.8	1682	110.4
1989	107.9	99.6	105.9	119.2	1974	106.6
1990	107.1	85.8	104.5	124.4	2155	104.1
1991	108.9	126.6	105.2	112.3	2471	105.8
1992	110.7	106.8	102.1	131.4	2844	108.7
1993	107.1	106.3	103.9	113.0	3293	105.3
1994	111.8	107.2	112.2	112.3	4063	109.4
1995	109.8	100.6	115.9	102.2	4796	106.4
1996	112.9	101.4	117.6	107.4	5414	112.1
1997	111.5	107.5	112.0	111.6	6143	110.2
1998	111.9	103.6	112.3	112.9	6793	110.7
1999	112.0	103.6	112.6	112.8	7300	110.4
2000	111.7	102.3	111.6	113.7	8216	109.8
2001	111.8	103.8	111.6	113.7	9153	110.1
2002	112.6	103.8	113.0	113.8	10123	111.2
2003	113.3	106.7	113.6	114.1	11394	112.1
2004	113.7	107.6	113.9	114.4	13412	112.9
2005	114.6	107.6	116.2	113.9	13544	113.8
2006	114.7	107.6	112.1	118.5	15731	114.0
2007	115.8	108.7	112.6	119.9	18181	113.3
2008	113.1	107.2	109.0	117.6	21420	110.8
2009	113.3	108.1	112.4	114.6	23237	110.8
2010	114.3	108.0	115.1	114.3	26209	111.7
2011	117.1	102.8	121.3	115.2	31712	114.9
2012	115.9	108.5	118.8	114.1	38673	114.3
2013	116.0	106.3	118.6	114.6	46479	114.3
2014	113.9	106.6	113.9	114.3	55018	112.6
2015	112.5	106.4	114.6	111.1	63003	111.3

注:本表资料指数均按可比价格计算；人均生产总值2007年以前按常住一年及以上人口计算，2007年开始按常住半年及以上人口计算2006年—2010年按第六次人口普查调整数计算；生产总值1997-2004年为第一次经济普查调整数，2005-2008年为第二次经济普查调整数。

a) The indices in the table were calculated at comparable prices; the per capita GDP was calculated according to the population living for at least a year before 2007 and at least half a year after 2007; data from 2006 to 2010 refer to the adjusted figure of the Sixth Population Census; GDP from 1997 to 2004 refer to the adjusted figures of the First Economic Census, and the Second Economic Census from 2005 to 2008.

17−5 全市工业总产值
Gross Output Value of Industry in the Whole City

单位：万元 （当年价 current price） (10 000 yuan)

年份 Year	工业总产值 Gross Industrial Output Value	按经济类型分 Grouped by Status of Registration			按轻重工业分 Grouped by Light&Heavy Industries		按企业规模分 Grouped by Size of Enterprises	
		国有 State-owned	集体 Collective-owned	其它 Others	轻工业 Light Industry	重工业 Heavy Industry	大型 Large	中型 Medium-sized
1978	151375	130770	20322	283	56277	95088	25820	44307
1979	175440	153916	20996	528	66374	109066	32680	54661
1980	183355	160364	22135	856	77788	105567	33256	45584
1981	178432	152973	23794	1665	85743	92689	33016	38268
1982	203633	175057	26146	2430	94709	108924	38895	56832
1983	255259	221377	31874	2008	113453	141806	50857	102222
1984	302965	259671	38975	4319	134338	168627	56374	125484
1985	383948	329526	48346	6076	170212	213736	87874	154720
1986	414655	350412	57583	6660	183643	231012	104403	165847
1987	472758	420788	45117	6853	201231	271527	180035	152303
1988	602424	511527	71047	19850	263817	338607	266186	139746
1989	742651	626715	78621	37315	327172	415479	357204	169243
1990	850041	719735	97229	33077	365057	484984	424666	177852
1991	925912	770874	123053	31985	373502	552410	462941	184998
1992	1118424	914383	119968	84073	430291	688133	663206	136173
1993	1318135	1024279	159044	134812	324109	994026	751980	163528
1994	1636509	1250835	199322	186352	470380	1166129	921134	201360
1995	1785515	1306931	199098	279486	524788	1260727	996878	240860
1996	2188705	1301683	384868	502154	714934	1473771	1092746	240437
1997	2542035	1394016	513556	634463	874346	1667689	1250940	210769
1998	2769327	1395723	482735	890869	960099	1809228	1322251	174196
1999	3217288	1534955	494503	1187830	1151949	2065339	1396605	167483
2000	2496275	1065299	236397	1194579	834976	1652399	1431631	168111
2001	2588494	1035899	135286	1417309	902276	1686218	1448460	155085
2002	2958943	826247	136108	1996588	1029353	1929590	1443748	464315
2003	3569419	1134129	101699	2333591	1177351	2392068	1298735	1409497
2004	4920242	1612578	76601	3231063	1449532	3470710	1651839	2115493
2005	5740645	1811987	82350	3846308	1783270	3957375	2118966	2318695
2006	6696494	1963818	54531	4678145	1910089	4786406	2504986	2581602
2007	7559236	2482745	58318	5018173	2086884	5472352	3190261	2678440
2008	8667178	2528191	46824	6092163	2502421	6164757	3605188	3015956
2009	8967496	2558660	37318	6371518	2866480	6101016	3582084	3040865
2010	10583479	2969558	41830	7572091	3337003	7246475	4710415	3289016
2011	14662863	4896761	86648	9679454	4475231	10187631	8070810	2542979
2012	15934771	3783654	24961	12126156	4912009	11022762	9222967	3041156
2013	20143140	3320968	43823	16778349	6912842	13230298	8652773	5138065
2014	22291542	4554531	43380	17693631	7394216	14897326	9486069	4926736
2015	25785917	5511641	52977	20221299	8427204	17358713	9099151	5944375

注：2000年以后数据为规模以上(500万元口径及以上)企业，2005年—2008年为第二次经济普查调整数，2012年以后数据为企业规模以上2000万元口径。

a) Data after 2000 refer to the enterprises above designated size with an annual income of 5million and above; data from 2005-2008 refer to the Second Economic Census; data after 2012 refer to the enterprises above designated size with an annual income of 20 million yuan.

17-6 全市农林牧渔业总产值
Gross Output Value of Agriculture, Forestry, Animal Husbandry and Fishery

单位：万元 (10 000 yuan)

年 份 Year	农林牧渔业总产值 Gross Output Value of Agriculture,Forestry, Animal Husbandry and Fishery	农 业 Agriculture	#种植业 Crop Farming	林 业 Forestry	牧 业 Animal Husbandry	渔 业 Fishery	农林牧渔服务业 Services of Agriculture, Forestry,Animal Husbandry and Fishery
1978	20394	16714	14538	528	3127	25	
1979	22314	18176	15789	647	3439	51	
1980	22427	17882	15721	650	3851	43	
1981	27815	21299	18738	722	5750	43	
1982	34372	27362	24269	1122	5839	50	
1983	35441	27113	23954	1631	6601	97	
1984	43753	34835	27225	1418	7353	146	
1985	45351	30964	28087	1966	11913	508	
1986	51032	35060	31728	1636	13648	688	
1987	62352	40370	23457	1865	19657	460	
1988	82895	50676	45443	1849	29230	1140	
1989	91274	55190	51080	1813	33366	906	
1990	89660	57196	52893	3366	28128	1270	
1991	107985	73751	69828	2983	29871	1380	
1992	116180	77572	72342	3461	32744	2403	
1993	133030	87928	78291	4101	41239	2762	
1994	207946	136776	129369	4339	63429	3402	
1995	263352	171414	163235	5867	79997	6074	
1996	311117	205301	195636	7217	91948	6651	
1997	340619	271209	206892	7168	108391	7851	
1998	347982	213746	201028	8717	117443	8076	
1999	362061	218136	206334	8500	126938	8487	
2000	369939	230774	215146	8170	123709	7286	
2001	389659	237175	221221	6769	137845	7870	
2002	410318	231154	224798	8944	151940	8059	10221
2003	439373	257259	257259	6149	157215	7627	11123
2004	503219	288665	288665	5625	197452	9117	2360
2005	547663	313678	313678	4514	215686	10646	3139
2006	540166	325357	325357	4543	199088	6486	4692
2007	627533	388066	388066	4332	220979	8460	5696
2008	729872	454631	454631	8917	250719	9718	5887
2009	784592	518431	518431	5604	242702	11520	6335
2010	832429	554555	554555	5137	253598	12273	6866
2011	965503	622118	622118	8608	313870	13617	7290
2012	1114911	732370	732370	7556	352089	14832	8064
2013	1258807	825910	825910	9608	397573	16365	9351
2014	1706832	1200009	1200009	10424	463499	22233	10667
2015	2004103	1291882	1291882	12773	558798	24579	116071

注：2003年起农林牧渔业总产值按国民经济新行业分类划分，2002年数据作相应调整；2006、2007年为第二次农业普查调整数。

a) Since 2003, the gross output value of agriculture, forestry, animal husbandry and fishery has been grouped by new sectors on national economic industry and the data of 2002 were adjusted accordingly; data of 2006 and 2007 refer to the adjusted figures of the Second Agriculture Census.

17-7 全市全社会固定资产投资总额
Total Investment in Fixed Assets in the Whole City

单位：万元 (10 000 yuan)

年 份 Year	固定资产投资完成额 Completed Investment in Fixed Assets	#基本建设 Infrastructure	更新改造 Renovation	房地产开发 Real Estate Development	按三次产业分 Grouped by Three Strata of Industry 第一产业 Primary Industry	第二产业 Secondary Industry	第三产业 Tertiary Industry
1978	10786	8311	2333		706	3765	6315
1979	21627	18394	2980		1165	10714	9748
1980	41012	36638	3600		924	25599	14489
1981	65288	57397	6643		342	47566	17380
1982	42500	28098	12026		1544	16075	24881
1983	42395	22092	13725		638	9774	31983
1984	54330	31023	17975		513	28212	25605
1985	89290	50756	26987		318	43348	45624
1986	98639	51661	31584		428	35048	63163
1987	108224	57513	35408		296	64275	43653
1988	124772	59615	43211		469	70100	54203
1989	137602	73779	46871		541	76983	60078
1990	157925	86087	46673	6465	1114	82793	74018
1991	180523	89077	66329	10119	706	83437	96380
1992	241952	114434	92331	16122	779	100017	141156
1993	283349	111001	110993	34036	303	110765	172281
1994	380076	138859	153192	50165	842	124516	254718
1995	535496	187730	177928	126631	517	129549	363548
1996	574771	211436	169314	123931	922	156032	417817
1997	619664	198609	225042	122044	7196	207784	404684
1998	778072	303380	258299	147325	2894	299544	475634
1999	954297	359440	260774	225549	4347	352641	597309
2000	1136510	379377	310039	310516	8290	395633	732587
2001	1554183	555418	394201	433327	10484	422541	1121158
2002	1879604	785644	417580	500300	13074	550815	1315715
2003	2418742	1073075	536939	611961	20823	728981	1668938
2004	2931482	1348089	610890	745827	25899	864306	2041277
2005	3439731	1412345	753697	911166	30981	1054645	2354105
2006	4133576	1826207	897951	1076936	44553	1259307	2829717
2007	5004734	2054926	1103319	1351267	58996	1526006	3419732
2008	6015710	2382065	1300350	1701116	102044	1820405	4093261
2009	7827910	3346548	1666608	2103225	161726	2133316	5532868
2010	10191025	4235164	2155898	3104665	206756	2749104	7235165
2011	16005898	6919685	3284391	4673595	393407	5291048	10321443
2012	24825583	—	—	9085224	701456	7373167	16750960
2013	30303811	—	—	9830870	1289244	7771183	21243384
2014	34894077	—	—	10176042	1485125	7812493	25596459
2015	40156407	—	—	10050001	2067029	7888917	30200461

注：从2012年起为新口径，固定资产投资完成额分为建设项目和房地产开发。2012年建设项目为15740359万元；2013年建设项目为20472941万元；2014年建设项目为24718035万元。

a) Since 2012, data have been referred to the new caliber and completed investments in fixed assets include construction projects and the development of real estate. In 2012, the investment in construction projects was 157.40359 billion yuan, in 2013 investment 204.72941 billion yuan, in 2014 investment 247.18035 billion yuan.

17–8 全市社会消费品零售总额及构成
Total Retail Sales of Consumer Goods and Its Composition

单位：万元 (10 000 yuan)

年 份 Year	社会消费品零售总额 Total Retail Sales of Consumer Goods	社会消费品零售总额指数(%) Total Retail Sales of Consumer Goods Indices(%)	按 行 业 分 Grouped by Sector	
			批发和零售业 Wholesale and Retail Trades	住宿和餐饮业 Hotels and Catering Services
1978	48458	110.7	46568	1890
1979	55731	115.0	53749	1982
1980	67017	120.3	65023	1994
1981	75482	112.6	72902	2580
1982	81863	108.5	78480	3383
1983	90399	110.4	86855	3544
1984	107105	118.5	102441	4664
1985	132380	123.6	126982	5398
1986	153254	115.8	147431	5823
1987	180877	118.0	174369	6508
1988	231322	127.9	224348	6974
1989	240265	103.9	232566	7699
1990	249475	103.8	238633	10842
1991	274794	110.1	262841	11953
1992	328166	119.4	312617	15549
1993	414257	126.2	398338	15919
1994	476925	115.1	447329	29596
1995	592299	124.2	555178	37121
1996	729769	123.2	669557	60212
1997	827542	113.4	751346	76196
1998	895491	108.2	801213	94278
1999	970716	108.4	851946	118770
2000	1116154	115.0	967921	148234
2001	1251209	112.1	1025823	225386
2002	1404732	112.3	1131446	273286
2003	1580464	112.5	1265470	318594
2004	1805206	114.2	1426010	379196
2005	2043210	113.2	1612469	430741
2006	2349623	115.0	1847308	502315
2007	2793885	118.9	2182612	611273
2008	3558943	123.0	2850347	708596
2009	4052951	116.0	3401740	651211
2010	4847785	119.6	4107415	740370
2011	5843292	120.5	5052744	790548
2012	6831866	116.9	6197888	633978
2013	8409565	115.0	7668682	740883
2014	9511218	113.1	8688617	822601
2015	10601690	111.5	9687808	913882

注：2003年起制造业已划入批发零售贸易业；2004年起餐饮业指标调整为住宿和餐饮业；2000年－2005年为第一次经济普查调整数，2008年为第二次经济普查调整数；2010年起社会消费品零售总额不含其他行业；2013年和2014年为第三次经济普查调整数。

a) Since 2003, manufacturing industry has been divided into the wholesale and retail trades; since 2004, the indices of catering have been adjusted to accommodation and catering service; data from 2000 to 2005 refer to the adjusted figures of the First Economic Census; data in 2008 refer to the adjusted figures of the Second Economic Census; Since 2010, the retail sales of social consumer goods exclude other businesses; data in 2013 and 2014 refer to the adjusted figures of the Third Economic Census.

17–9 全市地方财政预算内收支及构成
Local Budgetary Revenue and Expenditures and Their Composition

单位：万元 (10 000 yuan)

年 份 Year	一般公共预算收入 Public Finance Budget Revenues	#企业收入 Enterprise Revenue	#工商税收收入 Industrial and Commercial Tax Revenue	#农业税收入 Agricultural Tax Revenue	一般公共预算支出 Public Finance Budget Expenditure	经济建设费 Economic and Construction Expenditure	文教卫生费 Cultural, Educational and Healthy Expenditure	行政管理费 Charges of Administration
1978	25761	2445	22503	473	8984	4033	3032	1069
1979	26891	866	25325	462	9424	3803	3566	1194
1980	29851	1477	27648	447	10041	4318	3193	1403
1981	31420	261	30435	398	11065	4690	3517	1411
1982	37437	3080	33288	473	13492	6199	4042	1777
1983	44177	3359	39350	608	16541	7098	5292	2321
1984	51016	3576	45674	603	26067	13631	6314	3410
1985	60780	2877	56614	493	26930	8989	9437	4360
1986	72490	2053	69110	629	33082	13955	8258	4036
1987	82370	-1271	81739	742	38224	14885	8851	4502
1988	96507	-1224	95941	806	44953	14612	10353	4468
1989	118124	-4984	20477	1173	67982	17604	12533	5327
1990	136291	-7734	138566	947	71991	20392	13927	6244
1991	149939	-6245	150309	1091	73851	22827	14640	6856
1992	155344	-6145	154796	1386	81143	28409	17597	9184
1993	172183	-3276	167953	1927	92093	32280	20635	11548
1994	64040	-2619	51919	5337	105844	29362	27950	9665
1995	86341	550	70126	5648	131104	44185	30598	15957
1996	113498	4016	88225	9091	147782	50625	25182	18868
1997	130506	5952	106952	9878	166153	56063	26616	21987
1998	167353	10257	131391	7809	207261	75142	46985	26311
1999	197907	18642	137270	6859	261554	48800	56095	29842
2000	241483	35108	151656	10539	310569	107069	62536	35932
2001	279687	46105	191888	10365	361699	101781	79961	44501
2002	330788	39125	238891	14669	459589	108167	98646	51113
2003	403855	51692	277554	20517	502919	127837	111192	60271
2004	497019	88578	328695	22668	599316	136181	135334	77423
2005	498015	59822	341551	25465	725719	154500	168852	88389
2006	615798	81174	403904	32228	882349	180866	200191	107116
2007	759154	109593	623442	—	1064287	—	—	—
2008	890503	134409	713516	—	1422818	—	—	—
2009	1053636	181162	859391	—	1698423	—	—	—
2010	1363034	232046	1109258	—	2043801	—	—	—
2011	1870940	314402	1375836	—	2773807	—	—	—
2012	2411920	376391	1661831	—	3493275	—	—	—
2013	2772077	409919	1930850	—	3936020	—	—	—
2014	3315962	456401	2326965	—	4486298	—	—	—
2015	3741476	548768	2501660	—	5035189	—	—	—

注：从1994年起为新口径，2005年起财政收入为40%所得税口径。

a) Since 1994, data refer to the new caliber; since 2005, budgetary revenue has referred to the caliber of 40% income tax.

17-10 全市居民收支情况
Income and Expenditure of Urban and Rural Households

单位：元 (yuan)

年 份 Year	居民消费价格指数(%) Consumer Price Index (%)	城镇常住居民人均可支配收入 Per Capita Annual Disposable Income of Permanent Urban Households	城市居民人均消费性支出 Per Capita Annual Consumption Expenditure of Urban Residents	#食 品 Food	教育文化娱乐服务 Education, Culture, Recreation and Services	农村常住居民人均可支配收入 Per Capita Disposable Income of Permanent Rural Residents	农民人均生活消费支出 Per Capita Consumption Expenditure of Rural Residents	#食 品 Food
1979		343	313					
1980		413	385					
1981		453	418			266		
1982		477	431			290		
1983		501	447	277	16	288		
1984		593	527	306	29	342		
1985		805	740	365	95	377		
1986		969	873	438	77	411		
1987		1103	1010	513	70	479		
1988		1276	1228	635	73	593		
1989		1421	1277	734	79	644		
1990		1558	1361	781	84	680		
1991		1691	1514	879	71	672		
1992		2154	1869	1048	170	739		
1993		2581	2205	1221	179	901		
1994		3700	3087	1704	226	1039		
1995		4550	3964	2187	288	1343		
1996	111.7	4866	4526	2335	450	1650	1282	890
1997	102.5	5343	4808	2274	569	1834	1279	835
1998	100.5	5369	5036	2180	624	1940	1410	918
1999	97.6	6082	5327	2214	476	2010	1418	883
2000	98.7	6453	5550	2208	648	2104	1453	852
2001	103.2	6909	5780	2170	822	2229	1532	854
2002	98.4	7306	5801	2210	1017	2352	1552	793
2003	100.8	7985	6324	2447	1034	2510	1704	805
2004	102.1	8989	6912	2750	1156	2809	1967	866
2005	100.7	9928	7693	2946	1113	3135	2296	980
2006	101.1	11222	8808	3334	1351	3442	2454	1314
2007	105.1	12781	10183	3897	1355	4088	3036	1271
2008	107.0	13817	10507	4383	1206	4818	3463	1435
2009	97.7	15041	11519	4718	1685	5316	3928	1605
2010	102.9	16597	12940	4905	1744	5976	4384	1736
2011	105.5	19420	14300	5528	1764	7381	5494	2241
2012	102.6	21796	15718	6011	1924	8488	6161	2380
2013	103.2	22816	17995	6265	3044	9606	6527	1927
2014	102.7	24961	19501	6176	2874	10827	8724	2609
2015	102.3	27241	22532	6935	3337	11918	9875	2851

注：1、1991年(包括1991年)以前，教育文化娱乐服务指标的名称为文娱用品。
2、按照国家统计局城乡一体化住户调查改革方案，从2014年起，城镇居民人均可支配收入和农民人均纯收入指标修改为城镇（农村）常住居民人均可支配收入，统计口径发生变化，2014年以后的绝对值与2013年以前绝对值不可比。

a) Before 1991(includes 1991), education, culture, recreation and services indices are called cultural and recreational articles.
b) According to the NBS household survey program for reform of urban—rural integration. From 2014 onwards, per capita annual disposable income of urban households and per capita net income of rural residents indices are adjusted into per capita annual disposable income of urban (rural) residents. The absolute value is incomparable to that of 2013 because its standards have changed.

17-11 全市对外贸易、招商引资
Foreign Trade and Investment Attraction

年 份 Year	进出口总额 (万美元) Total Value of Imports and Exports ($10 000)	进 口 Imports	出 口 Exports	实际直接利用外资 (万美元) Actual Utilized Foreign Direct Investment($10 000)	内资实际到位金额 (亿 元) Actual Domestic Investment in Place (100 million yuan)
1997				2365	
1998	52019	21838	30181	1747	
1999	41436	14613	26823	692	
2000	48967	18386	30581	2755	
2001	49428	16313	33115	4384	
2002	57240	19745	37495	2918	39.58
2003	85186	32866	52320	4450	90.26
2004	120519	45424	75094	5237	122.42
2005	113637	37506	76131	6045	161.01
2006	111855	31755	80100	7010	209.64
2007	169227	45998	123229	8100	252.00
2008	225165	84115	141050	9350	303.01
2009	181076	54751	126325	11220	368.52
2010	227537	83445	144092	13470	453.76
2011	376943	98919	278023	27874	528.90
2012	505104	83706	421398	47415	1198.23
2013	631821	73915	557909	63000	1665.98
2014	784221	57033	727188	76174	2260.95
2015	912149	122417	789732	92740	2765.69

注：内资实际到位金额从2010年起为省外境内，不包括市外境内。

a) The actual domestic capital has been changed to the domestic capital outside the province since 2010, not including the the domestic capital outside the city.

17–12 全市常住人口及构成
Permanent Resident Population and Its Proportion

单位：万人 (10 000 persons)

年 份 Year	年末总人口 Total Population at Year-end	按城镇乡村分 By Urban and Rural Area		按性别分 By Gender		出生率(‰) Birth Rate(‰)	死亡率(‰) Death Rate(‰)	自然增长率(‰) Natural Growth Rate(‰)	人口密度(人／平方公里) Population Density(person/sq.km)
		市 镇 Urban Area	乡 村 Rural Area	男 Male	女 Female				
1979	237.48	139.20	98.28	122.93	114.55	13.38	6.33	7.05	295.59
1980	240.53	146.81	93.72	124.41	116.12	14.68	6.53	8.08	299.39
1981	244.66	140.40	104.26	127.13	117.53	17.65	6.85	10.80	304.53
1982	248.30	142.32	105.98	128.80	119.50	15.90	6.69	9.21	309.06
1983	250.57	143.78	106.78	130.13	120.43	12.96	6.61	6.35	311.88
1984	253.48	147.53	105.96	131.55	121.93	14.23	6.52	7.70	315.51
1985	257.27	152.33	104.93	133.52	123.74	14.11	6.38	7.73	320.22
1986	262.75	156.06	106.68	136.45	126.30	16.35	6.31	10.04	327.04
1987	267.31	159.28	108.02	139.13	128.18	16.65	6.04	10.60	332.72
1988	269.64	163.83	105.81	140.22	129.42	15.91	6.28	9.63	335.62
1989	273.78	168.39	105.39	142.51	131.27	17.42	6.62	10.80	340.78
1990	285.15	175.43	109.71	148.26	136.88	18.21	5.73	12.48	354.92
1991	290.43	179.39	111.04	151.13	139.30	13.71	6.39	7.32	361.50
1992	295.58	256.68	38.89	153.27	142.31	11.99	6.52	5.47	367.91
1993	300.34	261.01	39.33	155.64	144.70	11.79	5.95	5.84	373.84
1994	308.37	268.73	39.64	160.25	148.12	12.87	5.81	7.06	383.83
1995	313.48	273.21	40.27	162.69	150.79	11.91	5.60	6.31	390.19
1996	318.85	278.21	40.64	165.24	153.61	12.02	6.15	5.87	396.88
1997	321.26	280.25	41.01	166.28	154.98	13.08	5.67	7.41	399.88
1998	325.87	284.27	41.60	168.66	157.21	13.85	5.92	7.93	405.61
1999	331.21	289.34	41.87	171.21	160.00	14.48	5.66	8.82	412.26
2000	337.45	206.42	131.03	177.40	160.05	14.87	6.07	8.80	420.03
2001	341.29	208.77	132.52	179.42	161.87	13.55	5.94	7.62	424.81
2002	346.27	214.58	131.69	182.03	164.24	12.90	5.80	7.10	431.01
2003	348.70	217.48	131.22	177.38	171.32	12.00	5.81	6.19	434.03
2004	350.85	221.83	129.02	178.65	172.20	12.07	5.92	6.15	436.71
2005	388.09	244.76	143.33	198.35	189.74	12.33	6.90	5.43	483.06
2006	396.66	250.17	146.50	200.83	195.83	11.85	6.10	5.75	493.73
2007	405.26	255.59	149.67	205.42	199.84	10.96	6.36	4.60	504.43
2008	413.44	265.35	148.09	209.50	203.94	10.75	6.31	4.44	514.61
2009	423.12	275.88	147.24	214.88	208.24	11.06	6.17	4.89	526.66
2010	432.93	294.96	137.97	222.79	210.14	11.11	4.48	6.63	538.87
2011	439.33	304.02	135.31	225.82	213.51	10.29	4.58	5.71	546.84
2012	445.17	313.97	131.20	229.14	216.03	10.73	4.76	5.97	554.11
2013	452.19	326.03	126.16	232.68	219.51	10.69	4.90	5.79	557.83
2014	455.60	333.50	122.10	234.24	221.36	10.47	4.99	5.48	566.43
2015	462.18	338.55	123.63	237.35	224.83	10.21	4.96	5.25	574.61

注：1979年—2004年为常住一年口径数，2005年起为常住半年口径数。

a) Data from 1979 to 2004 refer to the calibers of permanent residents living in Guiyang for a year; data in 2005 refer to the calibers of permanent residents living in Guiyang for half a year.

17-13 全市旅游接待
Tourists Reception

年份 Year	旅游总收入（亿元） Total Tourism Earnings (100 million yuan)	比上年增长(%) Growth Rate over Last Year(%)	国内旅游收入（亿元） Earnings from Domestic Tourism (100 million yuan)	比上年增长(%) Growth Rate over Last Year(%)	旅游外汇收入（万美元） Foreign Exchange Earnings from Tourism ($10 000)	比上年增长(%) Growth Rate over Last Year(%)	旅游人数（万人次） Number of Tourists (person-time)	比上年增长(%) Growth Rate over Last Year(%)	接待海外游客（万人次） Number of Foreign Visitors (person-time)	比上年增长(%) Growth Rate over Last Year(%)	接待国内游客（万人次） Number of Dometic Tourists (10000 person-times)	比上年增长(%) Growth Rate over Last Year(%)
1997	5.84		4.02		1160.67		869.56		4.37		865.19	
1998	20.51	251.2	19.52	385.6	1201.00	3.5	899.41	3.4	4.21	-3.6	895.20	3.5
1999	23.03	12.3	21.90	12.2	1369.00	14.0	960.92	6.8	4.52	7.4	956.40	6.8
2000	30.47	32.3	29.24	33.5	1484.00	8.4	998.63	3.9	4.96	9.7	993.67	3.9
2001	36.03	18.2	34.67	18.6	1633.00	10.0	1005.44	0.7	5.95	19.9	999.49	0.6
2002	41.62	15.5	40.04	15.5	1908.91	16.9	1016.37	1.1	6.75	13.4	1009.62	1.0
2003	38.74	-6.9	38.07	-4.9	806.52	-57.7	923.85	-9.1	2.26	-66.6	921.59	-8.7
2004	48.70	25.7	47.60	25.0	1332.07	65.2	1166.42	26.3	3.72	64.9	1162.70	26.2
2005	60.38	24.0	58.40	22.7	2480.24	86.2	1458.82	25.1	6.15	65.3	1452.67	24.9
2006	84.54	40.7	81.43	41.2	3454.16	42.2	1853.67	35.0	8.92	35.0	1844.75	35.0
2007	125.28	48.2	120.81	48.4	5872.28	50.4	2326.23	25.5	12.09	35.6	2314.14	25.4
2008	187.29	51.0	182.29	50.9	6268.90	6.8	2625.85	12.9	13.58	12.9	2612.27	12.9
2009	294.85	57.4	292.09	60.2	4042.28	-35.5	3288.47	25.2	9.11	-32.9	3279.36	25.5
2010	425.96	44.5	424.24	45.2	2486.66	-38.5	3946.91	20.0	6.13	-32.7	3940.78	20.2
2011	612.37	43.8	609.93	43.8	3726.76	49.9	5250.42	33.0	9.78	60.3	5240.64	33.0
2012	602.70	28.6	600.01	28.6	4474.08	20.1	4924.21	23.6	11.62	18.8	4912.59	23.6
2013	728.66	20.9	725.50	20.9	5229.79	16.9	6022.50	22.3	13.42	15.5	6009.08	22.3
2014	874.39	20.0	870.86	20.0	5661.94	8.3	7240.09	20.2	14.59	8.7	7225.50	20.2
2015	1040.53	19.0	1036.56	19.0	6034.70	6.6	8477.80	17.1	15.85	8.6	8461.95	17.1

附录

Appendix

2016

贵阳统计年鉴

GUIYANG STATISTICAL YEARBOOK

2015 年贵阳市国民经济和社会发展统计公报[1]

贵阳市统计局　国家统计局贵阳调查队

2016 年 4 月 12 日

2015 年，在市委、市政府的坚强领导下，全市上下认真贯彻落实中央、全省各项决策部署，始终坚守发展和生态两条底线，坚持开放带动、创新驱动，积极抢抓新机遇，主动引领经济新常态，凝心聚力打造创新型中心城市，全市经济社会发展保持稳中有进、民生继续改善的良好态势。

一、综　合

初步核算，全年实现生产总值[2]2891.16 亿元，比上年增长 12.5%，“十二五”时期年均增长 15.1%。地区生产总值占全省的比重由 2010 年的 24.4%提高到 2015 年的 27.5%。分产业看，第一产业增加值 129.89 亿元，比上年增长 6.4%；第二产业增加值 1108.52 亿元，比上年增长 14.6%；第三产业增加值 1652.75 亿元，比上年增长 11.1%。人均生产总值 63003 元，比上年增长 11.3%。

图1：2011年-2015年地区生产总值及增长速度

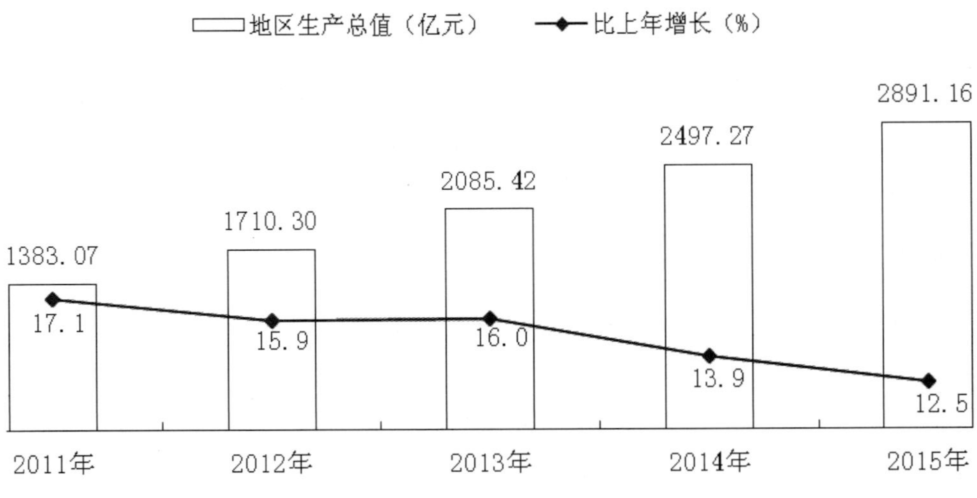

第三产业比重继续提高。全市第一产业、第二产业和第三产业增加值占地区生产总值的比重分别为 4.5%、38.3%和 57.2%。与上年比，第一产业、第三产业比重分别提高 0.2 个和 0.6 个百分点，第二产业比重下降 0.8 个百分点。

表 1：2011—2015 年全市地区生产总值

指标名称	2011 年	2012 年	2013 年	2014 年	2015 年	2015 年比 2014 年增长 (%)
地区生产总值（亿元）	1383.07	1710.30	2085.42	2497.27	2891.16	12.5
第一产业	62.55	72.28	81.52	108.02	129.89	6.4
第二产业	586.84	717.32	848.64	976.59	1108.52	14.6
工　业	454.90	534.73	608.32	678.00	714.15	10.2
建筑业	131.94	182.59	240.32	298.59	394.37	26.9
第三产业	733.68	920.70	1155.26	1412.66	1652.75	11.1
交通运输、仓储和邮政业	90.67	123.64	159.24	203.89	239.10	10.7
批发和零售业	130.75	156.51	189.54	222.65	256.02	4.6
住宿和餐饮业	45.00	71.11	85.52	105.33	123.98	7.3
金融业	110.43	140.07	193.05	238.25	310.07	24.6
房地产业	46.15	60.53	76.40	83.01	89.50	3.1
营利性服务业	121.69	148.93	179.88	221.77	256.81	10.6
非营利性服务业	188.99	219.90	271.63	337.77	377.27	9.2
人均地区生产总值（元）	31712	38673	46479	55018	63003	11.3

全年居民消费价格比上年上涨 2.3%，其中食品类价格比上年上涨 3.0%，涨幅较上年下降 2.5 个百分点。工业生产者出厂价格下降 3.2%。

表 2：2015 年居民消费价格比上年涨跌幅度

指　　标	涨跌幅度（%）
居民消费价格	2.3
扣除食品和能源价格	2.2
服务项目价格	4.7
消费品价格	1.3
1.食品类	3.0
#粮　食	2.2
肉禽及其制品	6.9
蛋	-2.5
水产品	2.4
菜	0.0
干鲜瓜果	-4.6
液体乳及乳制品	1.5

在外用膳食品	4.5
2.烟酒及用品类	2.9
3.衣着类	0.3
4.家庭设备用品及维修服务类	2.2
5.医疗保健和个人用品类	0.2
6.交通和通迅类	2.5
7.娱乐教育文化用品及服务类	4.6
8.居住类[3]	1.2
商品零售价格	-0.3

全年新建商品住宅价格比上年下降 0.9%，二手房价格比上年增长 0.3%。

图2：2015年月度居民消费价格指数

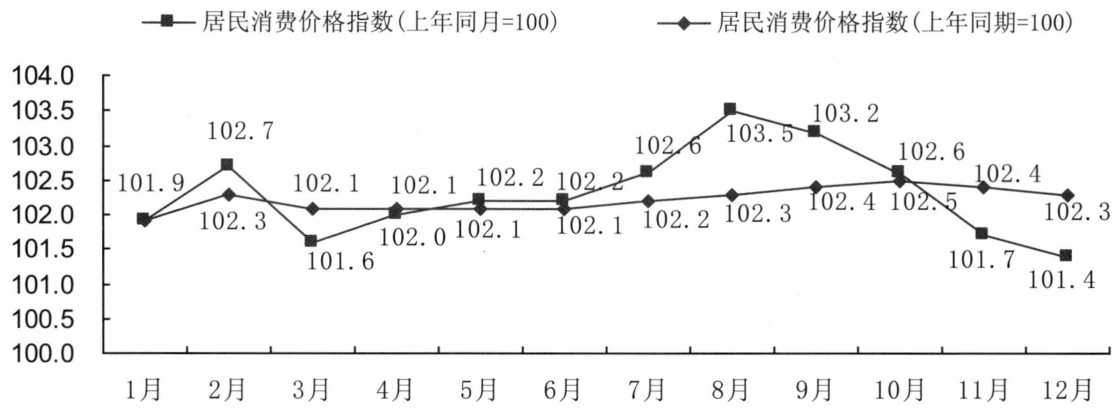

二、农　业

全年粮食播种面积 11.13 万公顷，比上年下降 1.2%；油菜籽播种面积 3.87 万公顷，比上年下降 0.6%；烤烟播种面积 0.89 万公顷，与上年持平；蔬菜播种面积 11.91 万公顷，比上年增长 5.0%。

全年粮食产量 45.39 万吨，比上年减产 1.2%。其中，夏粮产量 8.89 万吨，比上年增产 1.0%；秋粮产量 36.50 万吨，比上年减产 1.7%。

表 3：2015 年主要农产品产量

指　标	绝对数（万吨）	比上年增长（%）
粮食作物产量	**45.39**	**-1.2**
按夏秋粮分		
夏　粮	8.89	1.0
秋　粮	36.50	-1.7
按类别分		
#稻　谷	18.25	-2.9
小　麦	1.01	-2.2
玉　米	16.44	2.0
大　豆	0.75	-1.3

薯　类	8.67	-0.6
油料作物	6.87	1.0
#油菜籽	6.58	1.0
花　生	0.21	1.7
烤　烟	1.63	-6.0
蔬　菜	250.33	5.0
茶　叶	0.37	6.3
园林水果	17.62	15.3
#梨	5.46	-2.2
桃	2.28	3.7
柑　橘	1.05	2.9
杨　梅	0.69	15.0
猕猴桃	3.59	2.2倍
葡　萄	1.87	12.5

全年完成造林面积1.15万公顷，比上年增长15.0%。

全年肉类总产量15.75万吨，比上年增长2.2%；禽蛋产量25393吨，比上年增长4.5%；牛奶产量49665吨，比上年增长8.5%；水产品产量10227吨，比上年增长5.3%。

表4：2015年主要畜产品产量

指　标	单　位	绝对数	比上年增长（%）
当年肉猪出栏头数	万　头	130.18	0.02
当年肉用牛出栏头数	万　头	5.99	4.5
当年羊出栏头数	万　只	3.02	22.1
当年家禽出栏头数	万　只	1725.73	1.5
大牲畜年末存栏头数	万　头	24.71	-6.8
#牛	万　头	23.06	-7.2
肉　牛	万　头	4.99	-14.4
奶　牛	万　头	1.41	5.3
役用牛	万　头	16.66	-5.7
马	万　匹	1.65	-1.4
猪年末存栏数	万　头	97.77	2.2
羊年末存栏数	万　只	4.54	7.3
家禽年末存栏数	万　只	1371.21	7.2
当年肉类总产量	万　吨	15.75	2.2
#猪　肉	万　吨	11.88	2.3
牛　肉	万　吨	0.78	1.0
羊　肉	万　吨	0.05	4.0
禽　肉	万　吨	2.91	2.1
其他畜产品产量			
#牛　奶	吨	49665	8.5
蜂　蜜	吨	38	15.2
禽　蛋	吨	25393	4.5

全市年末拥有农业机械总动力186.46万千瓦,比上年增长2.8%;全年实现机耕面积11.81万公顷，比上年增长17.4%；机播面积3744公顷，比上年增长12.0%；机灌面积36675公顷，比上年增长5.5%；机收面积9937公顷，比上年增长5.5%。农用化肥施用量（折纯）6.39万吨，比上年增长2.0%。

三、工业和建筑业

全年规模以上工业增加值[4]711.59亿元，比上年增长9.7%。重点产业（行业）规模以上工业增加值600.75亿元，比上年增长9.1%，占规模以上工业84.4%。其中，铝及铝加工，特色食品业增加值分别比上年增长30.2%、30.9%。工业园区[5]规模以上工业增加值609.38亿元，比上年增长10.2%，占规模以上工业85.6%。

34个行业22升12降。全市34个工业行业中，22个呈增长趋势，其中石油加工、炼焦和核燃料加工业、酒、饮料和精制茶制造业、有色金属冶炼和压延加工业3行业增速均超过40%，共实现工业增加值105.37亿元，占全市规模以上工业增加值的14.8%，比重较上年提高3.6个百分点，增长45.2%，对全市规模以上工业的贡献达52.1%，拉动全市规模以上工业增长5.1个百分点。

表5：全市工业园区生产情况

工业园区	绝对数（亿元）	比上年增长（%）
全市规模以上工业增加值	711.59	9.7
#园区工业增加值	609.38	10.2
贵州双龙航空港经济区	22.80	10.9
云岩产业园	11.61	19.6
花溪产业园	12.03	7.5
小河—孟关装备制造业生态工业园	213.17	1.6
乌当医药食品新型产业园	47.55	14.2
白云铝及铝工业基地	68.17	15.7
麦架—沙文高新技术产业园	29.53	28.0
观山湖电子商务和现代制造业产业园	3.34	-2.2
开阳磷煤化工生态工业示范基地	59.37	11.7
息烽磷煤化工生态工业基地	52.43	21.3
修文产业园	53.00	18.4
清镇经开区	36.10	7.0

表 6：全市规模以上重点产业（行业）生产情况

行业分类	绝对数（亿元）	比上年增长（%）
全市规模以上工业增加值	711.59	9.7
重点产业（行业）	600.75	9.1
磷煤化工	84.11	13.2
铝及铝加工	39.62	30.2
特色食品业	90.13	30.9
烟草制造业	164.41	-1.7
医药制造业	64.36	5.4
装备制造业	93.70	11.4
#汽车制造业	14.36	10.4
#电子信息产业制造业	21.90	8.5
电力生产及供应业	37.75	-1.5
橡胶及塑料制品业	26.68	1.9

表 7：全市规模以上工业中十大行业生产情况

行 业 分 类	绝对数（亿元）	比上年增长（%）
十大行业工业增加值合计	268.90	18.4
非金属矿采选业	24.33	13.1
酒、饮料和精制茶制造业	57.06	43.9
非金属矿物制品业	42.48	10.2
有色金属冶炼和压延加工业	32.38	43.9
金属制品业	13.94	13.7
通用设备制造业	14.34	9.4
铁路、船舶、航空航天和其他运输设备制造业	19.96	20.5
电气机械和器材制造业	10.31	-1.8
计算机、通信和其他电子设备制造业	16.16	20.9
电力、热力生产和供应业	37.95	-2.0

图3：2011年-2015年规模以上工业增加值及增长速度

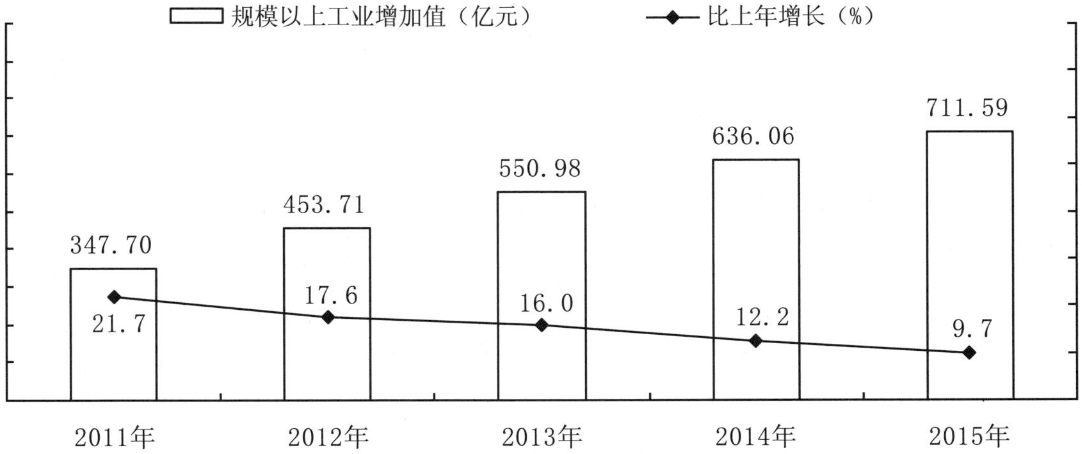

在规模以上工业企业中，轻工业增加值比上年增长 6.5%，重工业增加值比上年增长 13.0%，国有企业增加值比上年下降 1.1%，国有控股企业增加值比上年增长 3.3%，非公有制工业增加值比上年增长 19.0%，外商及港澳台投资企业增加值比上年增长 19.5%，高技术产业（制造业）增加值比上年增长 9.0%。

表 8：2015 年规模以上工业企业主要工业产品产量

指　标	单　位	绝对数	比上年增长（%）
白　酒	千　升	6877.67	150.7
焦　炭	万　吨	6.48	-86.8
发电量	亿千瓦时	124.96	10.5
原　铝	万　吨	30.64	30.9
成品钢材	万　吨	59.59	-4.1
轮胎外胎	万　条	482.57	-11.4
磷矿石	万　吨	1939.23	12.3
化肥（农用氮磷钾化肥折纯）	万　吨	298.42	22.2
彩色电视机	万　台	128.00	5.8
水　泥	万　吨	1220.70	-3.8
卷　烟	亿　只	553.70	-2.0
中成药	万　吨	3.37	6.6

全年规模以上工业企业主营业务收入 2503.76 亿元，比上年增长 9.3%；实现利税总额 442.06 亿元，比上年增长 11.1%；实现利润总额 235.10 亿元，比上年增长 16.1%。

全市建筑业实现增加值 394.37 亿元，比上年增长 26.9%。具有资质等级的总承包和专业承包建筑企业 317 户，比上年下降 4.2%。资质以上建筑企业房屋建筑施工面积 8796.22 万平方米，比上年增长 26.4%；房屋建筑竣工面积 1246.57 万平方米，比上年下降 7.3%。

图4：2011年-2015年建筑业增加值及增长速度

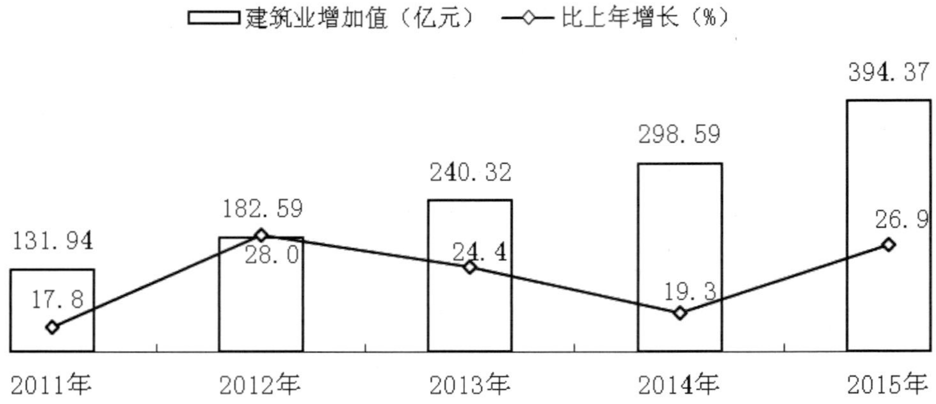

四、固定资产投资

全年固定资产投资[6]2804.45亿元，比上年增长20.1%。分产业看，第一产业投资95.35亿元，比上年增长97.9%；第二产业投资485.22亿元，比上年增长4.1%；第三产业投资2223.87亿元，比上年增长22.1%。

表9：2015年分行业固定资产投资及增长速度

指　标	绝对数(亿元)	比上年增长（%）
固定资产投资	2804.45	20.1
第一产业	95.35	97.9
第二产业	485.22	4.1
#工　业（不含工业园区基础设施）	478.33	3.4
#化学原料及化学制品制造业	58.98	7.7
医药制造业	16.90	-7.3
非金属矿制品业	63.41	-5.2
黑色金属冶炼及压延加工业	4.27	-10.7
有色金属冶炼及压延加工业	34.94	139.9
电气机械及器材制造业	25.39	59.6
第三产业	2223.87	22.1
#交通运输、仓储和邮政业	218.93	-17.0
#道路运输业	121.11	-8.9
信息传输、计算机服务和软件业	19.09	181.0
水利、环境和公共设施管理业	593.47	89.5
#公共设施管理业	571.87	88.8

全年固定资产投资到位资金 2466.78 亿元，比上年下降 0.8%。其中，国家预算内资金 40.14 亿元，比上年下降 4.8%；国内贷款 519.68 亿元，比上年增长 2.4%；自筹资金 1131.95 亿元，比上年下降 0.6%；其他资金 742.46 亿元，比上年增长 0.2%。

全年房地产开发项目投资 1005.00 亿元，比上年下降 1.2%。其中，住宅投资 586.45 亿元，比上年下降 7.4%；办公楼投资 134.14 亿元，比上年增长 15.8%；商业营业用房投资 174.19 亿元，比上年增长 11.2%；其他投资 110.22 亿元，比上年下降 1.4%。

表 10：2015 年房地产开发和销售主要指标完成情况

指　　标	绝对数	比上年增长（%）
本年施工面积（万平方米）	6956.45	-0.2
#住　宅	4616.13	-4.8
本年新开工面积（万平方米）	1172.79	0.3
#住　宅	629.78	-2.5
本年竣工房屋面积（万平方米）	1427.37	27.6
#住　宅	1098.51	33.0
本年销售商品房面积（万平方米）	968.17	2.1
现房销售面积	71.05	12.9
#住　宅	49.78	2.9
期房销售面积	897.12	1.3
#住　宅	748.47	-0.5
本年商品房销售额（亿元）	581.37	9.5
现房销售额	43.05	31.8
#住　宅	24.43	6.7
期房销售额	538.32	8.1
#住　宅	370.51	0.6

五、国内贸易

全年实现社会消费品零售总额 1060.17 亿元，比上年增长 11.5%。其中，限额以上单位通过公共网络实现的零售额为 4.72 亿元，比上年增长 63.8%。

按经营地统计，城镇消费 984.58 亿元，比上年增长 11.7%，其中城区消费 958.98 亿元，比上年增长 11.4%；乡村消费 75.59 亿元，比上年增长 8.1%。按消费形态分，商品零售 1008.48 亿元，比上年增长 11.5%；餐饮收入 51.69 亿元，比上年增长 10.7%。

图5:2011年-2015年社会消费品零售总额及增长速度

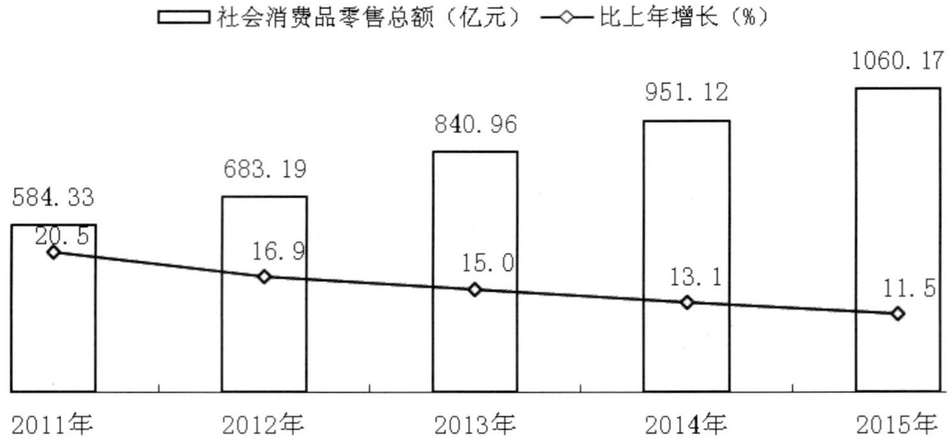

表 11：2015 年社会消费品零售总额完成情况

行业分类	绝对数（亿元）	比上年增长（%）
社会消费品零售总额(亿元)	1060.17	11.5
#限额以上	754.92	6.9
按销售单位所在地分		
城　镇	984.58	11.7
#城　区	958.98	11.4
乡　村	75.59	8.1
按消费形态分		
餐饮收入	51.69	10.7
商品零售	1008.48	11.5
#限额以上企业（单位）商品零售	728.47	8.3
#粮油、食品、饮料、烟酒类	70.62	19.3
服装鞋帽、针纺织品类	53.33	2.8
化妆品类	10.03	-1.5
金银珠宝类	6.14	-3.5
日用品类	15.44	-2.1
体育、娱乐用品类	1.79	-10.4
书报杂志类	4.23	9.7
家用电器和音响器材类	27.60	-4.7
中西药品类	51.75	14.7
文化办公用品类	6.80	12.0
家具类	0.35	-51.7
通讯器材类	4.80	24.7
石油及制品类	124.28	4.8
建筑及装潢材料类	2.97	24.0
汽车类	318.28	8.6

六、对外经济

全年外贸进出口总额91.22亿美元，比上年增长16.3%。其中出口78.97亿美元，比上年增长8.6%；进口12.24亿美元，比上年增长114.6%。

全年批准外商投资项目30项，比上年增长25.0%。实际直接利用外资9.27亿美元，比上年增长21.8%。

图6:2011年-2015年外贸进出口总额及增长速度

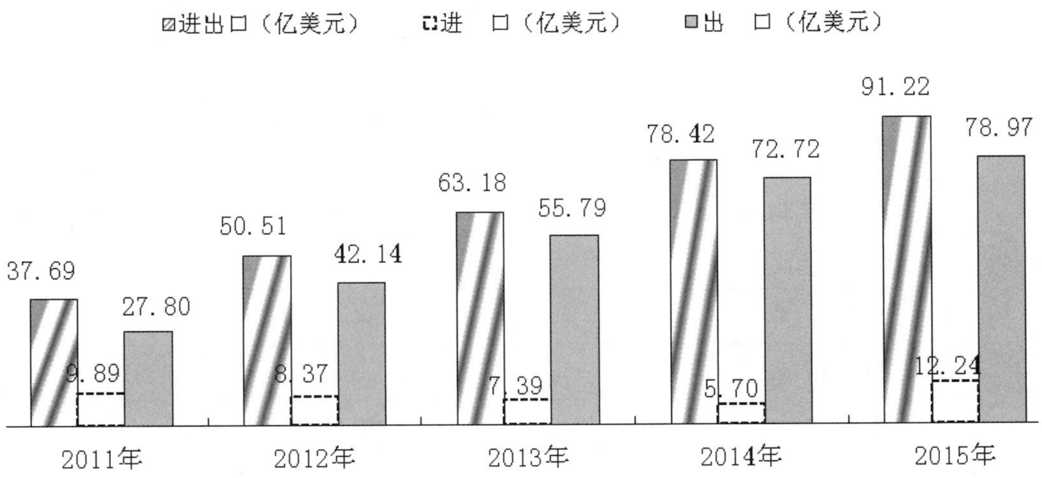

表12：2015年外贸进出口情况

指　标	绝对数（亿美元）	比上年增长（%）
外贸进出口总额	**91.22**	**16.3**
按企业性质分		
三资企业	2.34	141.0
国有企业	27.10	14.2
集体企业	0.38	-49.6
民营企业及其他	61.40	15.9
按贸易方式分		
一般贸易	74.79	2.3
加工贸易	11.15	166.1
其他贸易	5.27	379.5
出口总额	**78.97**	**8.6**
按企业性质分		
三资企业	1.19	103.4
国有企业	21.75	11.6

集体企业	0.33	-18.9
民营企业及其他	55.70	6.6
按贸易方式分		
一般贸易	70.45	1.8
加工贸易	6.45	147.5
其他贸易	2.07	134.7
进口总额	**12.24**	**114.6**
按企业性质分		
三资企业	1.15	198.2
国有企业	5.35	26.2
集体企业	0.05	-85.1
民营企业及其他	5.69	6.8倍
按贸易方式分		
一般贸易	4.34	11.2
加工贸易	4.70	196.7
其他贸易	3.20	13.8倍

表13：2015年分国别（地区）外贸进出口情况

单位：亿美元

国家或地区	外贸进出口总额	出口	进口
总计	91.22	78.97	12.24
亚洲	51.87	44.77	7.11
#香港	9.26	8.25	1.01
印度	3.72	3.72	...
日本	1.57	1.07	0.50
韩国	5.61	5.55	0.06
台湾	4.19	1.13	3.06
东盟	18.64	17.20	1.45
非洲	6.57	6.53	0.04
欧洲	10.35	9.38	0.97
#欧盟	8.68	8.10	0.58
拉丁美洲	3.87	3.17	0.70
北美洲	14.72	11.37	3.35
#美国	13.48	10.69	2.79
大洋洲	3.82	3.75	0.07
#澳大利亚	2.59	2.52	0.07

七、交通、邮电和旅游

2015年，贵阳机场通航城市达81个，其中国际城市12个，地区2个。全年各种运输方式完成旅客发送量66790.14万人次，比上年下降7.7%；完成货物运输量32191.66万吨，比上年增长21.8%。

表14：2015年运输完成情况

指　标	绝对数	比上年增长（%）
旅客发送量(万人次)	66790.14	-7.7
铁　路	2019.40	28.2
公　路	63580	-8.7
航　空	1324.50	5.7
水　运	46.24	14.3
货物运输量(万吨)	32191.66	21.8
铁　路	1263.60	-9.9
公　路	30915	23.6
航　空	8.72	6.2
水　运	4.34	15.7

全市年末民用车辆拥有量110.82万辆，比上年末增长23.2%，其中汽车拥有量84.16万辆，比上年末增长11.6 %。私人汽车拥有量72.62万辆，比上年末增长14.4%。

全市邮电业务总量132.23亿元，比上年增长36.3%，其中邮政业务总量10.83亿元，比上年增长24.6%；电信业务总量121.40亿元，比上年增长37.5%。邮政业务收入10.54亿元，比上年增长16.1%。其中，快递业务收入6.68亿元，比上年增长18.4%；移动电话用户856.63万户，比上年增长5.7%。其中， 4G用户数243.20万户；互联网宽带接入用户116.2万户，比上年增长10.2%。

全市全年旅游总人数8477.80万人次，比上年增长17.1%,其中接待国内游客8461.95万人次，接待外国（海外）游客15.85万人次。旅游总收入1040.53亿元，比上年增长19.0%，其中旅游外汇收入达6034.70万美元。

表15：2015年旅游情况

指　标	单　位	绝对数
接待海外旅游人数	人　次	158469
外国人	人　次	71960
港澳同胞	人　次	49501
台湾同胞	人　次	37008
接待海外旅游人天数	人　天	340453
外国人	人　天	151466
港澳同胞	人　天	106417
台湾同胞	人　天	82570
旅游外汇收入	万美元	6034.70
国内旅游		
接待国内游客	万人次	8461.95
旅游收入	亿　元	1036.56
旅游总收入	亿　元	1040.53

八、财政、金融、证券和保险

全年完成财政总收入 723.30 亿元，比上年增长 10.5%；一般公共预算收入 374.15 亿元，比上年增长 12.8%；一般公共预算支出 503.59 亿元，比上年增长 12.3%。

表 16：2015 年财政收支完成情况

指　标	绝对数（亿元）	比上年增长（%）
财政总收入	723.30	10.5
#一般公共预算收入	374.15	12.8
税收收入	301.90	11.1
#增值税	35.20	8.1
营业税	101.15	-0.4
企业所得税	30.40	15.8
个人所得税	11.91	33.6
非税收入	72.26	21.0
一般公共预算支出	503.59	12.3
#一般公共服务	72.16	-8.1
公共安全	41.43	17.6
教　育	98.48	22.4
科学技术	14.50	17.2
社会保障和就业	34.62	8.4
医疗卫生与计划生育	39.44	18.4
城乡社区	46.96	37.6

全市年末金融机构本外币各项存款余额 8857.98 亿元，比年初增加 1782.56 亿元，其中，住户存款余额 2262.91 亿元，比年初增加 124.78 亿元；非金融企业存款余额 3927.31 亿元，比年初增加 748.95 亿元；金融机构本外币各项贷款余额 7944.55 亿元，比年初增加 1318.65 亿元。全市年末金融机构人民币各项存款余额 8772.22 亿元，比年初增加 1733.50 亿元，其中，住户存款余额 2250.60 亿元，比年初增加 121.09 亿元；非金融企业存款余额 3855.85 亿元，比年初增加 704.72 亿元。金融机构人民币各项贷款余额 7875.58 亿元，比年初增加 1313.71 亿元，其中，短期贷款余额 303.17 亿元，比年初增加 48.34 亿元；中长期贷款余额 1224.67 亿元，比年初增加 138.66 亿元。

全年保险保费收入 95.61 亿元，比上年增长 19.5%。保险赔付支出 52.40 亿元，比上年增长 15.4%。

表17：2015年保险业情况

指　标	绝对数（亿元）	比上年增长（%）
保费收入	95.61	19.5
财产险	50.60	18.2
#机动车辆保险	37.43	16.4
人身险	45.01	21.1
人寿险	38.06	19.6
健康险	4.81	34.8
意外伤害险	2.14	19.2
赔付支出	52.40	15.4
财产险	38.46	13.9
#机动车辆保险	26.85	8.3
人身险	13.94	19.9
人寿险	11.92	19.6
健康险	1.58	29.7
意外伤害险	0.44	0.5

全市年末共有上市公司13家，其中上交所4家，深交所9家。上市公司总市值1665.82亿元，比上年增长35.4%。证券公司1家，证券分公司9家，证券营业部52家，资金帐户数55.66万户，比上年增长33.5%，成交金额达到11182.37亿元，比上年增长185.1%。期货营业部11家，成交金额9635.99亿元，比上年增长32.8%。

九、科学技术和教育

全年专利申请受理量为7194件，比上年下降43.0%。专利授权量8002件，比上年增长112.4%，其中发明专利940件，实用新型专利3573件，外观设计专利3489件。向科技部成功申建贵阳大数据产业技术创新试验区，圆满举办2015贵阳国际大数据产业博览会、2015贵阳市大数据草根创新公开赛、“创业文化中国行”贵阳站等活动；充分利用高校、科研院所、孵化器、企业研发中心的有利条件，大力发展低成本、便利化、全要素、开放式的众创空间。全市年末共有众创空间17家，经省科技厅认定的省级众创空间7家。全年推荐58家企业申报省科技型种子企业、省级小巨人企业、省级小巨人成长企业。

全年研究生教育招生4778人，在校生13760人，毕业生4027人；高等教育招生11.32万人，在校生38.07万人，毕业生8.71万人；中等职业教育招生5.35万人，在校生15.29万人，毕业生4.07万人；普通高中招生3.07万人，在校生8.89万人，毕业生2.84万人；普通初中招生4.86万人，在校生15.69万人，毕业生5.84万人；普通小学招生6.43万人，在校生33.01万人，毕业生5.12万人；特殊教育招生387人，在校生1459人，毕业生181人；幼儿园在园幼儿14.35万人。

图7:2011年-2015年高中、初中和小学招生人数

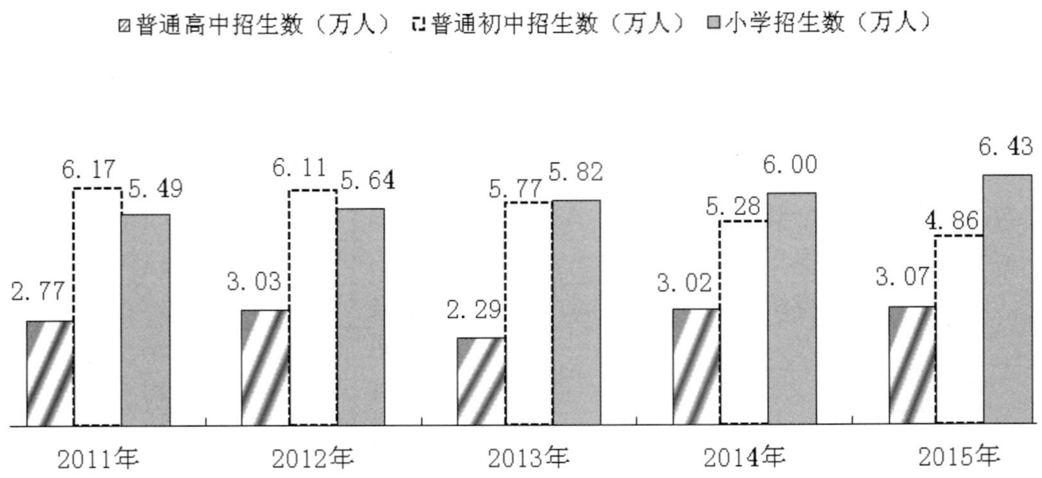

十、文化、卫生和体育

全市共有艺术表演团体9个，文化馆、群众艺术馆12个，文化站170个，公共图书馆11个，图书馆藏书量427.05万册。有广播电台2座，广播人口综合覆盖率100%。电视台2座，电视人口综合覆盖率99.71%。全年出版图书835种，总印数10065万册；印刷出版杂志78种，总印数1697万册；印刷出版报纸30种，总印数23273万册；建设农家书屋956个，数字农家书屋185个；成功申报省级文物保护单位7处。

全市年末拥有卫生机构3101个，其中医院184个，乡镇卫生院76个，社区卫生服务中心54个，村卫生室1347个，疾病预防控制中心13个；卫生机构床位31592张；卫生技术人员38530人，执业（助理）医师14478人，注册护士16951人，药师1655人，技师2182人。

全市拥有2所体育运动学校，1225名运动员。全年共举办全民健身活动387次，其中，1000人以上的全民健身活动155次；举办培训班24次，培训人数达到4140人。参加国内体育比赛，贵阳代表队获奖牌286枚、其中，金牌108枚，银牌84枚，铜牌94枚。 先后成功举办中超联赛、2015年贵阳国际田联世界越野锦标赛、2015贵阳国际马拉松赛。并被国际田联在连续举办41届世界越野锦标赛以来首次授予贵阳市“世界越野之乡”称号。

十一、城市建设和生态环境

年末市区道路总长度达到1307.23公里，道路面积2645万平方米，桥梁375座，其中立交桥26座。公交运营车辆3185辆[7]，折合标准运营车辆3922标台，运营线路总长度4093公里，公交客运总量64486万人次。城市出租汽车8714辆。

全市自来水厂8个，自来水综合生产能力115.64万立方米/日，供水管道长度达到4064.56公里。全年供水总量29633.97万立方米，售水总量17620万立方米，其中公共服务用水4240.92万立方米，居民家庭用水14257.41万立方米。

液化气供气总量4.2万吨，其中家庭用量4.2万吨。液化气用户20.5万户，其中家庭用户20.5万户，用液化气人口72.00万人。

天然气供气总量20500万立方米，其中家庭用量8658万立方米。天然气用户74.32万户，其中家庭用户73.87万户，用天然气人口209.78万人。

全市22个污水处理厂，处理能力110.18万吨/天，其中市区污水处理厂11座，市区污水处理能力100万立方米/日，市区排水管道长度3523.31公里。

生态保护取得新突破。严格污染物总量控制，完成60个“十二五”重点减排项目，率先在全省全面淘汰落后含氰电镀工艺；新建了中曹水厂、阿哈水库、汪家大井水质3个自动监测站点，建立覆盖全市各区（县、市）的22个空气自动监测网络；完成52个饮用水源、100个地表水断面（点位）、10个国控空气自动监测点位、260个区域噪声点位、109个交通噪声点位、260家企业污染源、土壤5个区域10点位14项指标的定期监测；完成县乡村造林绿化4.39万亩，营造林26.61万亩；落实530万亩森林的区域高压管控，有效保护24万亩湿地，开展356.19万亩生态公益林补偿，兑现补偿资金近3094万元；建成开放文峰苑、李家山等5个山体公园和梯青塔湿地公园、环湖公园等5个专类公园，完成10个示范性公园建设，新增城市绿地117万平方米；建成区园林绿地面积11114.51公顷，建成区绿化覆盖面积11533.48公顷，建成区公园绿地面积3064.96公顷，建成区绿化覆盖率38.57%，人均公园绿地面积10.95平方米，森林覆盖率45.5%。

全市环境空气质量综合指数[8]3.99，全年空气质量为优和良的天数占全年天数的93.2%，比上年提高7.2个百分点。市区大气可吸入颗粒物年平均浓度为0.061毫克/立方米，比上年下降0.012毫克；二氧化硫年平均浓度为0.017毫克/立方米，比上年下降0.005毫克；二氧化氮年平均浓度为0.028毫克/立方米，比上年下降0.003毫克；细颗粒物年平均浓度为0.039毫克/立方米，比上年下降0.009毫克。市区集中式饮用水源水质达标率为100%。

全年平均气温15.2℃，全年相对湿度84%，总降水量1431毫米，日照时数942小时。

十二、人民生活和劳动就业

全年城镇常住居民人均可支配收入27241元[9]，比上年增长9.1%，扣除价格因素，实际增长6.6%。人均消费性支出22532元，比上年增长15.5%；教育文化娱乐服务占消费性支出的比重为14.8%。每百户居民拥有的家用汽车和移动电话机数量分别为21.35辆和196.32部。

图8：2011年-2015年城乡居民人均可支配收入

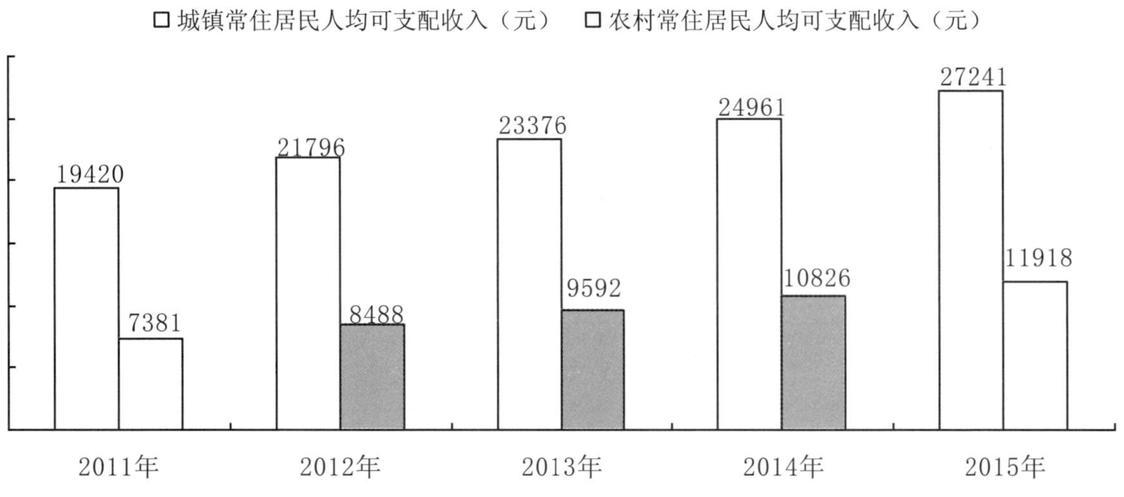

注:2011年-2012年为城镇居民人均可支配收入和农民人均纯收入,2013年起为城镇常住居民人均可支配收入和农村常住居民人均可支配收入。

表 18：2015 年末每百户城镇居民家庭耐用消费品拥有量情况

指　标	单　位	绝对数
家用汽车	辆	21.35
摩托车	辆	5.38
电冰箱	台	93.72
洗衣机	台	96.58
热水器	台	82.93
空调	台	17.44
彩色电视机	台	104.68
摄像机	台	7.24
照相机	台	27.99
计算机	台	64.92
中高档乐器	架	2.91
固定电话	部	54.91
移动电话	部	196.32

农村常住居民人均可支配收入为 11918 元[9]，比上年增长 10.1%。扣除物价因素，实际增长 8.5%。人均生活消费支出 9875 元，比上年增长 13.2%；教育文化娱乐服务占生活消费性支出的比重为 10.7%。

表 19：2015 年末每百户农村居民家庭耐用消费品拥有量情况

指　标	单　位	绝对数
家用汽车	辆	21.95
摩托车	辆	56.81
电冰箱	台	86.19
洗衣机	台	101.77
热水器	台	52.49
空调	台	1.52
彩色电视机	台	108.52
摄像机	台	0.36
照相机	台	5.55
计算机	台	16.29
中高档乐器	架	0.61
固定电话	部	14.54
移动电话	部	112.07

全年城乡统筹就业人数达 25.74 万人，就业困难对象实现再就业 10132 人，比上年增长 5.9%。农村富余劳动力转移人数 37136 人。城镇新增就业人数 22.02 万人，比上年增长 4.3%。年末城镇登记失业率为 3.12%。

图9：2011年-2015年新增就业人数

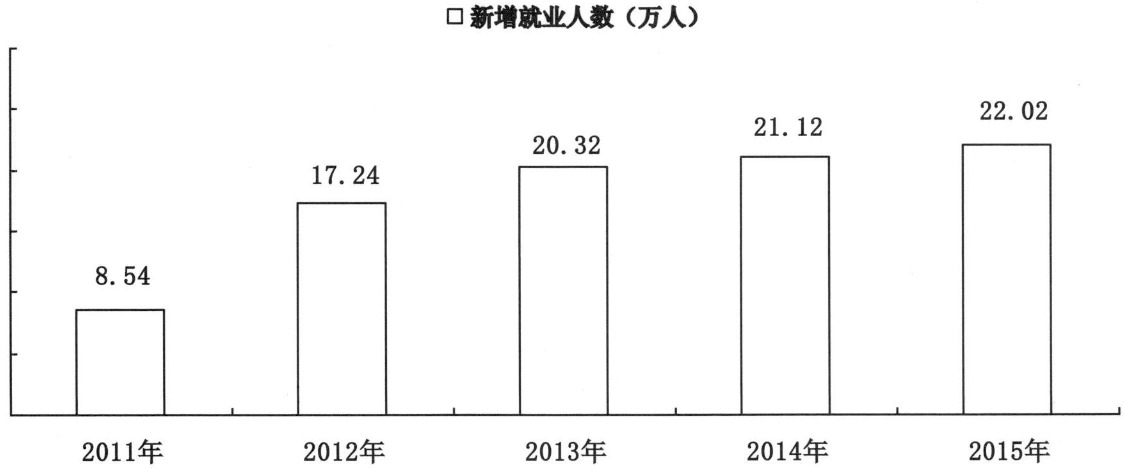

十三、人口、社会保障和服务

全市年末常住人口 462.18 万人，年平均人口 458.89 万人。年出生率 10.21‰，死亡率 4.96‰，自然增长率 5.25‰，城镇化率达 73.25%。

表 20：2015 年末人口数及其构成

指　标	单　位	绝对数	比上年增长（%）
年平均人口	万　人	458.89	1.1
年末总人口	万　人	462.18	1.1
按市镇、乡村分			
市　镇	万　人	338.55	1.5
乡　村	万　人	123.63	1.3
按性别分			
男	万　人	237.35	1.0
女	万　人	224.83	1.6
人口出生率	‰	10.21	-0.26 千分点
人口死亡率	‰	4.96	-0.03 千分点
自然增长率	‰	5.25	-0.23 千分点

全市年末参加城镇职工基本养老保险人数 155.96 万人，比上年增长 6.8%，其中在岗职工基本养老保险 130.62 万人，比上年增长 6.3%，离退休职工基本养老保险 25.34 万人，比上年增长 9.5%；城乡居民养老保险人数 83.60 万人，比上年增长 1.8%；失业保险参保人数 64.58 万人，比上年增长 5.5%；城镇职工基本医疗保险参保人数 126.43 万人，比上年增长 5.2%；城镇居民医疗保险参保人数 65.20 万人，比上年增长 2.0%；参加生育保险人数 107.75 万人，比上年增长 4.8%；农村合作医疗参合率达到 99.22%。

全市城乡各级收养性社会福利单位共 73 个[10]，有床位 8093 张，年末在院人数 2959 人；城镇便民、利民服务网点 10868 个；城乡居民享受最低生活保障的人数达 10.97 万人，其中城镇最低生活保障人数为 6.14 万人，农村最低生活保障人数为 4.83 万人；国家抚恤、补助优抚对象总人数达到 16743 人；全年民政部门直接接受社会捐赠款 1977 万元，受益人数达 8900 人次。

十四、安全生产

全年各类生产安全事故[11]226 起，比上年下降 5.4%。共死亡 175 人，比上年下降 2.8%。其中，道路交通发生安全事故 207 起，死亡 156 人，同比分别下降 6.8%和 1.3%。无煤矿安全事故发生。

注　释：

⑴公报中所列数据为初步统计数。

⑵生产总值和各产业增加值绝对数为当年价格，增长速度按可比价格计算。

⑶居住类价格包括建房及装修材料、住房租金、自有住房和水电燃料等价格。

⑷规模以上工业指年主营业务收入为 2000 及 2000 万元以上工业企业。

⑸工业园区指南明临空经济区产业园、云岩产业园、花溪产业园、小河—孟关装备制造业生态工业园、乌当医药食品新型产业园、白云铝及铝工业基地、麦架—沙文高新技术产业园、观山湖电子商务和现代制造业产业园、开阳磷煤化工生态工业示范基地、息烽磷煤化工生态工业基地、修文产业园、清镇经开区。

⑹统计口径为计划总投资 500 万元及以上固定资产项目投资和全部房地产开发项目投资。

⑺公交运营车辆数包含三县一市数据。

⑻环境空气质量指数（AQI）技术规定（试行）（HJ633-2012）与《环境空气质量标准》（GB 3095—2012)同步实施，标准内容可在环境保护部网站（bz.mep.gov.cn）查询。

⑼按照国家统计局城乡一体化住户调查改革方案，从 2014 年起，城镇居民人均可支配收入和农民人均纯收入指标修改为城镇（农村）常住居民人均可支配收入，统计口径发生变化，绝对值与 2013 年及以前不可比。

⑽收养性社会福利单位包括：社会福利院、儿童福利院、社会福利医院（精神病福利院）、城镇老年福利机构、不含农村五保供养服务机构。

⑾生产安全事故不含消防火灾事故。

⑿资料来源：本公报中电信数据来自贵州省通信管理局；民航运输数据来自贵州省机场集团；铁路运输数据来自成都铁路局；上市公司数据来自证监委贵州监管局；保险业数据来自贵州保监局；报纸、期刊、图书数据来自贵州省新闻出版广电局；教育数据来自贵州省教育厅、市教育局；艺术表演团体、公共图书馆、文化馆数据来自贵州省文化厅、市文广局；广播、电视数据来自省新闻出版广电局、市文广局；体育数据来自省、市体育局；城镇新增就业、登记失业率、社会保障数据来自市人力资源和社会保障局；财政数据来自市财政局；农业机械总动力和机耕面积数据来自市农业委员会；公路运输数据来自市交通委员会；水运数据来自市地方海事局；燃气供应数据来自市住房城乡建设局；外商投资、外贸进出口数据来自市商务局；民用车辆数据来自市公安局；邮政业务数据来自市邮政管理局；旅游数据来自市旅游产业发展委；金融数据来自人民银行贵阳中心支行；科技、专利数据来自市科技局；平均气温及湿度数据来自市气象局；卫生、新农合数据来自市卫计委；社会福利、低保、社会捐赠数据来自市民政局；环境监测、建成区绿化数据来自市生态委；城市建设数据来自市城管局；自来水及污水处理等数据来自市水务局；公交运营数据来自市公交公司、市城市公共交通管理局；安全生产数据来自市安全监管局；物价和城乡居民收支数据来自国家统计局贵阳调查队；其他数据均来自市统计局。

The Statistical Communiqué of Guiyang on the 2015 National Economic and Social Development[1]

Guiyang Statistical Bureau NBS Survey Office in Guiyang

April 12th, 2016

In 2015, under the leadership of Guiyang municipal Party committee and the government, Guiyang city seriously implemented all decisions made by the central Party and government authorities, always following two basic rules: development and ecology. Guiyang adhered to opening-up driven and innovation-driven, seizing new opportunities, leading “New Normal” economy. The municipal party committee and government centered on creating a new central city and ensured the trend of a sustainable, healthy and stable economy and society development and people's livelihood had a long term improvement.

I. General

According to the preliminary accounting, its annual GDP [2] has achieved 289.116 billion yuan, an increase of 12.5% over the previous year. During the 12th Five-Year Plan, an average annual increase was 15.1%. The gross regional domestic product took a proportion over the entire province GDP with 24.4% in 2010, increased to 27.5% in 2015. From the perspective of industry, the added value of the primary industry was 12.989 billion yuan with an increase of 6.4% over the previous year; the second industry was 110.852 billion yuan with an increase of 14.6%; and the tertiary industry was 165.275 billion yuan with an increase of 11.1%.The average GDP per capita was 63.003 thousand yuan, with an increase of 11.3% over the previous year.

Figure1：Regional GDP and Growth Rate 2011-2015

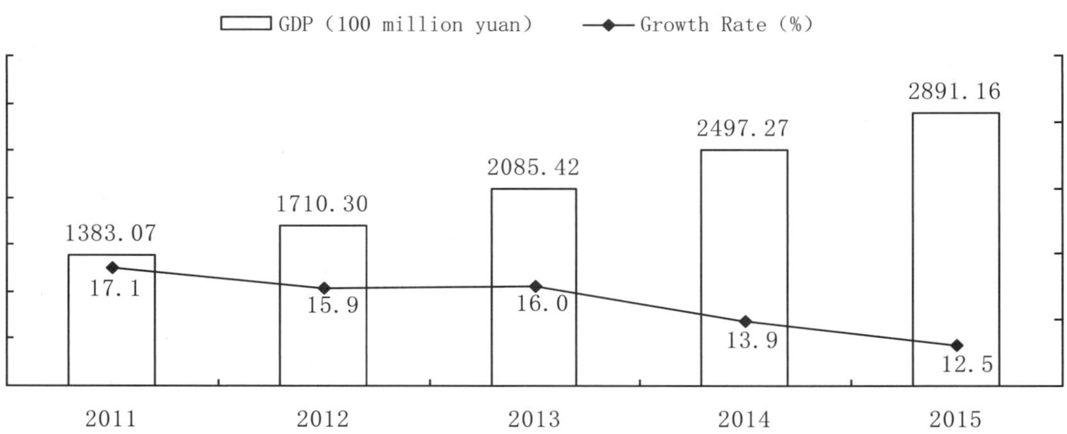

The percentage of the tertiary industry continued to increase. The added value accounting for the regional GDP of primary, secondary, tertiary industry was respectively 4.5, 38.3% and 57.2%.Comparing to previous year, the proportion of the primary industry and the tertiary industry increased by 0.2% and 0.6% respectively, while the proportion of the second industry decreased by 0.8%.

Table1: GDP by region 2011—2015

Item	2011	2012	2013	2014	2015	Growth Rate over 2014 (%)
GDP (100 million yuan)	1383.07	1710.30	2085.42	2497.27	2891.16	12.5
Primary Industry	62.55	72.28	81.52	108.02	129.89	6.4
Secondary Industry	586.84	717.32	848.64	976.59	1108.52	14.6
Industry	454.90	534.73	608.32	678.00	714.15	10.2
Construction Industry	131.94	182.59	240.32	298.59	394.37	26.9
Tertiary Industry	733.68	920.70	1155.26	1412.66	1652.75	11.1
Transportation, Storage and Post	90.67	123.64	159.24	203.89	239.10	10.7
Wholesale and Retail Trades	130.75	156.51	189.54	222.65	256.02	4.6
Hotels and Catering Services	45.00	71.11	85.52	105.33	123.98	7.3
Financial Intermediation	110.43	140.07	193.05	238.25	310.07	24.6
Real Estate	46.15	60.53	76.40	83.01	89.50	3.1
Profit Services	121.69	148.93	179.88	221.77	256.81	10.6
non-profit Services	188.99	219.90	271.63	337.77	377.27	9.2
Per Capital Gross Domestic Product (yuan)	31712	38673	46479	55018	63003	11.3

The consumer prices in 2015 rose 2.3 percent over the previous year, of which food prices rose 3.0 percent over the previous year, the amplification decreased by 2.5 percentage points over the previous year and industrial producer prices declined by 3.2%.

Table 2: Fluctuation Range of Consumer Prices in 2015

Item	Balance Number (%)
Consumer price	2.3
Excluding food and energy price	2.2
Service price	4.7
Consumer goods price	1.3
1. Food	3
# Grain	2.2
Poultry and processed products	6.9

Eggs	-2.5
Aquatic products	2.4
Vegetables	0
Dried and fresh fruits and melons	-4.6
Milk and processed products	1.5
Dinning out	4.5
2.Tobacco, liquor and articles	2.9
3. Clothing	0.3
4. Household appliance and maintaining services	2.2
5. Medical and health care and personal articles	0.2
6. Transport and communications	2.5
7. Recreation, education, culture articles and services	4.6
8. Housing (3)	1.2
Retail price	-0.3

In 2015, the newly-built house price declined by 0.9% over the previous year, and the second-hand house price increased by 0.3% over the previous year.

Figure2：Monthly Changes of Condumer Price Index in 2015

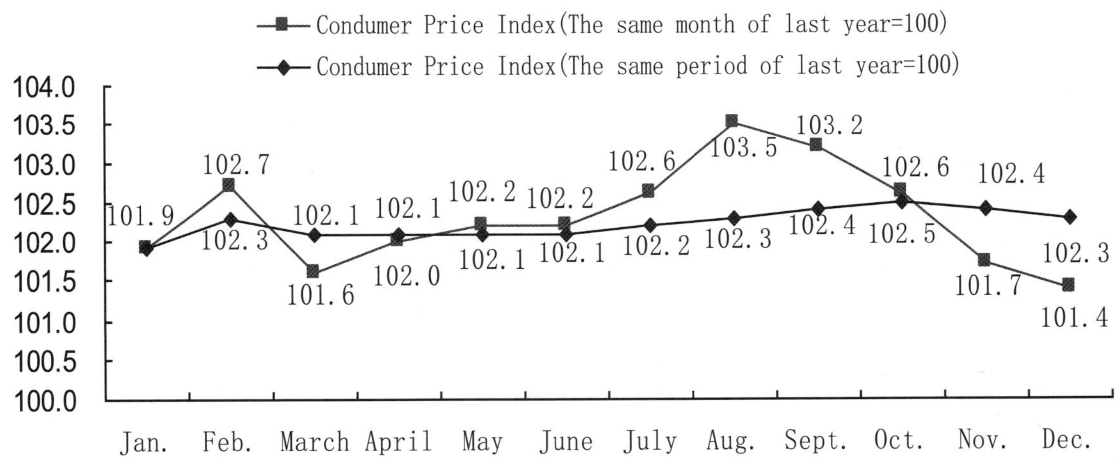

Ⅱ. Agriculture

In 2015, the total sown area of grain was 111.3 thousand hectares, a decrease of 1.2% over the previous year; the sown area of rapeseed was 38.7 thousand hectares, a decrease of 0.6%; the sown area of flue-cured tobacco was 8.9 thousand hectares, the same with the precious year; the sown area of vegetables was 119.1 thousand hectares, an increase of 5.0%.

The total output of grain in 2015 was 453.9 thousand tons decreased by 1.2%, of which the summer grain was 88.9 thousand tons, up by 1.0% while the autumn grain was 365.0 thousand tons increased by 1.7%.

Table 3: Output of Major Agricultural Products in 2015

Item	Absolute Number	Growth Rate over 2014(%)
Total grain output	**45.39**	**-1.2**
By season		
Summer grain	8.89	1.0
Autumn grain	36.50	-1.7
By species		
Rice	18.25	-2.9
Wheat	1.01	-2.2
Corn	16.44	2.0
Beans	0.75	-1.3
Tubers	8.67	-0.6
Oil-bearing crops	6.87	1.0
#Rapeseed	6.58	1.0
Peanut	0.21	1.7
Flue-cured tobacco	1.63	-6.0
Vegetables	250.33	5.0
Tea	0.37	6.3
Garden Fruits	17.62	15.3
#Pear	5.46	-2.2
Peach	2.28	3.7
Tangerine	1.05	2.9
Waxberry	0.69	15.0
Chinese gooseberry	3.59	2.2 倍
Grape	1.87	12.5

The total area of forestation in 2015 was 11.5 thousand hectares, up by 15% over the previous year.

The total output of meat was 157.5 thousand tons, up by 2.2%; the output of poultry and eggs was 25.393 thousand tons, up by 4.5%; the output of milk was 49.665 thousand tons, up by 8.5%; the output of aquatic products was 10.227 thousand tons, up by 5.3%.

Table 4: Output of Major Livestock Products in 2015

Item	Unit	Absolute Number	Growth Rate over 2014(%)
Annual slaughtered fattened hogs	10000 heads	130.18	0.02
Annual slaughtered beef cattle	10000 heads	5.99	4.5
Annual slaughtered sheep and goats	10000 heads	3.02	22.1

Annual slaughtered poultry	10000 heads	1725.73	1.5
Large animal at Year-end	10000 heads	24.71	-6.8
# Cattle	10000 heads	23.06	-7.2
Beef Cattle	10000 heads	4.99	-14.4
Cow	10000 heads	1.41	5.3
Draft Cattle	10000 heads	16.66	-5.7
Horse	10000 heads	1.65	-1.4
Hogs at year-end	10000 heads	97.77	2.2
Sheep and goats at year-end	10000 heads	4.54	7.3
Poultry at year-end	10000 heads	1371.21	7.2
Total output of meat	1000 tons	15.75	2.2
#Pork	1000 tons	11.88	2.3
Beef	1000 tons	0.78	1.0
Mutton	1000 tons	0.05	4.0
Poultry Meat	1000 tons	2.91	2.1
Other livestock products			
#Milk	ton	49665	8.5
Honey	ton	38	15.2
Eggs	ton	25393	4.5

The total power of agricultural machinery in Guiyang was 1.8646 million kilowatt at the end of 2015, increased by 2.8% over the previous year; the area of tractor-ploughed farmland reached 118.1 thousand hectares, increased by 17.4% over the previous year; the area of mechanical sowing farmland reached 3,744 hectares, increased by 12.0%; the area of pumping irrigation farmland was 36.675 thousand hectares, increased by 5.5%; the area of machine harvested farmland was 9,937 hectares, increased by 5.5%. The application amount of agricultural fertilizer (at volume of effective components) was 63.9 thousand tons, increased by 2.0%.

Ⅲ. Industry and Construction

In 2015, the added value of industries above the designated size (4) was 71.159 billion yuan, up by 9.7%; The added value of key industries above the designated size was 60.075 billion yuan, up by 9.1%, accounted for 84.4% over the added value of industries above the designated size; of which, the added value of aluminum, aluminum processing and special food processing increased by 30.2% and 30.9% respectively. The industrial parks above the designated size (5) was 60.938 billion yuan, up by 10.2 %, accounted for 85.6% of the industries above the designated size.

There are 34 industries in Guiyang, among them, 22 remained increasing and 12 got decreased. Of which, the growth rate of all the three industries reached over 40%, they are petroleum processing, coking, nuclear fuel processing industry, manufacturing of liquor, beverage and refined tea, non-ferrous metal smelting and rolling processing industry. The industrial added value reached 10.537 billion yuan, accounted for 14.8% of the industries above designated size in Guiyang, with an increase of 45.2%, and the proportion up by3.6 percentage points over last year, which contributed 52.1% and pulling the growth rate of 5.1 percentage points to the industries above designated size in Guiyang.

Table 5: Output of Guiyang Industrial Park

Industrial Park	Absolute Number	Growth Rate over 2014 (%)
Added Value of Industries Above Designated Size	711.59	9.7
# Added Value of Industrial Park	609.38	10.2
Guizhou Shuanglong Air Harbor Economic Zone	22.80	10.9
Yunyan Industrial Park	11.61	19.6
Huaxi Industrial Park	12.03	7.5
Xiaohe-Mengguan Equipment Manufacturing Eco-industry Park	213.17	1.6
Wudang New Type Industries of Medicine and Food	47.55	14.2
Baiyun Aluminum and Aluminum Industrial Park	68.17	15.7
Maijia-Shawen New & Hi-tech Industrial Park	29.53	28.0
Guanshanhu E-commerce and Modem Manufacturing Industrial Park	3.34	-2.2
Kaiyang Phosphorus and Coal Industrial Park	59.37	11.7
Xifeng Phosphorus and Coal Industrial Park	52.43	21.3
Xiuwen Industrial Park	53.00	18.4
Qingzhen Economic Development Zone	36.10	7.0

Table 6: The Production Status of Key Industries above Designated Size

Industry Classification	Absolute Number（100 million yuan）	Growth Rate Over 2014（%）
Added Value of Industries Above Designated Size	711.59	9.7
Key Industries	600.75	9.1
Phosphor and Coal Chemical Industry	84.11	13.2
Aluminum and Aluminum Processing	39.62	30.2
Special Food Industry	90.13	30.9
Tobacoo Manufacturing Industry	164.41	-1.7
Pharmaceutical Industry	64.36	5.4
Equipment Manufacturing Industry	93.70	11.4
# Automobile Industry	14.36	10.4
# Electronic Information Industry	21.90	8.5
Electric Power Production and Supply Industry	37.75	-1.5
Rubber and Plastic Manufacturing Industry	26.68	1.9

Table 7: The Production Status of Top Ten Industries above Designated Size

Industry Classification	Absolute Number（100 million yuan）	Growth Rate Over 2014（%）
Total Added Value of Top Ten Industries	268.90	18.4
Mining and Dressing of Non-ferrous Metals	24.33	13.1
Manufacture of Liquor, Beverage and Fefined Tea	57.06	43.9
Manufacture and Processing of Non-ferrous Metals	42.48	10.2
Manufacture and Processing of Non-ferrous Metals	32.38	43.9
Manufacture of Metal Products	13.94	13.7
Manufacture of General Purpose Machinery	14.34	9.4
Manufacture of Railway, Watercraft, Aviation, Aerospace and Other Transport Equipment	19.96	20.5
Manufacture of Electrical Machinery and Equipment	10.31	-1.8
Manufacture of Computers,Communication Equipment and Other Electronic Equipment	16.16	20.9
Production and Supply of Electric Power and Heat Power	37.95	-2.0

Figure3: Added Value of Industries Above Designated Size and Growth Rate(2011-2015)

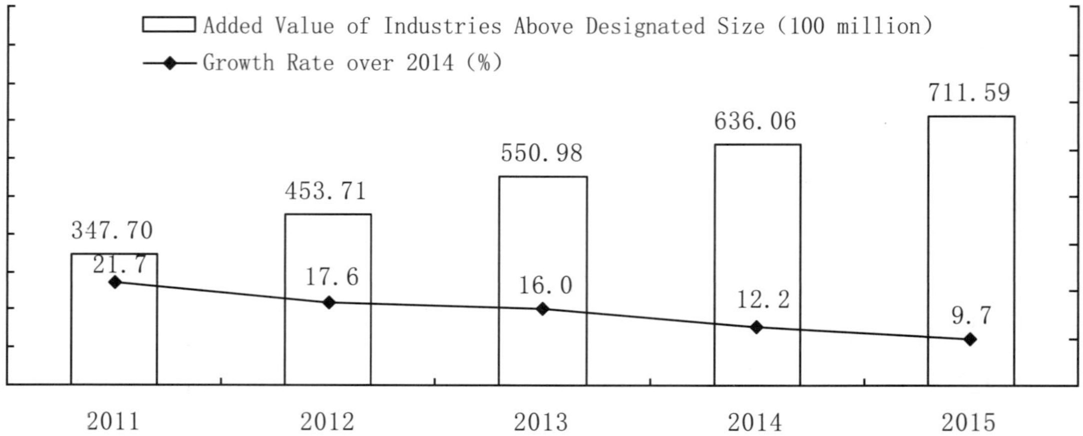

For the added value of the industrial enterprises above the designated size, the light industry increased by 6.5%, the heavy industry increased by 13%, the state-owned enterprises decreased by 1.1%, the state-holding enterprises increased by 3.3%, the non-public industries increased by 19.0%, enterprises by foreign investors and investors from Hong Kong, Macao and Taiwan increased by 19.5 %, the high-tech enterprises (manufacture industry) increased by 9.0%.

Table 8: Output of Major Industrial Enterprises above Designated Size in 2015

Item	Unit	Absolute Number	Growth Rate over 2014 (%)
Liquor	1 000 liters	6877.67	150.7
Coke	10 000 tons	6.48	-86.8
Electricity	100 million Kilowatt-hours	124.96	10.5
Aluminum	10 000 tons	30.64	30.9
Rolled steel	10 000 tons	59.59	-4.1
Tires	10 000 tires	482.57	-11.4
Phosphorus ore	10 000 tons	1939.23	12.3
Chemical fertilizers (farm-oriented NPK fertilizer purification)	10 000 tons	298.42	22.2
Color TV set	10 000 sets	128.00	5.8
Cement	10 000 tons	1220.70	-3.8
Cigarettes	100million pieces	553.70	-2.0
Traditional Chinese medicine	10 000 tons	3.37	6.6

The revenue made by the industrial enterprises above the designated size was 250.376 billion yuan, up by 9.3%. The total taxes and profits were 44.206 billion yuan, up by 11.1% and its total profits had achieved 23.510 billion yuan up by 16.1%.

The total added value of construction in Guiyang was 39.437 billion yuan, increased by 26.9%. There were 317 qualified general and professional contracting construction enterprises, decreased by 4.2% over the previous year. The area constructed by qualified enterprises was 87.9622 million square meters, increased by 26.4%. The floor space of building completed was 12.4657 million square meters, decreased by 7.3%.

Figure4: Added Value of Construction and Growth Rate(2011-2015)

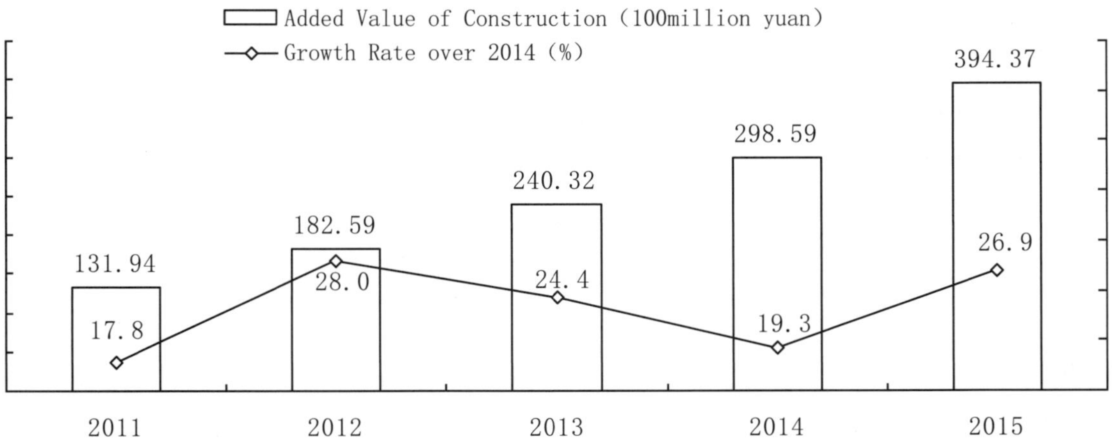

Ⅳ. Investment in Fixed Assets

The total investment in fixed assets[8] of Guiyang in 2015 was 280.445 billion yuan, increased by 20.1% over the previous year.

From the perspective of sector, the investment in primary industry was 9.535 billion yuan, up by 97.9%; the secondary industry was 48.522 billion yuan, up by 4.1% and the tertiary industry was222.387 billion yuan, up by 22.1%.

Table 9: Investment in Fixed Assets by Sector and Growth Rate in 2015

Items	Absolute Volume (100million yuan)	Growth Rate over 2014 (%)
Total investment in fixed assets	2804.45	20.1
Primary industry	95.35	97.9
Secondary industry	485.22	4.1
#Industry	478.33	3.4
#Manufacture of raw chemical materials and chemical products	58.98	7.7
Manufacture of medicines	16.90	-7.3
Manufacture of non-metallic mineral products	63.41	-5.2
Smelting and calendering of ferrous metals	4.27	-10.7

Smelting and calendering of non-ferrous metals	34.94	139.9
Manufacture of electrical machinery and apparatus	25.39	59.6
Tertiary industry	2223.87	22.1
#Transport, storage and post	218.93	-17.0
# Road Transport	121.11	-8.9
Information transmission, software and information technology	19.09	181.0
Management of water conservancy, environment and public facilities	593.47	89.5
# Management of public facilities	571.87	88.8

The funded investment of fixed assets was 246.678 billion yuan, down by 0.8% over the previous year. Of which, the state budgetary appropriation was 4.014 billion yuan, down by 4.8% over the previous year; the domestic loan was 51.968 billion yuan, up by 2.4%; the self—raised fund was 113.95 billion yuan, down by 0.6%; other fund was 74.246 billion yuan, up by 0.2% over the previous year.

In 2015, the investment in real estate development projects was 100.5 billion yuan, down by 1.2% over the previous year. Of which, the housing investment was 58.645 billion yuan, decreased by 7.4% over 2014; the investment in office buildings was 13.414 billion yuan, increased by 15.8%; the investment in houses for commercial business was 17.419 billion yuan, increased by 11.2%; Other investment was 11.022 billion yuan, down by 1.4%.

Table 10: Achievement of the Major Indicators of Developing and Selling Properties in 2015

Items	Absolute Number	Growth Rate over 2014 (%)
Floor Space of Construction	6956.45	-0.2
#Households	4616.13	-4.8
Floor Space of New Construction	1172.79	0.3
#Households	629.78	-2.5
Floor Space of Completed Buildings	1427.37	27.6
#Households	1098.51	33.0
Floor Space of Sold Commercial Buildings	968.17	2.1
Floor Space of Sold Complete Department	71.05	12.9

#Household	49.78	2.9
Floor Space of Forward Delivery Housing	897.12	1.3
#Household	748.47	-0.5
Sales Volume of Commercial Buildings	581.37	9.5
Sales Volume of Complete Department	43.05	31.8
#Household	24.43	6.7
Sales Volume of Forward Delivery Housing	538.32	8.1
#Household	370.51	0.6

Ⅴ. Domestic Trade

In 2015, the total retail sales of consumer goods reached 106.017 billion yuan, up by11.5% over the previous year, of which the retail sales by public network of units above the designated size was 0.472 billion yuan, up by 63.8% over the previous year.

By location, the retail sales of consumer goods in cities and towns was 98.458 billion yuan, up by 11.7%, of which the city was 95.898 billion yuan, increased by 11.4%, the rural was 7.559 billion yuan, increased by 8.1%. Of patterns of consumption, the commodity retailing was 100.848 billion yuan, up by 11.5% over the previous year. The revenue of catering was 5.169 billion yuan, up by 10.7%.

Figure 5:Total Retail Sale of Consumer and Growth Rate(2010-2015)

Table 11: Total Retail Sales of Consumer Goods

By Industries	Absolute Number (100million US dollars)	Growth Rate over2014 (%)
Total Retail Sales of Consumer Goods(yuan)	1060.17	11.5
#Above Designed Size	754.92	6.9
By Region		
Town	984.58	11.7
#Urban	958.98	11.4
Rural	75.59	8.1
By Consumption Pattern		
Revenue of Catering	51.69	10.7
commodity retailing	1008.48	11.5
# Retail Sales of Enterprises(Units) Above Designed Size	728.47	8.3
# Grain, Oil, Food, Beverage, Tobacco and Liquor	70.62	19.3
Garments, Shoes, Caps and Textiles	53.33	2.8
Cosmetics	10.03	-1.5
Gold and silver jewelry	6.14	-3.5
Daily Necessities	15.44	-2.1
Sports and Recreation Appliances and Equipments	1.79	-10.4
Books, Newspapers and Magazines	4.23	9.7
Household Appliances and Stereo Equipment	27.60	-4.7
Chinese and Western Medicines	51.75	14.7
Culture and Official Articles	6.80	12.0
Furniture	0.35	-51.7
Communication Equipment	4.80	24.7
Oil and Oil Products	124.28	4.8
Construction and Decoration Materials	2.97	24.0
Cars	318.28	8.6

Ⅵ. Foreign Trade and Economic Cooperation

The total volume of imports and exports in 2015 was 9.122 billion US dollars, increased by 16.3% over the previous year. Of which the export was 7.897 billion US dollars, increased by 8.6% and the import was 1.224 billion US dollars, increased by 114.6%.

There were 30 projects approving foreign investment in 2015 increased by 25.0% over the previous year. Total volume of foreign investment actually utilized was 0.927 billion US dollars, increased by 21.8%.

Figure 6:Total Volume of Imports and Exports and the Growth Rate(2011-2015)

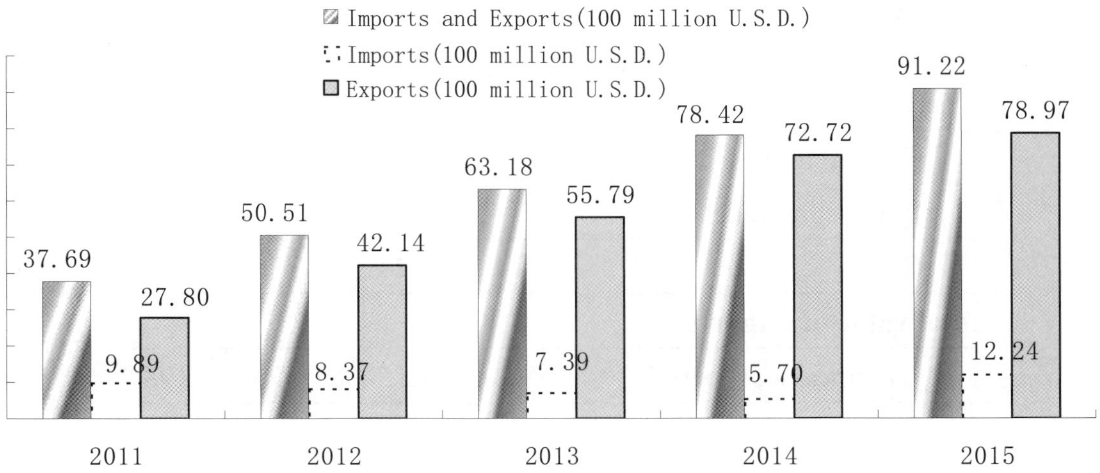

Table 12: Imports and Exports in 2015

Item	Absolute Number (100million US dollars)	Growth Rate over2014 (%)
Item	**91.22**	**16.3**
Total volume of imports and exports		
By enterprises property	2.34	141.0
Three types of foreign-funded enterprises	27.10	14.2
State-owned enterprises	0.38	-49.6
Collective-owned enterprises	61.40	15.9
Private enterprises and others		
By trade mode	74.79	2.3

General trade	11.15	166.1
Processing trade	5.27	379.5
Others	**78.97**	**8.6**
Total volume of exports		
By enterprises property	1.19	103.4
Three types of foreign-funded enterprises	21.75	11.6
State-owned enterprises	0.33	-18.9
Collective-owned enterprises	55.70	6.6
Private enterprises and others		
By trade mode	70.45	1.8
General trade	6.45	147.5
Processing trade	2.07	134.7
Others	**12.24**	**114.6**
Total value of imports		
By enterprises property	1.15	198.2
Three types of foreign-funded enterprises	5.35	26.2
State-owned enterprises	0.05	-85.1
Collective-owned enterprises	5.69	6.8 倍
Private enterprises and others		
By trade mode	4.34	11.2
General trade	4.70	196.7
Processing trade	3.20	13.8 倍

Table 13: Imports and Exports by Countries and Regions in 2015

Unit:100 million U.S.D.

Country or Region	Total Volume of Imports and Exports	Exports	Imports
Total	91.22	78.97	12.24
Asia	51.87	44.77	7.11

# Hong Kong	9.26	8.25	1.01
India	3.72	3.72	…
Japan	1.57	1.07	0.50
South Korea	5.61	5.55	0.06
Taiwan	4.19	1.13	3.06
ASEAN	18.64	17.20	1.45
Africa	6.57	6.53	0.04
Europe	10.35	9.38	0.97
#European Union	8.68	8.10	0.58
Latin America	3.87	3.17	0.70
North America	14.72	11.37	3.35
# America	13.48	10.69	2.79
Oceania	3.82	3.75	0.07
# Australia	2.59	2.52	0.07

Ⅶ.Transport, Post and Telecommunication, Tourism

In 2015, Guiyang Airport navigable city reached 81, among which there were 12 international cities and 2 international districts. The total passenger traffic by all transport means reached 667.9014 million persons, decreased by 7.7% over the previous year and the freight traffic reached 321.9166 million tons, increased by 21.8%.

Table 14: Achievement of Transport in 2015

Item	Absolute Number	Growth Rate over 2014（%）
Total passenger traffic (10000 persons)	66790.14	-7.7
Railways	2019.40	28.2
Highways	63580	-8.7
Civil aviation	1324.50	5.7
Waterways	46.24	14.3
Total freight traffic(10000tons)	32191.66	21.8
Railways	1263.60	-9.9
Highways	30915	23.6
Civil aviation	8.72	6.2
Waterways	4.34	15.7

The total number of motor vehicles for civilian use reached 1108.2 thousand by the end of 2015, increased by 23.2%. Of which the total number of cars was 841.6 thousand, increased by 11.6% and number of the private cars was 726.2 thousand, increased by 14.4%.

The turnover of post and telecommunication services reached 13.223 billion yuan, increased by 36.3%. Of which post service was 1083 million yuan, increased by 24.6%; telecommunication service was 12.14 billion yuan, increased by 37.5%. The revenue of postal business was 1.054 billion yuan, increased by 16.1%, among which the revenue of express delivery business was 0.668 billion yuan, increased by 18.4%. The mobile phone subscribers reached 8.5663 million, increased by 5.7%. Of which 4G mobile phone users reached 2.432 million. The number of Internet users was 1.162 million, increased by 10.2%.

The whole year saw 84.778 million tourists, increased by 17.1% over the previous year, of which including 84.6195 million domestic tourists and 158.5 thousand foreign tourists. The total revenue from tourism in 2015 was 104.053 billion yuan, up by 19.0% over the previous year. Of which foreign exchange reached 60.347 million US dollars.

Table 15: Basic Statistics on Tourism in 2015

Item	Unit	Volume
Number of foreign tourists	Person-time	158469
Foreigners	Person-time	71960
Compatriots from Hong Kong and Macao	Person-time	49501
Compatriots from Taiwan	Person-time	37008
Number of overseas tourists received	Person-day	340453
Foreigners	Person-day	151466
Compatriots from Hong Kong and Macao	Person-day	106417
Compatriots from Taiwan	Person- day	82570
Foreign exchange revenue	10000U.S.D.	6034.70
Domestic tourism		
Domestic tourists	10 000 person-times	8461.95
Tourism revenue	100 million yuan	1036.56
Total Tourism revenue	100 million yuan	1040.53

Ⅷ. Finance, Banking, Stocks and Insurances

The total government revenue in 2015 reached 72.330 billion yuan, a 10.5% increase compare to the previous year; the public financial budget revenue was 37.415 billion yuan, a 12.8% increase compare to the previous year; and the public financial budget expenditure was 50.359 billion yuan, a 12.3% increase compare to the previous year.

Table 16: Basic Statistics on Financial Revenue and Expenditure in 2015

Item	Volume	Growth Rate over 2014 (%)
General financial revenue	723.30	10.5
#Public financial budget income	374.15	12.8
Tax revenue	301.90	11.1
#Added-value tax	35.20	8.1
Business tax	101.15	-0.4
Corporate income tax	30.40	15.8
Individual income tax	11.91	33.6
Non-tax revenue	72.26	21.0
Public financial budget expenditure	503.59	12.3
#General public services	72.16	-8.1
Public security	41.43	17.6
Education	98.48	22.4
Science and technology	14.50	17.2
Social security and employment	34.62	8.4
Medical care and public health &Family planning	39.44	18.4
Urban and rural community affairs	46.96	37.6

By the end of 2015, saving deposits in RMB and foreign currencies in all items of financial institutions in Guiyang totaled 885.798 billion yuan, 178.256 billion more than the figure calculated at the beginning of 2015. Of which household balance reached 226.291billion yuan, 12.478 billion yuan more than the figure calculated at the beginning of 2015. Balance of non-financial companies reached 392.731billion yuan, 74.895 billion yuan more than the figure calculated at the beginning of 2015. Loan balance in RMB and foreign currencies in all items of financial institutions reached 794.455 billion yuan, 131.865 billion more than that of the beginning of 2015. Saving deposits in RMB in all items of financial institutions in Guiyang at the end of 2015 reached 877.222 billion yuan, 173.35 billion more than the figure calculated at the beginning of 2015. Of which, household balance reached 225.06billion yuan, 12.109 billion yuan more than the figure calculated at the beginning of 2015. Balance of non-financial companies reached 385.585 billion yuan, 70.472 billion yuan more than the figure calculated at the beginning of 2015.

Loan balance in RMB in all items of financial institutions in RMB reached 787.558 billion yuan, 131.371 billion more than that of the beginning of 2015.Of which short-term loan balance was 30.317 billion yuan, 4.834 billion more than that of the beginning of 2015; middle and long term loans was 122.467 billion yuan, 13.866 billion more than that of the beginning of 2015.

Total premium income in 2015 reached 9.561 billion yuan, a 19.5 percent increase over the previous year. And total compensation expenses amounted to 5.240 billion yuan, a 15.4 percent increase over the previous year.

Table 17：Basic Statistics on Insurance in 2015

Item	Volume	Growth Rate over 2014 (%)
Premium income	95.61	19.5
Property insurance	50.60	18.2
#Motor vehicle insurance	37.43	16.4
Life insurance	45.01	21.1
Personal insurance	38.06	19.6
Health insurance	4.81	34.8
Personal accident insurance	2.14	19.2
Compensation expenses	52.40	15.4
Property insurance	38.46	13.9
#Motor vehicle insurance	26.85	8.3
Life insurance	13.94	19.9
Personal insurance	11.92	19.6
Health insurance	1.58	29.7
Personal accident insurance	0.44	0.5

By the end of 2015, the number of listed companies was 13, including 4 listed in Shanghai Stock Exchange and 9 listed in Shenzhen Stock Exchange. The total market value of those listed companies was 166.582 billion yuan, up by 35.4% over the previous year. Besides, there was 1 securities company, 9 securities branch companies, 52 securities exchange departments. The number of capital accounts reached 556.6 thousand, up by 33.5 % over the previous year. And the turnover of trades reached 1118.237 billion yuan, up by 185.1% over the previous year. Moreover, there were 11 business departments of future goods, with a turnover of 963.599 billion yuan, up by 32.8% over the previous year.

Ⅸ. Science, Technology and Education

In 2015, there were 7194 patent applications for new inventions, a 43.0% decrease comparing to the previous year, and 8002 of them had been authorized, a 112.4% increase comparing to the previous year. Among those authorized patents, 940 were for inventions, 3573 for utility models and 3489 design patents. In 2015, Guiyang successfully provided a declaration of big data industrial technology innovation pilot area to Ministry of Science and Technology; hold 2015 Guiyang big data expo, 2015 Guiyang big data innovation open tournament and Guiyang "Entrepreneurial Culture in China". Guiyang took full advantage of the resources from colleges and universities, scientific research institutions, incubators and enterprise research and development centers to create a convenient, low-cost, full-element and open type maker space. In 2015, there were 17 maker spaces, and 7 had been affirmed as provincial level by Guiyang Science Bureau. In 2015, 58 enterprises had been recommended to declare for provincial science and technology seed enterprises, provincial little giant enterprises and provincial little giant growing enterprises.

In 2015, the enrollments of postgraduate education institutions were 13,760 with 4778 newly recruited students and the number of graduates was 4027;enrollments of higher education institutions were 380.7 thousand with 113.2 thousand newly recruited students and the number of graduates was 87.1 thousand; enrollments of secondary vocational education institutions were 152.9 thousand with 53.5 thousand newly recruited students and the number of graduates was 40.7 thousand; enrollments of regular high schools were 88.9 thousand with 30.7 thousand newly recruited students and the number of graduates was 28.4 thousand; enrollments of regular junior secondary schools were 156.9 thousand with 48.6 thousand newly recruited students and the number of graduates was 58.4 thousand; enrollments of ordinary primary schools were 330.1 thousand with 64.3 thousand newly recruited students and the number of graduates was 51.2 thousand; enrollments of special education institutions were 1,459 with 387 newly recruited students and the number of graduates was 181;and enrollments of kindergartens were 143.5 thousand.

Figure 7:New Students Enrollment (2011-2015)

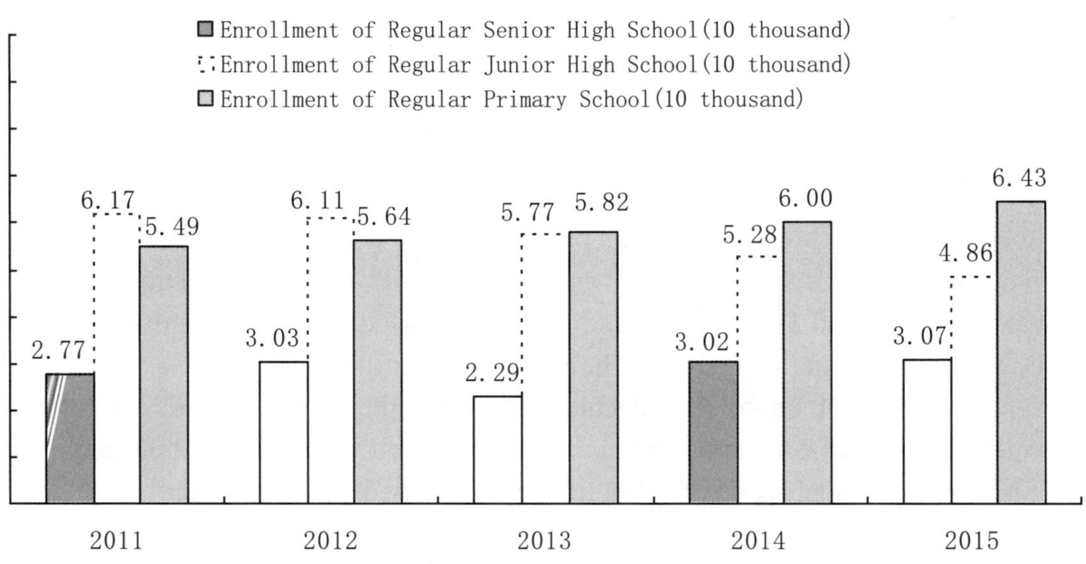

X. Culture, Sanitation and Sports

At the end of 2015, here were 9 art-performing groups, 12 cultural centers and mass cultural centers, 170 cultural stations as well as 11 public libraries with 4.2705 million copies; there were 2 radio station with 100% comprehensive broadcast coverage of population; there were 2 TV stations with 99.71% coverage of population of television. In 2014, 835 kinds of books were published in Guiyang, with 100.65 million copies being issued; 78 kinds of magazines were published, with 16.97 million copies being issued; 30 kinds of newspapers were published, with 232.73 million copies being issued. In 2015, 956 village libraries and 185 digital village libraries have been built. The declaration of 7 culture relic protection sites was successful.

By the end of 2015, there were 3,101 medical and health institutions in Guiyang, including 184 hospitals, 76 health centers, 54 community health service centers(stations), 1,347 village clinics and 13 epidemic disease prevention centers. And there were 31,592 beds, 38,530 health workers, 14,478 licensed doctors and licensed assistant doctors, 16,951 registered nurses, 1,655 pharmacists and 2,182 technicians.

In 2015, throughout Guiyang there were 2 sports schools and 1225 athletes. Over the year, 387 mass fitness activities had been held, among which there were 155 activities attracting more than 1,000 participants, 24 times of training class with 4,140 people trained during the courses. As for honors and awards won in domestic sports events in 2015, athletes from Guiyang won 286 medals including 108 gold medals, 84 silver medals and 94 bronze medals. In 2015, Guiyang successively held Chinese Super League, Off-Road Championships of 2015 Guiyang International Association of Athletics Federations and International marathon. Guiyang firstly won the honor of "The home of International Off-Road" from the International Association of Athletics Federations.

XI. Urban Construction and Ecological Environment

The total length of paved roads at the end of 2015 in urban areas was 1307.23 kilometers, the area of paved roads was 26.45 million square meters and the number of bridges was 375, including 26 cloverleaf junctions. The number of operating vehicles was 3185[(10)], amount to 3922 standard operating vehicles. The total length of lines in operation was 4093 kilometers. The total volume of public transportation was 644.86 million persons. And there were 8714 taxis in Guiyang City.

There were 8 water supply plants totally in Guiyang. The comprehensive productive capacity of tap water reached 1.1564 million cubic meters per day, with water supply pipelines reaching 4064.56 kilometers. The total water supply in 2015 reached 296.3397 million cubic meters and the total volume of water sold reached 176.2 million cubic meters, including 42.4092 million cubic meters of consumption for public use and 142.5741 million cubic meters for household use.

In 2015, subscribers of liquid gas reached 205 thousand, with 42 thousand tons liquid gas supply, of which, household consumption reached 42 thousand tons, and the household subscribers reached 205 thousand, the population of using liquid gas reached 720 thousand;

Subscribers of natural gas reached 743.2 thousand, including 738.7 thousand household users, with 205 million cubic meters natural gas supply, including 86.58 million cubic meters natural gas supply for household, and the population of using natural gas reached 2097.8 thousand.

There were 22 sewage disposal plants in Guiyang at the end of 2015, with the capacity of disposing 1.1018 million tons of sewages per day. Among those plants, 11 locate in urban areas, with the capacity of disposing 1 million tons of sewages per day. And the length of drainage pipelines of urban areas was 3523.31 kilometers.

New breakthroughs were made in ecological protection.

In 2015, the amount of pollutants was strictly controlled, with 60 key reduction projects of the "12th five-year plan" competed, and was the first to eliminate the backward cyanide plating in the entire province. Newly built three automatic monitoring sites: Zhongcao water works, Aha water reservoir and Wang well water quality automatic monitoring site. Set up 22 air automatic monitoring network covering the whole city, district (county, city). Regular monitoring covered 52 sources of drinking water, 100 regional form water sections(point location), 10 state-controlled air automatic monitoring points, 260 regional noise level, 109 traffic noise levels, 260 enterprise pollution source, 5 regions of soil(10 point location), altogether 14 items. 43.9 thousand mu afforestation and greening in county, country and village and 266.1 thousand mu afforestation operation were completed. 5.30 million mu forest were under regional high pressure control, 240 thousand mu wetland were effectively protected, ecological non-commercial forest policy covering 3.5619 mu, the compensation funds reached 30.94 million yuan. Five mountain parks (Wenfeng park, Li Mount, ect.) and five theme parks (Tiqingta wet land park, Huanhu park, ect.) were built, completing 10 demonstrative parks, newly increased 1170 thousand cubic meters' urban green land.

Besides, there were 11114.51 hectares of newly district green area, 11533.48 hectors of newly district green coverage, 3064.96 hectors of newly district garden greens. And the ratio of newly district green coverage was 38.57%. The public green area per capita was 10.95 square meters. The ratio of forest coverage was 45.5%.

The municipal air quality index(8) in 2015 was 3.99 and the proportion of days when air quality meet or above the standards of good or excellent in the whole year accounted for 93.2%, up by 7.2 percentage points over the previous year. The annual average concentration of inhalable particles in urban areas was 0.061 milligram per cubic meter, down by 0.012 milligram per cubic meter; the annual average concentration of sulfur dioxide was 0.017 milligram per cubic meter, down by 0.005 milligram per cubic meter; the annual average concentration of nitrogen dioxide was 0.028 milligram per cubic meter, down by 0.003 milligram per cubic meter; and the annual average concentration of fine particles was 0.039 milligram per cubic meter, down by 0.009 milligram per cubic meter. The ratio of water source of centralized drinking water in urban areas up to the quality standard was 100%.

In 2015, the annual average temperature of Guiyang city was 15.2 ℃, the annual average relative humidity was 84%, the total amount of precipitation was 1431 millimeters and the hours of sunshine reached 942 hours.

Ⅻ. People's Livelihood and Employment

In 2015, the annual per capita disposable income(13) of urban households was 27,241 yuan, a 9.1% increase comparing to the previous year, or a real increase of 6.6% when the factors of price excluded. The annual per capita nonproductive expenditure of rural households was 22,532yuan, an increase of 15.5% comparing to the previous year. Expenditures on services of education, culture and recreation accounted for 14.8% of the total nonproductive expenditure. The number of family cars and mobile phones per 100 households were 21.35 and 196.32 respectively.

Figure 8: Per CapitalAnnual Disposable Income of Urban and Rural Residents 2011-2015

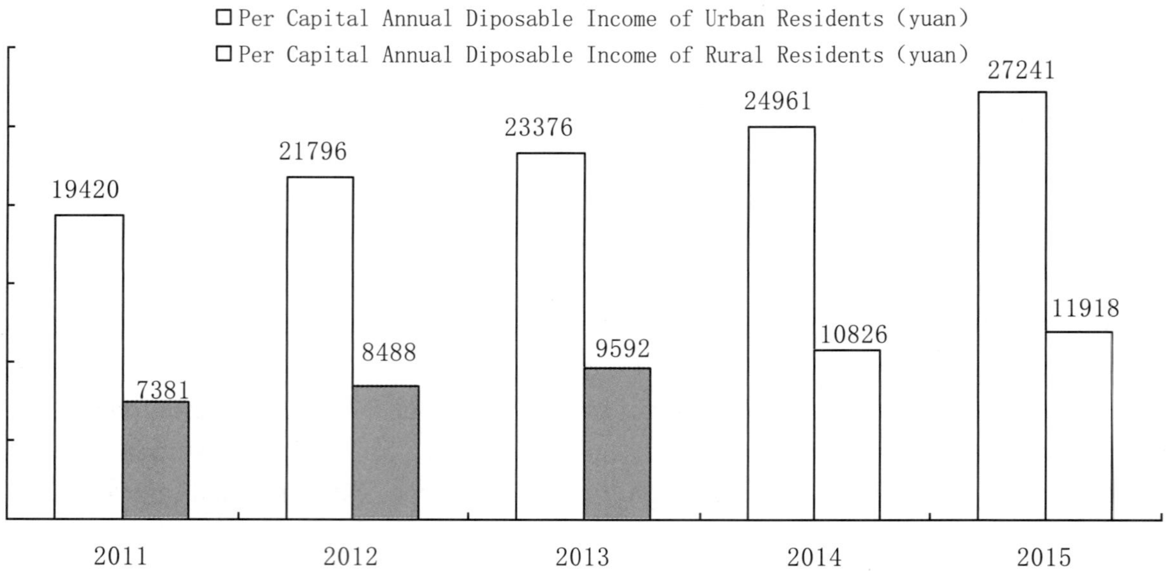

Note: the data from 2010 to 2012 are per capital annual disposable income of urban residents (yuan),and the data from 2013 on are per capital annual disposable income of urban permanent residents.

Table 18: Ownership of Family Durable Consumer Goods Per 100 Urban Households at the End of 2015

Item	Unit	Absolute Number
Family car	unit	21.35
Motorcycle	unit	5.38
Refrigerator	set	93.72
Washing machine	set	96.58
Electric water heater	set	82.93
Air-condition	set	17.44
Color TV set	set	104.68
Vidicon	set	7.24
Camera	set	27.99
Computer	set	64.92
Medium and High-grade Instruments	unit	2.91
Fixed-line Telephone	set	54.91
Mobile Telephone	set	196.32

In 2015, the annual per capita disposable income(13) of rural households was 11918 yuan, an increase of 10.1% comparing to the previous year, or a real increase of 8.5% when the factors of price increase excluded. The annual per capita living expenditure was 9875 yuan, an increase of 13.2% comparing to the previous year. Expenditures on services of education, culture and recreation accounted for 10.7% the total living expenditure.

Table 19: Ownership of Family Durable Consumer Goods Per 100 Rural Households at the End of 2015

Item	Unit	Absolute Figure
Family Cars	unit	21.95
Motorcycle	unit	56.81
Refrigerator	set	86.19
Washing machine	set	101.77
Electric water heater	set	52.49
Air-condition	set	1.52
Color TV set	set	108.52
Vidicon	set	0.36
Camera	set	5.55
Computer	set	16.29
Medium and High-grade Instruments	unit	0.61
Fixed-line Telephone	set	14.54
Mobile Telephone	set	112.07

The overall number of employed people both in urban and rural areas reached 250.74 thousand. And the number of those who had difficulty finding jobs and being reemployed was 10,132, an increase of 5.9% over the previous year. The number of surplus rural labor transformed (from agriculture to secondary industry and tertiary industry) reaches 37,136. The new jobs created in city and counties were 220.02 thousand, an increase of 4.3% over the previous year. And the registered unemployment rate in urban areas at year-end was 3.12%.

Figure 9: Newly Increased Employment 2011-2015

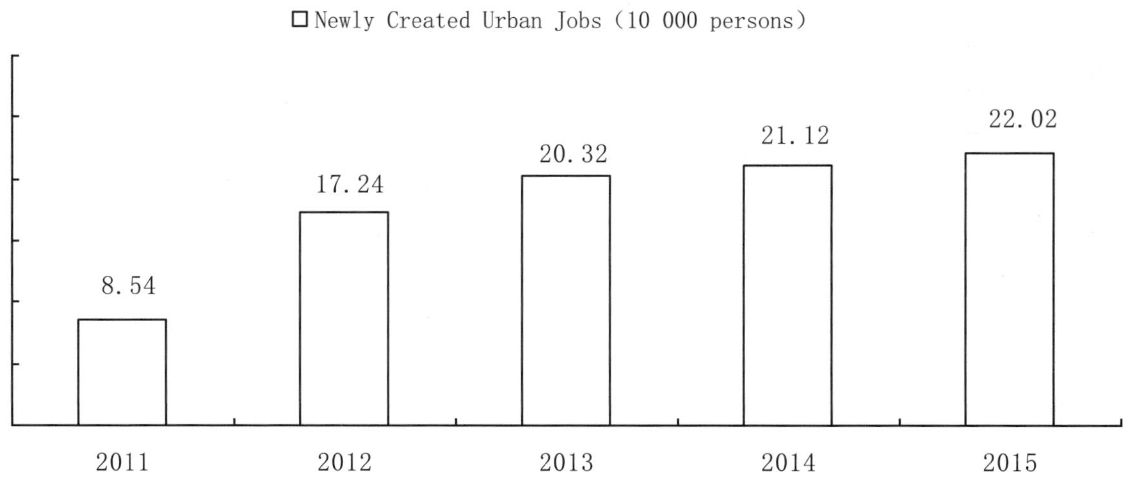

XIII. Population, Social Security and Social Services

By the end of 2015, the total permanent residential population of Guiyang City reached 4.6218 million and the annual average population was 4.5880 million. The annual birth rate of 2015 was 10.21‰, the death rate 4.96‰, the natural growth rate 5.25 ‰, and the urbanization rate was 73.25%.

Table 20: Number and Composition of Permanent Residents at the End of 2015

Item	Units	Absolute Figure	Growth Rate over 2014 (%)
Annual average population	10 000 persons	458.89	1.1
Total population at year-end	10 000 persons	462.18	1.1
Grouped by towns and countries			
Town	10 000 persons	338.55	1.5
Country	10 000 persons	123.63	1.3
Grouped by gender			
Male	10 000 persons	237.35	1.0
Female	10 000 persons	224.83	1.6
Birth rate	‰	10.21	-0.26‰
Death rate	‰	4.96	-0.03‰
Natural growth rate	‰	5.25	-0.23‰

At the end of 2015, a total of 1.5596 million people participated in the basic old-age pension program for urban workers, an increase of 6.8% over last year. Among these participants,1.3062 million people were on-spot staff, an increase of 6.3% over last year, 253.4 thousand people were retirees, an increase of 9.5% over last year; 836 thousand people were urban and rural residents, an increase of 1.8% over last year and 645.8 thousand people insured unemployment insurance, an increase of 5.5% over last year. Furthermore, 1.2643 million people insured the fundamental medical insurance for urban workers, an increase of 5.2% over last year; 652 thousand people insured the medical insurance for urban residents, an increase of 2.0% over last year; 1.0775million people insured Maternity Insurance, an increase of 4.8% over last year. And the rate of joining rural cooperative medical scheme reached 99.22%.

There were 73 adopting social welfare institutions[14]throughout the city with 8093 beds and 2959 adopted people at the end of 2015. Moreover, there were 10,868 urban community service facilities. As for the lowest living allowances, 109.7 thousand urban and rural residents had enjoyed them. Among these people, 61.4 thousand people had enjoyed urban minimum living allowances and 48.3 thousand people had enjoyed rural minimum living allowances. And there were 16,743 people enjoying the state pension and subsidies for entitled groups. In total, Civil Affairs Departments of Guiyang City received a donation of 1977 thousand yuan directly from the society throughout the year benefiting 8900 people.

XIV. Work Safety

The total number of all kinds of work safety accidents was 226，a 5.4% decrease comparing to the previous year. The death toll was 175, a 2.8% decrease comparing to the previous year. The number of road traffic accidents was 207, with a decrease of 6.8%, the death toll of road traffic accidents was 156, with a decrease of 1.3%. There was no coalmine accidents.

Notes：

(1)Statistics listed in the communique are preliminary data.

(2)Gross value of production and absolute added value of each industry are calculated at current prices and their growth rates are calculated at comparable prices.

(3)Residential prices include the prices of building houses, decorating materials, house rents, private house and fuels.

(4)Industrial enterprises above designated size refer to those with a main business income of 20billion yuan and more.

(5)The following are industrial zones: Nanming Linkong Economic Park, Yunyan Industrial Park, Huaxi Industrial Park, Xiaohe-Mengguan Equipment Manufacturing Industry Eco-Industrial Park, Wudang Food and Drug Industrial Park, Baiyun Aluminum Industrial Base, Baiyun Aluminum Industrial Base, Maijia-Shawen High-Tech Industrial Park, Guanshanhu Electronic Commercial and Modern Manufacturing Industrial Park, Kaiyang Phosphorus and Coal Chemical Ecological Industries Demonstration Base, Xifeng Phosphorus and Coal Chemical Ecological Industries Base, Xiuwen Industrial Park, Qingzhen Economic Development Zone.

(6)The statistical caliber refers to the 5million and more of the total planned investment in fixed assets projects and the whole investment in real estate.

(7)The numbers of operating vehicles include the statistics of three counties and Guiyang city.

(8)The *Ambient Air Quality Standard Technical Regulation (HJ633-2012)(On Trial)* was implemented synchronously with *Amendment of Ambient Air Quality Standard（GB 3095—2012）*, the standard information can be reached in the website of Environment Protection Ministry (bz.mep.gov.cn).

(9)According to the City and Countryside Integration household survey reform plan of National Bureau of Statistic, since 2014, the per capita disposable income of urban residents and the net income of farmers should be revised as the per capita disposable income of towns or countryside permanent residents. And there is a change of statistic caliber, and the absolute number cannot be compared with the previous year.

(10)Adopting social welfare institutions include social welfare homes, welfare centers for children, mental welfare hospitals, urban welfare hospitals for aged persons, free of institutions for aged persons.

(11)Fire accidents are not included in work safety accidents.

(12)Data Sources:

In this communique, telecommunication data come from Communications Authority of Guizhou Province; data of civil aviation transportation come from Guizhou Airport Group; data of railway transportation come from Chengdu Railway Bureau; data of listed companies come from Supervision and Regulatory Bureau of Guizhou Province affiliated to China Securities Regulatory Commission; data of insurance industries come from Insurance Regulatory Bureau of Guizhou Province; data of newspapers, periodicals and books come from Press and Publication Bureau of

Guizhou Province; data of education come from Guizhou Provincial Department of Education and Education Bureau of Guiyang City; data of artistic performance groups, public libraries and cultural centers come from Guizhou Provincial Department for Cultural Affairs and of Guiyang Cultural Affairs Bureau; data of radio, television and movies come from Guizhou Provincial Radio, Film and Television Administration and of Guiyang Bureau of Radio, Film and Television; data of sports come from Guizhou Provincial Administration of Sports and Guiyang Sports Bureau; data of newly increased employed people, unemployment rate based on unemployment registration, social security come from of Guiyang Human Resources and Social Security Bureau; data of finance come from Guiyang Bureau of Finance; data of total agricultural machinery power and areas ploughed by agricultural machinery come from Guiyang Commission of Agriculture; data of highway transportation come from Guiyang Road Transport Bureau; data of waterway transportation come from Guiyang Bureau of Maritime Affairs; data of gas supply come from Guiyang Bureau of Housing and Urban-rural Development; data of green coverage in built-up areas come from Guiyang Bureau of Landscape and Forestry; data of foreign investments as well as imports and exports come from Guiyang Administration of Commerce; data of motor vehicles for civil use come from Guiyang Public Security Bureau; data of postal services comes from Guiyang Post Bureau; data of tourism come from Guiyang Tourism Development Commission; data of banking come from Guiyang Central Sub-branch of the People's Bank of China; data of science and technology projects come from Guiyang Bureau of Science and Technology; data of patents come from Guiyang Bureau of Intellectual Property; data of average temperature and humidity come from Guiyang Meteorological Bureau; data of sanitation and new cooperative medical care system in rural areas come from Guiyang Sanitary Bureau; data of social welfare, minimum living allowances and social donations come from Guiyang Bureau of Civil Affairs; data of environment monitoring come from Guiyang Ecological and Environmental Protection Commission; data of urban construction come from Guiyang urban-management bureau; data of tap water and sewage treatment come from Guiyang Water Authority; data of public traffic operation come from Public Transport Agencies of Guiyang City and Guiyang Transit Administration; data of safety in production come from Guiyang Work Safety Administration; data of commodity prices, income and expenditure of urban and rural residents come from Guiyang investigation team affiliated to National Bureau of Statistics of China; and other data come from Guiyang Bureau of Statistics.